근대계몽기 신작 고소설 연구

심재숙

도서출판 월인

책을 내면서

오래전 건강문제로 공부를 그만두어야 했다. 그때는 아쉬운 마음보다 후련한 마음이 더 컸던 것 같다. 그러나 손을 놓고 있는 동안 한 번씩 그곳을 곁눈질하면서 서러워했다. 건강이 좀 좋아지고 다시 강의를 시작하니, 이제 막 공부에 입문한 듯 새롭다.

이 책은 박사논문을 수정・보완한 글이다. 개인 사정으로 그동안 공백 기간이 있었고, 그래서 생각만큼 충분하게 그 이후의 연구성과까지 검토해서 수정・보완했다고 보기는 어렵다. 그러나 박사논문을 쓸 때 가졌던 문제의식은 지금도 유효하다는 마음으로 이 책을 세상에 내놓는다.

애초 근대계몽기에 관심을 둔 것은 전통과 근대가 혼효・갈등하던 시기에 고소설은 어떻게 시대에 대응했고 어떤 과정을 거쳐 변화하면서 그 역사를 마감했을까 하는 물음에서 시작되었다. 자료를 조사하면서 예상했던 것보다 많은 작품이 이 시기에 창작되었다는 사실을 확인할 수 있었다. 근대계몽기에도 고소설이 지닌 강력한 대중적 흡인력은 여전하였으며, 이 시기 지식인들조차 이 점을 주목하고 고소설을 적극적으로 활용하여 대중 계몽의 수단으로 삼기도 했다. 그러나 신작 고소설은 그 형식이나 내용면에서 다양한 양상을 보여주고 있어 논문에서 모두 다룰 수는 없었다. 그래서 당대 현실의 문제를 짙게 반영하고 있는 작품을 중심으로 신작고소설이 전환기적 현실에 정면으로 대면하는 양상을 분석하고, 양식적인 면에서 이루어진 자생적 변용을 살펴보려고 했다.

이 책에서는 박사논문에서는 다루지 못했던 「몽견제갈량」을 더하고, 자료편에서 이 책에서 다룬 작품 가운데 아직 활자화되어 출판되지 않은 여섯 편의 작품을 묶었다. 이 시기의 자료들은 그것을 찾아내기도 쉽지 않을 뿐더러 해독하기 어려운 글자체나 어려운 용어 때문에 자료를 읽고 이해하는 데 많은 시간이 걸린다는 점을 감안하여 성글게나마 주석을 달아 활자화했다.

이만한 책이 나오기까지 많은 분의 도움을 받았다. 병약한 막내 때문에 늘 마음 졸이는 부모님, 칭찬으로 격려해 준 남편 김기형, 그리고 아들 민종에게 이 책이 작은 선물이 되었으면 좋겠다. 언제나 그 자리에서 힘이 되어 주신 지도교수 인권환 선생님, 논문을 꼼꼼하게 심사해주신 김흥규 선생님, 장효현 선생님, 서대석 선생님께도 감사의 인사를 드리며, 이제는 고인이 되신 정규복 선생님께도 감사의 마음이 전해지길 바란다. 그리고 허술한 책을 기꺼이 출판해주신 도서출판 월인의 최형필 상무님과 편집자들께도 깊이 감사드린다.

목차

책을 내면서 ······ 3

Ⅰ. 서론 ······ 9

1. 연구목적과 대상 ······ 9
2. 연구사와 연구과제 ······ 18

Ⅱ. 근대계몽기 서사문학의 성격과 신작 고소설의 현실대응적 성격 ··· 23

Ⅲ. 근대계몽기 고소설의 현실대응양상과 그 역사적 의미 ······ 38

1절. 근대적 국가상의 모색과 그 소설적 형상

1. 근대적 국가 건설의 낙관적 전망 : 『정씨복선록』 ······ 38
   1) 배경설정의 의미 ······ 40
   2) 수몽국과 대남국의 형상화 양상과 그 지향 ······ 44
   3) 서술시각과 작가의식 ······ 61
2. 비주체적 개화정책의 비판과 근대적 국가상의 모색 : 『산촌미녀』 ·· 68
   1) 작중 현실과 역사 현실의 대응관계 ······ 70
   2) 갈등양상과 그 역사적 의미 ······ 83

2절. 정체성의 혼란과 그 소설적 형상

1. 물질주의적 세태의 경계와 전통적 윤리의식의 긍정적 재인식 : 『적선여경록』, 『青樓義女傳』, 『보응』 ····· 94
1) 서지고찰 ····· 94
2) 작품별 갈등양상과 그 역사적 의미 ····· 98
2. 성적 방종의 경계와 전통적 윤리의식의 긍정적 재인식 : 『神斷公案』 1화, 2화, 3화, 5화, 6화 ····· 121
1) 서지고찰 ····· 121
2) 작품별 갈등양상과 그 역사적 의미 ····· 127

3절. 전근대적 의식 및 제도의 청산과 그 소설적 형상

1. 중세체제에 대한 비타협적 단절의식 : 『김봉본전』 ····· 160
1) 『김봉본전』과 설화의 관련양상 ····· 163
2) 봉이의 갈등과 그 역사적 의미 ····· 166
2. 전근대적 신분질서 및 전통적 지식인의 비근대성의 반성적 인식 : 『어복손전』 ····· 184
1) 『어복손전』과 설화의 관련양상 ····· 185
2) 갈등구조 ····· 191
3) 서술시각과 작가의식 ····· 206

4절. 민족적 위기의식과 그 소설적 형상

1. 민족자주권의 수호와 항일의식의 고취 : 『호섬전』 ····· 212
1) 작품형성의 제문제 ····· 213
2) '두꺼비와 호랑이의 대결'의 역사적 의미 ····· 222

2. 민족적 위기의식의 원인 분석과 그 해결책의 모색 :
『몽견제갈량』 ······ 232
1) 작품 형성의 제문제 ······ 233
2) 구문화의 허상과 동양적 근대의 모색 ······ 246
3. 민족적 위기의 절망적 인식과 구국의지의 고취 : 『지구성미래몽』 ·· 261
1) 서지 고찰 ······ 262
2) 시대적 위기의식의 전파와 그 해결책의 모색 ······ 266

Ⅳ. 근대계몽기 신작 고소설의 성격 ······ 276

1. 신작 고소설 작가층의 성격과 현실인식의 특질 ······ 276
2. 근대계몽기 신작 고소설의 양식 특질 ······ 288

Ⅴ. 결론 ······ 301

<자료편>

1. 『정씨복선록』 ······ 324
2. 『적선여경록』 ······ 426
3. 『청루의녀전』 ······ 445
4. 『보응』 ······ 453
5. 『호섬전』 ······ 471
6. 『지구성미래몽』 ······ 497

Ⅰ. 서론

1. 연구목적과 대상

이 논문은 1894년에서 1910년에 이르는 시기에 새롭게 창작된 신작 고소설을 대상으로 하여 그 작품 세계와 현실대응적 성격을 밝히고, 작가층의 성격 및 양식 특질을 해명함으로써 중층적이고도 복합적인 전개양상을 보이는 이 시기 소설사에서 신작 고소설이 차지하는 위상을 밝히는 데 목적을 두고 있다.

그간 학계에서는 중세와 근대가 교차하는 이 시기 문학을 어떻게 부를 것인가, 그리고 문학사적 단위를 가르는 기점을 어디로 잡을 것인가에 대하여 다양한 견해가 제출되었다. 우선 이 시기 문학을 지칭하는 용어로는 '개화기', '근대전환기', '애국계몽기', '근대계몽기' 등이 있다. '개화기'는 이 시기 문학을 명명하는 최초의 용어로, 연구자에 따라 다소 차이가 있기는 하지만, 시기적으로는 갑오개혁(1894)에서 3.1운동(1919)까지를 아우르는 개념으로 통용되었다.[1] 그리고 '근대전환기'는 이 시기의 전환기적 성격에 주목

1) 개화기문학이란 용어가 처음 사용된 것은 조연현의 『개화기문학 형성과 정고』(1966)에서이다. 이후 많은 연구자들이 19세기 후반에서 20세기 초반의 문학을 지칭하는 용어로

하여 명명된 이름으로, 대체로 19세기 후반에서 20세기 초반에 이르는 시기를 지칭하는 개념으로 사용되었다.[2] 그러나 '개화기'나 '근대전환기'라는 용어는 그 개념이나 시기설정이 매우 범박해서, 역사적 · 문학사적으로 독특한 특질을 드러내는 하나의 문학사적 단위를 명쾌하게 압축하여 보여주지 못한다는 난점이 있다. 우선 '개화기'나 '근대전환기'는 1910년대 이후의 시기까지를 하나의 문학사적 단위로 포함시키고 있는데, 이러한 시기설정이 타당한가의 문제이다. 한일합방이 이루어진 1910년은 정치적 · 문학사적으로 질적인 전환을 이루는 분수령이 되는 바, 1910년대 이후의 시기까지를 하나의 시기 개념으로 설정해서는 문학사적 실상을 제대로 포착할 수 없다는 난점이 있다. 1910년을 기점으로 국권이 상실됨에 따라 정치, 경제, 문화 및 사회와 개인의 모든 삶은 식민지적 상황에서 자유롭지 못하게 된다. 지식인들은 정치적으로 완전히 소외되었으며, 문화적으로는 친일적 성격의 것이나 종교적 성향의 것이 아니고는 발을 붙일 수 없게 되었다. 이와 같은 제약으로 인해 문학도 이전 시기에 보여주었던 강렬한 계몽적 성격이 급격히 소거되면서 통속물로 전락하거나 이상과 현실 사이에서 어떠한 해결점도 찾지 못한 채 방황하고 있던 식민지 지식인의 갈등과 고뇌를 표출하는 방향으로 변모하게 된다.[3] 이처럼 1910년을 고비로 정치, 경제, 문학은 새로

개화기문학, 개화기소설, 개화기시가, 개화기비평 등을 사용해 왔다.

2) 홍일식 외, 『근대전환기의 언어와 문학』, 고려대 민족문화연구소, 1991.

3) 예컨대 1910년대 서사문학은 상업화된 통속적 신소설 및 왜색번안소설의 범람, 신파소설의 등장, 활자본 고소설의 복고적 유행 등에서 알 수 있는 바와 같이 급격히 통속화되거나, 『핍박』, 『슬픈 모순』과 같은 단편소설에서처럼 식민지 지식인의 방황을 형상화하는 방향으로 변모하게 된다.(김복순, 『1910년대 한국문학과 근대성』, 소명출판, 1999, 20쪽, 254쪽) 또한 시가문학의 경우에도 마찬가지여서 이 시기의 시가문학은 "최남선과 이광수의 계몽주의가 설정했던 그 나마의 대사회적 관련도 끊어버리고 '장미촌'으로 퇴각한다. 『태서문예신보』, 『장미촌』, 『창조』, 『폐허』, 『백조』 등의 어디에서나 발견되는 공통적 발상은 거대한 암흑으로 추상된 외부세계와 자아 사이의 화해될 수 없는 간격이며, 김억의 달콤한 애상, 황석우의 어두운 방황, 주요한의 착란된 영탄 등은 그 개별적 차이에도 불구하고 모호한 현실적 위치를 부침하는 식민지 지식인의 방황에 대응되

운 국면에 접어들게 되었는바, 1910년을 문학사 단위의 하한선으로 설정해야 하는 이유를 여기서 찾을 수 있다.[4] 이처럼 '개화기'나 '근대전환기'는 그 시기설정이 매우 범박하게 이루어졌으므로, 이를 지칭하는 용어도 '개화기' 혹은 '근대전환기'라는 다소 느슨한 이름으로 명명되었던 것이다.

이러한 비판적 인식에서 출발한 '애국계몽기'는 이 시기의 계몽문학적 성격을 명쾌하게 압축하여 보여준다는 점에서 그 의의가 인정된다.[5] 그러나 '애국계몽기'는 애국계몽적인 문학작품이 집중적으로 창작되었던 1905년에서 1910년에 이르는 짧은 시기만을 지칭하는 개념으로, 그 상한선을 1905년으로 설정하는 것이 타당한가에 대한 문제가 해명되어야 한다. '애국계몽기'를 주창한 최원식은 1894년에 연쇄적으로 일어났던 동학혁명, 청일전쟁, 갑오개혁과 같은 외재적 계기를 문학사 단위의 기점으로 설정하는 것은 타당하지 않고, 1894년에서 1905년 사이에는 근대성에 걸맞은 창작물이 거의 존재하지 않는다는 점에 근거하여 1905년을 그 상한선의 기점으로 설정했다. 그러나 1896년에 『독립신문』이 발간된 이래, 그 2년 뒤에는 『매일신문』, 『제국신문』, 『황성신문』 등이 잇따라 창간되었으며, 이러한 근대적 언론매체를 통해 전환기적 문제의식을 담은 다양한 문학양식이 발표되었는바, 1905년 이후 본격화된 계몽운동의 인식론적 틀을 마련한 1894년에서 1905년에 이르는 시기를 굳이 제외시켜야 할 이유가 없다. 따라서 1894년에서 1905년에 이르는 시기를 포함하여 하나의 문학사적 단위로 설정할 때, 이 시기의 계몽문학적 국면이 통합적으로 파악될 수 있을 것이다.[6] 다음으로

는 것이다."(김흥규, "근대시의 환상과 혼돈", 『문학과 역사적 인간』, 창작과 비평사, 1980, 207쪽)

4) 그래서 최근에는 이 시기 문학사적 단위를 설정할 때 1910년 이전과 이후의 양상을 구획지어 접근하는 방향으로 나아가고 있다. 즉 김복순이 1910년대의 단편소설을 대상으로 이 시기 소설의 변별적 특성을 밝히려고 한 것이 그러한 예라고 하겠다.(김복순, 앞의 책)

5) 최원식, "제국주의와 토착자본", 『한국근대소설사론』, 창작사, 1986.

용어의 문제인데, 최원식은 애국계몽문학만을 주류로 파악하고 친일문학을 방계로 열외 시키려는 구도 아래 애국계몽기라는 용어를 사용하고 있다. 그러나 친일문학도 이 시기에 분명하게 엄존했던 불구적 형태의 계몽문학이라고 할 수 있는 바, 이를 제외하고서는 이 시기의 문학적 특질을 온전히 파악했다고 할 수 없다.[7]

최근 임형택에 의해 제기되고 고미숙에 의해 보다 정교한 이론적 틀이 마련된 '근대계몽기'는 이와 같은 문제의식으로부터 출발한 것이다. 우선 '근대계몽기'라는 용어를 사용함으로써 이 시기에 형성된 계몽담론의 다면적 스펙트럼을 포착할 수 있도록 했으며, 시기적으로는 1894년에서 1910년까지를 아우르는 개념으로 설정함으로써 이 시기의 계몽문학적 국면을 통합적으로 파악할 수 있도록 했다는 점에서, '근대계몽기'는 이 시기를 이해하는 유효한 틀이 될 수 있을 것으로 생각된다.[8] 따라서 이와 같은 최근의 연구 성과를 적극 수용하여 이 논문에서 대상으로 하고 있는 1894년에서 1910년에 이르는 시기를 '근대계몽기'라 부르기로 하겠다.

---

6) 최원식도 최근 1894년에서 1905년에 이르는 시기를 재검토하면서 산문분야에서는 유길준, 시가분야에서는 『독립신문』 소재의 노래들에 주목하고 이 시기를 계몽주의 문학의 맹아기로 설정해도 좋겠다고 하여 기존의 견해를 수정했다.(최원식, "1910년대 친일문학과 근대성", 『민족문학사연구』 14호, 민족문학사연구소, 1999, 177쪽) 한편 '애국계몽기'의 시기설정이 지니는 문제점을 고려하여, 1894년에서 1910년까지의 시기를 하나의 문학사적 단위로 설정하고 이 시기를 '애국계몽기'라고 명명한 예도 있었다.(장효현, "애국계몽기 고전장편소설의 역사현실대응", 사재동 편, 『한국서사문학사의 연구 V』, 중앙문화사, 1995)

7) 최원식도 최근 이와 같은 문제의식 아래 친일문학도 한국계몽주의의 불구적 형태의 하나로 포함될 수 있을 것이라고 하여 친일개화문학을 방계로 열외시켰던 이전의 주장을 수정한 바 있다.(최원식, 앞의 논문, 176쪽)

8) 임형택, "20세기 초 신·구학의 교체와 실학-근대계몽기에 대한 학술사적 인식", 『민족문학사연구』 9호, 민족문학사연구소, 1996.
고미숙, "근대계몽기, 그 생성과 변이의 공간에 대한 몇 가지 단상", 『민족문학사연구』 14호, 민족문학사연구소, 1999.

한편 이 논문에서는 근대계몽기에 새롭게 창작된 고소설을 근대계몽기 신작 고소설이라는 명칭으로 부르기로 하겠다. 그간 학계에서는 이러한 작품을 신작 구소설이라는 용어로 지칭해왔다. 소설사의 전개가 고소설에서 신소설로 이행되던 시기에 새롭게 창작된 작품이라는 의미에서 '신작'이라 하고, 신소설과 대립되는 개념을 명시하기 위해 '구소설'이라 지칭했던 것이다.[9] 그러나 이러한 작품들이 전래하는 고소설의 양식 특질을 분명하게 지니고 있고, 신소설의 영향권 아래에서 새롭게 대두된 양식이 아닌 이상, 신소설과 대립되는 개념으로 '구소설'이라 지칭하기보다는 '고소설'이라 지칭하는 것이 타당할 것으로 생각된다. 그렇게 했을 때 근대계몽기 고소설이 차지하는 고소설사적 위상이 보다 분명하게 자리매김 될 수 있을 것이다.

그러면 신작 고소설과 신소설을 구분 짓는 변별적 특질은 무엇인가? 주지하는 바와 같이 신소설은 근대계몽기에 새롭게 나타난 서사양식이지만, 상당부분 고소설의 전통을 계승하고 있는 것이 사실이다. 예컨대 신소설은 전대의 고소설에서 흔히 사용되던 삽화를 광범위하게 물려받고 있으며, 전대 고소설에서 발견되는 기본적인 유형구조를 근간으로 하고 있는 것이다.[10] 이런 까닭에 이해조의 『소양정』 같은 작품은 한동안 신소설로 간주되기도 했다. 따라서 신작 고소설과 신소설을 구분 짓는 근거가 분명하게 마련되어야 할 터인데, 이제까지의 연구에서는 지금 여기의 문제에 대한 관심, 즉 '당시대성'의 유무가 고소설과 신소설을 구별 짓는 준거로 지적되곤 했다.[11] 즉 신소설이 당대 한국사회가 안고 있는 문제를 적극적으로 반영하고

---

9) '신작 구소설'이라는 용어는 조동일이 『한국문학통사』에서 사용한 이래, 이은숙이 거듭 사용해왔다.(이은숙, "신작 구소설 『소양정』, 『소양뎡긔』, 『봉선루』에 나타난 신·구소설의 관련양상", 『고전문학연구』 8집, 고전문학연구회, 1993)

10) 조동일, 『신소설의 문학사적 성격』, 서울대출판부, 1973.

11) 김태준이 신소설의 특질로 '소재의 당시대성'을 지적한 이래, 대다수의 현대문학 연구자들은 이러한 입장을 잇고 있다.

있는 데 비해, 고소설은 그렇지 못하다는 것이다. 그러나 이 논문에서 대상으로 하고 있는 작품에서 알 수 있는 바와 같이, 근대계몽기에 새롭게 창작된 신작 고소설은 신소설 못지않게 당대의 문제에 민감하게 반응하고 있다. 그러므로 '당시대성' 유무가 신작 고소설과 신소설을 가름하는 준거라고 할 수는 없겠다. 오히려 신작 고소설과 신소설을 구분 짓는 가장 큰 특질은 문체와 문장기법의 차이에서 찾을 수 있다. 즉 신소설이 소설사의 발전에 기여한 부분은 문체와 문장기법의 측면에서 고소설에 비해 진전된 면모를 성취했다는 것이다. 예컨대 신소설은 언문일치를 지향하는 구어체를 근간으로 하면서, 설명문을 벗어나 묘사문을 지향하는 쪽으로 나아갔다. 특히 묘사문은 사건이나 사물에 대한 외면 묘사뿐만 아니라 인물의 심리묘사까지도 병행함으로써, 새로운 근대소설의 세계를 여는 일에 기여했다고 할 만하다.[12] 이에 비해 신작 고소설은 전대 고소설과 마찬가지로 문어체를 근간으로 하고 있으며, 사건의 줄거리를 요약하여 제시하는 설명문이 주를 이룬다. 아울러 신작 고소설은 전래의 고소설 형식(예컨대 가문소설, 영웅소설, 우화소설, 몽유양식)을 계승하고 있다. 말하자면 근대계몽기에 새롭게 창작된 작품 가운데, 전래 고소설의 문체 및 형식을 계승하고 있는 작품이 신작 고소설의 범주에 속한다고 하겠다.

근대계몽기는 정치·사회적으로 뿐만 아니라 문학사적으로도 큰 전환기였다. 국제적으로는 구미 열강이 제국주의 단계에 들어서게 되면서 국제질서가 새롭게 재편되고 있었으며, 국내적으로는 중세 체제가 해체되면서 근대사회로 이행하기 위한 다양한 모색이 이루어지던 역사적 전환기였다. 본래 동북아시아는 중국을 중심으로 하나의 대륙세력권을 형성하고 있었으나, 1870년대를 전후하여 제국주의 단계에 들어선 구미 열강이 하나의 해양세력을 이루고 전통적인 국제관계를 위협하기 시작했다. 이와 같은 국제

12) 김영민, 『한국근대소설사』, 솔, 1997, 265쪽.

질서의 변화로 문호를 개방하고 서구의 선진문명을 접하게 된 한국인들은 세계사적 구도 안에서 한국의 위상을 객관적으로 인식하게 되었고, 그것은 중세 체제의 구심력으로부터 벗어나 근대사회로 이행하게 하는 강력한 추동력이 되었다. 여기에 외세의 침탈이라는 민족적 위기까지 교차되면서 전통적인 것과 근대적인 것의 갈등은 더욱 중층적이고도 복합적으로 전개되었다.

이와 함께 문학사에서도 이 시기는 고전문학과 근대문학이 교차되는 과도기였다고 할 만하다. 문학의 모든 양식에서 새롭게 경험한 전환기적 체험과 문제의식을 수용하기에 적합한 형식을 창출하기 위한 다양한 모색이 이루어졌다. 그러나 그것은 전통적 양식의 전면적인 부정을 통해 이루어졌다기보다는, 전통적 양식을 바탕으로 새로운 문제의식을 담기에 적합한 형식으로 혁신하는 방향에서 이루어졌다. 예컨대 전환기적 문제의식을 가장 적극적으로 포착했던 시가양식이라 할 수 있는 시조나 가사양식은 새로운 시대의 문제에 대응하기 위해 형식 및 기법의 혁신을 모색하면서 새로운 시가사의 지평을 열어갔다. 또한 이 시기에 새롭게 창출된 서사양식이라 할 수 있는 단편서사물, 역사전기물, 신소설 등도 기본적으로는 전통적 서사양식-즉 전양식, 우화양식, 몽유양식, 고소설-을 바탕으로 한 것이다. 말하자면 이 시기의 문학사적 단계는 아직 근대적 양식이 하나의 완성된 양식으로 등장하기 이전, 전통적인 것과 근대적인 것이 혼효된 과도적 양식이 그 소임을 맡고 있던 시기라고 하겠다.

이처럼 역사적·문학사적으로 전통적인 것과 근대적인 것이 혼효·갈등하고 있던 이 시기에 고소설은 어떤 경로를 밟으면서 진행되고 있었는가? 근대계몽기에 새롭게 창작된 신작 고소설은 전통적 양식과 문제의식을 그대로 계승한 것과 이 시기 새롭게 직면하게 된 전환기적 문제의식을 담은 것으로 대별해 볼 수 있다. 전자의 경우 대개 필사본으로 전해지고 있기 때문에 그 존재양상을 구체적으로 확인할 수는 없으나, 1912년 이후 활자본

고소설이 대단히 성행했던 사실에 비추어볼 때, 이 시기에도 전통적인 고소설 작품이 여전히 창작되고 있었을 것으로 짐작된다. 그러나 이 시기에 이처럼 고답적인 작품만 재생산되고 있었던 것은 아니다. 고소설은 새롭게 전개되고 있는 역사현실에 민감하게 반응하면서, 전환기적 체험을 담는 그릇으로서의 역할을 충실하게 수행하고 있었다. 이러한 작품들은 그 지향가치에 따라 다시 애국계몽적인 것과 친일개화적인 것으로 나누어 볼 수 있다. 친일개화적인 지향을 보이는 고소설 작품들은 주로 일본 기관지로서의 성격이 짙은 일본인 발행 신문에 연재되었던 것이다. 『한성신보』는 1894년에 창간되어 1906년에 폐간된 신문인데, 현재 우리가 볼 수 있는 것은 1896년에서 1897년까지의 2년분과 1902년과 1904년의 일부분이다. 이상의 기간에 『한성신보』에 연재된 고소설 작품은 총 18편인데, 이 가운데 소설로서의 가치가 인정되는 것은 『신진사문답기』, 『곽어사전』, 『조부인전』, 『목동애전』 등이다. 이 밖의 작품은 불과 1회에서 4회 정도 연재된 짧은 작품으로, 소설로서의 틀을 갖추지 못한 것들이다. 또한 1904년부터 발행된 『대한민보』에는 『관정제호록』, 『일념홍』, 『용함옥』, 『여영웅』, 『반혼향』 등 다섯 편의 작품이 연재되었다. 이처럼 일본인 발행 신문에 연재된 고소설 작품들은 상당수가 친일적 정치이념을 선전하는 데 그 목적을 둔 작품들이다. 『한성신보』나 『대한민보』는 애초 일본의 침략이념을 선전하기 위한 목적으로 발행된 신문이므로, 이러한 신문에 실린 작품들도 기본적으로 해당신문의 논지에서 크게 벗어나지 않았던 것이다.

한편 애국계몽적인 지향을 드러내는 고소설 작품은 필사의 형태로 전승되는 것과 신문에 연재된 것으로 대별해 볼 수 있다. 전자에 해당하는 작품으로는 『정씨복선록』, 『산촌미녀』, 『호섬전』, 『춘몽』, 『홍선격악록』 등이 있으며,[13] 후자에 해당하는 작품으로는 『대한매일신보』에 연재된 『적선여

13) 장효현은 『봉래신선록』도 이 시기에 새롭게 창작된 신작 고소설로 소개한 바 있으나(장효현, "애국계몽기 창작 고전소설의 한 양상", 『정신문화연구』 41호, 1990), 최근 이

경록』, 『青樓義女傳』, 『지구성미래몽』, 『보응』, 『옥랑전』과 『황성신문』에 『神斷公案』이라는 제명아래 연재된 일곱 편의 고소설, 그리고 『대한민보』에 연재된 『화수』 등이 있다. 이밖에 목판본으로 간행된 김광수의 문집 『晩河遺稿』에 실려 있는 한문소설 『晩河夢遊錄』이 있다.

이처럼 근대계몽기 신작 고소설은 전통적인 것, 친일개화적인 것, 그리고 애국계몽적인 것으로 대별해볼 수 있다. 이 논문에서는 이 가운데 애국계몽적 지향을 드러내는 신작 고소설을 논의의 대상으로 삼는다. 이러한 작품들의 존재는 고소설이 역사 현실을 외면하고 통속화의 길을 걸었던 것이 아니라, 격변하는 전환기적 현실에 정면으로 대면하여 자생적인 개혁을 이루어 나갔음을 보여준다는 점에서, 이 시기 고소설사의 새로운 흐름을 주도했다고 할 수 있겠기 때문이다.

이러한 작품 가운데 『홍선격악록』은 1권만 전하고, 『옥랑전』은 한일합방으로 연재가 중단되어 현재 우리가 볼 수 있는 것만으로는 작품의 전체적인 맥락조차 파악하기 어려우므로, 『화수』는 불과 2회에 걸쳐 연재된 단편으로 소설적 틀을 갖추었다고 볼 수 없으므로, 그리고 『춘몽』은 희문의 범주를 크게 넘어서지 못한 것으로 판단되므로 이 논문에서는 다루지 않기로 하겠다.[14)]

작품의 이본 가운데 이가원 한글본 『방운젼』은 1858년에, 한문본 『蓬萊新說』은 1857년에 필사되었음이 밝혀졌다.(심재복, "『봉니신셜녹』에 대하여", 사재동 편, 『한국서사문학사의 연구』 V, 중앙문화사, 1995) 따라서 이 작품은 적어도 1857년 이전에 창작된 작품일 것으로 추정되므로 이 논문에서는 다루지 않기로 하겠다.

14) 이 밖에 김광수의 『만하몽유록』(1907)은 작가 자신이 몽유자가 되어 대한반도와 반도 남쪽의 이상국인 자하도, 중국의 전역, 선계의 무릉도원, 천상계와 지옥계를 넘나들면서, 1907년 당시의 위태로운 상황에 대한 시대인식과 이를 타개해보려는, 그러나 절망감을 되씹어야 하는 작가의 고뇌를 드러낸 작품이다.(장효현, "애국계몽기 고전장편소설의 역사현실 대응") 이런 점에서 이 작품은 마땅히 이 논문에서 다루어야 할 작품이지만, 필자의 부족함으로 부득이 논외로 하게 되었다. 이후 이 작품을 검토하여 이 논문의 내용을 보충하도록 하겠다.

2. 연구사와 연구과제

1990년대에 들어와 근대계몽기에 새롭게 창작된 신작 고소설에 대한 국문학계의 관심이 높아져 가고 있다. 이는 80년대 중반 이래 몇 편의 주목할 만한 신작 고소설들이 새롭게 발굴・소개되기 시작하면서 학계의 지속적인 관심을 모으게 된 사실과도 무관하지 않을 것이다. 이에 따라 학계에서도 우리 소설사의 전개에 있어서 신작 고소설이 차지하는 위상에 대해 좀 더 뚜렷한 인식을 갖게 되었다. 이렇듯 근래에 와서야 이 시기 신작 고소설에 대한 관심이 증폭된 이유는, 이 시기가 고전문학과 근대문학이 충돌하는 접점이어서 비교적 최근까지도 고전문학과 현대문학의 어느 쪽에서도 관심을 얻지 못했던 학계의 사정에 기인하는바 크다고 하겠다.

이제 기존 연구의 양상을 몇 가지 항목으로 나누어 그 흐름을 짚어보고 그것을 바탕으로 앞으로의 연구 방향을 모색해보기로 하자.

첫째, 신작 고소설 연구의 가장 기본적인 토대는 이 시기에 창작된 작품을 발굴하고 정리하는 작업에서 시작되었다. 어느 분야에서나 마찬가지겠지만 자료를 발굴하고 정리하는 작업은 심도 있는 작품분석을 위해 반드시 선행되어야 하는 만만치 않은 과제이지만, 이 시기의 경우에는 특히 그 자료가 신문이나 잡지에 분산되어 실려 있거나 필사본의 경우에는 유일본만 전해지는 경우가 대부분인 까닭에 그 어려움이 더욱 가중되었다.

신문에 연재된 작품 발굴의 단초를 마련하는 작업은 이재선으로부터 시작되었는데, 그는 『황성신문』에 연재된 『신단공안』과 『대한매일신보』에 연재된 『청루의녀전』을 소개했다. 송민호는 이밖에 『대한매일신보』에 연재된 바 있는 『보응』과 『지구성미래몽』까지 보태어 그 줄거리를 소개하고 간단한 내용분석을 덧붙였다. 이후 증천부에 의해 『적선여경록』이 소개됨으로써 이 시기 신문에 연재된 신작 고소설의 전모가 드러나게 되었다.[15)]

한편 필사본으로 전하는 신작 고소설의 발굴은 신문에 연재된 것보다 훨씬 늦게야 이루어졌다. 이종주에 의해 처음 『산촌미녀』가 소개된 이래, 장효현에 의해 『정씨복선록』과 『춘몽』이, 임성래에 의해 『호섬전』이, 임형택에 의해 『홍선격악록』이 소개되었다.[16] 이처럼 최근 필사본으로 전하는 신작 고소설이 여러 편 새롭게 발굴·소개되었으나, 아직 그 전모가 모두 밝혀졌다고 할 수는 없다. 고소설의 자생적인 개혁을 보여주는 작품의 발굴이 앞으로도 지속적으로 이루어져야 할 것이다.

둘째, 근대계몽기 신작 고소설 가운데는 구비설화를 토대로 했거나 중국 화본소설을 번안·개작한 작품이 상당수 있는데, 그 소설화과정과 번안·개작과정을 밝히기 위한 작업이 이루어졌다.[17] 이와 같은 작업을 통해 대상 작품의 형성경로는 어느 정도 밝혀졌다고 할 수 있으나, 설화가 소설로 전

---

15) 이재선, 『한국개화기소설 연구』, 일조각, 1972.
송민호, 『한국개화기소설의 사적 연구』, 일지사, 1975.
증천부, "한국소설의 명대화본소설의 연구", 부산대 박사학위논문, 1995.

16) 이종주, 『여항소설』, 시인사, 1984.
장효현, "애국계몽기 창작 고전소설의 한 양상-신자료의 소개를 중심으로", 『정신문화연구』 13권 4호, 1990.
임성래, "『호섬전』에 대하여", 한국고소설연구회 편, 『한국고소설의 조명』, 아세아문화사, 1990.
임형택, "20세기 초 소설의 신구양식의 관련양상", 양포이상택교수환력기념 간행위원회 편, 『한국고전소설과 서사문학(상)』, 집문당, 1998.

17) 증천부, "한국소설의 명대의화본소설 수용의 일고찰", 부산대 석사학위논문, 1988.
이재춘, "『청루의녀전』 연구", 『어문학』 50, 한국어문학회, 1989.
손병국, "한국고전소설에 미친 명대화본소설의 영향-특히 『삼언』과 『이박』을 중심으로", 동국대 박사학위논문, 1990.
유연환, "한국고전번안소설의 연구", 고려대 박사학위논문, 1990.
증천부, "한국소설의 명대화본소설 수용연구", 부산대 박사학위논문, 1995.
이헌홍, 『한국송사소설 연구』, 삼지원, 1997.
임성래, "『호섬전』에 대하여", 한국고소설연구회편, 『한국고소설의 조명』, 아세아문화사, 1990.
정출헌, "조선후기 우화소설의 사회적 성격", 고려대 박사학위논문, 1992.
민 찬, "『호섬전』 연구", 『국문학연구』, 서울대 국문학연구회, 태학사, 1998.
정훈식, "『김봉본전』의 구조와 서사적 전통", 부산대 석사학위논문, 1997.
정환국, "『신단공안』 제7화 『어복손전』 연구", 성균관대 석사학위논문, 1994.

화되면서 혹은 중국 화본소설이 번안·개작되면서 갈등구조 및 서술시각이 어떻게 변모되는지, 그리고 이와 같은 변모가 지니는 당대적 의미가 무엇인지를 밝히는 작업은 제대로 이루어지지 못했다. 따라서 대상 작품의 형성과정을 살핌에 있어, 설화나 중국 화본소설이 어떤 시각에서 선택되었으며, 소설로 전화되면서(혹은 개작·번안되면서) 어떤 성향의 의식을 투영하게 되었는가에 대한 고찰이 이루어져야 할 것이다. 그래야만 이러한 작품이 지니는 당대적 의미가 분명하게 드러날 수 있을 것이다.

셋째, 근대계몽기 신작 고소설이 이전 시기 고소설의 형식과는 어떻게 이어지고 단절되는지가 논의되었다. 이 작업은 주로 이 시기 신작 고소설이 이전 시기의 고소설 형식 가운데 어떤 전통을 잇고 있는가를 해명하는 방향에서 이루어졌다. 이를 통해 『정씨복선록』은 가문소설의 전통과 가문소설로부터 분화되어 성립한 영웅소설의 전통을 이었고,[18] 『산촌미녀』는 남녀이합형 주지를 담고 있는 영웅소설을 계승했으며,[19] 『김봉본전』은 전의 서술원리를 수용하고 있다는 사실이 밝혀졌다.[20] 이로써 이 시기 소설사의 전개에 있어서 전통적 양식이 강고한 영향력을 미치고 있다는 사실이 밝혀졌다고 할 수 있다. 그러나 전통적 양식이 새로운 시대의 문제에 대응하기 위해 이루어낸 자생적 변용에 대한 문제를 해명하는 데까지 나아가지는 못했다. 따라서 근대계몽기 신작 고소설의 형식이 전통을 바탕으로 어떠한 자생적 변용을 이루게 되었는지, 그것은 어떤 계층의 시각과 결합되어 있는지, 그리고 동시대의 다른 서사양식과는 어떠한 관련을 맺고 있는지가 구체적으로 밝혀져야 할 것이다.

넷째, 근대계몽기 신작 고소설 연구의 가장 핵심적인 작업은 신작 고소설의 작품세계와 그것의 현실대응적 성격을 해명하는 것이라 할 수 있다. 이

---

18) 장효현, 앞의 논문.
19) 이종주, 앞의 책.
20) 정훈식, 앞의 논문.

러한 작업은 비교적 당대적 문제를 직접적으로 형상화한 『정씨복선록』이나 『산촌미녀』와 같은 작품을 중심으로 이루어졌다.[21] 그런데 이 두 작품은 우언적 성격이 짙은 작품이어서, 논자에 따라 작중 세계 및 등장인물에 투영된 역사 현실을 해석하는 데 있어서 각기 상이한 의견이 제출되었다. 또한 『호섬전』과 같은 우화소설이나 『적선여경록』, 『청루의녀전』, 『보응』, 『신단공안』 1화, 2화, 3화, 5화, 6화처럼 중국 문언소설을 번안·개작한 작품의 경우, 그 작품세계와 이 시기 역사현실과의 관련양상이 명확하게 해명되지 못했다. 따라서 대상작품이 어떻게 당대의 문제적 현실을 형상화하고 있는가, 그리고 거기에는 어떤 계층의 시각이 투영되어 있는가에 대한 보다 면밀한 고찰이 이루어져야 할 것이다. 이러한 작업을 통해서 신작 고소설의 현실대응적 성격은 물론, 그것이 어떤 계층의 세계관과 결합되어 있는가가 해명될 수 있을 것이다. 이를 위해서는 아직 미흡한 수준에 머물러 있거나, 연구대상에서 누락되어 있었던 개별 작품에 대한 심층적인 분석이 명확하게 이루어져야 할 것이며, 그러한 바탕 위에서 당대 현실인식 층위의 여러 측면을 대비·고찰할 수 있을 것이다.

이상에서 이제까지 이루어진 연구 성과를 간략히 검토하면서 구체적인 연구과제들을 설정해보았다. 이 논문은 이와 같은 기존의 연구 성과를 비판적으로 수용하면서 다음과 같은 순서로 논의를 진행하고자 한다.

우선 Ⅱ장에서는 근대계몽기의 역사적 성격과 이 시기에 새롭게 산생된

---

21) 장효현, "애국계몽기 고전장편소설의 역사현실 대응", 사재동 편, 『한국서사문학사의 연구』 V, 중앙문화사, 1995.
김익환, "『정씨복선록』 연구", 배재대 석사학위논문, 1995.
임형택, "20세기 초 소설의 신구양식의 관련양상", 양포이상택교수환력기념 간행위원회 편, 『한국고전소설과 서사문학(상)』, 집문당, 1998.
이종주, 앞의 책.
진경환, "반식민지 시기 고소설의 한 양상-『여항소설』 중 『산촌미녀』를 중심으로-", 고전문학연구회 발표요지, 1989.
이은숙, "항일우의 신작구소설 연구", 한국학대학원 박사학위논문, 1994.

다양한 서사문학 양식의 존재양상 및 그 위상을 검토함으로써 근대계몽기의 역사적·소설사적 전환기로서의 특질을 살펴보고, 신작 고소설의 현실대응적 성격을 검토하기로 하겠다. 우선 근대계몽기가 역사적으로나 소설사적으로 중세와 근대, 전통과 혁신이 중층적으로 공존하며 대립·갈등하는 전환기였음을 밝히고, 이러한 전환기적 체험을 소설에 담아내는 데 적극적이었던 신작 고소설의 현실대응적 성격을 개관함으로써, 이 시기 신작 고소설을 이해하기 위한 예비적 틀을 마련하기로 하겠다.

Ⅲ장에서는 근대계몽기 신작 고소설 가운데 이 시기의 전환기적 현실을 짙게 반영하고 있는 작품을 대상으로 하여 그 작품세계와 역사적 의미를 살펴보고자 한다. 여기서는 현실인식의 층위를 네 측면으로 분류하여 논의를 전개하기로 하겠다. 즉 근대적 국가상의 모색, 정체성의 혼란, 전근대적 의식 및 제도의 청산, 민족적 위기의식이 어떻게 소설로 형상화되고 있는지, 그리고 여기에는 어떤 계층의 시각이 투영되어 있는지 살펴보기로 하겠다. 이를 통해 이 시기 신작 고소설의 현실인식의 층위와 그 차이점이 밝혀질 것이다. 특히 각 작품분석에서는 이 시기 신작 고소설의 연구가 아직 출발단계인 점을 고려하여 대상 작품의 작가 및 창작시기를 해명하는 데도 관심을 기울이기로 하겠다. 그리고 구비설화나 중국 문언소설을 토대로 형성된 작품의 경우에는 그 관련양상을 검토함으로써 대상 작품의 형성과정을 추적하기로 하겠다.

Ⅳ장에서는 근대계몽기 신작 고소설을 창작한 작가층의 성격 및 현실인식의 특질을 밝히고, 동시대의 서사양식인 신소설 및 역사전기소설의 그것과 비교·검토하기로 하겠다. 그리고 신작 고소설이 당대의 문제에 대응하기 위해 전통적 서사양식을 어떻게 계승하고 변용했는가를 추적함으로써 신작 고소설의 양식 특질을 밝히는 한편, 동시대 서사문학과의 관련양상을 살펴보기로 하겠다. 이렇게 함으로써 신작 고소설이 근대계몽기 서사문학상에서 차지하는 소설사적 위상을 조망하도록 하겠다.

Ⅱ. 근대계몽기 서사문학의 성격과 신작 고소설의 현실대응적 성격

근대계몽기의 역사적 상황을 한 마디로 요약한다면 역사적 전환기였다고 할 수 있다. 18, 19세기 동안 생산력의 발전, 상품 화폐 경제의 발달, 중세적 신분제의 동요 등 중세 해체의 조짐이 꾸준히 진행되었지만, 한국은 자율적으로 근대 사회로 이행할 단계에 이르지는 못했다. 이와 같은 단계에서 한국은 외세의 강요에 의해 문호를 개방하게 되고, 문호의 개방과 함께 서양의 선진문화의 세례를 받게 되었다. 서구의 선진문명을 접하게 된 한국인들은 세계사적 구도 안에서의 한국의 위상을 객관적으로 인식하게 되었으며, 그것은 문명개화, 근대화에 대한 욕구로 이어졌다. 그 동안 견고하게 유지되어 오던 중세체제의 이념적, 물리적 구심력이 결정적으로 와해되고, 정치, 사회, 문화, 교육 등 모든 부문에서 새로운 질서 및 체제를 구축해야 하는 역사적 소임을 지게 되었던 것이다. 말하자면 근대계몽기는 중세와 근대가 격렬하게 충돌했던 접점의 시기로, 중세적 구심력으로부터 벗어나 근대사회로 나아가는 역사적 전환기였다고 할 수 있다.

그런 만큼 근대계몽기는 사회의 모든 부문에서 전통적인 것과 근대적인 것이 치열하게 갈등하고 혼효되었던 시기였다. 예컨대 외부의 물리적 압력에 의해 서구의 문화충격에 노출되었던 이 시기 지식인이 그 극심한 혼란의 상황에 대처했던 다양한 방식은 이 시기에 전통적인 것과 근대적인 것이 얼마나 치열하게 갈등하고 있었는지를 단적으로 보여준다. 전통적 질서를 포기할 수 없다는 전제 아래 외부로부터의 모든 압력에 끝까지 저항하는 것으로 새로운 시대의 흐름에 대응했던 측이 있었는가 하면, 전통적인 것을 모두 포기하고 근대적인 것을 수용하는 데 적극적이었던 측이 있었다. 그리고 그 한편에는 전통적인 것에 바탕하여 근대적인 것을 선별하여 수용함으로써 주체적인 입장을 견지하려던 측이 있었던 것이다.

이처럼 오랜 기간 중화주의적 세계관에 익숙해 있었던 한국인에게 있어서 서구의 충격은 그 자체만으로도 힘겨운 도전이 아닐 수 없었다. 그러나 서구의 충격은 문화적인 도전에 그친 것이 아니었다. 그것은 국가의 존속, 민족의 생존을 위협하는 경제적·정치적 도전이기도 했다. 토착자본이 경제적 영향력을 미칠만한 조건을 갖추지 못한 단계에서 외세의 강요에 의해 문호가 개방됨으로써 한국의 산업구조는 제국주의 국가의 자본과 상품의 침투 앞에서 무력하게 무너져갔다. 제국주의 국가들은 광산, 산림, 철도 등 주요 경제적 이권 침탈에 본격적으로 손을 뻗치고, 불평등 조약을 근거로 저마다 기회균등을 내세우며 주요 산업의 이권을 빼앗았다. 뿐만 아니라 청일전쟁에서 승리한 일본은 조선에 배타적인 지배권을 확립하고 한국을 식민지화하기 위해 집요하게 접근했다. 서양의 선진 문물을 재빠르게 흡수함으로써 서구제국주의 경계 안으로 편입한 일본은 군사력을 확충하여 식민지를 건설하고 제국주의로 전화하기 위하여 온갖 노력을 다하고 있었던 것이다. 따라서 한국으로서는 제국주의의 위협으로부터 국가를 수호해야 한다는 절박한 당면과제를 떠안게 되었다.

이렇듯 유례없는 위기상황에 직면하여 이를 돌파하기 위한 움직임이 다양하게 표출되었는바, 그것은 의병운동과 계몽운동으로 대별될 수 있다. 민비시해와 단발령에 격분한 지방 유생의 항거로 시작되었던 의병운동은 일체의 근대적 변혁을 부정하면서 중세체제 및 질서의 부활만이 외세로부터 국가와 민족을 보존할 수 있는 유일한 해결책이라고 주장하였다. 이 시기의 의병운동은 그 지향점이 중세적 성격에서 벗어나지 못한 것이기는 하지만, 외세의 침략의도를 정확하게 인식하고 대응했다는 점에서 그 의의가 인정된다고 하겠다. 이처럼 반일, 반개화론을 앞세워 시작된 위정척사적 의병운동은 잠시 주춤하다가, 을사조약, 한일신협약의 체결을 계기로 척사보다는 국권회복의 중요성을 강조하는 항일투쟁으로 전환되게 된다. 일본의 침략에 의해 야기된 민족적 모순이 전면에 부각됨에 따라 일본에 대한 적대감이 강화되었고, 의병운동은 보다 광범위한 계층을 포괄하는 전 민족적인 반일 저항운동으로 발전하게 된 것이다.

이처럼 무력을 통한 반일저항운동이 전개되는 동안, 다른 한편에서는 지식인을 중심으로 한국이 처한 위기의 근본적 원인을 찾아내고 그 대안을 제시하기 위한 계몽운동이 전개되었다. 독립협회로부터 시작된 개혁·계몽운동은 이후 언론출판운동, 교육운동, 식산흥업운동 등 다양한 방식으로 전개되었다.

이 가운데 가장 주도적인 역할을 한 것은 『독립신문』을 필두로 잇따라 창간되었던 근대적 신문을 통해 이루어진 계몽운동이라 할 수 있다. 1896년 『독립신문』이 발간된 이래, 1898년에는 『매일신문』, 『제국신문』, 『황성신문』 등이 잇따라 창간되었다. 더욱이 1904년 이후에는 『대한매일신보』, 『만세보』, 『중앙신보』, 『경향신문』, 『대한민보』 등 무려 17종에 이르는 신문들이 창간되었으며, 당시 조직된 수많은 계몽운동 단체들도 각기 잡지를 창간하여 계몽운동의 중심에 서게 되었다. 계몽지식인들은 한국의 당면한 과제를 분석하고 새로운 지식을 전파할 공간을 필요로 했고, 신문과 잡지라는 근대적 언론매체는 이와 같은 요구를 충족시켜 줄 수 있는 중요한 매체로 기능하고 있었던 것이다.

신문을 중심으로 한 근대적 출판물이 근대계몽기 서사문학의 형성에 끼친 영향은 지대한 것이었다. 우선 신작 고소설을 포함한 근대계몽기 서사문학의 상당수가 신문을 통해 발표된 데서 알 수 있는 바와 같이, 신문은 근대계몽기 서사문학의 발표 매체로서의 역할을 충실히 수행했다고 할 수 있다. 예컨대 신작 고소설 및 신소설에서 이광수의 『무정』에 이르기까지, 양적으로 가장 많은 작품을 발표한 매체가 신문이었다. 이는 이 시기 서사문학의 전개에서 차지하는 신문의 역할이 얼마나 큰 것이었는지를 단적으로 보여주는 것이다. 다음으로 신문이 근대계몽기 서사문학의 형성에 끼친 영향은 근대적 개혁과 민족주권의 수호라는 시대정신을 일반대중에게 계몽하는 데 지대한 공헌을 했다는 것이다. 이와 같은 계몽운동을 통해 일반대중도 정치적 시야를 넓히고 사회적 담론에 적극적으로 참여하는 주체로 성장할 수 있었다. 이는 신문의 독자들이 독자 투고란이라고 할 수 있는 '寄書'란, '詞藻'란에 자신의 입장을 적극적으로 개진하였던 데서 확인할 수 있다. 예컨대 『황성신문』은 원래 '기서'란과 '사조'란이 없었는데, 창간한지 1년이 지난 1899년, 지면을 확장하면서 '기서'란을 게재하게 된다. 당시의 사설에는 독자의 요구에 의해 '기서'란과 '사조'란을 새롭게 만들게 된 사정이 상세하게 밝혀져 있다.

> 近頃에 及至ᄒᆞ야는 內外國 紳士의 有味ᄒᆞᆫ 寄書와 警詞와 外他 營業上 諸般廣告ᄅᆞᆯ 連踵接袂ᄒᆞ야 本報에 請載ᄒᆞᆷ이 許多ᄒᆞ오니 本社 義務上에 개然히 遜却ᄒᆞ기 果難ᄒᆞᆯ ᄲᅮᆫ더러 事業의 漸次 興旺ᄒᆞᆷ을 깁히 感悅ᄒᆞ와 本日 第二百六十號를 爲始ᄒᆞ야 社務ᄅᆞᆯ 更張ᄒᆞ고 紙面도 廓大ᄒᆞ며 欄數도 增加ᄒᆞ고 其部門의 種類도 以上六件外에 寄書와 詞藻와 拾遺 等件 材料를 添排ᄒᆞ야 發刊ᄒᆞ오니 (『황성신문』, 1899.11.13)

이 인용문에서 알 수 있는 바와 같이 『황성신문』은 독자들의 투고가 늘게 되면서 '기서'란, '사조'란을 만들어 독자의 글을 싣게 된다. 그리고 이와 같은 사정은 다른 신문도 마찬가지였다. 이러한 현상은 각성한 일반대중의 정치적 · 사회적 참여 욕구가 얼마나 강렬하게 분출되었는가 하는 사정을 짐작할 수 있게 해준다. 말하자면 신문은 시대정신을 일반대중에까지 전파하고 계몽하는 데 지대한 역할을 전담했다 할 만하며, 결과적으로 이러한 분위기는 근대계몽기 서사문학의 주제의식을 형성한 토대가 되었다고 할 수 있다.

그러면 근대계몽기에는 어떠한 서사양식이 문학사 위에 출현하여 시대의 문제를 담아내고 있었는지 보기로 하자. 19세기 후반과 구별되는 근대계몽기의 서사문학사적 징후가 나타나기 시작하는 것은 바로 신문이라는 매체를 통해서였다. 중세해체와 외세침탈이라는 전환기적 체험이 미처 소설양식으로 형상화될 기회를 얻지 못한 단계에서, 신문의 논설란을 통해 다양한 형태의 서사문학적 성격을 띤 단편서사물[22]이 게재되기 시작했던 것이다. 애초 신문 논설의 필자들은 현실의 긴박한 문제를 전파하고 계몽할 목적에서 글쓰기를 시작하였으나, 자신의 생각에 설득력과 대중성을 부여하기 위해 서사적 요소를 이용하면서 단편서사물이 출현하게 된 것이다. 예컨대 전래하는 일화나 소화와 같은 야담류, 혹은 우화 가운데 일부를 차용하여 새로운 의미를 부여함으로써 현실적 문제를 보다 효과적으로 전달하고자 했다. 이후 단편서사물은 『향객담화』, 『소경과 안즘방이 문답』, 『향로방문의생이라』, 『거부오해』처럼 논설이면서도 그 창작 의식이 점차 서사의 측면으로 옮겨간 작품들로 발전하게 되었다.[23]

다음으로 근대계몽기에 새롭게 출현한 서사양식으로 주목되는 것은 역사전기소설이다. 역사전기소설은 크게 『애국부인전』(장지연, 1907), 『서사건

22) 근대계몽기 신문에 실린 논설 가운데 서사적 요소가 강하게 드러나는 글을 '단편서사물'로 통칭하기로 한다.(한기형, 『한국 근대소설사의 시각』, 소명출판, 1999, 17-21쪽) 이와 같은 글을 지칭하는 용어로는 김영민이 '서사적 논설'과 '논설적 서사'의 두 단계로 구분하여 지칭한 예가 있으나, 이와 같은 글을 통칭하기에는 '단편서사물'이라는 용어가 보다 적합할 것으로 판단되므로, 본고에서도 이 용어를 쓰기로 하겠다.

23) 김영민, 『한국근대소설사』, 솔, 1997, 77-79쪽.

국지』(박은식, 1907), 『이태리건국삼걸전』(신채호, 1908)과 같이 외국의 역사적 영웅들의 사적을 다룬 작품을 번역, 번안한 것과 『을지문덕』(신채호, 1908), 『강감찬전』(우기선, 1908), 『이순신전』(신채호, 1908), 『최도통전』(신채호, 1909), 『천개소문전』(박은식, 1911)과 같이 우리의 영웅적 인물의 사적을 다룬 창작물로 대별된다. 이와 같은 역사전기소설은 제국주의에의 저항과 근대적인 국가건설이라는 당시의 시대적 과제에 부응하여 애국계몽사상을 고취하려는 의도에서 이루어진 것이었다.[24] 이 시기 역사전기소설을 창작하는데 주도적으로 참여했던 박은식과 신채호의 다음과 같은 글은 이들이 어떤 의도에서 소설을 창작하게 되었는지를 여실히 보여준다.

> 夫小說者는 感人이 最易ᄒᆞ고 人人이 最深ᄒᆞ야 風俗階級과 敎化程度에 關係가 甚鉅ᄒᆞᆫ지라. 故로 泰西哲學者가 有言ᄒᆞᄃᆡ 其國에 入ᄒᆞ야 其小說의 何種이 盛行ᄒᆞᄂᆞᆫ 것을 問ᄒᆞ면 可히 其國의 人心風俗과 政治思想이 如何ᄒᆞᆫ 것을 覩ᄒᆞ리라 ᄒᆞ엿스니 善哉라 言乎여 所以로 英法德美 各國에 學塾이 林立ᄒᆞ고 書樓가 雲擁ᄒᆞ야 一切 牖民進化의 方法이 至矣盡의로ᄃᆡ 小說의 善本으로써 匹夫匹婦의 警鐘과 獨立自由의 代表를 作하고 東洋의 日本도 維新之時에 一般學士가 皆於小說에 汲汲用力하야 國性을 培養하고 民智를 開導하였으니 其爲功也 顧不偉哉아[25]

> 嗚呼라 英雄豪傑의 軀體를 助하여 天下事業을 婦孺徒卒 等 下等社會로 始하여 人心轉移하는 能力을 具한 者는 小說이 是니 然則 小說을 是豈易視할 배인가? 萎靡淫蕩的 小說이 多하면 其國民도 此의 感化를 受할지며 俠情慷慨的 小說이 多하면 其國民이 此의 感化를 受할지니 四儒의 云한 바 小說은 國民의 魂이라 함이 誠然하도다.[26]

---

24) 강영주, 『한국 역사소설의 재인식』, 창작과 비평사, 1991, 33쪽.
25) 박은식, 『서사건국지』 서.

박은식, 신채호가 소설에 주목했던 것은 '소설이 사람을 감동시키기 가장 쉽고, 감동이 사람을 끌어들이는 정도가 가장 깊고', '사람의 마음을 움직이는 능력을 갖춘 것'으로 인식했기 때문이다. 소설은 애초 한문을 해독할 수 있는 소수의 지식인층만이 독점하는 고급양식으로 소설사에 등장하였다. 그러던 것이 대중적 취향에 호응하는 대중소설이 출현하게 됨에 따라, 소설은 보다 폭넓은 계층의 독서물로 자리잡게 되었다.[27] 박은식, 신채호와 같은 계몽지식인은 소설이 지닌 이와 같은 대중적 흡인력을 정확하게 인식하고, 이를 대중계몽의 수단으로 활용하고자 한 것이다. 말하자면 역사전기소설은 소설이 지닌 강력한 대중적 흡인력과 계몽적 의도가 결합하여 산출된 것이다.

그러나 역사전기소설의 작가층이었던 계몽지식인들은 근대적인 소설양식을 미처 접하지 못했거나 이에 익숙지 못했던 인물들이었다. 그래서 이들은 전대의 서사문학, 즉 傳양식을 차용하여 자신들의 의도를 표현하려고 하였다. 전이란 본래 귀감이 되거나 경계가 될 만한 인물의 생애와 행적을 통해 삶의 참된 도리를 제시하기 위해 쓰인 것이다. 이런 점에서 전은 당시 우리 민족에게 귀감이 될 만한 영웅적인 인간상을 제시함으로써 민족적 위기를 해결하고자 했던 역사전기소설 작가층의 의도에 부합하는 것이었다고 하겠다. 그러나 전통적인 서사양식에 근대적인 인간의 전형을 담아내기에는 그 자체 많은 한계를 지닐 수밖에 없었다. 역사전기소설은 계몽적 글쓰기의 요청에 의해 산생되었지만, 그에 걸맞은 형식을 갖추는 데는 이르지

26) 신채호, "近今 國文小說 著者의 注意", 『대한매일신보』, 1908.7.8.

27) 17세기 후반 『구운몽』, 『창선감의록』을 필두로 하는 국문 장편가문소설이 등장하여, 18, 19세기에 걸쳐 상층 사대부계층을 중심으로 발전하게 되었고, 18세기 후반에 이르러서는 장편가문소설로부터 파생되었다고 볼 수 있는 영웅소설이 하나의 군집을 이루며 나타나 대중적 취향에 호응하는 대중소설로서의 위치를 확고히 하게 된다. 이렇게 됨에 따라 근대계몽기에 들어서기 이전에 이미 고소설은 폭넓은 계층의 독서물로 자리잡게 되었다.

못했던 것이다.

이런 점에서 서사단편물과 역사전기소설은 동일한 소설사의 단계에 놓인 서사양식이라고 할 수 있다. 즉 두 양식은 근대소설이 하나의 완성된 양식으로 등장하기 이전 단계에서 전통적인 서사양식과 전환기적 체험 및 문제의식이 결합하여 산생된 과도적 서사양식이라고 하겠다. 계몽적 글쓰기에 대한 요청이 확산되면서 이와 같은 과도적 서사양식이 출현하게 되었던 것이다.

이처럼 서사단편물이나 역사전기소설은 대중계몽을 위한 수단이 될 수 있었을지 모르지만 보다 폭넓은 독자들의 수준과 요구에 걸맞은 형식적 특성을 갖춘 것은 아니었다. 즉 서사단편물과 역사전기소설은 기본적으로 계몽적 의도에서 출현한 서사양식이었으므로, 이러한 서사양식으로는 전환기적 체험과 문제의식이 당위적인 형태로 제기될 수밖에 없었다. 그러므로 이미 통속적인 읽을거리에 익숙해 있었던 독자들의 대중적인 취향에 호응할 수 없었다. 혼돈되고 불확실한 역사적 전환기에 직면한 독자들은 자신들이 기대하고 염원하는 이상을 확신시켜주면서 흥미를 유발할 수 있는 대중적인 서사양식을 기대하고 있었던 것이다. 이와 같은 요청에 부응하여 출현한 것이 신소설이다.[28] 그런 만큼 신소설은 독자들의 기호에 민감하게 반응할 수밖에 없었으므로, 독자들에게 여전히 상당한 위력을 발휘하고 있던 고소설의 흥미위주의 사건구조를 전승하면서 호기심을 더욱 자극하는 방향으로 손질하고,[29] 고소설에서 흔히 사용하던 삽화를 광범위하게 물려받으면서 독자들의 시선을 끌려고 했다.[30]

---

28) 한기형, 앞의 책, 52-53쪽.

29) 예컨대 '행복-고난-행복'의 고소설 구조를 그대로 계승하면서, 처음에 고난이 오도록 서술의 순서를 바꾸었다. 그렇게 함으로써 독자로 하여금 결과로부터 원인을 추적하도록 하여 소설을 읽는 재미를 더하도록 하였다.(조동일, 『신소설의 문학사적 성격』, 서울대 출판부, 1973, 146쪽)

30) 신소설이 고소설과 밀접한 관련을 가지고 있다는 사실은 조동일의 『신소설의 문학사적 성격』에서 자세하게 고찰되었다.

그러나 초기 신소설 작가들은 소설가이기에 앞서 계몽주의자들이었다.[31] 따라서 이들은 소설을 통해 새로운 시대가 요구하는 삶의 전망을 계몽해야 한다는 작가로서의 사회적 역할에 대한 의무감에 견인되어 있었다. 이는 남녀평등, 자유결혼, 미신타파, 풍속개량, 외국유학 등 새로운 삶의 가능성에 대한 관념들이 신소설에 빠짐없이 등장하고, 종종 이와 같은 관념들이 작품 전개와는 무관하게 돌출적으로 제시되고 있다는 사실에서도 확인할 수 있다.[32] 말하자면 신소설도 기본적으로 사회변혁과 대중계몽의 역할을 자임하고 있었던 셈이다.

이처럼 근대계몽기에는 전환기적 역사체험과 근대적 이상을 담기에 적합한 서사양식의 모색이 다양하게 이루어지고 있었으며, 이러한 모색의 중심에는 사회변혁과 대중계몽에 대한 진지한 관심이 자리하고 있었다.

그러면 이와 같은 역사적·소설사적 상황에 직면하여 고소설은 어떻게 대처했는지 보기로 하자. 19세기 후반에서 20세기 초엽에 이르는 우리 소설사의 전개양상은 아직 그 실체가 완벽하게 드러났다고 할 수는 없다. 고소

---

31) 이인직은 『국민신보』, 『만세보』에 관계하면서, 이해조는 대한협회와 기호흥학회 등의 사회단체에 가담하여 신학문의 소개와 민중계몽운동에 나서기도 하였고, 한때 『매일신보』 등의 언론기관에도 관계하면서 계몽지식인으로 활동했던 인물이다. 물론 이인직은 이완용 내각의 기관지 『대한신문』의 사장으로, 일본 제국주의의 하수인 노릇에 분주했던 인물임에 틀림없다. 최원식은 이인직의 이와 같은 면모에 주목하여 이인직을 애국으로 위장한 친일지식인으로 평가하였다.(최원식, 앞의 책, 12쪽) 그러나 그의 이와 같은 친일적 전력에도 불구하고 그가 보인 근대화에 대한 신념과 열망은 분명히 근대 초기 계몽지식인으로서의 사회적 역할에 대한 의무감으로부터 비롯된 것임을 부인할 수 없다. 이런 의미에서 이인직과 이해조는 급진개화파냐 온건개화파냐 혹은 문명개화론자냐 동도서기론자냐 하는 차이가 있었을 뿐, 모두 근대 초기 계몽문학의 담당자로서 서 있었다는 평가에 주목할 필요가 있다.(이상경, "『은세계』 재론", 『민족문학사연구』 5호, 민족문학사연구소, 1994, 76쪽)

32) 예컨대 『혈의루』, 『모란병』, 『은세계』 등은 등장인물이 근대화의 이상을 품고 미국으로 유학하는 것으로 결말을 삼고 있는데, 이와 같은 설정이 작품의 내적 질서와는 무관하게 돌출적으로 제시된다. 이는 작가가 자신이 믿고 있던 근대적 삶의 가능성에 대한 이상을 선전하고자 하는 집념이 지나치게 작용한 결과라고 할 수 있다.

설에서 신소설로의 이행이 이 시기의 가장 큰 변화이지만 소설사의 실상은 다양한 굴곡을 형성하고 있었음에 틀림없다. 이런 점에서 근대계몽기에 새롭게 창작된 신작 고소설의 존재는 주목받아 마땅하다고 하겠다.

이 논문에서 대상으로 한 신작 고소설의 특징적 면모는 당시의 사회적 모습을 뚜렷이 반영하고 있다는 것으로 요약될 수 있다. 그 관심의 영역도 매우 넓어서, 시대적 과제로 떠올랐던 근대적 국가 건설의 문제, 정체성 혼란의 문제, 전근대적 의식 및 제도의 청산 문제, 국권수호의 문제 등이 소설로 형상화되었다.

우선 근대적 국가 건설이라는 문제는 이 시기 한국이 직면했던 사회적 문제 가운데 가장 핵심적이고도 근원적인 과제였다고 할 수 있다. 구조선이 붕괴하고 대한제국이 성립된 것을 계기로 전통적 국가체제를 대신할 새로운 체제의 성격이 어떠해야 하는가 대한 논쟁이 이루어지기 시작했던 것이다. 대한제국이 성립한 이듬해인 1898년 연초부터 대한제국의 정치체제를 둘러싸고 개화파인 독립협회와 집권한 친러수구파 사이에는 첨예한 정치적 논쟁이 전개되었다. 독립협회는 대한제국이 전제군주제에서 벗어나 입헌대의군주제로 나아가야 한다고 주장했고, 친러수구파는 독립협회의 입헌대의군주제로의 개혁안을 반대하고 전제군주제를 그대로 유지해야 한다고 주장했다. 결국 대한제국의 정치체제에 대한 논쟁과 대립은 수구파의 승리로 귀결되어, 대한제국은 전제군주국가로의 길을 가게 되었지만, 이것으로 정치체제에 대한 논쟁까지 마무리된 것은 아니었다. 이후에도 이상적인 정치체제의 성격에 대한 논쟁은 신문이나 잡지를 통해 지속적으로 이루어졌다. 이처럼 그 정치적 입장에 따라 다소의 차이가 있기는 했지만, 개화파든 수구파든, 동도서기든 서도서기든 이 시기에 제출된 모든 담론은 근본적으로 자주적 근대국가를 건설해야 한다는 절대 명제로 수렴되었다. 사실 이 시기에 자주 거론되었던 '자주개화'니 '부국강병'이니 하는 문제도 궁극적으로는 이 문제와 직결되는 것이었다. 이와 같은 문제를 소설화한 작품이 바로 『정씨복선록』과 『산촌미녀』이다.

한편 개항 이후 빠른 속도로 유입된 서구 문명으로 인해 한국적인 생활과 사고방식이 뿌리째 흔들리고 전통에 대한 신뢰심이 송두리째 무너지게 되면서, 국민 정신을 하나로 통어할 이념 체계의 필요성이 어느 때보다 중요한 문제로 제기되었다. 그 대안으로 주목된 것은 다름 아닌 유교적·전통적 윤리의식이었다. 새로운 이념체계를 확립하지 못한 단계에서 전통적 윤리의식을 새롭게 재인식함으로써 정신적 구심력을 찾고자 했던 것이다. 이와 같은 당대의 문제를 반영하고 있는 작품이 『적선여경록』, 『청루의녀전』, 『보응』, 『신단공안』 1화, 2화, 3화, 5화, 6화이다.

다음으로 이 시기에는 전근대적 제도 및 의식이 청산이 전면적으로 요망되고 있었다. 여전히 완고하게 자리하고 있는 전근대적 제도 및 의식은 근대적 변혁의 가장 큰 걸림돌이었다. 특히 보수적인 양반들은 대다수가 시대의 흐름을 외면한 채 과거로의 회귀를 꿈꾸고 있었는바, 이들의 인식을 변화시켜 근대적 변혁의 장으로 끌어들이는 것이 중요한 문제로 제기되었던 것이다. 『김봉본전』과 『어복손전』은 이와 같은 당대의 문제적 현실을 소설로 형상화한 작품이다.

마지막으로 일본으로부터 국권을 수호해야 한다는 문제가 1907년 한일신협약의 체결을 계기로 중요한 민족적 과제로 떠오르게 된다. 1907년에 이르면 공식적인 수순만을 남겨 놓았을 뿐, 한일합방은 기정사실화되어 가고 있었다. 이에 따라 1907년에서 한일합방까지의 시기에는 민족의 운명을 걱정하고 국권을 수호해야 한다는 항일의지를 형상화한 작품이 잇따라 창작되었다. 『호섬전』, 『지구성미래몽』이 그것이다.

이처럼 이 시기의 신작 고소설은 전환기적 역사현실에서 겪은 다양한 역사체험과 당시 한국 사회가 안고 있던 시급한 과제를 생생하고도 풍부하게 반영하고 있다. 이런 점에서 이 시기의 다른 서사양식들이 당대 현실의 문제를 담아내는 데 적극적이었던 데 비해, 고소설은 그렇지 못했다는 기존의 논의는 재고되어야 할 것이다. 이 논문에서 다루게 될 작품에서 알 수 있는 바와 같이 신작 고소설은 치열한 갈등과 긴장 속에 놓여 있었던 한국의 정치 · 사회적 국면에 민감하게 반응하고 있었다. 근대계몽기에 이르러 고소설은 중세의 해체와 외세의 침탈이라는 민족적인 위기에 직면하여 대중적인 오락물을 산출하는데 머물러 있지 않고, 당대 현실의 긴박한 문제에 적극적으로 반응하기 시작했던 것이다.

고소설은 이전 시기에도 사회적 문제를 직 · 간접적으로 반영하고 있었다. 예컨대 판소리계 소설, 풍자소설, 우화소설 등은 조선후기 사회가 안고 있던 사회적 문제를 잘 보여준다고 하겠다. 신작 고소설은 이와 같은 고소설의 전통을 이으면서, 이 시기에 새롭게 대두된 사회적 문제-보편적이고도 민족적인 차원의 사회적 문제-를 소설로 형상화하고 있는 것이다.

특히 신문에 연재된 고소설 작품들은 그 대표적인 예라 할 수 있다. 신문은 계몽운동의 수단으로 고소설을 적극 활용하고 있었던 것이다. 이 시기의 신문은 주로 신소설을 연재했을 것이라는 고정관념과는 달리, 상당히 많은 고소설 작품을 연재하고 있는 데서 이를 확인할 수 있다. 특히 고소설 연재에 적극적이었던 신문은 『대한매일신보』와 『황성신문』이다. 『대한매일신보』에는 『소경과 안즘방이 문답』, 『향로방문의생이라』와 같은 단편서사물과, 『수군제일위인 이순신』, 『동국거걸 최도통』과 같은 역사전기소설, 그리고 이상에서 거론한 고소설 등이 연재되었다. 『대한매일신보』가 폐간될 때까지 한 편의 신소설도 연재되지 않았던 사실에 비추어 볼 때 다섯 편의 고소설 작품이 이 신문에 연재되었다는 사실은 주목을 요한다. 한편 『황성신문』에는 고소설 『신단공안』과 신소설 『몽조』의 두 편이 연재되었다. 이 가운데 『몽조』가 겨우 한 달 정도만 연재되었던데 비해 『신단공안』연작소설 일곱 편은 무려 7개월에 걸쳐 연재되었을 만큼 그 인기가 대단했다.[33] 이러한 사

33) 『대한민보』는 주로 『현미경』, 『만인산』, 『박정화』와 같은 신소설을 연재했는데, 『화수』는 이 신문에서 최초이자 마지막으로 연재된 고소설이다.

실을 통해 두 신문이 여타의 신문에 비해 고소설을 연재하는 데 상당한 지면을 할애하고 있었음을 알 수 있다.

그러면 이들 신문은 왜 특별히 고소설을 신문에 연재했던 것일까? 두 신문의 논설진이었던 박은식, 신채호의 글을 통해 그 인식의 일단을 보기로 하자.

> 韓國에 傳來하난 小說이 太半 桑間濮上의 淫談과 崇佛乞福의 怪話라. 此亦 人心風俗을 敗退케 하난 一端이니, 各種 新小說을 著出하야 此를 一掃함이 亦 汲汲하다 운할지로다.[34)]

> 我韓은 由來 小說의 善本이 無ᄒᆞ야 國人所著ᄂᆞᆫ 九雲夢과 南征記 數種에 不過ᄒᆞ고 自支那而來者ᄂᆞᆫ 西廂記와 玉麟夢과 剪燈新話와 水湖志 等이오, 國文小說은 所謂 蘇大成傳이니 蘇學士傳이니 張豊雲傳이니 淑英娘子傳이니 ᄒᆞᄂᆞᆫ 種類가 閭巷之間에 盛行ᄒᆞ야 匹夫匹婦의 菽栗茶飯을 供ᄒᆞ니 是ᄂᆞᆫ 皆荒誕無稽ᄒᆞ고 淫靡不經ᄒᆞ야 適足히 人心을 蕩了ᄒᆞ고 風習을 壞了ᄒᆞ야 政敎와 世道에 關ᄒᆞ야 爲害不淺ᄒᆞᆫ지라.[35)]

이미 본 바와 같이 신채호와 박은식은 소설이 지닌 강력한 대중적 흡인력에 대하여 정확하게 인식하고 있었다. 이들로 하여금 소설의 대중적 흡인력을 생생히 느끼도록 한 것은 『소학사전』, 『장풍운전』과 같은 고소설이었다. 물론 이들은 전래의 고소설은 황탄무계한 괴담이나 음담으로 인심풍속과 정교세도를 해친다고 하여 부정적으로 평가했다. 그럼에도 이들이 신문에 고소설을 연재하는 데 적극적이었던 것은, 앞에서 언급한 바와 같은 고소설의 대중적 흡인력 때문이었다.[36)] 이들은 고소설이 대중들에게 대단한 인기

34) 신채호, "近今 國文小說 著者의 注意", 『대한매일신보』, 1908.7.8.
35) 박은식, 『瑞士建國誌』 序.

를 끌고 있는 것을 목도하면서 고소설이 대중을 계몽하기에 적합한 양식이라고 판단했던 것이다. 여기서 신소설 등장 이후에도 고소설이 요구되었던 현실적 이유를 확인할 수 있다. 이처럼 신문에 연재된 신작 고소설은 기본적으로 계몽지식인들에 의해 목적의식적으로 채택된 양식이라 하겠다. 이들은 현실의 모순을 타파하고 사회를 개혁하겠다는 뚜렷한 목적의식 아래 신문에 고소설을 연재했던 것이다.

그러나 신문에 연재된 고소설 작품만 당대 현실을 반영하는 데 적극적이었던 것은 아니다. 『정씨복선록』을 비롯하여 필사본으로만 전해지는 작품들도 당대 사회의 문제를 매우 사실적으로 형상화하고 있다. 이는 계몽지식인 작가뿐만 아니라 일반대중 작가까지도 당대의 문제에 민감하게 반응하고 있었음을 의미한다. 이 시기에 잇따라 발간된 신문을 통해 당대 현실의 문제가 확대·재생산됨에 따라, 일반대중까지도 사회문제에 대하여 관심을 갖고 이를 소설로 형상화하기에 이르렀던 것이다. 즉 이 시기의 지식인들은 그 현실적 처지가 어떻든 이와 같은 시대정신에서 결코 자유로울 수 없었으며, 신작 고소설은 이러한 역사적·문화적 배경 아래에서 창출되었던 것이다.

이와 같은 고소설의 존재는 19세기 후반에서 20세기 초반 고소설사의 전개가 현실을 외면하고 통속화의 길을 걸었던 것만은 아니라는 사실을 보여준다는 점에서 중요한 의미가 있다. 이 시기에 창출된 다른 여타의 서사문

---

36) 신채호가 전래하는 고소설의 패단을 일소하기 위해서는 각종 '신소설'을 창작해야 한다고 했지만, 그가 말한 '신소설'은 우리가 지금 사용하는 특정한 문학 양식을 지칭하는 것은 아니었다. 그것은 단지 '새로운 소설', 즉 새로운 질서와 가치를 계몽하는 내용의 소설이라는 의미로 사용된 것이다. 오늘날 '신소설'이라는 용어는 1906년 이인직의 『혈의루』로부터 시작된 특정한 문학양식을 지칭하는 용어이다. 그러나 그 당시에 '신소설'은 그렇게 고유한 의미를 지닌 용어가 아니었다. 그것은 단지 '새로운 소설'이라는 의미로 사용되었을 뿐이었다. '신소설'이라는 용어가 다소나마 문학사적 의미를 띠고 정리되기 시작한 것은 김태준의 『조선소설사』(1933)에서부터다. 그리고 '신소설'이란 용어가 분명한 문학사적 개념으로 확립된 것은 1940년 초반 임화에 이르러서이다. (김영민, 앞의 책, 123-132쪽)

학처럼, 고소설도 격변하는 역사 현실에 정면으로 대면하면서 자생적인 개혁을 이루어나가고 있었던 것이다.

그러나 이처럼 근대계몽기 신작 고소설이 동일한 목적의식에서 창작되었다고 해서 각각의 작품에서 시대의 위기를 파악하는 방식이나 제시된 해결책이 동일한 것은 아니다. 작가가 몸담고 있던 상이한 현실적 처지-출신 배경, 학습 경로, 사회적 위상-에 따라 그것은 다양한 방식으로 형상화되었다. 따라서 작품에 구현된 양상이 수구냐 개화냐 혹은 급진개화냐 온건개화냐 하는 도식적 구분법보다는 그것이 구현되는 구체적인 양상을 주시해야 할 필요가 있다. 이제 이와 같은 문제의식을 가지고 작품을 분석하기로 하겠다.

Ⅲ. 근대계몽기 고소설의 현실대응양상과 그 역사적 의미

1절. 근대적 국가상의 모색과 그 소설적 형상

1. 근대적 국가 건설의 낙관적 전망 : 『정씨복선록』

『정씨복선록』은 2권 2책의 한글필사본이 유일본으로 국립중앙도서관에 소장되어 전해진다. 이 작품은 비교적 최근에 학계에 소개되었기 때문에, 아직 연구가 풍부하게 이루어지지는 못했다. 장효현은 처음 이 작품을 소개하면서 그 창작 시기가 1900년에서 1905년 사이일 것으로 추정하였다.[37] 이 작품을 필사한 종이에 '表勳院'이라는 글자가 인쇄되어 있어서 창작시기를 추정하는 단서가 되었다. 즉 표훈원은 褒勳에 관한 사무를 담당하던 부서로서, 이전 의정부에 예속되었던 忠勳府 혹은 綺功局이 1900년에 표훈원으로 독립되었다가 1910년에 폐지되었던 기관이다. 따라서 그 창작시기가 1900년에서 1910년 사이가 될 것으로 추정한 것이다. 그러면서 1905년 을사조약 이후 새롭게 대두되었을 문제의식, 즉 반식민지화된 역사현실에 대한 문제

37) 장효현, "애국계몽기 창작 고전소설의 한 양상-신자료의 소개를 중심으로", 『정신문화연구』 13권 4호, 1990.

의식이 작품에 나타나지 않는 점을 들어, 그 창작시기를 1900년에서 1905년이 될 것으로 좁혀 추정하였다. 이 글은 새로 발굴한 자료를 소개하는 형식의 글이어서 작품의 줄거리를 소개하고 여기에 간략한 언급을 덧붙이는 정도에 머물렀다. 이후 그는 다른 글을 통해 이 작품에 투영된 작가의식이 반봉건 자주개화의식을 띠고 있음을 구체적으로 살펴보았다.[38] 즉 이 작품이 19세기 후반의 역사상황과 폐정(弊政)을 비판하는 반봉건 의식과, 자주개화를 통해 학문 교육과 상공의 진흥을 이루어야 한다는 자주개화의식을 보여주었다고 평가했다. 한편 이 작품의 형식에 대해서는 가문소설과 영웅소설의 전통을 이은 것이라고 했다. 김익환은 이 작품이 영웅소설의 서사구조를 계승·변용한 것임을 밝히고, 작가의식에 대해서는 반봉건 정치의식과 부국강병이라는 시대의식이 투영되어 있다고 했다.[39] 임형택은 신소설과 고소설의 양식이 착종, 혼효되어 있는 작품을 대상으로 신구양식의 관련양상을 고찰하는 글에서 이 작품을 다루었다.[40] 작품의 창작시기에 대해서는 장효현과 마찬가지로 1900년에서 1905년 사이일 것으로 추정하고, 형식에 대해서는 『창선감의록』에 『홍길동전』을 결합시킨 것이라고 했다. 한편 그는 이 작품이 대남국이라는 가상공간에서 '국가 만들기'라는 시대적 과제를 실험해 본 작품이라고 하여 작품 이해의 틀을 마련했다. 즉 이상향으로 그려진 대남국이 유교적 이념에 기초한 산업국가로 그려져 있음을 밝히고, 이와

---

38) 장효현, "애국계몽기 고전장편소설의 역사현실 대응", 사재동 편, 『한국서사문학사의 연구』 V, 중앙문화사, 1995.

39) 김익환, "『정씨복선록』 연구", 배재대 석사학위논문, 1995.

40) 임형택은 『정씨복선록』이 구소설적 외피에 신소설적 내용이 결탁된 형태라고 보았다. (임형택, "20세기 초 소설의 신구양식의 관련양상", 양포이상택교수환력기념 간행위원회 편, 『한국 고전소설과 서사문학(상)』, 집문당, 1998) 그러나 『정씨복선록』이 1905년 이전에 창작된 것으로 추정되는바, 『정씨복선록』을 신구양식이 혼효된 작품으로 볼 수는 없다. 신소설은 1906년 이인직의 『혈의루』로부터 시작되었으므로, 1905년 이전에 창작된 『정씨복선록』에 신소설적 내용이 영향을 주었다고 볼 수는 없겠기 때문이다. 따라서 신소설적 내용이라는 말은 고소설이면서도 당시대의 문제를 직접 다루었다는 정도로 이해하면 될 것이다.

같은 대남국의 모습에는 '舊本新參'을 표방했던 대한제국의 이념이 투영되어 있다고 했다. 그런 점에서 이 작품의 작가가 대한제국과 관련이 있는 인물이 아닐까 조심스럽게 추정했다.

이상에서 『정씨복선록』의 연구사를 개략적으로 살펴보았다. 이 논문에서는 이상의 연구성과를 충분히 수용하면서 기존의 논의에서 해결되지 못한 문제와 쟁점으로 부각되었던 사항을 고려하며 논의를 전개하기로 한다. 우선 이제까지의 논의에서는 이 작품의 주인공인 정화가 역사적 실존인물이라는 사실이 밝혀지기는 했으나, 역사적 인물인 정화가 구체적으로 어떤 인물이었으며, 작가는 정화의 어떤 면을 주목하고 소설화하게 되었는가에 대해 고찰이 이루어지지 않았다. 따라서 구체적인 작품분석에 앞서 작가가 정화라는 역사적 인물의 어떤 면모를 주목하여 소설화하고 있는지 살펴볼 것이다. 이는 이 작품을 창작한 작가의 의도를 이해하는 중요한 단서가 될 수 있을 것이다.

한편 기존의 논의에서 쟁점이 되었던 문제는, 이 작품에 투영된 작가의식이 반봉건 자주개화의식이냐 '東道西器(혹은 舊本新參)'냐 하는 것이었다. 이 작품은 우언적 성격을 짙게 띠고 있어서, 논자에 따라 작중 세계가 우의하는 바를 다르게 해석함에 따라 이런 현상이 나타나게 된 것이다. 따라서 이 작품에 등장하는 수몽국, 정화 일가가 들어가기 전의 대남국, 그리고 정화 일가에 의해 일신된 대남국이 각각 구체적으로 어떠한 국가형태로 형상화되고 있는지에 대한 면밀한 고찰이 이루어져야 할 것이다. 아울러 막연하게 대한제국과 관련이 있는 인물일 것으로 추정되었던 작가 문제에 대해서도 보다 면밀한 분석이 이루어져야 할 것이다. 그래야만 이 작품에 투영된 작가의식이 분명하게 밝혀질 수 있을 것이다.

1) 배경설정의 의미

『정씨복선록』은 청 옹정, 건륭년간(1723-1795)을 배경으로, 정화 일가의 3

대에 걸친 사적을 다룬 작품이다. 한 가문이 여러 대에 걸쳐 집안의 갈등과 나라의 시련을 이겨내고 번영을 누린다는 사연을 담고 있다는 점에서, 이 작품은 가문소설의 범주에 드는 작품이다. 이밖에도 작품의 배경이 기본적으로 중국의 구체적인 역사적 시공에 토대하고 있고, 등장인물이 중국의 역사상에 실존했던 인물이라는 점에서도, 이 작품이 가문소설의 전통을 잇고 있음을 확인할 수 있다. 중국의 구체적인 역사적 시간 및 실존인물을 소설 속에 차용하는 것은 가문소설의 관습적인 수법으로, 작품에 차용된 역사적 사실 및 인물의 특성에 대한 파악은 작품 이해에 많은 시사점을 준다. 즉 특정한 역사적 시간 및 특정 인물이 어떻게 문제되고 있는가를 검토함으로써 작가의 창작의도 혹은 작가의식을 해명할 단서를 찾을 수 있다는 것이다.[41] 이제 『정씨복선록』에 차용된 역사적 인물, 정화가 실제 역사상에서 어떤 인물이었으며, 작가는 정화의 어떤 면을 주목하고 소설화하게 되었는지 살펴보기로 하겠다.

1. 鄭和(1371-1435)는 雲南省 昆明사람이다. 정화는 메카에 성지순례까지 다녀온 이슬람교도 하지의 아들로 태어났다. 그의 선조는 부하라의 무하마드 왕의 후예로 元代에 운남성 총독을 지냈다고 한다.

2. 정화가 10세가 되던 1381년 원의 중국내 마지막 점령지였던 운남성은 새로운 왕조인 명의 군대에 정복되었다. 그 당시 마화로 불리던 어린 정화는 그때 사로잡혀 去勢된 후, 다른 소년들과 함께 전령으로 명의 군대에 편입되었으며, 1390년 이 군대는 燕王의 휘하에 들어가게 되었다. 정화는 그 군대 안에서 전투와 외교에 능한 하급 군관으로 두각을 나타냈으며, 궁중의 인사들과도 교제하게 되었다. 1400년 연왕은 정난의 변을 일으켜 조카인 건문제를 폐위시키고 1402년 스스로 황제(영락제)가 되었다. 정화는 이 때 공을 세워 환관의 우두머

41) 진경환, "『창선감의록』의 작품구조와 소설사적 위상", 고려대 박사학위논문, 1992, 88쪽.

리인 태감으로 발탁되었고, 정이라는 성을 하사받아 정화로 개명하였다.

3. 영락제의 치세 동안 전쟁으로 어려움에 빠졌던 명 경제는 급속히 회복되었으며, 명은 남아시아와 동남아시아의 여러 해양국들을 복속시킴으로써 그 해군력을 과시하려고 했다. 그래서 영락제는 정화와 황경홍 등에게 명하여 서양에 사신으로 가게 했다. '서양방문 해상사절단'의 총사령관으로 임명된 그는 1405년 62척의 배와 27,800명의 인원을 거느리고 원정에 나섰다. 그의 선단은 참파(지금의 베트남), 시암, 말라카, 자바를 방문하고, 인도양을 건너 캘리컷, 코친, 실론(지금의 스리랑카)을 방문했다. 여러 번국을 두루 돌아다니며 천자의 조서를 전하고 불복하면 무력으로 위협하였다.

4. 1407년 정화 등이 중국에 돌아오자, 여러 나라의 사신들이 정화를 따라 조공하러 왔다. 정화가 포로로 잡은 舊港의 추장을 바쳤다. 황제가 매우 기뻐하여 작위와 포상을 내렸다. 구항은 옛날의 三佛齊國인데 그곳의 추장은 陣祖義로 상인들을 노략하며 살았다. 정화가 사신을 보내 개유하자 진조의가 거짓으로 항복하는 체 하고 몰래 정화를 칠 모의를 하자, 그 무리를 패퇴시키고 조의를 사로잡아 포로로 바치고 저잣거리에서 육시하였다.

5. 1408년 다시 錫蘭山으로 원정했다. 석란산 국왕이 정화를 유인하여 군사를 내어 정화의 배를 노략질하려 하였다. 정화는 통솔하던 2,000여 인을 거느리고 불의에 성을 공격하여 국왕과 그 처자 관속을 사로잡았다. 1411년 중국에 돌아와 천자에게 포로를 바치자, 천자가 사면하여 풀어주어서 본국으로 돌아가게 했다. 여러 나라가 더욱 더 정화를 두려워하여 조공하러 오는 자가 날로 많아졌다.

6. 1413년 다시 정화는 蘇門答剌에 사신으로 가게 되었다. 蘇幹剌라고 하는 가짜 왕이 군주를 시해하고 반역을 모의함에, 정화가 반역자를 사로잡아 조정에 바쳤다. 1415년 중국으로 돌아오니, 천자가 크게 기뻐하여서 여러 장군과 병사들에게 차등있게 상을 내려 주었다.

7. 1416년 겨울에 만랄가, 고리 등 19국에 사신으로 가서 조공하게 하고 돌아

왔다. 성조가 죽고 인종이 즉위한 지 오래되었는데도 조공을 오지 않자 정화와 홍경이 다시 명을 받아 홀로모사 등 17국을 돌아보고 왔다.

8. 1424년 영락제가 죽은 후 새로 등극한 홍희제는 정책을 바꾸어 해상원정을 중단시켰다. 정화는 1431년 겨울 마지막 원정을 떠나 동남아시아, 홍해 등지를 방문했다. 그는 1433년 여름 중국으로 돌아와 1435년에 죽었다.[42]

이상에서 정화에 대한 기록을 간략히 살펴보았다. 이를 통해 정화라는 인물이 부강한 국가의 건설과 동서문화의 교류에 지대한 공헌을 했던 인물이었음을 알 수 있다. 즉 정화는 7차례에 걸쳐 동남아시아, 인도, 페르시아만, 아라비아 반도, 아프리카 등지에 있는 30여 국을 원정하여 명조의 국력을 과시했던 인물이다. 비록 명조는 이러한 원정에 거액의 재정을 소비했으나, 객관적으로 보아 정화의 원정은 명조의 국력에 긍정적 영향을 끼쳤다고 할 수 있다. 해외원정의 결과, 명조는 그 후 반세기 이상 동남아시아 국가들에 대한 영향력을 행사할 수 있게 되었으며, 중국인의 해외이민이 늘어나게 되어 동남아시아에 중국의 식민지를 만들 수 있게 되었으니 말이다. 또한 정화는 각국의 외교사절단을 중국으로 데려와 동서의 경제적 · 문화적 교류를 촉진시켰던 인물이기도 하다.[43]

정화의 이와 같은 면모는 1900년을 전후한 시기의 한국사회에 절실하게 요구되었던 시대적 과제와 맞닿아 있는 면이 있다. 제국주의 열강들이 무력으로 동아시아 국가들을 식민지화해 나가는 과정을 목도하면서, 이 시기 한국의 지식인들은 세계질서가 우승열패, 적자생존의 원칙에 지배되고 있다는 사실을 확인하게 된다. 이에 따라 지식인들 사이에서는 세계적 생존경쟁

42) 정화에 관한 기록은 『명사』 열전을 기본으로 재구하였으며, 『브리태니커 백과사전』, 서연달 외 『중국통사』(청년사, 1989) 등을 아울러 참고하였다.

43) 정화의 이런 면모가 높이 평가되어, 최근 정화는 동서교류의 상징적 인물로 선정되기도 했다.(『뉴욕타임스』, 밀레니엄 특별기획)

의 현실에서 살아남기 위해서는 하루빨리 서구의 서진문명을 받아들여 부강한 국가를 건설하고, 더 나아가 제국주의 열강의 대열에 합류해야 한다는 열망이 강하게 확산되게 된다. 작가는 정화라는 실존인물에게서 현재의 문제와 접맥될 수 있는 면모를 발견하고, 작품의 배경으로 차용함으로써 당대의 문제를 진지하게 짚어보고자 했던 것이다.44)

2) 수몽국과 대남국의 형상화 양상과 그 지향

구체적인 분석에 앞서 먼저 『정씨복선록』의 줄거리를 보기로 하자.

1. 청 옹정년간에 아시아주 서남쪽에 섬어국이란 나라가 있다. 섬어국 소주지방의 남창현 학명촌에 사는 정화는 본래 명문거족의 자손이지만, 삼대에 걸쳐 벼슬을 하지 못하고 향촌에서 농사를 지으며 살고 있다. 정화는 소주 태수 송빈의 딸과 결혼해 첫 아들 궁을 낳는다. 처남 송환과 함께 과거에 급제하지만 부모를 떠날 수 없어 다시 소주로 돌아온다. 부모가 죽은 후 향촌에서 농사를 지으며 선인의 유업을 지키던 중, 천자(옹정제)가 다시 정화를 불러 예부상서 벼슬을 하게 된다. 그러던 중 옹정제가 죽어 건륭제가 즉위한다. 건륭제가 혼암하여 정사가 날로 어지러워지게 되자, 정화는 간신을 멀리하고 정사를 돌볼 것을 간하지만, 이로 인해 고향으로 귀향가게 된다. 이때 정화 나이 41세로 五子二女를 두고 있었다.

2. 정화가 가족을 이끌고 고향으로 돌아가던 중 풍랑을 만나 대남국에 표류한다. 대남국은 초와 한이 분쟁할 때에 초의 유민이 정착하면서 성립된 후, 주로 표류해 온 외국인들이 모여 사는 나라이다. 대남국 왕은 정화 일가의 덕망과 재능을 인정하여 각각 높은 벼슬(정화는 세자 시부, 큰 아들, 정궁은 호부상서,

44) 물론 소설에서의 정화가 실존인물 정화와 완전히 동일한 인물로 그려지는 것은 아니다. 오히려 실존인물 정화가 보여준, 군사력을 바탕으로 주변국가를 식민지화하는 업적은 그 자손에 의해서 이루어지는 것으로 묘사되어 있다.

둘째 아들 정상은 공부상서, 셋째 아들 정각은 육군병마대도독, 넷째 아들 정치는 병부상서, 다섯째 아들 정우는 이부상서, 큰 사위 원장은 수군도독)을 내린다.

3. 이때 대남국은 군사력이 미비하여 남해의 해안국과 서해의 6국을 변방에 빼앗긴 상황이었는데, 정각과 원장이 각각 군사를 조련하고 병기를 제조하여 힘을 기른 후 변방을 공격하여 잃었던 땅을 되찾는다. 이에 대남국 왕은 천자위에 오르고, 정각은 영명국(해안국을 되찾은 뒤 고친 이름) 왕, 원장은 합도국왕, 정화는 동번국 왕, 정궁은 충선공, 정치는 충장공에 봉해진다. 한편 정화의 막내딸은 세자와 혼인하여 세자비가 되고, 정화의 다섯째 아들 정우는 공주와 혼인하여 부마가 된다. 또한 원장은 자신이 정벌한 대도국의 세자를 사위로 삼는다. 대남국의 제후국 가운데 하나인 대도국에 동남 반도족에 의해 병란이 일어나자, 원장이 가서 정벌해준다. 대도국왕이 죽자 원장의 사위, 곧 대도국의 세자가 왕위에 오른다.

4. 한편 정화의 둘째 아들 정상은 공부상서로 있으면서 윤선을 제조하여, 고국인 수몽국에 가서 선영을 모셔온다. 그리고 소년 백 명을 함께 데리고 가 십년 기한을 주어 천하 각국을 유람하며 선진문물을 배워오도록 한다. 다섯째 아들 정우는 고국 수몽국에서 정혼했던 최소저를 찾기 위해 함께 가서 최소저와 그 어머니를 찾아 돌아온다. 또한 일가 친척 중에 함께 가기를 원하는 사람들을 데리고 돌아온다. 정상 등이 수몽국에 갔을 때는 이미 외국 여러 나라가 침략하여 수몽국을 각각 분할 점령한 상태였다.

5. 정화는 영천군에 건양성을 지어 도읍한다. 한편 정우와 정혼했던 최소저는 천자의 동생 경원왕의 비였던 경원왕후의 양녀가 되어, 정우의 둘째 부인이 된다. 정상과 정치는 동북의 유벽한 곳을 순행하여 유민을 안정시킨다. 그러던 중 산음현 기린산 아래의 상운동이 길지임을 보고 영락궁을 축조하여 별궁으로 한다. 영락궁을 축조하는 과정에 유민을 끌어들여 정착하도록 유인한다. 이로써 상운동은 신경성으로서의 면모를 갖추게 된다. 정화는 63세에 세자 정궁에

게 전위하고 태상왕이 되어 영락궁에서 지낸다. 북해주에서 도적이 반란을 일으키자 대남국의 경성마저 위태한 지경에 이르게 된다. 넷째 아들 정치가 출전하여 반란군을 진압한다.

6. 천자가 승천하고 태자가 즉위한다. 정화는 76세에 회혼일을 맞아 큰 잔치를 벌인 후 얼마 되지 않아 죽는다. 정화의 부인도 곧이어 죽는다. 이제 정화의 손자들이 뜻을 펼치는 세상이 된다.

7. 대남국과 동번국, 영명국, 합도국은 구주 각국과 교류하여 관제, 군제, 정치, 법령을 천하만국의 편리한 것을 받아들임으로써 천하의 일등국이 된다.

(1) 수몽국의 형상화 양상

먼저 수몽국은 어떤 시공간을 상정한 것인지 보기로 하자.

> 져근 비를 푸러 가동으로 ᄒᆞ야금 그곳의 나아가 탐지헌즉, 도라와 보하되, "이곳은 쳥국지경이니 슈몽국이 만여 리라 하더이다." 상셰 부마다려 왈 "이졔 우리 아셰아 지방을 ᄎᆞ져스니 만 리는 지쳑이라. 즉시 비를 씌워 슈일을 힝ᄒᆞ더니 소쥬 산쳔이 멀니 뵈이는지라.(2권, 18면)

수몽국[45]은 지리적으로 아시아 지방에 위치하며, 청나라와는 만여 리 떨어진 곳에 있는 국가이다. 또한 "의관과 법되 청국과 상사ᄒᆞ더라"(1권 5쪽)라고 하여, 수몽국은 중국과는 구별되는 어떤 국가로 그려진다. 그러면서 수몽국의 왕은 청조의 옹정제와 건륭제로, 정화는 정난공신[46]의 후예로 묘

---

45) 수몽국은 작품의 초반에서는 섬어국이라고 표현되었는데, 중반 이후부터는 수몽국이라고 표현된다. 睡夢國이라는 명칭이 급변하는 역사적 전환기를 맞이하여 아직도 睡夢에 빠져있었던 청이나 조선의 모습을 보다 정확하게 표현한 것으로 생각되므로, 본고에서는 수몽국으로 통일하여 부르기로 하겠다.

46) '정난의 변'은 명조 주원장의 넷째 아들 연왕이 건문제를 제치고 천자에 즉위한 사건을 말한다.

사되기도 한다. 이러한 설정으로 보아서는 수몽국이 중국을 강하게 투영한 국가임을 알 수 있다. 이와 같은 혼란은 어디서 비롯된 것일까? 작가는 애초 수몽국을 중국이라는 한 국가가 아닌, 당시 서구 제국주의국가와 대척적인 관계에 있었던 아시아로 형상화하고자 했던 것으로 보인다. 1900년을 전후한 시기의 아시아 국가들은 서구 제국주의국가들에 의해 강제 혹은 반강제로 개국하게 되면서, 서침을 막아내고 국권을 지켜야 한다는 동일한 역사적 상황에 처하게 된다. 이와 같은 동질의식은 아시아가 연대하여 독자적 동양문명을 건설해야 한다는 '아시아연대론'의 이론적 배경이 되었다. 말하자면 작가는 이처럼 서세동점이라는 동일한 위기에 처해 있었던 아시아라는 공간으로 수몽국을 형상화하고자 했던 것이다. 그러나 작가의 미숙함으로 인해 수몽국을 형상화하는 데 있어서, 중국의 모습이 지나치게 삼투되었던 것이 아닌가 생각된다.

한편 수몽국의 시간적 배경은 옹정제와 건륭제 재위 기간인 18세기 중엽이다. 즉 수몽국은 중세적 유가이념과 전형적인 전제군주제를 표방하는 중세적 국가체제로 형상화되는 것이다.47)

그러면 이 같은 수몽국이 구체적으로 어떻게 형상화되어 있는지 보기로 하자. 수몽국은 정화 일가가 떠난 다음 해에 외국의 연합군에 의해 분할·점거되는 상황에 이르게 된다.

47) 이는 수몽국이 철저하게 중세적 유가이념에 의해 유지되는 국가형태로 묘사되어 있는 데서 확인할 수 있다. 예를 들자면 정화가 과거에 급제하고서도 부모를 봉양하기 위해 벼슬을 사양하고 고향으로 돌아간다거나, 천자가 정화의 이 같은 행동을 매우 높이 평가하는 것 등이 그러한 예이다.("상이 보시고 칙칙 칭션ᄒᆞ시고 죠셔를 나려 ᄀᆞ라ᄉᆞᄃᆡ ᄉᆞ군이충ᄒᆞ며 ᄉᆞ부이효는 인륜ᄃᆡ의여니와 너의 지셩지효를 보건ᄃᆡ 짐이 심히 ᄉᆞ랑ᄒᆞ노라. 특별이 노복과 전턱을 쥬나니 영친후에 부모쳐ᄌᆞ를 권귀ᄒᆞ야 짐의 ᄉᆞ랑ᄒᆞ는 뜻을 져바리지 말나"(1권, 19쪽)) 또한 수몽국은 정치적으로 전형적인 전제군주제를 표방하고 있는바, 개항 이전의 아시아를 투영한 국가임을 알 수 있다.

그 이듬 ᄒᆡ의 여러 나라이 합병ᄒᆞ야 죠쳐 드러오니 옥셕을 불분이라. 쳔지 다라나시다 난민으 죽은 ᄇᆡ 되고 나라는 각국이 ᄶᅵ져 난호고 머리를 둥치고 검은 옷슬 입히며 경셩ᄂᆡ외 ᄃᆡ가갑제는 모다 외국 ᄉᆞ람의 집이 되고 고관ᄃᆡ작허든 귀인들은 유리ᄀᆡ걸ᄒᆞ고 부귀공ᄌᆞ들은 슈레를 ᄯᅳ을매 담부지역의 겨워 병들고 죽는 ᄌᆡ 무슈허니 이 ᄋᆞᆺ지 님군 ᄒᆞ나 맛나지 못헌 ᄒᆡ가 죵묘사직과 쳔ᄒᆞ만민의 밋치미 아니리잇고? ᄃᆡ져 군왕이란 ᄌᆞ는 우호로 한 ᄌᆞ리를 놉펴 만민을 다ᄉᆞ리게 ᄒᆞ미니 그 ᄌᆞ리 놉고 귀ᄒᆞ나 실노 만민을 위ᄒᆞ야 난 바이요 만민이 ᄒᆞᆫ ᄉᆞ람을 위하야 난 거슨 안인즉 인군이 맛당이 그 도를 부지런이 하야 만민의 질고를 ᄉᆞᆯ피고 신ᄒᆞ의 현우를 명찰ᄒᆞ야 죠정ᄇᆡᆨ관의 말허는 길을 여러 ᄂᆡ 허물 듯기를 쥬옥갓치 귀히 여겨도 오히려 다 듯지 못헐가 두립거늘 허물며 충언극간을 병든 ᄋᆞ히 약 피ᄒᆞ듯 허고 아쳠의 쇼릐를 기ᄉᆞᆫ남풍의 봉외 우름으로 아라 그 임군의 ᄌᆞ리를 무쇠로 ᄯᅳ려부어 ᄌᆞᄌᆞ손손이 나만 허는 쥴노 아라, 혼군과 간신이 심장이 연복ᄒᆞ야 ᄂᆡ외 관작을 져ᄌᆞ의 물건 팔 듯 ᄒᆞ매 ᄂᆡ 몸의 혼ᄌᆞ 힝낙을 도라보다가 국지를 말니고 ᄇᆡᆨ셩을 궁곤ᄒᆞ야 일죠의 죵ᄉᆞ로 더부러 무너져 션왕의 죄인이 되고 쳔만세의 타ᄆᆡ를 면치 못ᄒᆞ고 국녹지신으로 말ᄒᆞ면 쳔ᄉᆞ만상으로 그 인군의 ᄯᅳᆺ을 아쳠ᄒᆞ야 나라의 ᄇᆡᆨ폐를 숨기고 죠흔 말노 들이여 캄캄히 오날날 작녹을 탐허며 권셰를 닷토와 명일의 몸이 쳔창만인으 죽고 일문이 복망허는 줄을 ᄭᆡ닷지 못ᄒᆞ고 밧그로 자ᄉᆞ 수령이 시랑갓치 탐학ᄒᆞ야 ᄇᆡᆨ셩의 가쥭을 벗기고 살을 글거 그 피육을 임군과 갓치 먹어 혹 직품도 놉피며 혹 죠흔 외임으로 승쳔도 ᄒᆞ며 혹 과긔를 잉임ᄒᆞ야 죠금도 긔탄이 읍스ᄆᆡ ᄇᆡᆨ셩은 원혼이 ᄲᅦ의 ᄉᆞ못쳐 나라 향헐 마음은 젼혀 읍고 망ᄒᆞ기를 ᄃᆡᄒᆞᆫ의 비 바라듯 허니 인중승쳔이라. ᄒᆞ날이 민원을 좃치ᄉᆞ 일죠의 만근에 누름과 뇌정의 멸ᄒᆞ믈 입어스니 젼후를 ᄉᆡᆼ각허면 탄식통한헌 일이 아니이잇가?(2권, 23-26쪽)

위 인용문은 정화의 둘째 아들 정상이 조상의 선영을 모셔오기 위해 수몽국에 다시 들어갔을 때 만난 주점 주인이 한 말이다. 작품 내적 질서로 볼 때 주점 주인의 등장은 다소 돌출적인 느낌이 있다. 이 작품에서 주점 주인은 이 장면에 단 한 차례 등장하는 바, 주점 주인은 전적으로 수몽국의 패망 원인에 대한 작가의 입장을 대변하기 위해 설정된 인물인 셈이다. 따라서 수몽국에 대한 작가의 입장을 올바르게 이해하기 위해서는, 주점 주인의 말에 경청할 필요가 있다.

주점 주인은 수몽국이 제국주의 열강에 의해 분할·점거되는 상황에 이르게 된 일차적 원인을 "님군 ᄒᆞ나 맛나지 못헌 ᄒᆡ"에서 찾고 있다. 수몽국의 천자, 건륭제는 자신의 행락만을 일삼고 백성의 질고는 살피지 않으며, 신하의 현우를 잘 가리지 못하여 간신이 득세하도록 하고, 간신의 아첨에 혹하여 충신의 간언을 듣지 못하는 인물이었던 것이다. 또한 국가보다는 일신의 안위만을 생각하는 지배층의 부패도 수몽국 패망의 원인이 되었다. 중앙의 관료는 천자에게 아첨하여 시장에서 물건 팔 듯 벼슬을 팔아 부를 얻는 데만 관심이 있고, 지방의 관료는 백성의 재물을 빼앗고 승직하는 데만 관심이 있었다는 것이다. 결국 천자와 관료의 무능함과 부패는 민심의 이반으로 이어져, 백성들은 '대한에 비 기다리듯 나라 망하기를 바라는 마음'을 갖게 되었다는 것이다.

건륭제 재위기간의 이러한 모습은 건륭제의 아버지인 옹정제 재위시기와 매우 대조적인 것이다. 옹정제의 치세기는 태평성세로 묘사된다. "신민이 박복ᄒᆞ야 쳔지 옥쳬 미령ᄒᆞᄉᆞ 빅약이 무효ᄒᆞ야 일조의 승쳔ᄒᆞ시니 졍상셰 그 지우지은을 츄감ᄒᆞ야 심히 익통허더라"(1권, 28쪽) 라고 하여 옹정제의 죽음을 안타깝게 받아들일 만큼, 옹정제는 성군으로 묘사되어 있다. 옹정제가 죽자 천자위에 오르게 된 건륭제는 "졍ᄉᆞ를 도라보지 안이ᄒᆞ고 환관궁쳡을 다리고 연락으로 일을 숨"(1권, 28쪽)으니 "간당이 용권ᄒᆞ야 졍식 날노 괴픽ᄒᆞ는"(1권, 29쪽) 상황에 이르게 된다. 뿐만 아니라 건륭제는 "본ᄂᆡ 강단이 읍는지라"(1권, 34쪽), 신하의 말에 쉽게 현혹되는 인물이다. 예컨대 정화가 건륭제의 정사에 대하여 충간했을 때, 간신들은 정화를 엄벌해야 한다고 하고, 엄신은 충신의 언로를 막아서는 안 된다며 용서해 줄 것을 청하는 상황에서, 건륭제는 자신의 입장을 정하지 못하고 간신과 엄신의 말 사이에서 여러 차례 명령을 번복하며 유약한 모습을 보이는 것이다.48)

유교사회의 실현을 이상으로 하는 유가적 정치체제에서는 원칙상 국왕의 전제적 절대권이 인정되고 있었다. 그러나 실제의 정치운영에서는 국왕의 전제권력은 항상적으로 신권의 강력한 견제를 받아왔던 것이 사실이다. 그 견제는 국왕의 자의적인 독단이나 전횡을 규제하려는 것이었다. 이를테면 언관들의 간쟁 탄핵이나 상소제도는 왕권견제의 제도장치로 기능하였던 것이다.49) 말하자면 이상적인 유가적 정치체제란 왕권과 신권이 상호 대립·견제하면서 균형을 이룬 상태라 할 것이다. 그러나 수몽국은 표면적으로는 유가적 정치체제를 표방하고 있지만, 실질적으로는 그렇지 못한 것으로 그려진다. 건륭제는 자신의 전제권을 위협하는 일체의 충언을 듣지 않고, 독단적으로 정사를 결정하려고 한다.

> "폐ᄒᆡ 쳔위를 나리ᄉᆞ 정화를 국문ᄒᆞ라 ᄒᆞ심은 조정이 다 ᄋᆞ는 비여늘, 엄신의 말노써 뇌정을 거드(두)시니 이는 군신긔강이 괴픽ᄒᆞᆫ지라. 원컨ᄃᆡ 폐ᄒᆞ는 신등의 말을 죠치사 정화 부ᄌᆞ 육인과 그 ᄉᆞ위 원쟝을 병히 향리로 방축ᄒᆞ시면 이는 폐ᄒᆞ의 은위가 병힝하리니 지금으로 죠셔를 나리소서"(1권, 35쪽)

---

48) 간신들이 정화의 충간을 빌미로 그를 엄벌할 것을 청하자, 건륭제는 대리경을 불러 정화를 국문하라고 명한다. 이때 대리경 엄신이 충신의 언로를 막는 것이 옳지 않다며 정화를 풀어주기를 청하자, 건륭제는 "만일 경의 말이 아니러면 ᄒᆞ마 충양을 히헐 번ᄒᆞ도다"(1권, 34쪽)라며 정화를 풀어준다. 그러나 다시 간신들이 '군신기강'과 '천자의 위엄'을 들어 정화를 벌주기를 청하자, 건륭제는 "경등의 의논이 가장 묘허도다. 짐이 정홰 곳 읍스면 경등과 무궁헌 힝락을 누리리로다"(1권, 35쪽)라며 정화를 파직시키고 향리로 방축하는 것이다.

49) 김준석, "조선후기의 당쟁과 왕권론의 추이", 이성무 외, 조선후기 당쟁의 종합적 검토, 한국정신문화연구원, 1992, 397-398쪽.

애초 건륭제는 엄신의 충간을 듣고 정화를 용서하려고 했으나, 위와 같은 간신의 말을 듣고 정화를 고향으로 방축하기로 결심하게 된다. 여기서 건륭제가 정화를 용서하는 것이 '천자로서의 권위'와 '군신기강'을 훼손시키는 것이라는 간신의 주장에 민감하게 반응하고 있음을 알 수 있는데, 이는 건륭제가 신권에 의해 왕권이 훼손되어서는 안 된다는 인식에 사로잡혀 있음을 보여주는 것이다.

뿐만 아니라 신하들도 왕권을 견제할 만한 능력을 갖추고 있었던 것은 아니다. 주점 주인의 말을 통해 알 수 있는 바와 같이, 수몽국의 지배관료들은 자신에게 부여된 권리로 왕권의 자의적인 독단이나 전횡을 견제하기보다는 일신의 부와 명예를 채우는 데 급급했다.

이처럼 수몽국은 왕권과 신권이 상호 대립·견제할 때 가능한 이상적인 유가적 정치체제를 실현할 만한 자격을 갖추지 못하고 있었다. 이와 같은 수몽국의 모습은 바로 19세기 후반 중국과 한국이 처했던 역사현실과 조응된다. 1800년, 11세의 어린 나이에 순조가 왕위에 오르고, 김조순의 딸이 순조의 비로 책봉되면서 권력을 장악한 안동 김씨의 세도정치는 19세기 동안 계속되었다. 그리하여 왕은 국가를 다스릴 통제력을 잃게 되었으며, 정권을 장악한 세도가들은 자신들의 권력을 이용하여 매관매직으로 부를 축적하는 데만 골몰했다. 즉 19세기 후반 중국과 한국은 수몽국의 모습에 투영되어 있는 바와 같이 유가적 정치이념이 이상적으로 실현되지 못하고 있던 공간이었다. 아울러 수몽국이 외국에 의해 분할·점거되는 상황에 이르게 되었다는 설정에는, 정치적 혁신을 이루지 못하여 서구 제국주의 열강의 정치적, 경제적 침탈을 겪어야만 했던 이 시기 중국과 한국의 역사적 상황이 투영되어 있는 것이다. 즉 수몽국은 이상적인 유가적 정치체제를 실현하지 못함으로써 서세동점의 길을 걷게 되었던 1900년을 전후한 시기의 아시아를 상정한 공간인 셈이다.

(2) 정화 일가가 들어오기 이전의 대남국의 형상화 양상

그렇다면 정화 일가가 들어가기 이전의 대남국은 어떠한가? "폐방이 천ᄒᆞ 육딕쥬 외(外)의 남외양의 일편지방이니"(1권, 42쪽)라는 대남국 태수의 말을 보건대, 대남국은 육대주 밖의 가상국가이다. 그런데 흥미로운 사실은 가상국가 대남국은 아시아적인 것과 비아시아적인 것, 전통적인 것과 근대적인 것이 혼효되어 있는 국가로 형상화되어 있다는 점이다.

"그 의관을 보건딕 거문 빗슬 숭상ᄒᆞ고 인물과 언어와 의복 졔도가 아셰아 청국과 상사ᄒᆞ더라"(1권, 41쪽) 는 내용에서 짐작할 수 있는 바와 같이, 대남국은 청으로 대표되는 아시아의 전통을 숭상하는 나라이다. 그러나 한편으로는 '검은빛'을 숭상하는 나라이기도 하다. 그러면 '검은빛'이 상징하는 바는 무엇인가? 이는 정화의 둘째 아들, 정상이 조상의 선영을 모셔오기 위해 고국인 수몽국에 들어갔을 때, 이미 연합국에 의해 분할·점령되었던 수몽국의 변화된 세태를 "(연합국이) 머리를 둥치고 검은 옷슬 입히며"라고 묘사되어 있는 데서 그 의미를 짐작해볼 수 있다. 여기에서 '검은 빛(옷)'은 동양(아시아)의 '흰 빛'에 대응되는 서양의 이미지로 사용되고 있는 바, 대남국이 '검은 빛'을 숭상한다는 것은 서양적인 것을 지향하는 면도 있었음을 의미한다. 말하자면 대남국은 아시아적인 것과 서양적인 것이 뒤섞여 있는 나라인 셈이다.

이는 대남국의 성립과정에서부터 비롯된 것이기도 하다.

> 이 딕남국이 본딕 뷘 셤일너니 쵸한이 분징훌 ᄯᅵ의 쳔히 분분허거늘 쵸나라 ᄉᆞ람 슈쳔이 히도로 피란타가 이곳의 일우러 지금 슈쳔 년간의 외국인의 드러온 ᄉᆞ람은 잇고 나간 ᄉᆞ람은 읍스미 셰계의셔 모르며 ᄎᆞᄎᆞ 드러오는 즁화ᄉᆞ람의게 비화 인군도 셰우고 벼슬도 닉이며 글도 비호미 언어와 의관이 갓튼지라 (1권, 42-43쪽)

대남국은 애초 초한 전쟁 때 전쟁을 피해 들어온 초나라 사람들에 의해 건설된 국가이다. 그러므로 "죠졍 빅관의 아세아주 지방사람이 슴분의 이"를 차지하게 된다. 그러나 대남국 구성원의 삼분의 일은 "그 나마는 사방으로셔 모인" 사람들이니, 이들은 풍랑을 만나 대남국에 이르게 된 비아시아인이다. 이와 같은 경로를 거쳐 건설된 국가이기에, 대남국은 아시아인과 비아시아인이 공존하는 국가가 된 것이다.

한편 대남국은 대다수의 백성이 장사나 공장을 업으로 하는 사람들로 구성된 국가이다. 대남국의 구성원은 정화 일가처럼 바다에서 풍랑을 만나 표류해 들어온 사람들이다. 이 시기에 배를 타고 바다에 나가는 사람들은 대개 상업이나 무역에 종사하던 사람이었으므로, 대남국의 구성원은 자연이 상업에 종사하는 사람들로 구성된 것이다.

> 당금 디남국 왕도 그 션조는 한 션제시 교지 ᄉ람으로 상고로 위업ᄒ더니 동ᄉ 삼십여 인으로 표풍ᄒ야 드러오니 셩은 곽이요, 명은 무니, 그 위인이 웅위ᄒ고 직물이 만으미 즁인이 셰워 인군을 삼으니(1권 49-50쪽)

대남국의 왕조차도 그 선조는 '상고'를 업으로 하던 사람이며, 재물이 많아서 왕위에 오를 수 있었다. 즉 대남국은 상공업을 근간으로 하는 국가형태라고 할 수 있다.

> 과인의 나라히 기국ᄒᆞᆫ 지 쳔여 년에 의관 문물이 아셰아 중앙을 효측ᄒ나 미양 아셰아 지방으로셔 오는 지 장ᄉ와 공장이 만코 문ᄉ와 관인이 젹근 고로 공상은 효셩ᄒ나 국가 정치와 관졔와 군졔, 예악, 문필이 그 디강만 짐작ᄒ고 참지경을 모르는지라. 평싱의 즁앙국에 명문거족과 문장지ᄉ를 고디ᄒ더니 오날 ᄒ날이 지시ᄒ사 경등을 맛나스니 과인의 소회를 경영ᄒ리로다.(1권, 46-47쪽)

그러나 대남국 구성원의 상당수는 아시아 중앙국(청) 사람이므로, 아시아 중앙국의 제도, 즉 중국으로 대표되는 유가적 정치체제를 지향하려는 의식이 강하다. 그러면서도 대남국의 구성원들은 대개 장사나 공장을 업으로 하던 사람들이므로, "학문을 비흔 ᄌᆞ는 겨우 셩명을 긔록ᄒᆞ면 사환의 올나 고관디작을 허"게 될 정도로 정치제도 및 학문에 있어서는 뒤쳐져 있었다. 정화 일가가 표류하여 대남국에 이르렀을 때, 대남국에서 정화일가를 대대적으로 환영하였던 이유는, 정화 일가가 수몽국의 명문거족 출신임을 알았기 때문이다. 대남국의 구성원들은 정화 일가가 뒤떨어진 대남국의 정치제도를 보완해줄 수 있을 것으로 생각했던 것이다.

이처럼 정화 일가가 들어오기 이전의 대남국은 그 인적 구성이나 정치·경제적 상황이 동서가 혼효된 공간으로 묘사되어 있다. 그러나 대남국은 여러 면에서 완전하지 못한 국가였다. 정치적으로 유가적 정치체제를 지향하지만 이를 이룰만한 인적 토대를 갖추고 있지 못했으며, 경제적으로 상공업을 근간으로 하고 있지만 근대적 의미의 상공업을 이룬 것도 아니었다. 또한 군사적으로 매우 약하여 이웃한 국가에게 국토를 빼앗길 정도로 약한 국가였다.[50] 여기서 대남국이 서구의 문명이 급속도로 유입되면서 동서가 무질서하게 혼효되어 있던, 그래서 국가적 경쟁력을 갖추지 못했던 개항 이후의 아시아를 상정한 공간임을 알 수 있다.

이처럼 작가는 유가적 정치체제에 긴박되어 있던 수몽국도, 서구의 물질문명과 동양의 유가적 정치체제가 불완전하게 혼효되어 있는 대남국도 불완전한 국가형태로 형상화하고 있는데, 여기에는 개항 이전의 정치상황과

---

50) "방금 국셰 잔약ᄒᆞ야 남으로 히안국의 셩지을 일코 셔흐로 ᄃᆡ도국 즁도국 등에 셔히 즁 큰 셤을 쎄앗긴 지 십여도요, 변방이 요요ᄒᆞ고 빅셩이 이산허되 밧게 간셩지장이 읍고 안에 지모지신이 읍셔 진실노 위급죤망의 ᄯᅥ러니(1권, 50-51쪽)"라는 데서 알 수 있는 바와 같이, 정화 일가가 들어오기 이전의 대남국은 군사력이 약해 이웃 국가에 국토의 상당 부분을 빼앗기고 국권을 더 이상 유지할 수 없을 만큼 심각한 위기에 직면해 있었다.

개항 이후의 정치상황을 불완전한 것으로 파악하고 있는 작가의 의식이 투영되어 있다고 하겠다. 그리고 이러한 반성적 인식은 급변하는 역사적 전환기에 대응하기에 적합한 이상적인 근대국가의 형태는 어떠해야 하는가에 대한 고민으로 이어진다. 이와 같은 작가의 고민은 정화 일가가 들어온 이후의 대남국의 일신한 모습에서 그 해결의 실마리를 찾을 수 있다.

(3) 정화 일가에 의해 일신된 대남국의 형상화 양상

우선 대남국에 들어온 정화 일가는 중국의 국가제도와 정치이념을 모범으로 하여 관제를 정비한다. 정화의 첫째 아들 정궁으로 호부상서를 삼아 국가의 세입세출과 호구전결을 관리하게 하고, 둘째 아들 정상으로 공부상서를 삼아 병기와 직조기계를 제조하고 금은동철을 채광하도록 하며, 넷째 아들 정치로 병부상서를 삼아 군정사무를 맡기고 장사를 모아 무예를 가르쳐 국가의 안위를 책임지도록 하며, 다섯째 아들 정우로 이부상서를 삼아 관제와 형정, 그리고 교육을 책임지도록 한다. 또한 정화 자신은 세자의 태부가 되어 제왕으로서 갖춰야 할 유가적 덕목을 가르친다. 이렇게 해서 대남국은 중국의 유가적 정치제도를 근간으로 하는 국가체제의 기틀을 마련하게 된다.

그렇다면 애초에 비판적으로 묘사되었던 수몽국의 유가적 정치제도와 대남국에서 받아들인 유가적 정치제도는 어떻게 다른가? 대남국의 왕은 수몽국의 왕과는 달리 신하의 의견을 충분히 수용하는 인물이다. 예컨대 대남국 왕은 정화 일가를 등용하여 국가를 일신하자는 신하들의 의견을 수용하여 정화 일가에게 대남국을 일신할 수 있는 기회를 주는가 하면, 일일이 정화와 정사를 상의하여 시행하는 것이다.

이는 극단적으로 왕권이 약화되고 신권이 강화된 형태로 묘사되기도 한다. 대남국 왕은 스스로 "과인이 무식ᄒᆞ야 평싱의 ᄒᆞᆫᄒᆞ든 ᄇᆡ"(1권, 64쪽)라고 하여 자신을 지극히 낮추는가 하면, 국사를 결정함에 있어서 "짐이 범ᄉᆞ

를 경의게 의탁ᄒᆞ는 ᄇᆡ니 짐의게 뭇지 말나"(2권, 19쪽)고 하여 전적으로 정화 일가에게 일임하기도 한다.

보다 단적으로 왕권이 약화된 양상을 보여주는 것은, 북해주의 반란으로 천자 일가가 궁을 버리고 도망하여할 위기에 처하게 되었을 때이다.

> ᄐᆡᄌᆞ와 동번세ᄌᆞ로 모든 궁권을 호힝ᄒᆞ야 몬져 신경셩으로 향헐 ᄉᆡ 육궁비빈과 ᄉᆞᆷ천궁녜 셔로 부르지지는 소릐 구소의 ᄉᆞ못치고 셩즁 ᄉᆞ민이 셩을 너머 다라나ᄆᆡ ᄂᆡ젼의 위의를 출릴 슈 읍는지라. ᄇᆡᆨ관 죵친이 거가를 ᄎᆞ려 ᄂᆡ젼 궁문의 드러가 뫼셔 영춘강으로 힝헐 ᄉᆡ 시녀와 관리 모다 거러 나오ᄆᆡ 쳔ᄌᆡ 황후와 비빈 등을 ᄃᆡ하야 왈 "경등이 짐을 만나지 못ᄒᆞ야 오날 쳔고의 읍는 욕을 바드니 ᄒᆞᆫ허나 웃지 허리요" 모다 ᄋᆡ원극통허더라.(2권, 98-99쪽)

정화 일가는 대남국에 들어온 후 '부국강병지술'을 행하여 잃었던 국토를 되찾고, 이에 더해 이웃한 국가를 속국으로 만들어 부강한 국가로 만든다. 이에 대남국 왕은 정화 일가에게 각각 왕작을 주어 속국을 맡기니, 정화 일가는 속국을 다스리기 위해 대남국 경성을 떠나게 된다. 이 틈을 타서 "동번왕 형졔 본방으로 나아가ᄆᆡ 나라의 긔탄헐 지 읍다 ᄒᆞ야"(2권, 74쪽) 북해주에서 반란이 일어난다. 그런데 그 위급한 상황이 매우 심각하여, 천자의 가족이 궁궐을 버리고 도망해야 하는 상황에 이르게 된다. 결국 이를 해결한 것은 정화의 넷째 아들 정치이다. 대남국의 존망이 정화 일가의 손에 달려 있다고 할 만큼, 신권의 역할이 매우 강화되어 형상화되어 있는 것이다.

말하자면 대남국에서 정화 일가가 실현한 유가적 정치체제는, 기본적으로 왕권과 신권이 서로 조화를 이루는 형태라고 할 수 있다. 그러나 그것은 한편으로는 왕권보다는 신권의 역할이 극대화된 형태로 묘사된다는 점에서 유가적 정치체제와는 다르다. 즉 대남국의 정치체제는 유가적 정치체제를 근간으로 하면서 왕권보다는 민권이 강화된 서구식 정치체제를 부분적으로

수용한 것이라고 하겠다.51)

정화 일가에 의해 새로운 국가적 면모를 갖춘 대남국의 정치체제가 유가적 정치체제를 근간으로 하면서 서구식 제도를 부분적으로 수용한 것이라면, 그 경제적 지향점은 서구의 물질, 과학문명을 적극적으로 수용하는 것으로 묘사된다. 우선 정화 일가는 상공업을 통해 경제적으로 부강한 국가를 건설하고자 노력한다.

> 육가숨시의 져ᄌᆞ를 질비히 ᄆᆡᆫ드러 상고를 현리케 ᄒᆞ고 셩남문 오 리에 츈양강이 잇스니 이 강은 황경 남문 십 니 영춘강으로 통헌 ᄉᆞᆼ류라. 상션이 왕릐허며 인민이 부요허더라.(2권, 41쪽)

위 인용문은 동번국 경성의 모습을 묘사한 부분이다. 동번국은 정화가 왕으로 있는 대남국의 속국이다. 원래 대남국은 정화 일가가 들어오기 이전에도 상공업을 근간으로 하는 나라였다. 그러나 정화 일가는 시장을 만들어 상권을 형성하고, 근대적 기술로 상선을 만들어 해로를 통한 무역이 번성할 수 있도록 함으로써, 상업이 더욱 발전할 수 있는 기틀을 마련한다. 그리고 구주 태서의 제도를 본받아 전선과 상선을 만들기도 하고, 군기를 제조하기도 하며, 금은동철과 석탄, 석유를 이용하는 근대적 공업을 일으키기도 한다.52)

---

51) 물론 여기에는 이 시기 새롭게 성장하던 계층의 자신감이 투영되어 있기도 하다. 즉 소수 명문가에 권력이 집중되어 있었던 이전 시기(19세기)에는 정치적 이상을 실현할 수 없었던 계층의 의식이 강하게 투영되어 있는 것으로 보이는 바, 이는 다음 장에서 자세하게 살피기로 하겠다.

52) "정상이 슈군도독을 겸헌 후로 영춘강 안의 수군도독부를 셰우고 젼션과 상션을 지으며, 법식을 구쥬 ᄐᆡ셔의 졔도를 본ᄇᆞ다 화긔로 힝ᄒᆞ는 거시니, 원ᄂᆡ 정상이 어려셔부터 ᄐᆡ셔를 유람헐 ᄯᆡ의 그 ᄋᆞ오 정치로 가동 수십 인을 다리고 십 년을 학습ᄒᆞ야 여러 가지 ᄌᆡ죠를 ᄇᆡ화 본국의 도라온 후에 씨이지 안는 고로 셰상의 힝셰치 아니허더니 ᄃᆡ남국으로 드러오ᄆᆡ 왕이 모든 정ᄉᆞ를 맛기시ᄆᆡ 학교를 광셜하야 교휵ᄒᆞ고 금은동철과 석

또한 정화 일가는 외국의 선진문물을 수용하는 데도 적극적이었다. 정화의 둘째 아들 정상은 조상의 선영을 모셔오기 위해 수몽국에 들어가면서 소년 백 명을 데리고 가, 이들을 천하 각국에 보내어 선진문물을 배워오도록 한다. 이는 미구에 닥칠 개항에 대비하기 위한 포석이었다. 서구의 선진문물을 미리 수용함으로써 개항 이후에도 대등한 입장에서 서구 제국주의 열강과 상대하고자 했던 것이다.53)

또한 정화 일가는 군사력을 증강하는 데도 대단한 노력을 기울였다.

> 정각과 원장은 날마다 도독부의 나아가 년소장ᄉᆞ와 건장헌 군ᄉᆞ를 모화 무예와 진퇴를 련습ᄒᆞ며, 일변으로 군ᄀᆡ를 타조헐 ᄉᆡ ᄃᆡ포와 죠총, 창금, 약환, ᄀᆡ계, 거장 등을 공장 슈쳔 인을 모하 불분쥬야ᄒᆞ고 ᄉᆡ법으로 죠셩ᄒᆞ니, 수년지간의 ᄃᆡ포 수ᄇᆡᆨ 좌이요, 죠총이 슈만 병이요, 거장과 ᄀᆡ계 다 쥰비ᄒᆞ야는지라.

정화의 셋째 아들 정각은 육군병마대도독이 되어, 그리고 정화의 사위 원장은 수륙병마대도독이 되어 각각 군사를 조련하고 근대적인 기술('새 법')을 수용하여 군기를 제조한다. 이처럼 이들이 군사력 증강에 노력을 기울인 것은 일차적으로는 이웃 국가에게 빼앗긴 국토를 되찾기 위해서이다. 그리고 여기서 더 나아가 이웃한 국가를 공격하여 속국으로 삼아 국토를 확장하기 위해서이다. 이러한 제 과정은 마치 제국주의 열강이 동아시아를 식민지화해 나가는 과정과 상당히 유사하게 묘사되어 있다. 작가는 강력한 군사력

탄, 셕유를 씨며 ᄀᆡ교정치 날노 진취ᄒᆞ야, 십 여년지간의 천ᄒᆞ 부강지국이 되얏지라."(2권, 11쪽)

53) "이졔 천ᄒᆞ형셰를 보건ᄃᆡ 미구의 ᄒᆡ외만국과 ᄒᆞᆫ 번 통헐지라. 그러허나 아국 소년지ᄉᆞ ᄇᆡᆨ여 명을 구쥬 각국의 보닌지 거의 년훈이 되얏지라. 밧비 불너드리ᄉᆞ 조흔 법을 갈희여 쓰시고 사방의 영준을 모화 학문을 널니 ᄒᆞ야 일후의 타국의 욕을 면ᄒᆞ소셔. 셩인도 시속을 죠치라 ᄒᆞ셔스니, 허물며 텬ᄒᆞ만국의 순환ᄒᆞ는 ᄃᆡ변을 웃지 견집ᄒᆞ리잇고?"(2권, 111-112쪽)

을 바탕으로 하여 제국주의 열강의 대열에 합류해야만 적자생존의 국제관계에서 민족자주권을 수호할 수 있다고 보았던 것이다.

즉 정화 일가에 의해 일신된 대남국은 정치면에서는 유가적 정치제도를 근간으로 하면서 부분적으로 서양의 제도를 수용하는 한편, 경제·군사면에서는 서구제국주의 열강의 그것을 강하게 반영한 모습으로 형상화되어 있다고 하겠다. 말하자면 대남국은 전통과 근대, 신구가 역동적 균형을 이룬 근대적 국가의 전형으로 형상화되어 있는 것이다. 여기에는 당시 큰 반향을 일으키고 있던 '舊本新參論'이 상당 부분 반영되어 있는 것으로 생각된다. '구본신참'은 애초 김윤식에 의해 주창되었던 '東道西器'의 변형태라고 할 수 있는 것이다. 김윤식이 1800년대 초 '동도서기'를 주창할 당시에는 전통적인 제도와 사상을 지키되, 근대 서양자본주의 및 서구적인 과학과 기술은 받아들이자는 의미로 사용했다. 즉 동도서기론자들은 서양의 물질문명의 수용을 강력히 주장하면서도, 서양의 정치제도를 급격하게 수용하는 것은 곤란하다고 생각하고 있었다. 그러나 1894년을 기점으로 '동도서기론'은 '구본신참론'과 '변법론'으로 점차 분화하는 양상을 보인다. 양자는 서양의 물질문명을 수용해야 한다는 데는 의견을 같이 하면서, 서양의 정치제도를 수용하는 문제에 있어서는 서로 의견을 달리 하고 있었다. 가령 '구본신참론'은 전통적인 사상과 갑오 이전의 제도를 근본으로 삼고, 갑오개혁 당시에 제정된 각종 서양식 제도를 부분적으로 참고한다는 입장이라면, '변법론'은 서양의 법제가 본래 동양의 제도에서 비롯된 것이라는 논리로 서양의 신법을 전폭적으로 수용하려는 입장이다. 다시 말해 '변법론'은 윤리, 도덕의 차원 정도에서 유교의 상대적 우월성을 인정하는 것 외에는 사실상 서구문명의 전반적 수용을 긍정한 것이라고 하겠다. 대한제국이 전자를 지향했다면, 1905년 이후 계몽지식인들은 후자를 지향하는 방향으로 나아갔다고 할 수 있다.[54)]

즉 작중 이상국으로 형상화된 대남국에는 서양의 정치제도를 부분적으로 참고하면서 유가적 정치체제를 고수하려고 했던 '구본신참론'의 이념적 모색이 삼투되어 있는 것이다. 그리고 이렇게 된 데는 이 작품의 작가가 '구본신참론'을 표방했던 대한제국과 관련이 있는 인물일 것이라는 사실과 깊은 관련이 있을 것으로 생각된다.

그렇다면 정화 일가는 왜 이러한 형태의 국가를 지향했던 것일까?

> ᄃᆡ남국과 동번, 영명, ᄒᆞᆸ도 제국이 학문이 열녀 타국의 지지 아니ᄒᆞ고 ᄯᅩ 슈년 이러로 구쥬각국이 ᄎᆞᄎᆞ 통상 왕ᄂᆡᄒᆞ야 ᄃᆡ남국 일경을 두루 보니 텬ᄒᆞ육주외의 ᄒᆞᆫ ᄃᆞᆼ이 별셰계 숨겨스니 ᄉᆞᆫ쳔이 슈려ᄒᆞ고 인물이 번셩ᄒᆞ고 각국 통변허는 ᄌᆡ 만흐며 관졔, 군졔, 정치, 법녕이 모다 만국의 편리헌 거스로 진션진미헌지라. 모다 흠션ᄒᆞ고 인ᄌᆡ를 일커르며 텬ᄒᆞ의 일등국으로 비견ᄒᆞ야 깁히 예ᄃᆡ허더라. ᄎᆞᄎᆞ 각국의 통화ᄒᆞ야 공ᄉᆞ를 파송허며 국셔가 왕ᄂᆡᄒᆞ야 교린지의 화목허고 쥬ᄀᆡᆨ이 셔로 경녜ᄒᆞ며 금은동쳘, 셕탄, 셕유, 륜션, 쳘노, 젼션과 각ᄉᆡᆨ졍이 ᄀᆡ교헌 ᄀᆡ계의 타국인을 고용치 안코 모다 본방 ᄉᆞ람으로 허ᄆᆡ ᄇᆡᆨ셩이 부요ᄒᆞ고 나라히 강ᄒᆞ니 비록 욕심이 잇스나 이미 발근지라. 웃지 허리요?(2권, 130-131쪽)

위 인용문은 작품의 결말부분이다. 이에 의하면 정화 일가가 대남국에 들어와 펼친 모든 노력이 미구에 닥칠 개항에 주체적으로 대응하기 위한 대비책이었음을 알 수 있다. 정화 일가는 개항이 더 이상 피해갈 수 없는 도도한 흐름이라는 사실을 분명하게 파악하고 있었다. 그래서 신구, 전통과 근대가 역동적 균형을 이룬 근대적 국가를 건설함으로써 주체적으로 개항에 대비하고자 하였던 것이다. 실제로 정화가 죽은 뒤 몇 년 후에 대남국은 주체적으로 외국에 문호를 개방하여 대등한 관계를 맺게 된다. 개항이라는 피할

54) 박찬승, "19세기 후반 동도서기론의 전개", 서울대학교 한국문화연구소 제5회 학술토론회 발표요지, 서울대학교 한국문화연구소, 1993.

수 없는 전환기적 현실에 제대로 대처하지 못했던 작중의 수몽국이나 현실의 중국 및 한국이 제국주의 열강에게 철도부설권, 금광개발권 등의 경제적 이권을 빼앗기고 결국 국권을 수호할 수 없는 지경에 이르렀던 것과는 달리, 대남국은 전환기적 역사현실을 내다보고 철저하게 대비함으로써 정치적·경제적 주권을 잃지 않고 제국주의 열강과 대등한 외교관계를 맺게 되었던 것이다.

이처럼 정화 일가에 의해 새롭게 변모된 대남국은 중세에서 근대로, 쇄국에서 개항으로 바뀌고 있던 전환기적 역사현실에서 요청되는 이상적인 국가로 형상화되어 있다. 즉 작가는 미처 개항에 대한 대비책을 세우지 못해 정치적·경제적으로 제국주의 열강에게 예속화되었던 이 시기 아시아의 정치현실을 반성적으로 인식하고, 정화 일가에 의해 일신된 대남국을 통해 이를 극복할 수 있는 전망을 제시했다고 하겠다.

3) 서술시각과 작가의식

이처럼 『정씨복선록』은 전환기적 역사현실에 대한 우려와 새로운 삶의 가능성에 대한 모색의 과정에서 산생된 작품이다. 그런데 이 작품에 투영된 작가의식을 해명하는 데 있어서, 그 서술시각의 초점이 정화 일가의 능력발휘와 가문의 번영에 맞추어져 있다는 사실은, 이 작품에 투영된 작가의식을 짐작하는 데 있어서 중요한 단서가 되는 부분이다.

수몽국에서의 정화 일가는 자신의 능력을 발휘할 기회를 얻지 못하고 있었다. 정화 자신은 지방의 한미한 가문의 자손으로 중앙의 관계에 진출하지만, 간신의 참소를 입고 고향으로 방축되는 인물이다. 그럴 수밖에 없었던 것은 '간신의 무리'로 표현되는 세도가의 협잡 때문이었다. 정화는 그 선조부터 "농사를 지어 업을 직히"는 지방의 한미한 가문의 자손이었다. 세도가에 권력이 집중되어 있었던 정치적 상황에서 한미한 가문의 자손이 중앙의 정계에 진출하는 것 자체가 매우 제한적이었으며, 진출한다 하더라도 거기서 자신의 능력을 마음껏 펼칠 수는 없었던 것이다.

그런데 정화 일가는 대남국에 들어오면서 자신이 갖고 있는 능력을 인정받고 마음껏 펼치게 된다. 이는 정화 가문의 구성원이 지닌 능력이 전통적 정치체제에서보다는 새로운 체제에 보다 잘 어울리는 것이었기 때문이었다.

> 장ᄌᆞ 궁의 년은 이십구 세니 셩효공검ᄒᆞ고 문장이 탁월ᄒᆞ야 의약복셔와 경졔지셔를 무불셥녑ᄒᆞ니 벼술이 니부시랑이요, …… 이ᄌᆞ 상의 년은 이십칠이니, 사람되미 총명영오ᄒᆞ고 긔경ᄒᆞᆫ 권술이 잇는지라. 십오 셰의 집을 ᄯᅥ나 천ᄒᆞ육쥬를 유람ᄒᆞ야 각국 산천 풍쇽과 긔교, 정치, 농상지학을 ᄇᆡ화 치부 거만이요, …… 숨ᄌᆞ 각은 년이 이십오니 십삼의 그 형장을 죠ᄎᆞ 쳔ᄒᆞ를 박남ᄒᆞ야 학문이 광ᄃᆡᄒᆞ고 신장이 팔 척이요, 용ᄆᆡᆼ이 졀륜ᄒᆞ며 경천위지지ᄌᆡ와 활달ᄒᆞᆫ ᄃᆡ도가 잇스니, …… 사ᄌᆞ 치의 년은 이십숨 셰니 위인이 관후인ᄌᆞᄒᆞ고 문무 겸비ᄒᆞ고 지용이 쌍전ᄒᆞ니, …… 오ᄌᆞ 우의 년은 십팔 셰니 천셩이 인효ᄒᆞ고 옥골션풍이요, 문쟝지ᄌᆡ와 풍류지사라, …… 장(사위 원장-필자 주)의 년이 이십오 셰라. 십 셰에 부모를 일코 혈혈무의ᄒᆞ야 사방의 두루 노라 실가지락이 읍고 ᄯᅳᆺ이 활달ᄒᆞ야 가산을 일숨지 아니허며 위인이 충후인덕ᄒᆞ고 여력이 과인ᄒᆞ고 지혜 광ᄃᆡᄒᆞ며 늠늠헌 풍치 잇스니 당시 호걸이라.(1권, 37-39쪽)

위 인용문은 정화 일가가 수몽국에서 고향으로 방축되어 갈 때의 모습이다. 정화 가문의 구성원은 전통과 근대, 신구, 문무, 지혜와 용맹을 겸비한 인물이다. 뿐만 아니라, 정상과 정각은 이미 천하 육대주에 유학하여 근대적 학문과 기술을 배워온 인물이다. 그런데 전통적 가치만을 존중하는 수몽국에서는 이처럼 근대적 가치를 겸비한 정화 일가의 능력이 제대로 실현될 기회를 얻을 수 없었다.

> 정상이 슈군도독을 겸헌 후로 영춘강안의 수군도독부를 세우고 젼션과 상션

> 을 지으며, 법식을 구쥬 텨셔의 졔도를 본ᄇᆞᆮ다 화긔로 힝ᄒᆞᄂᆞᆫ 거시니, 원ᄂᆡ 졍상이 어려셔부터 텨셔를 유람헐 ᄯᅢ의 그 ᄋᆞ오 졍치로 가동 수십 인을 다리고 십 년을 학습ᄒᆞ야 여러 가지 지죠를 비화 본국의 도라온 후에 씨이지 안는 고로 셰상의 힝셰치 아니허더니 ᄃᆡ남국으로 드러오미 왕이 모든 졍ᄉᆞ를 맛기시미 학교를 광셜하야 교휵ᄒᆞ고 금은동쳘과 셕탄, 셕유를 씨며 긔교졍치 날노 진취ᄒᆞ야, 십여년지간의 쳔ᄒᆞ 부강지국이 되얏지라.(2권, 11쪽)

정상과 정치는 10년 동안 천하 육주에 유학하여 근대적 학문과 기술을 배우고 고국에 돌아오지만, 정작 수몽국에서는 이러한 능력을 발휘할 기회를 얻지 못했던 것이다. 그러나 대남국에서는 이들의 새로운 능력을 높이 평가하고, 그러한 능력을 마음껏 펼칠 수 있는 기회를 제공한다. 대남국왕은 "이 갓튼 소년영지로 벼술의 올흐지 못ᄒᆞ미 웃지 억울치 아니리요?"라고 하며, 이들을 적극 등용하여 대남국을 일신하도록 하였던 것이다. 결국 정화 일가는 대남국에 와서야 자신의 능력을 충분히 발휘하여, 전통과 근대가 역동적인 균형을 이룬 근대적 국가를 건설할 수 있게 된다. 말하자면 대남국은 전통적 관료와는 구별되는 능력을 지닌 정화 일가가 자신의 정치적 구상을 구체적으로 실험해 볼 수 있는 공간이 되었던 것이다. 그 실험의 결과는 대단히 놀라운 것이어서, 대남국은 제국주의 열강의 침략으로부터 국권을 수호할 수 있었을 뿐만 아니라 제국주의 열강과 어깨를 마주할 수 있는 강한 국가로 새로 태어나게 된다.

그렇다면 이처럼 정화 일가가 대남국에서 자신들이 구상한 근대적 국가의 모형을 성공적으로 실험해 본다는 설정에는 어떤 집단의 시각이 투영되어 있는가? 1897년 유가적 정치체제를 근간으로 하는 구조선이 붕괴되고 근대적 국가를 표방한 대한제국이 성립되었다. 그 결과 구체제에서는 능력을 발휘할 수 없었던 새로운 계층이 비로소 정치적으로 성장할 수 있는 기회를 얻게 되었다.[55] 이 작품에는 이처럼 정치적으로 새롭게 성장하고 있었던 계층의 의식이 투영되어 있는 것으로 추정되는 바, 이는 이 작품의 작가가 대한제국의 관료일 것이라는 사실과 관련이 있을 것으로 생각된다.

『정씨복선록』은 국립중앙도서관에 소장되어 있는 이본이 유일본으로 전한다. 작자와 창작시기는 밝혀져 있지 않지만, 가장자리에 '표훈원'이라고 인쇄되어 있는 종이에 필사되어 있어서 대체적인 창작시기와 작가를 추정해 볼 수 있다. '표훈원'은 대한제국 때 훈장, 포장 등에 관한 일을 담당했던 관청이다. '표훈원'이라 인쇄된 종이를 무려 137장이나 사용할 수 있었다면, 아마도 현재 전하는 국립중앙도서관 소장본을 필사한 사람은 표훈원과 관련된 대한제국 관료일 가능성이 높다. 따라서 만일 국립중앙도서관 소장본이 작가의 수고본이라면, 이 작품의 작가는 대한제국의 관료일 가능성이 매우 커지는 것이다.

그런데 국립중앙도서관 소장본은 다음과 같은 이유에서 작가의 수고본일 가능성이 매우 큰 것으로 판단된다. 국립중앙도서관 소장본에는 같은 필적으로 내용을 첨삭한 부분이 100여 곳 이상 확인된다.

> 쌍용 넘노는 듯 → 쌍용(이) 넘노는 듯(1권, 15쪽)

또한 표현을 보다 구체적으로 하거나 유연하게 하기 위해 수식어를 끼워쓰거나, 단어를 고친 경우도 있다.

> 뎌포 오십여 좌이요 → 뎌포 (수빅) 좌이요(1권, 57쪽)
> 몬져 의용을 모집헐 식 → 몬져 (용사를) 모집헐 식(1권, 57쪽)

---

55) 조선에서와는 달리 대한제국 관료의 신분은 소수를 제외하고는 대단히 낮은 편이었다. 대한제국 관료의 대부분은 중인이나 신흥 자산가의 자제였다. 즉 대한제국의 성립으로 새로운 계층이 정치적으로 성장할 수 있는 기회가 마련된 셈이다.(김영모, 『조선지배층연구』, 일조각, 1977, 337-338쪽)

이날 도독이 각각 → 이날 (남히쥬 육군도독 경각과 셔히쥬 수군도독 원장이 각각)(1권, 57쪽)

군ᄉᆞ를 쉬울ᄉᆡ → 군ᄉᆞ를 쉬(울 바라고 주야로 행ᄒᆞ야) → 군ᄉᆞ을 쉬울 바라고 (나아갈 ᄉᆡ 군마를 지촉ᄒᆞ야 쥬야로 행ᄒᆞ더라.)(1권, 106쪽)

이상의 인용문 가운데 ( )안에 든 부분이 끼워 넣어졌거나 고쳐진 부분이다. 이러한 첨삭이 없더라도 작품의 내용이나 문맥의 의미가 통하지 않는 것은 아니다. 그럼에도 보다 정확하고 구체적인 표현을 위해 이와 같은 첨삭을 하고 있다. 이런 사실들로 미루어볼 때, 현재 전하는 국립중앙도서관 소장본은 단순히 원본을 베껴 쓴 필사본은 아닌 것 같다. 이러한 첨삭의 흔적은, 작가가 작품을 창작한 뒤 다시 미비한 부분을 보완·수정하는 과정에서 나타난 현상으로 보이는 것이다. 이런 점에서 국립중앙도서관 소장본은 작가의 수고본일 가능성이 매우 크다고 하겠다.

그럴 경우 이 작품의 작가는 대한제국 관료, 구체적으로 표훈원에 근무하던 관료일 가능성이 매우 높다. 이 작품의 작가가 대한제국과 관련이 있는 인물일 것으로 짐작되는 근거는 작품 내용에서도 확인할 수 있다. 우선 이 작품에 이상국으로 형상화된 대남국의 지향가치가 '구본신참'을 표방했던 대한제국의 개혁원칙과 상통하는 면이 있다는 점에서 그러하다. 또한 대남국왕이 천성산에서 단을 모으고 황제즉위식을 치르는 대목은, 고종이 원구단에서 황제 즉위식을 갖고 대한제국의 성립을 공포했던 역사적 사실을 거의 그대로 재현한 듯하다.

즁관이 모다 알외ᄃᆡ "왕의 공덕이 아 국가 이천 년 션왕의 쳐음이요, 또 ᄃᆡ도 국왕으로 귀순왕을 봉ᄒᆞ야쓰니 이는 왕으로 왕을 봉허미니 읏지 상국 쳬모가 되리잇가? …… 왕상은 천ᄒᆞ신민의 ᄯᅳᆺ을 살피사 위엄을 빗니고 죵ᄉᆞ를 놉피쇼셔" 왕이 이에 허락헌ᄃᆡ 졔신이 ᄃᆡ희허여 셩북 삼십 니 천셩산 남의 단을 모흐

> 고 길일을 턱ᄒᆞ야 왕을 호위ᄒᆞ야 단의 올나 쳔지의 ᄉᆞ례ᄒᆞ고 황졔위에 나아가니 빅관이 황졔 시부를 밧들어 올니고 년호를 셰워 무흥원년이라 ᄒᆞ고(1권, 103-104쪽)

대남국에 들어온 정화 일가는 대남국의 이웃 국가를 정벌하여 속국으로 복속시킨 후, 신하들이 나서서 대남국 왕에게 천자의 위에 오르기를 청한다. 위 인용문은 신하들의 뜻을 받아들여 대남국 왕이 천자 위에 오르는 과정을 묘사한 대목인데, 이는 1897년 2월 연호를 광무로 정하고 원구단에서 황제 즉위식을 가진 후 대한제국의 성립을 공포했던 역사적 사실에 조응된다. 러시아 공관으로 파천하고 있던 국왕이 경운궁으로 환궁한 것은 1897년 2월 20일이었다. 그 후 국왕에 대하여 '원호를 세우고 황제를 칭할 것(建元稱帝)'을 요구하는 상소가 계속되었다. 고종은 그들의 상소에 응하여 연호를 광무라 정하고 황제 즉위식을 거행하여 대한제국의 성립을 공포하였던 것이다. 갑오개혁 이전까지 조선은 청의 황제에 대하여 국왕이라 칭하고, 연호는 청의 그것을 사용하는 것을 원칙으로 하고 있었다. 이것이 갑오개혁에 의하여 부정되었고, 원구단에서의 황제 즉위식과 대한제국 성립 공포는 명실공이 청과의 전통적인 사대관계를 청산하고 내외에 자주독립국임을 선포한 사건이었다.[56)]

이는 많은 사람들에게 오랫동안 예속되어 있었던 중국의 지배 하에서 벗어나 자주독립을 성취하고 새로운 역사의 장을 연 사건으로 이해되었고, 그 감격은 독립가 또는 애국가라는 이름으로 형상화되었다. 이 작품에 묘사된 위와 같은 대목에는 바로 황제 즉위식과 대한제국 성립이라는 역사적 사건에 대해 갖고 있었던 당대인의 감격이 투영되어 있는 것이다.

그런데 대한제국의 성립과 근대적인 제도의 도입에 대하여 낙관적인 기

56) 강재언, 앞의 책, 108-109쪽.

대를 노래한 애국가 또는 독립가의 작가는, 대부분 학생, 대한제국 관료, 기독교인과 같은 신흥 부르조아이다.[57] 이러한 사실은 대한제국의 정치이념을 표방하고 있는 대남국을 이상적인 국가로 형상화하고 있는 이 작품의 작가가, 대한제국 관료 혹은 적어도 대한제국에 대하여 낙관적인 기대를 가지고 있었던 신흥 부르조아 계층일 것이라는 추정에 설득력을 더해준다.

즉 이 작품에는 갑오경장에서 시작되어 대한제국의 성립에서 정점에 달한 일련의 부르조아적 개혁을 통해서 자기 계급의 발전적인 미래에 대해 낙관적인 전망을 소유하게 된 신흥 부르조아의 의식이 강하게 투영되어 있는 것이다. 이는 수몽국에서는 자신의 능력을 인정받지 못했던 정화 일가가 대남국에 들어와 자신의 능력을 마음껏 펼치고 대남국을 근대적 국가로 일신시키는 한편, 가문의 번영을 이루게 된다는 구도를 통해서도 확인되는 바이다.

조선에서 대한제국으로의 전환은 단순히 국명을 달리한 것 이상의 의미가 있었다. 대한제국 관료의 신분은 소수를 제외하고는 대단히 낮은 편이었다. 대한제국 관료의 대부분은 중인이나 신흥 자산가의 자제였던 것이다.[58] 이들에게 구체제의 몰락과 대한제국의 성립은 불안과 걱정으로 여겨지기보다는, 오히려 새롭고 나은 시대를 창조하기 위해 자신의 능력을 펼칠 수 있는 기회의 공간으로 생각되었던 것이다. 말하자면 『정씨복선록』은 서구 제국주의 열강에 의해 정치적·경제적 침탈을 당하고 있던 당대의 정치상황을 비판적으로 인식하고 있던, 그리고 대한제국의 성립으로 근대적 국가건설에 대하여 낙관적 전망을 갖게 되었던 신흥 부르조아 계층의 자신감과 포부를 형상화한 작품이라고 하겠다.

---

57) 조동일에 의하면 직업이 명시된 11편의 애국가 또는 독립가 가운데 5편이 대한제국의 관리(주사, 기사, 군인, 경찰)의 작품이라고 한다. 이 밖에 5편은 학생의 작품이고, 나머지 1편은 예수교인의 작품이다.(조동일, "개화기의 우국시가", 민병수 외, 『개화기의 우국문학』, 신구문화사, 1974)

58) 김영모, 『조선지배층 연구』, 일조각, 1977, 337-338쪽.

2. 비주체적 개화정책의 비판과 근대적 국가상의 모색 : 『산촌미녀』

『산촌미녀』는 『여항소설』이라는 표제가 붙은 작품집에 실려 있는 작품 가운데 하나이다. 이 작품집에는 『산촌미녀』 외에 『일본산천풍속기』, 『장벽지화라』, 『경성백인백색』 등 네 작품이 실려 있다. 현재 전하는 것은 서강대학교 도서관에 소장되어 있는 필사본이 유일본이다. 그러나 이 이본이 수고본이 아님은 분명하다. 원래 『한성신보』에 연재되었던 『경성백인백색』이 이 소설집에 필사되어 있는 점, 『산촌미녀』의 일부분이 『일본산천풍속기』의 "제사천맥보은" 편에 잘못 필사되어 있는 점 등으로 보아 그러하다. 무엇보다도 『산촌미녀』와 『일본산천풍속기』는 지향하는 의식이 서로 상이하다는 점에서 이 이본의 필사자를 작가로 보기는 어렵겠다. 후술하겠지만 『산촌미녀』는 친청·반일적 시각을 드러내는 데 비해, 『일본산천풍속기』는 일본의 개명된 문물을 찬양하고 이를 적극적으로 배우고자 하는 의식을 보여주고 있는 것이다. 동일인의 작품이라면 이처럼 상이한 시각으로 일본을 형상화할 수는 없었을 것이다. 이로써 미루어 보건대 이 소설집은 각기 다른 작가에 의해 창작된 작품 네 편을 모아 이루어진 것이라고 보아야 하겠다.

이 작품은 이종주에 의해 처음 학계에 소개되었다.[59] 이후 조동일이 『한국문학통사』에서 간략하게 언급하였고, 이은숙에 의해 본격적인 논의가 이루어졌다. 논의는 두 가지 방향에서 이루어졌다. 하나는 『산촌미녀』에 형상화된 작중 현실이 구체적으로 어떠한 역사현실에 대응되는가를 밝히려는 것이었고, 다른 하나는 이를 통해 『산촌미녀』에서 지향하는 주제의식을 탐색하려는 것이었다. 처음 『산촌미녀』를 소개했던 이종주는 작품에 형상화된 현실이 구체적으로 어떤 역사 현실에 대응되는지에 대한 언급 없이, 개

59) 이종주, 『여항소설』, 시인사, 1984.

방지향적인 2대가 1대의 보수적 가치질서를 극복하는 구조를 통해 개방지향의식을 드러낸 작품이라고 평가하였다. 이은숙은 『산촌미녀』가 개항 전으로부터 고종독살(1919)까지의 조선의 역사현실을 우의적으로 형상화함으로써, 만주로 쫓겨 간 독립지사에 의해 국권이 회복될 수 있다는 의식을 강하게 드러낸 작품이라고 평가하였다.60)

이처럼 동일한 작품에 대하여 상반되는 평가가 이루어졌던 것은, 논자에 따라 작품에 형상화된 현실이 구체적으로 우의하는 역사 현실을 각기 다르게 해석하고 있기 때문이다. 이 작품의 배경이 되는 공간은 실재하는 역사적 시공간이 아니다. 그러나 거기에는 1900년을 전후한 한국의 역사 현실이 반영되어 있다. 즉 이 작품은 우언의 방식으로 전환기적 역사 현실을 담아내고 있는 것이다. 따라서 『산촌미녀』에 형상화된 작중 현실과 구체적인 역사 현실의 대응관계를 정확하게 밝히는 것이 우선되어야 할 과제이다. 작품을 떠받치고 있는 역사 현실의 정확한 모습이 밝혀졌을 때에야, 비로소 작품이 지향하는 주제의식도 제대로 평가될 수 있을 것이다.

---

60) 이은숙은 주중걸이 소무릉에서 쫓겨난 후 사선연이 토소봉에 대하여 "셔로 쓴을 길도 업고 셔로 친밀할 길도 읍"게 된 상황을 한일합방으로, 사병현이 토소봉에게 독살당하는 사건을 일본에 의해 저질러진 고종독살로 이해하여 이러한 결론에 도달했다.(이은숙, "항일우의 신작구소설 연구", 한국학대학원 박사학위논문, 1994) 그러나 주중걸이 쫓겨난 이후에도, 그리고 사병현이 독살된 후에도, 작중상황은 여전히 토소봉이 사선연을 차지하지 못하고 "소봉이 그 여러 ᄉᆞ람(강촌 포구의 주인들)의 눈치도 살피거니와, ᄯᅩ는 션연쳐ᄌᆞ을 겁박ᄒᆞ고시분 마음도 만컷만는 비단 타인의 시비만 두려울 쌘 아니라"라고 하여 조선을 합병하지 못한 것으로 표현되어 있다. 또한 작품의 배경이 되는 시기를 개항(1860년대 후반)에서 1919년까지로 볼 경우 『산촌미녀』는 50여 년에 이른 시기를 형상화한 것이 되는데, 사씨가와 주씨가가 소무릉에 은거하는 데서부터 주중걸이 소무릉을 구하기까지의 작중 시간은 20년에서 30년 정도 되기 때문에 이는 작품의 문맥에도 어긋나는 해석이다. 사정이 이렇다면 주중걸을 1910년 이후에야 본격적으로 활동하는 독립지사로 이해하는 것도 잘못된 해석이 된다. 아울러 사병현을 고종이라고 보았는데, 그럴 경우 사병현이 일본을 의미하는 토소봉과 친밀하게 지내는 모습이나, 사병현과 왕씨부인(민비)이 토소봉에 대하여 상반된 입장을 보이는 것을 제대로 설명하기 어렵다. 이런 점에서 이은숙의 분석은 상당 부분 잘못된 해석이라고 하겠다.

1) 작중 현실과 역사 현실의 대응관계

구체적인 작품 분석에 들어가기에 앞서 『산촌미녀』의 줄거리를 보기로 하자.

1. 명문있는 가문의 후예인 사병현은 한 두 사람의 힘으로는 바로잡을 수 없는 난리를 만나 봉래산 소무릉에 은거하여 농사를 지으며 지낸다. 명가의 후예인 주씨가도 역시 난세를 피하여 소무릉에 들어와 이웃하게 된다. 두 집안은 문견과 풍속이 서로 같은 것이 많아 매사에 서로 의논하며 지낸다.

2. 두 집안은 모두 자식이 없었는데, 소무릉에 들어와 사씨가에서는 딸 사선연을, 주씨가에서는 아들 주중걸을 낳는다. 두 집안은 사선연과 주중걸을 약혼시킨다.

3. 이렇게 두 집안이 소무릉에 은거하여 요순세상을 이루고 있는 사이에, 소무릉 밖 강촌에서는 난리가 돈정된 후로 각종 산업이 발달하여 개명된 세계를 이룬다. 대하촌, 파덕, 파사, 논호, 패림, 하송 등이 그러한 강촌이다.

4. 어느 날 이들은 강상을 구경하던 중 우연히 소무릉에 이르게 되는데, 이들은 소무릉의 경치에 반하여 각각 소무릉에 별장을 짓기에 이른다. 그리하여 소무릉은 점점 신선의 생애 같던 것이 변하여 속인의 생애가 되어 도회처로 변모하게 된다.

5. 그러던 중 소무릉과 멀지 않은 곳에 위치한 대하촌의 토소봉이 사병현의 딸 사선연에게 반하여 온갖 물건으로 사씨가의 환심을 사려 한다. 그러나 사선연은 이미 주중걸과 약혼한 사이라서 문제가 된다. 토소봉은 주중걸을 내쫓아 사선연을 취할 마음을 먹는다.

6. 이럴 즈음에 사선연은 우연히 병이 들어 위중한 지경에 이르게 된다. 이 소식을 들은 주중걸과 토소봉이 사선연을 보기 위해 사씨가에 왔다가 싸움이 벌어진다. 이 싸움에서 주중걸은 토소봉에게 크게 패하여 겨우 목숨을 부지한 채 다른 곳으로 쫓겨가게 된다.

7. 그러나 주중걸이 쫓겨간 후에도 토소봉은 사선연을 취하려는 뜻을 이루지 못한다. 사선연의 아버지 사병현은 토소봉의 아첨에 혹하여 친밀하게 지내려 하지만, 사선연의 어머니 왕씨가 토소봉을 못마땅하게 여겨 파덕 포구의 주인 우불청과 결탁하기 때문이다. 우불청도 평소 사선연을 마음에 두고 있던 차였으므로 왕씨의 제의에 기꺼이 응하였던 것이다.

8. 마침내 토소봉은 자객을 시켜 왕씨를 살해하고 사선연을 차지하려 하였으나, 이 사실이 강상의 다른 포구에 알려져 오히려 소무릉에 대한 권세를 잃고 체면만 상하게 된다. 사선연은 어머니 왕씨가 그랬던 것처럼 파덕 포구의 우불청과 결탁하여 토소봉의 위협에서 벗어나려 하지만, 토소봉은 여전히 사선연을 차지하려는 마음을 버리지 않고 여러 계략을 써서 사선연을 겁박한다.

9. 그러던 중 사병현이 병이 들자, 토소봉은 독약으로 사병현의 죽음을 재촉하여 후환을 없앤다.

10. 한편 소무릉에서 쫓겨난 주중걸은 봉래산 중에 신무릉을 건설한다. 이제 주중걸은 자발적으로 개항하여, 상업과 공업, 농업을 일으켜 천하의 거부가 되기에 이른다.

11. 그후 주중걸은 병기를 만들고 군대를 조련한 후, 각 포구 주인들의 찬조 아래 토소봉을 공격하여 죽이고 사선연을 구하여 천생연분을 이룬다.

『산촌미녀』의 내용은 크게 세 부분으로 구성되어 있다. '외부로부터 격리된 소무릉의 세계-강촌 포구의 세계에 의해 개항된 후의 소무릉의 세계-주체적으로 개항한 신무릉의 세계'가 그것이다. 이제 작품에 투영된 작가의식을 살피기에 앞서 각각의 세계에 형상화된 작중 현실과 역사 현실의 대응관계를 보기로 하겠다.

(1) '쇄국'으로 대응한 소무릉의 세계

먼저 외부로부터 격리된 소무릉의 세계를 보기로 하자.

원래 명문가의 후예인 사씨가와 주씨가는 '흔 두 ᄉᆞ람으로는 바루잡는 힘이 업'는 난리를 당하여 봉래산 소무릉에 은거한다. 여기서 사씨가와 주씨가로 하여금 소무릉으로 은거하도록 한 '난리'가 의미하는 바가 무엇인지 정확하게 해석하는 것은, 개항이전의 소무릉의 세계가 지향하는 가치를 해명하기 위해 반드시 선결되어야 할 과제이다. 이은숙은 '난리'를 동학혁명으로 해석했으나, 이는 이 시기 역사 현실에 부합하는 해석이라고 할 수 없다. 동학혁명은 조선후기부터 쌓여온 모순이 폭발하여 일어난 대규모의 농민항쟁이었으나, 결과적으로 청과 일본이 조선에 침략하는 계기를 마련한 사건이었다. 그런데 작중 세계에서는 '난리' 이후 사씨가와 주씨가가 외부로부터 격리된 세계로 은둔하는 삶을 지향하게 되므로, '난리'가 동학혁명을 우의한 것으로 볼 수는 없다.

또한 '난리'를 동학혁명으로 볼 경우 작품의 문맥에도 부합되지 않는 면이 있다. 주중걸이 신무릉을 건설한 후 소무릉으로 돌아와 대하촌 토소봉을 죽였을 때의 나이가 20여 세이다.[61] 그런데 사씨가와 주씨가는 난리를 피해 소무릉에 은거한 후에 사선연과 주중걸을 낳았으므로, '난리'로부터 주중걸이 대하촌 토소봉을 공격하여 승리하게 되기까지는 20년에서 30년의 시차를 두고 있는 것이다. 그런데 기존의 논의에서처럼 '난리'를 동학혁명으로, 주중걸과 대하촌 토소봉의 대결을 청일전쟁으로 볼 경우, 동학혁명 이후 20년에서 30년 후에 청일전쟁이 일어난 것이 된다. 이처럼 작품 문맥으로 보더라도, '난리'를 청일전쟁과 1년 정도의 시차를 두고 일어났던 동학혁명을 우의한 것으로 볼 수는 없다.

그렇다면 '난리'가 의미하는 바는 무엇인가? '난리'는 사씨가와 주씨가의

---

61) 이는 주중걸이 대하촌 토소봉을 공격하기로 결심하면서 '션연쳐ᄌᆞ는 극히 곤란즁에 드러셔 정신을 슈습지 못ᄒᆞ고, 또는 년긔가 이십여 셰라.' 라는 구절에서 확인할 수 있다. 즉 주중걸과 사선연은 같은 해에 태어났으므로, 주중걸이 대하촌 토소봉을 공격할 때의 사선연의 나이가 이십여 세라면 주중걸의 나이도 이십여 세가 되는 것이다.

삶의 공간인 봉래산 소무릉의 세계와 소무릉 밖 강촌 포구의 세계가 서로 다른 길을 걷게 되는 전환점을 마련한 사건이다. 먼저 사씨가와 주씨가는 '난리' 이후 봉래산 소무릉으로 은거한다.

> 이곳시 산쳔은 슈려ᄒᆞ고 명낭ᄒᆞ야 ᄯᅴ글이 졀원ᄒᆞ고 세상의 외각지인이 인간 시비ᄂᆞᆫ 상관이 업고 이웃인심은 슌박ᄒᆞ야 ᄐᆡ고풍속이 이 ᄯᅡᆼ의 잇스니 ᄯᅡᆼ은 본릭 산즁에 쇼무리(소무릉의 오기-편집자 주)라 하더라. 봉ᄂᆡ산은 ᄒᆡ동에 유명ᄒᆞᆫ 별계인고로 신션의 머무ᄂᆞᆫ 곳시라 ᄒᆞᄂᆞᆫᄃᆡ 소무릉은 봉ᄂᆡ산즁에도 졔일 승지라. 동구의 드러가면 ᄀᆡ야ᄒᆞ고 편포ᄒᆞ거니와 드러가기 젼의ᄂᆞᆫ 산셰 흠악ᄒᆞ고 슈셕이 쳡쳡ᄒᆞ야 인젹이 일으지 안는 곳시라. 이 곳즐 아는 ᄉᆞ롬이 업ᄂᆞᆫᄃᆡ(12쪽)[62]

봉래산은 해동의 유명한 별계로 신선이 머무는 곳이다. 소무릉은 봉래산 중에도 제일 승지로, 동구에 들어가면 개야하고 편포하지만, 들어가기 전에는 산세 험악하고 수석이 첩첩하여 인적이 이르지 않는 곳이다. 소무릉은 외부 세계로부터 완전히 단절된 곳으로 형상화되어 있는 것이다. 이와 같은 소무릉의 모습은 조선을 개항시키려던 미국 선교사 그리피스나 독일의 모험가 오페르트의 눈에 비친 개항 이전의 조선의 모습-'은자의 나라', '금단의 나라'-에 다름 아니다. 즉 사씨가와 주씨가로 하여금 외부세계와 단절된 소무릉으로 은둔하도록 한 '난리'는, 프랑스와 미국 등이 무력으로 조선을 개항하려 하였던 역사적 사실에 대응된다.[63] 조선은 이러한 구미 열강의 침

62) 작품의 인용은 이종주의 『여항소설』에 실려 있는 작품을 이용하기로 하겠다.

63) 1866년 프랑스는 군함 7척에 1,500명의 육전대를 싣고 조선을 침공했다. 이들은 물치도를 근거로 하여 갑곶나루에 상륙하여 강화부를 점령하고, 사고에 보관되어 있던 3,000여 권의 서적과 각종 관인, 49만 량에 달하는 은 등을 약탈하였다. 약탈당한 금괴, 문서만도 18상자에 달하였다고 한다. 프랑스에 이어 무력으로 조선을 개국하고자 한 것은 미국이었다. 1871년 미국은 5척의 군함에 80여 문의 대포로 무장하고 1,230명의 병력을 실은 조선원정함대를 편성하여 조선을 침공하였다.

략에 대하여 쇄국정책으로 대응하였고, 프랑스와 미국은 조선을 개국하는 데 실패하였다. 그 결과 조선의 쇄국정책의 기세는 한층 강화되었다.[64] 말하자면 사씨가와 주씨가로 하여금 깊은 곳으로 숨도록 한 '난리'는, 결과적으로 조선의 쇄국정책을 더욱 강화시키는 계기가 되었던 구미열강의 무력 침공에 대응된다고 하겠다.

그렇기에 소무릉에서의 삶은 철저히 중세적으로 형상화되어 있다.

> 앞뒤에 터를 갈허 빛츨 숨고 물을 ᄃᆡ여 논을 풀며 상과목쥬을 심어 원림을 만드러 부경부작ᄒᆞ니 토지소츌은 먹고 나무며 방적ᄒᆞᄂᆞᆫ 필육은 입을만 ᄒᆞᆫᄃᆡ 다힝이 이 산ᄎᆞᆫ이 바람 잣고 물은 말그며 혹은 달어셔 ᄇᆡᆨ곡은 심으ᄂᆞᆫ ᄃᆡ로 유셩ᄒᆞ고 계견구체ᄂᆞᆫ 기르ᄂᆞᆫᄃᆡ로 병이 업스니 산즁산림 ᄯᅩ한 낙니로다. …… 반다시 예절을 직희여셔 욕되고 상스러운 일이 업스니 화긔옥옥ᄒᆞ며 …… 이럼으로 효박ᄒᆞᆫ 말이 셰즁의도 이 ᄯᅡᆼ은 홀노 요슌젹 셰상이요 이곳 ᄉᆞᄅᆞᆷ은 홀노 요슌ᄶᅥᆨ 인민일너라.(10-12쪽)

소무릉에서의 사씨가와 주씨가는 농사를 업으로 하고 예절을 숭상하며 '요순적 세상', 다시 말해 중세적 삶을 영위한다. 그리고 이들은 그러한 중세적 삶에 자족한다.

그런데 소무릉의 사씨가와 주씨가가 중세적 삶에 자족하는 동안, 소무릉 밖 강촌 포구에서는 근대화된 산업과 문명을 일으킨다.

> 강상의 강ᄎᆞᆫ이 ᄎᆞᆼᄎᆞᆼ이 잇ᄂᆞᆫᄃᆡ 이동안 난니가 돈정된 후로 좃ᄎᆞ 강ᄎᆞᆫ과 포구가 ᄎᆞᄎᆞ 포실ᄒᆞ고 졈졈 번화ᄒᆞ여질식 가호가 됴밀ᄒᆞ여지며 인구가 번식ᄒᆞ여지니 물산도 날노 ᄎᆞᆼᄉᆡᆼ쳡츌ᄒᆞ거니와 인교가 발달ᄒᆞ와 공업이 갈ᄉᆞ록 진취ᄒᆞ야 각

64) 강재언, 『한국근대사』, 한울, 1990, 21-27쪽.

> ᄉᆡᆨ긔계가 좃ᄎᆞ 발달진취ᄒᆞ니 화력을 취ᄒᆞ야 화륜을 붙이면 뎐긔를 빌어셔 뎐션을 베풀고 금은동철과 목셕ᄑᆡ옥 등을 지졍지묘이 씨며 모피골각과 면ᄉᆞ쵸긔등을 극히 교ᄒᆞ게 졔작ᄒᆞ야 긔용집물을 죠작ᄒᆞ니 황홀찬란ᄒᆞ기 탈인이목이요, 륜션과 긔ᄎᆞ가 슈륙의 통힝ᄒᆞ니 쳔니가 지쳑이라. 슈운이 편리ᄒᆞᆫ즉 상업이 흥왕ᄒᆞ고 하교(학교의 오기-편집자 주)를 광설ᄒᆞ며 셔칙을 쥰비ᄒᆞ야 교육을 셩근이 ᄒᆞ니 학문이 증진이라. 토리을 상고ᄒᆞ야 농니을 남기지 안코 의약을 강구ᄒᆞ야 위생이 ᄀᆡ명ᄒᆞ니 리용후힝이 한업시 편리한지라. ᄒᆡ변의 포구마다 강상의 강츈마다 지력을 다ᄒᆞ야 번화사려ᄒᆞ기를 즁상ᄒᆞ니 가옥누ᄃᆡ의 츌립거쳐ᄂᆞᆫ 극히 통창ᄒᆞ고 도로교량은 극히 평탄ᄒᆞ며 의복거마는 극히 경편ᄒᆞ고 음식긔명은 극히 졍결ᄒᆞ니 이ᄂᆞᆫ 모다 고인의 ᄯᅳᆺᄒᆞ지 못ᄒᆞᆫ 비라, 친히 목격ᄒᆞ야 본 ᄇᆡ 안니면 ᄯᅩ한 고지 듯기 어렵도다.(14-16쪽)

소무릉 밖 강촌 포구는 '난리'가 돈정된 후 새로운 산업, 새로운 기술을 바탕으로 산업화된 대도회로 성장한다. 소무릉 밖 강촌 포구는 강철, 전기, 화학, 석유산업의 발전에 힘입어 철도건설이 진전되고, 해상운송수단인 선박이 목조범선에서 증기철선으로 대체되고, 이로 인해 철강업을 중심으로 한 중공업이 자본주의적 축적의 중심으로 떠오르게 되었던 1860년 이후 산업화된 국가의 모습65)으로 그려지고 있는 것이다. 산업화된 국가는 일차적으로 서구 제국주의 국가를 모델로 한 것이지만, 여기에는 서구 제국주의 국가의 자본주의 체제를 앞서 수용함으로써 제국주의 열강의 대열에 합류한 일본과 러시아까지 포함된다.

1870년대를 전후하여 구미 열강이 제국주의 단계에 들어서게 되자 세계는 대륙세력권과 해양세력권으로 크게 양분되었다. 본시 동북아에는 중국이라는 하나의 대륙 세력이 있어 주변의 소국들이 그 세력권 안에 들어 있

---

65) 한국역사연구회 편, 『한국사강의』, 한울, 1989, 248-249쪽.

었으나, 영, 불, 미 등 서구열강과 러시아는 하나의 해양 세력을 이루고 전통적인 국제관계를 위협하였다.[66] 사씨가와 주씨가의 삶의 공간인 소무릉과 소무릉 밖 강촌 포구가 서로 다른 길을 걷도록 한 계기가 된 '난리'는 이와 같은 국제관계의 변화를 의미한다. 사씨가와 주씨가에게 '난리'는 해양세력의 무력침략으로 이해되었고, 반대로 강촌 포구에게 '난리'는 아직 미개척지로 남아있었던 동북아시아를 식민지화할 수 있는 계기로 이해되었던 것이다. 사씨가와 주씨가가 은거한 소무릉이 봉래산이라는 대륙의 모습으로, 소무릉 밖에 형성된 파덕, 파사, 대하촌, 하송, 패사 등과 같은 강촌이 강을 끼고 있는 포구의 모습으로 형상화되어 있는 것은, 작가가 이 시기 대륙세력과 해양세력의 대립관계를 정확하게 인식하고 형상화했음을 보여준다.

즉 사씨가와 주씨가가 은거한 소무릉은 새롭게 재편되고 있던 세계사적 국면에서 쇄국으로 대처했던 대륙세력권의 조선과 청을 의미한다고 하겠다. 사씨가와 주씨가는 모두 명문가의 후예로 "문견과 풍속이 셔로 갓흔 거시 만허셔, 민스를 셔로 의논ᄒᆞ며 뭇고 지닉"(12쪽)는 사이이다. 또한 소무릉 밖의 세상이 "효박한(떠들썩한) 말셰"(12쪽)의 모습을 하고 있을 때, 사씨가와 주씨가만 홀로 요순적 세상을 이룬다. 사씨가와 주씨가는 개항을 부정하고 중세적 삶을 고집하는 모습을 보이고 있는 것이다. 자식이 태어났을 때 "의논ᄒᆞ기를 기다일 것 업시 시 뎐졍비필"(14쪽)이라고 하며 혼인을 정할 만큼, 두 가문은 서로 깊이 신뢰하는 사이이기도 하다. 이로써 보건대 사씨가가 개항 이전의 조선이라면, 주씨가는 개항 이전의 청나라를 우의한 것이 된다. 국제정세의 변화를 인식하지 못하고 중세적 삶을 고집했던 조선과 청의 모습이 소무릉으로 형상화된 것이다.

66) 박성수, 『독립운동사연구』, 창작과 비평사, 1980, 27-28쪽.

(2) 비주체적인 개항 이후의 소무릉의 세계

이처럼 급변하는 국제 정세의 변화에 쇄국으로 대처했던 소무릉의 세계는 타의에 의해 외부 세계와 접촉하게 되면서 심각한 위기에 처하게 된다.

> 산즁ᄀᆡ야ᄒᆞ고 사면이 평호ᄒᆞᆫᄃᆡ 산셰 긔묘ᄒᆞ야 흠악ᄒᆞᆫ 긔셰ᄂᆞᆫ 나 감츄엇스며, 물건은 쳥열ᄒᆞ야 증담슈 되어잇고, 쵸목은 무셩ᄒᆞ야 광치가 나ᄂᆞᆫ 듯, 뎐답을 ᄀᆡ간ᄒᆞ얏ᄂᆞᆫᄃᆡ 토리도 고옥ᄒᆞ고 삼ᄉᆞ가호 촌락의 계견셩이 ᄒᆞᆫ가ᄒᆞ니 별유쳔지비인간이라(18쪽)

이 인용문은 강상을 구경하러 나왔다가 우연히 소무릉을 보게 된 강촌 포구(대하촌, 파덕, 파사, 하송, 논호, 패림) 주인들의 입에서 나온 감탄이다. 이들은 한 번 소무릉을 보고서는 "마음이 질겁고 정신이 쇄락ᄒᆞ야 참아 바리고 가난 슈 업난지라"(18쪽), 소무릉의 주인인 사병현과 주씨를 만나 소무릉에 별장을 지어두고 때때로 들어와 지내도 되겠는지 물어본다. 이에 대하여 사병현과 주씨는 "귀ᄀᆡᆨ들의 션명ᄒᆞ고 영리ᄒᆞ고 ᄒᆞᆷ을 흠앙ᄒᆞ야 갓치 살기를 크게 깃버ᄒᆞ며, 반이의 졉응ᄒᆞ기를 허락"(20쪽)한다. 사병현과 주씨는 이제껏 보지도 듣지도 못했던 제국주의 열강의 발전된 문명과 산업을 배우고자 하는 순박한 열정에서 이들의 요구를 받아들이고 있는 것이다.

이처럼 강촌 포구들이 소무릉에 들어와 별장을 짓는 모습은 제국주의 열강이 조선을 침략하여 강제로 불평등조약을 체결하고 외교통상부를 설치했던 역사적 사실과 긴밀히 조응함을 알 수 있다. 1876년 일본과 체결한 조일수호조규는 1886년까지 미국, 영국, 프랑스, 독일, 러시아 등 제국주의 열강과 체결한 일련의 불평등한 통상조약으로 이어졌다. 강촌 포구의 별장 건축 요구가 지니는 의미를 깨닫지 못한 채 순박하게 대응하는 사병현과 주씨의 태도는, 이러한 잇따른 통상조약에서 자주적으로 대응하지 못했던 지배층의 모습을 보여준다.

소무릉은 강촌 포구에 의해 강제로 개항한 이후 이전과는 완전히 다른 모습으로 변화한다.

> 산즁물산을 사 갈젹이면 즁가를 앗기지 안니ᄒᆞᆫ즉 밧갓 직물이 드러오ᄂᆞᆫ게 만흐나, 심산 즁 신션의 ᄉᆡᆼᄋᆡ갓튼 거시 변ᄒᆞ야 속인의 ᄉᆡᆼᄋᆡ가 되야가고, 죵용ᄒᆞᆫ 도인의 긔상갓던 것시 변ᄒᆞ야 점점 진셰의 의미가 만허지니, ᄌᆞ틔 검소ᄒᆞ든 문견이 ᄎᆞᄎᆞ ᄉᆞ려ᄒᆞᆫ ᄃᆡ 물드러셔 젼일 틔고 슌후지풍이 날노 업셔지더라. 이럼으로 산즁소산의 잡곡과 야치을 먹고 츄고와 추갈만 입고 지ᄂᆡ던 ᄉᆞ람이연만은 희륙의 진미와 능나금슈의 의복을 구경ᄒᆞᆫ 이후로 그거슬 죠히 녀겨 혹ᄒᆞ지 안는 직 어ᄃᆡ 잇스리요. 젼일에ᄂᆞᆫ 토지 소츌만 쓰고 ᄂᆡ게 소유물만 가지고도 항상 부족한 거시 안케 지ᄂᆡ더니 지금에 일르러ᄂᆞᆫ 의외에 보죠를 밧는 것도 만코 황폐지물노써 즁가를 밧넌 것도 만컷만는 항상 분쥬이 부죡지탄이 만흐니 엇지ᄒᆞᆫ 연괴가? 이ᄂᆞᆫ 문견이 변ᄒᆞ야 소용이 젼일과 갓지 안니ᄒᆞᆫ 연괴로다.(22쪽)

소무릉의 검소하고 신선의 생애 같던 삶의 방식은, 개항 이후 사치스러운 속인의 생애를 지향하게 되는 방향으로 바뀌게 된다. 또한 표면상으로는 황폐지물(농산물)을 무역하여 이득을 본 듯하지만, 실상은 더욱 "부족지탄이 만"게 되니, 경제적 기반이 흔들리는 상황에 처하게 된다. 이 시기 무역구조를 살펴보면, 수입품은 기계제 면직물과 지배층의 사치품이 대부분이었고, 수출품은 쌀, 콩 등의 농산물과 그 밖의 원료가 주가 되는 약탈무역적 성격이 강했다. 이러한 약탈무역은 조선의 국내시장과 농업부문에 막대한 타격을 주었다. 외국 기계제 상품의 유입으로 국내산 직물류의 수공업이 심각한 타격을 입었고, 쌀 수출로 쌀값이 등귀하여 농민과 빈농의 생활이 위협받게 되었다. 동시에 외국상품의 침투에 따라 지배층의 사치욕구는 더욱 커져갔다. 조선의 관료와 지주들은 이러한 사치욕구를 충족시키기 위해 농민에 대한 착취와 수탈을 더욱 강화하였다. 그 결과 농민이 토지로부터 분리되는 상황은 더욱 심화되고 가속화되었다.[67] 위 인용문은 자주적으로 개항에 대처하지 못함으로써 겪어야 했던 가치관의 혼란과 경제적 침탈에 대한 뼈아픈 반성을 잘 보여준다.

그러나 강촌 포구의 침탈은 여기에 머무르지 않았다. 강촌의 포구 가운데 소무릉과 멀지 않은 곳에 위치한 대하촌의 토소봉은 특히 위협적이었다. 토소봉은 우연히 사선연을 한 번 본 후에는 갖은 계략을 써서 사선연을 취하려 한다. "허다히 정셩을 드리고 별노히 졍신을 써셔 사씨가 동졍을 살핀즉 닉외에 환심은 더할 빅 업시 으덧스나"(26쪽), 사선연은 이미 주씨가의 주중걸과 정혼한 사이여서 문제가 된다. 사씨가는 본래 신의를 지킬 줄 아는 사람들이므로, 주씨가와의 언약을 태산같이 중하게 여겨 여간 재물에 흔들리지 않았기 때문이다. 이러한 사정을 파악한 토소봉은 주중걸을 소무릉에서 내쫓아버림으로써 자기의 뜻을 이루려고 한다. 그러던 중 사선연은 병이 들어 위중한 지경에 이르게 된다. 이에 사씨가에서 사선연의 약혼자인 주중걸을 청하려 하던 차에, 주중걸은 사선연이 위중하다는 소식을 듣고 사씨가를 찾아온다. 주중걸이 사선연을 찾아온 것을 본 토소봉도 "시긔지심이 츙발ᄒᆞ야 분심을 금졔할 슈 업난지라"(28쪽), 하인을 이끌고 사씨가에 이른다. 토소봉은 사선연의 병을 즉시 낫게 할 도리가 있다고 하며 사선연을 자기의 사람처럼 대한다. 이에 주중걸은 크게 분하게 여겨 그 무례함을 책망하게 되는데, 토소봉도 또한 크게 분히 여겨 중걸을 노예와 같이 꾸짖는다. 여기에서 그치지 않고 토소봉은 이끌고 온 하인들을 시켜 주중걸과 싸움을 일으킨다. 싸움의 결과 주중걸은 크게 패하여 겨우 목숨을 부지하고 소무릉에서 쫓겨나게 된다.

그렇다면 '사선연의 중병' 및 '주중걸과 토소봉의 싸움'이 의미하는 바는 무엇인가? 소무릉에서 사씨가와 함께 기거하는 주씨가가 청을 상징함은 이

67) 한국역사연구회 편, 『한국사 강의』, 한울, 1989, 243쪽.

미 본 바와 같다. 大河村이라는 이름이 주는 인상, 소무릉에서 멀지 않은 곳에 위치한다는 설정, 강촌 포구 가운데 주도적으로 소무릉을 개항시키고 소무릉(혹은 사선연)을 차지하려는 의도를 가장 집요하게 드러내는 점 등으로 볼 때, 대하촌 토소봉은 일본을 상징하는 존재로 해석될 수 있다. 이렇게 본다면 '주중걸과 토소봉의 싸움'은 조선에 대한 지배권을 차지하기 위해 청과 일본이 일으켰던 청일전쟁을 의미하는 것이 된다. 그리고 주중걸과 토소봉의 싸움의 발단이 되었던 '사선연의 중병'은, 청일전쟁 발발의 계기가 되었던 동학혁명에 대응된다고 하겠다. 사선연이 위중하자 사씨가에서 주중걸을 청하는 것은 동학혁명을 자력으로 진압할 능력이 없었던 민씨 정권이 청에 응원군을 요청하는 것에 대응되며, 주중걸이 사씨가에 들어가는 것을 보고 토소봉도 하인을 이끌고 사씨가에 들어오는 것은 청군이 조선에 들어오자 일본이 천진조약을 빌미로 군대를 이끌고 조선에 들어왔던 상황에 대응된다. 그리고 토소봉과의 싸움에서 주중걸이 전신에 중상을 당하고 비참하게 소무릉에서 쫓겨나는 상황은, 청이 의외로 무력하게 일본에 패배하여 조선에 대한 종주권을 잃게 되었던 역사적 상황에 대응된다.

그러나 주중걸을 소무릉에서 쫓아내고서도, 사선연을 취하려는 토소봉의 의도가 쉽게 이루어지지는 못했다. 사선연의 아버지 사병현이 토소봉에 대하여 호의적인 감정을 가지고 친밀하게 지내는데 비해, 사선연의 어머니 왕씨 부인은 주중걸을 내쫓은 토소봉의 행위에 분노하여 사약을 먹고 죽을 생각까지 할 정도로 토소봉을 증오하기 때문이다. 왕씨 부인은 강촌 포구 가운데 하나인 파덕 주인과 교분을 맺고 맹세를 언약하면서 토소봉을 견제하려고 했다. 이때에 소무릉에 들어온 각 포구의 주인들은 한결같이 사선연을 탐하는데, 그 가운데서도 파덕 주인이 가장 사선연을 취하려는 마음이 컸다. 그래서 파덕 주인은 토소봉이 사선연을 "져의 장즁물노 알고 농낙"(32쪽)하는 것에 대하여 매우 불쾌하게 생각한다. 그러나 "져긔(토소봉)셔 강훈 거스로 힝ᄒᆞ거든 나는 유훈 거스로써 졔어ᄒᆞ고 져긔셔 급ᄒᆞ게 ᄒᆞ거든 나는 쳔쳔

ᄒᆞᆫ 거스르쎠 졔어ᄒᆞ리라"(32쪽)고 생각하고 은근히 사씨가의 환심을 얻으려고 노력한다. 이러한 사정을 파악한 왕씨 부인이 파덕 주인과 교분을 맺음으로써 토소봉을 견제하려고 하였던 것이다. 파덕 주인은 큰 포구의 유명한 부상 대고로, 친구도 많고 부익도 많으며, 권도와 권세가 있는 사람이었으므로 토소봉도 함부로 할 수 없는 존재였다. 이로써 보건대 파덕 포구는 러시아를 우의한 것으로 볼 수 있다. 그리고 주중걸이 소무릉에서 쫓겨난 이후 왕씨 부인이 파덕 주인과 친밀하게 지냈다는 것은, 청일전쟁 이후 친러적 성향으로 선회했던 당시의 역사적 상황에 대응된다고 하겠다.

이에 일본은 약화된 지위를 만회하기 위해 1895년 8월 민비를 살해하는 만행을 저질렀다. 이 사건은 작품 속에서 사선연을 차지하기 위해 토소봉이 왕씨 부인을 살해하는 내용으로 형상화된다.

> 셰상의 유명ᄒᆞᆫ ᄌᆞ긱을 구ᄒᆞ야 쳔금의 즁상을 쥬고 왕부인을 감안히 살히ᄒᆞ라 ᄒᆞ엿더니, ᄒᆞᆫ날은 밤의 ᄌᆞ긱이 칼을 품고 부인 쳐소의 드러가서 목숨을 졔ᄒᆞ고 잣최을 감추어 감안니 나와셔 소봉의게로 도라가셔 공을 고ᄒᆞ랴 ᄒᆞᆯ식 셰상이 아지 못할 쥴노 짐작ᄒᆞ엿더니 잇ᄯᅢ 맛참 픠림 논호 파ᄉᆞ ᄒᆞ송 쥬인들이 파덕 쥬인의 별장으로 놀너가셔 쥬효을 갓츄어 놋코 소봉도 쳥ᄒᆞ야다가 갓치 놀다가, 각 포구 쥬인들이 쥬연을 헤치고 도라갈랴 할 ᄉᆡ 멀니 본즉 엇더ᄒᆞᆫ 사람의 힝식이 슈상ᄒᆞᆫ지라. 죵용이 그 뒤을 살핀즉 맛참ᄂᆡ 소봉의 별장으로 드러가거날 …… 그 잇흔날 왕부인이 폭ᄉᆞᄒᆞᆫ 소문이 드러난즉, 그 밤에 슈상긱이 소봉에 별장에 드러간 거슬 발명할 길이 업ᄂᆞᆫ지라. 좌우에 시비가 분등ᄒᆞ되(34쪽)

토소봉의 사주를 받은 자객은 밤늦게 왕씨 부인의 처소에 들어가 살해하고 곧바로 토소봉에게로 가는데, 그 살해 장면이 각 포구의 주인들에게 발각되어 시비가 분등하게 되었다. 이 대목은 두 사람의 서양인, 즉 미국인 다이와 러시아인 전기기사 사바친이 일본인들이 왕궁을 습격하여 민비를 살해하는 현장을 목격하고, 사건의 진상을 서울의 각국 외교관들에게 알림으로써 외교문제로까지 발전하였던 '민비시해사건'과 정확하게 일치한다.

어머니 왕씨 부인이 죽자 토소봉은 완호지물로 유인하기도 하고 한편으로는 위엄으로 위협하기도 하니, 사선연의 처지는 더욱 난처한 상황에 이르게 된다. 뿐만 아니라 토지와 원림까지도 토소봉에게 빼앗기는 게 많아 가세는 날로 약화된다. 이에 사선연은 더욱 파덕 주인과 친밀하게 지낸다. 그러나 왕씨 부인이 토소봉에게 살해되었음에도 불구하고 사병현은 여전히 토소봉과 친밀한 관계를 유지한다.

그렇다면 토소봉에 대한 왕씨부인과 사병현의 입장 차이는 무엇을 의미하는가? 왕씨 부인은 구체적으로는 민비를 우의한 인물인 것으로 생각되지만, 좀 더 넓은 의미로는 민비를 지지하던 세력을 우의한 인물이다. 그렇다면 사병현은 고종을 우의한 인물이라고 하겠으나, 보다 구체적으로는 민비와 대척적인 관계에 있었으며 실질적 권력을 행사했던 대원군이 강하게 투영된 고종이라고 보는 편이 옳겠다. 대원군은 1863년부터 1873년까지 고종을 대신하여 섭정하던 시기에는 외세에 대하여 쇄국정책으로 일관했던 인물이다. 그러나 일본은 민비를 살해하면서 대원군을 민비 살해의 보조적 역할로 이용한 후, 대원군으로 하여금 친일적인 내각을 집정하도록 하였다. 사병현이 애초 소무릉에 은거하여 외부와 단절된 세계를 지향하다가 왕씨가 토소봉에게 살해된 후에는 오히려 토소봉과 친밀하게 지낸다고 하는 설정에는 처음에는 외세의 침략에 대하여 쇄국정책으로 대응하다가 후에 친일적인 방향으로 선회했던 대원군의 행적이 투영되어 있는 것이다. 그리고 토소봉에 대하여 변하지 않는 친밀감을 유지했음에도 불구하고 결국 토소봉에게 살해되는 사병현의 모습에서는, 더 이상 이용가치가 없어진 대원군이 일본에 의해 강제로 은퇴당했던 역사적 사실과 대응된다.

션연쳐지 아모리 현철ᄒᆞ여도 죵시 규즁녀지라. 엇지 속지 안니ᄒᆞ며 엇지 두려워 ᄒᆞ지 안니ᄒᆞ리요. ᄆᆡ양 그 간계의 ᄲᅡ져셔 휘둘니고 지ᄂᆡ니 …… 이럼으로 ᄡᅧ 소득과 소리ᄂᆞᆫ 죠금도 업고 토지와 원림ᄭᅡ지라도 소유물은 ᄲᅢ아기ᄂᆞᆫ게 만흐니 가세 날노 픽ᄒᆞ고 죠라지되 ᄡᅥ로 곤ᄒᆞ야 난쳐ᄒᆞᆫ 지경을 형용ᄒᆞ야 말할 슈 업더라.(38쪽)

이처럼 토소봉에 의해 주중걸이 소무릉에서 쫓겨나고, 왕씨 부인과 사병현이 살해됨으로써 사선연은 고립무원의 처지가 된다. 뿐만 아니라 토소봉에게 '소득'과 '토지와 원림'을 강탈당하기에 이른다. 여기에는 산림채굴권, 어업권 등을 침탈당함으로써 급속하게 경제적으로 일본에 예속되어 갔던 당시 한국의 상황이 투영되어 있다. 이렇게 볼 때 사선연은 국제 정세의 변화에 자주적으로 대처하지 못하고, 쇄국과 비주체적 개항으로 대응하다가 정치적 · 경제적으로 심각한 위기상황에 직면하게 되었던 조선의 국토 혹은 국권을 우의한 것임을 알 수 있다.

이처럼 이 작품은 비록 우의적인 방식이기는 하지만, 1900년을 전후한 전환기적 역사현실에서 겪은 다양한 역사 체험을 생생하고도 풍부하게 담고 있다. 이 점은 특히 주목되어야 한다. 즉 소설이 이토록 당대 현실에 대하여 섬세하고도 역동적으로 반응하기 시작했다는 것은 분명 소설사의 새로운 국면임에 틀림없다. 이제 이처럼 생생하고 풍부하게 전환기적 체험을 형상화함으로써 드러내고자 했던 바가 무엇인지 보기로 하자.

2) 갈등양상과 그 역사적 의미

1870년대를 전후하여 제국주의 단계에 이른 구미 열강은 해외에서 값싼 원료를 구하고 자국의 상품을 판매할 목적으로 식민지를 개척하기 시작했다. 이미 세계의 대부분을 분할 · 지배하고 있었던 제국주의 열강은, 아직 미개척지로 남아 있었던 동아시아에 대한 침략을 감행했다. 그런 만큼 이 시기 한국의 사상계 및 정치계의 최대의 쟁점은 이와 같은 제국주의 열강의 침략에 어떻게 대응해야 하느냐는 것으로 집중되었다. 제국주의 열강의 침략이 이루어지기 시작하던 초기, 즉 1880년 무렵까지는 쇄국이냐 개항이냐 하는 것이 최대의 쟁점으로 부각되었다면, 그 후에는 개항의 방략, 청에 대처하는 방식을 놓고 다양한 의견이 제출되었다.[68] 『산촌미녀』의 전반부에는 이와 같은 전환기적 역사현실과 거기에 대응했던 다양한 대응책이 삼투되어 있다.

이 작품은 소무릉과 소무릉 밖 강촌 포구의 갈등을 축으로 전개되며, 그 갈등의 발단은 '난리'라고 표현되는 사건으로부터 비롯된다. 그러면 갈등의 발단이 된 '난리'가 작품 전개에 있어서 차지하는 의미는 무엇인가? 이미 보았던 바와 같이 소무릉과 강촌 포구라는 설정은, 1870년대를 전후하여 대륙세력권과 해양세력권으로 크게 양분되었던 국제정세를 우의적으로 표현한 것이다. 이 시기에 국제정세는 중국 및 주변의 소국을 포함하는 대륙세력과 영, 불, 미 등 서구열강 및 그 후발주자인 일본과 러시아를 포함하는 해양세력으로 재편되었고, 해양세력은 대륙세력을 위협하며 전통적인 국제관계를 바꾸어 놓고 있었다. 이와 같은 국제관계의 변화가 이 작품에 투영되어 있는 바, 중국과 조선을 중심으로 하는 전통적인 대륙세력권은 소무릉으로, 서구 열강 및 그 후발주자인 일본과 러시아를 포함하는 해양세력권은 강촌 포구로 형상화되어 있는 것이다. '난리'로 표현되는 국제 정세의 변화에 대응하여 보인 두 세력의 서로 상반된 선택은, 조선과 청을 포함한 대륙세력권이 해양세력권의 식민지로 전락하는 단초가 된 사건이다. "난니가 돈정된 후로 좆ᄎ 강촌과 포구가 ᄎᄎ 포실ᄒ고 졈졈 번화ᄒ"(14쪽)게 된 해양세력은, 더욱 강해진 경제적 · 군사적 힘을 바탕으로 대륙세력권을 침략하기 시작하였던 것이다. 특히 일본은 가장 위협적인 존재로 그려진다. 일본의 침략은 정치, 경제의 양방향에서 이루어진다. 청일전쟁에 승리한 일본은

---

68) 강재언, 앞의 책, 53쪽.

표면적으로는 조선의 자주독립의 기초를 세운다는 기치를 내걸고 청에 대한 사대관계를 끊도록 강요했으나, 그것은 일본에 대한 조선의 종속적 편입을 의미하는 것이었다. 조선은 일본을 견제하기 위해 러시아(파덕 포구주인 우불청)와 연대하려 했지만, 이로 인해 조선에 대한 제국주의 열강의 이권쟁탈이 더욱 노골화되었다. 결국 국제관계의 변화를 분명히 인식하지 못하고 쇄국으로 대처했던 사씨가와 주씨가가 이처럼 심각하게 몰락한다는 구도에는, 국제정세의 변화를 인식하지 못하고 쇄국정책으로 대응했던 대륙세력권의 정책에 대한 비판적 작가의식이 투영되어 있다고 하겠다.

그러나 대륙세력권의 몰락은 쇄국정책에 기인하는 것만은 아니었다. 강촌 포구의 개항 요구를 무분별하게 승낙했던 사병현과 주씨, 그리고 외세에 의존하여 토소봉의 위협으로부터 벗어나고자 했던 왕씨부인의 대응방식도 대륙세력권 몰락의 원인이 되었다. 우선 사병현과 주씨는 애초 '난리'로 표현되는 구미 열강의 무력침공을 피해 소무릉으로 은거하였으나, 강촌 포구들의 새로운 접근 방식-문명의 화려함을 앞세운 부드러운 접근 방식-에 대해서는 그 의미도 제대로 모른 채 무방비 상태로 개항을 허락한다.

> (강촌 포구 주인들이) 쥬인의게 한 가지로 살기를 의논ᄒᆞᆫ 즉, 쥬인들도 항상 고젹홈을 한ᄒᆞ다가 귀긱들의 션명ᄒᆞ고 영리ᄒᆞ고홈을 흠앙ᄒᆞ야 갓치 살기를 크게 깃버ᄒᆞ며 반이의 졉응ᄒᆞ기를 허락ᄒᆞ니 피ᄎᆞ의 셔로 언약을 굿게 ᄒᆞ고 언언이 작별ᄒᆞ니라.(20쪽)

강촌 포구의 주인들이 소무릉의 경치에 반하여 소무릉에 별장 짓기를 청하자 사병현과 주씨는 강촌 포구 주인들의 침략의도를 전혀 파악하지 못하고, 다만 그들의 화려한 모습에 자극받아 별장짓기를 허락한다. 이들은 토소봉이 주는 "긔묘ᄒᆞ고 정교ᄒᆞᆫ 완호지물"(20쪽)에 대하여 "그 후의를 감ᄉᆞ이 알고 엇지ᄒᆞ면 만분이나 갑흘가 걱정"(20쪽)할 뿐, 제국주의 열강의 침략의도는 전혀 파악하지 못한다. 오히려 이들은 "산즁문견의 금소ᄒᆞ고 졸직ᄒᆞᆫ 풍속으로 일즉이 보지 못ᄒᆞ고 듯지 못ᄒᆞ엿슬 ᄲᅮᆫ 아니라 젼고의 업든 졔도법식인즉 실상 싱각ᄒᆞ고 ᄯᅳᆺᄒᆞ지 못ᄒᆞ든 바일너라"(20쪽)며, 강촌 포구의 발달된 선진 문명에 감탄할 뿐이다. 사병현과 주씨의 이러한 대응방식에서, 제국주의열강의 침략성은 깨닫지 못하고 서양문명의 우위성을 확신하고 이를 수용하는 데만 급급했던 당시의 정황을 엿볼 수 있다.

그러나 이처럼 비자주적으로 이루어진 개항은 이후 심각한 갈등의 소지가 된다. "심산즁 신션의 싱익갓튼 거시 변ᄒᆞ야 속인의 싱익가 되야가고"(22쪽), "ᄌᆞ틔 검소ᄒᆞ든 문견이 ᄎᆞᄎᆞ ᄉᆞ려ᄒᆞᆫ ᄃᆡ 물드러셔 젼일 틱고 슌후지풍이 날노 업셔지"(22쪽)게 될 만큼 심각한 가치관의 혼란을 겪게 된다. 강촌 포구의 유입으로 인해 초래된 폐해는 이와 같은 문화적 충격에 그치지 않는다. 그것은 정치적 · 경제적 침탈로 이어졌다. 강촌 포구의 토소봉(일본)은 사선연(국권)을 차지하기 위해 주씨가(청나라)를 소무릉에서 몰아내고, "스ᄉᆞ로 득계ᄒᆞᆫ 쥴노 아(알)"(32쪽)고 "양양자득ᄒᆞ야 무소긔탄ᄒᆞ고 방약무인"(32쪽)하여 "션연쳐ᄌᆞ을 져의 쳐쳡으로"(32쪽) 대하게 된다. 그럼에도 사병현과 왕씨 부인은 이러한 토소봉의 행동에 대하여 안이한 방식으로 대처한다.

> 왕씨부인은 소봉과 즁걸의 풍파 일어날 ᄯᅢ붓터 불평ᄒᆞᆫ 마음이 십분 잇다가 그 다음 쳐사을 본 즉, 본 즉 이은 당치 못ᄒᆞᆫ지라. 크게 근심ᄒᆞ야 그 가장 병현의 혹홈을 분ᄒᆞ야 씨다닷도록 ᄒᆞ여도 듯지 안는지라. 이럼으로 더욱 걱졍ᄒᆞ나 병현은 점점 치혹ᄒᆞ고 소봉은 점점 방ᄌᆞ하야(32쪽)

사병현과 왕씨 부인은 '토소봉과 주중걸의 싸움(청일전쟁)'으로 주중걸이 소무릉에서 쫓겨나게 된 것에 대하여 서로 상이한 입장을 취한다. 왕씨 부인은 이 사건 이후 토소봉에 대하여 불쾌하게 생각하고 토소봉을 견제하기 위해 파덕 주인(러시아)과 교분을 맺는데 비해, 사병현은 이 사건 이후에 더욱 토소봉과 친밀하게 지낸다. 이는 외세를 등에 업고 자신의 권력을 유지하는 데 급급했던 민비 일파나 대원군의 대처방식에 다름 아니다. 즉 민비 일파는 청일전쟁 이후 조선에 대한 배타적인 지배권을 얻게 된 일본을 견제하기 위해 러시아를 끌어들이려 했으며, 대원군은 일본의 민비 살해를 방관, 보조함으로써 친일적인 내각을 이루고자 했다. 이처럼 사병현이나 왕씨 부인은 국제 정세의 변화나 국권수호보다는 자신의 권력을 유지하기 위해 외세와 결탁하고 있었다.

그러면 작가는 이들에 대하여 어떻게 평가하고 있는가? 토소봉과 밀착되어 있는 사병현에 대한 작가의 시선은 "그 가장 병현의 혹홈을 분ᄒᆞ야"(32쪽)라는 말에서 알 수 있는 바와 같이 상당히 부정적이다. 또한 사병현이 토소봉에게 독살당한다고 하는 극단적인 설정으로 친일적 성향으로 우회했던 대원군에 대한 부정적 시각을 드러내고 있다. '사병현 독살'은 역사적 시공간에서 일어났던 사건은 아니다. 이는 더 이상 이용가치가 없어진 대원군이 일본에 의해 강제로 은퇴당했던 역사적 사실의 은유적 표현이라고 할 수 있다. 말하자면 작가는 '독살'이라는 극단적인 설정을 통해, 대원군의 쇄국정책과 외세의존적 태도에 대한 부정적 시각을 드러낸 셈이다.

한편 작가는 파덕 주인과 친밀하게 지내는 왕씨 부인에 대해서도 부정적이다.

> 각 포구 즁의 파덕 포구가 소무릉에셔 머지 안니ᄒᆞᆫ고로 파덕 항구 쥬인들이 소무릉을 제일 탐ᄒᆞ든 즁, 션연쳐ᄌᆞ을 구경ᄒᆞ니 ᄂᆡ후로ᄂᆞᆫ 더욱 용심이 불과 갓치 일러나ᄂᆞᆫᄃᆡ 소봉의 거동을 본즉, 져의 장즁물노 알고 농낙이 무쌍ᄒᆞ거날 파덕 쥬인 혜아리되 "져긔셔 강ᄒᆞᆫ 거스로 힝ᄒᆞ거든 나는 쳔쳔ᄒᆞᆫ 거스로써 졔어ᄒᆞ리라" 작정ᄒᆞ고 것흐로ᄂᆞᆫ 사식을 드러ᄂᆡ지 안코 속으로 은근이 사씨가의 환심을 어드랴고 공부ᄒᆞ더라.(32쪽)

파덕 포구의 주인은 처음부터 토소봉 못지 않게 소무릉을 차지하려는 마음이 강했던 인물이다. 그러나 사세가 여의치 않자 소무릉을 차지하려는 마음을 감춘 채, 사씨가에 환심을 사서 사선연을 차지하려는 의도를 갖은 교활한 인물이다. 그렇기에 왕씨 부인이 토소봉을 견제하기 위해 파덕 주인과 친밀하게 지내려고 하자, 파덕 주인은 왕씨 부인의 제의에 "크게 반겨셔 텬우신조ᄒᆞᆫ 쥴노 알고"(32쪽) 은근이 맹세를 언약하는 것이다. 사정이 이러함에도 왕씨 부인은 파덕 주인의 침략성을 깨닫지 못한 채, 파덕 주인과 친밀하게 지내려고 한다. 말하자면 민씨 일파를 상징하는 왕씨 부인도 러시아의 침략성을 파악하지 못한 채 정권을 유지하기 위해 외세를 끌어들이는 부정적 모습으로 형상화되고 있는 것이다.

이처럼 작가는 개항을 전후한 시기에 지배층이 보여주었던 다양한 정책-즉 쇄국정책, 급진적 문명개화정책, 정권유지의 차원에서 이루어진 대외정책-에 대해 매우 비판적이다. 작가는 개항과 관련한 기존의 정책을 반성적으로 되짚어보면서, 근대적 개혁의 방향이 어떠해야 하는가에 대한 문제를 제기하고 있는 것이다.

이와 같은 작가의 고민은 소무릉에서 쫓겨난 주중걸이 신무릉을 건설하는 데서 그 해결의 실마리를 찾는다. 신무릉은 소무릉과 마찬가지로 봉래산에 위치한 공간이다. 그러나 여러 면에서 소무릉의 문제점을 극복한 공간으로 형상화된다.

> 신무릉의 긔지가 명낭ᄒᆞ고 슈려ᄒᆞ기ᄂᆞᆫ 소무릉만 갓치 못ᄒᆞ나 웅장ᄒᆞ고 토옥ᄒᆞ기ᄂᆞᆫ 소무릉에셔 몃 ᄇᆡ가 더 ᄒᆞ더라. 신무릉에셔ᄂᆞᆫ ᄒᆡ변도 머지 안니ᄒᆞ야 션쳑의 왕ᄂᆡᄒᆞ기도 심이 편ᄒᆞᆫᄃᆡ 이왕은 ᄀᆡ쳑ᄒᆞᆫ지 못ᄒᆞᆫ고로 ᄉᆞ람들이 아지 못ᄒᆞ드니 즁걸이 비로소 ᄀᆡ쳑ᄒᆞ고 잇슴으로 죳ᄎᆞ셔ᄂᆞᆫ 세상ᄉᆞ람들이 …… 이ᄉᆞᄒᆞ야 모녀드ᄂᆞᆫ ᄌᆞ 무슈ᄒᆞ야 불슈년간의 셩시와 갓터셔 ᄃᆡ도회가 되ᄂᆞᆫ지라. 즁걸이 오ᄂᆞᆫ ᄉᆞ람을 가ᄐᆡᆨ도 지어쥬며 젼토도 ᄀᆡ간ᄒᆞ여쥬고 상업을 원ᄒᆞᄂᆞᆫ ᄌᆞᄂᆞᆫ ᄌᆞ본도

> 쥬어셔 상고을 권ᄒᆞ며 공장을 원ᄒᆞᄂᆞᆫ ᄌᆞᄂᆞᆫ 긔계도 쥬어셔 직쥬을 다ᄒᆞ게 ᄒᆞ니 가가호호이 부요ᄒᆞ여지지 안는 직 업는지라. …… 인민이 져마다 셩취ᄒᆞ야 거연이 쳔하의 갑부가 되는지라.(38-40쪽)

소무릉에서 쫓겨난 주중걸은 봉래산 중의 한 곳에 이르러 신무릉을 건설한다. 여기서 그는 해변의 이용가치를 충분히 활용하여 주체적으로 포구를 연다. 주체적인 개항을 통해 근대적 산업과 문명을 적극적으로 일으키고 있는 것이다. 이는 제국주의 열강에 의해 강제적으로 개항되어 국권이 침탈되는 상황에 이른 소무릉과 대비되는 모습이다. 강제적인 개항이 국권 유린으로 이어졌던 소무릉에서의 경험이, 신무릉으로 하여금 주체적으로 개항하도록 한 원동력이 되었던 것이다. 그리고 주체적 개항을 통해 얻게 된 경제력을 바탕으로 신무릉 밖 포구의 주인들과 당당하게 교제한다. 이미 각 포구의 주인들은 "그 부셩한 걸 보고 경복하지 안는 직 업"(40쪽)게 되었으므로, 주중걸을 더 이상 무시할 수 없게 된 것이다. 이에 더하여 신무릉은 "병장긔계을 만히 작만ᄒᆞ고 소년정ᄉᆞ을 뽑아셔 군법응 가라(르-편집자 주)"(44쪽)쳐 군사적 힘까지 갖추게 된다. 이렇게 되자 토소봉은 "이졔ᄂᆞᆫ 힘과 권셰가 즁걸을 져당ᄒᆞᄂᆞᆫ 슈 읍는지라, 속으로 걱정만 ᄒᆞ"(40쪽)며 신무릉의 존재를 두려워하게 되며, 결국 신무릉의 공격에 대적치 못하고 죽게 된다.

즉 신무릉은 주체적 개항, 근대적 상공업의 발달, 군사력의 증강, 자주적 외교를 바탕으로 하는 근대적 이상국가의 전형으로 형상화되고 있는 것이다. 이런 점에서 신무릉은 쇄국정책과 비주체적인 개항정책으로 일관했던 소무릉, 즉 당시 한국 및 중국의 역사적 상황을 극복한 공간이라 할 만하다. 작가는 독자적이고 주체적인 개항을 통해 근대적 국가를 건설했을 때, 근대적 개혁을 이루고 외세로부터 민족자주권을 수호할 수 있다고 보았던 것이다.

그런데 근대적 이상국가의 전형으로 그려지고 있는 신무릉을 건설한 인물이 청나라를 우의한 주중걸이라는 사실 때문에, 이 작품이 외세의존적인 작가의식을 투영하고 있는 것으로 이해될 수도 있다. 신무릉을 건설한 인물은 청나라를 우의하는 주중걸이며, 그에 의해 조선을 상징하는 사선연이 구출되었음은 청의 보호 아래에서 조선이 국권을 수호할 수 있었던 것으로 이해될 수 있기 때문이다. 여기서 소무릉이라는 공간이 의미하는 바를 정확하게 이해할 필요가 있다. 이 작품에서 소무릉은 사씨가의 삶의 터전이면서 주씨가와 공유하고 있는 삶의 공간으로 그려진다. 즉 소무릉은 한국과 중국, 즉 해양세력권과 대척적인 관계에 있던 대륙세력권의 공간의 이미지로 형상화되고 있는 것이다. 그러면 작가는 왜 소무릉이라는 공간을 한국만이 아닌 대륙세력권의 공간으로 형상화했을까? 이 시기의 중국과 한국은 여러 면에서 동일한 역사적 경험을 하고 있었다. 양국은 역사적 전환기에 발빠르게 대처하지 못하여 국권상실의 위기에 직면해 있었으며, 하루빨리 근대적 국가를 건설해서 외세로부터 국권을 수호해야 한다는 역사적 과제를 안고 있었던 것이다. 그러므로 양국은 서로 외세로 인식되기보다는 함께 위기를 극복해야 할 동지로 인식되었던 것이다.

1899년 『제국신문』에 실린 논설 "舟中談論"에서 이와 같은 인식의 일단을 확인할 수 있다.

> 즉금 셔양 시셰로써 동양 형편을 의론ᄒᆞᆫ건ᄃᆡ 밥 먹고 잠잘 겨를이 업시 정신을 가다듬어 ᄀᆡ명샹에 진보ᄒᆞ기를 물식는 시루에 물을 붓고 불 붓ᄂᆞᆫ 가마에 물 ᄉᆡᆯ 덧 ᄒᆞ되, 오히려 밋치지 못ᄒᆞᆯ 렴려가 잇거ᄂᆞᆯ, 한국과 청국 두 나라은 취ᄒᆞᆫ 쑴이 ᄊᆡ이지 못ᄒᆞ야 국가를 안보ᄒᆞᆯ 마음은 고샤ᄒᆞ고 몸을 온젼이 ᄒᆞ고 쳐ᄌᆞ 보젼ᄒᆞᆯ ᄉᆡᆼ각도 두지 아니ᄒᆞ야 토디와 인민을 초ᄀᆡ갓치 아ᄂᆞ니 …… 청국이 오날 망ᄒᆞ면 ᄂᆡ일은 한국을 취ᄒᆞᆯ 거시오 …… 일본과 아라샤의 싸홈이 조만간에 될 것은 어린 아희도 아ᄂᆞᆫ 바라. …… 일아간 ᄀᆡ장ᄒᆞᄂᆞᆫ 날은 동셔양의 결판이 되ᄂᆞᆫ 날이니 그 관계가 가히 갑오년에 비ᄒᆞ지 못ᄒᆞᆯ지라. 아라샤에셔 득승ᄒᆞ여도 청

국을 위ᄒᆞ야 요동반도 ᄎᆞ져주든 수단을 쓰지 아니ᄒᆞᆯ 거시오, 일본이 득셰ᄒᆞ여도 한국을 위ᄒᆞ야 ᄌᆞ쥬독립을 보호ᄒᆞ던 마음이 잇슬넌지 질뎡ᄒᆞ야 말ᄒᆞᆯ 수 업거니와 오쟉 한쳥 량국이 오날붓터라도 국ᄉᆞ를 졍돈ᄒᆞ야 너치와 외교가 일신히 기혁ᄒᆞ야 일아간 싸홈이 되는 날에 판 밧게 나라의 톄면을 직혀스면 나라에 큰 손히만 업슬 ᄲᅮᆫ아니라 도로혀 큰 리익이 잇슬 것이니 엇지 주의치 아니ᄒᆞᆯ 바리오[69]

"주중담론"은 강호에 묻혀서 세상일을 잊고 살던 청국의 '거동궤'라는 선비가 서양사람 '구아불의분'이라는 사람을 만나 세계의 정세를 놓고 토론하는 내용의 논설이다. 청국의 거동궤는 "강호에 락쳑ᄒᆞᆫ 지 삼십여 년에 사롬이 알 니 업더니 구추시졀을 당ᄒᆞ미 소방ᄒᆞᆫ 마옴과 울불ᄒᆞᆫ 긔운을 어졔ᄒᆞ지 못ᄒᆞ야", 일엽편주에 술을 싣고 글도 읊고 노래도 부르며 세월을 보낸다. 위 인용문은 서양사람 구아불의분이 이처럼 여전히 은둔적인, 중세적 삶을 영위하고 있는 거동궤를 보고 충고한 내용이다. 그 요지는 조선과 청만이 국제정세를 파악하지 못하고 "취ᄒᆞᆫ 꿈이 ᄭᆡ이지 못ᄒᆞ"고 있으니, 내치와 외교를 개혁하여야 나라의 체면을 지키고 이익이 있을 것이라는 것이다. 이 글을 통해, 1890년대 후반에는 계몽지식인조차도 청이 외세로 인식되기보다는 국권을 위협하는 러시아나 일본을 함께 극복해야 할 동반자로 인식되고 있었음을 알 수 있다. 한국인을 계몽할 목적으로 쓰여진 글에서, 한국인을 내세우지 않고 거동궤라는 청국인을 등장시키고 있는 데서도 당대인들이 청에 대하여 갖고 있던 동질의식을 확인할 수 있는 것이다.

물론 사선연이 아닌 주중걸에 의해 문제적 현실이 극복된다고 하는 구도에서 여전히 중화주의적 세계관에서 벗어나지 못했던 작가의식의 일단을 읽을 수는 있다. 그러나 여기서 주목해야 할 것은, 주체적 개항을 통해 근대

---

69) 『뎨국신문』, 1899.11.1. (여기 인용한 글은 정선태의 『개화기 신문논설의 수용양상』(소명, 1999, 355쪽 재인용)에 실린 것을 재인용한 것임.)

화를 이루어 낸 신무릉은 대륙세력권이 지향해야 할 이상향으로 그려지고 있다는 점이다. 앞서 살펴본 바와 같이 신무릉 이전 부분은 작중 현실과 역사 현실이 긴밀하게 조응될 만큼 역사적 사실을 잘 보여주고 있다. 그러나 신무릉의 건설 및 토소봉의 죽음, 그리고 사선연의 구출은 실제로 일어났던 역사적 사실이 아니다. 여기에는 한국과 중국이 손잡고 독자적이고 주체적인 개항을 통해 근대적 국가를 건설했을 때 민족적 위기를 극복할 수 있으며, 반드시 그러해야 한다는 작가의 강렬한 염원이 투사된 것이라고 할 수 있다.

2절. 정체성의 혼란과 그 소설적 형상

개항 이후 유입된 서양의 문명이 한국 사회에 던진 충격은 대단한 것이었다. 많은 사람들은 서양의 선진문명을 섭취하는 것이 한국의 발전을 위해 필요한 일이라고 생각하고 이를 수용하는데 적극적으로 나섰다. 그런데 급속하게 수용된 서양의 문명은 한국적인 생활·사고방식을 뿌리째 흔들어 놓았고, 전통에 대한 신뢰심을 송두리째 뽑아버렸다. 이로 인해 이 시기의 한국인들은 정신적 구심력을 잃고 심각한 정체성의 혼란을 겪고 있었다. 그래서 한 편에서는 국민정신을 하나로 통어할 이념 체계를 확립해야 한다는 문제가 제기되고 있었다. 이들에 의해 유교적인 것, 전통적인 것이 새롭게 재인식되어야 한다는 주장이 나오게 되었는 바, 박은식의 '유교국교론'은 그 대표적인 예라고 할 수 있다. 박은식은 과거의 전통적 문화와 학문을 다 버리고 서양 것만을 취하는 것은 옳지 않으며, 유림의 폐해를 교정하기만 하면 인민의 행복과 국권 회복에 유용한 힘을 발휘할 수 있다며, 유교가 한국의 국교가 되어야 한다고 주장했던 것이다.[70] 말하자면 서구의 선진 과학문명은 수용하되, 정신적 구심력은 전통으로부터 찾자는 것이다.

여기서 다루려는 작품은 이와 같은 문제의식의 연장선에 있는 작품들이다. 이런 작품들은 크게 물질주의적 세태를 소재로 한 것과 성적으로 문란한 세태를 소재로 한 것으로 대별된다. 배금주의와 성적 타락이 당시 사회 기강을 이완시키는 가장 큰 요인이었던 것이다. 전자에 해당하는 작품으로는 『적선여경록』, 『青樓義女傳』, 『보응』, 『장벽지화라』 등이 있고, 후자에 해당하는 작품으로는 『神斷公案』 1화, 2화, 3화, 5화, 6화가 있다.

이제까지 이러한 작품에 대한 논의는 대개 두 가지 방향에서 이루어졌다. 초기 연구는 대체로 현대문학 연구자에 의해 이루어졌는데, 근대계몽기 소설을 다루는 자리에서 고소설적 잔영을 보이는 작품으로 이러한 작품들이 소개되었다.[71] 그런 만큼 이러한 논의는 자료를 소개하는 차원에서 크게 벗어나지 못했으며, "그 형식이나 내용이 이조 소설의 특성과 거의 다를 것이 없을 뿐 아니라, 이조 소설보다 훨씬 안이하고 빈약하다"[72]거나 "당시 시대적 정세에 합당하는 현실의식은 조금도 나타나 있지 않는다"[73]고 하여 그 당대적 의미를 정당하게 평가하지 않았다. 이후 고전문학 연구자들에 의해 주목을 받기 시작하면서는, 이러한 작품들의 토대가 된 원전(중국소설)을 확인하고, 그 번안·개작 양상을 밝히려는 논의가 이루어지기 시작했다.[74] 이러한 논의과정을 통해 이들 작품과 중국소설과의 영향관계와 번안·개작

70) 신용하, 『박은식의 사회사상연구』, 서울대출판부, 1982, 167-170쪽.
71) 조연현, 『한국신문학고』, 문화당, 1966.
이재선, 『한국개화기소설연구』, 일조각, 1972.
송민호, 『한국개화기소설의 사적 연구』, 일지사, 1986.
72) 조연현, 앞의 책, 55쪽.
73) 송민호, 앞의 책, 54쪽.
74) 이재춘, "『청루의녀전』 연구", 『어문학』 50, 한국어문학회, 1989.
손병국, "한국고전소설에 미친 명대화본소설의 영향-특히 <삼언>과 <이박>을 중심으로-", 동국대 박사학위논문, 1990.
유연환, "한국고전번안소설의 연구", 고려대 박사학위논문, 1990.
증천부, "한국소설의 명대화본소설 수용 연구", 부산대 박사학위논문, 1995.
이재선, 『한국송사소설 연구』, 삼지원, 1997.

의 과정에서 나타난 변모양상은 충분히 밝혀졌다고 할 수 있다.

그러나 이제까지의 논의는 이처럼 고소설적 잔영이 짙은 작품들이 신문이라는 근대적 언론매체에 대거 연재되었던 배경을 밝히는 데까지 나아가지는 못했다고 할 수 있다. 연구자에 따라서는 이러한 작품들에는 이 시기의 다른 서사양식이 보이는 '시의성'을 확인할 수 없다며, 이러한 작품들이 갖는 당대적 의미를 평가절하하기도 했다. 따라서 이 논문에서는 이처럼 복고적인 작품이 근대적 신문에 연재되었던 사정을 밝히고, 그 역사적 의미를 해명하는 데 논의의 초점을 맞추기로 하겠다.

1. 물질주의적 세태의 경계와 전통적 윤리의식의 긍정적 재인식 : 『적선여경록』, 『靑樓義女傳』, 『보응』

1) 서지고찰

근대계몽기에 발표된 고소설 가운데 '돈'만을 추구하는 인물로 인해 비롯되는 사건을 소재로 한 작품이 여러 편 있는데, 『적선여경록』, 『청루의녀전』, 『보응』이 그것이다. 이 가운데 앞의 세 작품은 『대한매일신보』에 연재된 것이다. 『적선여경록』은 1905년 8월 12일에서 8월 29일까지, 『청루의녀전』은 1906년 2월 6일에서 2월 18일까지, 『보응』은 1909년 8월 11일에서 9월 7일까지 『대한매일신보』에 연재되었다. 그런데 이 세 작품은 『대한매일신보』에 연재되었다는 공통점 이외에도, 『금고기관』 소재의 이야기를 번안 혹은 개작한 작품이라는 공통점을 가진다. 즉 『적선여경록』은 『금고기관』 소재 『劉元普雙生貴子』를, 『청루의녀전』은 『杜十娘怒沈百寶箱』을, 『보응』은 『呂大郞還金完骨肉』을 토대로 하고 있다.[75]

그러면 이 세 작품의 작가는 누구인가?

---

75) 이 세 작품이 『금고기관』 소재의 이야기를 토대로 번안된 작품이라는 사실은 기존의 논의에서 충분히 이루어졌으므로, 여기서는 자세한 논의는 피하기로 하겠다.

이 세 작품에는 모두 작가가 명기되어 있지 않지 않지만, 이 세 작품이 한 사람의 작품일 가능성이 큰 것으로 생각된다. 『대한매일신보』에는 여러 양식의 서사문학이 연재된 바 있다. 『서사건국지』, 『이순신전』, 『최도통전』과 같은 역사전기소설, 『향로방문의생』, 『소경과 안즘방이 문답』과 같은 단편서사물, 그리고 여기서 다루고자 하는 세 작품이 그것이다. 이 가운데 여기서 다루려는 세 작품은 여러 가지 점에서 유사한 특징을 보이고 있다. 즉 전통적인 고소설의 형식을 그대로 답습하고 있다는 점, 『금고기관』 소재의 이야기를 토대로 한 작품이라는 점, 물질주의적 세태를 비판하면서 전통적 윤리의식을 긍정적으로 재인식해야 한다는 논조를 드러낸다는 점이 그것이다. 이로써 보건대 이 세 작품은 한 사람의 작품일 가능성이 크다고 하겠다.

작가 문제와 관련하여 또 한 가지 주목을 요하는 사실은, 이 세 작품이 『대한매일신보』라는 신문에 연재되었다는 점이다. 신문에 연재된 논설이나 소설은 대개 해당 신문의 필진에 의해 이루어졌던 것으로 추정되는 바, 이 세 작품도 『대한매일신보』 필진의 작품일 가능성이 있기 때문이다. 즉 이 시기 신문의 발행과 편집에 관여한 사람들은 문학을 해당 신문의 논조를 계몽하는 수단으로 생각하고 있었으며, 이와 같은 목적의식 아래 이들은 신문에 다양한 양식의 서사문학 작품들을 연재하고 있었다.

예컨대 『절영신화』는 연재되는 중에 간혹 휴게되는 경우가 있었는데, 이 때마다 "本日小說은 同記者가 未操과ᄒᆞ얏기 休憩홈"[76]과 같은 게고를 싣고 있다. 이로써 보건대 『절영신화』의 작가는 이 작품이 연재되었던 『대한민보』의 기자임이 분명하다. 실제로 신문 연재소설 가운데 작가가 밝혀진 작품은 모두 해당신문의 필진이 창작한 작품이었다. 예컨대 『대한매일신보』에 연재된 작품 가운데 작가가 밝혀져 있는 『서사건국지』는 박은식의 작품이고, 『이순신전』, 『을지문덕』, 『최도통전』은 신채호의 작품이다. 주지하는

76) 『대한민보』, 『절영신화』, 1909.11.14, 11.24, 12.1, 12.8, 12.10, 12.11, 12.12, 12.14.

바와 같이 박은식과 신채호는『대한매일신보』의 필진으로 활동했던 인물이다. 또한『만세보』에 연재된『혈의루』와『귀의성』은 이 신문의 주필이었던 이인직의 작품이고,『제국신문』에 연재된『고목화』는 이 신문의 기자였던 이해조의 작품이다.

이상에서 살펴본 바와 같이 이 시기 신문에 연재된 소설이 대개 해당신문의 논설진에 의해 창작되었다는 점을 감안할 때, 이들 작품도『대한매일신보』의 필진에 의해 창작되었을 가능성이 크다고 하겠다. 또한 이 세 작품은 근대화의 과정에서 배태된 물질주의적 세태를 경계하고 전통적 윤리의식을 긍정적으로 재인식해야 한다는 작가의식을 보여주고 있는 바, 이와 같은 의식은 이 신문의 논조와도 일치하는 것이다.

서구지향적 태도를 분명하게 보이는『독립신문』,『매일신문』,『제국신문』 등은 조선과 서양을 야만과 문명이라는 이항적 대립구도 아래서 파악하여 일방적으로 서양의 선진문물을 수용하는 데 적극적이었다. 이는 세 신문의 핵심적인 논설진인 윤치호, 미국인 선교사 등이 강한 서구지향적 성격을 갖고 있었던 데서 비롯된 것이다.[77] 이에 비해『대한매일신보』는 서양의 근대적 문명을 수용하자는 데는 동의하지만, 전통적 가치에 대해서도 긍정적인 태도를 취하고 있다. 이는『대한매일신보』에 실린 가사작품이 전통적 가치에 대한 긍정적인 인식태도를 보이고 있는 데서도 확인된다.[78]『대한매일신보』의 이와 같은 성향은 이 신문의 핵심적인 필진이었던 신채호, 박은식 등이 한학교육을 받은 지식인이었다는 사실에서 기인한다. 말하자면『대한매일신보』는 그 태동부터가 앞의 세 신문과는 달랐기 때문에 무조건적인 서구지향적 태도로 일관하지 않을 수 있었던 것이다.

---

77) 신용하,『독립협회 연구』, 일조각, 1976.
이광린,『개화파와 개화사상 연구』, 일조각, 1989.
정선태,『개화기 신문논설의 서사수용 양상』, 소명, 1999.

78) 김학동,『한국개화기시가연구』, 시문학사, 1990.

이런 사정을 감안할 때 『대한매일신보』의 필진 가운데 한 명이 물질주의적 세태를 비판하고 전통적 윤리의식이 재정립되어야 함을 계몽할 목적으로, 이 세 작품을 창작한 것으로 생각된다. 『대한매일신보』의 필진으로 활동한 사람으로는 박은식, 신채호, 최익, 장달선, 황희성 등이 있으며, 이 가운데 박은식과 신채호가 소설 창작에 적극적으로 참여하고 있었다. 그러나 이들도 전문적인 작가는 아니었으므로 소설을 창작할 만한 충분한 역량을 갖추었던 것은 아니었다. 그런 만큼 이들은 이미 있는 소설 가운데 자신들이 지향하는 논지에 부합하는 작품을 선택하여, 번안하거나 개작하는 방식으로 소설 창작에 참여했던 것으로 보인다. 그리고 이들은 한학교육을 받은 지식인이었으므로, 서양소설보다는 『금고기관』과 같은 중국소설이 보다 친숙했을 것이다. 이와 같은 배경에서 『금고기관』 소재의 이야기가 번안·개작의 대상으로 선택된 것으로 보인다.

한편 『청루의녀전』과 관련하여 짚고 넘어가야 할 문제가 있다. 『청루의녀전』은 『대한매일신보』에 연재된 것 이외에, 『오옥기담』이라는 소설집에도 수록되어 있다. 『오옥기담』은 고려대학교 도서관에 소장되어 있는 필사본이 현재 유일본으로 전해지는 작품이다. 여기에는 『청루의녀』 이외에도 『금잠가연』, 『변씨열행』, 『선분기담』, 『취란방기』 등의 작품이 실려 있다. 그런데 『대한매일신보』에 연재되었던 『청루의녀전』과 『오옥기담』 내 『청루의녀』는 글자의 표기방식에서 약간의 차이가 있을 뿐 그 내용은 완전히 일치한다.

그러면 『대한매일신보』에 연재된 『청루의녀전』과 『오옥기담』 내 『청루의녀』 가운데 어떤 것이 선행하는 것인가? '대한광무 십년 병오 사월 십팔일 셔셔 양싱방 티평동 졔 칠십일통 구호 정함'이라는 『오옥기담』의 필사기는 둘의 선후관계를 밝히는데 중요한 단서가 된다. 『오옥기담』은 『청루의녀전』이 『대한매일신보』에 연재되고 나서 두 달쯤 후가 되는 1906년 4월 18일에 필사된 것이다. 한편 『청루의녀』 외 네 작품은 『요재지이』에 실려있는 중국소설이다. 이로써 보건대 정함이라는 인물이 중국소설을 필사하다가, 신문에 연재된 『청루의녀전』을 읽고 함께 묶어 『오옥기담』이라는 소설집을 편찬한 것으로 생각된다.79)

2) 작품별 갈등양상과 그 역사적 의미

『적선여경록』은 『대한매일신보』에 연재된 최초의 소설이다. 이 작품은 『금고기관』 소재 『劉元普雙生貴子』를 번안한 것으로, 두 작품은 줄거리, 인명, 지명까지도 일치한다. 즉 『적선여경록』은 『유원보쌍생귀자』를 충실하게 번역한 작품이라고 할 만하다. 그런데 2회까지는 거의 완역에 가깝게 번역하고 있지만, 이후 부분부터는 점점 많은 부분을 생략하거나 축소하고 있다. 생략되거나 축소된 부분은 유원보 이외의 인물에 관한 대목인 바,80) 『적선여경록』이 주인공 유원보를 중심으로 번안되었음을 알 수 있다. 또한 원전에서는 자세하게 묘사되었던 부분이 간략하게 축소되기도 하는데, 이는 『적선여경록』이 줄거리를 전달하는데 치중한 결과라 하겠다.

그런데 흥미로운 점은 이처럼 『적선여경록』이 원전에 비해 축약되거나

---

79) 한편 『대한매일신보』에 연재된 『청루의녀전』에는 정확하게 표현되었던 것이 『오옥기담』 내 『청루의녀』에는 잘못 필사된 경우가 있는 것으로 보아서도, 『오옥기담』의 편찬자가 『대한매일신보』에 연재된 『청루의녀전』을 보고 필사한 것으로 생각된다. 즉 『오옥기담』 내 『청루의녀』에는 '낙미곡(樂梅曲)'이 '낙더곡', "눈압헤 뵈이는 져근 리를 취ᄒᆞ야 큰 의리를 져바리는 지 엇지 고금에 비싱쁜이리오만은"을 "눈압헤 뵈이는 져근 니익을 취ᄒᆞ야 큰 니익을 져바리는 지 엇지 고금의 비싱쁜이리요만은"으로 잘못 필사되어 있는 것이다. 후자는 배생에 대한 작가의 평어인데, 배생이 돈 때문에 의리를 저버린 인물로 그려지고 있는 점을 감안할 때, 신문에 연재된 『청루의녀전』의 '큰 의리'라는 표현이 맞다. 이와 같은 여러 정황을 고려할 때 『오옥기담』내 『청루의녀』는 『대한매일신보』에 연재되었던 『청루의녀전』을 보고 필사한 것이라고 하겠다.

80) 예컨대 원전에서는 이손의 선행이 장황하게 묘사되지만, 『적선여경록』에는 몇 줄로 요약되어 제시되는 것과 같은 경우이다. 이밖에도 이손이 전당현의 현윤이 되는 과정, 이손이 죽으며 유원보에게 유서를 쓰고 처와 자식에게 당부하는 내용, 배습이 선행을 행하다가 죽음에 이르게 되는 과정, 왕씨부인이 유원보에게 배소저와 혼인하라고 부탁하는 장면이 축약되어 있다

생략된 부분이 많음에도 불구하고, 주인공 유원보의 선행과 선행의 결과 누리게 된 복록에 관한 부분은 원전보다 더욱 부연되어 있다는 사실이다. 즉 원전에서는 유원보의 선행을 "已不知濟過多少人了"[81]라고 간략하게 묘사하는 데 비해, 『적선여경록』에서는 "궁교빈족외에 낙난곤궁흔 사름을 구제젼활헌 지 무일무지 ᄒᆞ기로"라고 부연하여 그리고 있는 것이다. 또한 『적선여경록』에는 유원보의 두 아들이 몇 세에 등과하여 혼인하고 후손을 두었다는 내용이 자세하게 묘사되어 있는데, 이러한 내용이 원전에는 없다. 이처럼 『적선여경록』은 주인공 유원보의 선행과 그러한 선행의 결과 얻게 된 복록을 부각시키는 방향으로 번안된 작품이라 하겠다.

『적선여경록』의 줄거리는 다음과 같다.

1. 송진종 때 유원보는 가산이 부요하고 곤궁한 사람을 구제하는데 재물을 아끼지 않는 것으로 유명했는데, 늦도록 자식이 없어 항상 이를 근심한다.

2. 이때 변경의 이손은 전당현윤을 제수받은 지 한 달도 못되어 우연히 병이 들어 죽을 지경에 이르게 되는데, 유원보의 명성을 익히 듣고 있었던 이손은 처 장씨와 아들 은청에게 유원보를 찾아가라고 하고 죽는다.

3. 장씨와 은청은 이손이 남긴 편지를 들고 유원보를 찾아가는데, 그 편지는 아무 내용도 쓰여있지 않은 백지였다.

4. 유원보는 백지 편지에 담긴 이손의 뜻을 헤아리고 장씨와 은청을 정성껏 보살핀다.

5. 한편 유원보의 처 왕씨는 후손을 잇기 위해 매파에게 재색을 겸비한 여자를 구하라고 한다.

6. 이때 변경 개봉부에 사는 배습이 양양자사로 있었는데, 더운 날씨에 죄인들이 질곡을 쓰고 있는 것이 불쌍하여 질곡을 풀어주도록 했다가 죄인들이 모

81) 全圖今古奇觀, 북경 중국서점영인본, 1988, 22쪽.

두 도망하여 오히려 옥에 갇혀 죽게 된다.

7. 배습의 딸 난손은 아버지의 장례를 치를 돈을 마련하기 위해 자신의 몸을 팔려고 하다가, 왕씨가 보낸 매파를 만나 유원보의 집으로 가게 된다.

8. 유원보는 난손과 같은 효녀를 첩으로 들일 수 없다며 양녀로 삼아 은청과 혼인시킨다.

9. 하루는 유원보의 꿈에 이손과 배습이 나타나 그 은혜에 감사하고, 자신들이 하늘에 상주하여 유원보의 수명을 연장시키고 아들 둘을 낳을 수 있게 하였다고 이야기한다.

10. 그 후 왕씨는 큰아들 천우를 낳고, 하녀 종운이 차남 천석을 낳는다.

11. 한편 난손의 외삼촌이 난손부부를 경성으로 불러들여, 은청과 난손 가족은 경성으로 올라간다.

12. 은청은 과거에 급제하여 유원보를 찾아와 그 동안의 은혜에 감사한다.

13. 천우와 은청의 여동생 봉명, 천석과 난손의 외삼촌의 딸 소연이 혼인한다.

14. 유원보는 나이 80이 되어 죽고, 그의 집안은 대대로 복을 누린다.

줄거리에서 볼 수 있는 바와 같이 『적선여경록』에는 갈등이나 대립이 전혀 없다. 오직 유원보의 선행에 관한 일화로 이루어져 있는 것이다. 그러면 유원보는 어떤 인간형인가?

> 가산이 부요ᄒᆞᆫᄃᆡ 자여간 일점 혈륙이 업기로 젼월창젹과 일응지산을 부인 외족하 왕문용의게 막기여 관리케 ᄒᆞ고 자긔ᄂᆞᆫ 착헌 일을 널이 힝ᄒᆞ며 의ᄅᆞᆯ 집혀 지물에 소활ᄒᆞ야 휘금여토ᄒᆞ니 종젼으로 지금ᄭᆞ지 궁교빈족외에 낙난곤궁ᄒᆞᆫ 사ᄅᆞᆷ을 구제젼활헌 지 무일무지ᄒᆞ기로 사방인싀 그 일홈을 모ᄅᆞᄂᆞᆫ 지 업ᄉᆞ되(1회)

유원보는 가산이 부요하지만 재물에는 소활하여 곤궁한 사람을 구제하는 일에 적극적인 인물이다. 그럼에도 불구하고 유원보에게는 대를 이을 자식이 없어 항상 근심이었다. 일견 '적선하면 여경'이라는 오래된 진리가 유원보의 경우에는 적용되지 않는 것처럼 보인다. 그러나 그 이유는 유원보가 선영에 다녀오다가 만난 도사를 통해서 밝혀지게 된다. 도사는 유원보의 얼굴을 보고 자손이 없을 뿐만 아니라 명이 다한 운이라고 이야기한다. 이에 유원보는 "학싱이 스스로 싱각건ᄃᆡ 싱평에 비록 큰 덕은 업스나 졔곤부위ᄒᆞ기를 존심ᄒᆞᆫ ᄌᆞ 이믜 오러되, 아지 못게라, 여하ᄒᆞᆫ 죄업으로 조종의 봉사가 진멸ᄒᆞ기에 이르ᄂᆞ잇가"(2회)라며 불만을 토로한다.

> 도식 미소ᄒᆞ며 일오ᄃᆡ "사군이 어긔도소이다. 자고로 가웅연자는 원망의 퍼귀라. 사군의 가게가 부셤하니 엇지 낫낫치 총찰하며 ᄯᅩᄒᆞᆫ 일 맛흔 지 다만 집에 살지기를 도라보고 공도로 싱각지 아니하야 ᄃᆡ두소칭에 빅다으로 취렴ᄒᆞᆯ 졔 소민의 근심과 원망을 일으기날, 사군이 홀로 비록 착ᄒᆞᆫ 일을 힝하시나 공이 허물을 깁지 못ᄒᆞᆯ지니 사군은 다만 그 페롤 아라 업시 하시며 바야흐로 원만ᄒᆞᆫ 공덕이 되야 다슈다복다남을 가히 바라이리다."(2회)

이에 대하여 도사는 유원보는 선행을 행하지만, 유원보의 가산을 책임진 사람들은 공도를 생각하지 않고 가산을 늘리는 데만 골몰하여 소민의 근심과 원망을 일으켜 다수다남의 복을 누리지 못하게 된 것이라고 설명한다. 여기에는 개인의 치부가 여러 사람의 고통을 수반하는 것이라는 인식이 반영되어 있다. 즉 유원보는 개인적으로는 착한 성품을 지닌 선인이지만, 부 때문에 자신도 모르는 사이에 다른 사람에게 고통을 줄 수 있는 잠재적 악인인 셈이다.

유원보는 도사의 말에 깊이 깨달은 바가 있어 자기의 재산을 관리하는 왕문용과 사인을 불러, 일일이 실상을 확인하고 이자를 경감하도록 시킨다. 그리고 자신도 이후로 더욱 선행을 행하는 데 힘쓰게 된다. 자신과 아무런 친분관계도 없는 이손의 가족을 정성껏 돌봐주는가 하면, 처가 대를 잇기 위해 첩으로 데려온 배습의 딸 난손을 양녀로 삼아 이손의 아들 은청과 혼인시키기도 한다. 이처럼 여러 해 동안 선행을 행한 결과, 유원보는 비로소 두 아들을 얻어 대를 잇게 된다. 유원보의 은혜에 감동한 이손과 배습이 하늘에 상주하여 유원보가 아들을 낳을 수 있도록 해준 것이다. 말하자면 유원보는 자신이 가진 부로 인해 악인이 될 수도 있었으나, 이를 공공의 이익을 위해 사용함으로써 아들을 얻고 완전한 가정을 이루게 된 것이다.

『적선여경록』은 복선화음이라는 복고적인 주제를 형상화한 작품이라고 할 수 있다. 그러면 근대적 개혁을 주창해온 신문에서 이와 같은 복고적인 작품을 연재한 이유는 무엇일까? 작가는 "리천의 교량 놋키와 험헌 길 수축허기며 빈곤훈 사람의 양생송사 허는 뎌음덕을 널리 힝"한 유원보의 행적에 주목하여 이 작품을 번안하게 된 것 같다. 유원보는 돈이 개인적 치부의 수단이 아니라 공공의 이익을 위한 수단이 되어야 한다는 사실을 깨달았다는 점에서 선인이다. 말하자면 유원보는 돈의 공적 효용가치에 대하여 정확하게 인식하고 있는 인물인 셈이다.

당시 신문에는 '모모씨의 선심'이라는 제목의 기사가 자주 게재된다. 특히 『대한매일신보』에 이와 같은 기사가 자주 게재되었는데, 그 내용은 모모씨가 학교나 고아원에 찬조금을 냈다거나 가난한 사람을 도와줬다는 것이다. 돈이 개인적 치부의 수단이 아니라 공공의 이익을 위한 수단이 되어야 한다는 사실을 계몽하기 위해 이와 같은 기사를 자주 게재하였던 것이다. 『적선여경록』은 이와 같은 인식의 연장선에 있는 작품이라 하겠다.

『청루의녀전』은 중국소설 『杜十娘怒沈百寶箱』의 서사골격을 토대로, 인물의 성격과 상황설정을 작가의 의도에 맞게 변모시킨 작품이다.[82]

82) 『『청루의녀』전』이 『두십랑노침백보상』의 번안작품임은 이재춘의 "『청루의녀』전』 연구"(『어문학』 50, 한국어문학회, 1989) 유연환의 "한국고전번안소설의 연구"(고려대 박사학위논문, 1990) 증천부의 "한국소설의 명대화본소설 수용 연구"(부산대 박사학위논문, 1995) 이재선의 『한국송사소설 연구』(삼지원, 1997)에서 거듭 확인된 바이다. 『『청루의녀』전』의 원작인 『두십랑노침백보상』은 『경세통언』 권32와 『금고기관』 권5에 실

우선 『두십랑노침백보상』의 소설적 특징을 살펴보기로 하자. 『두십랑노침백보상』의 줄거리를 요약하면 다음과 같다.

1. 명나라 만덕년간에 서강 소홍부의 이갑이라는 청년이 태학생이 되어 북경에 머물게 된다.

2. 이갑은 고향 친구인 유우춘과 함께 북경의 교방사원(화류계-편집자 주)을 드나들다가 두십랑이라는 기생을 만나 사랑에 빠지게 된다. 1년여 두십랑과 즐기는 동안 돈이 떨어지자 두십랑의 창모는 이갑을 쫓아내기 위해 10일 안에 삼백 냥을 마련해 오면 두십랑과 같이 살게 해주겠다고 한다. 두십랑이 알고 지내던 기생 사월랑과 이갑의 친구 유우춘의 도움으로 삼백 냥을 마련하여 이갑과 두십랑은 창가를 떠난다.

3. 이갑은 두십랑과 함께 배를 타고 고향으로 떠난다. 그런데 옆 배에 타고 있던 손부라는 사람이 두십랑의 노래와 미색에 반하여 천금을 줄테니 자신에게 두십랑을 팔라고 한다. 이갑은 아버지의 노여움이 두려워 두십랑을 손부에게 양도할 생각을 한다. 이갑의 생각을 들은 두십랑은 냉소하며 잘된 일이라고 하고 손부에게 가겠다고 한다.

4. 이튿날 아침, 손부의 배에 옮겨 탄 두십랑은 손부와 이갑을 꾸짖고 강물에 빠져 죽는다. 주위에 있던 사람들이 손부와 이갑을 질책하자 둘은 급히 도망친다. 그 후 이갑은 평생 미친 병에 시달리고, 손부도 병으로 죽는다.

5. 며칠 후 이갑의 친구인 유우춘이 고향으로 가는 길에 두십랑이 빠진 강을 건너다가 돈주머니를 강물에 떨어뜨린다. 돈주머니를 찾던 중 조그만 보물상자를 건져냈는데, 그날 밤 두십랑이 꿈에 나타나 전날의 은혜를 갚기 위해 보물을 드린 것이라고 한다.

려 있는 중국소설이다. 경세통언과 『금고기관』에 실려 있는 작품은 그 내용이 큰 차이가 없다.

『두십랑노침백보상』의 기본구성은 크게 두 단계로 나누어 볼 수 있다. 두십랑이 숱한 고난을 겪으면서 이갑과의 사랑을 성취하는 과정과 이갑이 아버지의 노여움을 두려워하여 두십랑을 버림으로써 사랑이 깨지고 비참하게 되는 과정이 그것이다.

먼저 전반부에 펼쳐지는 사건의 발단은 과거를 준비하는 양반자제가 여주인공 두십랑을 만나 사랑에 빠지는 것으로부터 비롯된다. 남주인공 이갑은 과거를 준비하기 위해 북경에 와서 태학감에 다니는 양반자제이다. 이갑은 동향 친구 유우춘과 화류계를 드나들다가 두십랑이라는 기생을 만나게 된다. 첫 만남은 서울로 공부하러 온 시골의 양반자제와 빼어난 미모를 지닌 기생의 만남으로 시작되었으나, 이것이 1년 여 지속되면서 두 사람의 사랑은 깊어간다. 그런데 이갑이 두십랑과 지내면서 학비를 모두 탕진하고 빈털털이가 되자, 두십랑의 창모는 이갑을 박대하기 시작한다. 마침내 창모는 10일 안에 삼백 냥을 구해오면 두십랑과 함께 살도록 해주겠지만, 기한 안에 돈을 구해오지 못하면 내쫓겠다고 위협한다. 애초에 창모는 이갑이 10일 안에 이런 큰돈을 마련하지 못할 것이라고 생각하고, 이갑을 쫓아내기 위해 이런 제안을 했던 것이다.

창모의 짐작대로 이갑의 친구들은 이갑의 행동을 풍류낭자의 것으로 치부하고 도와주려 하지 않는다. 혹은 기생과 어울릴 돈을 구해준 사실을 뒤늦게라도 이갑의 아버지가 알게 되면 원망을 들을 것이 뻔하기 때문에 도와주려 하지 않는 것이다. 유일하게 이갑을 도와주었던 유우춘 조차도 처음에는 두십랑이 창모와 짜고 이갑을 쫓아내기 위해 벌인 일이라고 생각해서 이갑을 도와주지 않는다. 이처럼 이갑이 한 푼도 구하지 못해 당황해하고 있을 때, 두십랑은 백오십 냥을 내어놓는다. 이 돈은 평소 두십랑과 친하게 지내던 기생이 준 돈인데, 이 돈으로 하여 두십랑과 이갑은 창가를 벗어나 사랑을 성취할 수 있는 계기를 마련하게 된다. 두십랑이 이 돈을 내어놓은 사실을 알고 유우춘이 비로소 두십랑의 진심을 알게 되어 돈을 구해주게 되기 때문이다. 이렇게 지난한 과정을 거쳐서야 두십랑과 이갑은 대등한 인간의 관계로 발전하게 된다.

그런데 이갑과 두십랑의 관계는 이갑의 고향으로 가는 도중에 만난 손부라는 인물로 인해 급변하게 된다. 옆 배에 타고 있던 손부는 두십랑의 노래와 미색에 반하여 천금을 줄테니 두십랑을 팔라고 한다. 손부는 둘의 사랑이 어떤 불행한 상황을 초래할 것인가에 대하여 이야기하면서 집요하게 이갑을 설득한다. 첫째, 이갑의 아버지는 천한 기생을 며느리로 받아들이지 않을 것이 뻔한데, 이갑이 두십랑과의 사랑을 고집한다면 가정의 화목이 깨어지는 것은 물론 아버지의 총애를 잃게 될 것이 뻔하며, 둘째, 이갑이 천한 기생 때문에 부모형제를 버리면 사람들은 이갑을 부랑한 놈이라고 욕할 것이고, 부모형제는 모두 이갑을 가족으로 여기지 않게 될 것이며, 셋째, 아버지는 이갑이 학비를 기생에게 모두 써버린 것을 알면 이갑에게 가계를 계승하려 하지 않게 될 것이라는 것이다. 손부의 말속에는 기생을 인간으로 보지 않는 당대 양반들의 생각이 조금 직설적으로 표현되어 있지만, 손부의 이러한 태도는 결코 예외적인 것이 아니다. 양반 자제가 기생을 아내로 맞아들인다는 것은, 자신이 누리고 있던 양반으로서의 기득권 일체를 포기해야 함을 의미하는 것이다.

이갑은 손부의 이와 같은 이야기를 듣고 두십랑과의 사랑을 후회하게 된다. 결국 이갑은 신분을 초월한 인간으로서의 사랑을 포기하고, 안락한 삶을 보장하는 신분질서 안에 안주하기로 결심하게 된다. 물론 두 사람의 사랑이 이루어질 수 없었던 데는, 이갑이 유약하고 자기주장이 분명하지 못한 성격이라는 점이 하나의 원인으로 작용했을 것임에 틀림없다. 그러나 그 이면에는 기생과 양반의 사랑을 인정하지 않는 신분의식이 깊게 자리하고 있다고 하겠다. 그러므로 두십랑의 사랑은 신분제도가 해체되지 않는 한 성취되기 힘든 것이다. 여기에 이 사랑의 비극성이 놓여져 있다. 두십랑은 대등한 인간으로서 이갑을 사랑했으나 현실적인 신분질서는 이를 용납하지 않왔던 것이다.

따라서 이갑으로부터 버림받고 강물에 투신한 두십랑의 죽음은 인간으로서의 사랑을 인정하지 않는 신분의 질곡에 대한 저항인 셈이다. 이처럼 『두십랑노침백보상』의 초점은 양반 자제와 천한 기생의 사랑이 신분질서라는 완강한 질곡 앞에서 어떻게 파멸하는가에 두어져 있다. 이 점이 다음에 살펴볼 『청루의녀전』과의 관계에서 주목해야 할 부분이다.

『청루의녀전』은 『두십랑노침백보상』의 서사 골격을 바탕으로 한 작품이다. 두 작품은 '남자주인공이 청루 기생과 사랑에 빠져 기생을 데리고 고향으로 간다. 도중에 다른 남자가 기생에게 반하여 자신에게 기생을 팔라고 한다. 남자주인공이 기생을 다른 남자에게 팔자 기생은 자살한다'는 동일한 구조로 이루어져 있다.

그러나 두 작품은 여러 가지 점에서 뚜렷한 차이점을 보인다. 우선 『청루의녀전』으로 번안되면서 남자주인공이 한국인으로 설정되며, 무역을 위해 중국에 가는 것으로 바뀐다. 이 밖에도 『두십랑노침백보상』의 전반부(1, 2단락)에서 매우 상세하게 제시되었던 내용, 즉 숱한 어려움을 겪고서야 신분차이를 극복하고 인간으로서의 사랑을 성취하게 된다는 과정이 『청루의녀전』에서는 완전히 생략된다. 『청루의녀전』에서는 창모가 배생이 화채로 낸 돈 오천 냥을 받고 순순히 여주인공을 창가에서 내보내주는 것으로 바뀌는 것이다. 그런 만큼 두 사람의 사랑이 성취되는 데 중요한 역할을 했던 유우춘이 『청루의녀전』에는 등장하지 않게 된다. 그래서 두십랑의 현몽으로 유우춘이 보물을 얻는다는 내용이, 『청루의녀전』에서는 꿈속에 나타난 여주인공의 부탁으로 그녀의 시신을 강물에서 건져 수습해준 대가로 보물을 얻는 것으로 바뀐다. 이 밖에 『두십랑노침백보상』의 두십랑은 자신과 가까이 지내던 기생들이 여비에 보태라고 추렴해준 돈과 보물을 기꺼이 받는 데 비해, 『청루의녀전』의 여주인공은 한사코 이를 거절하는 것으로 바뀐다. 이처럼 『청루의녀전』으로 번안되면서 많은 부분이 변모되고 있다.

그러나 이들 두 작품에 나타나는 보다 본질적인 차이는 인물의 성격이 바뀌면서 작품의 초점이 바뀌게 된다는 것이다. 이는 『두십랑노침백보상』이 『청루의녀전』으로 번안되면서 원전과는 다른 문제의식을 담게 되었음을 의미한다.

『두십랑노침백보상』의 남주인공 이갑은 북경의 태학감에서 과거를 준비하는 학생이다. 그러나 『청루의녀전』의 남주인공 배생은 "각국 물화를 교환ᄒᆞ여 상리를 도모"하는 상인이다. 표면적으로 드러난 남주인공의 성격도 이갑이 유약하여 자기주장이 없는 인물로 묘사되는 데 비해, 배생은 표리가 부동한 인물로 묘사된다.

『청루의녀전』은 남자주인공의 인물성격을 암시하는 흥미로운 묘사로부터 시작된다.

> 이젼 장안셩ᄂᆡ 시뎡즁에 ᄇᆡ싱이라 ᄒᆞᄂᆞᆫ ᄉᆞ람이 잇스니 그 사람은 방년이 이십오 셰에 풍치가 미려ᄒᆞ나 마암은 츄류ᄒᆞ야 것흐로ᄂᆞᆫ 관후하고 속으로ᄂᆞᆫ 졸직ᄒᆞᆫ 고로 사람들이 모다 비단쥬먼이에 ᄀᆡᄯᅩᆼ이라고 지목ᄒᆞ더니(1회)

위 인용문은 『청루의녀전』의 서두부분이다. 여기서 배생은 겉으로 보이는 풍채는 미려하여 관후한 인물인 것 같지만, 마음은 추루하고 졸직한 사람이기 때문에 '비단주머니에 개똥이'라는 별명으로 불리울 만큼 겉과 속이 일치하지 않는 인물로 묘사된다. 배생이 표리가 부동한 인물이라는 사실은 여주인공의 입을 통해서도 확인된다. 배생이 여주인공과의 신의를 저버리고 다른 남자에게 자신을 팔려고 하자, 여주인공은 "ᄂᆡ가 눈이 잇셔도 동자가 업셔 양의 가쥭을 범의 가쥭으로 보아쓰니"(7회)라며 강물에 투신하는 것이다.

배생의 이러한 면모는 그가 이익추구에 민감한 상인이라는 사실과 긴밀하게 조응한다. 『두십랑노침백보상』의 남주인공이 양반자제로 설정되어 있는데 비해, 『청루의녀전』의 배생은 북경을 드나들며 외국상품을 무역하는 상인으로 설정되어 있다. 이러한 변화는 단지 『청루의녀전』의 작가가 일반 독자도 이야기의 주인공이 될 수 있다고 인식한 결과라고 보기는 어렵다.[83] 『청루의녀전』의 작가는 당대의 문제적 현실을 드러내기에 적합하게 남주인공의 신분을 의도적으로 바꾼 것이다. 이러한 신분의 변개는 성격의 변화까지 수반하는 것으로, 작품이 지향하는 주제의식의 변모로 이어지는 것이다.

개항 이후 서구 자본주의의 유입으로 한국의 사회경제는 큰 전환기를 맞게 된다. 외국과 통상조약을 체결하면서 외국상품이 다량 유입되고, 개항장에는 일상과 청상이 상주하고 인천항에는 서구상사도 진출하였다. 이 과정에서 외국과의 무역을 통해 부를 축적한 상인계층이 대거 등장하게 된다. 『청루의녀전』의 배생은 이렇게 외국무역을 통해 성장한 상인계층 가운데 한 사람이었던 것이다. 상인은 이익추구에 민감한 인간의 전형이다. 자본주의체제 안에서의 상인은 특히 그러하다. 이는 배생이 '돈' 때문에 여주인공을 파는 데서 분명하게 확인된다. 『두십랑노침백보상』의 이갑은 천한 기생을 며느리로 인정하지 않을 '아버지의 노여움' 때문에 두십랑을 버린다. 그러나 『청루의녀전』에서의 배생은 '돈' 때문에 여주인공을 다른 남자에게 팔아버린다.

배생은 애초에 "나의 가진 바 오천 량 은ᄌᆞ가 하상 귀홀 바 아니오, 일만 년 셰상 ᄌᆞ미가 도시 여긔 잇도다"(2회) 하며 오천 냥을 아낌없이 화채로 탕진한다. 그런데 여주인공과 함께 고향으로 돌아가기 위해 포구에 가면서 배생의 생각은 바뀌기 시작한다. 자신과 함께 중국에 들어온 다른 상인들이 "금슈보픠를 무역ᄒᆞ야 슈레에 실어 각각 행장을 차리ᄆᆡ 그 무역ᄒᆞᆫ 바 물화가 심히 부셩"(4회)한 것을 보자, 배생은 비로소 "ᄭᅮᆷ을 쳐음 ᄭᅢ인 듯ᄒᆞ야 ᄎᆞ

83) 증천부(앞의 논문, 부산대 박사학위논문, 1995)는 『청루의녀전』으로 번안되면서 남주인공의 신분이 양반자제에서 상인으로 바뀌게 된 것은, 작가가 일반 독자들도 이야기의 주인공이 될 수 있다고 인식한 결과라고 해석하였다.

ᄐᆞᆫ흠과 후회"(5회)하는 마음을 갖게 된다. 이러던 차에 옆 배에 탄 이생이라는 사람이 여주인공의 미색을 보고 반하여 팔 의향이 없는지 물어보자, 배생은 "비록 팔고져 ᄒᆞ나 살 자이 업슬가 두려ᄒᆞ"(5회)노라며 조바심을 내기도 한다. 이생이 수만금의 물화를 줄테니 여주인공을 팔라고 하자, 배생은 크게 기뻐하며 여주인공에게 의향을 물어보겠노라고 한다. 이처럼 배생은 '돈' 때문에 사랑도 의리도 저버리는 것이다. 그러면서도 여주인공에게는 "져 사람이 낭ᄌᆞ의 ᄌᆞ식을 보고 만만금 어치 보화로 밧구고져 ᄒᆞ되, 나는 당쵸에 그 뜻이 업노라"(6회)라며 끝까지 여주인공에게 자신의 속마음을 숨기기도 한다. 이처럼 무역상인 배생은 '돈' 때문에 사랑과 의리를 저버릴 수 있는, 겉과 속이 다른 인물로 그려지고 있는 것이다. 즉 배생은 오직 '돈'을 위해서라면 윤리나 도덕을 무시하고 파행적인 행동도 저지를 수 있는 인간형이라 하겠다.

그러면 여주인공의 성격은 어떻게 변모되는지 보기로 하자.

『두십랑노침백보상』의 여주인공 두십랑은 이갑과의 인간적인 사랑을 추구하는 인물이다. 이미 본 바와 같이 『두십랑노침백보상』에는 두십랑이 창가에서 벗어나기까지 겪어야 했던 고단한 과정이 아주 상세하게 묘사되어 있다. 그 과정은 곧 두십랑과 이갑의 관계가 기생과 손님의 관계에서 인간과 인간의 사랑으로 나아가기 위한 지난한 과정인 셈이다. 그러나 『청루의녀전』에는 이 부분이 완전히 생략되어 있다.[84] 『청루의녀전』의 창모는 배생이 화채로 낸 돈 오천 냥을 받고 순순히 여주인공이 창가를 떠나는 것을 허락한다. 말하자면 『청루의녀전』은 더 이상 신분 갈등의 차원에서 전개되지 않는 것이다.

『두십랑노침백보상』의 두십랑이 인간으로서의 사랑을 추구하는 인물이라면, 『청루의녀전』의 여주인공은 정절을 추구하는 인물이다. 『두십랑노침

84) 『청루의녀전』에서는 여주인공의 이름을 밝히지 않고, 다만 미인이라고만 지칭된다.

백보상』의 두십랑은 이갑을 만나기 이전에도 창가에서 남자손님을 접대한다. 두십랑에게 있어 정절은 그다지 중요한 문제가 아니기 때문이다. 그러나 『청루의녀전』의 여주인공은 그렇지 않다. 『청루의녀전』의 여주인공은 "근본 양가 녀자로, 부모를 눈즁에 일코"(3회) 어쩔 수 없이 기생이 된 인물이다. 그래서 기생이 된 후에도 천금의 높은 값을 걸어 자신의 정절을 지키려 하는 인물이다.[85] 이처럼 『청루의녀전』의 여주인공은 정절을 소중하게 여기는 인물이므로, 배생이 자신을 다른 사람에게 팔아 넘기자 "도라보건디 무엇시 한 번 쥭기가 얼여와 량인의게 몸을 허ᄒᆞ리오"(8회)라며 강물에 빠져 죽는다. 『청루의녀전』의 여주인공은 정절을 지키기 위해 목숨까지 버릴 수 있는 인물인 것이다. 이에 대해 서술자는 "슬푸고 가련토다, 이 미인의 신세여. 그 절긔와 의긔는 가히 천고 정열에 부인을 붓그릴 바 업셔 후인에 모범이 되려니와"(8회)라고 하여, 여주인공의 정절의식을 매우 긍정적으로 평가한다. 말하자면 『청루의녀전』에서는 여주인공을 천한 기생의 신분이면서도 정절을 지킨 긍정적 인물로 그리고 있는 것이다.

한편 『청루의녀전』의 여주인공은 물욕이 없는 인물로 그려진다. 『두십랑노침백보상』의 두십랑은 남주인공과 함께 그의 고향으로 떠날 때, 평소 친하게 지내던 기생들이 여비로 마련해 준 돈과 보물을 기꺼이 받는다. 그러나 『청루의녀전』의 여주인공은 기생들과 창모가 주는 돈을 받지 않고 "다만 일신의 쓸닌 물건만 가지고"(4회) 배생을 따라 간다. 『청루의녀전』의 여주인공은 철저하게 배생과는 대조적인 인간형으로 그려지고 있는 것이다. 그래서 배생이 자신을 배신하고 다른 남자에게 팔아버리자, "금보는 업다가도 잇거니와 은졍이야 끈엇다가 다시 이을손야"(7회)라며 사랑과 정절보다 '돈'을 소중하게 생각하는 배생을 깊이 원망한다. 이런 면에서 여주인공은

85) "난쵸의 향긔로운 풀이 혹여 봉졉의 탐향ᄒᆞ는 폐가 잇슬가 렴려ᄒᆞ야, 천금의 놉흔 갑스로 방을 걸고 일빅 창녀의 우헤 놉히 거ᄒᆞ미, 그 갑시 너무 티과ᄒᆞᆫ 연고로 비상에 일졈 잉혈을 보존ᄒᆞ엿다가 금일에 비로소 량군을 만난지라."(3회)

배생과는 대조적인 인간형이라 할 수 있다.

이처럼 『청루의녀전』의 갈등은 '돈'을 위해서라면 윤리나 도덕을 무시하는 악인(배생)과 '돈'보다는 전통적 윤리와 도덕을 지키고자하는 선인(여주인공)의 대결양상을 띠게 되며, 그 대결은 여주인공의 자살로 마무리된다. 이를 통해서 전통적 윤리와 도덕이 물질주의적 세태 때문에 무너지고 있는 현실에 대한 우려와 경계를 드러낸 것이다. 이러한 우려의 이면에는 전통적 윤리의식이 새롭게 재조명되어야 한다는 의식이 투영되어 있다고 할 수 있다. 전통적 윤리와 도덕을 추구하는 여주인공이 매우 긍정적으로 그려지고 있는 것은 바로 이러한 이유 때문이다.

『보응』은 『금고기관』 소재 『呂大郎還金完骨肉』을 번안한 작품이다. 『여대항환금완골육』은 『경세통언』과 『금고기관』에 실려 있는데, 그 내용이 서로 약간의 차이가 있다. 『보응』은 이 가운데 『금고기관』 소재 『여대랑환금완골육』과 일치하는 것으로 보아, 『보응』의 토대가 된 작품은 『금고기관』 소재 『여대랑환금완골육』이라고 하겠다.[86)]

『보응』과 『여대랑환금완골육』의 줄거리는 거의 일치한다. 다만 『보응』으로 번안되면서 인명이나 배경 등이 한국적으로 바뀐다. 여옥은 백옥으로, 여보는 중옥으로, 여진은 계옥으로, 희아는 희동으로 각각 바뀌고, 무대도

---

86) 예컨대 『경세통언』에는 여옥의 처 왕씨와 여보의 처 양씨가 서로 화목한 사이로 묘사되는데 『금고기관』과 『보응』에서는 두 사람의 사이가 나빴던 것으로 묘사되어 있다. 두 사람의 관계가 어떠했는가에 따라 이후의 사건 전개가 달라지게 되므로 이는 중요한 차이점이라고 할 수 있다. 즉 『경세통언』에서는 두 사람의 사이가 원래 화목했으므로 양씨는 남편이 왕씨를 강제로 개가시키려 하자 왕씨를 불쌍히 여겨 위로하다가 자기 비녀와 왕씨의 흰 비녀를 바꾸게 되는데 그 결과 양씨가 왕씨 대신 잡혀가게 된다. 그러나 『금고기관』과 『보응』에서는 양씨가 자살을 기도한 왕씨를 말리다 실수로 왕씨의 흰 비녀를 꽂았다가 잡혀가는 것으로 설정되어 있는 것이다. 또한 『경세통언』에서는 여옥이 아들의 왼쪽 눈 옆에 있는 상처를 보고 아들을 찾는 것으로 설정되어 있으나, 『금고기관』과 『보응』에서는 여옥이 진봉조와 아들을 잃어버린 경위를 이야기하다가 확인하는 것으로 설정되어 있다. 이로써 보건대 『보응』은 『금고기관』 소재 『여대랑환금완골육』을 번안한 것임을 알 수 있다.

서울, 의주, 평양 등 한국의 도시로 바뀐다. 또한 작품의 배경이 한국적 상황에 맞게 바뀐다.

이ᄣᅢᄂᆞᆫ 방츈화시 호시절이라. 삼월은 이믜 반과ᄒᆞ고 ᄇᆡᆨ화ᄂᆞᆫ 만발이라. 동풍은 온화ᄒᆞ고 텬긔ᄂᆞᆫ 청량ᄒᆞᆯ제 겸ᄒᆞ여 시화세풍의 태평가가 란만하다. 경셩 동문밧 청운ᄉᆞᄂᆞᆫ 경쳐도 절승ᄒᆞ거니와 문 외 슈 리디[87]에 잇셔셔 공경대부의 은퇴여가와 탕ᄌᆞ호ᄀᆡᆨ의 흥도ᄒᆞᄂᆞᆫ ᄣᅢ에ᄂᆞᆫ 미미히 이 곳에 삼삼오오로 작반유람 ᄒᆞᄂᆞᆫ고로 이 절 승려들이 셩ᄂᆡ ᄉᆞ대부와 부ᄀᆡᆨ호상을 모다 친ᄒᆞ더라.

일일은 그 절에 무근의 텬화가 니러나셔 동학이 일시에 회록을 당ᄒᆞ여 ᄉᆞ즁제승이 간신히 몸을 구ᄒᆞ엿스나 잠시 우거ᄒᆞᆯ 곳도 급ᄒᆞ거니와 뎨일 시급ᄒᆞᆫ 거시 불상을 뫼실 곳이 업ᄂᆞᆫ지라.

여러 승려들이 의론ᄒᆞ고 굿즁패를 ᄭᅮ며가지고 문안에 여러 아ᄂᆞᆫ 각 부호에 가셔 권션ᄒᆞ여 시조를 거두어다가 ᄉᆞ원을 즁슈ᄒᆞ고, 쳣재ᄂᆞᆫ 부처님의 풍우를 면ᄒᆞ시게 하고 둘재ᄂᆞᆫ 승려들의 한숙을 면케 ᄒᆞᄂᆞᆫ 거시 상칙이라 ᄒᆞ고, 일변각ᄉᆡᆨ을 셜비ᄒᆞ여 가진 풍악에 긔괴ᄒᆞᆫ 연극을 ᄭᅮ며 가지고 문안으로 향ᄒᆞᄂᆞᆫᄃᆡ, 연로에셔 집집에 사ᄅᆞᆷ사ᄅᆞᆷ이 모다 늙은이를 붓들며 아희들을 ᄭᅳ을고 나와셔 구경들을 ᄒᆞᆫ다.

이ᄣᅢ에 동문 압헤 ᄒᆞᆫ 사ᄅᆞᆷ이 잇스니 셩은 리오 명은 ᄇᆡᆨ옥이라. 일즉 부모가 도라가고 아오, 형뎨를 ᄃᆞ리고 잇스니, 큰 아오ᄂᆞᆫ 즁옥이오 ᄭᅳᆺ헤 아오ᄂᆞᆫ 계옥이라. ᄇᆡᆨ옥은 고양에 사ᄂᆞᆫ 왕씨에게 쟝가들어 일즉 ᄒᆞᆫ 아ᄃᆞᆯ을 ᄉᆡᆼᄒᆞ엿고, 즁옥은 양씨를 취ᄒᆞ엿스며, 계옥은 년긔가 오히려 어린고로 아즉 취쳐치 아니ᄒᆞ엿더라. 형뎨 즁에 즁옥은 다만 술이나 취ᄒᆞ고 잡기로 세월을 보ᄂᆡ며 그 안히 양씨도 ᄯᅩᄒᆞᆫ 셩힝이 불션ᄒᆞ여 왕씨로 더브러 동셔간 화락치 못ᄒᆞ더라.

이날에 홀연 일쟝 풍악소리가 먼곳으로브터 졈졈 ᄀᆞᆺ가오며 쿵쾅소릐에 일동

87) 디 : 곳이나 장소를 뜻함.

> 남녀가 무슴 급ᄒᆞᆫ 일에 ᄶᅩᆺ겨가ᄂᆞᆫ 것ᄀᆞᆺ치 각각 신을 것구로 신으며 밋쳐 문을 찻지 못ᄒᆞ여 더듬으며 업더지며 잣바지며 그 무엇인가 셔로 무르며 ᄯᅱ여 나가니, 이ᄂᆞᆫ 다른 것이 아니라, 곳 쳥운ᄉᆞ 승려들의 ᄶᆞ민 굿즁패러라. 번잡 말은 다 ᄒᆞᆯ 것 업88)
>
> 각셜 리ᄇᆡᆨ옥이 다만 일 ᄌᆞ를 두엇스니 일홈은 희동이라. 나히 졍히 칠 셰에 긔골이 쥰슈ᄒᆞ고 얼골이 관옥ᄀᆞᆺᄒᆞᄆᆡ ᄇᆡᆨ옥의 부쳐ㅣ 보옥ᄀᆞᆺ지 ᄉᆞ랑ᄒᆞ더니, 이날 남녀로쇼 일동이 구경에 정신을 일코 아희의 업ᄂᆞᆫ 거슬 니졋더라. 이날 일쟝 분요를 지내고 져녁 밥을 ᄃᆡᄒᆞ여보니 집안 식구가 다 잇스나 다만 희동 일 인이 업ᄂᆞᆫ지라. ᄇᆡᆨ옥의 부쳐ㅣ 그졔야 급히 대문 밧그로 나가셔 ᄉᆞ면 부르며 일동을 모다 돌어도 죵젹이 업ᄂᆞᆫ지라.(1회-2회)

위 인용문은 백옥이 아들 희동을 잃어버리게 된 사정을 묘사한 『보응』의 서두부분이다. 원전에서는 이 부분이 “왕씨가 자식 하나가 있으니 어렸을 적 이름은 희아다. 나이 육세에 이웃아이와 신회를 구경하러 갔다 밤이 늦도록 돌아오지 않자 부부가 모두 걱정되어 아들이름을 부르며 찾아보았으나 행방이 묘연했다.”89)라고 간략하게 묘사되어 있다. 그런데 『보응』에서는 이 대목이 한국적인 상황에 맞게 바뀌어져 있는 것이다. 문제의 발단은 경성의 청운사라는 절에 불이 나는 것으로 시작된다. 청운사는 경치가 좋아서 평소 사대부와 부객호상들이 유람의 장소로 이용하던 곳이다. 그래서 청운사 승려들은 경성내 사대부와 부객호상들과 친하게 지내던 터였으므로, 굿중패를 꾸며가지고 이들에게서 시주를 얻어 절을 중수하기로 한다. 즉 『보응』에서는 우리나라에 익숙치 않은 신회를 굿중패의 공연으로 바꿈으로써 독자로 하여금 이 작품이 우리의 문제라는 인식을 갖도록 배려한 것이다.

---

88) 2회의 마지막 문장이 완성되지 않은 채 마무리됨.

89) “那王氏生下一個孩子 小名喜兒 方纔六歲 跟隣舍家兒童出去看神會 夜晩不回 夫妻兩個煩惱 出了一張招子 街坊上叫了數日 全無影響”

이는 『대한매일신보』에 최초로 연재된 소설인 『적선여경록』보다 발전된 면모라 할 수 있다. 『적선여경록』도 『보응』과 마찬가지로 『금고기관』 소재 『유원보쌍생귀자』를 번안한 작품인데, 이 작품에서는 인명, 지명, 시대적 상황 등이 원전의 그것을 그대로 수용하고 있다. 그 결과 『적선여경록』은 한국의 문제를 우회적으로 제시해야 한다는 부담을 안고 전개되었다. 그런데 『보응』은 작품의 서두부분을 한국적인 상황에 맞게 변개시킴으로써 한국의 현실을 직접 문제삼을 수 있게 된 것이다.

한편 이러한 서두방식은 신소설의 장면제시적 수법에 영향받은 결과이기도 하다.

> 일쳥젼장의 춍소리ᄂᆞᆫ 평양일경이 ᄯᅥᄂᆞ가ᄂᆞᆫ 듯 ᄒᆞ더니 그 춍쇼리가 긋치ᄆᆡ 사ᄅᆞᆷ의 ᄌᆞ취ᄂᆞᆫ ᄭᅳ너지고 산과 들에 비린 ᄯᅴ끌 ᄲᅮᆫ이라. 평양셩외 모란봉에 ᄯᅥ러지ᄂᆞᆫ 져녁볏은 누엿누엿 너머가ᄂᆞᆫᄃᆡ 져 히빗을 붓드러 ᄆᆡ고 시푼 마ᄋᆞᆷ에 붓드러ᄆᆡ지ᄂᆞᆫ 못ᄒᆞ고 숨이 턱에 단드시 갈팡질퐁 ᄒᆞᄂᆞᆫ ᄒᆞᆫ 부인이 나히 삼십이 되락말락 ᄒᆞ고 ……90)

위 인용문은 이인직의 신소설 『혈의루』의 서두부분이다. 신소설은 이처럼 작중 상황을 먼저 묘사하고 주인공의 내력을 제시하는 서술방식을 취하는 것이 보통이다. 그런데 『보응』의 서두부분도 이러한 방식을 취하고 있는 것이다. 『보응』의 작가는 신소설을 창작한다는 의식을 가지고 『보응』을 창작한 것 같다. 이는 『보응』이 『대한매일신보』에 연재된 『적선여경록』이나 『청루의녀전』과는 달리 '신소설'이라는 제목 아래 연재되었다는 사실에서도 확인되는 바이다. 즉 『보응』의 작가는 독자로 하여금 보다 쉽게 접근할 수 있도록 하려는 목적에서 당시 크게 유행하고 있던 신소설의 수법을 적극

---

90) 이인직, 『혈의루』, 『신소설 번안소설』 1, 아세아문화사, 1978, 3쪽.

수용한 것으로 여겨진다.

한편 『보응』에서는 여옥이 진봉조의 돈을 찾아주는 과정이 원전과는 다르게 설정되어 있다. 원전에서는 여옥이 진봉조의 집에 가서 전대의 모양을 물어 확인하고 주운 돈을 돌려주는데, 『보응』에서는 전대에 들어 있는 돈의 액수까지 확인하고 돌려주는 것으로 바뀌는 것이다. 이러한 변개는 사건을 좀 더 합리적으로 설명하고자 하는 작가의식이 개입된 결과라 하겠다.

이처럼 『보응』으로 번안되면서 몇 가지 변모된 부분이 있기는 하지만, 그러한 변모가 주제의식의 변모로까지 이어지는 것은 아니다. 오히려 작가는 원전의 주제의식이 보다 선명하게 드러날 수 있도록 배려했다. 예컨대 첫회 서두에 "본의환금인득즈ᄒᆞ고 립심매수반슈쳐롤 셰간유유텬공교ᄒᆞ야 션악분명불가긔"이라고 하고 "이글 뜻을 ᄒᆡ셕ᄒᆞᆯ진ᄃᆡ 금을 엇어셔 본쥬를 챠쟈주고져 ᄒᆞ다가 인ᄒᆞ여 ᄌᆞ긔의 일헛던 아ᄃᆞᆯ을 ᄎᆞᆺ고, 형슈를 풀고져 ᄒᆞ다가 인ᄒᆞ여 ᄌᆞ긔의 ᄉᆞ랑ᄒᆞᄂᆞᆫ 쳐를 일헛ᄂᆞᆫ지라. 이거슬 볼진ᄃᆡ 셰상에 다만 ᄒᆞᄂᆞ님이 우희 계시샤 션ᄒᆞ고 악ᄒᆞᆫ 거슬 ᄉᆞᆲ히신즉 분명히 속일 수 업다 ᄒᆞᄂᆞᆫ 뜻이러라" 며 그 글 뜻을 풀이한다든지, 매회 시작 전에 "젹션ᄒᆞ면 여경이 잇고 젹악ᄒᆞ면 여앙이 잇ᄂᆞ니라"는 표제를 반복하여 제시함으로써 주제의식이 보다 선명하게 드러나도록 하였다.

『보응』은 『청루의녀전』보다 더욱 심각하게 윤리의식이 마비된 세태를 보여주는 작품이다.

먼저 『보응』의 줄거리를 보기로 하자.

1. 서울에 이백옥이라는 사람이 굿중패가 꾸민 굿중놀이를 구경하던 중 아들 희동을 잃어버린다.

2. 백옥은 아들을 찾기 위해 장사를 하며 여러 지방을 돌아다니던 중 한 상인을 만나 그와 함께 의주로 가서 중국의 상품을 무역하여 매매하는 일을 한다.

3. 그런데 흉년이 들어 장사도 여의치 않은데다 풍류창까지 얻어 집에 돌아

가지 못하고 여러 해 객지에 머물게 된다.

4. 여러 해 만에 집으로 돌아오는 길에 평양을 지나게 되었는데, 뒷간에서 은덩이가 든 보자기를 발견한다.

5. 우연히 은덩이의 주인인 손봉조를 만나 그의 집이 있는 송도로 가서 은덩이를 돌려주고, 그곳에서 손봉조의 양자로 자라고 있는 아들 희동을 만난다.

6. 백옥은 희동과 손봉조의 딸을 정혼시킨다.

7. 백옥은 아들과 함께 집으로 돌아오다가 임진강에서 나룻배가 전복된 사건을 목격하고 손봉조가 준 돈을 상금으로 내걸어 물에 빠진 사람들을 구한다.

8. 이 과정에서 백옥은 형을 찾아 나섰던 동생 계옥을 만나 집안 소식을 듣고 서둘러 집으로 향한다.

9. 한편 백옥의 집에서는 둘째 동생 중옥이 형이 죽었다고 거짓말을 하여 돈을 받고 형수를 개가시키려는 계획을 꾸민다.

10. 중옥은 형수 왕씨가 개가하지 않으려 하자, 사람들을 시켜 몰래 잡아가라고 한다.

11. 이를 눈치챈 왕씨는 자살을 시도하지만 중옥의 처 양씨에게 발견되어 살아난다.

12. 이 와중에 양씨가 실수로 왕씨의 흰 비녀를 꽂게 되는데, 사람들은 흰 비녀 꽂은 여자를 잡아가기로 약속했었으므로 양씨가 왕씨인줄 알고 잡아간다.

13. 중옥은 이 사실을 알고 다시 왕씨를 개가시킬 궁리를 하던 차에 백옥이 집에 도착한다.

14. 중옥은 형이 돌아온 것을 알고 도망쳐 버리고, 백옥 일가는 다시 만나 화락하게 지낸다.

『보응』의 갈등은 이백옥과 그 처 왕씨로 대표되는 선인과 이중옥과 그 처 양씨로 대표되는 악인의 대결양상을 띤다.

이백옥은 우연히 뒷간에서 은덩이가 든 보자기를 발견하자 뒷간 옆에서 종일 은덩이의 주인이 나타나기를 기다리고, 수일이 지난 후에 우연히 그 은덩이의 주인을 만나게 되자 미련없이 은덩이를 주인에게 돌려주는 선한 인물이다. 이백옥의 선한 품성은 배가 전복되어 사람들이 죽게 되었을 때 보인 행동에서 더 잘 드러난다. 배가 전복되어 사람들이 물에 빠져 거의 죽게 되었으나, 사람들은 서로 미루고 구경만 할 뿐 물에 들어가 사람들을 구하려 하지 않는다. 이때 이백옥은 손봉조가 준 돈 육십 원을 내어 물에 빠진 사람들을 구하는 이에게 그 돈을 주겠다고 한다. 이에 여러 뱃사람들이 다투어 들어가서 물에 빠진 사람들을 구해내게 되는 것이다.

그런데 흥미로운 점은 선인으로 설정된 이백옥과 그 처 왕씨는 전통적 윤리와 도덕을 지향하는 인물로 그려진다는 것이다. 이백옥은 "녯사름이 일홈업는 진물을 취치 아니ᄒᆞ며 물건을 엇으믜 쥬인을 차쟈 주엇스니"(5회)라거나 "사름의 목슘 ᄒᆞᆫ나를 구ᄒᆞᄂᆞᆫ 거시 칠층보탑을 ᄊᆞᆺᄂᆞᆫ 것보다 낫다ᄒᆞᄂᆞᆫ 녯말이 잇스니"(11회)라고 하여, '옛사람의 규범'과, '옛말'을 충실히 따르는 인물로 그려진다. 이백옥의 처 왕씨도 남편이 타지에서 죽었다는 소식을 듣고도 정절을 지키려는 인물로 그려진다. 왕씨는 시동생이 강제로 개가시키려고 하자 자살을 기도하기도 한다. 목숨을 버려서라도 정절을 지키려는 인물인 것이다.

이에 비해 악인형으로 설정된 이중옥과 그 처 양씨는 어떠한가?

> 중옥은 본시 부랑ᄒᆞᆫ 인ᄉᆞ로 그 형이 나간 뒤에ᄂᆞᆫ 더욱 긔탄이 업셔서 셩루쥬ᄉᆞ와 잡기판에 잡류비와 일단이 되어 날마다 방탕히 놀더니 ……(13회)

이중옥은 원래 방탕한 인물이었는데 형 이백옥이 아들을 찾으러 집을 나간 뒤에는 더욱 주색잡기에 빠져 빚을 많이 지게 된다. 이에 이중옥은 형이 타지에서 죽었다고 거짓말을 하면서까지 형수에게 개가를 권유하다가, 형수가 이를 듣지 않자 백 원을 받고 형수를 억지로 개가시키려 한다. 일이 잘못되어 형수 대신 자기 처가 잡혀갔어도 처를 되찾을 생각조차 하지 않는다. 오히려 "ᄒᆞᆫ번 ᄒᆞ다가 못 ᄒᆞ엿스니 두 번 ᄒᆞ기를 말지 아니ᄒᆞᆷ이 가ᄒᆞ니 ᄯᅩ 다시 됴흔 자리를 차자 수씨를 ᄑᆞ러서 ᄒᆞᆫ편으로 그 안히 일흔 밋쳔을 찻고 ᄒᆞᆫ편으로 오ᄂᆞᆯ날 ᄒᆞᆫ을 풀니라"며 형수를 팔아 돈을 벌 궁리만을 한다. 이중옥과 그 처 양씨는 돈을 위해서라면 기본적인 가족윤리마저도 무시하고 죄악을 저지를 수 있는 탐욕적인 인간형인 것이다.

이처럼 『보응』의 핵심적 갈등은 전통적 윤리의식에 투철한 선인과 돈을 위해서라면 비윤리적인 행동을 서슴치 않는 악인의 대결양상을 띠고 있다. 그런데 이러한 선악의 대결은 권선징악이라는 논리에 따라 선인(이백옥과 그 처 왕씨)은 고난을 극복하고 헤어졌던 가족과 재회하여 행복한 가정을 이루게 되지만, 악인(이중옥과 그 처 양씨)은 가족이 헤어지는 고통을 겪게 되는 것으로 마무리된다. 비윤리적인 致富에 대한 전통적 윤리의식의 승리인 셈이다. 여기에는 물질주의적 세태를 극복하기 위해서는 전통적 윤리의식이 새롭게 정립되어야 한다는 작가의식이 투영되어 있다고 하겠다.

이처럼 『대한매일신보』에 연재된 『적선여경록』, 『청루의녀전』, 『보응』 등 세 작품은 돈 때문에 인간관계가 붕괴되고 있는 세태를 비판하고, 인간관계를 유지시켜주는 전통적 윤리의식이 재인식되어야 함을 환기한 작품이다.

그러면 이처럼 유사한 주제의식을 보여주는 작품이 세 편이나 『대한매일신보』에 연재된 이유는 무엇인가? 『청루의녀전』의 끝에 덧붙어 있는 작가의 평어는 이러한 작품들이 근대적 신문에 연재되게 된 사정을 잘 보여준다.

> ᄉᆞ람의 어리셕고 무졍ᄒᆞᆷ이여. 눈압헤 뵈이ᄂᆞᆫ 져근 리를 취ᄒᆞ야 큰 의리를 져바리ᄂᆞᆫ 지 엇지 고금에 비싱ᄲᅮᆫ이리오만은, 비싱의 일은 족히 의론ᄒᆞᆯ 것 업거니와 그 미인의 잡은 바 마음과 행ᄒᆞᆫ 바 일은 가히 효측ᄒᆞᆯ 만 ᄒᆞ기로, 근일 경박ᄌᆞ데들과 창가 소부들에게 ᄃᆡ하야 경고하노라(11회)

『청루의녀전』의 작가는 근일의 경박자제들과 창가소부들을 경계하기 위해 『청루의녀전』을 창작했다고 한다. 그러면 도덕이나 윤리보다는 오로지 돈과 재물을 지향하는 당시의 경박자제들을 경계하기 위해 근대적 신문에서 이와 같은 복고적 작품을 연재할 수밖에 없었던 사정이란 무엇을 말하는가?

개항 이후 유입된 서구 자본주의는 한국의 사회경제를 급격하게 변모시켜 놓았다. 당시 신문 '잡보'란에는 돈 때문에 윤리나 도덕을 저버린 사건들이 자주 게재되곤 했다. 아내가 남편의 재산을 빼앗기 위해 남편을 무고한 사건이나, 병이 들어 찾아 온 매부를 경찰서로 쫓아보낸 일, 곁방에 세든 거지의 걸식한 쌀을 빼앗은 일, 혼인을 빙자하여 돈을 빼앗은 일[91] 등이 그런 것들이다. 심지어는 돈 때문에 부부가 신문지상에서 격론을 벌이기도 했다.[92] 이 가운데 1906년 11월 20일 『황성신문』에 실린 '奪女傷母'라는 제목

---

91) '남편의 것이 제것이지', 『대한매일신보』, 1908.2.16.
'황씨패망', 『대한매일신보』, 1908.2.28.
'무항소치', 『황성신문』, 1906.11.20.
'황씨호소', 『대한매일신보』, 1909.8.20 외 다수.

92) 1909년 8월 24일부터 26일까지 3회에 걸쳐 『대한매일신보』 '광고'란에 게재되었던 것이 그것이다. 이 광고는 송소사라는 사람이 남편 태지선을 고발하면서 시작되었는데, 다음 날에는 태지선이 송소사의 글을 반박하는 광고를, 그 다음 날에는 송소사가 다시 남편의 글을 반박하는 광고를 게재하는 것으로 마무리되었다. 사건의 발단은 송소사가 집을 판 돈 만육천 냥을 태지선에게 맡기고 함께 살다가 서로 사이가 벌어져 헤어지면서 시작된다. 송소사는 태지선이 자기와 헤어지면서 초가집 한 채 장만해주고 아이 양육비로 매달 삼 원씩 대어주기로 하였는데, 그나마 제대로 주지 않자 이전에 맡긴 돈을 돌려달라고 했으나 거절했다며 광고를 게재한 것이다. 이에 대하여 태지선은 매달 맡긴 돈에 대한 변리를 주었고, 그 동안 같이 살면서 갖다 쓴 돈을 제하면 사천 오백 냥밖에 남지 않았는데, 자기가 여기에 육천 오백 냥을 보태서 집을 구해주었으니 문제될 것이 없다며 반박했다. 이에 대하여 송소사는 다시 광고를 내어 태지선의 주장이 모두 거짓말이라고 반박한다. 삼 일에 걸쳐 게재된 광고 내용만으로는 사건의 진상을 정확히 알 수는 없다. 다만 부부가 신문지상에서 공개적으로 돈 문제로 격론을 벌였다는 점에서, 이 광고는 충분히 충격적이라 할 만하다. 돈 때문에 처가 남편을 신문에 고발하는 험악한 사태에 이르게 되었던 것이다.

의 기사는 시사하는 바가 크다.

> 慶尙北道 安東郡 東門內 邊鶴基氏가 年前에 本郡 北面居崔仁伊에 女息을 娶而居生이라가, 同邊鶴基가 適有幹事於大邱郡ᄒᆞ야 留連ᄒᆞ더니 崔仁伊가 渠之女息을 誘而改送於禮安郡居黃哥ᄒᆞ고 與多數無賴輩로 驟到邊哥ᄒᆞ야 家産什物을 沒數奪去ᄒᆞ거ᄂᆞᆯ 邊母가 責其無據 則邊母을 亂打ᄒᆞ야 至於折臂 ᄒᆞ얏다더라.

변학기는 최인이의 딸과 결혼하여 살고 있었다. 변학기가 일이 있어 잠시 집을 비운 사이에 장인 최인이는 딸을 데려다가 다른 데 시집보내고, 무뢰배들을 동원하여 사위의 재산을 몰수하였다. 이 과정에서 변학기의 어머니는 팔이 부러지는 부상을 입게 되었다는 것이다. 그러면 변학기의 장인 최인이가 이런 행동을 하게 된 동기는 무엇인가? 딸을 데려다 다른 곳에 시집보냈을 뿐만 아니라 사위의 재산까지 몰수해갔다는 것으로 보아, 최인이는 돈 때문에 이런 짓을 저지른 것으로 생각된다. 최인이는 딸을 다른 곳에 시집보내면서 돈을 받았을 가능성이 크다. 당시에는 가난한 집안에서 부잣집에 딸을 시집보낼 때 일정액의 돈을 받는 것이 일반적이었던 것 같다. 그래서인지 잘 살고 있는 딸을 데려다가 다른 곳에 시집보내는 상황이 벌어지기도 했던 것이다. 1907년 12월, 『태극학보』 16호에 연재된 『마굴』은 이와 같은 사정을 소재로 한 작품이다. 이 작품은 신부의 오빠가 결혼한 여동생을 데려다가 돈을 받고 다른 곳에 시집보내기 위해 어린 매제를 끔찍하게 죽인다는 내용의 이야기이다. 그런데 더 충격적인 것은 신부, 신부의 오빠, 신부의 엄마 등 일가족이 모두 신랑을 죽이는 데 합의하고 이런 일을 벌였다는 것이다. 이들은 돈을 위해서라면 패륜적인 행동도 서슴치 않는 인간의 전형이라 할 만하다.

이처럼 개항 이후 근대화의 과정을 겪으면서 '돈'을 추구하는 물질주의적 세태가 심화되었고, 그에 따라 전통적 윤리의식은 무참하게 붕괴되고 있었다. 기존의 체제가 무너지는 과정에서 보편적인 윤리의식이 붕괴되었고, 그에 따라 돈을 위해서라면 윤리나 도덕을 저버릴 만큼 당시의 상황은 극단적으로 혼란스러웠던 것이다. 이상의 세 작품은 근대화의 과정에서 배태된 이와 같은 부정적 세태를 정확하게 포착하고 있다고 하겠다. 이처럼 가치관의 혼란이 극에 달한 시대일수록 시대가 변해도 변하지 않아야 될 것에 대한 믿음, 보편적인 윤리의식에 대한 믿음은 어느 시기보다도 절실하게 요구되게 마련이다. 근대적 개혁이 어느 때보다도 절실하게 요구되던 시기에, 이처럼 전통적 윤리의식을 긍정하는 작품이 발표되었던 이면에는 이와 같은 사정이 자리하고 있는 것이다. 그러나 기존의 체제가 무너지면서 새롭게 배태된 문제적 현실을 전통적 윤리와 도덕이라는 낡은 틀 속에서 해결하고자 했다는 점에서, 이러한 작품들은 새로운 시대의식을 제시하는 데까지 나아가지는 못했다고 할 수 있다.

2. 성적 방종의 경계와 전통적 윤리의식의 긍정적 재인식 : 『神斷公案』 1화, 2화, 3화, 5화, 6화

1) 서지고찰

1906년 5월 19일부터 12월 31일까지 『황성신문』에 연재된 『신단공안』 1화, 2화, 3화, 5화, 6화와, 필사본으로 전해지는 『홍선격악록』[93]은 성적 쾌락

93) 『홍선격악록』은 시숙을 유혹하다가 뜻대로 되지 않자 남편을 꼬드겨서 죽이도록 하는가 하면, 남편의 이종사촌인 공원칠이라는 자와 불륜의 관계를 맺으면서 이 사내를 독점하기 위해 그 처가 자살해 죽도록 만들기도 했던 여인의 이야기이다. 이 작품은 1908년 박응화라는 인물에 의해 필사된 이본이 현재 유일본으로 전해진다. 그런데 이 이본은 일 권만 전해지고 있기 때문에 작품의 전체적인 모습을 확인할 수는 없다. 그러나 일 권의 내용으로 보건대 성적 욕구를 관철하기 위해서라면 도덕률도 무시하고 죄악도 서슴없이 저지르는 탐욕적인 인간형을 통해 가족윤리가 내부에서 붕괴하고 있는 꼴을 꼬집은 작품인 것으로 볼 수 있다.(임형택, "20세기 초 소설의 신구양식의 관련양상", 『한국 고전소설과 서사문학(상)』, 집문당, 1998) 그런데 필자는 이 작품을 직접 구득해

만을 추구하는 인물로 인해 비롯된 사건을 소재로 한 작품들이다.

『신단공안』은 총 일곱 편의 독립적인 이야기들을 묶은 연작소설이다.[94] 『신단공안』은 제목에서 알 수 있는 바와 같이 공안소설이다. '공안'이란 公事를 처리하는 관리들의 書案이라는 뜻이었으나, 후에 관리가 법률에 따라 是非曲直을 가리는 일체의 안건을 가리키는 말로 쓰이게 된다. 말하자면 공안소설은 송사사건을 기록한 공안을 바탕으로 한 소설로, 중국에서 크게 유행했던 소설 양식 가운데 하나이다. 중국의 공안소설은 우리나라에도 다수 전래되어 읽혔는데, 그 가운데 『용도공안』은 『포공연의』라는 이름 아래 번역되기도 하였다.[95] 『용도공안』은 송대의 청관 포승(999-1063)이 억울한 사건을 당한 사람들의 원을 풀어주는 이야기 100편을 모아 꾸민 단편소설집이다. 『용도공안』의 내용에는 간통사건(41편), 강도 절도 사건(38편)이 가장 많은데, 여기에는 명말 상업의 발달과 더불어 대두된 배금주의 정신이 전통적인 윤리와 마찰했던 당대의 사정이 반영되어 있다고 하겠다.[96]

『신단공안』 소재 이야기 가운데 1화, 2화, 3화는 바로 『용도공안』 소재 이야기 가운데 간통사건을 다룬 이야기를 토대로 한 작품이다. 『신단공안』 1화는 『용도공안』 권1의 첫 번째 이야기 "阿彌陀佛講和"를, 『신단공안』 2화는 『용도공안』 권1의 두 번째 이야기 "觀音菩薩託夢"을, 『신단공안』 3화는 『용도공안』 권4의 열한 번째 이야기 "三寶殿"을 토대로 한 것이다.[97] 그

볼 기회를 갖지 못하였기에 본고에서는 부득이 논외로 하였다.

94) 『신단공안』의 표기방식은 백화체에 가까운 한문에 한글 토를 붙인 한문현토체로 되어 있다.

95) 박재연, "조선시대 중국통속소설 번역본의 연구-낙선재본을 중심으로-", 한국외대 박사학위논문, 1993, 425-451쪽.

96) 『용도공안』이 언제 우리나라에 유입되었는지 정확하게 알 수 없지만, 현재 고려대 육당문고와 계명대 도서관에 『용도공안』이 소장되어 있는 것으로 보아 조선시대에 우리나라에 유입되었던 것만은 분명하다. 또한 『용도공안』은 고종 21년 전후에 『포공연의』라는 제목으로 번역되었다. 『포공연의』에는 『용도공안』 100편 가운데 지나치게 비윤리적이거나 궁중의 음모와 관련한 이야기는 제외한 80편만 번역되어 있다.(박재연, 앞의 논문 참조)

런데 『신단공안』 1화가 비교적 충실하게 원전의 내용을 번안했다면, 『신단공안』 2화와 3화는 원전의 서사 골격을 바탕으로 하여 재창작된 작품이라고 할 만하다. 한편 『신단공안』 5화는 『초각박안경기』 권17의 "西山觀設籙度亡魂 開封部備棺追活命"을 번안한 것이다.[98)]

마지막으로 『신단공안』 6화는 『棠陰比事』의 "子産知姦", "장遵疑哭", 그리고 『欽欽新書』의 "經史要義 2"에 "聞聲知殺"이라는 제명 아래 수록된 다섯 편의 이야기, 그리고 『臨官政要』에 나오는 남편살해사건 등과 모티프가 같다는 논의가 있었다.[99)] 이상의 이야기들은 외간 남자와 통간한 여자가 간부와 함께 남편을 살해하는 내용이라는 점에서 『신단공안』 6화와 통하는 면이 있다. 또한 여자의 곡소리가 슬프지 않은 것을 보고 판관이 여자의 행실을 의심하게 되어 사건을 해결한다는 점에서도 유사하다. 그러나 위에서 예로 든 이야기들은 작품의 성격이나 창작의도로 볼 때 신단공안』 6화와는 상당한 차이가 있다. 우선 이러한 이야기들은 아주 짧은 이야기로 판관이 기지로 범인을 잡는데 초점이 맞추어져 있다. 이러한 이야기 가운데 하나를 예로 보기로 하자.

> 고려우왕 원년에 이보림이 경산부의 수령으로 있을 때 길에서 여자의 곡성을 듣고 말하기를 "곡소리가 슬프지 아니하니 반드시 부정이 있다"고 하고 데

---

97) 『신단공안』 1, 2, 3화가 『용도공안』을 번안한 작품이라는 사실은 이헌홍의 "조선조 송사소설연구"(부산대 박사학위논문, 1987)에서 처음 밝혀진 이래, 심경호의 "조선후기 소설고증"(『한국학보』 56집, 1989), 증천부의 "한국소설의 명대화본소설 수용 연구"(부산대 박사학위논문, 1995)에서 두 작품의 관련양상이 자세하게 고찰되었다.

98) 이에 대한 연구로는 이헌홍의 "조선조 송사소설연구"(부산대 박사학위논문, 1987), 증천부의 "한국소설의 명대의화본소설 수용의 일고찰"(부산대 석사학위논문, 1988), 손병국의 "한국고전소설에 미친 명대화본소설의 영향"(동국대 박사학위논문, 1989)이 있다. 이상의 연구에서 『신단공안』 5화가 중국소설 "西山觀設籙度亡魂 開封府備棺追活命"을 번안한 것이라는 사실은 충분히 논의되었다. 따라서 본고에서는 이에 대한 상론은 피하기로 한다.

99) 이헌홍, 앞의 책, 147쪽.

> 려다 심문하니, 과연 간부와 남편을 계획적으로 죽인 자였다.
>
> 살펴보건대 이 조목은 또한 반드시 내용이 있을 것이다. 신통하다 할 수 없으며 이와 같은 기록은 부실하여 알 수가 없다.[100)]

위에 인용된 내용은 '문성지살'이라는 제명으로 수록된 이야기 가운데 네 번째 이야기의 전문이다. 여기서 확인할 수 있는 바와 같이 이러한 이야기들은 사건의 내용을 매우 간략하게 기록한 기사에 불과하다. 그러나 『신단공안』 6화는 소설적 짜임새를 갖춘 이야기로, 성적 쾌락을 추구하는 남녀의 행각과 그 말로에 초점이 맞추어져 있다. 따라서 이러한 이야기들이 소재적 차원에서 논의될 수 있을지는 모르지만, 결코 번안의 차원에서 논의될 수는 없다고 하겠다. 또한 간부와 짜고 남편을 살해한다는 이야기는 우리나라의 구비설화에서도 흔히 발견되는 이야기이다. 말하자면 『신단공안』 6화는 예전부터 전해오던 이와 같은 이야기들을 토대로 소설화한 작품이라고 하겠다.

그러면 『신단공안』의 작가는 누구인가? 『신단공안』에는 작가 이름이 명기되어 있지 않아서 작가가 누구인지 알 수 없다. 그런데 『신단공안』 연작 7편에 공통적으로 작품의 중간이나 끝에 계항패사씨와 청천자의 평어가 있는 것으로 보아, 이들이 작가일 것으로 추정해 볼 수 있다. 평자가 이야기의 채록자 또는 작자를 겸하는 예가 적지 않으며, 『신단공안』 4화에서 예전부터 전해오던 김인홍의 이야기를 "刪削太半ᄒᆞ고 遂攝入公案之第四回"[101)]하였다고 한 것으로 보아, 계항패사씨와 청천자는 단순한 평자가 아니라 작가일 가능성이 크다고 하겠다.

그러면 계항패사씨와 청천자라는 필명을 사용한 작가는 어떤 인물인가?[102)] 여기서 작가문제와 관련하여 『신단공안』이 『황성신문』에 연재된다

---

100) 정약용 저, 박석무, 정해겸 역주, 『역주 흠흠신서 1』, 현대실학사, 1999, 66쪽.
101) 『신단공안』 제4회, 『황성신문』, 1906.8.18.

는 사실을 상기할 필요가 있다. 『황성신문』에는 두 편의 소설이 연재되었는데, 『신단공안』과 『몽조』가 그것이다. 그런데 1907년 8월 12일부터 연재된 『몽조』가 순한글로 표기된 데 비해, 『신단공안』은 한문 문장에 국문으로 토를 단 국한문혼용체로 표기되어 있다. 이 점은 『신단공안』의 작가문제와 관련하여 주목을 요하는 사실이다. 근대계몽기의 신문이 대개 순국문체로 표기되는 데 비해 『황성신문』은 국한문혼용체로 표기된 신문이다. 이는 『황성신문』이 양반 및 유생들을 주 계몽대상으로 한 데서 비롯된 것이다. 『황성신문』은 한자 사용을 당연한 것으로 여겼던 전통적 교양인을 독자층으로 설정하였으므로, 이 시기 대다수의 신문과는 달리 국한문혼용체를 선택하게 된 것이다.[103] 그런데 『황성신문』 기사 중에는 순국문으로 표기된 것이 간혹 발견되기도 하는데, 이러한 기사는 모두 독자가 투고한 글이다. 즉 『황성신문』에 발표된 두 편의 소설 가운데 하나인 『몽조』가 순국문체인 데 비해, 『신단공안』은 『황성신문』의 표기체계인 국한문혼용체를 따르고 있는 것이다.

또한 『황성신문』의 논설 가운데 『신단공안』처럼 끝에 "관물생이 평왈" 혹은 "야사씨왈"로 시작되는 평어를 붙인 예가 여러 편 확인되는데, 다른 신문의 논설에서는 이런 형식의 글이 발견되지 않는 것으로 보아, 끝에 평어를 붙이는 형식은 『황성신문』의 필진이 즐겨 사용하던 방식이었던 것으로 생각된다.[104] 아울러 『신단공안』 1화, 2화, 3화, 5화, 6화는 전통적 윤리

---

102) 근대계몽기 신문이나 잡지 혹은 단행본으로 발표된 소설 가운데 상당수는 '--생', '--자'라는 필명으로 발표되었다. 그래서 1905년에서 1919년 사이에 발표된 작품 가운데 계항패사씨와 청천자라는 필명으로 발표된 작품이 있는지 확인해 보았으나 발견할 수 없었다. 이 시기에 발표된 서사문학작품 목록은 김영민, 『한국근대소설사』(솔, 1997, 499-517쪽 참조)에 정리되어 있다.

103) 정선태, 『개화기 신문논설의 서사수용양상』, 소명출판, 1999, 121-127쪽.

104) 정선태의 『개화기 신문논설의 서사수용양상』의 자료편에 『독립신문』, 『매일신문』, 『제국신문』, 『황성신문』에 실린 논설이 소개되어 있다. 이를 확인한 결과 『신단공안』처럼 끝에 평어를 붙인 형식의 글은 『황성신문』의 논설에서만 발견되었다.

의식에 대하여 긍정적으로 그리고 있는데, 이 점은 『황성신문』이 지향하는 논조와도 맥을 같이 하는 것이다.[105] 이처럼 『신단공안』은 그 표기체계나 형식 및 그 지향의식이 『황성신문』의 그것과 일치한다.

이런 점에서 『신단공안』의 작가는 『황성신문』의 필진으로 활동하던 인물일 것으로 추정된다. 『황성신문』의 필진으로 활동한 인물로는 박은식, 유근, 장지연 등이 있다. 계항패사씨와 청천자라는 필명을 사용하는 『신단공안』의 작가는 이러한 인물 가운데 한 명일 것으로 생각되는 것이다.

이렇게 볼 경우, 계항패사씨와 청천자가 동일인인지, 동일인이 아니라면 이들 작품은 공동창작의 형식을 취한 것인지 하는 문제가 밝혀져야 한다. 우선 계항패사씨와 청천자는 동일인은 아닌 것으로 보인다.

> 桂巷稗史氏曰 …… 蕙娘이 雖孝나 扼頭自絕이 太近 不忍이로다.

> 聽泉子曰 孰謂蕙娘之太近不忍哉오 不知死可惡ᄒᆞ고 不知孝可慕ᄒᆞ고 一時自絕이 洵出於本然之天性ᄒᆞ니 彼其無內行而慕外名ᄒᆞ야 斫斷手指於一時之頃者도 紛紛然以孝旌ᄒᆞ거던 況此幼年天良으로 爲其父而自斷其頭者哉아.

위 인용문은 『신단공안』 3화 끝에 있는 계항패사씨와 청천자의 평어이다. 여기서 계항패사씨와 청천자가 동일한 내용에 대하여 상이한 입장을 취하고 있음을 알 수 있다. 즉 계항패사씨는 혜랑이 자기 머리를 잘라 아버지를 살린 행동에 대하여 너무 불인(不忍)한 행동이라고 평하는 데 비해, 청천자는 혜랑의 행동이 남에게 보이기 위한 것이 아니라 천성에서 우러나온 것이므로 불인하다고 할 수 없다고 평하고 있는 것이다. 이처럼 서로 다른 입장을 취하는 경우가 종종 발견되는 것으로 보아, 일단 계항패사씨와 청천자는

105) 이 점에 대해서는 뒤에서 자세하게 논하기로 하겠다.

동일인은 아닌 것으로 생각된다.

그렇다면 계항패사씨와 청천자는 이들 작품을 공동창작한 것인가? 다음과 같은 이유에서 계항패사씨가 『신단공안』의 작가일 것으로 추정된다. 우선 『신단공안』은 총 7편의 독립적인 이야기를 묶은 연작소설인데, 이 7편의 작품에 공통적으로 평자로 등장하는 사람은 계항패사씨이다. 예컨대 1화에는 청천자의 평어는 없고 계항패사씨의 평어만 있으며, 청천자의 평어가 나타나기 시작하는 것은 2화부터이다. 그리고 작품의 창작과정에 관한 내용을 담고 있는 평어는 모두 계항패사씨에 의해 언급된다.

> 桂巷稗史氏曰 此는 金鳳本傳也라. 文凡三十六回에 其奇事奇蹟은 多不勝枚라. 因其中에 有斷獄一事ᄒᆞ야 刪削太半ᄒᆞ고 遂攝入公案之第四回ᄒᆞ니(1906.8.18)

> 桂巷稗史氏曰 …… 余 往年에 遊蘂城(忠州古號)之古江村ᄒᆞ니 其村人이 往往說魚福孫事라.(1906.10.10)

앞 인용문은 구비로 전승되던 봉이 이야기에 옥사를 부연하여 『신단공안』 4화 『김봉본전』을 창작하게 된 과정을, 뒤 인용문은 충주에서 들은 어복손 이야기를 토대로 『신단공안』 7화 『어복손전』을 창작하게 된 과정을 설명한 것인데, 이러한 내용은 모두 계항패사씨에 의해 이루어지는 것이다. 이로써 보건대 작품 창작에 깊이 관여하고 있는 인물은 계항패사씨인 것으로 생각되며, 청천자는 이들 작품의 평자로서만 참여했던 것이 아닌가 생각된다.

2) 작품별 갈등양상과 그 역사적 의미

『신단공안』 1화는 『龍圖公案』 권1의 첫 번째 이야기 "阿彌陀佛講和"를 번안한 것이다. 이 두 작품 사이에 줄거리상의 차이는 전혀 나타나지 않는

다. 그러나 『신단공안』 1화에서는 등장인물의 이름, 시간·공간적 배경이 한국적 상황에 맞게 바뀐다. 즉 남주인공 허헌충이 허헌으로, 여주인공 소숙옥이 하숙옥으로, 소숙옥의 아버지 소보한이 하경한으로, 중 명수가 오성으로, 판관 포승이 진주 목사 이관으로 바뀐다. 그리고 무대는 중국에서 조선 숙종 16년 경상도 진주부로 바뀐다.

이야기의 발단은 하경한이라는 부호의 무남독녀 하숙옥이 허헌과 은밀히 정을 통하다가 오성이라는 중에게 살해되는 데서 비롯된다. 하경한은 나이 50이 되도록 슬하에 하숙옥이라는 딸 하나를 두고 애중한다. 그래서 후원에 작은 누각을 지어 하숙옥의 거처로 삼았는데, 이 누각이 길과 접해 있어서 문제가 생긴다. 이웃에 허헌이라는 젊은이가 살고 있었는데, 이 길을 다니다가 하숙옥과 정을 통하게 된 것이다. 그래서 허헌은 매일 밤 하숙옥이 늘어뜨려 놓은 흰 베를 타고 누각에 올라가 하숙옥을 만난다. 그러기를 반년이 지나자 동네 사람들이 모두 하숙옥과 허헌의 관계를 알게 되지만, 하경한만 이 사실을 모른다.

그러던 어느 날 허헌이 친구들과 술을 마시느라 하숙옥의 누각에 가지 못하게 되었는데, 그날 밤 오성이라는 중이 이 길을 지나다가 누각 아래로 드리워져 있는 흰 베를 보고 훔쳐갈 욕심으로 잡아당긴다. 그러자 하숙옥은 허헌인 줄 알고 흰 베를 끌어올린다. 이렇게 해서 누각에 올라온 오성은 하숙옥을 겁탈하려 하는데, 하숙옥이 반항하자 죽이고 반지, 귀걸이 등을 훔쳐 달아난다.

결국 하숙옥의 죽음은 혼인도 하기 전에 남녀가 은밀히 정을 통한 데 그 일차적 원인이 있다고 하겠다. 하숙옥이 허헌과 몰래 정을 통하기 위해 누각 아래에 흰 베를 늘어뜨려 놓지만 않았다면, 오성이라는 중이 누각에 올라올 리도 없겠기 때문이다. 『신단공안』 1화는 이 점을 부각시키고 있다. 원전에서는 하숙옥과 허헌의 관계를 긍정적으로 묘사하는 데 비해 『신단공안』 1화에서는 상당히 육감적으로 묘사되어 있다. 예컨대 허헌이 처음 하숙옥과

정을 통하는 장면을, 원전에서는 "情交意美"라고 하여 간략하지만, 정신과 육체가 합일된 애정으로 긍정적으로 묘사하고 있다. 그러나 『신단공안』 1화에서는 이 부분을 다음과 같이 그리고 있다.

> 繞蘭花草는 香氣襲人ᄒᆞ고 微明月色은 燈燭이 爭輝ᄒᆞᄂᆞᆫ 中에 淑娘이 丹脣皓齒로 半帶羞容ᄒᆞ고 含笑出迎ᄒᆞ니 眞個是瑤臺仙女가 下降人間ᄒᆞᆫ 듯, 許生이 似狂似醉에 情不自勝ᄒᆞ야 如遇水的鴛鴦과 探花的狂蝶이러라. 兩情이 未洽ᄒᆞ야 遠村鷄聲이 喔喔相應이어ᄂᆞᆯ(1회, 1906.5.19)

허헌과 하숙옥의 동침 장면은 미친 듯, 취한 듯하여 스스로 자기의 마음을 이기지 못할 정도여서 닭이 울 때까지도 정이 미흡한 것으로 묘사된다. 이는 원전에서 표현된 것과 같은 아름다운 사랑이라기보다는 성적 쾌락에 탐닉하는 것에 가깝다. 말하자면 『신단공안』 1화에서는 혼인도 하기 전에 정을 통한 것을 부정적으로 묘사하고 있는 것이다. 여기에는 하숙옥과 허헌의 이러한 관계가 결국 하숙옥의 죽음을 자초한 것이라고 하는 작가의 의식이 투영되어 있다고 하겠다. 이는 이관이 하숙옥을 죽인 범인이 오성임을 밝힌 후 허헌에게 "今河淑玉이 爲汝致死ᄒᆞ니 爾又將何以待之오"(5회, 1906.5.24)라고 묻는 데서도 확인된다.

그러나 하숙옥이 죽게 된 결정적인 원인은, 오성이라는 중의 음심에서 비롯되었다고 하겠다. 오성은 세상에 보기 드문 미인을 보자 하숙옥을 겁탈하려 하다가 하숙옥이 반항하자 죽이게 된 것이다.

말하자면 하숙옥의 죽음은 성적 쾌락을 추구하는 남녀주인공과 오성의 음심에서 비롯된 것이다. 이처럼 『신단공안』 1화에서는 원전에 비해 성적 쾌락을 추구하는 남녀주인공의 모습을 부각시킴으로써, 성적으로 문란해진 세태를 비판하는데 초점을 맞추고 있다. 이 점은 원전에서 포승이 기지로 간통살해사건을 해결해 나가는 과정에 초점을 맞추고 있는 것과 다른 점이다.

또한 사건을 해결하는 과정도 원전과 『신단공안』 1화는 약간의 차이를 보인다. 원전에서는 전적으로 포승의 기지에 의해 사건이 해결된다. 여주인공의 아버지는 허헌충이 딸과 사통했다는 말을 듣고, 허헌충이 딸을 살해했다는 내용의 고장을 올린다. 그러나 포승은 허헌충이 얼굴이 아름답고 성도 유화하여 흉포한 무리가 아니라고 생각하고, 평소 누각 아래로 지나다녔다는 중을 의심하게 된다. 그래서 관인으로 하여금 하숙옥의 귀신인 것처럼 가장하여 중에게 접근하도록 하여 모든 사실을 자백받기에 이른다. 그런데 『신단공안』 1화에서는 허헌 자신이 범인이 아니라는 사실을 적극적으로 설명하는 것으로 그려진다. 허헌은 설령 마음에 맞지 않는 일이 있다 하더라도 반년간이나 정을 통한 여인을 죽일 수 있겠느냐며 자신의 무죄를 주장하는 것이다. 또한 『신단공안』 1화에서는, 허헌이 재취를 하지 않고 하숙옥에 대한 의리를 지키게 되는 과정도 허헌의 자발적인 의지에 의해 이루어지는 것으로 묘사된다. 원전에서는 포승이 허헌충에게 재취를 하면 선비의 복색을 벗게 할 것이고, 소숙옥을 정처로 삼아 제사지낸 뒤 재취를 하면 선비의 복색을 입도록 할 것이니, 이 둘 중에서 하나를 선택하라고 하여 허헌충이 재취를 하지 않겠다고 하는 것으로 그려진다. 그러나 『신단공안』 1화에서는 이러한 설정이 생략된 채, 허헌이 자발적으로 재취를 하지 않겠다고 하는 것으로 설정되어 있다. 하숙옥에 대한 의리를 끝까지 지키려는 허헌의 모습이 이상적으로 그려지고 있는 것이다. 말하자면 『신단공안』 1화는 성적 쾌락을 추구하는 세태를 비판하면서, 한편으로는 끝까지 정절과 의리를 지킨 남녀주인공의 모습을 표창하는데 초점을 맞추고 있다고 하겠다.

『신단공안』 1화가 비교적 원전의 줄거리를 충실히 번안한 작품이라면, 『신단공안』 2화는 개작에 가까운 작품이라고 하겠다. 『신단공안』 2화의 토대가 된 작품은 『용도공안』 권1의 두 번 째 이야기 "觀音菩薩託夢"이다.

먼저 『신단공안』 2화의 줄거리를 보기로 하자.

1. 정조 8년 전라도 진안군에 사는 송지환은 조실부모하고 남의 집에서 고용살이를 하던 중 노처녀 이씨와 혼인한다.

2. 혼인 첫날 밤 이씨는 송지환이 사족의 자제이면서도 전혀 학문을 하지 않은 것을 알고, 10년을 기약하고 공부할 것을 강권한다.

3. 송지환은 부인의 강권에 못 이겨 혼인 다음날 집을 떠나 10년간 공부하여 진사에 합격하고 돌아온다. 그사이 이씨는 준수한 아들을 낳아 열 살이 되어 있었다.

4. 송지환은 집에 돌아온 뒤, 평소 복안사라는 절에 가서 공부하였는데, 그 절의 중 혜명과 친하게 지낸다.

5. 어느 날 혜명이 송지환의 집에 찾아왔다가 이씨를 보고 음심을 품고 송지환이 중풍에 걸려 절에 누워 있다고 거짓말을 하여 이씨를 복안사로 끌어들인 뒤 겁탈하려 한다.

6. 이씨는 조모의 기일이라는 핑계를 대고 위기를 모면한다.

7. 다음날 송지환이 우연히 복안사에 들렀다가 혜명이 부인을 납치한 사실을 알게 된다. 혜명은 송지환을 종에 가두어 죽이려 한다.

8. 이씨는 혜명에게 이십일 간 송지환에게 음식을 주도록 하고 84일 뒤에 예를 갖추어 혼인을 하자고 요구하여 송지환이 굶어 죽는 것을 막고 자신도 겁탈 당할 위기를 모면한다.

9. 이때 이씨의 아들 송서린은 복안사에 간 어머니가 돌아오지 않는 것을 의심하다가, 아버지 친구의 말을 듣고 혜명을 의심하여 순찰사에게 이러한 사실을 진정한다.

10. 순찰사는 마침 관음보살이 자기를 절로 이끌고 가는 꿈을 세 번이나 꾸었던 터에 송서린의 진정서를 받아보고 의심이 일어 복안사에 간다.

11. 순찰사는 꿈의 내용을 풀이하여 이씨와 송지환을 구출하고 혜명을 사형시킨다.

12. 순찰사는 이씨의 지략을 높이 사 누이로 삼고 나라에 정려문을 내려줄

것을 아뢰지만, 중간에 유배당하여 결실을 맺지는 못한다. 그후 송서린은 등과하여 관직이 참판에 이른다.

우선 1단락에서 3단락의 내용은 원전에는 없는 내용이 새롭게 첨가된 부분이다. 그런데 이 부분은 『민시영전』106)의 줄거리와 매우 유사해서 두 작품 사이에 어떤 영향관계가 있었음을 알 수 있다. 『민시영전』은 현재 하버드대학 연경도서관에 소장되어 있는 한글필사본이 유일본으로 전해지고 있는 것으로 보아 그다지 폭넓게 읽혔던 소설은 아니었던 것 같다. 그런 만큼 『신단공안』 2화가 『민시영전』으로부터 직접적인 영향을 받았다고 단정하기 곤란한 점이 있다. 그러나 『신단공안』 2화의 전반부와 『민시영전』은 '심각하게 몰락해서 남의집살이를 하며 살아가던 양반 자제가 한 처녀와 혼인하였다. 신부가 첫날밤에 신랑에게 집을 떠나 10년 동안 공부할 것을 권한다. 신랑이 마지못해 신부의 뜻을 따라 혼인한 다음날 집을 떠나 공부하여 과거에 급제하고 돌아온다'는 이야기라는 점에서 매우 유사하다. 또한 신부가 자살하겠다고 위협하면서 신랑을 설득한다든가, 공부하기 위해 집을 떠난 신랑이 어느 곳으로 가야할 지 몰라 당황한다는 세부적인 상황 설정도 서로 일치한다. 이런 점에서 『민시영전』이 『신단공안』 2화의 창작에 일정한 영향을 미쳤다고 보아도 될 것 같다. 즉 『신단공안』 2화의 작가는 "관음보살탁몽"을 토대로 하여 여주인공의 지모와 능동적인 태도를 강조하는 방향으로 개작하면서, 지혜로운 여인이 남편을 출세시킨다는 내용의 『민시영전』을 떠올리고 이를 작품의 전반부에 부연한 것으로 생각된다.

그런데 두 작품은 등장인물의 성격이나 구성상의 초점에서 일정한 차이

106) 『민시영전』은 현재 하버드대학 연경도서관에 소장되어 있는 한글 필사본이 유일본으로 전한다. 『민시영전』의 작가와 창작시기는 알려져 있지 않은데, 하버드대 소장본은 호남사람 박화윤과 불염거사가 1899년에 필사한 것이다. 이 작품은 이상택, 이종묵 역주의 『한국고전문학전집 7』(고려대학교 민족문화연구소, 1993)에 실려있다.

를 보인다. 먼저 등장인물의 성격이 어떻게 변모되는지 보기로 하자. 『민시영전』의 남주인공 민시영은 근실하게 농사일을 하고 매사가 튼튼하여 주인의 신용을 얻고 있는 인물로 그려진다.[107] 그런데 『신단공안』 2화의 남주인공 송지환은 고용살이를 해서 번 돈을 모두 노름과 장기, 바둑판에서 써버리는 방탕한 인물로 그려진다. 송지환은 이런 방탕한 행동으로 하여 나이 삼십이 다 되도록 혼인을 하지 못한다. 이러한 변화와 관련하여 주목되는 것은 두 작품의 구성상의 초점이 남주인공에서 여주인공으로 바뀐다는 점이다. 『민시영전』에서는 3단락이 전체의 4/5에 이를 만큼 비중있게 다루어지는데, 『신단공안』 2화에서는 이 부분이 매우 간략하게 처리된다. 3단락은 남주인공이 집을 떠나 온갖 고생을 하며 공부를 하고, 과거에 급제하여 고향으로 돌아와 부인과 마을 사람들을 해후한다는 내용이다. 말하자면 『민시영전』의 초점은 향촌에서 보잘 것 없이 지내던 몰락양반의 자제가 부인의 도움으로 마침내 과거에 급제하여 자신의 능력을 과시할 수 있게 되었다는 데 맞추어져 있는 것이다. 그런데 『신단공안』 2화에서는 이 부분이 "中鄕貢進士而歸혼즉 李氏生得一子가 奇妙俊秀ᄒᆞ니 其年이 已十世矣러라"(8회, 1906.5.28)라고 매우 간략하게 묘사된다. 이러한 차이는 단순히 분량의 차원을 넘어서서 구성적 초점의 변화를 수반하는 것이다. 즉 『신단공안』 2화에서는 남주인공의 활약을 다룬 내용을 의도적으로 생략함으로써 지혜롭고 적극적인 부인이 방탕한 남편을 설득하여 공부하게 했다는 부분을 부각시키고 있는 것이다.

한편 이러한 의도적 변형은 중국소설 "관음보살탁몽"을 토대로 개작된 부분(단락 4에서 단락 11)에서도 이루어진다. "관음보살탁몽"에서는 여주인공이 중에게 납치된 후 겁탈당하지만, 『신단공안』 2화에서는 조모의 기일이라는 핑계를 대어 겁탈당하지 않는 것으로 바뀐다. 또한 "관음보살탁몽"의

---

107) "셩근가식하고 믹ᄉᆞ가 근강ᄒᆞ니 가ᄉᆞ을 민싱의게 밋기ᄂᆞ니라."(이상택, 이종묵 역주, 『한국고전문학전집 7』, 고려대 민족문화연구소, 212쪽)

여주인공은 중이 남편을 북에 가두어 굶어 죽이려 해도, 울면서 관음보살에게 비는 소극적인 인물로 그려진다. 그러나 『신단공안』 2화의 여주인공은 이십일 동안 음식을 조금씩 주어 자연사하도록 하자고 중을 회유하여, 남편이 굶어 죽지 않도록 한다. 그런가 하면 자신을 겁탈하려는 중에게, 스스로 길일을 택하여 예를 갖추어 혼인을 하는 것이 소원이라고 설득하여 정절을 지킨다.

이처럼 『신단공안』 2화의 여주인공 이씨는 "관음보살탁몽"에 비해 기지와 지략으로 자신의 정절과 남편의 목숨을 지키는 적극적인 인간형으로 그려진다. 또한 『신단공안』 2화의 여주인공은 "관음보살탁몽"에서보다 훨씬 정숙한 인물로 바뀐다. "관음보살탁몽"에서 여주인공은 중의 꾀임에 속아 납치된 후, 중이 권하는 대로 술을 먹고 취하여 중에게 겁탈당한다. 그러나 『신단공안』 2화에서는 중이 술을 권하는 내용 자체가 생략되며, 기지를 발휘하여 중에게 겁탈당하지 않는 것으로 바뀐다. 즉 『신단공안』 2화의 여주인공은 "관음보살탁몽"에 비해 기지와 지략이 뛰어난 적극적인 인물, 끝까지 정절을 지키는 인물로 그려지고 있는 것이다.

한편 『신단공안』 2화로 개작되면서 중의 성격도 바뀐다. "관음보살탁몽"에서는 중이 여주인공의 아름다운 얼굴과 청완한 태도를 보고 사모하는 마음을 갖기는 하지만, 처음부터 음탕한 마음을 품었던 것은 아니다. 절에 돌아가서도 여주인공의 모습이 뇌리에서 떠나지 않자 마침내 여주인공을 겁탈할 마음을 품게 되는 것으로 그려진다.

> (혜명이) 微擧目睨視李氏ᄒᆞ니 顔如新發的芙蓉 脣如正熟的櫻挑ᄒᆞ고 眉樣은 八字雙分ᄒᆞ고 眼光은 秋波가 細凝ᄒᆞ고 兩耳ᄂᆞᆫ 不大不小ᄒᆞ고 鼻梁不高不低ᄒᆞ고 十指ᄂᆞᆫ 春筍이 始抽ᄒᆞ고 雙髮은 晩雲이 初收ᄒᆞᆫ ᄃᆞᆺ 初看에 是花是月이오, 再看에 非花非月이라. 如此美人은 何處人間에 更有ᄒᆞ리오. …… 慧明의 精神魂魄이 盡飛入雲霧中去了ᄒᆞ야 直與草人木偶로 一般이러니 俄而오 似狂似痴

> ᄒᆞ고 似醉似噎ᄒᆞ야 卽欲踴身直前ᄒᆞ야 緊緊拘持로ᄃᆡ 但此左視右聽을 無計掩得이니 再三思量호ᄃᆡ 不如且歸寺中ᄒᆞ야 思得妙計라 ᄒᆞ고(9회, 1906.5.29)

그러나 『신단공안』 2화에서 중 혜명은 처음 여주인공을 보는 순간부터 그 외모에 매혹되어 미친 듯이 달려들어 안고 싶은 음심을 품는다. 그러나 그 자리에서는 주위 사람들 때문에 자신의 음심을 펼 수 없다고 판단하고, 절에 돌아가 여주인공을 차지할 묘책을 마련하겠다고 생각한다. 즉 『신단공안』 2화의 중은 원전에서보다 훨씬 호색적인 인간형으로 그려지는 것이다.

이 점은 혜명이 여주인공 외에도 두 명의 여자를 더 납치해서 성적 쾌락을 즐긴다는 이야기가 『신단공안』 2화에 새롭게 부연되고 있는 데서도 확인된다. 『신단공안』 2화에는 혜명이 여주인공을 납치하기 전에 이미 사가의 여자 두 명을 납치해 지하방에 가두어 놓고 음욕을 채워왔으며, 심지어는 여주인공이 보는 앞에서 두 여자와 사통하기도 했다는 내용이 새롭게 부연되어 있는 것이다. 이처럼 『신단공안』 2화의 중은 성적 쾌락을 위해서라면 비윤리적인 행동을 서슴지 않는 호색한으로 바뀌어 있다.

이상에서 살펴본 바에 의하면 『신단공안』 2화의 핵심적 갈등은 성적 쾌락을 위해 비윤리적인 행동을 서슴지 않는 혜명과 적극적으로 정절을 지키려는 이씨의 대결양상을 띠고 있음을 알 수 있으며, 이는 곧 '성적 쾌락을 추구하는 풍조와 전통적 윤리의식의 대결'이라 할 만하다. 그리고 그 갈등이 이씨가 적극적으로 혜명의 위협에 맞서 정절을 지키는 것으로 마무리 된다는 점에서, 비윤리적인 성적 방종이 만연한 현실의 모순을 전통적 윤리의식으로 해결하고자 하는 작가의 의식이 강하게 투영되어 있다고 하겠다.

한편 앞에서 살펴본 바와 같이 『신단공안』 2화에서는 여주인공의 지혜와 적극성을 강조하기 위한 의도적 변형이 이루어진다. 이러한 의도적 변형에는 기지와 지략을 능동적으로 펼치는 여주인공의 모습을 이상화하여 제시함으로써, 능동적인 여성상을 계몽하고자 하는 작가의 의도가 반영되어 있는 것으로 보인다. 작가는 작품의 끝에 있는 평어에서 이러한 사실을 분명하게 밝히고 있다.

> 桂巷稗史氏曰 奇哉라 李氏之才여. 激成郎君於年長失學之後ᄒᆞ고 全節不辱於虎口不可測之地ᄒᆞ니 使其生爲男子러면 可以托六尺之孤ᄒᆞ고 其百里之命者ㅣ 非斯人歟아. 嗚呼라 聶政之姊ᄂᆞᆫ 驚市人於一呼ᄒᆞ고 淳于之女ᄂᆞᆫ 除肉刑於一疏ᄒᆞ야 以之書名竹帛에 垂之於千秋어ᄂᆞᆯ 我國은 女子諱名이 特甚ᄒᆞ야 不曰 母氏之女면 卽曰 母氏之妻라 ᄒᆞ야 至其幼時所稱某姬某童之號도 一切抹殺之不得稱은 何也오. 是以로 唯蘭雪軒 許氏之字 景樊者ㅣ 見於尤侗之外國竹枝詞ᄒᆞ고, 其餘ᄂᆞᆫ 雖卓卓貞烈之操로 而槪不得聞ᄒᆞ니 吾於李氏에 又曷勝歎惜哉아.(18회, 1906.6.8)

작가의 평어는 방탕한 남편을 격동하여 학문을 하도록 하고, 기지를 발휘하여 남편의 목숨과 자신의 정절을 지킨 여주인공에 대한 찬사로 일관된다. 여기에는 여자도 남자 못지 않은 능력과 재능을 지닌 사람이 많은 데도 오직 우리나라에서만 그에 상응하는 대접을 받지 못하는 현실에 대한 작가 의식이 투영되어 있다고 하겠다. 작가가 유독 우리나라에서만 능력 있는 여성의 이름조차도 전해지지 않는 현실을 안타까워하는 것은 바로 이런 이유 때문이다. 즉 작가는 이씨처럼 지혜롭고 능동적인 여성상을 근대적인 여성상으로 제시하고자 했던 것 같다.

실제로 이씨가 외적 현실의 압박에 수동적으로 순응하지 않고 능동적으로 대처하는 인물이라는 점에서 일정부분 근대성의 징표를 보여주고 있는 것도 사실이다. 그러나 이러한 근대적 징표가 전 국면에서 성취되었다고 보기는 어렵다. 남편을 내조하고 정절을 끝까지 지키는 것을 가장 중요한 가치로 인식하고 있는 이씨는, 여전히 전통적인 여성상에서 크게 벗어나지 않는 인물이기 때문이다. 작가의 지향점은 기본적으로 전통에 바탕한 근대화이므로 이러한 절충적 인물이 만들어진 것이다.

『신단공안』 3화도 비윤리적인 성적 쾌락을 추구하는 인물 때문에 가족관계가 파탄에 이르게 된 상황을 소재로 한 작품이다. 이 작품은 『용도공안』 권4의 열한 번째 이야기 "三寶殿"을 토대로 개작된 작품이다.

먼저 논의의 편의를 위해 줄거리를 보기로 하자.

1. 순조 초년 충청도 공주의 최창조는 아우 최창하가 병이 들어 죽자 아우의 재산을 차지하기 위해 제수 김씨에게 개가를 권하지만 김씨는 이를 거부한다.

2. 김씨는 남편의 명복을 빌기 위해 일청이라는 중을 불러 독경을 해왔는데, 어느 날 일청이 김씨를 겁탈하려다 응하지 않자 살해하고 머리를 잘라 도망간다.

3. 최창조는 일청에게 하인을 보내 김씨의 집에 독경하러 오지 않은 이유를 묻는데, 일청은 몸이 불편해서 오지 않았다고 한다. 그리고 일청은 김씨의 집에 와서 김씨의 죽음을 매우 애통해하며 통곡한다.

4. 한편 김씨의 오빠 김대방은 평소 아우의 재산을 탐하던 최창조를 의심하지만 증거가 없어 고민하던 중, 죽은 매부의 친구 이삼랑의 말을 듣고 최창조가 범인임을 확신하고 관가에 고소한다.

5. 공주군 지현은 마을 사람들이 모두 최창조를 의심하므로 최창조를 심문하게 되는데, 최창조는 고문에 못 이겨 자신이 범인이라고 허위 자백한다.

6. 지현은 최창조를 범인으로 단정하여 관찰사에게 고하는데, 관찰사는 확실한 증거가 없으므로 처벌할 수 없다고 한다.

7. 다급해진 지현은 최창조의 부인 황씨에게 살해당한 김씨의 머리를 찾아오면 죄를 면하게 해주겠다고 회유한다.

8. 이 말을 들은 최창조의 딸 혜낭은 아버지를 구하기 위해 어머니에게 자기의 머리를 잘라 관가에 바치도록 한다.

9. 관찰사는 최창조의 부인 황씨가 가져온 머리가 부패하지 않은 어린 여자

의 것임을 확인하고 황씨를 추궁하여 딸이 아버지를 구하기 위해 자기의 머리를 잘라 바친 사정을 알게 된다.

10. 관찰사는 비로소 최창조가 범인이 아니라는 확신을 갖고, 황씨를 절에 보내 일청을 유혹하여 범행사실을 알아보도록 한다.

11. 황씨는 일청으로부터 김씨의 머리를 찾아 관가에 바치고 일청을 잡을 수 있도록 한다.

12. 일청은 사형을 당하고 최창조는 풀려난다. 또한 혜낭의 효성을 기려 정려문을 세워 그 혼을 위로한다. 한편 최창조를 의심하여 죄인으로 몰았던 이삼랑은 혜랑이 자기 때문에 죽었다고 괴로워하다가 병이 들어 죽는다.

사건의 발단은 일청의 비윤리적인 성적 방종으로부터 비롯된다. 일청은 비윤리적인 인물의 극단적인 전형으로 그려진다. 일청은 남편의 명복을 빌기 위해 자신을 초청한 김씨를 겁탈하려고 할뿐만 아니라, 그것이 여의치 않자 김씨를 살해하기까지 한다. 그리고 김씨를 살해한 후 김씨의 머리를 잘라 도망가기까지 하는데, 그렇게 한 이유가 흉악하기 그지없다.

> 再又思量ᄒᆞ되 '這娘子가 頭髮이 曳地에 濃黑可愛니 製作一髮ᄒᆞ야 賣諸他人이면 可必不尠이오, 況又簪珥一件이 又是無價奇貨라. 我旣殺死這娘子ᄒᆞ얏스니 此頭髮此簪珥는 卽是和尙的物子로다. 我本不畏生人이어던 豈畏死人이리오' ᄒᆞ고 將娘子的頭子ᄒᆞ야 藏在經擔裏深深處ᄒᆞ고 携之出門ᄒᆞ야 (3회, 1906.6.12)

일청은 김씨의 머리카락으로 가발을 만들어 팔면 비싼 값을 받을 수 있을 것이고, 김씨의 비녀와 귀걸이는 값을 따질 수 없을 만큼 귀한 물건이라고 생각하여 김씨의 머리를 잘라 가지고 간 것이다. 그런데 『신단공안』 3화의 토대가 된 "삼보전"에서는 중이 여주인공을 살해하고 머리를 잘라 가지고 도망가는 이유가 설명되어 있지 않다. 아무리 허구라 하더라도 사람을 살해하고 그 머리까지 잘라 도망간다는 것은 지나친 일이다. 그래서 『신단공안』 3화의 작가는 중이 그렇게 하게 한 이유를 이처럼 설명한 것인데, 이 대목이 새롭게 부연됨으로써 중의 비윤리적인 행각이 더욱 부각되는 효과를 가져왔다.

일청의 비윤리성은 여기에 그치지 않는다. 제수가 살해당한 사실을 알게 된 최창조는 절에 사람을 보내 일청이 그날 독경하러 오지 않은 이유를 묻는다. 일청은 몸이 불편해서 오지 않았다고 거짓말을 한 뒤, 곧바로 김씨의 집에 찾아와 가증스러운 행동을 한다.

> (일청이) 直到屍所ᄒᆞ야 佯作悲慘에 淚落如雨ᄒᆞ며 大哭道 "娘子여, 老僧이 來哭娘子로소이다. 每日 老僧이 來過娘子ᄒᆞ면 山蔬野菜ᄂᆞᆫ 一一香潔ᄒᆞ고 栗飯麥飧이라도 精白無比ᄒᆞ야 每謂老僧의 年老善飯ᄒᆞ시더니 天乎娘子여 胡至此極고. 雖見娘子나 不見其面ᄒᆞ니 惡賊惡賊이여, 胡忍爲此오. 上天有知ᄒᆞ시면 惡賊罪犯은 必然綻露有日이오, 娘子讎寃은 必然明白得報ᄒᆞ리니 娘子娘子여, 善歸地下ᄒᆞ라. 他日에 惡賊을 捉得이거던 老僧이 請剖其胸而啖其肝ᄒᆞ야 以報此讎ᄒᆞ리이다.(4회, 1906.6.13)

일청은 김씨의 시신 앞에서 거짓 통곡을 하면서 평소 자신에게 친절하게 대해주었던 김씨의 은혜를 칭송하고, 범인을 잡으면 가슴을 갈라 간을 씹어 먹겠노라며 애통해한다. 일청이 이처럼 김씨의 죽음을 애통해 하는 것을 보고, 사람들은 아무도 일청을 의심하지 않게 되는 것이다. 이 부분 역시 "삼보전"에 없는 내용인데 『신단공안』 3화에 새롭게 부연된 부분이다. 즉 『신단공안』 3화의 중 일청은 "삼보전"에 비해 더욱 비윤리적이고 사악하며, 탐욕스러운 인간형으로 그려지는 것이다.

그런데 사건은 예상치 못한 방향으로 전개되면서 최창조가 가장 유력한 범인으로 지목되게 된다. 최창조는 평소 죽은 아우의 재산을 탐냈던 터여서 사람들의 의심을 받게 된 것이다. 최창조의 아우 최창하는 꽤 큰 부자였는데 삼십도 되기 전에 병이 들어 죽었다. 최창하는 자식도 없이 죽었으므로 제수만 없으면 아우의 재산을 차지할 수 있다고 판단하고, 제수에게 개가할 것을 권한다. 그러나 김씨는 정숙한 여자였으므로 개가를 하지 않고 남편의 명복을 빌면서 지내려 한다. 김씨가 살해당하기 전에 이런 일이 있었으므로, 마을 사람들은 모두 최창조가 아우의 재산을 차지하기 위해 제수를 죽인 것이라고 생각하게 된 것이다.

김씨의 오빠 김대방도 최창조가 범인이라고 생각하지만, 확실한 증거가 없어 최창조를 고발하지 못하고 주저한다. 이때 최창하의 친구 이삼랑은 합리적인 근거를 들어가면서 최창조가 김씨를 죽였을 것이라고 김대방을 부추긴다. 이삼랑은 아침부터 김씨의 집에 출입할 수 있는 사람이라면 친척 가운데 한 명일 터이고, 친척 가운데 김씨를 미워하는 사람은 최창조이니 최창조가 범인임에 틀림없다고 자신한다. 이렇게 되자 김대방은 이삼랑에게 최창조를 범인으로 지목하는 고소장을 써주기를 부탁하여 관가에 고소하게 된다. 이 대목은 "삼보전"에는 없는 내용으로 새롭게 부연된 것이다. "삼보전"에는 이삼랑이라는 인물이 등장하지 않으며, 오빠 진대방이 직접 관가에 고소하는 것으로 설정되어 있다. 이삼랑의 등장으로 최창조가 범인으로 몰려 감옥에 갇히게 되는 과정이 훨씬 설득력있게 처리되었다고 할 수 있다.

결국 최창조는 관가에 잡혀가 지현에게 심문을 받게 되는데, 이 과정에서 최창조는 모진 고문을 당하게 된다. 최창조는 고문을 받고 사형을 당하느니 빨리 죄를 인정하고 고통을 줄일 요량으로 거짓 자백을 하기에 이른다. "삼보전"에는 이러한 대목이 없이 곧장 최창조를 감옥에 가두는 것으로 설정되어 있는데, 『신단공안』 3화에서는 최창조가 범인으로 확정되기까지의 과정을 합리적으로 설명하고 있다. 또한 이 대목이 부연됨으로써 최창조라는 인물은 탐욕스러울 뿐만 아니라 어리석고 유약한 인간형으로 그려지게 된다. 즉 최창조가 제수를 죽인 범인으로 지목되어 감옥에 갇히게 되기까지에는, 최창조 자신의 탐욕과 어리석음도 중요한 원인이 되었던 것으로 그려지는 것이다.

사정이 이렇게 되자, 지현은 최창조가 김씨의 살해범이라는 문건을 만들어 상부 관찰사에게 보고하는데, 관찰사는 최창조가 김씨의 머리를 어디에 두었는지 이야기하지 않는 이상, 증거가 확실하지 않으므로 처벌할 수 없다고 한다. 이에 다급해진 지현은 최창조의 처 황씨에게 김씨의 머리를 가져오면 최창조의 죄를 용서해주겠다고 거짓말로 회유하기에 이른다. 여기서 지현이나 아전은 무능한 관리의 전형으로 묘사된다.

> 召邑中羣吏ᄒᆞ야 詳議此事ᄒᆞ니 羣吏도 莫非蠢蠢無學的人物이라. 平日所行이 只在츼摩官長的意向ᄒᆞ야 擅作威權이거나 貪受人民的賂 ᄒᆞ야 營圖肥已어니 豈肯留心獄情에 思察理由리오.(9회, 1906.6.19)

확실한 증거가 없으면 최창조를 처벌할 수 없다는 관찰사의 말을 듣고, 지현은 아전들을 모아놓고 어떻게 할 것인지 의논한다. 그러나 아전들은 배운 것이 없을 뿐만 아니라, 평소 관심이 상관의 비위를 맞추고 백성의 재산을 갈취하는 데 있는 사람들이고 보니 뾰족한 방법이 나올 리 만무하다. 이 점에서는 지현도 마찬가지이다. 지현은 최창조의 처 황씨가 남편의 무죄를 호소하는 원장을 제출하지만, 그 내용에는 전혀 관심을 기울이지 않는다. 오히려 김씨의 머리를 가져오면 최창조를 풀어주겠다고 거짓말을 하여 사건을 해결해보려고 하는 안이한 인물로 묘사된다. 지현은 사건의 해결 자체에만 관심이 있는 인물인 것이다. 아전에서 지현에 이르기까지 어떤 인물도 사건을 해결할 만한 능력을 갖추지 못하고 있는 셈이다.

결국 사건 해결의 실마리는 혜낭의 효성으로부터 마련된다. 혜낭은 김씨의 머리를 바치면 아버지를 살릴 수 있다는 말을 듣고, 자신의 머리를 김씨의 머리라고 속여 관가에 바칠 결심을 한다. 그리고 어머니 황씨에게 자신을 죽여 머리를 관가에 바쳐달라고 이야기한다. 그러나 딸을 죽여 남편을 살릴 어머니가 어디 있겠는가? 황씨는 딸의 생각이 잘못된 것임을 꾸짖고, 혹시라도 딸이 자살할까 걱정되어 딸의 행동을 감시한다. 사정이 이렇게 되자 혜낭은 어머니의 뜻을 따를 것이니 자신을 감시하지 말라고 하여 어머니를 안심시킨 후, 어머니가 없는 틈에 자살한다. 황씨는 뒤늦게 딸이 죽은 것을 발견하고 애통해하다가 딸의 뜻을 이루어주기로 결심하고, 몇 번을 망설이다가 딸의 머리를 잘라 관가에 바친다. 그러나 관찰사는 김씨의 머리라면 이미 부패되었을 터인데 황씨가 바친 머리는 방금 자른 머리인데다 열 서너 살 정도 밖에 되지 않은 것이어서 의심을 품게 된다. 그래서 관찰사는 황씨를 심문하여 저간의 사정을 알게 된다. 이에 관찰사는 이처럼 효성스러운 자식을 둔 아비라면 사람을 죽이지는 않았을 것이라는 확신을 하고, 사건을 다시 조사하여 일청이 유력한 범인임을 알게 된다. 그리고 관찰사는 황씨에게 일청이 머무는 절에 다니면서 일청의 관심을 끈 후에, 김씨의 머리를 숨겨둔 곳을 알아보도록 한다. 일청은 관찰사의 의도대로 황씨를 차지할 욕심에 김씨의 머리 숨긴 곳을 황씨에게 이야기하여 사건은 해결된다.

결국 일청의 비윤리적인 호색성과 탐욕, 아우의 재산을 탐하는 최창조의 탐욕, 관리의 무능으로 인해 비롯된 파란만장한 사건은 혜낭의 효성에 의해 해결되는 것이다. 물론 사건 해결에 있어서 관찰사가 보여준 공정하고 지혜로운 태도가 중요한 역할을 한 것은 분명하다. 지현과 아전이 사건 해결 자체에만 관심이 있는 무능한 관리의 전형이라면, 관찰사는 사건을 공정하게 해결하려는 인물이다. 최창조가 범인이 아니라는 사실을 확인하고 황씨로 하여금 일청을 유혹하게 하여 사건의 진상을 밝혀낸 것은 관찰사이다. 그러나 관찰사가 사건을 해결할 수 있는 실마리를 제공한 사람은 바로 혜낭이다. 관찰사는 아버지를 위해 자신의 목숨을 기꺼이 버리는 혜낭의 효성을 보고

"人家에 有此孝親的女ᄒᆞ니 豈有殺人的父리오"(14회, 1906.6.25)라며, 최창조가 범인이 아닐 것이라고 확신하게 되는 것이다. 말하자면 성적 쾌락과 재물에 대한 탐욕 때문에 비롯된 혼란이, 효라는 전통적 윤리에 의해 해결되는 것이다. 이러한 해결구조에는 전통적 윤리의식을 강화함으로써 비윤리적인 행태가 만연되어 있는 문제적 현실을 극복하고자 하는 작가의식이 투영되어 있다고 하겠다.108)

『신단공안』 5화는 『初刻拍案驚奇』 17권 "西山觀設籙度亡魂 開封府備棺追活命"의 서사적 골격을 거의 그대로 수용하되, 인명이나 배경을 한국적 상황에 맞게 바꾼 번안작이다. 또한 『신단공안』 5화로 번안되면서 부분적으로 내용이 생략되거나, 사건의 순서나 상황설정이 바뀌기도 했다. 예컨대 여주인공과 관계한 경동 두 명 가운데 한 명은 결국 병들어 죽고 나머지 한 명은 개과천선하여 벌을 면했다는 이야기가 생략되고, 여주인공이 경동과 관계하는 내용이 황경이 똥통에 빠진 사건 다음에 나오는가 하면, 여주인공과 간부와의 관계가 사촌오누이에서 의남매로 바뀐다. 그러나 이러한 변개는 주제의식의 변모로 이어지는 것은 아니다. 두 작품은 서사골격, 등장인물의 성격, 주제의식에서 전혀 차이가 없다. 오히려 『신단공안』 5화는 원전의 주제의식을 보다 강렬하게 드러내는 방향으로 번안된 작품이라고 할 수 있다. 즉 『신단공안』 5화에는 작가의 평어가 작품 중간과 끝에 새롭게 부연되어 있는데, 이 평어가 작품의 주제의식을 보다 분명하게 전달하는 효과를 주는 것이다.

『신단공안』 5화의 줄거리는 다음과 같다.

---

108) "삼보전"에서보다 『신단공안』 3화에서 혜낭의 효성이 보다 극적으로 강조되어 그려지고 있는 것은 바로 이런 이유 때문이다. 즉 『신단공안』 5화의 도입부에는 혜낭이 병든 아버지를 극진히 간호하여 낫게 한다는 이야기가 새롭게 부연되어 있다. 모든 사람들이 죽을 것이라고 할 만큼 아버지의 병이 심각함에도 혜낭은 60여 일을 온갖 정성을 기울여 아버지를 간호하여 낫게 한다. 이렇듯 혜낭은 "長病에 無孝子라"는 속언을 뒤집을 만큼 효성이 깊은 인물로 묘사된다.

1. 영조때 나주에 사는 윤씨는 30전에 과부가 되어 아들 계동과 살아간다.

2. 윤씨는 죽은 남편을 위해 점서하는 황경을 찾아가 재를 만들고 명복을 빈다.

3. 황경은 윤씨의 미모에 반하여 윤씨의 집에 효당을 설치하여 독경해야 효험이 있다고 하여 윤씨의 집에 드나들기 시작하여 서로 의남매를 맺고 매일 밤 추악한 음행을 행한다.

4. 그런데 아들 계동이 14-5세가 되자 어머니의 음행을 눈치채고 여러 가지 방법으로 황경과 어머니가 만나지 못하도록 방해한다.

5. 이에 윤씨와 황경은 계동을 제거하기 위해 불효죄로 계동을 고발한다.

6. 판관은 아들을 죽여달라고 고소한 윤씨를 의심하고 관인으로 하여금 윤씨를 미행하도록 하여 윤씨와 황경의 추악한 행동을 알게 된다.

7. 황경은 사형을 당하고, 윤씨는 계동의 호소로 처벌을 받지 않는다.

사건의 발단은 서른도 되기 전에 과부가 된 윤씨가, 남편의 명복을 빌기 위해 황경을 집으로 불러들이면서 시작된다. 앞의 세 작품이 음탕한 호색한이 일방적으로 여주인공을 겁탈하려는 데서 비롯된 사건을 다룬 작품이라면, 이 작품은 남녀주인공이 모두 성적 쾌락에 탐닉하는 인물로 그려진다는 점에서 더욱 충격적이다. 황경과 윤씨는 처음 본 순간부터 서로 음심을 품고, 남편의 명복을 비는 자리에서 사통을 하게 된다. 이렇게 시작된 두 사람의 추악한 행동은 갈수록 심해진다. 윤씨는 황경을 도와 경을 읽는 경동과 사통하기도 하는데, 황경은 이러한 윤씨의 행동에 대하여 전혀 개의치 않는다.

尹氏道 "爾或不能來的時에는 遣爾徒弟來相伴ᄒᆞ야 無使我空房裡寒衾冷枕에 獨自寂寞이어다" 黃經이 道 "這個는 依爾言ᄒᆞ리니 我兩個道弟가 都是我的心腹이오, 極是知趣的니 不必我不來時에 與爾相伴이라. 就是我來時節이라도

兩三個가 混作一團ᄒᆞ야 通同取樂이 豈不妙哉아"(16회, 1906.9.7)

황경은 이에 더해 경동을 불러들여 혼음할 것을 제의하기도 한다. 윤씨 역시 황경과 사통하고도 미진하자 황경에게 경동을 불러줄 것을 요구하기도 하는 것이다. 황경과 윤씨는 성적 쾌락에 탐닉하는 극단적인 전형으로 그려지고 있다고 하겠다.

그러나 황경과 윤씨의 행악은 여기서 그치지 않는다. 윤씨의 아들 계동이 나이가 들어 어머니와 황경의 관계를 눈치채고 둘의 관계를 방해하기 시작하자, 윤씨는 황경을 부추겨 아들을 죽일 모의를 하기에 이른다. 아무리 허구라 하더라도 어머니가 성적 쾌락을 위해 아들을 죽이려 한다는 것은 쉽지 않은 일이다. 그런데 작가는 계동이 집요하게 두 사람의 관계를 방해하는 과정을 자세하게 묘사함으로써 비교적 설득력 있게 이 부분을 처리하고 있다. 계동은 황경이 어머니와 사통하고 있는 사이에 방문을 밖에서 잠근 후, 황경이 창문으로 도망갈 것을 예측하고 창문 아래에 똥통과 오줌통을 놓아두어 황경을 골탕 먹이는가 하면, 서당선생이 고향에 가서 서당에 가지 않게 되자 계속 어머니를 감시하며 황경을 만나지 못하게 하기도 하고, 피곤해서 일찍 자겠다고 속인 후에 대문 앞에 서 있다가 어머니를 만나기 위해 찾아온 황경에게 어머니의 목소리를 흉내내어 다시는 만나러 오지 말라고 말하여 돌려보내는가 하면 '도둑이야'라고 소리쳐 쫓아내기도 한다. 계동의 이러한 집요한 방해에도 불구하고 윤씨는 전혀 자신의 행동에 대하여 반성하지 않는다. 오히려 황경과 윤씨는 서로 만나기 위해 더 기발한 방법을 동원한다. 죽은 남편의 기일에 아들을 아버지 묘소에 먼저 가라고 하여 따돌리고 만나려고 하는가 하면, 계동에게 술을 먹여 재운 뒤 황경을 불러들이기도 하는 것이다. 이처럼 어머니와 황경의 음행을 막기 위한 계동의 방해가 집요해지면서, 황경과 윤씨가 이에 대처하는 방식도 차츰 도를 더해 간다. 윤씨는 황경과 만나기 위해 남편의 기일제사를 이용하는가 하면, 어린

아들에게 술을 먹여 재우기도 하다가, 마침내 계동을 죽이기 위해 불효죄로 관가에 고소하기에까지 이르는 것이다.

말하자면 『신단공안』 5화는 성적 쾌락에 대한 무분별한 탐닉으로 인해 가족간의 윤리가 얼마나 심각하게 무너질 수 있는지를 가장 극단적으로 보여준 작품이라고 하겠다. 그렇게 함으로써 성적 욕구를 채우기 위해서라면 최소한의 윤리마저도 무시하고 서슴없이 행동하는 세태에 대한 우려를 드러냈다고 할 수 있다. 이는 윤씨와 황경의 음란한 행위가 나오는 대목마다 평어를 통해 신랄한 비판을 가하고 있는 데서 확인된다.

황경이 처음으로 윤씨의 집에 와서 윤씨의 음심을 격발케 하는 내용의 경을 읊자 윤씨가 황경에게 술을 권하며 해갈하라고 하는 대목에서 작가는 "與詞中解渴之句로 暗暗相照"(3회, 1906.8.22)라고 꼬집기도 하고, 황경이 남편의 혼령을 만나게 하겠다며 외인이 보지 못하게 백견으로 창을 가린 행동에 대하여는 "元來 婚房에 不許人窺覗"(4회, 1906.8.23)라고 비꼰다. 또한 윤씨가 황경을 만나기 위해 아들에게 술을 먹여 재우고 "畜生아, 爾今日에 中了我計로다"라고 비아냥거리는 것에 대하여 "心毒 口毒"이라고 비판한다. 특히 작가의 평어는 윤씨의 호색성에 대한 비판에서 더욱 신랄하다.

> 聽泉子 曰 士之耽也ᄂᆞᆫ 猶可說也어니와 女之耽也ᄂᆞᆫ 不可說也라 ᄒᆞ야ᄂᆞᆯ 余讀詩至此에 未嘗不三嘆以爲女耽이 如是ᄒᆞ면 安可爲女리오 ᄒᆞ얏더니, 今觀尹氏에 奚徒耽之是云이리오. 狂也오 亂也오, 鶉之醜也와 狐之□也라. 至以凶夫之魂床으로 作爲行淫之所ᄒᆞ니 嗚乎라, 尙可以人道로 論之乎哉아.(5회, 1906.8.24)

위 인용문은 남편의 혼령을 불러들이겠다고 속이고 윤씨와 황경이 사통하는 대목 다음에 나오는 작가의 평어이다. 여기서 작가는 남성의 호색성에 대해서는 비교적 유연한 태도를 취하면서도 여성인 윤씨의 호색성에 대해서는 미친 짓이라며 격하게 비판한다.

호색성에 대한 비판은 그로 인해 가족윤리가 심각하게 무너지게 된 상황을 비판하는 것으로 이어지기도 한다. 윤씨가 황경을 만나기 위해 계동에게 술을 억지로 먹여 재우려 하는데, 계동이 술에 독이 들어 있지 않은지 걱정하는 대목에서 "母子的情으로 猜疑至此ᄒᆞ니 可發一嘆이로다"(14회)라며 무분별한 성적 탐닉으로 인해 가족 윤리가 무너지게 된 상황을 비판하는 것이다.

그런데 이러한 무분별한 성적 탐닉으로 인해 해체된 가족의 윤리는, 지극히 윤리적인 인물인 계동에 의해 복구된다. 어머니가 자신을 죽이기 위해 불효죄로 관가에 고소해도 계동은 여전히 어머니에 대한 효성을 잃지 않는 인물이다. 그는 어머니의 계략을 모두 알고 있으면서도 어머니의 뜻대로 불효죄를 시인하고 죽으려 한다. 뿐만 아니라 후에 모든 사실이 밝혀져 어머니가 사형을 당하게 되었을 때도, 그는 자신이 불효해서 이런 일이 벌어진 것이니 자신을 죽여 달라고 한다. 이에 군수는 계동의 효성에 감동하여 윤씨의 죄를 용서하게 된다. 윤씨도 아들의 효성에 감동하여 그간의 행동을 반성하고 다시는 그런 행악을 저지르지 않겠노라고 다짐한다.

그런데 작가는 이처럼 지극한 효심을 가진 계동에 대하여 불효한 면이 있다고 비난한다.

> 桂巷稗史氏曰 尹氏之奸惡은 固無足道어니와 惜哉라 癸童이여 憤黃經之自肆ᄒᆞ고 恥其母之不安於室ᄒᆞ야 不能雍容規諫ᄒᆞ고 反觸其母之怒ᄒᆞ여 至入宮庭에 致暢其母之惡ᄒᆞ니 雖其叩頭之情은 藹然是孝이나 前後行事에 似孝非孝者ㅣ 多矣니 噫라 豈年淺之故歟아(21회, 1906.9.14)

작가는 계동이 끝까지 어머니를 옹호하여 죄를 용서받도록 한 효성은 인정되지만, 어머니에게 조용히 간하여 해결하지 못하고 어머니의 화를 돋구어 고소하게 함으로써 어머니의 행악이 만천하에 드러나게 한 점은 효라 할 수 없다는 것이다. 그러나 계동이 조용하게 문제를 해결하려는 노력을 하지 않은 것은 아니다. 계동은 서당에서 아이들이 자기를 "小經客"이라고 놀린다는 말을 하며, 황경이 출입하지 못하도록 완곡하게 부탁한다. 그러나 윤씨는 계동의 말에 전혀 기울이지 않는다. 그래서 계동은 황경이 더 이상 자기 집에 출입하지 못하도록 하기 위하여 눈물겨운 노력을 한 것이다. 따라서 계동으로서는 조용히 문제를 해결하기 위해 모든 노력을 다 했다고 할 만하다. 그럼에도 작가가 이처럼 계동의 불효를 비난하고 있는 것으로 보아, 작가는 효에 대하여 매우 경직된 생각을 갖고 있는 인물인 것으로 짐작된다. 이는 계동이 어머니에게 황경이 매일같이 출입하는 것이 부당함을 간하는 대목에서 다음과 같이 계동의 행동을 비난하고 있는 데서도 드러난다.

> 聽泉子曰 詩云凱風自南으로 吹彼棘心이로다. 棘心夭夭어날 母氏劬勞샷다. 有子七人호ᄃᆡ 莫慰母心가 ᄒᆞ얏스니 嗚乎라 尹氏之子여 或不讀此篇乎아. 以七子之母로도 不能安其室ᄒᆞ니 爲七子者ㅣ 安能無怨乎리오만은 但聞七子之如是自責이오 未聞七子之憤恨如何ᄒᆞ니 人之無良을 我以爲母云云도 此亦詩人에 痛怨之辭也로ᄃᆡ 爲子之道ᄂᆞᆫ 但當如七子而已어날 尹氏之子ᄂᆞᆫ 其亦殆甚矣로다.(8회, 1906.8.28)

작가는 시경의 한 대목을 인용하면서 자식이 부모의 잘못을 책하는 것이 불효한 행동임을 강변한다. 아무리 부모가 잘못된 행동을 하더라도 자식은 자신의 잘못을 책해야지 부모를 책하거나 원망해서는 안 된다는 것이다.

이러한 작가의 입장은 『신단공안』 5화의 토대가 된 "서산관설록도망혼"과 다른 것이다. "서산관설록도망혼"에서는 작품의 끝에 다음과 같은 시를 적어 달생의 효성을 칭송한다.

不孝由來是逆倫　堪憐難處在天親

當堂不肯分明說　始信孤兒大孝人[109)]

"서산관설록도망혼"에서는 달생이 어머니의 불륜을 고치려 하고 끝까지 어머니를 옹호한 것에 대하여 긍정적인 태도를 보이고 있는 것이다. 이처럼 『신단공안』 5화가 매우 경직된 윤리의식을 표방하고 나서게 된 이면에는, 비윤리적인 성적 탐닉으로 인해 전통적 윤리의식이 심각하게 무너진 현실에 대한 깊은 우려가 자리하고 있다. 윤리의식이 심각하게 해체될수록 오히려 윤리의식을 바로 세워야 한다는 경각심은 더욱 강해졌던 것이다.

앞에서 다룬 네 작품처럼 『신단공안』 6화도 성적 욕구를 관철하기 위해 윤리마저도 저버리는 세태를 소재로 한 작품이다. 그런데 『신단공안』 1화, 2화, 3화, 5화가 중국소설을 토대로 번안, 개작된 작품이라면 『신단공안』 6화는 작가의 순수한 창작물이다. 작가는 앞서 네 작품의 중국소설을 번안·개작하면서 소설 창작에 대한 자신감을 얻게 되었고, 그래서 번안이나 개작이 아닌 창작욕구를 느끼게 되었던 것 같다. 그리고 『신단공안』 6화를 창작하기 전, 봉이 김선달 이야기를 소재로 하여 『김봉본전』을 창작한 경험은 작가에게 새로운 창작의 욕구를 더욱 부추겼을 가능성이 있다.

『신단공안』 6화는 '간부와 모의하여 남편을 살해한 여인' 이야기를 소재로 한 작품이다. 이러한 이야기는 구비설화와 문헌설화에서 흔하게 발견되는 이야기이다. 예컨대 『棠陰比事』의 "子産知姦", "장遵疑哭", 그리고 『欽欽新書』의 "經史要義 2"에 "聞聲知殺"이라는 제명 아래 수록된 다섯 편의 이야기, 그리고 『臨官政要』에 나오는 남편살해사건 등과 같은 문헌설화와 '첩과 간부의 흉계', '간부와 남편을 살해한 여인'과 같은 구비설화가 그러한 예이다.[110)] 특히 판관이 여자의 허장곡성을 이상하게 여겨 여자의 행실

109) 『초각박안경기』, 253쪽.

110) '첩과 간부의 흉계', 『한국구비문학대계』, 4-4, 772.

을 의심하게 됨으로써 사건을 해결하게 된다는 “문성지살”은 『신단공안』 6화의 사건해결과정과 매우 유사하다. 이러한 이야기들은 작가에게 창작의 동기를 제공했을 수 있다. 그런데 『신단공안』 6화와 이상의 설화는 등장인물의 성격이나 사건의 전개과정, 그리고 주제의식에 있어서 뚜렷한 차이가 있다. 작가는 익히 알고 있던 설화를 작가의 의도에 맞게 바꾸어 『신단공안』 6화를 창작했다고 하겠다.

『신단공안』 6화의 줄거리를 보기로 하자.

1. 성종때 순흥군에 사는 손동은 건아라는 아들을 두었는데, 미모의 며느리를 구하고 있었다.

2. 한편 그 인근 벽파촌에 타고난 미모를 지닌 취저라는 여자가 살고 있었는데, 취저는 이웃 총각 장대경과 사통하는 사이이다.

3. 손동은 취저의 미모에 대하여 소문으로 듣고 매파를 보내 청혼하여 아들 건아와 혼인시킨다.

4. 취저는 혼인 후에도 장대경을 잊지 못하여 만나다가, 장대경과 모의하여 남편을 죽인다.

5. 군수는 건아의 손발이 묶인 채로 죽은 점, 취저가 허장곡성을 하는 것을 이상하게 생각하고 꾀를 써서 사건의 진상을 밝힌다.

6.[111]

사건의 발단은 손동이 자식의 방탕함을 인식하지 못하고 미모의 여인을 맞아 며느리로 삼고자 하는 데서 비롯된다. 손동에게는 건아라는 아들이 있었는데, 부자집 외동 아들로 가정의 교육을 제대로 받지 못하여 예의를 전

'간부와 남편을 살해한 여인', 앞의 책, 5-5, 198.

111) 『황성신문』 영인본에는 이 작품의 마지막 회가 실린 부분이 영인되어 있지 않아서, 결말부분을 확인할 수 없었다.

혀 모르고, 오직 주색잡기에 빠져 있는 방탕아이다. 그래서 사람들은 "孫同之家事여 無復餘運이라"(1회)라고 수군거리지만, 손동은 건아가 이런 인물인지는 전혀 모르고 혼인시킬 일만 걱정한다. 그런데 흥미로운 점은 손동이 전통적인 기준과는 전혀 다른 기준을 가지고 며느리감을 고른다는 사실이다. 손동이 며느리를 고르는데 있어서 가장 중요하게 생각하는 기준은 '외모'이다. 그는 "芳姿美貌的 女子"를 며느리로 맞기 위해 백방으로 노력하는 것이다. 손등은 마침 멀리 떨어지지 않은 곳에 취저라는 미모의 여자가 살고 있다는 소문을 듣고 매파를 보내 사실을 알아보도록 한다. 매파가 슬쩍 취저의 집에 다녀왔을 때 일가족은 "如何樣 如何樣"(5회)하며 취저의 외모에 대해서만 관심을 갖는다. 그리고 매파가 취저의 출중한 외모에 대하여 이야기하자, 손동 일가는 대단히 만족스럽게 생각하고 취저와 정혼하게 되는 것이다.

이처럼 손동 일가가 외모를 기준으로 며느리를 선택하는 것에 대하여 작가는 다음과 같은 평어를 붙이고 있다.

> 桂巷稗史氏曰 孫同이 其不克敎訓厥子ᄒᆞ야 任其子成了放蕩頑悖之漢子ᄒᆞ고 及求新人之日에 亦不論婦德如何와 女紅(女工)有無하고 惟芳姿美貌的女子를 是求是急ᄒᆞ니 是則非婚姻也라 直招娼也오, 是則非求媳也라 直欲得玩好之具也니, 嗚乎誤哉라. 語에 云하ᄃᆡ 福生有基하고 禍生有胎라 ᄒᆞ니 孫氏之子의 禍가 其將胎於斯乎며 其將胎於斯乎인져. 惜夫라.(1회, 1906.9.15)

작가는 손동이 외모만을 보고 며느리를 고르는 것은 혼인이 아니라 창기를 부르는 것이고, 며느리를 구하는 것이 아니라 노리개감을 구하는 것이라고 신랄하게 비판한다. 그러면서 작가는 부덕과 여공의 유무를 기준으로 하여 며느리를 구하는 것이 마땅하다고 강론한다.

손동은 상당한 부민으로 그려진다. 그런데 그가 외모를 절대적인 기준으로 하여 며느리를 고른다거나, 아들 부부가 귀령할 때 대단한 잔치를 벌여 사람들에게 "是富는 曷喪고"(9회)라는 비난을 받는 것 등으로 보아, 양반은 아니었던 것으로 보인다. 손동을 '饒戶'라고 표현하고 있는 것으로 보아서도, 그는 조선 후기 새롭게 성장한 요호부민임을 알 수 있다. 말하자면 손동은 경제적 능력을 바탕으로 전통적 가치에 정면으로 도전하는 새로운 계층의 전형으로 그려지고 있는 것이다. 이들은 전통적 가치보다는 외모나 돈과 같은 외적 조건을 지향하는 계층인 것이다.

한편 손동의 며느리가 된 취저의 아버지 유의춘은 "鄕谷間守分食力ᄒᆞ는 微氓"으로 재산이나 내세울 만한 친척도 없는 가난한 농민이다. 그런데 이처럼 보잘 것 없는 유의춘에게는 그에 어울리지 않는 딸이 있었다. 유의춘의 딸 취저는 인근 마을에까지 그의 미모가 소문날 정도의 미인이다. 그러나 취저는 미모에 상응하는 덕성까지 겸비한 인물은 아니다.

> 雖然翠姐가 如此美貌나 誰知這個可憎兒가 □是金玉其外ᄒᆞ고 敗恕其中ᄒᆞ야 其心은 就層層疊疊的都是淫慾이라. 家務料理에도 全不管意ᄒᆞ고 寤寐思量ᄒᆞᄂᆞᆫ 바ᄂᆞᆫ 只願與一個俊逸的情郎으로 弄得佻兮達兮에 惹得雲情雨致者ㅣ 久矣러니(2회, 1906.9.17)

취저는 집안일이나 요리에는 전혀 관심을 두지 않고 오로지 잘생긴 남자를 끌어들여 정을 통하고 싶은 음욕밖에 없는 인물이다.

한편 취저가 혼인 전에 사통했던 남자 장대경은 어떠한가? 장대경은 조실부모하고 사방으로 떠돌다가 이모의 집에 의탁하고 살아가는 인물이다. 장대경과 취저가 처음 대면하는 장면은 장대경이라는 인물의 성격을 이해하는 데 있어서 매우 시사적이다. 취저의 부모가 농사일 때문에 모두 집을 비우고 취저 혼자 춘정을 이기지 못하여 문밖에서 서성대고 있을 때였다. "遊兮遊兮여 少年時候에 遊ᄒᆞ리로다. 老大ᄒᆞ면 其得ᄒᆞᆫ가"(2회)하며 노래부르고 지나가는 총각이 있었는데, 그가 바로 장대경이었다. 장대경 역시 취저처럼 향락적 삶을 추구하는 인간형인 셈이다.

그러나 취저는 장대경의 이와 같은 면모에 전혀 아랑곳하지 않는다. 오히려 장대경의 준수한 외모에 반하여 곧바로 장대경을 집으로 끌어들이고 사통한다. 이후 장대경은 매일 밤 취저의 집으로 찾아가 사통하게 된다. 취저나 장대경의 결합은 성적 쾌락과 향락적 삶에 탐닉하는 인간형의 결합이라 할 만하다.

이처럼 취저와 장대경이 성적 쾌락에 탐닉하고 있을 때, 손동의 집안에서 취저에게 청혼하게 된 것이다. 취저의 아버지 유의춘은 손동과 같은 부자의 청혼에 매우 기뻐하며 승낙한다. 취저는 부모의 뜻을 거역할 수 없어서이기도 하지만, 부자 집에 시집가는 것을 내심 기뻐하며 혼인을 받아들인다. 그러면서도 한편으로는 건아가 장대경보다 못할 것이라고 생각하며 괴로워한다. 이 대목에서 작가는 다음과 같은 평어를 부연하고 있다.

> 聽泉子曰 眞正是淫婦醜女的心曲이로다. 既悅孫同之富ᄒᆞ고 繼慮建兒之或不合意ᄒᆞ니 是卽念念之不忘大慶者ㅣ亦非實心之所繼戀也오, 只取其狀貌之俊美커나 或行淫之伎倆也라.(7회, 1906.9.22)

취저가 괴로워하는 것은 장대경에 대한 마음이 진실된 것이어서 그런 것이 아니라, 다만 건아가 장대경보다 외모나 행음의 재주가 떨어질까봐 두려워하는 것이라고 하여, 취저와 장대경의 관계가 순전히 육체적 쾌락을 추구하기 위해 맺어진 관계임을 신랄하게 비판한다.

한편 취저가 이처럼 갈등하고 있을 때, 장대경이 취저를 찾아와 자신을 버리고 혼인하는 것에 대한 불쾌한 마음을 전한다. 취저는 부모의 뜻을 거역할 수 없어 혼인하는 것이라고 변명하면서, 자신이 자주 친정에 와서 장대경과의 관계를 이어갈 것이니 걱정하지 말라고 한다. 이렇게 해서 취저와 장대경은 다시 만날 것을 기약하고 반지와 패도를 징표로 서로 교환하고 헤어진다.

취저는 건아와 혼인한 후 잠시 동안은 새롭게 접하는 화려한 세계에 만족하며 지낸다. 그러나 그것도 잠시, 혼인한지 오 육 개월이 지나자 장대경을 그리워하기 시작한다. 그런데 작가가 앞서 지적했던 바와 같이, 취저가 건아에게 불만을 품는 이유는 건아가 볼품없는 외모를 지니고 있기 때문이다.

> 心內에 暗暗自語道 '這個建兒가 目子는 如何這般暴露며 鼻孔은 如何這般朝天(발죽)이며 兩臉은 如何這般晦氣(우중충)며 口也手也脚也가 如何通通地這般可憎고? 攬鏡自窺ᄒᆞ야도 我豈是這厮配匹(評曰 然則是誰之配匹고)이리오? 可恨可恨이로다'(10회, 1906.9.26)

취저는 건아의 외모를 이처럼 조롱하면서 자신과 같은 미모로 이런 추한 남자의 배필이 된 것을 애통해한다. 그러면서 자신과 어울리는 배필은 장대경이라며 개떡을 먹더라도 장대경을 볼 수 있으면 좋겠다고 탄식한다.

이렇게 장대경을 못 잊어 하던 취저는 마침내 시아버지 손동의 허락을 받고 친정나들이를 하게 된다. 전적으로 장대경을 만나기 위한 나들이인 셈이다. 이렇게 해서 취저는 장대경과 다시 만나게 되는데, 여기서 취저는 장대경에게 멀리 도망가자고 제의한다. 이에 대하여 장대경은 도망가더라도 건아를 죽인 후에 도망가야만 뒤탈이 없을 것이라며 건아를 죽이자고 한다. 취저는 처음에는 살인까지 할 필요가 있겠느냐며 망설이지만 결국 장대경의 뜻을 따르기로 한다. 취저는 장대경과 이러한 약조를 하고 다시 시댁으로 돌아가고, 장대경은 취저가 돌아간 지 삼 일째 되던 날 건아를 찾아가 죽인다.

취저와 장대경의 비윤리적인 성적 쾌락에 대한 탐닉이 건아를 죽음에 이르게 한 것이다. 그러나 건아의 죽음은 내면적·전통적 가치보다는 외모를 중시하는 손동 일가의 가치관 때문에 비롯된 것이기도 하다. 결국 비극은 전통적 윤리와 가치관의 붕괴로부터 비롯된 것이라고 하겠다. 그런데 앞에서 살펴본 네 작품에서는 전통적 윤리의식에 투철한 인물이 등장하여 이와 같은 문제적 현실을 해결하는 데 비해, 이 작품에서는 이와 같은 긍정적 인물이 등장하지 않는다. 『신단공안』 6화의 작중 현실이 앞서의 네 작품에서보다 더욱 심각하게 그려진 셈이다. 여기에는 전통적 윤리와 가치관이 심각하게 붕괴되어 가고 있는 현실에 대한 깊은 우려와 경계심이 각인되어 있다고 할 것이다.

그러므로 『신단공안』 6화의 문제적 현실은 전적으로 사건을 담당한 군수에 의해 해결된다. 취저는 건아를 죽이던 날 낮에 건아가 이웃 사람 왕삼과 닭싸움 문제로 다투고 돌아온 것을 이용하여 왕삼을 범인으로 몰아가려 한다. 건아는 그날 낮 왕삼과 닭싸움을 하자고 제의했는데, 왕삼이 이를 거절하자 심하게 때리고 돌아왔던 것이다. 그래서 손동은 왕삼을 범인으로 지목하여 관가에 고소하게 된다. 그러나 군수는 젊고 아름다운 취저가 남편의 죽음 앞에서 '허장곡성'을 하는 것을 보고 취저를 의심하게 된다. 군수는 사람을 시켜 취저에 대하여 탐문하도록 하여 취저와 장대경의 관계를 알게 된다. 이에 한 사람을 관상자로 꾸며 장대경에게 접근하도록 하여, 장대경이 곧 죽을 운이라며 산에 가서 기도하라고 넌지시 말하도록 한다. 군수의 계교를 모르는 장대경은 관상자의 말만 믿고 산에 올라가 기도를 하는데, 역시 군수가 보낸 사람이 산신인 척하며 장대경에게 사실을 이야기하라고 호통치자 장대경은 모든 사실을 말하기에 이른다. 이렇게 해서 사건의 진상은 모두 밝혀지고 장대경과 취저는 사형을 당하게 된다.

이처럼 『신단공안』 6화에서는 성적 쾌락을 탐닉하고 외적 조건을 지향하는 가치관을 지향하는 인물들이 파멸해가는 과정을 극단화하여 보여준다. 취저와 장대경, 그리고 손동 일가는 전통적 가치로부터 상당히 일탈되어 있는 인간형이라고 할 수 있다. 이들은 윤리나 도덕보다는 성적 쾌락과 향락적 삶, 혹은 외적 조건과 같은 새로운 가치를 지향한다. 『신단공안』 6화는 이처럼 새로운 가치를 지향하는 인간형이 심각하게 파멸하는 것으로 그림으로써, 새로운 가치관 및 풍조에 대한 경계와 우려를 드러내고 있다.

이상에서 『신단공안』 1화, 2화, 3화, 5화, 6화를 살펴보았다. 그렇다면 이러한 작품들이 사회변혁을 주도적으로 이끌어가던 신문이라는 매체에 연재되었던 현실적 이유는 무엇인가? 이 다섯 작품은 모두 조선시대를 배경으로 하고 있다. 그렇다고 해서 작가가 조선시대의 문제를 다루고자 이러한 작품들을 창작했다고는 볼 수는 없다. 따라서 성적 쾌락을 추구하는 인물과 전통적 윤리를 지향하는 인물간의 심각한 갈등을 다룬 작품이 신문에 연재되었던 역사적 배경 및 그것의 현실적 맥락이 온전하게 밝혀야져야 할 것이다.

그 현실적 맥락을 살펴보기 위해서는 이러한 작품들이 창작되던 이 시기 한국사회의 문제에 주목해야 할 필요가 있다. 1906년을 전후한 시기에 이와 같은 작품이 집중적으로 창작되고 있었다면, 그 작품세계가 이 시기 한국사회의 한 국면을 반영한 것으로 생각되기 때문이다. 이와 관련하여 이 시기 한국사회의 문제 가운데 주목해야 할 것은, 이 시기에 한국사회가 심각한 정체성의 혼란을 겪고 있었다는 사실이다. 개항과 함께 서구의 새로운 문화가 유입되면서 전통적 윤리와 가치체계는 급격한 해체의 길을 걷게 되었지만, 그렇다고 이 시기에 새로운 가치체계가 정립되었던 것도 아니었다. 그런 만큼 이 시기의 한국 사회는 심각한 정체성의 혼란을 겪고 있었다고 할 수 있다.

특히 개화 풍조와 함께 성적 쾌락을 추구하려는 풍조가 점점 확대되면서, 사회기강은 빠른 속도로 이완되고 있었다. 예컨대 이 시기의 신문 기사를 통해 유부남과 유부녀의 간통사건을 어렵지 않게 접할 수 있는 바, 이는 이 시기에 이르러 성적 문란이 전시기와는 비교할 수 없을 만큼 심각한 사회문제로 대두하게 되었음을 잘 보여준다.[112] 물론 이러한 사건들은 당시의 관점에서 보더라도 상당히 충격적인 것이어서 신문에 게재되었을 것이다.

그러나 이러한 일련의 사건들이 거듭 신문에 게재되었다는 것은, 이 시기에 이르러 성적 문란이 중요한 사회 문제로 대두되기 시작했음을 의미한다고 하겠다.

심지어 상층관료 모씨가 인척과 간통했다는 소문이 나돌기도 했다는 데 이르면, 이 시기에 이르러 성적 문란이 사회의 기강을 이완시키는 중요한 문제로 대두되고 있었음을 알 수 있다. 즉 이완용이 며느리 임씨와 간통을 해 아들이 자살했다거나, 민형식이 첩 소생의 딸과 사통하여 아들을 낳고 손님들 앞에서 이를 떳떳이 자랑했다거나, 홍종헌의 조카가 과부인 사촌 누이를 첩으로 삼았다는 소문 등이 그러한 예이다.113) 또한 색주가를 포함한 화류계의 규모가 점점 커지면서 창기와 관련된 민풍의 타락상이 자주 신문 기사로 게재되기도 했다.

이처럼 성적 쾌락을 추구하는 풍조로 인해 사회기강이 심각하게 이완되자, 사회 일각에서는 이와 같은 문제를 해결해야 한다는 위기의식이 고조되고 있었다. 이들에 의해 전통적 윤리의식은 이완된 사회기강을 바로 세울 수 있는 논리로 새롭게 인식되기에 이른다. 즉 성적 쾌락을 추구하는 인물로 인해 야기된 위기가 전통적 윤리의식을 지향하는 인물에 의해 해결된다는 구조를 가진 이상의 작품은, 이와 같은 문제의식 아래 의도적으로 신문에 연재된 작품인 것으로 생각된다.

물론 이러한 작품들은 모두 신문에 연재된 소설인 바, 독자의 호기심을

112) 온성 군수 김두천씨가 도임하는 중에 부영군 청진에 사는 유부녀 아산동과 간통하고 작첩하였다는 '군수통간'(『대한매일신보』, 1908.2.12)이나 대안동에 사는 김순원 씨가 삼청동 사는 민창기씨의 부인과 두 번 통간하다가 고소당했다는 '통간탄로'(『대한매일신보』, 1910.8.16)와 같은 신문 기사가 그러한 예이다.

113) 황현의 『매천야록』에는 당시 시정에 떠돌던 이와 같은 소문을 자세하게 기록하고 있다. 뿐만 아니라 이러한 소문에 대하여 이야기하고 "그밖의 자질구레한 일들은 가히 다 기록할 수 없다(其外瑣微 不可勝記也)"라고 기록하고 있어, 당시 성적 문란이 극에 달했던 사정을 짐작할 수 있다.(황현, 『매천야록』, 『황현전집(하)』, 아세아문화사, 1978, 1,347쪽)

자극함으로써 신문의 구독을 늘려야 한다는 신문연재소설의 역할에서 자유로울 수 없었을 것이다. 신문연재소설은 기본적으로 신문의 구독을 유지시키는 한편, 이를 늘리기 위한 목적으로 연재되는 것이기 때문이다. 그런 만큼 신문연재소설은 대중의 통속적 취향에 부응하는 대중소설적 성향을 보이게 된다. 더구나 이 시기의 신문사들은 매우 열악한 경제적 여건에 처해 있었으므로 신문사의 존립을 위해서는 신문의 구독 부수를 늘려야만 하는 처지에 있었고, 이러한 작품의 작가가 『황성신문』의 필진일 것으로 추정되는 만큼, 신문의 구독 부수를 늘려야 한다는 문제가 더욱 강하게 작용했을 것이다. 실제로 위에서 보았듯이, 이상의 작품은 원작인 중국소설에 비해 호색적이고 엽기적인 방향으로 번안・개작되고 있는 것이 사실이다. 이러한 번안・개작의 양상 이면에는 독자의 관심을 유도함으로써 신문의 구독 부수를 늘리고자 했던 신문사의 의도가 일정하게 영향을 미쳤을 것으로 여겨진다.

그러나 여기서 이 시기의 신문이 지니는 독특한 위상을 다시 한 번 상기할 필요가 있다. 계몽지식인들은 당시 한국 사회가 처한 위기의 근본적 원인을 찾아내고, 그 대안을 일반 대중에게 전파할 공간을 필요로 했고, 신문이라는 근대적 언론 매체는 이와 같은 계몽지식인의 요구에 부응하여 등장했던 것이다. 따라서 근대계몽기의 신문은 어느 때보다도 계몽적 성향에 경도되어 있었다. 그러므로 신문에 연재된 이상의 작품이 지니는 당대적 의미를 이해하기 위해서는 근대계몽기 신문의 계몽적 성격을 충분히 고려할 필요가 있다고 하겠다. 즉 비윤리적인 성적 쾌락에 탐닉하는 인물로 인해 가족이 해체되고 윤리의식이 땅에 떨어지게 되었다는 작중 현실에는, 성적 쾌락을 추구하는 풍조로 인해 사회기강이 이완되고 있던 당시의 사회상이 반영되어 있는 것이다. 더구나 이상의 작품들은 성적 쾌락을 추구하는 인물로 인해 야기된 위기가 전통적 윤리의식을 지향하는 인물에 의해 해결된다는 구조로 되어 있고, 성적 쾌락을 추구하는 인물에 대해서는 부정적 시각을,

전통적 윤리의식을 지향하는 인물에 대해서는 긍정적 시각을 드러내는 서술자의 평어가 첨부되어 있다. 여기에는 성적 쾌락을 추구하는 풍조로 인해 심각하게 이완된 사회 기강을 다시 세우기 위해서는 도덕성이 바로 서야 하며, 그러기 위해서는 전통적 윤리의식이 새롭게 인식되어야 한다는 작가의식이 강하게 투영되어 있다고 하겠다. 또한 이상의 작품들이 모두 공안소설의 형식을 취하고 있는 것도 이와 같은 문제적 현실을 사실적으로 전달하기 위한 작가의 의도적인 장치라고 할 수 있다. 『신단공안』 1화, 2화, 3화는 중국소설을 토대로 번안, 혹은 개작된 작품임에도 작가는 작품 속의 사건이 실재했던 것임을 애써 강조하고 있는데,114) 이렇게 함으로써 작가는 문제의 심각함을 보다 극적으로 제시하고자 한 것이다. 이야기 속의 사건이 정말 소름끼치게 다가오는 순간은 이 이야기가 실화라는 사실을 알게 되었을 때라고 할 수 있다. 작가는 작중 현실이 당대인이 처한 역사적 현실에 다름 아니라는 것을 강조함으로써, 문제의 심각성을 경고하는 한편 가치체계의 정립이 시급한 과제임을 계몽하고자 한 것이다.115)

114) 예컨대 『신단공안』 2화에서 작가는 평어를 통해 작중 사건을 해결한 순찰사가 유척기이거나 이종성일 것이라고 부연 설명하고 있다. 유척기와 이종성은 숙종 영조 년간의 실존인물이다. 작가는 『용도공안』 권1의 두 번째 작품인 "관음보살탁몽"을 토대로 이 작품을 개작했으므로, 사건을 해결한 사람이 포승임을 몰랐을 리가 없다. 그럼에도 이처럼 굳이 사건을 해결한 인물이 실존인물임을 밝히고 있는 것은 이야기의 사실성을 강조하기 위해서라고 할 것이다.

115) 한편 이상의 작품이 『황성신문』에 연재될 수 있었던 것은, 이 신문이 가지고 있는 지향의식에 기인하는 바 크다. 『황성신문』은 양반 및 유생들을 주 계몽대상으로 하여 발간된 신문이다. 전통적 지식인을 주 독자층으로 상정한 만큼 그 정신적 기초는 『독립신문』, 『매일신문』, 『제국신문』과 같은 한글 전용 신문과는 뚜렷이 구분된다. 즉 『황성신문』은 중국의 예악문물만을 고집하면서 변화를 인정하지 않는 완고파의 주장과 구미의 법만을 추종해야 문명부강의 길로 갈 수 있다고 생각하는 개화파의 주장을 동시에 비판하면서, 변화의 시대에 맞춰 전통적인 유학사상을 새롭게 재해석하고자 하였던 것이다.(정선태, 앞의 책)

3절. 전근대적 의식 및 제도의 청산과 그 소설적 형상

1. 중세체제에 대한 비타협적 단절의식 : 『김봉본전』

『김봉본전』은 연작소설 『신단공안』의 제4화로, 1906년 6월 28일부터 동년 8월 18일까지 총 45회에 걸쳐 『황성신문』에 연재되었던 작품이다. 『신단공안』 제4화는 중국 화본소설의 제명형식을 모방하여 "仁鴻變瑞鳳 浪士勝名官"라는 제목으로 발표되었다. 이 논문에서는 "此는 金鳳本傳也라"는 계항패사씨의 평어에 따라 "인홍변서봉 낭사승명관"이라는 긴 제명 대신 『김봉본전』이라 부르기로 하겠다.[116)]

『김봉본전』에 대한 연구는 송민호에 의해 처음 이루어졌다.[117)] 이 글은 대체로 줄거리를 소개하는 정도에 머물렀다고 하겠는데, "봉이의 행각의 기원은 사회적 저항의식에 있었다"고 하여 사회풍자적 성격에 주목하였다는 점에서 그 의의를 찾을 수 있겠다. 최원식은 조선후기에 족출하여 지금까지 끈질기게 전승되고 있는 건달전승의 문학사적 의의를 밝히는 일환으로 이 작품에 주목하였다.[118)] 그래서 김인복, 백문선, 정수동과 같은 건달형 인물의 특징을 밝히는 한편, 우리의 건달전승과 맥을 같이하는 서구의 피카레스크와 비교하면서 건달전승의 문학사적 의의를 밝혔다. 한편 『김봉본전』에 대해서는 봉이의 일생이 '방외인으로서의 삶-건달로서의 삶-진정한 선비로서의 삶'으로 변모해나간다는 사실에 주목하여 그 과정을 자세히 추적하였다. 그리고 작품 분석을 통해 얻은 사실, 즉 "이 작품의 밑바닥에 깔린 침통한 분위기, 노예적 굴종을 철저히 거부하는 비타협성, 날카로운 정치적 관

116) 선행연구에서도 이와 같은 작가의 평어를 근거로 『신단공안』 제4화를 『김봉본전』으로 명명하고 있다. 본고에서도 선행연구에서처럼 『신단공안』 제4화를 『김봉본전』이라고 명명하기로 하겠다.

117) 송민호, 『한국개화기소설의 사적 연구』, 일지사, 1975, 72-77쪽.

118) 최원식, "봉이형 건달의 문학사적 의의", 『한국근대소설사론』, 창작사, 1986.

점의 함축 등과 같은 특징은 전투적인 국민주의 시대의 열기와 결코 무관하지 않을 것"이라고 하여, 봉이가 근대적 시민의 단초를 보여준 것으로 보았다. 이후 김헌선은 구전설화, 한문야담, 국문기록으로 전승되는 건달형 인물의 양상을 다루는 과정에서 『김봉본전』을 언급했으나, 논문의 성격상 구체적인 작품론으로까지 이어지지는 못했다.[119] 정훈식은 봉이의 성격이 '지식인-낭사-건달-유협-지식인'으로 전개되며, 설화에서와는 달리 지식인의 면모가 부각되는 방향으로 변모한다고 보았다. 그리고 이처럼 지식인의 면모가 부각된 봉이는 변혁의 대안세력이라고 자처하던 개화파 지식인의 의식이 투사된 인물이라고 보았다. 한편 이 작품은 설화, 일화, 전 등의 서사적 전통을 이었다고 하였다.[120]

이상에서 『김봉본전』의 연구사를 간략하게 살펴보았다. 이제 기존의 논의에서 해결되지 못한 문제와 쟁점으로 부각된 사항들에 대하여 보기로 하자.

우선 이제까지의 논의에서는 『김봉본전』과 봉이 설화의 관련양상이 제대로 밝혀지지 못했다. 『김봉본전』은 봉이 설화를 토대로 창작된 작품이다. 다음과 같은 계항패사씨의 평어는 이러한 사정을 잘 보여준다.

> 桂巷稗史氏曰 此는 金鳳本傳也라. 文凡三十六回[121]에 其奇事奇蹟은 多不

119) 김헌선, "건달형 인물이야기의 존재양상과 의미", 『경기어문학』 8집, 경기대 국어국문학회, 1990.

120) 정훈식, "『김봉본전』의 구조와 서사적 전통", 부산대 석사학위논문, 1997.

121) 『김봉본전』은 총 45회에 걸쳐 연재된 작품인데, 여기서 36회라고 말한 이유는 무엇인가? 이에 대하여 작가의 착오일 것이라는 지적이 있었으나 실상은 그렇지 않다.(최원식, 앞의 글, 187쪽) "文凡三十六回에 其奇事奇蹟은 多不勝枚라. 因其中에 有斷獄一事ᄒᆞ야 刪削太半ᄒᆞ고 遂攝入公案之第四回ᄒᆞ니"는 봉이에 관한 수많은 설화를 한정된 지면에서 모두 수용하기란 불가능한 일이었으므로 그 대강을 刪削하여 36회까지 연재하고, 봉이 설화 가운데 옥사를 해결한 이야기가 있어 이 뒤에 부연하여 마무리를 삼고자 하였다는 것으로 이해해야 한다. 실제로 37회부터 45회까지의 이야기는 봉이가 평양 서윤과 맞서 옥사를 해결한 이야기('공안')이다.

勝枚라. 因其中에 有斷獄一事ᄒᆞ야 刪削太半ᄒᆞ고 遂攝入公案之第四回ᄒᆞ니 自與前後篇文勢로 有不相類者라. 觀者ᄂᆞᆫ 詳之어다.(1906.8.18)

그런데 기존의 논의에서는 설화의 소설화에 주목하면서도, 봉이 설화가 소설로 전환되면서 갖게 된 새로운 의미를 간과하고 양자를 동일시하여 다루고 있다.[122) 『김봉본전』은 봉이 설화를 채록하는 데 그친 작품은 아니다. 『김봉본전』의 상당부분은 작가에 의해 새롭게 창작되었으며, 그 결과 『김봉본전』과 봉이 설화는 인물형상, 구성, 주제의식에 있어서 서로 변별적인 특성을 갖게 된다. 이는 설화가 소설화되면서 당대의 구체적인 문제와 관련을 맺음으로써 새로운 문제의식을 담게 되었음을 의미한다. 따라서 작품의 구체적인 분석에 들어가기에 앞서 봉이 설화와 『김봉본전』의 관련양상을 살피는 작업이 이루어져야 할 것이다.

한편 기존의 논의에서 쟁점이 되었던 부분은 봉이라는 인물의 성격을 어떻게 파악해야 하는가 하는 문제였다. 최원식은 봉이의 성격이 '방외인-건달-진정한 선비'의 순으로 변모한다고 보았고, 정훈식은 '지식인-낭사-건달-유협-지식인'의 순으로 변모한다고 하였다. 사건이 전개됨에 따라 봉이라는 인물의 성격이 어느 지점에서, 어떻게 변화해 나가는지를 밝히고, 봉이가 이처럼 다양한 변모의 과정을 겪을 수밖에 없었던 사회적 이유가 고찰되어야 할 것이다. 그랬을 때 봉이를 둘러싸고 벌어지는 제반 갈등의 역사적 의미가 명확하게 밝혀질 수 있을 것이다.

이제 이상과 같은 문제의식을 가지고 『김봉본전』과 설화의 관련양상, 주인공을 둘러싸고 벌어지는 갈등의 역사적 의미를 규명하기로 하겠다.

---

122) 최원식과 김헌선은 설화와 『김봉본전』의 관련양상에 대하여 주목하지 않았으며, 정훈식은 양자의 차별적 특성에 주목하기는 하였으나 『김봉본전』의 봉이가 펼치는 사기행각이 설화에 비해 계획적이라는 점을 밝히는데 그쳤다.

1) 『김봉본전』과 설화의 관련양상

우선 논의의 편의를 위해 『김봉본전』의 줄거리를 보기로 하자.

1. 인조 때 봉이[123]는 낭사라 자호하고 강호에 소요하며 지내다가 처자가 굶주림과 추위로 죽게 되었다는 편지를 받고 집으로 돌아온다.

2. 이모부 이삼장을 찾아가 꾀를 써서 그의 주막을 빌리는 한편, 당시의 명의 이군응을 주막으로 유인하여 약방을 열어 큰돈을 벌지만 이군응에게는 한 푼도 주지 않고 쫓는다.

3. 해운화상에게 오천 면을 꾸어달라고 부탁했다가 거절당한 후 시주승을 이용하여 해운화상에게서 2만 냥을 뺏는다.

4. 닭을 봉이라고 속여서 팔았던 닭장수를 골탕먹인다.

5. 이모부 이삼장에게 대동강 물을 팔아먹는다.

6. 처가 병이 들어 위독하자 꾀로써 이군응을 데려와 치료하고 자신의 말을 준다.

7. 봉이의 사기행각을 징치하기 위해 파견된 평양서윤 김경징과 맞서 이긴다.

8. 가족을 데리고 종적을 감춘다.

『김봉본전』은 봉이 설화를 토대로 창작된 작품이다. 그러나 계항패사씨가 밝혔듯이 봉이에 관한 수많은 설화를 한정된 지면에서 모두 수용하기란 불가능한 일이었으므로, 그 대강을 刪削하여 수용하였다. 구비 전승되던 봉이 설화를 수용한 부분은 3단락, 4단락, 5단락이다.

그러면 작가는 어떤 기준을 가지고 수많은 봉이 설화 가운데 3단락, 4단락, 5단락을 수용한 것일까?

---

123) 『김봉본전』에서 봉이의 본명은 김인홍으로 나온다. 봉이라는 이름은 닭을 봉이라고 속여서 팔았던 닭장수를 골탕먹인 데서 얻게 된 것이다. 이 논문에서는 김인홍을 봉이라는 이름으로 통일하여 부르기로 하겠다.

구비 전승되는 봉이 설화는 크게 세 층위로 설명할 수 있다. 첫째, 어떠한 이해관계 없이 상대를 골탕먹이는 이야기이다. 앞을 보지 못하는 장님에게 비가 온다고 속여 볕에 말리던 벼를 거두게 한다거나, 장님의 호박을 남의 집 호박이라고 속여 따게 한다거나, 먹감자고 속여 오줌통에서 먹감게 하는 이야기가 그 대표적인 예라고 할 수 있다.[124] 둘째, 상대를 속여 먹을 것을 얻어먹는 이야기이다. 주막 주인을 속여 고기를 얻어먹는다거나, 엿장수(혹은 떡장수)를 속여 엿(혹은 떡)을 얻어먹는 이야기가 그것이다.[125] 셋째, 부와 권력을 가진 자와 맞서는 이야기이다. 서울 부자에게 대동강 물을 팔아먹은 이야기나 부유한 중의 돈을 빼앗는 이야기 등이 부자와 맞서는 이야기라면[126] 양반에게 천인이 쓰는 방상씨를 쓰도록 한다거나, 과거보러 가던 선비들에게 처녀의 방을 엿보았다는 누명을 씌운 후 누명을 벗겨 주겠다며 성기를 내놓도록 한다거나, 현령의 상복을 훔쳐 입고 공짜 술을 먹는 이야기는 권력을 가진 자와 맞서는 이야기[127]라고 할 수 있다.

첫째 행적은 아무런 이해관계도 없는 상대를 골려먹는 이야기로, 속이는 자와 속는 자 사이에 심각한 대결의식이 없다. 여기에 속하는 이야기들은 그저 유쾌한 웃음을 유발하는 소화에 가깝다. 둘째 행적은 상대를 속여 먹

---

124) '속아넘어간 장님'(임석재, 『한국구전설화』 1, 276쪽), '김선달과 장님'(임석재, 앞의 책, 277쪽), '장님을 속이는 김선달'(임석재, 앞의 책, 279쪽), '김선달 장님을 울궈먹다'(임석재, 앞의 책, 280쪽), '처녀 국소 보기'(임석재, 『한국구전설화』 3, 194쪽).

125) '개고기 훔쳐먹고'(임석재, 『한국구전설화』 3, 194-195쪽), '봉이 김선달의 공짜숙식'(『한국구비문학대계』, 1-1, 284쪽), '봉이 김선달'(『한국구비문학대계』, 2-7, 200), '봉이 김선달'(『한국구비문학대계』, 8-3, 41쪽)

126) '대동강 물 팔아먹다'(임석재, 『한국구전설화』 3, 193쪽), '대동강 물 팔아먹은 봉이 김선달'(『한국구비문학대계』, 2-5, 827쪽), '대동강물을 팔아먹은 김선달'(『한국구비문학대계』, 7-10, 54쪽), '김선달과 중'(임석재, 『한국구전설화』 1, 271쪽), '중을 속인 김선달'(임석재, 『한국구전설화』 1, 280쪽), '김선달 중을 울궈먹다'(임석재, 『한국구전설화』 1, 283쪽)

127) '거만한 양반 골린 김선달'(임석재, 한국구전설화 3, 185쪽), '양반자제에 방상씨 씌우다'(임석재, 앞의 책, 186쪽), '김선달의 奸智와 奇智'(임석재, 앞의 책, 189쪽), '공짜 술 먹은 봉이 김선달'(『한국구비문학대계』, 1-4, 599쪽).

을 것을 빼앗는 이야기이지만, 그 대상이 주막 주인이거나 엿장수(혹은 떡장수)와 같이 미천한 존재이기 때문에 속이는 자와 속는 자 사이에 대단한 대결의식이 있는 것은 아니다. 이에 비해 셋째 행적은 부자의 재산을 빼앗거나 양반의 권위를 무너뜨리는 이야기로, 자신을 무시하고 억압하는 상대와 맞서려는 대결의식이 심각하게 드러난다. 이 세 층위의 이야기 가운데 『김봉본전』에 수용된 봉이 설화(3단락, 4단락, 5단락)는 모두 셋째 행적에 속하는 것이다. 이는 작가가 일정한 창작의도를 가지고 봉이 설화를 선택하여 수용하였음을 보여주는 것이다.

한편 작가는 이미 항간에서 떠돌고 있던 봉이 설화를 수용하는데 그치지 않고, 상당부분을 새롭게 부연함으로써 설화와는 다른 문제의식을 드러냈다. 현전하는 봉이 설화에서 찾아볼 수 없는 1단락, 2단락, 6단락, 7단락, 8단락이 바로 그것이다. 2단락, 6단락, 7단락은 작가에 의해 새롭게 창작된 일화이기는 하지만, 아무렇게나 지어낸 것은 아니다. 이 일화들은 봉이 설화의 셋째 행적처럼 가진 자와 맞서는 이야기이다. 말하자면 작가는 구비 전승되던 봉이 설화 가운데 셋째 행적에 해당하는 일화를 중심으로 수용하는 한편, 새로운 일화를 창작하여 부연함으로써 『김봉본전』을 완성했던 것이다.[128]

한편 2단락에서 7단락까지의 여섯 편의 일화는 그 자체로도 충분히 독립적인 이야기이다. 실제로 설화에서는 각 편의 일화가 독립적인 이야기로 구연되기도 한다. 이처럼 『김봉본전』은 봉이에 관한 독립적인 일화들을 연결하여 이루어졌기 때문에, 얼핏 삽화적 구성의 형태를 취하고 있는 것처럼 보일 수 있다.[129] 그러나 봉이에 관한 각 편의 설화가 그저 수평적으로 나열

128) 봉이 설화의 영향을 받은 3단락, 4단락, 5단락도 설화와는 다른 층위에서 전개된다. 이에 대해서는 다음 장에서 자세하게 살피기로 하겠다.

129) 『김봉본전』의 이와 같은 특성에 주목하여 이 작품의 작품구조를 반복적 서사구조라 파악한 예도 있으나(정훈식, 앞의 글, 6-12쪽), 봉이에 관한 여러 일화는 반복적으로 나열되었다기 보다는 치밀한 작가의 의도아래 연결되어 있다는 사실을 주목해야 하겠다. 그랬을때 『김봉본전』의 주제의식이 보다 선명하게 부각될 것이다.

된 것은 아니다. 잡다한 것처럼 보이는 2단락에서 7단락까지의 일화들은 하나의 문제로부터 파생된 것들이다. 즉 중세적 질곡 앞에 선 한 인간의 번민과 갈등이라는 문제를 정점에 두고 각각의 일화를 배치함으로써, 자칫 산만해지기 쉬운 서사 골격에 통일성을 부여하고 있는 것이다. 그리고 그 앞뒤에 1단락과 8단락을 덧붙임으로써 봉이의 행적이 유기적으로 연결될 수 있도록 했다. 말하자면 『김봉본전』의 구성은 설화의 삽화적 구성에서 벗어나 소설의 극적 구성의 단계로 진전된 면모를 보인다고 하겠다. 여기서 작가가 항간에 떠돌던 봉이 설화를 채록하는 선에서 만족하지 않고 소설의 극적 구성을 통해 설화를 재해석하고 새로운 문제의식을 담고자 했음을 알 수 있다.

2) 봉이의 갈등과 그 역사적 의미

『김봉본전』은 봉이라는 인물의 성격을 암시하는 두 개의 흥미로운 일화로 시작된다. 봉이가 과거를 준비하는 친구를 방문하여 삶의 방식에 대하여 이야기한 일화와, 봉이가 서울에 가서 취했던 기이한 행적에 관한 일화가 그것이다.

먼저 전자의 경우를 보기로 하자. 봉이는 친구를 찾아가 자신과 함께 명산을 두루 돌아다니며 사는 것이 어떻겠냐고 제의한다. 봉이가 친구를 찾아갔을 때, 친구는 오월 염천에 문을 닫고 十八句 시를 짓고 있었다. 봉이는 이런 모습을 보고 오월 염천에 종일토록 땀을 흘리며 시를 지어봐야 무슨 소득이 있겠느냐며 함께 명산을 두루 돌아다니며 살자고 제안하는 것이다. 그러나 친구는 詩 가운데 세간의 '榮華富貴'와 '錦綉粱肉'이 있으니 초시에 합격하여 자손의 택호로 삼겠다고 한다. 자손의 택호로 삼겠다는 것은 과거에 급제하여 관작을 얻어 사람들이 자신의 집안을 진사댁, 혹은 현감댁이라 부르도록 하겠다는 것이다. 그렇다고 시골 양반이 과거를 통해서 대단한 직위에 오를 수 있었을 리 만무하다. 좌수나 별감같은 하찮은 칭호나 얻을 게 분명하다. 그럼에도 친구는 봉이의 제안에 대하여 망상이라고 비난한다. 봉이의 친구는 사서삼경을 읽고 시를 짓는 공부를 하여 과거에 급제하고 입신명달하는 것을 삶의 지향점으로 삼았던 조선시대 양반의 평균적인 모습이라 할 만하다. 이에 비해 봉이는 산촌의 학자들처럼 文을 論하고 賦를 지으며 살아가는 것을 탐탁지 않게 생각하는 인물이다.130)

서울에 간 봉이의 행적을 보여주는 후자는 봉이라는 인물의 성격을 보다 상징적으로 보여주는 일화이다.

> 仁鴻이 年十七에 來遊京師라가 一夜는 承月色清明ᄒᆞ야 手携了一壺濁酒ᄒᆞ고 獨上南山之蚕頭라가 忽然大叫數聲ᄒᆞ고 發狂疾走에 數日不休ᄒᆞᆫᄃᆡ 人皆以爲病狂也라 ᄒᆞ더니 旣而오 無事라. 自後로 往來江湖에 逍遙自得ᄒᆞ야 自號를 浪士라 ᄒᆞ고 經年不返ᄒᆞ더니(1906.6.28)

친구에게 일체의 현실적 욕망을 접고 강호에 소요하기를 제안했다가 거절당했다는 내용 다음에 나오는 이 일화는 중세체제의 본질을 자각한 한 인간의 절망적인 심정을 매우 실감나게 보여준다. 남산에 올라 수일간 소리를 크게 지르며 미친 듯이 질주하더니 이후부터 스스로 '浪士'라 칭하고 강호를 왕래했다는 데서 현실과 대립하고 갈등하는 한 인간의 절망을 느낄 수 있는 것이다.

그러면 봉이로 하여금 이처럼 절망하게 했던 현실은 무엇인가?

> 至於仁鴻ᄒᆞ야는 淺深을 莫測이옵고 自恨生長遐鄕에 不得與京師豪傑로 頡頏上下ᄒᆞ야 每每自誓ᄒᆞ기를 寧爲郭解劇孟之流가 慷慨沒身이언뎡 不願爲窮巷腐儒가 白首窮經ᄒᆞ고 寧爲土豪武斷之流가 橫行一時언뎡 不願爲勢家門客에 受其指使ᄒᆞ더니 往日 蚕頭的一叫와 近日山林的托跡이 皆自不平中出來이오

---

130) "不肯逐山村學究輩하야 論文作賦하고"(1906.6.28)

非其眞情이 本然이라.(1906.7.4)

위 인용문은 봉이의 이종 사촌인 이일랑이 봉이에 대하여 평한 내용이다. 봉이는 하향의 평민이면서도, 평민으로서의 삶에 안주할 수 없었던 인물이었다. 재주로 겨룬다면 경사의 호걸과 맞설 수 있는 인물이지만 현실적으로는 그들과 대결할 여건을 갖추고 있지 못했다. 봉이는 "聰悟過人하고 才智絶倫"(1906.6.28)하여 스스로 장양, 진평과 호형호제할 만하다고 자부하는 인물이다. 그러나 그는 "家世는 祖農父商"(1906.8.11)이라는 데서 알 수 있는 바와 같이 평민출신이다. 그렇기에 엄격한 신분질서를 기반으로 하는 중세 체제에서 봉이가 자신의 뛰어난 능력을 발휘하기란 애초에 불가능한 일이었다. 그래서 그는 차라리 곽해, 극맹처럼 협객이 되거나 토호, 무단[131]이 될지언정 권세가의 부림받기를 원하지 않았다. 봉이가 남산에 올라가 소리지르고 다녔던 일이나 산림을 소요한 일이 모두 이와 같은 불평한 마음에서 나온 것이지 진정이 그런 것은 아니라는 이일랑의 평은 봉이가 처했던 절망적인 현실을 정확하게 지적한 것이다.

그렇다고 봉이가 협객이나 토호, 무단으로서의 삶을 지향했던 것도 아니다.

大丈夫ㅣ 不能提兵萬里에 入功絶塞ᄒᆞ야 取封侯金印에 繫之肘後ᄒᆞ고 又不能立身臺閣에 □博虎擊ᄒᆞ야 以効忠直之風ᄒᆞ며 旣不肯膝席權門에 昏夜乞哀ᄒᆞ야 希霑一分之餘瀝ᄒᆞ고 又不肯營生謀財에 終身汨沒ᄒᆞ야 以作守錢奴的醜態ᄒᆞ야(1906.6.29)

---

131) '土豪'는 사전적 의미로 한다면 지방의 호족을 일컫는다. 아마 작가는 경제력을 바탕으로 지방에서 행세하던 부류를 이렇게 지칭했던 것 같다. '武斷'은 무력으로 다스린다는 뜻으로 文治에 반대되는 의미인데, 여기서는 백수로 경전을 궁리하는 썩은 선비에 대칭되는 의미로 사용되고 있다.

봉이는 무관이 되어 공을 세울 수도, 문관으로 입신하여 충직을 다할 수도 없는 자신의 현실을 누구보다도 정확하게 자각하고 있었다. "不肯逐山村學究輩하야 論文作賦하"(1906.6.28)였다는 데서 알 수 있는 바와 같이, 그는 애초에 과거에 응시하기 위해 사서삼경을 배우거나 시를 짓는 학문 따위에는 관심이 없었다. 그럼에도 그는 권문가에 드나들면서 벼슬을 애걸하는 삶을 거부한다. 시골의 평민에 불과한 봉이가 벼슬이라도 얻기 위해서는 권문세가를 찾아다니며 하루 종일 굽실대면서 돈을 써 가며 청탁을 해야만 "一分之餘瀝"이라도 얻을 수 있었을 것이다. 그러나 봉이는 이와 같은 굴종적인 삶을 받아들일 수 없었다. 그렇다고 평생 재산을 모으는데 골몰하는 수전노의 삶을 살고 싶지도 않았다. 그가 현실적으로 선택할 수 있는 삶은 아버지처럼 상인이 되는 길이었다. 궁벽한 시골에 머물던 神醫 이군응을 평양으로 끌어들여 약국을 열어 크게 성공했던 것으로 보아, 봉이가 상인으로 나섰다면 대단한 부를 얻을 수 있었을 인물이다. 그러나 그는 개인적 치부를 위해 평생 재물 모으는데 급급해야 하는 상인으로서의 삶도 수전노의 추태라 하여 거부한다.

이와 같은 인간적 자각 아래 봉이가 선택한 길은 '낭사'로서의 삶이었다. "自後로 往來江湖에 逍遙自得ᄒᆞ야 自號를 浪士라 ᄒᆞ고 經年不返ᄒᆞ더니"(1906.6.28)라고 한데서 알 수 있듯이, '낭사'는 중세 체제 아래에서 자신의 뜻을 펼 수 없음을 자각하고 스스로 세상을 등지고 방랑하는 것으로 세상에 대응하고자 하는 삶을 의미한다. 봉이는 신분적으로는 평민이다. 그러나 그의 의식은 굴종을 강요하는 평민으로서의 삶에 안주하지 못한다. 그가 남산에 올라가 미친 듯이 질주하다가 스스로 '낭사'로 자처하고 세상을 등졌을 때의 나이가 17세였다. 바야흐로 자신의 정체성에 대하여 고민하고 갈등할 나이였던 셈이다. 말하자면 중세체제 안에서 평민으로 살아간다는 것의 의미를 비로소 자각하게 된 한 인간의 좌절과 방랑이 바로 '낭사', 봉이의 삶이라고 하겠다.

그러나 '낭사'로서의 삶은 처음부터 심각한 장애를 만나게 된다. 봉이는 이미 혼인하여 처와 자식을 두고 있었던 것이다. 그가 세상에 대한 불만을 품고 방랑하는 사이, 그의 처자는 굶주림과 추위에 시달릴 수밖에 없었고 봉이는 끝까지 이를 외면할 수 없었다. 봉이는 처로부터 굶주림과 추위에 시달리고 있다는 편지를 받고 '낭사'로서의 삶을 접고 평양으로 돌아간다.

> 仁鴻이 乃歎曰 功名도 在天이오, 神仙도 有分이니 休矣어다. 歸去家中ᄒᆞ야 風打竹浪打竹으로 優哉遊哉에 聊以卒世ᄒᆞ리라.(1906.6.28)

위 인용문은 봉이가 처의 편지를 받고 평양으로 돌아갈 결심을 하면서 한탄한 말이다. 그저 되어가는 대로 어영부영 한세상 마치겠다고 한탄했지만, 현실로 돌아온 봉이가 보인 행적은 자신을 억압하는 현실적 질곡과의 치열한 대결로 점철된다.

> 我腹中에 自有一種妙術ᄒᆞ야 乍開乍闔에 一飜一覆ᄒᆞ면 世間許多癡男이 皆入吾彀中ᄒᆞ리니 又何恨不貴不富에 無財無錢이리오? 此乃金聖歎西廂記第一券痛哭古人篇에 古今英雄消遣的方法이라 하고(1906.6.29)

위 인용문은 봉이가 처음으로 사기행각을 벌이기에 앞서 한 말이다. 봉이는 자신이 한 번 엎었다 뒤집었다 하면 세간의 허다한 어리석은 자들이 모두 자기 손아귀에 들어올 것이라고 하여, 가족의 삶을 지켜주지 못한 가장으로서 이제 현실에 맞서고자 하는 대결의식을 표출한다. 그러면서 고금의 영웅들도 세상의 어리석은 사람들을 속이고 골탕먹이는 것으로 울적한 마음을 풀었다는 『서상기』의 한 대목을 끌어 들여 이를 합리화한다.

봉이의 첫 번째 행적은 지극히 개인적인 문제를 해결하기 위한 것으로 시작된다. 그는 우선 굶주림과 추위에 시달리고 있는 처자의 궁핍한 현실을 해결하기 위해 이모부 이삼장을 찾아가, 예전에 이삼장이 경영하다 지금은 남에게 세놓은 주막을 빌려달라고 청한다. 이삼장은 "原來是赤手起家的富翁"(1906.6.30)이다. 그는 소시적에 주막을 열어 십여 년을 하루도 쉬지 않고 일하여 천금을 모았으며, 사람들이 점부니 술에미니 하고 부르는 것이 싫어 주막을 그만둔 후에는 돈과 쌀을 빌려주고 이자를 받는 고리대금업을 하여 부호가 된 인물이다. 이삼장은 자수성가한 인물답게 각처에 빌려준 돈과 쌀의 이자를 손수 계산하느라고 매일 밤 사오 경이 되어서야 자리에 드는 수전노형 인물이다. 그러니 평소 미친 사람으로 여기던 봉이의 부탁을 들어줄리 만무하다. 그러나 이삼장의 아들, 이일랑은 봉이가 지난날 강호를 소요했다고 하지만 실제로는 화적의 무리를 따라다녔을 것이라며 봉이에게 주막을 빌려주라고 설득한다. 결국 이삼장은 아들의 말에 수긍하고 봉이에게 주막을 빌려주게 된다.

주막을 빌린 봉이는 당시의 名醫 이군응을 찾아가 처가 죽을 병에 걸렸으니 자기 집에 와서 치료해달라고 호소하여 주막으로 데려온다. 이군응은 처음에는 서울의 모 재상조차 자기를 데려가기 위해서는 많은 돈을 냈어야 했다며 봉이의 부탁을 거절한다. 그러나 칼을 빼들고 '병자가 죽어가는 데도 치료하지 않는다면 신술이 무슨 소용이 있겠느냐'며 위협하자, 어쩔 수 없이 봉이를 따라 주막으로 가게 된다. 그리고 봉이는 이군응을 설득하여 주막에 약국을 열어 일 년여 만에 큰돈을 모은다. 이렇게 되자 이군응은 아무 것도 한 일이 없는 봉이와 돈을 나누어야 하는 것에 대하여 불만을 갖게 된다. 이에 봉이는 이군응이 그 동안 먹은 식사비를 제하면 오히려 자기에게 돈을 더 주어야 한다며 한 푼도 주지 않는다. 이군응은 별 수 없이 집으로 돌아간다.

그런데 봉이는 이상과 같은 첫 번째 사기행각을 성공적으로 마치고 난 후 자신의 정체성에 대하여 심각하게 고민하게 된다.

> 大丈夫生世에 第一下淚者ㅣ 窮字가 是己라 ᄒᆞ더니 果然이로다.(1906.7.6)

> 仁鴻이 撫手大歎道 "噫라, 仁鴻 此手로 不能將一千勇將百萬大兵ᄒᆞ야 擒住了黑風大王朵思大王等物ᄒᆞ고 只籠吒一個老 的物이라" 하더라.(1906.7.16)

앞의 인용문은 이모부 이삼장을 위협하여 주막을 빌리고 나오며 한 말이고, 뒤의 인용문은 이군응을 속여 돈을 가로챈 후 한 말이다. 봉이는 일천 용장과 백만 대병을 이끌고 일세에 공명을 세우는 영웅이 되지 못하고, 단지 궁핍한 현실을 해결하기 위해 사람을 속이고 있는 자신의 처지에 대하여 절망한다. 봉이는 스스로 대단한 능력을 지녔다고 자부하는 인물이다. 그런데 개인적 궁핍이나 울분을 풀기 위해 사람을 속여 돈을 가로채는 처지에 이르렀으니, 자신의 정체성에 대하여 심각하게 고민하지 않을 수 없었던 것이다.

이 일을 계기로 봉이의 이후의 행적은 개인적 차원이 아닌 사회적 차원의 것으로 발전하게 된다. 이를 기점으로 봉이의 행적은 크게 두 가지로 나누어진다. 첫째 행적은 개인의 치부를 위해서 돈을 모으는 부자를 골탕먹이는 것이고, 둘째 행적은 지배층의 타락한 정치현실과 무능함을 우롱하는 것이다.

전자에는 해운화상을 골탕먹인 이야기(3단락)와 이삼장에게 대동강 물을 팔아먹은 이야기(5단락)가 있다.

먼저 봉이가 해운화상을 골탕먹인 이야기를 보기로 하자. 『김봉본전』의 이 대목은 "김선달 중을 울궈먹다"[132]를 토대로 한 것으로 생각된다. 그런데 설화와 소설은 여러 면에서 다른 양상을 보인다.

먼저 "김선달 중을 울궈먹다"의 줄거리를 보기로 하자.

---

132) 임석재, 『한국구전설화』 1, 283쪽.

1. 봉이는 주막에서 만난 탁발승이 시주를 많이 받은 사실을 알고 그 돈을 가로채려고 한다.

2. 봉이는 몰래 탁발승의 옷을 입고 주막 주인에게 개고기를 사 먹고 돈은 내일 치르겠다고 한다.

3. 주막주인이 탁발승에게 개고기 먹은 돈을 치르라고 하여 탁발승이 곤경에 처하자 봉이가 구해준다.

4. 봉이는 평양감사가 행차하는 데 구경 가자고 한 후, 탁발승으로 하여금 평양감사가 행차하는 길을 가로질러 오게 하여 관원에게 잡혀갈 위기에 처하게 한다.

5. 봉이는 관원에게 자신이 탁발승을 데리고 있겠다고 한 후, 탁발승을 놓아주는 조건으로 시주한 돈을 가로챈다.

6. 봉이는 다른 중을 속여 탁발승 대신 관원에게 잡혀가 죽게 한다.

설화에서 봉이는 여러 면에서 긍정적인 평을 받을 수 없는 행동을 일삼는다. 봉이에게 속은 중은 시주를 하러 다니는 탁발승에 불과하니, 탁발승의 돈을 가로채는 봉이의 행동은 사기꾼의 추한 행태와 크게 다르다 할 수 없다. 뿐만 아니라 탁발승에게 돈을 가로챈 후, 애매한 중을 속여 관원에게 잡혀가 죽게 하는 데 이르면 봉이의 행동은 비난받아 마땅하다고 하겠다.

그러나 『김봉본전』에서 봉이가 보이는 행동은 이와는 다르다.

3단락의 줄거리를 보기로 하자.

1. 봉이가 해운화상에게 돈을 빌려달라고 했다가 거절당한다.

2. 봉이의 집에 탁발승이 찾아온다.

3. 봉이는 탁발승과 함께 평안감사가 대동강에서 선유하는 것을 구경 간다.

4. 봉이가 탁발승에게 오라는 손짓을 하자 탁발승이 평안감사의 행차를 가로질러 오다가 불경죄로 옥에 갇힐 위기에 처한다.

5. 봉이는 관원에게 탁발승을 잠시 풀어주면 다음날 데려오겠다고 하여 자기 집으로 데려온 후 도망가도록 한다.

6. 봉이는 해운화상에게 가서 아들이 약하여 불공을 드리려고 하니 자기 집에 와 달라고 하여 데려온다.

7. 다음날 관원은 해운화상이 탁발승인 줄 알고 잡아가려 한다.

8. 해운화상은 돈을 주면 살려주겠다는 봉이의 꾀임에 빠져 이만 전을 주고도 관아에 끌려가 곤장을 맞고서야 풀려난다.

『김봉본전』의 3단락은 그 발단이 돈을 빌려달라는 봉이의 부탁을 해운화상이 거절한 데서 비롯된다. 말하자면 봉이의 행동은 성직자의 신분에 맞지 않는 부를 지니고 있으면서 남을 돕는 데는 인색한 중을 골탕먹이는 데 초점이 맞추어져 있는 것이다. 이 과정에서 탁발승이 잠시 곤경에 처하기도 했지만, 그것은 해운화상을 골탕먹이기 위한 술책이다.

이 점에서는 이삼장에게 대동강 물을 팔아먹은 이야기도 마찬가지이다. 설화에서는 봉이에게 속아 대동강 물을 산 사람이 대개 서울사람으로 묘사된다. 즉 설화에서는 영악한 서울사람이 평양의 일개 건달에게 속았다는 사실에 초점이 맞추어져 있는 것이다. 그러나 이 작품에서는 인색하기 그지없는 부자가 봉이에게 속았다는 데 초점이 맞추어져 있다.133)

그러면 봉이는 왜 수전노형 인간형을 골탕먹이는데 이처럼 골몰했던 것일까? 봉이와 대립관계에 있던 이삼장은 조선후기 부를 축적하면서 자신의 지위를 상승시켜 나가던 요호부민에 대응되는 인물이다. 이삼장은 앞에서 보았듯이 주막을 경영하고 고리대금업을 하여 부를 축적한 인물이다. 또한 해운화상은 성직자의 신분에 맞지 않게 평안도의 어린아이들도 "富僧"이라고 부를 만큼의 부를 축적한 인물이다. 중의 신분으로 이만한 부를 얻었다

133) 이삼장이 인색한 인물이라는 사실은 작품의 초반부에서 봉이가 돈을 빌리러 갈 때부터 시종 강조되는 사실이다.

는 것은 성직자로서의 의무를 저버렸음을 의미한다. 그러나 이들은 부의 축적에만 관심이 있고, 이를 의미있게 사용하는 데는 전혀 관심이 없는 인물들이다. 말하자면 해운화상과 이삼장은 개인의 치부에만 관심이 있는 수전노형 인간형이라고 할 수 있다.

계항패사씨의 다음과 같은 평어는 작가가 이삼장이나 해운화상과 같은 수전노형 인물에 대하여 갖고 있던 반감의 원인이 어디에 있는지 잘 보여준다.

> 桂巷稗史氏曰 仁鴻奸巧은 固不足責이어니와 世之論海雲者ㅣ 皆咎其吝이로듸 吾則謂吝不足咎也라 ᄒᆞ노니 夫財者ᄂᆞᆫ 神之所慳也오, 人之所欲也니 非吝이면 何以守財리오만은 旣知守之에 當知用之어늘 至於海雲ᄒᆞ야ᄂᆞᆫ 吝之而已오 不知濟世利人之道ᄒᆞ니 其遭患也를 又何足惜哉리오?(1906.7.24)

근대계몽기에는 개인적으로든, 국가적으로든 부의 축적의 중요성이 어느 시기보다도 강조되었던 시기라 할 수 있다. 이 시기의 계몽지식인들은 하루빨리 서구에 비견되는 상공업을 발달시켜 경제적 부를 축적해야만, 근대적 변혁을 성공적으로 이루고 외세로부터 민족자주권을 지킬 수 있다고 생각하고 있었다. 계항패사씨가 재물에 대한 욕심은 사람마다 있는 것이고, 인색하지 않고서는 재물을 모을 수 없다며, 경제적 가치의 중요성을 강조한 것은 이와 같은 인식의 연장선상에 있다고 할 수 있다. 그러나 경제적 가치의 중요함에 못지않게 강조되어야 할 것은, 부의 공적 효용가치를 정확하게 이해해야 한다는 것이 계항패사씨의 입장이자 이 시기 계몽지식인의 입장이었다고 할 수 있다. 즉 계항패사씨가 이삼장과 해운화상을 '不知濟世利人之道'라며 비난한 것은, 이들이 개인적 치부에만 관심이 있고 부의 공적 효용가치에 대해서는 외면했던 사실에 대한 비난이다. 근대계몽기의 신문에는 모모씨가 학교나 고아원, 혹은 신문사에 자선금을 기탁했다는 기사가 자주 게재되었는 바, 여기에는 재물이 개인적 치부의 수단이 아닌 공공의 이익을 위해 쓰일 때 그 효용가치가 있다고 생각했던 계몽적 지식인의 의식이 숨어 있는 것이다. 이런 점에서 부를 개인적 치부의 수단으로만 생각하는 해운화상이나 이삼장과 같은 수전노형 인물은 부의 근대적 가치를 자각하지 못한 인물이라 할 수 있다. 수전노형 인물을 경멸하고[134] 징치하는 봉이의 행적의 이면에는 이와 같은 작가의식이 투영되어 있는 것이다.

그러면서 봉이가 이삼장에게 대동강 물을 팔고 받은 돈을 물장수들에게 골고루 나눠줬다고 설정함으로써, 봉이를 이삼장이나 해운화상과는 다른 인간의 전형으로 그리고자 했다.

> 金鳳이 遂將數千兩錢ᄒᆞ야 大設一卓ᄒᆞ고 齊齊聚了汲水傭人ᄒᆞ야 以勸我飮에 終日醉樂ᄒᆞ고 更將數千兩錢ᄒᆞ야 一一均給了ᄒᆞ더라.(1906.8.4)

봉이가 애초 이삼장을 속여 대동강 물을 팔아먹을 수 있었던 것은 물장수들의 전폭적인 도움이 있었기 때문에 가능한 것이었다. 봉이는 이들에 대해서 극히 은근, 다정하여 항상 돈도 주고 곡식도 주어왔기 때문에 이들은 봉이를 자기 집 상전 보듯이 하였다. 그러므로 봉이가 그들에게 물 값을 내는 척 해달라고 부탁하자 이들은 봉이의 부탁에 기꺼이 응했던 것이다. 그리고 봉이는 이삼장에게서 받은 돈을 이들에게 골고루 나눠줌으로써, 부가 치부의 수단이 아닌 공적 가치를 실현하는 수단이 될 수 있음을 보여주었다. 봉이가 대동강 물을 팔아먹는 이야기는 봉이 설화 가운데 가장 대표적인 이야기이다. 그런데 설화의 경우 봉이가 평소 물장수들을 도와주었다거나, 그래서 물장수들이 봉이를 상전 보듯이 하였다거나, 대동강 물을 판돈을 물장수들에게 나누어주었다는 설정이 있는 이야기는 발견할 수 없다. 따라서 이러

134) 앞에서 보았듯이 봉이의 아버지는 상인이다. 그럼에도 봉이는 재물을 모으는데 골몰하는 삶을 수전노의 추태라 하여 거부했다.

한 내용은 『김봉본전』의 작가가 의도적으로 변개한 부분이라고 할 수 있다. 민중의 편에 서서 개인적 치부에만 골몰하는 부유층을 징치하고, 이들에게 집중되어 있는 부를 민중에게 환원하는 인물로 그림으로써, 봉이는 새로운 인간의 전형으로 다시 태어나게 된다.

봉이의 두 번째 행적으로는 지배층의 타락한 정치현실과 무능함을 우롱하는 이야기로, 닭장수를 속이는 이야기(4단락)와 평양서윤과 대결하는 이야기(7단락)가 있다.

설화에서 닭장수를 속이는 이야기[135]는 이익에 밝은 상인까지도 속이는 봉이의 기지에 초점을 맞추고 있다. 그러나 『김봉본전』에서는 이 이야기가 설화와는 다른 층위에서 전개된다.[136] 봉이가 닭장수를 속여 돈을 울궈먹는다는 설화적 골격은 그저 작가의 의도를 이끌어내기 위한 수단에 불과하다. 봉이는 닭을 봉이라고 하는 닭장수의 말을 믿는 체하며 닭을 사지만, 곧바로 포도대장 문전으로 달려가 "聖人이 在上에 朝廷이 清明ᄒᆞ니 瑞鳳出이로다"(1906.7.26)라며 봉을 사라고 외친다. 이와 같은 봉이의 행동을 당시의 지배층이 어떻게 받아들였는지는 포도대장의 반응에서 확인할 수 있다.

> 捕將이 聽了大怒ᄒᆞ야 疾喝道 "我가 職在捕將ᄒᆞ야 一令之下에 鬼神이 倒退커놀 奇怪何物이 敢來如此오" …… "促土形具ᄒᆞ야 撲殺彼漢ᄒᆞ라. 以鷄爲鳳에 不肯自服ᄒᆞ니 妖物이라. 不可赦로다"(1906.7.27)

---

135) 닭장수를 속이는 이야기는 '봉이가 짐짓 닭을 봉이라고 하는 닭장수의 말을 믿는 체하며 닭을 산다.-평양감사에게 닭을 봉이라며 바친다.-평양감사는 봉이가 닭장수에게 속은 것을 알고 닭장수를 불러 혼낸다.-닭장수는 봉이에게 판 값보다 더 많은 돈을 주고서야 풀려난다.'는 내용이다.

136) 닭장수를 속이는 이야기에 대한 분석은 "일반전승에서는 능란한 사기꾼의 면모만 두드러지는데 이 작품의 작가는 이 이야기를 일종의 정치적 풍자로까지 들어올렸다"는 최원식의 논의에 힘입은 바 크다.(최원식, 앞의 글, 203-204쪽)

포도대장은 자신이 재직한 이후 모든 '귀신'을 물리쳤다고 자부하는 인물이다. 지배층의 입장에서 본다면 '귀신'은 현재의 일상을 위협하는 두려운 존재인 바, 포도대장의 입장에서는 봉이 역시 '요물', 즉 체제위협적인 존재로 이해된다. 봉이가 외쳤듯이 鳳은 "聖世祥瑞"를 상징하는 존재이다. 봉이가 닭을 봉이라고 외치고 다닌 것은 여전히 고통스러운 현실을 성세라고 무마하는 지배층에 대한 반어인 셈이다. 그런데 포도대장이 스스로 봉이 아니라 닭이라고 강변하게 되었으니, 봉이는 지배층 스스로 지금이 성세가 아님을 인정하도록 한 것이 된다. 말하자면 봉이는 성세를 갈구하는 민중의 편에 서서 지배층의 타락한 정치를 비판하고 풍자한 것이다.

한편 평양서윤과 대결하는 이야기(7단락)는 구비 전승되는 봉이 설화에는 없고 작가에 의해 새롭게 창작된 것으로, 봉이와 지배층의 대결이 가장 직접적으로 그려진 대목이다.

> 當時位高名重훈 北淸金流公이 在一個愛子ᄒᆞ니 名叫做慶徵이라. 年未三十에 已登宰輔之列ᄒᆞ야 自謂奇才無敵이오 天下에 無難事라 ᄒᆞ며 或有傳金鳳事者어ᄂᆞᆯ 則奮然道 "此皆奸民亂民이라. 不可掩置라" 하더니 朝議가 以慶徵이 有吏治材라 ᄒᆞ야 任平壤庶尹ᄒᆞ니(1906.8.8-8.9)

봉이의 사기행각이 계속되자 조정에서조차도 봉이를 체제위협적인 존재로 인식하기에 이른다. 김경징이 '간민', '난민'이라며 그대로 둘 수 없다고 열을 올리는 데서 이러한 사정을 충분히 짐작할 수 있다. 결국 조정에서는 봉이를 징치하기 위해 김경징을 평양서윤으로 보내게 된다.

그러면 봉이와 대립관계를 이루는 김경징은 어떤 인물인가? 김경징(1589-1637)은 인조반정의 원훈 김유의 아들로 병자호란 당시 강도검찰사에 임명되어 강화도 수비의 책임을 맡았던 인물이다. 그는 강화를 金城鐵壁으로만 믿고 청나라 군사가 날아서 건너오지는 못할 것이라고 호언하며 아무런 대비책도 강구하지 않고 매일 술만 마시는 무사안일에 빠졌던 인물이다. 한편 피난민을 구제한다는 명목아래 김포와 통진에 있는 곡식을 배로 실어 날라 정실이 있는 사람에게만 나누어주는 처사로 민심을 크게 잃기도 했다. 결국 아무런 대비책을 세우지 않다가 청나라 군사가 눈앞에 이르러서야 서둘러 방어의 계책을 세웠으나 역부족이었다. 방어책임을 맡았던 그가 나룻배로 도망하여 마침내 강화도가 함락하게 된 것이다. 그리고 나중에 강화수비의 실책에 대한 대간의 탄핵을 받아 사사되었다. 말하자면 김경징은 자신의 안위를 위해 국가와 백성을 저버리는 지배층의 전형이라 할 만한 인간형인 셈이다.

김경징은 평양서윤으로 부임하자 육방 관속들을 모아놓고 바로잡아야 할 폐해가 무엇인지 물어본다. 김경징은 짐짓 봉이에 대한 이야기가 나올 것으로 짐작하고 이렇게 물어보았던 것인데, 관속들은 봉이에 대해서는 전혀 언급하지 않았다. 결국 김경징은 봉이의 폐해가 심한데도 이를 말하지 않는 관속들을 꾸짖으면서 봉이를 잡아오라고 한다. 이때 늙은 아전이 봉이를 변호하는 말은 당시 민중에게 봉이가 어떻게 인식되고 있었던가를 여실히 보여준다.

> 金仁鴻이 雖是一個奸民이라 罪不容貸이오나 却其斯驅人財時에 未嘗一毫擾他貧民이옵고 只是貪官酷吏와 吝嗇的富民處에나 施用這個手段ᄒᆞ고 見他人의 窮塞事情ᄒᆞ면 不惜千金的擲去ᄒᆞ니 其罪관은 可誅나 其才局은 可仰이오, 且其心이 不樂爲此라 但以遐鄉賤跡이 雖有良平管葛的奇才이나 無所望於朝廷之收用이오 又不肯於權門之曳裾이라. 是以로 甘在鄉谷에 不求聞達ᄒᆞ고 畧試錐末에 以見其才ᄒᆞ니 這個人物을 縱不能拔擢需用이나 又何忍摧磨折辱에 作此殺風景的事리오? 況此人이 口如懸河에 儀秦이 莫過라. 雖是捉致的라도 辨罪之場에 受盡無限煩惱ᄒᆞ리이다.(1906.8.9)

아전은 봉이가 탐관오리와 인색한 부호를 속여 재물을 빼앗았을 뿐, 가난한 사람들에게는 천금을 주기를 아끼지 않았으니 그 재기는 우러를 만하다고 하여 봉이의 입장을 대변하는 것이다. 그러면서 이 모든 것이 능력을 펼 수 없는 정치현실에서 비롯된 것인데, 이런 인물을 탁용하여 쓰지 않고 오히려 죽이려 하는 것은 잘못된 것이라고도 했다. 여기서 봉이가 민중과 튼튼하게 연대하고 있던 사정을 짐작할 수 있으니, 체제를 지키려는 지배층의 입장에서 봉이의 존재는 더욱 위협적으로 느껴졌을 것이다. 그러므로 김경징이 늙은 아전의 말에 크게 화를 내며 봉이를 잡아오라고 한 것은 당연한 반응이겠다. 봉이를 잡으러 간 관원조차도 "去受了失捕的罪홀지라도 只是甘心不辭로소이다"(1906.8.10)라며 봉이에게 도망갈 것을 권유할 만큼, 봉이는 민중과 튼튼하게 연대하고 있었던 것이다. 그러나 봉이는 관원의 권유에도 불구하고 자신이 도망한다면 "平生價値가 落盡홀 것"(1906.8.10)이라며 당당하게 김경징과 맞선다.

> 城主ㄴ 是個綺統之子라. 生長於父懷母抱之中에 長似襁褓之兒이니 脾胃가 如何이완듸 儼然坐堂上而稱太守이며 食的ㄴ 長是肉이오 飮的ㄴ 長酒라. 生來에 都不知糟糠粗糲이거니 安知窮民의 視苦茶를 如甘薺ᄒᆞㄴ 情狀이리오? 苟聞得百姓의 餓死ᄒᆞ면 必然道 何不食肉糜오 ᄒᆞ리니 何以牧民이며 大明律大典通編은 一句도 不曾讀이오 無冤錄檢屍等語ㄴ 一字도 不能解라. 小訟大獄에 只憑吏屬輩의 舞智舞文ᄒᆞ리니 何以治獄이리오? 城主가 苟要治民이뒨 早解了銅章ᄒᆞ고 歸家學問數十年에 爲我城主가 方是合當이니 今日에 要城主治民이면 是將新生的鷄卵ᄒᆞ야 先求子時與丑時이니 豈不令人悶悶이리오?(1906.8.11)

김경징이 봉이에게 죽어 마땅하다며 호통하자, 봉이는 강보에 싸인 아이처럼 고생을 모르고 자라 窮民의 궁핍한 현실을 진정으로 이해하지 못하고, 법률을 공부한 적이 없어 아전의 알량한 기지에 의지하고, 법률의 조문을 마음대로 해석하여 법을 남용한다며 김경징을 비난한다. 여기에는 중세체제의 배타적 지배층인 양반이 지녔던 계급적 특권의 폐해를 고발하고 비판하려는 작가의식이 투영되어 있다고 하겠다. 중세체제하에서 양반은 그 능력유무와는 무관하게 양반이라는 이유만으로 무형, 유형의 계급적 특권과 사회적 영향력을 누리고 있었다. 작가는 이와 같은 양반의 계급적 특권을 담보하는 중세적 신분질서가 사라지지 않고서는 근대적 변혁의 꿈을 이룰 수 없다고 보았던 것이다.

봉이에 의해 자신의 치부가 적나라하게 드러나자, 김경징은 태형으로 봉이의 죄를 다스리려고 한다. 그러나 봉이는 자신이 보통사람처럼 태형 때문에 없는 죄를 인정할 사람이 아니니 이치로 따져보자고 한다. 결국 김경징은 마음속으로는 봉이를 징치하겠다는 결심을 다짐하면서 겉으로는 봉이의 재기에 감탄하는 척하게 되었으니, 상하의 신분질서가 역전되었다 하겠다. 이제 김경징은 야비한 방법을 동원해서라도 봉이를 징치하려고 하게 된다. 그래서 짐짓 봉이의 기지를 칭찬하는 척 하면서 봉이에게는 어려운 일이 없느냐고 묻는다. 이에 봉이가 아직 어려운 일이 없었다고 하자, 김경징은 자기가 어려운 일을 당하면 봉이가 해결해 달라고 부탁한다. 그리고 그 일을 해결하지 못하면 죽어도 좋다는 봉이의 답을 받아내고 이 내용으로 문서를 작성한다.

그럴 즈음 유부남 주문형이 조평남의 처와 간통하다가 자신의 처를 죽이고 머리를 잘라 조평남의 처인 것처럼 위장한 사건이 일어났다. 김경징은 이 옥사는 사람이 해결할 수 없는 일이라고 판단하고 봉이에게 해결하라고 지시한다. 그러나 김경징의 예상과는 달리 봉이가 이 옥사를 명쾌하게 해결함으로써 봉이의 소문은 더욱 퍼지게 된다. 그래서 평안남도의 도백과 이웃 군의 수령들이 모두 봉이를 한번 보기를 원하는 상황에 이르게 된다. 이 사건으로 봉이는 지배층에 맞서 당당히 자신의 능력을 검증받음으로써, 능력과 신분은 비례하는 것이 아님을 증명했다고 할 수 있다.

이상에서 중세체제의 본질을 자각한 봉이가 능동적으로 중세체제의 제반 굴레와 대립하고 갈등하는 모습을 보았는데, 이와 같은 봉이의 능동성은 중세체제의 질곡에서 해방된 새로운 인간형의 탄생을 의미한다고 볼 수 있다. 말하자면 봉이는 중세적 질곡을 뚫고 나와 근대를 능동적으로 담당해 나가고자 하는 새로운 인간형이라 할 만하다.

그런데 흥미로운 것은 『김봉본전』의 결말구조이다. 구비 전승되는 봉이 설화에서는 봉이가 현실을 떠났다는 결말구조를 확인할 수 없다. 그런데 이 작품에서는 객관적인 능력을 인정받은 후에도 현실에 안주하지 않고 결연히 사라졌다는 것으로 결말을 삼음으로써, 중세체제와의 완전한 단절을 꾀하고 있는 봉이의 모습을 부각시키고 있다. 작품 내 시간배경은 인조년간(1595-1649)이다. 17세기의 봉이가 할 수 있는 것은 단발적인 대결을 넘어서기 어려웠을 것이다. 따라서 체제에 안주할 수도, 순응할 수도 없는 봉이로서는 현실계를 떠나는 것이 당연한 결말인지도 모르겠다. 그리고 우리는 그러한 봉이의 모습에서 중세체제에 대한 비타협적 단절의식을 읽을 수 있다.

말하자면 봉이는 중세체제가 만들어낸 왜곡된 인간형이라고 할 수 있다. 봉이의 갈등과 좌절의 과정은 중세체제의 제반 굴레를 부정하고, 자신의 존재가치를 확인하고자 하는 노력의 과정이었다. 작가는 중세적 질곡을 뚫고 나와 새로운 세계를 주체적으로 담당해 나가고자 했던 봉이의 삶이 숱한 장애에 부딪히면서 정상적으로 성장할 수 없었던 과정을 보여줌으로써, 중세체제의 근본적 해체가 요청되는 시대적 당위를 설파하고자 했던 것이다.[137] 다음과 같은 계항패사씨의 평어는 이를 잘 보여준다.

137) 이런 점에서 봉이를 개화파 지식인의 반체제성, 진보성이 투사된 자기동일시적 인물로 평가하는 것은 무리한 해석이라고 하겠다.(정훈식, 앞의 논문) 봉이는 개화파의 이상을 투사한 인물이라기보다는, 중세체제의 제반 굴레와 대립하고 갈등하는, 그러나 중세체제 아래에서는 정상적으로 성장할 수 없었던 왜곡된 인간형으로 그려진다고 할 수 있다.

桂巷稗史氏曰 仁鴻이 果不忍哉라 平日之自許良平者ㅣ 竟作一斯人挾雜之輩ᄒᆞ니 此其本來之面目을 不可掩得歟아 抑亦不遇英雄이 不得已而出此下策아 讀之에 可歎이로다.(1906.7.14)

작가는 중세체제 아래에서는 왜곡된 형식으로 밖에는 자신의 뜻을 펼칠 수 없었던 한 인간의 행적을 통해, 중세체제의 반역사성을 폭로하는 한편 중세체제와의 단절 없이는 근대적 변혁을 성공적으로 이룰 수 없다는 사실을 계몽하고자 하는 의도에서 이 작품을 창작했던 것이다. 그리고 여기에는 여전히 중세적 사고에 갇혀있던 보수적 양반을 계몽하고자 하는 작가의 의도가 강하게 투영되어 있다고 할 수 있다. 즉 이 작품이 연재된『황성신문』은 양반 및 유생들을 주 계몽대상으로 발간된 신문으로, 정신적 은거 상태에 놓여 있던 이들을 근대적 변혁의 장으로 이끌어내는 것을 주된 목적으로 하고 있었다. 그리고 이 작품을 포함한『신단공안』의 작가는 Ⅲ장 2절에서 살펴본 바와 같이『황성신문』의 필진일 것으로 짐작되는 바, 작가는 봉이와 같은 수많은 왜곡된 인간형을 산출한 중세체제의 문제점을 폭로함으로써, 중세적 사고에 매몰되어 있는 보수적 양반으로 하여금 중세체제의 근본적 해체의 당위성을 인식하도록 하고자 했던 것이다. 그리고 더 나아가 중세체제의 질곡을 자각하고 그 자각을 능동적으로 실천에 옮기는 봉이의 자유로운 모습을 통해, 중세적 질곡을 뚫고 나와 근대를 주체적으로 담당해나가는 근대적 국민의 출현을 강력하게 염원했던 것이다.

2. 전근대적 신분질서 및 전통적 지식인의 비근대성의 반성적 인식 : 『어복손전』

『어복손전』[138]은 1906년 5월 25일부터 동년 12월 31일까지 191회에 걸쳐 연재된 장편소설로 작가는 밝혀져 있지 않다. 앞에서 살펴보았듯이 연작소설 『신단공안』 가운데 한 편인 이 작품도 『황성신문』 필진 가운데 한 사람이 창작한 것으로 짐작될 뿐이다.

『어복손전』에 대한 논의는 송민호에 의해 처음 이루어졌다.[139] 이 글에서는 『어복손전』이 소설사의 한 부분으로 다루어졌기 때문에 심도 있는 논의가 이루어지지는 못했다. 다만 "면천을 위한 어복손의 항거는 근대적 자각정신의 발로라 볼 수 있다"고 하여, 이 작품의 근대적 성격을 올바르게 지적했다는 점에서 그 의의가 인정된다. 정환국의 논의는 이 작품에 대한 최초의 작품론이라 할 만하다.[140] 그는 『어복손전』의 작품 구성이 '꾀쟁이 하인' 설화를 토대로 한 것임을 밝히고, 어복손의 형상화 양상을 분석하여 이 작품이 "노비의 신분해방에 대한 염원과 노비제도의 부당성을 여실히 보여주었다"고 평가하였다. 그러나 『어복손전』에 영향을 준 설화를 밝히는 데 치중한 나머지, 『어복손전』과 설화의 변별적 특성을 밝히는 데까지 나아가지는 못했다. 따라서 설화가 소설로 전환되면서 갈등구조 및 서술시각이 어

---

138) 『어복손전』은 앞에서 다룬 바 있는 연작소설 『신단공안』 7화를 지칭한다. 『신단공안』 7화는 "癡生員驅家葬龍宮　孽奴兒倚樓驚惡夢"이라는 긴 이름으로 발표되었는데, 원제의 이름이 너무 길어 명명하기 곤란한 점이 있다. 그래서 이 작품이 어복손의 행적을 중심으로 전개되므로 일단 『어복손전』이라 명명하기로 하겠다. 기존의 연구에서도 이미 이 작품을 『어복손전』이라 명명한 바 있다.(정환국, "『신단공안』 제7화 『어복손전』 연구", 성균관대 석사학위논문, 1994; 정환국, "애국계몽기 한문소설의 현실인식-『어복손전』의 경우-", 『민족문학사연구』 8호, 1995-정환국의 "애국계몽기 한문소설의 현실인식"은 자신의 석사학위논문을 요약, 발췌한 것이다.)

139) 송민호, 『한국개화기소설의 사적 연구』, 일지사, 1975, 80-83쪽.

140) 정환국, 앞의 논문.

떻게 변모하는지 주의 깊게 살펴볼 필요가 있다. 한편 작품분석에 있어서도 이 작품의 서술시각의 초점이 오영환이라는 상전에 맞추어졌다는 사실을 간과하고, 어복손이라는 노비의 세계관 및 의지에 초점을 맞추어 분석하였다. 물론 이 작품에는 "봉건사회의 모순과 그것을 극복하고자 하는 노비 어복손의 의지"가 매우 사실적으로 그려져 있음에 틀림없다. 그러나 작품 내 사건에 빈번하게 개입하여 자신의 의견을 개진하는 서술자가, 오영환이라는 상전의 세계관 및 의지의 전근대성을 비판하는 데 초점을 맞추고 있다는 사실에 주목할 필요가 있다. 그랬을 때 이 작품의 서사세계가 갖는 당대적 의미가 보다 정확하게 해명될 수 있을 것이다.

이제 이상과 같은 문제의식을 가지고 『어복손전』과 설화의 관련양상을 해명하고, 갈등구조 및 서술시각의 특징을 살펴봄으로써 이 작품의 역사적 의미를 해명하기로 하겠다.

1) 『어복손전』과 설화의 관련양상

『신단공안』이 대개 중국소설을 토대로 번안 혹은 개작된 작품인데 비해, 『어복손전』은 『김봉본전』, 『신단공안』 6화와 함께 우리의 구비설화를 토대로 창작된 것이다. 다음과 같은 작가의 평어는 이 작품의 형성과정을 잘 보여준다.

> 余 往年에 遊築城(忠州古號)之古江村ᄒᆞ니 其村人이 往往說魚福孫事라. (1906.10.10)

작가는 충주 고강촌에 갔다가 마을 사람에게서 어복손의 이야기를 듣고 『어복손전』을 창작했다고 한다.

그러면 『어복손전』의 토대가 된 구비설화는 무엇인가? 이미 선행연구에서도 밝혀진 바와 같이 이 작품의 토대가 된 구비설화는 '꾀쟁이 하인' 유형이다. '꾀쟁이 하인' 유형은 전국적으로 고르게 전승되고 있는 이야기로, 꾀 많은 노비가 어리석은 상전을 골탕 먹인다는 이야기이다.

각 편에 나타나는 삽화를 종합하여 정리하면 다음과 같다.

1. 상전이 과거를 보기 위해 서울에 가면서 노비를 데리고 간다.

2. 노비가 서울로 가는 도중, 혹은 서울에 도착하여 상전을 골탕먹인다.

① 상전의 도시락을 몰래 먹고 대신 똥을 넣어 놓는다.

② 상전이 먹을 음식에 코를 빠트리거나 손가락으로 휘저어 뺏어 먹는다.

③ 상전의 말을 팔아버린다.

3. 노비에게 여러 차례 골탕먹은 상전은 노비를 죽이라는 내용의 편지를 써서 노비의 등에 붙여 고향으로 내려보낸다.

4. 노비는 고향으로 가던 중 아기를 업은 여자가 방아를 찧고 있는 것을 보고 도와주는 척하다 떡(혹은 메주)을 훔치고, 꿀 장사에게서는 꿀을 뺏어 떡(혹은 메주)에 묻혀 먹는다.

5. 도중에 만난 중에게 꿀을 묻힌 떡(혹은 메주)을 주고 상전이 쓴 편지의 내용을 읽어 달라고 한 후, 편지의 내용을 자신과 상전의 딸을 혼인시키라는 것으로 위조한다.

6. 노비가 상전 집에 가서 편지를 전하자, 상전 집 식구들은 편지의 내용에 의아해하면서도 상전의 뜻을 거역할 수 없어 노비와 딸을 혼인시킨다.

7. 얼마 후 고향에 돌아온 상전은 이러한 사실을 알고 노비를 물에 빠뜨려 죽이려 한다.

8. 노비는 유기장사(혹은 옹기장사)를 거짓말로 속여 자신인 것처럼 남겨 두고 도망한다.

9. 상전은 유기장사(혹은 옹기장사)가 노비인 줄만 알고 물에 빠뜨려 죽인다.

10. 얼마 후 노비는 다시 상전 집에 찾아가 자신은 용궁에 가서 좋은 벼슬을 하게 되었고, 상전 집 식구들을 용궁으로 데려가기 위해 왔노라고 속여 상전

집 식구들을 모두 물에 빠뜨려 죽인다.

11. 노비는 물에 빠지려는 상전 집 딸을 말려 함께 잘 산다.

'꾀쟁이 하인' 유형의 설화는 오랜 기간 동안 전승되어온 이야기로, 그 이야기 구조의 층위가 단일하지 않다. 이 유형의 이야기 구조는 크게 둘로 나누어 볼 수 있다. 우선 첫 번째 구조는 1단락과 2단락으로만 구성되어 있는 것이다. 이 구조의 이야기는 노비가 기지를 발휘해 상전의 음식을 먹었다거나 상전의 말을 팔아 상전을 골탕 먹인다는 일화를 병렬적으로 나열하는 구성을 보인다.[141] 이는 신분상으로는 열등하지만 능력에 있어서 우월한 노비가, 신분상으로는 우월하지만 능력에 있어서는 열등한 상전을 이길 수 있다는 설화 담당층의 소박한 의식을 보여준다고 볼 수 있다.

두 번째 구조는 위에서 정리한 줄거리를 모두 포함하고 있는 것으로, 첫 번째 구조에 비해 훨씬 짜임새 있는 구성으로 되어 있다. 두 번째 구조의 이야기에서는 상전과 노비의 갈등이 첫 번째 구조에 비해 훨씬 지속적으로 그리고 심각하게 전개된다. 첫 번째 구조에서는 꾀 많은 노비가 일방적으로 상전을 골탕 먹이는 것으로 끝나지만, 두 번째 구조에서는 노비에게 골탕을 먹은 상전이 노비를 죽이는 것으로 복수하려 하고, 이에 대하여 노비는 상전의 가족을 죽이는 것으로 대응한다. 그리고 노비가 상전의 재산과 딸을 차지하고 잘 살았다는 것으로 결말을 삼았다. 상하의 신분질서를 역전시키려던 노비가 상전으로 인해 죽을 위험에 처하지만, 이에 굴하지 않고 저항하여 자신의 의지를 관철시켰다고 함으로써, 자신을 억압하는 신분질서에 끈질기게 맞서고, 그 대결에서 승리하는 노비의 의지를 긍정적으로 그리고

141) '꾀쟁이 하인'(『한국구비문학대계』, 1-1, 274-276쪽), '말썽꾸러기 노비'(『한국구비문학대계』, 5-7, 636-638쪽), '어정스러운 노비'(『한국구비문학대계』, 7-3, 115-117쪽), '어느 노비의 기행담'(『한국구비문학대계』, 7-8, 799-806쪽), '꾀쟁이 하인의 사기행각 -정평구 일화-'(『한국구비문학대계』, 1-1. 513-522쪽), '상전을 욕보인 떠거리'(『한국구비문학대계』, 7-9, 1016-1021쪽)

있는 것이다.

『어복손전』은 '꾀쟁이 하인' 유형 가운데 두 번째 구조의 서사골격과 유사하다.142)

그러면 논의의 편의를 위해 『어복손전』의 줄거리를 보기로 하자.

1. 어복손은 오영환에게 속량을 청했다가 거절당한 후 마음속으로는 한을 품고 있으면서 겉으로는 상전의 뜻을 받드는 척 한다.

2. 어복손은 여러 방식으로 오영환을 골탕먹임으로써 분풀이한다.

① 상전의 말을 팔아먹다.

② 상전의 냉면에 코를 빠트려 뺏어 먹다.

3. 어복손은 상전인 척 가장하여 기생 일지홍과 사통하여 상전을 곤경에 빠트리고 상전의 친구까지 농락하여 일지홍의 마음을 사로잡는다.

4. 어복손은 속량을 하기 위해 세도가의 재상에게 접근하여 대단한 언변으로 재상의 마음을 사로잡는 한편, 이를 방해하려는 오영환과 대립하면서 속량에 대한 언질을 받아낸다.

5. 이때 재상이 실세하여 속량의 꿈은 물거품이 되고, 어복손은 자진하여 충주로 내려가겠다고 한다.

6. 오영환은 어복손을 죽이라는 내용의 편지를 써서 어복손에게 주어 충주로 내려보내지만, 어복손은 편지의 내용을 딸과 혼인시키라는 내용으로 위조한다.

7. 오영환의 처가 편지의 내용을 믿을 수 없어 혼인을 미루고 있던 차에, 어복손은 오영환의 딸을 겁탈한다.

8. 충주에 돌아온 오영환은 다시 어복손을 용담에 빠트려 죽이려 하지만, 어

142) '꾀쟁이 하인'(『한국구비문학대계』, 1-1, 763-770쪽), '꾀쟁이 하인'(『한국구비문학대계』, 1-6, 139-156쪽), '말썽꾸러기 노비의 꾀'(『한국구비문학대계』, 5-7, 640-645쪽), '상전집을 망하게 한 노비'(임석재, 『한국구전설화』 3, 평민사, 1988, 126-130쪽), '상전집을 망하게 한 노비'(임석재, 『한국구전설화』 3, 130-132쪽), '상전집을 망하게 한 노비'(임석재, 『한국구전설화』 3, 133-135쪽)

복손은 꾀를 써서 살아난다.

9. 어복손은 얼마 후 다시 오영환의 집에 찾아가 용궁에서 훌륭한 대접을 받았노라고 거짓말을 하고, 오영환에게도 용궁에 가자고 유혹한다.

10. 오영환은 용궁에 가면 벼슬을 할 수 있을 것이라는 말에 혹하여 가족을 데리고 용담에 빠져 죽는다.

11. 어복손은 오영환의 딸에게 같이 살자고 요구하지만 연옥이 듣지 않자 죽인다.

12. 어복손은 밤마다 오영환의 가족이 나타나 괴롭히므로 전라도 진산으로 도망하여 산다.

13. 어느날 어복손이 학질에 걸렸는데, 평소 어복손과 친하게 지내던 이방은 어복손의 학질을 고치기 위해 원님에게 거짓으로 곤장을 때려 위협해달라고 부탁한다.

14. 어복손은 죄가 발각된 줄로 알고 그간의 행적을 모두 실토하고 사형을 당한다.

『어복손전』에 수용된 두 번째 구조의 '꾀쟁이 하인' 설화는 2단락, 6-11단락이다. 이 가운데 6단락, 7단락, 11단락은 설화의 그것과는 약간의 차이가 있다. 예컨대 설화에서는 어복손이 중에게 부탁하여 편지를 위조하지만, 이 작품에서는 어복손이 직접 위조하는 것으로 바뀐다.(6단락) 또한 설화에서는 상전의 처가 위조된 편지를 보고 딸과 노비를 혼인시키지만, 이 작품에서는 편지의 내용을 믿을 수 없어 망설이고 있을 때 어복손이 딸을 겁탈하는 것(7단락)으로 바뀐다. 그리고 설화에서는 노비가 상전의 가족을 용담에 빠뜨려 죽인 후 상전의 딸만 살려서 잘 사는데 비해, 이 작품에서는 오영환의 딸이 어복손의 제의를 거절하자 죽이는 것으로 바뀌었다.(11단락)

한편 이 작품에는 설화에는 없는 내용이 새롭게 창작되어 부연되기도 한다. 1단락, 3-5단락, 12-14단락이 그것이다. 1단락과 3-5단락은 어복손이 속량을 하기 위해 얼마나 끈질기게 노력했던가를 보여주는 내용이다. 작품의 서두에 이러한 내용이 새롭게 부연됨으로써 상전과 노비의 대립관계는 '속량'이라는 문제를 중심으로 전개되게 된다. 말하자면 설화와는 다른 층위에서 이야기가 전개되는 것이다. 한편 12-14단락은 상전의 가족을 몰살시키는 데 성공한 노비의 비참한 최후를 보여주는 내용이다. 설화가 자신을 억압하는 신분질서에 끈질기게 맞서서 승리하는 노비의 의지를 긍정적으로 그리고 있는 데 비해, 이 작품에서는 노비의 최후를 비극적으로 그림으로써 설화와는 다른 문제의식을 담게 되는 것이다.

그런데 흥미로운 점은 『어복손전』이 다시 설화로 구연되기도 하였다는 사실이다. '상전을 속인 하인'[143]은 등장인물의 이름이나 세부적인 상황 설정까지 이 작품과 매우 유사하다. "구비전승의 틀 속에서 이처럼 디테일을 갖춘 작품이 갑자기 형성되었다고 보기 어렵다"는 점에서, '상전을 속인 하인'은 『어복손전』의 영향으로 형성된 것으로 추정되는 것이다.[144] 이러한 사실은 『어복손전』의 인기가 어떠했던가를 짐작하게 한다.

『어복손전』은 『황성신문』에 연재되었던 작품이다. 신문연재소설의 등장은 소설의 유통에 있어서 일대 혁신이라 할 만한 일이었다. 당시 신문의 발행 부수가 5,000부 미만에 머물렀다고 하지만,[145] 신문 발행 부수만으로 독자수를 가늠할 수는 없다. 왜냐하면 신문은 각 개인만이 구독하는 것이 아니라 집단적 구독도 많았기 때문이다. 예컨대 관청이나 공공기관에서 신문을 구독한 경우에는 수많은 사람이 잠정적 구독자가 되는 것이다. 그러므로 신문연재소설의 독자 수는 신문 구독 부수의 몇 배가 될 것으로 짐작되는 바, 이 시기 신문연재소설의 파급효과는 지대한 것이었다고 할 수 있다. 따

---

143) '상전을 속인 노비', 『한국구비문학대계』, 1-1, 522-533쪽.

144) 이 점에 대해서는 정환국이 "『신단공안』 제7화 『어복손전』연구"에서 자세하게 밝히고 있으며, 필자도 이 주장에 의견을 같이 한다.

145) 정진석, 『한국언론사』, 나남, 1990.

라서 『어복손전』을 읽은 독자수도 상당수에 달했을 것이다. 더구나 『어복손전』을 포함한 『신단공안』은 무려 7개월에 걸쳐 연재될 만큼 대단한 인기를 누렸던 작품이다. 아마 이와 같은 인기에 힘입어 『어복손전』이 구비설화로 구연될 기회를 얻게 되었던 것으로 보인다.146)

2) 갈등구조

지금까지 『어복손전』이 '꾀쟁이 하인' 유형의 설화 가운데 두 번째 구조의 이야기를 기본 골격으로 재창작된 작품이라는 사실을 몇 가지 비교를 통하여 검토했다. 이제 이 작품이 어떻게 보다 높은 차원의 예술적 성취를 이룩하는가를 살펴보기로 하자.

우선 작품 분량의 현격한 차이에서 알 수 있는 바와 같이, 『어복손전』은 등장인물의 성격이나 상황을 묘사하는 데 있어서 설화에 비해 훨씬 다채롭고 풍부하다. 설화 속의 상전은 노비에게 불합리한 횡포를 일삼거나 어리석은 인물이라는 느낌만 전달될 뿐, 그 인간적 됨됨이가 선명하게 부각되어 있지 않다. 또한 설화 속의 노비도 미천한 신분에 비해 꾀가 많은 인물 정도로 묘사된다. 그러나 이 작품에서는 다양한 사건을 통해 오영환과 어복손의 성격이 구체적이고도 선명하게 그려진다. 이 밖에 설화에는 없던 인물이 새롭게 등장하여 독자의 흥미를 자극한다. 예컨대 일지홍, 오영환의 친구 모객, 유생, 세도가의 재상, 재상의 아들 색중귀 등이 그런 인물이다.

그러나 이 작품이 설화에 비해 뚜렷하게 성취한 의의는, 당대적 관점에서 전근대적 신분제의 문제를 예각화하여 드러냈다는 사실이다. 물론 설화에

146) 여기서 『어복손전』이 설화로 구연되면서 '꾀쟁이 하인' 유형의 틀에 맞게 재구된다는 사실은 매우 흥미롭다. 『어복손전』에서는 어복손이 당시 권세가의 재상과 친분을 맺으면서 속량을 하기 위해 부단한 노력을 하는 과정이 상당히 비중있게 다루어지는데, '상전을 속인 노비'에서는 이와 같은 내용이 완전히 생략되어 있는 것이다. 이 대목은 '꾀쟁이 하인' 유형의 설화에는 없는 대목이다. 소설이 설화로 구연되면서 설화 전승자에게 익숙한 '꾀쟁이 하인' 유형의 틀에 맞게 다시 재구된 셈이다.

서도 상하의 신분질서에 맞서려는 노비의 의지를 그리고 있음에 틀림없다. 그러나 설화의 초점은 꾀 많은 노비가 상전의 불합리한 횡포에 맞서 상하, 귀천의 관계를 역전시킨 사실에 맞추어져 있을 뿐, 신분제 자체를 문제 삼는 데까지 나아가지는 못한다. 이에 비해 이 작품은 상전과 노비의 대립관계가 '속량'이라는 문제를 중심으로 전개되도록 함으로써, 전근대적 신분제의 불합리성을 드러내는데 서술초점을 맞추고 있다.

이제 설화가 소설로 전환되면서 어떻게 변모하는지 살피면서, 이 작품의 갈등구조를 해명하기로 하자.

먼저, 『어복손전』에서는 사건의 발단이 설화와는 다르게 설정되어 있다. 설화에서는 노비가 상전을 골탕먹이는 이유가 분명하게 밝혀져 있지 않다. 그러나 이 작품에서는 어복손이 오영환을 골탕먹이게 된 이유가 선명하게 그려진다.

> 魚福孫이 生□□ 二十歲에 天性이 已奸猾過人ᄒᆞ고 不肯齷齪自在ᄒᆞ야 每對同類ᄒᆞ면 □□不已ᄒᆞᄂᆞᆫ 聲이 但道 "我何人斯이완대 上不生於公卿富貴之門하며 下不生於鄕班士族之家ᄒᆞ고 □地爲奴子ᄒᆞ야ᄉᆞ니 此限은 山高海深ᄒᆞ도다" ᄒᆞ고 對吳永煥ᄒᆞ야 伏地乞道 "上典□□ 此身의 贖良ᄒᆞ시면 小人이 結草報恩ᄒᆞ리이다" 吳永煥이 □□大怒ᄒᆞ야 □倒了魚福孫ᄒᆞ고 笞二十度를 □□(私家用刑이 可乎)ᄒᆞ니 福孫이 只得撫體暗限ᄒᆞ고 自此로 逢迎主人的意ᄒᆞ야 却得吳永煥의 這般信任ᄒᆞ더라.(1회, 1906.10.10)

어복손은 자신의 신분에 대하여 대단한 불만을 지닌 인물이다. 그래서 그는 오영환에게 속량해주기를 청하지만, 오영환은 매우 화를 내면서 곤장을 때린다. 이후로 어복손은 겉으로는 오영환의 뜻을 잘 받드는 체 하지만, "憤恨了主人一叱ᄒᆞ야 以諂爲技에 終不肯回頭"(35회, 1906.10.19)하게 된다. 오영환이 속량을 거부한 것에 대하여 분심을 품게 되지만 어복손은 힘이나 지

위로는 도저히 오영환에 맞설 수 없는 처지에 있다. 어복손이 오영환과 대결할 수 있는 방법은 오직 계략을 이용해야만 가능하다. 계략은 꾀로써 상대방을 속이는 행위라고 할 수 있다. 상대방을 속이기 위해서는 항상 기발한 착상을 마련해야 성공할 수 있다. 어복손은 스스로 어리석은 체 행동하여 오영환의 우월감을 부추김으로써 속임수에 걸려들도록 한다.

> 魚福孫이 那腔子裡에는 早已排判六曹ᄒᆞ얏스나 那言語時에는 或似不辨菽麥ᄒᆞ니 癡哉吳進士는 不悟自己的癡愚ᄒᆞ고 反惜這奴的癡愚ᄒᆞ는도다.(2회, 1906.10.11)

어복손은 뛰어난 꾀를 지녔으나 오영환 앞에서는 숙맥도 구분하지 못하는 듯이 행동한다. 그렇게 함으로써 오영환의 상대적 우월감을 부추기는 한편, 오영환이 자신의 행동에 대하여 의심하지 않도록 한다. 그래서 어복손이 오영환을 골탕 먹인 후 냉면에 빠진 코를 찾기 위해 손가락으로 냉면 안을 휘휘 젓거나, '눈 감으면 코 베어간다'는 말을 듣고 코를 베일까봐 코를 잡고 있다가 말을 잃어버렸다고 하거나, '수소'를 '수수'로 잘못 알아들었다고 변명해도, 오영환은 "責之도 不可오 怒之도 不可라 嘆一句氣道 癡子아 홀"(2회, 1906.10.11) 따름이다. 어복손은 아무런 위협적인 힘을 갖고 있지 못하지만, 노비보다 지적 능력에서 우월하다고 생각하는 양반의 의식을 자극함으로써 상대방의 허를 찌른 것이다.

그러나 어복손이 상전을 속이고 골탕 먹이는 행동은 여기서 그치지 않는다. 오영환의 냉면을 뺏어먹거나, 소 살 돈으로 술 사먹는 것과 같은 행동은 양반을 골탕 먹이는 것 자체에서 쾌감을 느끼는 정도의 행위라 할 수 있다. 그래서 이 일화들은 다소 장난스러운 분위기에서 전개된다. 아마 이와 같은 일화들은 설화적 상상력을 거의 그대로 수용하고 있기 때문에 그럴 수 있었던 것으로 보인다. 그러나 어복손이 오영환인 척 하여 일지홍과 사통하고 이를 오영환에게 뒤집어씌우는 행동에 이르면, 어복손의 행동이 갖는 의미가 보다 선명해진다. 이 일화는 설화에는 없는 것으로 『어복손전』에서 새롭게 창작된 것인데, 무려 24회에 걸쳐 연재될 만큼 매우 비중 있게 다루어진다.[147] 그 내용을 정리하면 다음과 같다.

1. 일지홍은 오영환이 충주의 큰 부자라는 말을 듣고 평소 친분이 있던 오영환의 친구[148]에게 부탁하여 오영환에게 유혹의 손길을 뻗는다.

2. 오영환은 상중에 있는 자신에게 그런 말을 한다고 무척 화를 내면서 모객을 돌려보낸다.

3. 어복손은 오영환인 체 가장하고 일지홍을 찾아가 사통한다.

4. 며칠 후 일지홍은 화대를 받기 위해 오영환을 찾아가 영문을 모르는 오영환과 싸운다.

5. 이때 일전에 오영환에게 일지홍을 소개하려다 핀잔만 들었던 모객이 나타나, 일지홍과 합세하여 오영환을 흠씬 때리고 돈을 뺏어 일지홍의 집으로 간다.

6. 일지홍은 오영환의 집 문간에서 자신을 보고 웃던 어복손이 마음에 걸려 모객에게 어복손에 대하여 묻는다.

7. 일지홍은 모객으로부터 그간 오영환이 어복손에게 골탕 먹었던 이야기(수소를 수수로 잘못 들은 척하여 돈을 빼돌린 일, 과거보러 가던 오영환과 그 친구들의 행낭을 빼돌린 일)를 듣고, 그제야 지난번에 왔던 오진사가 어복손임을 깨닫게 된다.

8. 이때 어복손이 일지홍의 집에 찾아와 아무 죄도 없는 상전을 때렸다며 모객의 뺨을 때리고 일장 훈시를 한다.

9. 일지홍은 어복손의 뛰어난 기지와 기개에 반하여 어복손과 지속적인 관계

---

147) 이 대목은 4회에서 시작되어 27회까지 계속된다.

148) 이 작품에서 오영환의 친구는 그 이름이 밝혀지지 않은 채 그저 모객으로 불려진다. 이후의 논의에서는 오영환의 친구를 모객이라 부르기로 하겠다.

를 맺는다.

어복손은 오영환으로 가장하여 일지홍과 사통함으로써 양반으로서의 권위를 실추시켰다. 어복손의 행동으로 인해 오영환은 상주 신분으로 기생과 사통했다는 불명예를 입게 될 뿐만 아니라, 친구에게 구타를 당하는 모욕까지 당하게 되는 것이다.

> 鼠□漢아, 爾晝間에는 正衣冠ᄒᆞ고 儼然坐ᄒᆞ야 朋友가 談及色界上事ᄒᆞ면 止色責之ᄒᆞ고 夜深人絶後에는 衣冠喪服으로 青樓房色酒家로 潛向ᄒᆞ니 爾狗□漢아(14회, 1906.10.25)

이 인용문은 오영환의 친구가 오영환에게 퍼부은 욕설의 일부분이다. 오영환은 다름 아닌 평소 친하게 지내던 친구에게 '쥐새끼 같은 놈', '개새끼 같은 놈'이라는 욕설을 듣고, 흠씬 맞는 곤욕을 치르게 된다. 조상을 존중하고 자식으로서의 도리를 지킨다는 것은 누구나 지켜야 할 도덕률이다. 특히 양반에게 있어서 이러한 도덕률은 절대적인 것이다. 그런데 오영환은 어복손으로 인해 이와 같은 도덕률을 어긴 패륜아로 낙인찍히게 된 것이다.

양반을 희롱하고 세상의 질서를 우롱하는 어복손의 행동은 여기서 그치지 않는다. 어복손은 오영환을 때리고 조롱했던 모객을 찾아가 그의 행동이 잘못된 것임을 지적하면서 그의 뺨을 때린다. 노비의 신분으로 양반의 뺨을 때린다는 것은 있을 수 없는 일이다. 그럼에도 일지홍과 사통한 인물이 오영환이 아니라 어복손이라는 사실을 알게 된 모객은, 어떠한 대응도 하지 못한다. "往日에는 詩酒徵逐에 曰兄曰弟라 ᄒᆞ더니 一朝에 不顧舊誼ᄒᆞ고 更行劫打ᄒᆞ니 爾不近仁情"(25회, 1906.11.8)이라는 어복손의 지적에 대응할 만한 어떠한 논리도 갖고 있지 못한 것이다. 이렇게 해서 모객은 친구가 곤경에 처한 틈을 이용하여 친구로부터 받은 모욕에 복수하는 몰인정한 인물로 전락하고 만다. 그러므로 어복손이 "靑樓裡에 安有班常이며 樽酒前에 安有尊卑리오"(26회, 1906.11.9)라며 신분질서를 뒤집는 말을 해도, 다만 "畏福孫的拳ᄒᆞ고 畏福孫的口"(26회, 1906.11.9)하고 아무런 말도 하지 못한다.

이처럼 어복손이 오영환으로 가장하여 일지홍과 사통함으로써 비롯된 사건은, 신분질서의 근본을 심각하게 흔든 사건이라 할 만하다. 이는 냉면을 뺏어먹는다거나 돈을 빼돌리는 것과는 다른 차원의 문제이다. 즉 어복손은 양반의 권위를 무너뜨림으로써 상하의 신분질서를 우롱하고자 했던 것이다.

이와 같은 어복손의 행동은 그가 세도가의 재상과 관계를 맺으면서 새로운 단계로 발전하게 된다. 이 대목 역시 『어복손전』에서 새롭게 창작된 것으로, 이 작품의 갈등구조가 '속량'이라는 문제를 중심으로 전개되도록 하는 작품내적 기능을 담당하고 있다.

논의의 편의를 위해 그 줄거리를 보면 다음과 같다.

1. 어복손은 속량을 하기 위해 세도가의 재상에게 접근하여 대단한 언변으로 재상의 마음을 사로잡고, 재상으로부터 속량에 대한 언질을 받아낸다.

2. 한편 오영환은 재상의 집에 드나들던 유생을 통해 어복손의 그간의 행적에 대해 알고 분개한다.

3. 오영환과 유생은 재상의 아들, 색중귀에게 일지홍을 소개하여 환심을 산 후 어복손이 속량을 받지 못하도록 하려 한다.

4. 이런 사실을 아는 어복손은 오히려 일지홍을 이용하여 색중귀의 마음을 사로잡음으로써 오영환의 계략에 대응한다.

5. 이때 재상이 실세하여 속량의 꿈은 물거품이 되고, 어복손은 자진하여 충주로 내려가겠다고 한다.

이 대목에 이르면 속량의 문제가 표면화되면서, 작품의 갈등구조는 훨씬 구체화되고 선명해진다. 어복손은 단지 상전을 골탕 먹임으로써 상하, 귀천의 관계를 역전시키는 것으로 만족할 수 없는 인물이다. 어복손의 최종적인 지향가치는 노비신분에서 벗어나 인간적인 삶을 사는 것이기 때문이다.

어복손이 노비신분에서 벗어나기 위해 접근한 인물이 바로 당시 장안에서 대단한 세도를 누리던 재상이다. 작가는 이 재상의 이름을 구체적으로 밝히지 않고, 다만 당시에 '훈천구일'하는 세력을 가졌던 사람이 누구이겠는지 헤아려보라고 독자에게 주문한다.[149] 이 재상의 세도가 누구든지 알만큼 대단한 것이었으므로 이렇게 말했을 것이다.

그러면 이 재상은 구체적으로 어떤 인물을 상정한 것인가? 이 작품의 배경이 되는 시기는 철종조 말로 구체적으로는 개국 405년경, 즉 1856년에서 시작된다. 철종대는 순조대부터 시작된 안동 김씨의 세도 정치가 절정을 이루었던 시기이다. 철종은 사도세자의 증손자이자 정조의 아우 은언군의 손자이다. 그는 강화도에서 나무를 하고 농사를 지으며 살다가 헌종이 후사 없이 죽자 별안간 왕위에 오르게 된다. 그 배후에는 철종과 같이 무능한 인물을 왕위에 오르게 함으로써 자신들의 권력을 유지하고 지위를 더욱 공고히 하려는 안동 김씨 척족들의 음모가 숨어 있었다. 이 시기 훈천구일하는 세력을 가졌던 재상은 다름 아닌 김문근이다. 김문근은 철종의 장인으로, 철종을 보필한다는 핑계로 거의 모든 국사를 장악했던 인물이었던 것이다.[150]

이처럼 대단한 권력을 가졌던 재상은 벼슬을 얻으려는 사람들이 집안에 드나드는 것을 번거롭게 생각하여 네 가지 조건을 갖춘 사람만 집안에 들이겠다고 공고한다. 그 조건이란 나라 안에서 첫째가는 양반, 인물, 문장, 변설이 있어야 한다는 것이다. 그래서 아무도 이 재상의 집안에 발을 디딜 엄두

149) "此宰相之是爲誰某的ㄴ 姑不必說出 而當時에 帶得熏天炙日的勢力人이 果是何人고? 讀者ㅣ 可揣得之"(1906.11.12)

150) 박영규, 『한권으로 읽는 조선왕조실록』, 들녘, 1996, 418-423쪽.

도 내지 못하고 있을 때, 어복손은 스스로를 낙향한 선비라고 속여 재상에게 접근하여 당돌한 언변으로 재상의 마음을 사로잡는다. 그리고 어느 날 재상에게 찾아가 자신이 노비 신분임을 밝히고 속량해 줄 것을 간절히 부탁한다.

> 魚福孫이 道 "小人도 億萬人類之一이오나 不知父祖以上何時何代에 落下了這坑塹인지 斥小之각도 屈伸任意ᄒᆞ며 枝捿之鷦도 飮啄隨分이거ᄂᆞᆯ 彼蒼蒼者天이여, 此何人斯온지 塊然此七尺之軀가 便非我所有라. 呼我以爲牛에 應之以爲牛ᄒᆞ고 呼我以爲馬에 應之以爲馬ᄒᆞ야 言忠行篤ᄒᆞ야도 閭里殘氓이 差與爲朋友ᄒᆞ며 年高髮白ᄒᆞ야도 鄰家寸童이 呼之如儕類ᄒᆞ며 甚則或受了某宅書房主의 無情之撻楚ᄒᆞ며 又甚則或被了某宅道令主의 不當之責罰ᄒᆞ야 上典之外에 不知有幾百上典ᄒᆞ니 此生何處에 可以免此이올는디 人或聞之ᄒᆞ면 必謂小人이 是僭越踰分的漢子라 ᄒᆞᆯ지나 大監如天之度에 一次念及ᄒᆞ소셔. 天下에 豈有斯人麽잇가? 世上에 豈有斯人가?(1906.11.22)

이 인용문은 어복손이 재상에게 속량해 주기를 부탁하면서 한 말이다. 어복손의 항변은 자신도 억만 인류 가운데 한 명이라는, 인간은 모두 동등한 인격을 지니고 있다는 자각에 기반한 것이다. 어복손의 이러한 자각은 자신의 굴욕적인 삶의 경험으로부터 나온 것이다. 어복손은 그간 노비의 신분으로 살아오면서, 상전이 소로 여기고 부르면 소로 응대하고, 말로 여기고 부르면 말로 응대해야 하며, 백발노인이 되어서도 어린아이들이 동류처럼 부르는 모욕을 감수해야만 했던 것이다. 자신의 상전이 아니라 하더라도 양반이 때리면 이유가 없어도 맞기 일쑤였고, 아무리 신실한 사람이라 해도 양민조차 노비와 친구 되는 것을 부끄러워한다는 것을 경험했다. "천하에 어찌 이런 사람이 있겠느냐?"는 어복손의 마지막 절규에는, 이와 같은 차별적 인간관에 기초한 전근대적 신분제를 거부하고 평등한 인격체로 살고자 하는 근대적 각성이 담겨져 있다.

이러한 어복손의 항변을 들은 재상은 노비로 살아가야만 하는 어복손의 삶을 측은하게 여기고, 어복손이 속량할 수 있도록 도와주겠다는 언질을 한다. 재상이 이처럼 어복손을 측은하게 여길 수 있었던 것은, 어복손이 노비라는 사실을 모르는 상태에서 이미 그와 인간적인 유대감을 형성하고 있었기 때문에 가능한 것이었다. 어복손은 애초 낙향한 선비라고 속이고 재상에게 접근하였으므로, 재상과 어복손은 상하, 귀천이라는 신분질서와는 무관하게 인간적인 관계를 맺을 수 있었다. 그러므로 재상은 어복손의 항변에 인간적인 공감을 할 수 있었던 것이다. 서로 신분의식을 버리기만 한다면 전근대적 신분제가 얼마든지 극복될 수 있었던 것이다.

그러나 오영환의 입장은 재상과는 다르다. 오영환은 여전히 신분의식에 사로잡혀 있는 인물이다.

> 我亦稟命爲丈夫ᄒᆞ고 承家爲班種ᄒᆞ야 寧死언정 豈人坐視了幺麽奴兒의 飛騰自由리오? 如此면 何以對妻子며 何以對朋友리오? 我雖孱弱書生이나 那堪他人의 道叫我無腸公子리오? 縱使我吳永煥全家로 葬盡了古江村龍潭裏巨魚腹中ᄒᆞᆯ지라도 決不任這奴兒의 揚眉吐氣也自得ᄒᆞ리로다.(1906.11.24)

오영환은 재상의 집에 드나들던 유생으로부터 어복손의 그간의 행적을 전해 듣고 매우 당황해한다. 처음 이러한 소식을 들었을 때는 “내가 무엇 때문에 이처럼 스스로를 고달프게 하리오?”라며 어복손의 이름을 노비문서에서 빼버리는 것으로 일을 마무리하려고 한다. 그러나 잠시 후 오영환은 위 인용문에서와 같이, 절대로 어복손이 비등한 자유를 누리는 것을 볼 수 없다고 다짐한다. 오영환의 이러한 반응은 양반가의 장부로서 하찮은 노비에게 무릎을 꿇을 수 없다는 신분의식에서 비롯된 것이다.

어복손이 재상의 힘을 빌려 속량하려고 한다는 사실을 오영환에게 알려

준 유생의 반응은 더욱 격렬하다. 상하의 신분질서를 부정하는 어복손의 행동은 양반신분인 유생에게도 절실한 문제였던 것이다. 그래서 술을 사오라는 말에 주점이 다른 곳으로 이사했다고 대꾸한 자기 집 노비에게, "爾亦兩班麽야"(1906.11.27)라며 무섭게 화를 냈던 것이다. 이와 같은 반응의 이면에는, "今世上에는 許多可畏之人이라. 自家手下的僮奴輩도 莫不爲虎爲狼에 爭來噬我"(1906.11.28)한다는 위기의식이 자리하고 있다고 하겠다.

1801년 공노비 해방으로 문을 연 19세기에는, 신분적 질곡으로부터 벗어나기 위한 민중의 투쟁이 끊이지 않았다. 부를 축적한 노비들은 경제력을 이용하거나 부패한 관리와 결탁하여 호적을 고침으로써 노비 신분에서 벗어났지만, 그렇지 못한 노비들은 '도망'이라는 방법을 택할 수밖에 없었다. 다른 곳으로 도망하여 살고 있는 노비를 찾으러 갔다가 죽음을 당하거나 협박을 당했다는 내용의 추노담은, 바로 이와 같은 시대적 상황을 여실히 보여준다. 추노담은 대개 도망간 노비를 부정적으로 그리고 있는데, 여기에는 야담 향유층의 신분의식이 깊게 자리하고 있는 것이다. 신분제 아래서 기득권을 차지하고 있던 양반들로서는 상하의 신분질서를 부정하는 노비의 행동을 인정할 수 없었을 것이고, 거기서 대단한 위기감을 느꼈을 터이다. 오영환과 유생은 바로 이와 같은 야담 향유층의 의식에 맞닿아 있다고 하겠다.

이처럼 어복손이 노비 신분에서 벗어나기 위해 적극적으로 행동하게 되면서, 어복손과 오영환의 갈등은 '속량'이라는 문제를 중심으로 전개되기에 이른다. 오영환은 유생과 결탁하여 어복손이 속량할 수 없도록 방해하려 한다. 오영환과 유생이 선택한 방법은, 재상의 아들인 색중귀의 신분의식을 자극하는 것이다. 색중귀는 원래 "天尊地卑에 乾坤이 定矣오, 卑高以陳에 貴賤이 位矣니 魚福孫이 雖聰慧나 終是上天定下的奴兒오, 吳進士가 雖愚劣이나 自枯死不變的班骨"(1906.12.13)이라고 할 만큼, 차별적 인간관에 기초한 신분의식에 투철한 양반이었다. 따라서 색중귀의 이와 같은 의식을 자극할 수만 있다면, 색중귀가 어복손을 속량하려는 재상(색중귀의 아버지)의 마음을 바꿀 수도 있으리라고 판단한 것이다. 그래서 오영환과 유생은 색중귀에게 일지홍을 소개하여 색중귀의 마음을 사려고 하는데, 어복손은 이와 같은 사실을 미리 알고 선수를 친다. 이미 일지홍의 마음을 사로잡은 어복손은 일지홍을 이용하여 색중귀의 의식을 전혀 반대의 방향으로 돌려놓은 것이다. 일지홍이 어복손의 속량에 대하여 이야기하자, 색중귀는 처음에는 절대 불가능한 일이라며 정색을 한다. 그러나 일지홍이 재차 부탁하자 색중귀는 상하의 신분질서를 정면에서 부정하는 말을 서슴지 않으면서 어복손의 속량을 허락한다.

> 王侯將相이 本無種子니 豈有定分가? 魚變而爲龍ᄒᆞ고 川流而爲海ᄒᆞᄂᆞ니 物猶有然이어던 人何足怪리오? 假使奴反爲主ᄒᆞ고 班降爲常ᄒᆞ야도 是我不關痛癢的라. 我豈由這件事ᄒᆞ야 負了我千金佳約이리오?(1906.12.13)

물론 색중귀는 일지홍의 미모에 빠져 이와 같은 말을 한 것이기는 하지만, '노비가 상전이 되고 양반이 상인이 된다 해도 전혀 상관할 바 없다'는 색중귀의 말은 상당히 충격적이다. 재상이나 색중귀는 신분제의 최대 수혜자라 할 만한 인물이다. 그런데 이들에 의해 상하의 신분질서가 부정되고 붕괴된 셈이다.

그러나 재상이 갑자기 실각하여 어복손을 속량시켜 줄 수 없는 처지가 되면서, 어복손과 오영환의 갈등은 예상치 않은 방향으로 전개되게 된다. 어복손은 재상이 실각한 소식을 접하고, 서울에서는 더 이상 있을 수 없다고 판단하여 충주로 내려가겠다고 한다. 오영환과 유생은 절호의 기회라 생각하고, 어복손을 충주로 보내면서 어복손을 죽이라는 내용의 편지를 써서 함께 보낸다.

> 魚福孫이 拜辭了吳進士ᄒᆞ고 出門歎一句氣道 "魚福孫은 其從此已矣로다.

> 我豈不能南走越裳國ᄒᆞ고 西走天竺國이리오만은 我生에 旣與這厮兒로 爲緣이니 誰興誰亡ᄒᆞ던지 誰生誰死ᄒᆞ던지 我ㅣ 如此鏖戰ᄒᆞ다가 豈可敗走리오" (1906.12.18)

어복손은 오영환의 집으로 가지 않고 도망해서 자유로운 삶을 살 수 있다는 사실을 누구보다도 잘 알고 있었다. 그러나 어복손은 둘 중 누구 하나가 죽을 때까지 싸우겠다는 전의를 불태우며 충주로 내려간다. 여기서 어복손의 적대감이 단순히 오영환 개인에 맞추어진 것이 아님을 짐작할 수 있다. 어복손이 도망하지 않고 충주로 내려간 데는 자신에게 굴욕적인 삶을 강요한 전근대적 신분제에 부딪혀보고자 하는 강한 의지가 숨겨져 있다고 하겠다. 이 점이 『어복손전』이 설화와 다른 점이다. 설화 속 노비는 자신의 상전을 골탕 먹이고 망하게 하는 데서 쾌감을 느끼지만, 어복손은 신분제의 차별적 인간관에 정면으로 맞서는데 몰두한다.

어복손이 충주로 내려가서 보인 행적은 오영환이 옳다고 믿는 관념, 즉 차별적 인간관을 부정하고 우롱하는 것으로 점철된다. 어복손이 자신을 죽이라는 오영환의 편지를 강물에 던져버린 행동은, 차별적인 인간관에 기초한 신분제에 대한 단호한 거부의 몸짓이다.

> 魚福孫이 是忠奴오 奇奴니 婦人은 視之如兄弟叔侄ᄒᆞ고 兒子은 尊之如父母師友호되 無敢以奴子로 待之ᄒᆞ라. 我下去後에 期欲將吾嬌蓮玉ᄒᆞ야 付與魚福孫ᄒᆞ랴 ᄒᆞ노니 世間에 安有班常이리오? 不失人道ᄒᆞ면 不可謂常이니 安有奴主리오? 德勝上典ᄒᆞ면 不可謂奴라. 美如陳平에 必無長貧之理ᄒᆞᄂᆞ니 彼魚福孫이 豈是常爲人奴子哉아? 我不以爲婿ᄒᆞ면 他人이 以爲婿ᄒᆞ리니 敎兒擇日以待케ᄒᆞ라(1906.12.18)

그리고 어복손은 위와 같은 내용으로 편지를 위조한다. 반상을 구분하는 차별적 인간관에 대하여 비판하면서, 사람을 평가하는 기준은 '人道'와 '德'이어야 한다고 했다. 그러면서 어복손은 대단한 능력을 가졌으니 사위로 삼으라고도 했다.

그러나 오영환의 처는 이와 같은 편지를 보고 "汝父가 狂𤸷아"(1906.12.19)라며 딸을 어복손과 혼인시키지 않는다. 설화에서의 이 대목은 상전의 가족들이 위조 편지에 속아 딸을 노비와 혼인시키는 것으로 되어 있다. 어쩌면 소설 속 오영환의 처가 보인 반응은 양반으로서 당연한 반응이라 할 수 있다. 작가는 편지 한 장 때문에 딸을 노비와 혼인시키는 설화의 설정이 비현실적이라고 생각해서, 이처럼 이 대목을 변개시켰을 것이다. 오랜 세월 동안 마땅히 그러해야 한다고 생각해온 관념을 이처럼 쉽게 버릴 수는 없겠기 때문이다.

결국 어복손은 상전의 딸을 겁탈함으로써 이에 맞선다. 어복손이 상전의 딸을 겁탈하는 과정은 상당히 시사적이다. 어복손은 뽕잎을 따고 있는 연옥(오영환의 딸)에게 접근하여 배가 아프니 뒷산에 있는 석불에게 가서 빌어달라고 한다. 연옥이 석불 앞에서 빌고 있을 때, 어복손은 부처의 목소리로 가장하여 연옥의 배로 어복손의 배를 따뜻하게 해주면 나을 것이라고 말한다. 연옥은 짐짓 거절하는 어복손을 설득하여 어복손의 배에 자기의 배를 댄다. 이때 어복손은 연옥을 겁탈한다.

연옥은 양반이면서 양반이라는 신분에 매몰되어 있지 않은 인물이다. 연옥은 신분에 관계없이 곤란한 형편을 보면 도와주는 인정을 지니고 있다. 그래서 연옥은 어복손이 배가 아프니 석불에게 빌어달라고 하자, 거친 길을 마다하지 않고 석불에 가서 기도한다. 그리고 어복손이 상전의 딸과 배를 맞출 수 없다고 짐짓 거절해도 오히려 어복손을 설득한다.

福孫아, 此不必固執이니라. 人命이 至重ᄒᆞ니 生死在卽에 更說何體貌며 更論何道理리오? 此我身이 非金玉이며 爾腹이 非糞土니 一次溫存에 有何損益

이리오?(1906.12.22)

양반은 '금옥'이고 노비는 '분토'라는 인식은 차별적 인간관에 매몰된 양반이라면 당연한 것이다. 그러나 연옥은 이와 같은 인식을 부정하고 기꺼이 어복손을 돕는다. 연옥은 신분의 고하에 관계없이 인명은 소중하며, 모든 인간은 동등하다는 인식을 갖고 있기 때문이다. 이런 점에서 연옥은 어복손이 지향하는 바와 동궤에 있는 인물이라고 할 수 있다.

그러나 어복손은 연옥을 겁탈함으로써 배 아픈 사람을 구호해 주려던 연옥의 인정을 파괴한다. 인정에 몰인정으로, 호의에 악의로 대하였으니 어복손의 행동은 비난받아 마땅하다. 그러면 어복손은 왜 이와 같은 행동을 했을까? 어복손에게 연옥은 자신에게 굴욕적인 삶을 강요하는 양반의 딸일 뿐이다. 어복손이 연옥을 겁탈하고 "蓮玉아, 爾以士夫家未嫁的女子로 將清清潔潔的身子ᄒᆞ야 却爲家奴魚福孫的所污ᄒᆞ니 得無憤痛麼아?"(1906.12.24)라고 말하는 데서 이를 확인할 수 있다.

어복손의 이와 같은 행동은 상전의 가족을 몰살시키는 데서 절정을 이룬다. 어복손을 충주에 내려 보낸 후, 오영환은 어복손이 죽었을 것이라고 생각하고 충주로 돌아온다. 오영환은 어복손이 멀쩡하게 살아있는 것을 보고, 용담에 빠뜨려 죽이려고 한다. 그러나 어복손은 자기 대신 친척 김정팔을 죽게 하고 도망한다. 그리고 다시 오영환에게 나타나 자신은 용궁에서 중군영장 벼슬을 하였으며, 오영환 같은 양반은 더 높은 벼슬을 얻을 수 있을 것이라고 거짓말을 하여 상전의 가족을 모두 용담에 빠뜨려 죽인다.

그러나 상전을 죽임으로써 노비신분에서 벗어난 어복손도 인간적인 삶을 누리지는 못한다. 밤마다 오영환의 가족이 꿈에 나타나 괴롭히므로 어복손은 다른 곳으로 이사한다. 그리고 학질에 걸려 죽을 지경에 이르게 된다. 그러자 어복손과 친하게 지내던 이방은 학질에 걸린 사람을 심하게 놀라게 하면 낫는다는 속설을 믿고, 원님에게 곤장을 때려 어복손을 놀래달라고 부탁한다. 영문을 모르는 어복손은 자신의 죄상이 모두 밝혀진 줄 알고, 그간의 일을 실토하고 사형을 당하게 된다.

이상에서 본 바와 같이 『어복손전』의 갈등구조는 '속량'을 원하는 어복손과 이를 거부하는 오영환의 대립, 다시 말해 차별적 인간관에 기초한 신분제를 거부하고 평등한 인간으로 살아가고자 하는 민중과 전근대적 신분제를 유지하려는 양반의 대립구조로 되어 있다고 하겠다. 그러나 이 대립에서 최후의 승자는 없다. 전근대적 신분제를 고수하려던 오영환도, 이에 맞서려던 어복손도 비극적인 죽음에 이르게 되는 것이다. 이와 같은 결말구조는 설화의 그것과는 사뭇 다르다. 설화에서는 노비가 상전의 가족을 몰살시킨 후 상전의 재산과 딸을 차지하고 행복하게 사는 것으로 마무리된다.[151] 설화 향유층은 상하의 신분질서를 우롱하고 파괴하는 데서 쾌감을 얻는 것으로 억눌린 욕구를 충족시키는데 만족했다고 할 수 있다.

그러면 이와 같은 『어복손전』의 비극적인 결말구조를 통해 작가가 의도했던 바는 무엇인가? 물론 원님에 의해 어복손의 행각이 드러나 사형을 당하게 된다는 결말방식은, 이 작품이 공안소설의 형식을 취하는 연작소설의 하나로 연재되었다는 사실과 깊은 관련이 있다. 즉 작가는 이러한 결말방식을 부연함으로써 공안소설의 형식에 부합되도록 했던 것이다. 그러나 이 문제는 이 작품이 전통적 지식인을 계몽하려는 목적으로 창작되었다는 사실과 보다 긴밀히 조응한다. 이제 이 작품의 서술시각이 어디에 맞추어져 있는지 살펴봄으로써 작품에 투영된 작가의식을 해명하기로 하자.

151) '꾀쟁이 하인' 유형의 설화는 대개 이와 같은 결말구조를 보인다. 다만 '상전 골탕먹이는 노비'(『한국구비문학대계』, 1-2, 374-375쪽)의 경우에는 딸에게 함께 살자고 요구하지만 딸이 거절하고 자살하는 것으로 마무리된다. 그러나 구연자 스스로 "이야기를 잊어버려서 내가 대강만 하는 거예요"라고 한 데서 알 수 있듯이, 이와 같은 변개가 구연자의 적극적인 의도에 의해 이루어진 것이라고 볼 수는 없다. 그리고 이 작품에서도 노비는 죽지 않는다.

3) 서술시각과 작가의식

『어복손전』은 계항패사씨와 청천자라는 서술자가 독자에게 이야기해 나가는 형식을 취하고 있다. 물론 『신단공안』에 실린 일곱 편의 작품에는 공통적으로 서술자의 평어가 나오기는 한다. 그러나 이 작품에서처럼 서술자의 평어가 지속적으로 개입된 작품은 없다. 이 작품에서는 서술자가 사건 자체에는 관여하지 않지만, 사건의 국면마다 자신의 의견을 피력하면서 이야기를 전개해나가는 형식을 취하고 있는 것이다. 따라서 서술자의 시각이 어디에 맞추어져 있는가 하는 점은, 이 작품에 투영된 작가의식을 해명하기 위해서 반드시 밝혀져야 할 부분이다.

이미 본 바와 같이 『어복손전』은 '꾀쟁이 하인' 유형의 설화를 토대로 창작된 작품이다. 그러나 양자는 서로 상이한 서술시각을 보여준다. 설화가 노비를 핵심적 주인공으로 설정하여 신분제에 저항하는 노비의 의지에 초점을 맞추고 있다면, 이 작품은 오영환이라는 양반에 초점을 맞추어 양반의 완고함을 비판하는 형식을 취하고 있다.

> 桂巷稗史氏曰 宇宙가 廣大에 無變不有로다. 癡人이 從古何限이리오만은 若吳永煥의 驅全家人龍宮은 是今古第一等癡夢人이오 黠兒가 從古何限이리온만은 若魚福孫의 逞頑心覆主人은 是今古無對的奇慘事니 悲夫라. 雖然이나 斯豈魚福孫의 黠哉아 乃吳永煥의 癡也로다.(1906.10.10)

위 인용문은 작품의 서두에 해당하는 부분으로, 작품의 전체적인 주지를 미리 예시하는 기능을 한다. 여기서 서술자는 상전과 노비를 모두 죽음으로 몰아간 비극적인 사건의 원인이 오영환의 어리석음에서 비롯되었다고 본다. 물론 어복손도 설화에서처럼 긍정적으로 그려지는 것은 아니다. 설화 속의 노비는 상하, 귀천의 신분질서를 역전시키는 긍정적인 인물로 그려진다. 이는 상전의 가족을 몰살시킨 노비가 상전의 재산과 딸을 차지하고 행복하게 산다는 설화의 결말구조를 통해서 여실히 확인되는 바이다. 그러나 이 작품의 노비 어복손은 품성이 흉악하고 교활한 인물로 그려진다. 그는 목적을 위해서라면 자신을 구하기 위해 인정을 베풀었던 연옥을 겁탈하기도 하고, 가난한 친척을 자기 대신 죽음으로 몰아넣기도 한다. 서술자는 "魚福孫之前後行事가 固多可誅"(1906.11.19)라 하여, 어복손의 이와 같은 교활하고 흉악한 행적에 대해서 부정적으로 평가한다.

> 聽泉子曰 觀魚福孫之前後行事에 事事가 都令人髮立者로되 …(중략)… 嗚乎라 同是人也로되 或爲善人ᄒᆞ고 或爲惡人은 天也어니와 同是人也로셔 或居上等ᄒᆞ며 或居下等도 是天乎아? 詩에 云不以人廢言ᄒᆞ나니 讀者ㅣ 至此에 毋忽畧過之어다.(1906.11.22)

그럼에도 어복손의 행동에 주의를 기울여야 하는 것은 어복손의 행악이 단지 그의 흉악한 성품에서 기인한 것만은 아니기 때문이다. 그러면 서술자는 어복손의 행악의 원인이 어디에 있다고 생각하는가?

> 聽泉子曰 由此觀之ᄒᆞ면 魚福孫之前後行事가 固多可誅나 未必非吳進士의 陋儒迂執이 不能打破奴主之域ᄒᆞ야 以釀成其禍也니 噫라 凡我國內에 養蓄奴婢之人은 不可不三復此文이니라.(1906.11.19)

그 원인은 모두 노주의 영역을 허물지 못한 오영환의 완고함에서 비롯되었다는 것이 서술자의 생각이다.152) 오영환은 상하, 귀천의 신분을 분명하

---

152) 이와 같은 작가의 입장은 작품의 곳곳에서 확인된다. 한 예를 들자면 다음과 같다. "評曰 柳生이 得之矣로다. 雖然이나 明知魚福孫之不可視以奴兒ᄒᆞ고 必欲以待奴兒之法으로 待之ᄂᆞᆫ 何也오. 亡六國者ᄂᆞᆫ 非秦也라 六國也오, 滅秦者ᄂᆞᆫ 非天下也라 秦也라 ᄒᆞ나니 噫라 豈魚福孫之亡吳進士乎아 抑吳進士之亡吳進士乎아?"(1906.11.29)

게 가르는 전근대적 신분의식에 사로잡혀 있던 인물이어서, 동등한 인격체로서 살고자 하는 어복손의 주장을 받아들이지 못했다. 결국 상전의 가족이 노비의 손에 몰살당하고 종국에는 노비마저 죽음으로 몰아넣은 비극적인 상황을 만든 것은, 이미 그 유효성을 상실한 신분제를 고집하는 상전의 시대착오적인 관념에서 비롯된 것이라고 보고 있는 것이다.

> 桂巷稗史氏曰 異哉라, 風聲習氣之膠結人心也여. …(중략)… 噫라, 此는 風聲習氣之所點染에 迷信而不能自脫故也로다. 昔에 衛青이 起於人奴ᄒᆞ야 官至大將軍ᄒᆞ니 今不可以奸妖之魚福孫으로 僭擬古人이나 吳永煥之沮害魚福孫은 固非以其奸妖라. 憤其以奴而脫奴也니 試念本來面目ᄒᆞ면 孰爲主孰爲奴오? (1906.12.1)

오랜 기간 동안 굳어져 온 악습의 영향력은 대단한 것이다. 그래서 거기에 매몰되어 있는 양반들이 스스로 이와 같은 전근대적 악습에서 벗어나기란 쉽지 않다. 작가는 이와 같은 시대착오적인 관념이 양반 스스로에게도 엄청난 비극이 될 수도 있다고 함으로써, 전근대적 신분의식에 매몰되어 있는 전통적 지식인을 계몽하고자 하였던 것이다. "凡我國內에 養蓄奴婢之人은 不可不三復此文이니라."(1906.11.19)는 서술자의 평어에는, 전통적 지식인을 계몽하고 설득하려는 이와 같은 작가의 의도가 분명하게 드러나 있다.

『어복손전』의 시간적 배경은 개국 405년(1856년)부터 몇 년간이다. 이 작품이 발표된 시기와는 50년의 거리가 있지만, 작품 속의 문제적 현실은 이 작품이 발표된 1906년에도 여전히 지속되고 있었다고 할 수 있다. 1886년 노비세습제가 폐지되고, 1894년 법적으로 노비제도가 폐기되었으나, 그 유제나 잔존의식까지 폐기된 것은 아니었다. 갑오개혁으로 노비제가 폐지되자, 노비들은 대대로 양반에게 눌려 살던 고향을 떠나 도회지와 같은 새로운 곳으로 이주하였다. 그러나 새로운 땅과 직업을 찾아 나선다는 것도 그렇게 쉽지는 않았다. 때문에 머슴으로 눌러앉거나, 노비와 행랑아범 등속으로 남아 있던 자들도 많았다. 결국에는 이들도 다수가 기존의 관계를 청산하고 새로운 곳으로 떠나기는 하였지만, 주종의 관념은 여전히 잔존하였다. 그리고 양반과 양인이 혼거하던 마을에서는 양자 간에 집단적 암투와 갈등이 발생하였다.[153] 말하자면 이 작품이 창작된 20세기 초엽까지도 상하 종속관계를 빨리 청산하고 싶은 측과 미련을 가진 측의 대립은 여전히 계속되고 있었던 것이다.

『어복손전』이 설화와는 달리 오영환이라는 양반에 초점을 맞추어, 시대적 흐름을 외면한 채 여전히 전근대적 신분제의 틀에 매여 있는 완고함을 비판하는 형식을 취하고 있는 것은, 바로 이런 이유 때문이다. 작가는 시대적 흐름을 외면하는 오영환의 완고함으로 인해 어떤 비극적인 상황이 초래될 수 있는지를 극단화하여 보여줌으로써, 수구적인 전통적 지식인에게 전근대적 신분제의 불합리함과 근대적 각성의 필요성을 계몽하고자 했던 것이다.

한편 전통적 지식인에 대한 비판은 보다 광범위하게 이루어진다. 우선 작가는 세도가의 재상과 그 아들 색중귀를 통해 보수적 관료층의 부패상을 비판하고 있다. 재상은 사대에 걸쳐 다섯 가지 공을 내었던 세도가의 후손이다. 그래서 이 재상의 문 앞에는 벼슬을 구하는 사람이 끊이지 않았다. 또한 재상은 뇌물을 즐기고, 사치스럽고, 교만하며, 욕심이 많은 인물로 그려진다. 한편 재상의 아들인 색중귀는 이름에서 느낄 수 있는 바와 같이 대단한 호색한이다.[154] 또한 그는 뇌물을 좋아해서 臭錢狗라는 별명으로 불리기도 하는 인물이다. 말하자면 재상과 그 아들 색중귀는 부패한 관료의 전형이라 할 만한 인물이다. 재상과 색중귀는 설화에는 등장하지 않는 인물로, 이 작

153) 김영모, 『한국 사회계층 연구』, 일조각, 1982.
154) 색중귀라는 이름은 그의 호색성을 빗대어 사람들이 부르던 이름이다.

품에서 새롭게 창조된 인물이다. 작가는 이들을 철저하게 비속화하여 그림으로써, 중세체제 하에서 엄청난 기득권을 누리고 있던 관료의 부패상을 조롱하고 풍자하고자 했던 것이다.155)

또한 작가는 오영환을 벼슬에 대한 집착 때문에 가족을 몰살시키는 인물로 그림으로써, 양반의 무모한 벼슬 욕을 경계했다. 오영환은 용궁에 가면 벼슬을 할 수 있다는 어복손의 말을 듣고 일가족을 데리고 용담에 빠져 죽는다. 이와 같은 상황의 전개는 기본적으로 이 작품의 토대가 된 "꾀쟁이 하인' 설화의 설정을 그대로 수용한 것이라 할 수 있다. 설화에서는 이 대목이 세상 물정을 모르는 양반의 어리석음을 마음껏 조롱하고 비웃음으로써, 설화 향유층에게 상하의 관계를 역전시키는 데서 오는 즐거움을 주는 기능을 한다. 설화에서의 이 대목이 매우 희화적으로 그려지는 것은 바로 이런 이유 때문이다. 그러나 이 작품에서는 이 대목이 양반관료를 경계하는 예화로 채택된다. 이러한 경계적인 시각은 다음과 같은 서술자의 평어에서 구체적으로 확인된다.

> 稗史氏曰 吳進士之驅家葬龍宮一節은 何其不近人情之甚也오? 使水中而果有龍宮ᄒᆞ고 使魚福孫而果已顯達於此라도 必不肯爲吳進士之薦主오 豈有不肯爲薦主아? 必將殺之害之而不惜이니 此ᄂᆞᆫ 三尺小童之所可斷得者어ᄂᆯ 何吳進士之昧劣如此오? 噫라 吾知之矣로다. 昔에 明末劇盜張獻忠은 是一日不見人血ᄒᆞ면 卽鬱鬱終日者也라. 世傳其據蜀稱帝之後에 一朝所誅殺이 常至數百人이로ᄃᆡ 猶以爲未快ᄒᆞ야 乃詐發科令ᄒᆞᆫᄃᆡ 縫掖而來集者ㅣ 數萬人이라. 遂盡殺之ᄒᆞ고 又三日에 發科令ᄒᆞ야 又如是ᄒᆞ며 又五日에 發科令ᄒᆞ야 又如是ᄒᆞ니 凡三屠而士三集이라. 嗚乎라 科宦之毒人이여. 一不得則熱中ᄒᆞ고 再不得則發狂ᄒᆞ

155) "何其長也오 髯垂過腹ᄒᆞ고 何其肥也오 腹垂過膝(評曰 寫出富貴氣)"(1906.11.15)라고 하여 재상의 부귀함을 풍자한다든지, 재상의 아들을 '臭錢狗', '色中鬼'와 같은 별명으로 호칭함으로써 그 부패함을 풍자하고 있다.

야 發狂之極에는 有誘之者曰 科宦이 在水火鼎鑊이라 ᄒᆞ야도 猶將趨之焉ᄒᆞᄂᆞ(니) 其誰謂吳進士ㅣ 獨愚며 其誰爲吳進士ㅣ 獨狂고?(1906.12.28)

서술자는 오영환의 황당한 행동이 양반의 벼슬 욕에서 비롯된 것이라고 파악하고 있다. 서술자는 거짓으로 과거령을 내려 과거를 보러 온 선비들을 죽여도 수많은 선비들이 죽음을 무릅쓰고 과거를 보기 위해 과거장에 모여들었다는 장헌충 사건의 예를 들어가면서, 양반의 벼슬 욕이 얼마나 집요한 것인지를 단적으로 보여주었다. 서술자는 목숨을 걸고라도 벼슬을 얻고야 말겠다는 양반의 집착이 오영환 개인에게만 한정된 것이 아니라, 양반들의 일반적인 행태임을 지적함으로써 양반의 무분별한 벼슬 욕을 경계하고자 한 것이다.

이밖에도 이 작품에서 새롭게 창조된 모객은 일지홍의 말만 듣고 10년 지기 친구인 오영환을 때리는 어리석은 인물이고, 유생은 어복손의 행동에 대하여 "綱常이 壞矣로다"(1906.11.27)라고 생각하는 보수적인 인물이다. 이처럼 이 작품에 등장하는 양반층은 한결같이 어리석고, 향락적이며, 보수적인 인간형으로 그려지는 것이다.

『어복손전』은 근대적 개혁이 시대적 과제로 떠올랐던 1906년에 창작된 작품이다. 작품의 배경이 되는 시기는 1856년으로 창작시기와는 50년의 차이가 있지만, 이 시기 보수적인 양반층의 행태는 이 작품에 등장하는 양반들의 모습과 크게 다르지 않았다. 이 시기의 전통적 지시인 가운데 상당수는, 새로운 시대의 도래를 심각한 위기로 인식하고 이러한 위기를 극복하기 위해서는 과거로 회귀해야 한다고 인식하고 있었던 것이 사실이다. 이 작품의 서술초점이 보수적인 양반의 부정적인 모습을 풍자하고 비판하는 데 맞추어져 있는 것은, 이처럼 시대의 흐름을 거스르면서 보신에 여념이 없던 보수적인 관료층 및 기득권층의 인식을 변화시킴으로써 근대적 개혁의 장으로 끌어들이고자 했던 작가의 의도가 깊이 작용한 결과라 하겠다.

4절. 민족적 위기의식과 그 소설적 형상

1. 민족자주권의 수호와 항일의식의 고취 : 『호섬전』

『호섬전』은 1907년에 창작된 우화소설로, 한국정신문화연구원에 소장되어 있는 이본이 유일본으로 전해진다. 『호섬전』은 비교적 최근에 학계에 소개되었기 때문에 많은 연구가 이루어지지는 않았다.[156] 『호섬전』의 연구는 작가 및 작품의 형성과정을 밝히려는 서지적 고찰과 작품이 지향하는 주제의식을 밝히려는 작업을 중심으로 이루어졌다. 이 작품의 작가로는 尹兵使와 윤웅렬이 거론되었으나, 이로써 이 작품의 작가가 분명하게 밝혀졌다고 할 수는 없다. 작품의 표지에 '윤병사'라는 인장이 찍혀 있어서 이 작품의 작가가 윤병사일 것이라는 주장이 제기되었으나, '병사'는 병마절도사를 지칭하는 관직명이므로 작가의 이름을 밝힌 것이라고 할 수는 없다.[157] 또한 윤웅렬이 작가일 것이라는 주장도, 필자 자신이 우려하는 바와 같이, 확실한 근거를 가지고 이루어진 것은 아니다.[158]

한편 작품의 형성과정에 대해서는, 정출헌은 이 작품이 두꺼비 설화를 토대로 한 것이라고 보았고, 임성래는 『호섬전』이 두꺼비 설화를 거의 변형시키지 않고 그대로 차용한 것이기 때문에 설화의 구성단계를 크게 벗어나지 못한 작품이라고 평가하였다. 이에 대하여 민찬은 이 작품이 두꺼비 설화 및 『두껍전』을 토대로 한 것이라는 사실을 밝혔다는 점에서 그 의의가 인정된다고 하겠다. 그러나 그는 30여 종 이상이나 되는 『두껍전』 가운데 특히

156) 임성래, "『호섬전』에 대하여", 한국고소설연구회편, 『한국고소설의 조명』, 아세아문화사, 1990.
정출헌, "조선후기 우화소설의 사회적 성격", 고려대 박사학위논문, 1992.
민찬, "『호섬전』 연구", 『국문학연구』 1998, 서울대 국문학연구회, 태학사, 1998.

157) 임성래, 앞의 논문.

158) 민찬, 앞의 논문.

어떤 작품이 『호섬전』과 영향관계에 있는 작품인지 밝히는 데까지 나아가지는 못했으며, 아울러 『두껍전』 및 두꺼비 설화와 『호섬전』의 차별적 특성을 분명하게 밝히지 못했다. 따라서 『호섬전』과 이 작품의 토대가 된 『두껍전』 및 두꺼비 설화와의 관계가 분명하게 밝혀져야 할 것이다.

다음으로 이 작품의 주제의식에 대해서는, 정출헌은 『호섬전』이 조선후기 관원으로 대표되는 당대 지배층에 대한 비리나 횡포를 풍자한 작품이라고 하였다. 이는 『호섬전』도 『두껍전』과 동일한 역사적 지평 위에 놓인 작품으로 평가한 것이다. 민찬은 『호섬전』이 『두껍전』이나 두꺼비 설화와는 달리 약육강식의 생존법칙이 어떤 식으로 극복되는가에 초점을 맞추고 있으며, 이는 1907년 제국주의 열강과의 역학적 관계를 상정한 것이라고 보았다. 이는 『호섬전』이 『두껍전』 및 두꺼비 설화를 기본 골격으로 창작된 작품이기는 하지만, 이와는 다른 차원에서 두꺼비와 호랑이의 대결을 다루고 있음을 주목했다는 점에서 그 의의가 인정된다. 그러나 그 역시 두꺼비와 호랑이가 형상화되는 양상의 이면에 숨어 있는 작가적 시선의 미묘한 차이를 설득력 있게 분석했다고 할 수는 없다. 이러한 차이가 분명하게 밝혀질 때 두꺼비와 호랑이의 대결이 구체적으로 어떤 역사적 지평에 놓여있는지, 그리고 『호섬전』이 지향하는 주제의식이 무엇인지가 제대로 밝혀질 수 있을 것이다.

1) 작품형성의 제문제

(1) 서지 고찰

『호섬전』의 작가와 창작시기에 관한 문제는 이 작품을 다룬 논문에서 거듭 논의된 문제이다. 『호섬전』의 작가와 창작시기를 추정하는 단서로 주목받은 기록은 작품의 겉표지에 있는 '소안동 윤병ᄉᆞ덕 측, 졍미 지월 회일 필ᄒᆞ다'라는 기록과 작품 말미의 '졍미 지월 염일 소안동 작이라'는 기록,

그리고 『호섬전』을 창작하게 된 경위를 기록한 작가의 후기 등이다. 작가의 후기는 다음과 같다.

> 누가 날을 올아 ᄒᆞ리도 읍고 ᄂᆡ가 뉘게도 찻고ᄌᆞ ᄒᆞ기도 실코 ᄯᅩᄒᆞᆫ 와셔 보리도 읍순즉 날마다 올련이 홀노 안져 ᄒᆞᆫ갓 초국의 갓친 ᄉᆞ람갓더니 일일은 일모셔령ᄒᆞ고 야심동쳔ᄒᆞ니 만가 장등은 ᄇᆡᆨ주을 일우웟고 원촌 쇠북은 경졈을 알외ᄂᆞᆫᄃᆡ 항풍이 추창ᄒᆞ고 ᄂᆡ월언 만졍이라. 호련 수모 수솝 졔익 일으러 어져 시쳬말리며 고담으로 일장을 담화ᄒᆞ다가 졔각이 ᄒᆞᆺ터지고 나 홀노 안져시니 우연이 ᄎᆞᆼ을 밀쳐 야ᄉᆡᆨ을 술펴보니 만뢰 구젹ᄒᆞ고 인간 ᄉᆞ람들리 장ᄉᆡᆼ의 ᄭᅮᆷ을 일우ᄂᆞᆫᄃᆡ 은ᄒᆞ수ᄂᆞᆫ 셜누의 일유억고 상셜은 옥누의 가득ᄒᆞᆫ지라. 잠이 읍시 존촉을 ᄃᆡᄒᆞ여 부졀읍신 쳔ᄉᆞ말염 ᄲᅮᆫ이로다. 이예 항회을 잇고ᄌᆞ 하여 고담으로 들은 바, 호랑 두겁이 ᄉᆞᆼ힐ᄒᆞᆫ 거술 ᄃᆡ강 가감ᄒᆞ여 긔록ᄒᆞ노라.(30장)

위에 인용한 작가 후기는 작가가 『호섬전』을 창작하게 된 배경을 매우 실감나게 보여주고 있는 것으로 보아, 현재 유일본으로 전해지는 정신문화연구원 소장본은 작가의 수고본일 가능성이 큰 것으로 생각된다. 이는 『호섬전』의 필사기와 『호섬전』과 합철되어 있는 『침션몽』의 필사기를 비교해 보면 더욱 분명해진다. 『호섬전』의 경우, 작품 말미의 작가 후기와 '정미 지월 염일 소안동 작이라'는 기록을 통해, 소안동에 사는 어떤 인물이 이 작품을 창작했음을 분명히 밝히고 있다. 이에 비해 『침션몽』의 경우, "이거슬 누가 벗겨 달나기로 심심파젹코ᄌᆞ 벗겨보니 괴싼 실업고 간신이 벗겨 주노라"라는 기록을 통해, 이 작품을 창작한 것이 아니라 필사하였음을 분명히 밝히고 있는 것이다. 말하자면 작가는 정미년 지월(11월) 염일(20일)에 『호섬전』 창작을 마무리하고, 다시 누군가의 부탁으로 『침션몽』을 필사하기 시작하여 같은 해 지월(11월) 회일(말일)에 마친 것이다. 그래야 작품의 앞표지에는 "정미 지월 회일 필ᄒᆞ다"라고 되어 있고, 『호섬전』의 말미에는 "정미 지월 염일 소안동 작이라"고 하여 그 필사시기가 각기 다른 이유를 설명할 수 있다.

그렇다면 '정미년'은 구체적으로 몇 년을 의미하는가? 기존의 연구에서 거듭 논의된 바와 같이 '정미년'은 1907년임이 분명하다. 작품 내용 가운데 '동양인', '셔양인', '빅싀인', '황싀인' 등 개항 이후에 사용된 낱말이 나오기도 하고, "홀티바지 조분 소미의 눈의다가 실죽경을 들메고 쌰족버션 됫독신의 권연초을 입의 물고 보장이지 우산인지 활활 던져 걸더 집고"라고 하여 무비판적으로 개화된 문물을 받아들이는 개항 이후의 세태에 대한 비판이 나오는가 하면, 1894년에 성립된 관청인 '경무청'이라는 낱말이 나오는 것으로 보아 그러하다.

여기서 문제가 되는 것은 작가문제이다. 앞에서 본 바와 같이 정신문화연구원 소장본이 작가의 수고본일 가능성이 큰 이상, 『호섬전』의 작가는 소안동 윤병사의 집안 구성원 가운데 한 명일 것이다. 임성래는 작품 내용 가운데 총을 다루는 장면이 매우 상세한 점을 들어 남성인 윤병사가 작가일 것으로 추정하였다. 뒤이어 민찬은 윤병사가 구체적으로 윤웅렬이 아닐까 조심스럽게 추정하였다. 윤웅렬이 1880년에 함경남도 병마절도사를 역임한 바 있는 인물이므로, 『호섬전』의 작가일 가능성이 전혀 없는 것은 아니다. 그러나 이 사실만으로 윤웅렬을 『호섬전』의 작가로 추정하기는 곤란하다. 조선 후기에 병마절도사를 지낸 인물 가운데, 윤씨 성을 가진 인물이 윤웅렬 이외에도 더 있을 것이기 때문이다. 그래서 민찬은 윤웅렬이 『호섬전』의 작가일 것이라는 추정을 보완하는 근거로, 작품 내용 가운데 윤웅렬의 고향인 충청도 사투리가 빈번하게 사용되고 있다는 사실을 제시하였다. 또한 작품내용 가운데 윤웅렬의 고향인 '온양온천'이나 한때 윤웅렬이 부사를 지냈던 '남양'이라는 낱말이 나온다는 사실을 들어, 윤웅렬이 『호섬전』의 작가일 것이라는 추정을 보완하는 근거로 제시했다. 그러나 이러한 근거로 작가를 추정하는 것은 지나치게 작위적이라는 느낌이 든다. 예컨대 이 작품에는

'온양'이나 '남양'이라는 지명 이외에도 '연풍',[159] '남원',[160] '광주'[161] 등 많은 지명이 나오는데, 굳이 '온양 온천'만을 거론하는 것이 그렇다. 더구나 윤웅렬이라는 인물은 1880년 제2차 수신사 김홍집의 수행원으로 일본에 가서 일본의 朝野인사들과 교유를 맺는가 하면, 1882년 임오군란이 일어나자 일본공관에 이승모를 보내어 군민들이 일본공관을 습격할 계획을 하고 있다는 정보를 통보하고 자위책을 강구하도록 하였던 인물이다. 결국 군란이 확대되면서 윤웅렬의 집은 군민들에게 파괴되었으며, 윤웅렬은 일본공사 일행과 함께 일본으로 피신했다가 정국이 안정되자 개화당 조직에 참여하여 활동하였다. 그 후 1910년에는 친일인사에게 주어지는 남작의 작위를 받기도 하였다.[162] 말하자면 윤웅렬은 외세의 침략성을 간과하고 문명개화만을 지향한 결과 일본에 이용당하기만 했던 개화파의 일원이었다. 이러한 사실은 『호섬전』이 지향하는 주제의식과 정면으로 대치되는 것이다. 『호섬전』은 일본을 포함한 제국주의 열강의 침략성에 대한 위기의식을 잘 보여주는 작품인 바, 이러한 작품이 윤웅렬과 같은 인물에 의해 창작되었다고 보기는 어렵다고 하겠다.

그런데 정신문화연구원 소장본의 첫 장과 마지막 장에 '尹錫昌'이라는 印章이 찍혀 있어서, 이 작품의 작가가 윤석창일 가능성을 높여 주고 있다. 이미 본 바와 같이 작품의 겉표지에 '윤병ᄉ덕 축'이라는 기록이 있는 바, 윤석창은 윤병사와 동일인물이거나 윤병사와 인척관계에 있는 인물일 것으로 생각되는 것이다. 윤씨 족보를 조사해 본 결과, 윤석창이라는 이름으로 19세기 말에서 20세기 초엽에 생존한 인물은 파평 윤씨 족보에 단 한 명이 있

159) "소양증이 더단ᄒᆞ기로 일년의 ᄒᆞᆫ번식 온양온쳔이며 연풍안비을 단이노라"(『호섬전』 9장)

160) "노긔을 더단이 너이여 률긔을 남원 신관ᄉᆞ도갓치 벗셕 너여"(『호섬전』 7장)

161) "광주 ᄉᆞ난 싀님이 각덕 구종의게 휘둘니듯 정신이 읍셔"(『호섬전』 25장)

162) 한국정신문화연구원, 『한국민족문화대백과사전』 17, 웅진출판주식회사, 1991, 302-303쪽.

었다. 따라서 파평 윤씨 족보에서 확인한 윤석창(1883-1932)이란 이가 이 작품의 작가가 아닌가 한다. 그런데 파평 윤씨 족보에서 확인한 윤석창이란 이가 이 작품의 작가라면, 그의 나이 24세에 이 작품을 창작한 것이 된다. 그리고 병사를 역임한 윤모씨와 윤석창이 동일인이라면, 윤석창은 24세 이전에 병사를 역임한 것이 된다. 이렇게 젊은 나이에 병사의 지위에 올랐다고 보기는 어려우므로, 윤병사는 윤석창의 아버지가 아닌가 추정된다.

(2) 작품의 형성과정

『호섬전』의 작가는 작가 후기에서 "고담으로 들은 바 호랑 둑겁이 승힐ᄒᆞᆫ 거술" 가감하여 이 작품을 창작했음을 밝히고 있어, 『호섬전』이 이미 있던 이야기를 토대로 창작된 것임은 분명하다. '호랑 둑겁이 승힐ᄒᆞᆫ' 이야기라는 언급으로 보아, 『호섬전』의 토대가 된 고담은 호랑이와 두꺼비의 대결을 다룬 『두껍전』이나 두꺼비 설화였을 것으로 짐작해 볼 수 있다.

논의의 편의를 위해 먼저 『호섬전』의 줄거리를 보기로 하자.

1. 여러 날 장마가 계속되다가 날이 갠다. 굴 속에 갇혀 지내던 두꺼비와 호랑이는 먹이를 구하기 위해 굴 밖으로 나왔다가 서로 만난다. 호랑이는 여러 날 주리던 끝이라 두꺼비를 보고 잡아먹으려 한다.

2. 호랑이는 두꺼비를 얕보고 두꺼비의 외모에 대하여 조롱한다. 두꺼비는 자신이 알고 있는 관상법에 의거하여 호랑이의 조롱에 반박한다. 또한 역으로 호랑이의 외모에 대하여 조롱함으로써 사태를 역전시킨다. 이에 호랑이는 두꺼비에 대하여 얕보던 생각을 고치고 두꺼비의 실상을 알아보리라 생각한다.

3. 호랑이는 힘으로 두꺼비를 제어하리라 생각하고, 자신의 힘을 과장하여 자랑한다. 두꺼비는 호랑이의 말이 허풍임을 증명한다. 또한 역으로 더욱 과장하여 자신의 힘을 자랑한다. 호랑이는 두꺼비의 말이 허풍임을 반박하려 하지만, 역시 두꺼비의 허풍에 굴복한다. 이에 호랑이는 기운이 더욱 빠져 불손한

태도가 줄고 오히려 두꺼비를 존경하는 마음을 갖게 된다.

4. 이번에는 호랑이가 행보의 빠르기로 두꺼비를 제어하려고, 자신의 행보를 자랑한다. 두꺼비는 호랑이의 말을 반박한다. 또한 역으로 자신의 행보를 자랑한다. 이에 호랑이는 두꺼비를 잡아먹으려다 낭패만 보게 된 것을 한탄하게 된다.

5. 호랑이는 구변으로는 두꺼비를 당할 수 없다고 생각하고 직접 힘을 겨뤄보리라 생각하고, 개천을 건너 누가 멀리까지 뛰는지 겨루자고 제의한다. 두꺼비는 호랑이의 꼬리를 잡고 개천을 건너 호랑이보다 더 멀리까지 뛴다. 이에 호랑이는 두꺼비를 두려워하는 마음을 갖게 된다.

6. 호랑이는 세상의 조롱거리가 될까 두려워 다시 키를 겨뤄보자고 제의한다. 호랑이는 자신이 일어서면 하늘을 만질 수 있다고 자랑한다. 두꺼비는 하늘을 만질 때 잡혔던 것이 자신의 불알이라고 하여 호랑이의 말에 반박한다. 이에 호랑이는 달아날 궁리를 하게 된다.

7. 두꺼비는 다시 한 번 산중 친구들을 잡아먹으면 인간들을 충동하여 죽이겠노라고 협박하여 후일을 경계한다. 호랑이는 고개를 숙이고 물러가고, 두꺼비는 언변과 지혜로 호랑이에게 먹히지 않은 것을 자부하며 굴로 돌아간다.

『호섬전』의 내용 가운데 2단락과 7단락은 『두껍전』, 5단락은 두꺼비 설화 가운데 '강 건너뛰기 경쟁설화', 6단락은 '키 크기 경쟁설화'와 영향관계가 확인되는 부분이다.[163)]

먼저 『호섬전』과 『두껍전』의 영향관계가 확인되는 2단락과 7단락을 보기

163) 이러한 구비설화로는 '두꺼비와 토끼와 호랑이의 재주'(임석재, 『한국구전설화 7』, 363-364쪽), '토끼와 두꺼비의 재주자랑'(임석재, 앞의 책, 363쪽), '여우, 두꺼비, 너구리의 키자랑'(『한국구비문학대계』, 2-8, 724쪽), '두꺼비에게 속은 호랑이와 토끼'(앞의 책, 5-4, 612쪽), '두꺼비, 여우, 그리고 토끼의 내기'(앞의 책, 6-4, 200쪽. 6-4, 490쪽)가 있다. 이상의 설화에서 두꺼비의 상대역으로는 이 작품에서와 같이 호랑이로 나오기도 하지만, 토끼, 여우, 노루 등이 그 상대역으로 나오기도 한다.

로 하자. 두 작품의 내용을 비교하기에 앞서 우선 『호섬전』과 직접적인 영향관계에 있는 『두껍전』 이본을 확인하는 작업이 선행되어야 하겠다. 현재 전해지는 『두껍전』의 이본은 30종이 넘는다. 그런데 이본에 따라 내용의 편차가 아주 큰데, 『호섬전』과 관련이 있는 '호랑이의 침입'이 나타나는 이본은 불과 7종에 불과하다. 방각본 『노섬상좌기』, 방각본 『녹처사연회』, 전수록본 『장생경연호섬토론』, 융희본 『두껍전』, 김종철본 『두껍전』, 김동욱본 『금섬전』, 정해년본 『두껍전』 등이 그것이다. 그런데 '누가', '어떻게' 호랑이를 쫓아내는가 하는 구체적인 내용에 있어서, 7종의 이본은 아주 다양한 차이를 보여준다. 예컨대 방각본 『노섬상좌기』에서는 노루의 부탁을 받은 여우가 짐짓 거짓말로 달래서 보내 버리고, 정해년본 『두껍전』과 전수록본 『장생경연호섬토론』에서는 두꺼비가 축호진언을 외어 쫓아 보내고, 김종철본 『두껍전』에서는 여우가 빰을 때리고 두꺼비가 진언을 하여 쫓아내고, 방각본 『녹처사연회』에서는 녹처사가 호랑이의 부당함을 일깨워 쫓아내며, 김동욱본 『금섬전』에서는 두꺼비의 '언변'으로 쫓아 보낸다.[164]

이 가운데 『호섬전』과 직접적인 영향관계에 있을 것으로 판단되는 이본은 김동욱본 『금섬전』이다. 호랑이가 자신의 힘을 믿고 두꺼비의 외모를 조롱하다가 오히려 두꺼비의 '언변'에 굴복하는 내용(2단락)과 두꺼비가 언변으로 호랑이를 협박하여 쫓아 보내는 내용(7단락)이 나타나는 이본은 김동욱본 『금섬전』 뿐인 것이다. 물론 구체적인 묘사나 서술에 있어서 두 작품은 차이가 있다. 예컨대 작품 분량의 현격한 차이에서 알 수 있는 바와 같이, 『호섬전』은 『두껍전』보다 훨씬 풍부하게 사건이 묘사되어 있다. 김동욱본 『금섬전』에는 호랑이가 두꺼비의 외모를 조롱하고 두꺼비가 언변으로 이를 반박하는 내용만 있으나, 『호섬전』에는 여기에 두꺼비가 호랑이의 외모를 조롱하여 호랑이를 반격하는 내용이 덧붙어 있는 것이 그러한 예이다. 또한

---

164) 정출헌, 앞의 논문, 1992, 50-51쪽.

김동욱본 『금섬전』의 두꺼비는 당태종이 인명을 살해하는 호랑이를 죽이라고 명하였다고 협박하여 호랑이를 쫓아 보내는데 비해, 『호섬전』의 두꺼비는 보다 치밀하게 호랑이를 쫓아 보내는 것으로 묘사된다. 즉 3단락에서 6단락까지의 대결을 통해 서서히 호랑이의 기를 꺾은 뒤, 앞으로 산중 친구들을 살해하면 인간들을 충동하여 죽이겠노라고 협박하여 호랑이를 쫓아 보내는 것이다. 그러나 두 작품은 '몸집이 작고 힘이 약한 두꺼비'가 '몸집이 크고 힘이 센 호랑이'를 '언변과 꾀'로 이겼다는 데 초점이 맞추어져 있다는 점에서, 동일한 문제의식 아래 두꺼비와 호랑이의 대결을 그리고 있다고 할 수 있다.[165] 이처럼 두꺼비가 호랑이를 쫓아 보내는 방법이나 작품에 드러난 문제의식이 동일한 것으로 보아, 『호섬전』과 직접적인 영향관계에 있는 것은 김동욱본 『금섬전』이라고 하겠다.

그런데 『두껍전』류 이본의 초점은 연회의 상석을 놓고 벌어지는 자리다툼에 맞추어져 있는 바, 자리다툼의 문제가 해결된 뒤 등장하는 호랑이의 침입부분은 매우 소략하게 묘사된다.[166] 김동욱본 『금섬전』도 예외는 아니어서 두꺼비와 호랑이의 대결부분은, 호랑이가 자신의 힘을 믿고 두꺼비의 외모를 조롱하다가 오히려 두꺼비의 '언변'에 굴복하는 내용(2단락)과 두꺼비가 호랑이를 협박하여 쫓아 보내는 내용(7단락)으로만 구성되어 있다. 『호섬전』의 작가는 『두껍전』의 호랑이 침입부분만을 소재로 차용하여 작품의 기본 틀을 마련하고, 두꺼비와 호랑이의 대결을 소재로 한 두꺼비 설화('강 건너 뛰기 경쟁설화'(5단락)와 '키크기 경쟁설화'(6단락))도 차용함으로

165) "ᄃᆡ져 젹은 둑겁의 언변으로 고약ᄒᆞᆫ 여호와 ᄇᆡᆨ악호을 쫏츠니 이러ᄒᆞ므로 사젹을 긔록ᄒᆞ미라"(김동욱본 『금섬전』 24장)는 작가후기에서 알 수 있는 바와 같이, 『금섬전』은 두꺼비와 호랑이의 대결을 약자가 지혜로서 강자를 이긴다는 구도 아래 형상화하고 있다. 이는 『호섬전』도 마찬가지인바, 이에 대해서는 다음 장에서 자세하게 살피기로 하겠다.

166) 심지어 30여 종 이상의 이본 가운데 위에서 제시한 7종의 이본을 제외한 대다수의 이본에는 아예 호랑이와 두꺼비의 대결부분이 생략되어 있기도 하다.

써 『두껍전』류의 소설과는 다른 『호섬전』을 창작하게 된 것이다.

이렇게 보면 『호섬전』에 수용된 『두껍전』과 두꺼비 설화는 실제로는 부정적인 외모를 지녔거나 힘이 약한 두꺼비가 언변과 지혜로 자신보다 긍정적이거나 강한 호랑이를 굴복시킨 이야기라는 공통점이 있다. 말하자면 언변과 지혜가 있다면 현실적으로 약한 존재도 강자를 굴복시킬 수 있다는 점이 『호섬전』 창작의 중요한 동기일 수 있겠다.

그렇다면 『두껍전』과 두꺼비 설화에서 확인되는 이러한 요소가 창작의 소재로 주목받게 된 배경은 무엇일까? 이는 『호섬전』이 창작된 1907년이라는 역사적 현실과 무관하지 않다. 앞에 인용했던 작가 후기를 다시 짚어보기로 하자. 『호섬전』을 창작하게 된 경위를 기록한 작가의 후기에는 『호섬전』을 창작하게 된 배경이 매우 실감나게 서술되어 있다. 작가는 서로 왕래하는 사람도 없이 쓸쓸하게 지내던 어느 날 해가 지는 경시(4시 30분에서 5시 30분) 무렵, 친구들의 방문을 맞이하여 '시체말'과 '고담'을 나누다가 헤어진다. 그날 밤 작가는 잠을 이루지 못하다가 친구들과 이야기했던 '고담'을 가감하여 『호섬전』을 짓게 되었다는 것이다. 왜 작가는 『호섬전』의 창작 경위를 밝히면서 그날 친구들과 나눴던 '시체말'과 '고담'을 나란히 이야기하고 있는 것일까? '시체말'이 『호섬전』에 빈번하게 사용되는 속어, 비어, 속담으로 이해되기도 하였으나,[167] 그보다는 당시 시정에서 떠돌던 이야기로 이해하는 것이 옳겠다. 말하자면 『호섬전』을 창작하던 날 작가와 친구들이 모여 나눈 '시체말'은 '강한 호랑이의 위협으로 목숨을 잃을 위기에 처한 두꺼비이야기'와 이에 대응되는 당시 조선의 급박한 역사적 상황에 대한 이야기였을 수 있다. 여기서 작가는 약한 존재가 언변과 지혜로 강자를 굴복시킨 두꺼비이야기에 깊이 감응하여 『호섬전』을 창작하기에 이른 것으로 볼 수 있겠다. 이런 점에서 1907년 조선이 처한 역사적 맥락을 고려하면서

167) 정출헌, 앞의 논문, 26쪽.

『호섬전』을 고찰하는 것이 작품을 섬세하게 이해하는 데 도움이 될 것이다. 이는 우화의 형식을 취하고 있으면서도 끊임없이 당시의 세태에 대한 관심을 환기시키고 있는 데서도 이 작품이 당대 현실에 대한 문제의식으로부터 출반한 작품임을 잘 보여준다.

> 지금 셰ᄉᆞᆼ의 항우 비ᄉᆞᆸ 쓰더 먹을 놈도 만코 하날을 쓰고 도리질할 ᄌᆞ도 만ᄒᆞᆫᄃᆡ 이 놈은 집신 짝갓치 밋진 ᄀᆡ갓ᄒᆞᆫ 거시 ……(14장)

> 힝실은 아니 ᄇᆡ오고 맛치 ᄒᆞ는 거시 홀티바지 조분 소ᄆᆡ의 눈의다가 실죽경을 들메고 쇄족버션 뒷독신의 권연초을 입의 물고 보장이지 우산인지 활활 던져 걸더 집고 남북촌의 헤질으며 골 쌍쌍이 쑤스기로 몃천원식 판을 ᄂᆡ고 각ᄉᆡᆨ노리 맛셜 들려 숨판쥬의 취ᄒᆞ여셔 갈보결연 일을 숨어 어린 잡놈 힝습으로 안ᄒᆞ무인 방탕ᄒᆞ여(19장)

위 인용문은 두꺼비가 호랑이를 공격하면서 한 말인데, 여기에는 당시의 역사적 상황이 강하게 투영되어 있다. 이는 『호섬전』이 『두껍전』이나 두꺼비 설화와는 다른 차원에서 '두꺼비와 호랑이의 대결'을 다루고 있음을 의미한다. 『호섬전』이 『두껍전』과 두꺼비 설화를 기본 골격으로 하여 창작된 작품이기는 하지만, 양자는 서로 다른 역사적 지평에 놓여있다는 것이다. 이제 '두꺼비와 호랑이의 대결'이 구체적으로 의미하는 바를 고찰함으로써, 『호섬전』의 역사적 의미를 밝히기로 하겠다.

2) '두꺼비와 호랑이의 대결'의 역사적 의미

지금까지 필자는 『호섬전』이 『두껍전』과 두꺼비 설화를 기본 골격으로 재창작된 작품이란 사실을 검토했다. 이제 『호섬전』이 어떻게 『두껍전』및 두꺼비 설화와는 다른 차원의 예술적 성취를 이룩하는가를 살펴보자.

우선 『두꺼전』이나 두꺼비 설화에서와는 달리, 『호섬전』에서는 두꺼비와 호랑이의 대결이 '먹고 먹히는' 약육강식의 차원에서 진행된다. 『두껍전』에서 두꺼비와 호랑이의 대결은 호랑이가 흥겨운 연회의 분위기를 깨뜨리려는 데서 비롯된다. '키 크기 경쟁설화'에서는 누가 나이가 많은지 가리기 위해, 그리고 '강 건너 뛰기 설화'에서는 떡을 차지하기 위해 두꺼비와 호랑이가 대결한다. 말하자면 『두껍전』이나 설화에서의 대결은 한 개인이 향촌 사회에서 겪을 법한 문제 때문에 비롯되는 것이다. 그러나 『호섬전』의 대결은 『두껍전』이나 설화와는 전혀 다른 차원에서 전개된다.

> "홀연 광풍이 ᄃᆡ작ᄒᆞ여 남무가 불어지고 돌리 궁글으며 뇌졍이 덜미을 ᄯᆞ리ᄂᆞᆫ 듯ᄒᆞᆫ 소릐 나며 ᄊᆞᆼ쥴로 번ᄀᆡ갓치 흐르더니 어더ᄒᆞᆫ 김싱이 크기 말만ᄒᆞᆫᄃᆡ 전신의 황흑ᄉᆡᆨ이 어룽지고 머리ᄂᆞᆫ □□이만 ᄒᆞ며 두 눈이 화경을 걸연 듯 나ᄂᆞᆫ다시 달아들어 ᄭᅩ리을 길게 펴고 두 눈을 모아 ᄯᅮ러질 듯 보며 아옹 소릐 산쳔이 히텩이라(3장)

위 인용문은 호랑이가 처음 산중에 나타났을 때의 장면이다. 호랑이가 나타나기 이전의 산중은 "일긔 초졍ᄒᆞ여 초목군싱지물이 각기 ᄉᆡ로운지라. 날김싱 긜버러지 ᄯᅦ을 만난드시 동셔남북의 임의ᄃᆡ로 헤즐으"(2장)는 고요하고 평화로운 세계이다. 그러나 호랑이가 나타나자 갑자기 광풍이 일어나고, 나무가 부러지고, 돌이 구를 만큼 산중 세계의 평화는 깨어진다. 호랑이는 "산즁의 각처 친구얼 모라고 눈의 뵈이ᄂᆞᆫ ᄃᆡ로 함부로 히ᄒᆞ야"(27장) 장생원의 맏아들, 토선생 등을 마구 잡아먹는 존재이기 때문이다. 말하자면 호랑이는 평화로운 산중 세계를 약육강식의 논리가 지배하는 세계로 바꾸어 놓는 존재인 것이다.

그렇기에 두꺼비에게는 호랑이의 등장이 목숨을 위협하는 절박한 것으로 묘사된다.

> 이ᄂᆞᆫ ᄎᆞ시 호랑이 여러 날 장마즁 굴속의셔 쥬리더니 먹을 거슬 엇고져 두루 방황ᄒᆞ더니 마츰 둑겁이 뵈이ᄂᆞᆫᄃᆡ 비록 젹어 반닙이 차지 못할 거시나 주린 ᄭᅢᆺ치라 크고 즈근 거슬 분간ᄒᆞ며, ᄯᅩᄒᆞᆫ 탐욕이 심ᄒᆞᆫ 김싱이라. 엇지 먹고ᄌᆞ 아니ᄒᆞ리요. 호랑이 불문곡직ᄒᆞ고 먹을 거시로ᄃᆡ ……(3장)

여러 날 장마 끝에 날이 개어 굴 밖으로 나온 호랑이는 불문곡직하고 두꺼비를 잡아먹으려 한다. 즉 『호섬전』에서는 두꺼비와 호랑이의 대결이 '먹고 먹히는' 약육강식의 차원에서 진행되는 것이다. 여기에는 이 작품이 창작된 1907년을 전후한 시기의 한국사회가 처해 있던 급박한 역사적 상황이 투영되어 있다고 보여진다.

일본은 1876년 강화도조약을 체결한 이후 1910년 한일합방이 이루어지기까지 조선을 식민지화하기 위해 지속적인 노력을 기울였다. 일본은 1905년 7월 미국과 카쓰라-태프트 협정을 체결하고, 같은 해 8월에는 영국과 제2차 영일동맹을 체결함으로써 영국과 미국으로부터 조선에 대한 '감리와 보호의 조치'를 승인받았다. 그리고 같은 해 9월에는 포츠머쓰 조약을 통해 열강으로부터 조선에 대한 독점적 지배권을 재확인 받은 뒤, 같은 해 11월 을사조약을 체결함으로써 조선을 식민지화하기 위한 단계를 밟아 나갔다. 마침내 1907년 7월에는 고종을 퇴위시키는 한편, 한일신협약을 체결하여 군대를 해산하고 차관 이하 각 요직은 물론 권력의 말단까지 장악했다. 고종이 강제 퇴위당하고 군대가 강제로 해산되면서, 을미사변 이후 전개되었던 반일 의병투쟁은 한층 더 확대되기에 이른다. 서울에서는 일제와 매국노들에 대한 죄상을 폭로하고 규탄하는 시위와 집회가 연일 계속되었다. 더구나 군대의 해산조치로 서울의 군인들은 해산에 반대하며 무기를 들고 격렬한 시가전을 감행하였다.[168] 말하자면 『호섬전』이 창작된 1907년은 한국이 일본의

168) 한국역사연구회 편, 『한국사강의』, 한울, 1989, 282-296쪽.

반식민지 상태에 놓이게 됨으로써, 일본에 대한 적대감이 한층 고조되었던 시기였다고 하겠다. '먹고 먹히는' 차원에서 진행되는 두꺼비와 호랑이의 대결에는 이와 같은 당시의 역사적 상황이 삼투되어 있다고 하겠다. 즉 평화로운 산중 세계를 약육강식의 논리에 의해 지배되는 세계로 바꾸어놓은 호랑이의 모습에는 한국을 식민지화하기 위한 의도를 노골적으로 드러내고 있던 이 시기 일본의 모습이 강하게 투영되어 있는 것이다.

그러면 호랑이가 구체적으로 어떻게 형상화되어 있는지 보기로 하자.

> 둑겁이 성노 왈, "이놈 쥐밋도 모라거든 어룬이 말슴ᄒᆞ넌ᄃᆡ로 고ᄀᆡ을 숙여 듯기만 할 ᄶᅡ름이어날, 주죄 넘게 어룬 말을 감히 반ᄃᆡᄒᆞ니 어ᄃᆡ셔 그런 벌읏셜 ᄇᆡ웟ᄂᆞᆫ다. 도시 요ᄉᆞ이 졀문 ᄌᆞ식덜리 ᄃᆡ고리의 피도 말으지 안니ᄒᆞ여셔 못된 송아치 엉덩이셔벗덤 쌜리 ᄂᆞᆫ다고, ᄇᆡ오라 ᄒᆞᆫ 글은 아니 ᄇᆡ오고 보도쳥 문고리만 ᄲᅦ기을 ᄇᆡ운단 말갓타여 힝실은 아니 ᄇᆡ오고 맛치 ᄒᆞ는 거시 홀틔바지 조분 소ᄆᆡ의 눈의다가 실죽경을 들메고 샢족 버션 뒷독신의 권연초을 입의 물고 보장이지 우산인지 활활 던져 걸더 집고 남북촌의 헤질으며, 골망골망 이쑤스기로 몇 쳔원식 판을 ᄂᆡ고 각식 노리맛셜 들려 삼판주의 취하여셔 갈보 결연 일을 숨어 어린 잡놈 힝습으로 안ᄒᆞ무인, 방탕ᄒᆞ여 존장어룬을 져의 붕ᄇᆡ갓치 함부로 ᄒᆞ이 ᄂᆡ 이갓ᄒᆞᆫ 것들얼 통ᄒᆞᆫᄒᆞ야 두문불츌일너니 엇지스 오날날 우연이 ᄂᆞ왓다가 잡놈 즁의 도아즈덩어리 잡놈얼 맛나 봉욕이 ᄃᆡ단ᄒᆞ도다. ……"(19장)

호랑이는 '홀틔바지', '실죽경', '뾰족버선 뒷독신', '권연초', '우산' 등으로 표현되는 새로운 문물을 수용하는 데 적극적인 인물이다. 그리고 "ᄇᆡ오라 ᄒᆞᆫ 글"은 버려두는, 어른을 공경하는 유교적 전통을 저버린 젊은 자식, 잡놈과 같은 존재이다. 말하자면 호랑이는 전통적인 가치는 무시하고 새로운 문물을 흉내 내는 데 적극적인 젊은 잡놈으로 그려진다. 일본은 동아시아 국가 가운데 가장 먼저 서구의 선진문물을 흡수하여 제국주의 열강의 대열에 합류했던 나라이다. 이와 같은 일본의 모습이 이 작품에서는 서구문물을 지향하는 무식한 젊은 잡놈의 이미지로 묘사된 것이다.

또한 일본에 대한 적대감은 호랑이의 외모를 묘사하는 데서도 잘 드러난다. 두꺼비가 호랑이의 외모에 대하여 평하는 대목은 『호섬전』의 토대가 되었던 『두껍전』이나 두꺼비 설화에는 없었던 것으로, 이 작품에서 새롭게 부연된 것이다. 여기서 호랑이는 "무식훈 촌강지도요, 쳔상쳔하의 쓱읍는 누덕이 줍놈"으로 묘사된다. 두꺼비는 관상법에 따라 호랑이의 외모를 평하는 가운데, '심술이 불양하여 일생에 살해할 마음 뿐'(눈)이며 '도적질이 대단할 것'(수족)이며, '탐식'(아구리)과 '귀악'(아구리)이 있으며, '부모는 탐음(이마)하고 계집은 얻는 대로 죽거나 서방질하여 달아날 것'이며, '평생 재물이 없어(코) 고생할 팔자'(수족, 치아)라고 악평한다. 그러면서 "셰상구경 멋칠 못훅고 올너지 안이훅여 별악탕의 급술증으로 경앙딕노키가 쉬울지로다"라며 악담을 하기도 한다. 여기에는 조선에 대한 침략의도를 노골적으로 드러내고 있는 일본에 대한 당대인의 증오심과 적대감이 강하게 반영되어 있다고 할 것이다.

그러면 두꺼비는 어떤 인물로 형상화되어 있는지 보기로 하자.

호랑이가 일본을 우의한 것이라면 두꺼비는 일본의 침략야욕 앞에 놓인 조선에 대응되는 인물이다.

> 네 날더러 아지 못할 괴물이라 훅야 흉악훈 픠망지셜로 어룬을 능멸이 무쌍훅나 닉 근본을 일으리라. 나는 근원이 올인 양반이고 고종으로 나려오는고로 번족지 못훅여 갓가온 종당 읍고 …… 나의 힝셰훅는 거시 너와 달여 닉 집의 잇순즉 시셔와 논밍을 셥녑훅여 가의 졍히 무료훈즉 천상의 올나 션관들과 훈가지 쳔도을 의논훅고 ……(21장)

두꺼비는 자신이 호랑이처럼 개화된 문물을 받아들이는데 적극적인 젊은 이와는 다르다는 의식을 강하게 갖고 있으며, '시서와 논맹'을 섭렵하였고 천상의 선관과 천도를 의논할 정도로 고귀한 양반이라고 자부하는 인물이다. 한편 바깥출입도 자제할 만큼 전통적인 가치가 무시되고 새로운 문물을 흉내 내는 데만 급급한 세태에 대하여 비판적인 인물이다. 또한 호랑이 자신이 "네 모양을 보니 잔망은 ᄒᆞ여도 되지 못ᄒᆞ나 나흔 들어 뵈이니"(『호섬전』, 6장)라고 인정하듯이, 두꺼비는 젊은 잡놈인 호랑이와 대비되는 어른으로 묘사된다. 즉 두꺼비는 호랑이에 비해 문벌이나 학식에 있어서 우월한 어른으로 그려지는 것이다. 여기에는 한국이 일본에 비해 역사적·문화적 전통에 있어서 우위를 점하고 있다고 생각했던 작가의식이 투영되어 있다고 하겠다.

그러면 두꺼비와 호랑이의 대결이 어떻게 전개되는지 구체적으로 확인해 보자.

> 둑겁이 근본 잔진ᄒᆞ여 조고마ᄒᆞᆫ 것을 보아도 놀나여 쥭을 듯 ᄒᆞ더니 이졔 호랑을 만ᄂᆞᆫ즉 졍신이 아득ᄒᆞ여 쳔지을 불분ᄒᆞ고 이마의 진ᄯᆞᆷ이 나며 신혼이 진발ᄒᆞ고 젼신이 구상젼을 맛는다시 ᄯᅥᆯ니여 긔식ᄒᆞ여다가 간신이 진졍ᄒᆞ여 (3-4장)

위 인용문은 "무한ᄒᆞᆫ 경긔을 탐혹ᄒᆞ여 ᄉᆞ면으로 관광ᄒᆞ며" 유유자적하던 두꺼비가 호랑이를 대면하고 보인 행동이다. 여기서 두꺼비는 호랑이의 위협적인 등장을 매우 두려워하는 모습을 보이고 있는 것이다. 뿐만 아니라, 두꺼비는 호랑이의 홍려문 같은 입을 보고 "이 갓흔 모양을 보건ᄃᆡ 콩만ᄒᆞᆫ 간이 다 실 듯 ᄒᆞ며 젼신이 ᄯᅥᆯ니여 들숨만 잇고 날숨언 업"(5장)을 만큼 담약한 모습을 보이기도 한다. 두꺼비의 담약한 모습은 "ᄂᆡ 일즉 쳔ᄒᆞ을 횡힝ᄒᆞᆫ 지 긔십 연의 요런 담냑ᄒᆞᆫ 괴물은 오날 쳐음 보는ᄯᅩ다"(4장)라고 하는 호랑이의 말을 통해서도 확인된다. 말하자면 두꺼비는 처음 호랑이를 대면했을 때는 매우 담약한 모습을 보이고 있는 것이다.

그러나 두꺼비는 담약한 본성을 운명으로 받아들이지 않았기에 호랑이의 먹이가 되지 않을 수 있었다. "속담의 일으기을 지렁이도 드듸면 쑴젹인다 ᄒᆞᆫ더 너 이졔 어림읍시 아모 말도 못ᄒᆞ며 잡어 죱수ᄒᆞ고 나의 젼신을 져 놈의계 통으로 너맛기고 잇ᄂᆞᆫ 거ᄉᆞᆫ 변변치 못ᄒᆞᆫ 슉믹이요, 병신의 초친근식이라."(4장)고 하며, 두꺼비는 저항이라도 해보고 죽겠다는 각오를 한다. 말하자면 처음 호랑이를 보고 두꺼비가 보이는 담약한 모습이 위협적으로 진행되는 일본의 침략에 대하여 적절히 대응하지 못했던 당시 조선의 유약한 태도를 사실적으로 그린 것이라면, 호랑이에 대한 저항의지를 다짐하는 두꺼비의 모습은 일본의 침략에 저항하여 민족자주권을 수호하고자 하는 다양한 움직임과 이를 지지하는 작가의 의식을 드러낸 것이라고 하겠다. 작가는 "간신 졍신을 수습ᄒᆞ여 스ᄉᆞ로 일로더 너 이가치 졍신을 일타가는 져 놈입의 들어가기 젼의 ᄉᆞᆼᄉᆞᄂᆞ기 쉽거도다 ᄒᆞ고 이예 마음얼 도지계 먹으며"(5장)라거나 "너 이졔 져놈의 밥이 되어 괴상육이 된 바의 무삼 더 두일 비 잇스리요? 이럼으로 쥭을 ᄯᅡ히 일으러셔ᄂᆞᆫ 마음을 견고ᄒᆞ나니 너 이졔 화을 면ᄒᆞ도록 셜역ᄒᆞ여 보다가 일우지 못ᄒᆞᄂᆞᆫ 거ᄉᆞᆫ 너 집 운수소관이요, 쳔의 소지라. 이런고로 말동고리도 술릐을 막고ᄌᆞ 셔 들어보고 목의도 틱산을 지고 덤벙이ᄂᆞ니 너 맛읍시 그져 줄이 만무ᄒᆞ도다. 하날이 문어져도 소날 궁기 잇고 별악을 쳐도 살 놈은 ᄉᆞᆫ다 하여ᄂᆞ니라"(6-7장)는 식의 다짐을 재차 반복하여 제시함으로써, 일본의 침략으로부터 민족자주권을 수호하기 위해서는 무엇보다도 국민의 저항의지가 필요하다는 작가의 간절한 마음을 전달하고 있는 것이다.[169)]

169) 그런데 『호섬전』과 유사한 비유적 표현을 통해 국민이 단결하여 일본의 침략에 대항해야 한다는 한시가 있어 인용해 보기로 한다.

猛虎當大道　맹호가 큰 길거리에 나타나니
雙眼如挾鏡　두 눈은 거울을 끼운 듯

두꺼비는 이처럼 가만히 앉아서 잡아먹힐 수는 없다는 자각 아래 호랑이와 맞서겠다고 다짐하고, 이후부터는 호랑이와의 힘겨운 겨루기를 하게 된다. 그러나 두꺼비는 힘으로는 도저히 호랑이와 맞설 수 없었으므로, 언변과 꾀를 써서 호랑이와 대결한다. 두꺼비는 "져 놈이 근본 용밍은 잇스나 꾀난 업시며 또훈 의심이 마은 놈인즉 나의 궁통훈 실긔을 닉여 유리훈 언변으로 져 놈을 속여 보리라"(4장)고 다짐하며, 호랑이와의 대결에 나서는 것이다. 즉 두꺼비는 자신의 힘을 과장하여 말함으로써 호랑이의 기를 꺾는가 하면, 호랑이의 힘을 역이용하여 호랑이를 제압한다. 이러한 과정을 거치면서, 호랑이는 두꺼비가 자신보다 힘이 센 것으로 알고 도망가기에 이르게 된다. 말하자면 두꺼비는 힘의 열세를 지혜로 극복하고, 호랑이와의 대결에서 이긴다. 작가는 이와 같은 대결을 통해 약자도 지혜만 있으면 강자를 제압할 수 있다는 믿음을 드러내고자 했다고 하겠다. 이는 다음과 같은 서술자의 변을 통해서도 잘 확인된다.

烈風捲九街　세찬 바람 길거리를 휩쓸 듯 일어나고
咆哮慴一境　한 번 포효에 온 고을이 겁먹었네
人人但蝟縮　사람들마다 고슴도치처럼 움츠러들었을 뿐
驚虎熱中腸　놀라 소리치며 속만 태우네
寧甘就彼死　어찌 기꺼이 저기에 가서 죽을 수 있겠느냐고
不願犯其剛　그 강한 것에 범접하려 하지 않네
吾意獨不然　나는 홀로 그렇지 않다고 여기노라.
萬夫各執창　만 사람이 각기 창을 잡으면
借曰不殺虎　가령 호랑이를 죽일 수 없다 하더라도
勝似坐死亡　앉아서 죽기 보다 나을 것이네

이 시는 홍희춘의 '猛虎行'(『대한협회회보』 제12호, 1909.3.25)이다. 포효하며 세찬 바람으로 길거리를 휩쓸며 나타나는 호랑이의 모습, 이를 보고 겁을 내어 아무도 범접하지 못하는 사람들의 모습, 그리고 앉아서 죽기보다는 차라리 단결하여 물리쳐야 한다는 화자의 다짐 등이 『호섬전』의 그것과 매우 유사하다. 가만히 앉아서 일본의 침략을 당하고 있는 국민의 각성을 촉구하면서, 동시에 모두가 합심한다면 일본의 침략을 막을 수 있을 것이라는 강한 의지를 보여주고 있는 것이다.

> ᄃᆡ져 젹은 거시 큰 거슬 가히 ᄃᆡ젹지 못ᄒᆞ며 약ᄒᆞᆫ 거시 강ᄒᆞᆫ 거슬 가히 익이지 못ᄒᆞᆷ은 자연ᄒᆞᆫ 니치니, 이는 형셰와 힘으로 졔어하는 ᄇᆡ이요, 약ᄒᆞᆷ으로 강ᄒᆞᆫ 거슬 억졔ᄒᆞ며 젹음으로 커단 거슬 업슈이 녁이ᄂᆞᆫ 거슬 변통얼 베퍼 권도롤 닐우ᄂᆞ니 이ᄂᆞᆫ 지혜와 ᄭᅬ로 일우ᄂᆞᆫ ᄇᆡ라(1장)

지혜를 발휘함으로써 작은 것이 큰 것을, 약자가 강자를 제압한다는 역설은 설화에서 빈번하게 나타나는 주제 가운데 하나이다. 그러나 설화에서는 이와 같은 주제가 상하, 귀천의 관계를 역전시킴으로써 이미 굳어져버린 질서를 파괴하고 싶은 설화 담당층의 욕구를 충족시켜주는 기능을 수행하고 있다. 앞에서 살펴본 바와 같이 이 작품은 상당부분 이와 같은 설화적 구도에 토대하고 있다. 그렇다고 이 작품이 기존 질서에 대해 반감을 가지고 있던 조선후기 민중의 의식을 드러낸 것으로만 이해할 수는 없다. 둘의 대결을 설화에서 빈번히 다뤄지는 '상하, 귀천의 대결과 그 역전'의 변주로 볼 수 없는 것은, 이 대결의 핵심이 '힘과 문화적 전통'에 있기 때문이다. 힘은 강하지만 문화적으로 미개한 모습으로 그려진 호랑이에게서 상층의 모습을 읽기는 어렵고, 마찬가지로 힘은 약하지만 오랜 문화적 전통을 지닌 두꺼비에서 하층의 모습을 읽을 수 없다. 여기에 당시의 시대적 상황을 함께 고려할 때 두꺼비는 조선을, 호랑이는 일본을 우의한 것으로 해석할 수 있으며, 따라서 이 작품은 설화에서와는 다른 지평 위에서 대결이 전개된다.

1907년 당시의 한국이 일본에 비해 열세에 있었음은, 부정할 수 없는 객관적인 정황이었다. 작가는 약자인 두꺼비가 지난한 과정을 거쳐 강자인 호랑이를 이겨나가는 모습을 통해, 객관적인 열세를 극복하고 민족자주권을 지키기 위해서는 한국인들이 어떻게 대처해야 하는지 우의적으로 드러내고자 했다고 하겠다.

> 졸젹ᄒᆞᆫ ᄌᆞᄂᆞᆫ 능ᄒᆞᆫ ᄌᆞ의 부용이요, 어리셕은 ᄌᆞ는 실긔 잇ᄂᆞᆫ ᄌᆞ의 졔어ᄒᆞᆷ이

> 된다 ᄒᆞ여고, 장담이 잇스면 어려온 거슬 임ᄒᆞ여 두려오미 읍고 꾀가 만흐면 화을 면ᄒᆞ여 톡기 그물 버셔난다 ᄒᆞ니 과연이로다. ᄂᆡ 이졔 먹는 ᄃᆡ는 ᄉᆞ족을 못시는 호랑을 맛ᄂᆞ 십분 죽을 목숨이 장평의 꾀와 소진의 입담으로 그 흉악ᄒᆞᆫ 호랑놈을 반졈도 꿈젹이지 못ᄒᆞ게 ᄒᆞ야 쪼쳐 보ᄂᆡ고 ᄂᆡ 반셕가치 ᄐᆡ평으로 도라오니(29장)

그러나 '두려오미 읍고 꾀가 만흐'며, '장평의 꾀와 소진의 입담' 만 있다면 호랑이에 대처할 수 있을 것이라는 작가의 방안은 참으로 소박하다. 한일신협약의 체결로 한국은 일본에게 외교권과 군사권, 재판권 등 일체의 내정권을 빼앗기고 국권상실이라는 민족적 위기에 직면하게 된 당대 현실을 고려하면 더욱 더 그러하다. 그럼에도 이러한 위급한 상황일수록 일본의 힘에 굴복하지 않고 이겨내기 위해서는 국민의 단결된 저항의지와, 힘을 제압할 수 있는 지혜가 필요하다고 설파하는 모습에서 급박한 현실에서 어떻게든 국권을 지켜보고자 노력했던 수많은 당대인의 마음을 읽을 수 있다.

이 점은 내부의 개혁을 통해서만 국권을 수호할 수 있다고 믿었던 계몽지식인의 입장과는 매우 대조적인 것이라고 할 수 있다. 계몽지식인들은 대체로 망국의 원인을 민족 내부에서 찾았으며, 그런 만큼 국권을 지키기 위해서는 하루빨리 근대적 변혁을 성취해내는 것이 시급한 과제라고 생각하고 있었다. 이와 같은 의식을 잘 보여주는 작품이 유원표의 『몽견제갈량』과 우세자의 『지구성미래몽』이다. 이 두 작품은 『호섬전』과 마찬가지로, 민족자주권 수호의 당위성과 일본침략에 대한 강렬한 저항정신을 보여주는 작품이다.[170] 『몽견제갈량』과 『지구성미래몽』은 민족적 위기의 원인을 중세체

---

170) 1905년 이후 망국의 징후가 구체화됨에 따라 일본이 국권을 위협하는 구체적인 존재로 인식되기에 이르렀고, 이에 따라 문학의 모든 분야에서 국권수호와 항일의식을 복돋우는 작품이 대거 창출되었다. 『대한매일신보』에 게재된 수많은 가사 작품은 바로 이와 같은 주제의식을 담고 있는 대표적인 예라고 하겠다.

제를 청산하지 못한 데서 찾고 있으며, 그런 만큼 중세체제의 부정적 단면을 비판한다. 예컨대 전제적 정치체제의 폐해나 실용적 학문과 산업을 무시하는 풍조를 매우 신랄하게 비판하면서, 근대적 선진문물의 수용이 민족적 위기를 극복할 대안임을 강변한다.

이에 비해 『호섬전』은 근대적 개혁에 대해 다소 비판적인 입장을 취하고 있다. 이는 서구문화를 받아들이는 데만 급급한 호랑이의 모습을 부정적으로 그리고, 역사적·문화적 전통을 이어가는 두꺼비를 긍정적으로 그리고 있는 데서 이미 확인한 바이다. 이로써 보건대 이 작품의 작가인 윤석창은 우리의 전통문화에 대해 상당한 자부심을 갖고 있었던 인물이 아니었던가 추정된다. 그런 만큼 그에게 있어서 망국의 위기를 벗어날 수 있는 유일한 방법은, 당당한 문명국 민족으로서의 자부심에 바탕한 항일의지, 즉 정신적 무장으로 이해되었을 터이다.

2. 민족적 위기의식의 원인 분석과 그 해결책의 모색 : 『몽견제갈량』

1900년대 후반 동양은 급격한 세력관계의 변화를 겪게 된다. 중국은 청일전쟁 이후 동북아시아에서의 영향력이 급속도로 위축되었으나, 일본은 청일전쟁 이후 러일전쟁을 거치면서 새로운 열강으로 부상하게 된다. 여기에 서구 제국주의의 침략이 가세되어 동양은 일대 격변의 물살에 휩쓸리게 되는 것이다. 이러한 세계체제 하에서 국가와 민족을 보전하고 자주독립국으로 살아남아야 하는 것은 이 시기 동양이 직면한 절대명제였다. 그런 만큼 동양의 위기를 진단하고 그 해결방안을 모색하려는 담론이 무성하게 제출되었다. 유원표의 『몽견제갈량』은 그러한 다양한 담론 가운데 하나로 현실을 인식하고 미래의 기획을 제시하고자 했던 다양한 변주의 한 경로라고 할 수 있다.

『몽견제갈량』에 대한 본격적인 연구로는 윤명구,[171] 신재홍,[172] 배삼주[173]의 논문이 있다. 이 작품에 대한 논의는 작가의 생애, 작품의 형식, 작품에 반영된 시대의식을 밝히려는 작업을 중심으로 이루어졌다. 윤명구와 배삼주는 작가에 관한 자료를 발굴하여 작가의 생애를 추정할 수 있는 단초를 마련하였다. 작품의 형식에 대한 논의는 이 작품이 몽유록 양식의 전통을 잇고 있다는 전제 아래 이루어졌으며, 이러한 양식이 이 시기에 새롭게 주목받게 된 배경을 밝히는데 그 초점이 맞추어졌다. 그리하여 이 작품이 작가 당대의 사회적·정치적 제 문제를 깊이 있게 논의함으로써 몽유록이 비판적 문학양식으로 새롭게 부상하는 계기를 마련했다고 보았다. 작품분석을 통해서는 황인종의 화목(동아시아 연대의 모색), 관리에 대한 비판과 폭로, 민권사상, 후생이용의 실학사상, 국가혁신의 구상, 문명담론 등의 사상이 이 작품에 반영되어 있음을 밝혔으나 작품에 반영된 사상을 파편적으로 추출하는 식이어서, 작품내적 구성을 파악하는데 이르지는 못했다.

따라서 여기서는 그간 발굴된 유원표에 관한 자료와 새롭게 발굴한 자료를 바탕으로 작가의 행적과 의식지향을 추적하고, 기존 논의에서 언급되지 않았던 신채호의 서문을 통해 이 작품의 창작의도를 살펴봄으로써 작품 분석의 실마리를 마련하려고 한다. 또한 동양의 위기를 진단하고 그 해결방안을 모색한다는 작품내적 구성에 주목함으로써 이러한 형식을 통해 유원표가 드러내고자 했던 인식의 추이가 해명하도록 하겠다.

1) 작품 형성의 제문제

(1) 작가 유원표와 『몽견제갈량』의 창작 연대

광학서포에서 발행된 『몽견제갈량』의 표지에는 '蜜啞子著 夢見諸葛亮'

171) 윤명구, 『개화기소설의 이해』, 인하대출판부, 1986.
172) 신재홍, "몽유양식의 소설사적 전개에 관한 연구", 서울대 박사학위논문, 1992.
173) 배삼주, "유원표의 『몽견제갈량』에 대한 연구", 성균관대 석사학위논문, 2000.

이라 씌어 있고,[174] 그 다음 장에는 '蜜啞子 劉元杓 寫眞'이라는 설명과 함께 유원표의 초상화가 실려 있다. 그래서 일찍부터 『몽견제갈량』의 작가가 밀아자 유원표임이 밝혀졌으나, 유원표가 어떤 인물인지는 분명하게 알려진 바가 없었다. 그러던 중 이 작품의 본격적인 연구의 단초를 마련한 윤명구에 의해 유원표에 대한 몇 가지 사실이 밝혀졌다. 그는 官報의 기록을 토대로 하여 유원표가 1900년부터 1903년까지 약 3년간 황해도 황주에서 육군 참위로 근무하다가 1년간 휴직하였고, 1904년부터 1906년 4월 3일 휴직할 때까지 육군 부위로 근무했다는 사실을 밝혔다. 최근에는 배삼주가 유원표의 생애를 확인할 수 있는 중요한 단서를 밝혀냈다. 조선시대 역과 합격자의 명부인 『譯八世譜』와 『譯科榜目』에서 유원표의 이름을 확인한 것이다. 이 기록을 통해 유원표가 대대로 역관을 지낸 집안에서 1852년에 태어났으며, 1880년 역과에 합격하여 漢學直長學官을 지냈다는 사실을 밝혔다.

이렇게 해서 유원표의 생애가 대충 밝혀진 셈인데, 여기서 몇 가지 짚어야 할 문제가 있다. 우선 역관에서 군인으로 전직하게 되는 부분이다. 지금까지 밝혀진 사실을 종합한다면, 유원표는 1880년 역과에 합격하여 역관으로 지내다가 1900년 군인으로 전직한 후 1906년까지 복무한 것이 된다. 역관에서 군인으로 전직하게 되는 과정은, 이 시기 행정실무, 특히 중인 역관의 실무능력을 필요로 했던 군대의 요구와 관련이 있었을 것으로 짐작된다. 개항 이후 한국은 치열한 국제적 갈등 속에 휩쓸려 들어가게 되면서, 외국의 군사기술을 습득하여 자강책을 강구해야 한다는 논의가 일어나기 시작했다. 그리하여 청년관리와 기술자를 일본에 파견하여 일본의 군사시설을 시찰하게 하는가 하면, 중국에도 학생을 보내 군기제조와 군사조련법을 습

174) 題字 옆에는 '李種泰 題籤'이라고 씌어 있어서, 표지의 題字가 이종태의 필적임을 밝히고 있다. 이종태(1850-?)는 조선 선조 때 寫字官이었던 李海龍의 10대손으로 副卿을 지낸 인물이다. 이 집안은 대대로 글씨를 가업으로 하였으며 이종태 역시 서예가로 이름을 날렸다. 덕수궁 대한문의 額書가 이종태의 필적이다.

득하도록 하였다. 또한 중국인 군사기술자 4명을 한국으로 데리고 와서 각종 기계를 제작하기 위한 기기창을 설치하기도 했다.[175] 사정이 이러했으므로 군대에서는 중국어에 능통한 사람이 필요했을 것이고, 이 과정에서 유원표와 같은 역관이 군인으로 전직하게 된 것이 아닌가 한다. 실제로 유원표는 군인으로 복무하던 1905년에 중국 천진에 갔었다고 한 것으로 보아, 그가 군인으로서 담당했던 역할은 주로 통역 혹은 번역과 관련된 업무였을 것으로 추정된다.[176]

다음으로 유원표가 1906년 4월에 육군 부위직을 휴직한 문제이다. 주지하다시피 이 작품은 몽유록의 서술방식을 취하고 있는 바, 몽유자로 등장하는 밀아자가 어떻게 형상화되어 있는지를 분석한다면 작가 유원표의 행적을 추적할 수 있을 것이다. 몽유록 양식에서 몽유자는 대개 작가의 의식을 강하게 투영하고 있기 때문이다. 더구나 『몽견제갈량』의 경우, 몽유자는 작가 유원표의 호와 동일한 밀아자로 설정되어 있는 만큼 밀아자의 모습을 통해 작가 유원표의 행적과 의식의 일단을 짐작할 수 있을 것으로 생각된다. 『몽견제갈량』의 도입부는 밀아자가 1906년 봄에 관직을 사퇴하고 고향으로 돌아와 지내던 중, 어느 여름날에 잠시 잠이 들었다가 제갈량을 만나게 되었다는 것으로 시작된다.[177] 여기서 밀아자가 자신을 소개하면서 "挽近世道가 騷擾ᄒᆞ야 微官을 謝休ᄒᆞ고 山林에 棲息ᄒᆞ"(2쪽)게 되었노라고 하는 것으로 보아, 당시 한국의 상황 때문에 사퇴하게 되었던 것임을 짐작할 수 있다. 즉 1905년 11월에 을사보호조약이 체결되자 이에 분개하여 관직을 사퇴한 것으로 보이며, 이는 유원표가 을사보호조약에 저항하여 자살한 민영환

175) 이광린, 『한국 개화사 연구』, 일조각, 1980, 187쪽.

176) "蜜啞子가 年前에 遊於天津ᄒᆞ얏ᄉᆞᆸ"(<蜜啞子書>)

177) 粤在丙午春에 所帶殘啣을 休免ᄒᆞ고 家族을 團合ᄒᆞ야 農庄에 歸ᄒᆞ니 雖非英雄事業의 功成身退也나 自擬昇平烟月에 擊壤逸民이로다. 雖然이나 東洋事勢와 自國情形을 思量ᄒᆞ면 心膽이 冷落ᄒᆞ고 計算이 沒策이라. 不勝感哀ᄒᆞ야 或中宵無寐時에 庭際에 彷徨도 ᄒᆞ고 或隣塾에 委往ᄒᆞ야 學問을 講義도 ᄒᆞ더니(1쪽)

의 죽음을 애도하는 내용의 한시와 논설을 여러 차례 신문에 기고하였던 것으로 보아서도 충분히 짐작되는 바이다.[178]

한편 유원표는 신문과 잡지에 여러 편의 글을 발표했으며, 그의 행적을 알려주는 기사가 신문이나 잡지에 여러 차례 실리기도 했다. 이러한 자료들은 그의 행적과 의식지향을 확인할 수 있는 중요한 자료이다. 윤명구와 배삼주가 발굴한 자료에 필자가 새롭게 찾은 자료를 보완하여 정리하면 다음과 같다.

유원표 관련 기사

① 유원표가 대한자강회 회원으로 등록되었다는 내용 <대한자강회월보 6호>(1906.12)

② <啞舌懸河>, 『황성신문』(1906.12.17)

③ <蜜啞演說>, 『황성신문』(1906.12.22)

④ <感淚沾襟>, 『대한매일신보』(1907.1.11)

⑤ <送蜜啞子入京>, 『대한매일신보』(1907.2.15)

⑥ <開城討論>, 『대한매일신보』(1907.3.5)

⑦ <蜜啞演說>, 『대한매일신보』(1907.3.12)

⑧ <平妓志學>, 『대한매일신보』(1907.4.10)

⑨ <양정의숙연설>, 『대한매일신보』 국문본(1907.12.18)

⑩ <會計員報告>, 서북학회월보(1908.8)[179]

⑪ <대한협회기념>, 『대한매일신보』 국문본(1908.11.20)

⑫ <開城旅行의 實記>, 『新文界』 1권 9호(1913.12)

---

178) 유원표는 민영환을 애도하는 시 세 편과 논설 한 편을 신문과 잡지에 기고했다. 다음에서 살펴보게 될 유원표의 글 가운데 ⑦, ⑨, ⑩, ⑰이 그것이다.

179) 유원표가 건축비로 10원을 냈다는 기사.

유원표의 글

① <前明後昧之由>, 『황성신문』(1900.10.17) 논설

② <警天下論>, 『황성신문』(1903.8.26) 논설

③ <讀孫貞□書>, 『황성신문』(1903.9.19) 한시

④ <開城義兵>, 『황성신문』(1904.4.13) 한시

⑤ <敬次長谷川大將>, 『황성신문』(1905.6.14) 한시

⑥ <蜜啞子書>, 『황성신문』(1905.8.30) 논설

⑦ <靑樓哭忠>, 『대한매일신보』(1905.12.8) 논설

⑧ <述懷寄兪肯齋>, 『대한매일신보』(1906.2.22) 한시

⑨ <古詩>, 『황성신문』(1906.7.13) 한시

⑩ <哭閔忠正公小祥歸路作>, 『황성신문』(1906.12.31) 한시

⑪ <無題>(1, 2), 『대한매일신보』(1907.4.4-4.5) 논설[180)]

⑫ <蜜啞欽歎>, 『대한매일신보』(1907.4.8)

⑬ <蜜啞子問答>, 『대한매일신보』(1907.6.8) 논설

⑭ <蜜啞子經歷>, 『대한매일신보』(1907.9.6) 논설

⑮ <祝辭>, 『대한협회회보』(1908.4.1) 논설

⑯ <民俗의 大關鍵>, 『서북학회월보』(1908.9.4) 논설

⑰ <哭閔忠正公大祥>, 『서북학회월보』(1909.8.15) 한시

⑱ <讀西友感起而作>, 『서우』 한시

⑲ <輓章>, 『유길준전서』 5권(1914.10 이후) 한시[181)]

유원표 관련 기사는 ③, ⑤, ⑩, ⑫를 제외하면 모두 유원표가 학교 및 학

180) 이 글은 4월 4일에서 5일까지 두 번에 걸쳐 게재되었으나 연속성이 있는 글이므로 여기서는 한 편의 글로 처리했다.

181) 이밖에 『西友』 상권에 실린 유원표의 한시는 ⑩번 작품과 동일한 작품인데, 謙谷生의 주석과 爽目子의 평이 덧붙어 있다.

회에서 연설을 했다는 사실을 전달하는 기사이다. 예컨대 ①은 대한자강회 통상회의에서 연설을 하였는데 서양의 철학자와 겨룰 만큼 훌륭하게 연설하여 대단한 호응을 얻었다는 기사이고, ②는 휘문의숙에서 '畏懼' '羞恥' '奮發'하는 마음으로 신학문에 주력해야 함과 단발의 필요성을 주장하여 학생들의 마음을 격동시켰다는 기사, ⑦은 여자교육회에서 '男女의 分擔義務'와 '時代의 的當方法'에 대해 명쾌하게 밝혀주어 박수갈채를 받았다는 기사, ⑧은 유원표가 평양에서 있었던 대운동회에 참석하여 연설한 후 요리집에 갔는데 기생을 한 명도 부르지 않자, 기생들이 이에 감격하여 유원표가 연설한대로 여학교에 들어가 신학문을 공부하겠노라고 맹세하게 되었다는 기사, ⑨는 양정의숙에서 유익한 학문에 대하여 연설했다는 기사이다. 이를 통해 유원표가 학교 및 학회에서 여러 차례 연설을 했으며, 그 연설 내용은 신학문과 신문화의 필요성을 역설하는 것이었음을 확인할 수 있다.

또한 그는 신문과 잡지를 통해 많은 글을 발표하였는바, 한시와 논설이 그것이다. 그의 논설은 보수적 관료층의 부패상(⑪), 구학문의 폐해와 실용학문의 필요성(①, ⑬, ⑭), 풍속의 완고함(⑯), 민영환의 죽음(⑦), 러시아의 야욕에 대한 경계(②), 국가의 중요성(⑥)에 대한 입장을 표명한 것이다.[182) 그의 글은 대체로 구문화의 부정적 측면을 비판하고 신문화의 필요성을 강조하는데 초점이 맞추어져 있다고 하겠다.

이상의 자료를 통해 그의 행적을 대강 짐작할 수 있는 바, 이를 정리하면 다음과 같다. 그는 1880년 역과에 합격하여 역관으로 활동하다가 1900년 군인으로 전직하게 된다. 이 해는 그의 글이 신문에 게재되기 시작하는 시점과 일치한다. 이로써 보건대 1900년 군인으로 전직하게 되면서 신학문을 접할 기회를 얻게 되었고, 이를 계기로 전통적 지식인에서 계몽지식인으로 변신하게 되었던 것으로 짐작된다. 그러나 이 시기의 글은 대부분 한시이고

182) 그가 남긴 논설에 대한 상론은 작품 분석을 하면서 하기로 하겠다.

논설도 순한문으로 쓰여져 있는 것으로 보아, 아직은 구학문의 테두리에서 크게 벗어나지 못했던 단계였음을 알 수 있다. 그가 계몽지식인으로서 본격적인 사회활동을 하게 되는 것은 을사보호조약을 계기로 관직을 사퇴한 이후부터이다. 사퇴 이후 곧바로 대한자강회에 가입했다는 기사를 시작으로 하여, 『황성신문』과 『대한매일신보』에 그의 연설 기사가 빈번하게 등장하는 것으로 보아 그렇다. 또한 한시보다는 새로운 사상을 표출하기에 적합한 논설을 신문과 잡지에 활발하게 기고하고 있는 것으로 보아서도 그렇다. 이로써 보건대 유원표는 이 무렵부터 신문과 잡지의 필진으로 참여하게 되면서 신채호를 비롯한 계몽지식인들과 교류하기 시작하였고, 이를 계기로 구군인에서 계몽지식인으로 거듭나게 되었던 것으로 보인다.[183)]

이처럼 유원표는 1906년을 기점으로 계몽지식인을 자임하면서 글과 연설을 통해 자신의 생각을 보다 폭넓게 전파하고자 하였고, 이러한 활동의 하나로 『몽견제갈량』을 창작하였던 것이다. 여기서 이 작품의 창작 연대와 관련하여 바로잡아야 할 부분이 있다. 이제까지 이 작품을 다룬 글에서는 『몽견제갈량』이 1908년에 창작된 것으로 보아 왔다. 현재 유일본으로 전해지는 광학서포본 『몽견제갈량』이 1908년에 간행되었으므로, 자연스럽게 그렇게 되었던 것이다. 그러나 광학서포본 『몽견제갈량』이 1908년에 발표되기는 했으나, 작품이 완성된 시기는 이보다 2년 앞선 1906년이었던 것으로 보인다.

작품 말미에 있는 "光武十年丙午重陽翌日扶山洞千初閣畢書"라는 기록은, 이 작품이 이미 1906년 9월 10일에 완성되었음을 보여준다. 또한 작품 내용을 통해서도 이 작품이 1906년에 창작되었음을 확인할 수 있다.

---

183) 그가 교류했던 계몽지식인으로는 신채호와 이종태가 있다. 유원표와 신채호의 친분관계는 신채호가 『몽견제갈량』의 서문을 써주었던 것을 통해 확인할 수 있다. 또한 『몽견제갈량』의 題字를 쓴 李鍾泰와도 상당한 친분이 있었던 것으로 보인다. 이종태는 중국인이 편찬한 몇 종의 개혁관련 서적을 한국인이 이해하기 쉽게 풀어쓴 『進明彙論』(1906)의 저자이다.

> 昔年에 日本의 豊臣氏가 無端이 朝鮮을 襲擊ᄒᆞᄂᆞᆫ 事ᄅᆞᆯ 今日에 公言之ᄒᆞ량이면(91쪽)
>
> 又於再昨年에 俄國과 開仗을 ᄒᆞ고보면 是ᄂᆞᆫ 人種競爭이라(96쪽)

앞의 인용문은 일본이 조선을 보호국화한다는 을사보호조약을 체결한 일을, 뒤의 인용문은 러일전쟁을 언급한 부분이다. 을사보호조약이 체결된 1905년을 '지난해', 러일전쟁이 발발한 해를 '재작년'이라고 표현하고 있는 것을 보면, 이 작품이 1906년에 창작되었다는 것은 보다 분명해진다.[184] 계몽지식인으로서의 본격적인 활동을 시작하면서, 신문에 기고하는 짧은 글로는 충분히 표현할 수 없는 자신의 생각을 보다 깊이 있게 개진하기 위해 『몽견제갈량』을 창작하게 되었던 것이다.

이처럼 유원표는 1906년부터 1910년까지 계몽지식인으로 활발하게 활동하지만, 1910년 이후에는 친일적 방향으로 선회한 것이 아닌가 한다. 최찬식의 <學術硏究 世界舟遊記>는 학생들에게 신사상을 발양한다는 취지 아래 세계의 학문을 소개한 글이다.[185] 이 글은 최찬식이 개성의 풍물과 명승고적을 소개하기 위해 개성에 갔다가 유원표를 방문하여 대화했다는 것으로, 그 내용은 대강 이러하다.

최찬식이 여행의 목적을 설명하자 유원표는 "貴社의 莊擧를 祝賀ᄒᆞ노라"고 칭송한다. 이어 최찬식이 신문계 발간의 취지를 "本誌 新文界 編輯人 竹

---

184) 그러나 지금으로서는 1906년에 이미 이 작품이 단행본의 형태로 발표되었던 것인지, 혹은 1906년에 작품을 완성하고서도 혼자 간직하고 있다가 1908년에야 발표하게 된 것인지는 확인할 길이 없다. 그런데 신채호가 쓴 서문 말미에 "聖天子隆熙二年孟夏高靈申采浩書于三洞精舍"라고 기록되어 있는 것으로 보아, 신채호의 서문은 1908년에 씌어졌음을 알 수 있다. 이로써 보건대 유원표는 1906년에 『몽견제갈량』을 완성했으나 어떤 사정에서인지 1908년이 되어서야 단행본으로 출간하게 되었고, 이때 평소 친분이 있던 신채호에게 서문을 부탁하였던 것이 아닌가 싶다.

185) 이 글은 제목 옆에 (一)이라고 씌여 있는 것으로 보아 연재물로 기획되었던 것 같은데, 무슨 이유에서인지 일회로 마무리 된다.

內君은 朝鮮英材의 學藝를 奬勵코자 本誌의 頭腦는 學術文藝로 原料를 作ᄒᆞ고 簡易한 文法과 鮮美ᄒᆞᆫ 體裁로 發行ᄒᆞ야 靑年學業家의 援助를 與코자 홈"이라고 설명하자, 유원표는 "美哉라 余는 贊成ᄒᆞ노라. 然이나 今日의 靑年이 竹內君의 誠意를 知ᄒᆞ는 者이 幾個人이 有ᄒᆞᆯ지 未知ᄒᆞ깃도다"라며 얼마 전 자신이 겪은 일을 이야기한다. 유원표가 며칠 전 수산장학생들의 졸업식에 참석하여 축사를 하였는데, 일본 사람들은 한국말을 알아듣지 못하면서도 자신의 연설에 동조의 뜻을 표하는데 한국학생들은 듣지도 않더라는 것이다. 그래서 한국 학생계의 절망적 상황을 한탄하였다고 하면서 "竹內君은 益益勉勵ᄒᆞ야 靑年界에 好影響이 波及키를 祝ᄒᆞ노라"고 하더란 것이다.

이 글에 등장하는 竹內君(타케우찌)은 1913년부터 1917년까지 발행된 신문계의 발행인이며, 최찬식은 이 잡지의 실질적인 편집책임자이자 대표적 필진이었다. 일본은 합방 후 보다 효율적으로 식민지 한국을 지배하기 위해 한국인의 정신개조사업을 기도했는데, 이 잡지는 이 같은 목적아래 발간된 것이다.[186] 여기서 주목되는 것은 유원표의 반응이다. 최찬식이야 대표적인 친일적 작가이니 그렇다고 하지만, 유원표가 신문계와 타케우찌의 입장에 동조하고 있으니 말이다. 거기다 한국 학생계의 상황을 일본과 비교하면서, 타케우찌에게 한국 학생계를 위해 훌륭한 역할을 해달라고 부탁하고 있는 것이다. 신문계와 타케우찌를 한국 학생계의 절망을 구원해줄 은인으로 추앙하는 모습에서, 합방 이후 유원표가 의식의 변화를 일으켰던 것은 아닌지 추정해본다.

(2) 서문을 통해 본 창작 의도

『몽견제갈량』을 본격적으로 분석하기에 앞서, 이 작품의 창작 의도를 짐

186) 신문계에 실린 이 글은 세계의 학문을 소개한다는 애초의 취지와는 달리 한국 학생의 학문을 장려한다는 신문계의 발행 취지를 전파하는데 더 적극적이었다.

작하게 해주는 서문을 살펴볼 필요가 있겠다. 서문은 이 작품이 어떤 문제의식에서 출발하고 있으며, 주로 어떤 계층을 계몽할 목적으로 쓰여졌는지에 대한 정보를 담고 있기 때문이다.

『몽견제갈량』의 서문은 신채호가 썼다. 유원표와 신채호는 이 작품이 완성되기 이전에 작품 내용과 관련하여 서로 이야기를 나눌 기회를 가졌던 것으로 추정되며, 서문의 내용은 그때 둘이 나누었던 대화내용을 기록하는 형식으로 되어 있다.

서문은 신채호의 다음과 같은 질문으로 시작된다.

> 20세기 대한의 천지에 앉아 프랑스 혁명과 미국 독립을 꿈꾸지 않고 중국의 삼국시대를 꿈꾸며, 대도시 런던 · 장려한 베를린을 꿈꾸지 않고 隆中(제갈량이 은거하던 곳)의 초당을 꿈꾸며, 나폴레옹 · 워싱턴 · 크롬웰 · 비스마르크를 꿈꾸지 않고 제갈공명을 꿈꾸는가? 아! 뇌목과 포석(옛날 방어용의 무기)이 어찌 모젤총과 속사포를 대적할 수 있겠으며, 木牛流馬(제갈량이 위나라와 전쟁할 때 군량을 운반하기 위해 사용했던 기구)가 어찌 기선과 화차를 당해낼 수 있겠는가? 그러므로 지하에서 제갈량을 일으켜 말하게 한다면 '중국과 우리 한국은 졸연이 황당한 상황에 처하게 되었으니, 필시 학술을 학교에서 배우고 시세를 신문사에서 알아보더라도 적어도 사오 년간 머리를 쓴 연후라야 감당할 수 있을 것이다.' 라고 할 것이다. 그러므로 천백 번 제갈량을 꿈꾸는 것이 한 번 소학교 아이를 꿈꾸는 것만 못하다. 그런데도 지금 꿈꾸기에 족하지 않은 것을 꿈꾸고, 이어서 사람들에게 '제갈량이 내 꿈에 보였다'고 하니, (『몽견제갈량』은) 꿈에 취한 사람의 꿈인가 철학자의 꿈인가?[187]

---

187) 坐二十世紀大韓之天地不夢法國革命美國獨立而夢支那三國不夢倫敦都會栢林壯麗而夢隆中草堂不夢拿破翁華盛敦傑男偉一俾斯麥而夢諸葛孔明嗚呼檑木砲石其可以敵毛槍速射乎木牛流馬其可以退汽船火車乎起諸葛於九原日爾相我韓國卒然當之周章跋踖必也問學術於學校問時勢於報舘至少當費四五年之腦而後可然則千百回夢諸葛不如一夢小學中尺童今也不足夢而夢又從而語人曰諸葛見我夢夢人之

이미 말했듯이 『몽견제갈량』은 1906년에 창작된 작품이다. 1906년이 어떤 해인가? 바로 전해에 을사보호조약이 체결됨으로써 국권 수호에 대한 위기의식이 어느 때보다도 팽배해있던 시기였다. 그럼에도 불구하고 작가가 제갈량에 주목하는 이유는 무엇인가? 중국 삼국시대의 제갈량을 꿈에 보았다고 하는 설정에 대해 "꿈에 취한 사람의 꿈"이냐고 반문했었노라고 한 것을 보면, 신채호 역시 이 점이 의문이었던 모양이다. 프랑스 혁명과 미국독립을 견인했던 나폴레옹이나 워싱턴과 같은 서양의 국가적 영웅의 행적을 보여주는 것이, 중국과 한국이 졸연히 처하게 된 황당한 상황을 극복하는데 보다 효과적이라 판단되었기 때문이었을 것이다.

> 그렇다. 이 꿈은 본디 내가 꾸고자 하는 것이 아니다. 지금 우리 국내의 사정을 보면, 사대부들이 소매를 나란히 하고 계책을 이야기할 때면, 남병산에서 바람을 빌리는 것(제갈량이 적벽대전에서 구사한 전술-편집자 주)이 아니면 금낭의 비결(제갈량이 유비에게 준 계책-편집자 주)이고, 서성에서 거문고를 타는 것(제갈량이 구사한 전술-편집자 주)이 아니면 어복포의 팔진도(제갈량이 구사한 전술-편집자 주) 따위이다. …… 대한독립이 이런 제갈량의 이야기들보다 뒤에 있는 문제인가 하여 내가 세계문명사로 그들에게 이야기하면, 그 눈이 휘둥그레져서 나를 보고, 지구의 위인전으로 이야기하면 눈썹을 찡그리며 어찌 이런 일이 있겠는가? 어찌 이런 일이 있겠는가? 하고 말한다. 이들이 그칠 줄 모르고 골몰하는 것은 오직 김성탄의 삼국지에 감탄하는 것뿐이다. 아! 이런 사람들과 아침 저녁으로 만나다 보니 내가 제갈량을 꿈꾸지 않고 누구를 꿈꾸겠는가?[188)]

夢歟哲人之夢歟

188) 然斯夢也固非我所欲夢也而今觀乎吾國之內士大夫所聯袂而談計有非南屛之借風則錦囊之秘訣也……而大韓獨立後於此乎而吾語之以世界文明史則其目瞠示之以地球偉人傳則其眉蹙曰烏有是哉烏有是哉其所孜孜不知休者惟聖歎三國志是已吁與斯人朝暮遇吾不夢諸葛而誰夢

신채호의 이러한 의문에 대해 "이 꿈은 본디 내가 꾸고자 한 것이 아니"었다고 한 것을 보면, 유원표가 제갈량을 선택한 것은 자신이 의도하는 바를 효과적으로 전달하기 위한 계몽의 전략이었음을 알 수 있다. 그가 이 작품을 통해 계몽하고자 했던 대상은 '제갈량에 골몰하는 사대부'이며, 이들을 계몽하기 위한 방편으로 제갈량을 선택했던 것이다.

그러면 '제갈량에 골몰하는 사대부'란 무엇을 의미하는가? 제갈량은 중국 삼국시대 촉한 때 인물이다. 이 시기는 오랫동안 통일되었던 중앙집권국가가 분열되어 각 민족이 할거하던 때였다. 그런 만큼 이 시기는 약육강식의 논리가 지배하는 세상이었다고 할 수 있다. 이런 상황에서 제갈량은 개혁적 정책과 실무능력을 기반으로 국가의 기틀을 세우는데 기여했던 인물이다. 유비와 그 아들 유선을 보좌하여 법령을 보완하고 구태의연한 관리의 폐해를 개혁하였으며, 실적에 따라 인재를 등용하였다. 또한 산지에서 곡물을 운반할 수 있는 목우류마를 고안하여 농업 생산력을 발전시키는 한편, 발사력이 매우 강한 연발형 쇠뇌를 발명하고 새로운 행군 진법인 팔진도를 개발하여 군대의 전투력을 향상시켰다. 말하자면 제갈량은 여러 민족이 정치적 각축을 벌이는 대혼란기에 민족을 유지하고 국가를 건설하는데 지대한 공을 세운 영웅적 인물이다. 각 민족의 통치자가 정치적 각축을 벌이는 대전환기였다는 점에서, 그리고 약육강식의 논리가 지배하는 세상이었다는 점에서 중국의 삼국시대와 20세기 초 한국의 상황은 매우 유사했다. 이런 까닭에 당시 사대부들은 한국이 처한 위기를 극복할 계책을 얘기하면서 제갈량에 골몰했던 것이다.

그러나 작가는 제갈량을 통해 한국의 위기를 극복하겠다는 사대부들의 인식을 인정할 수 없었다. 개항과 함께 한국은 서양의 선진문화의 세례를 받게 되는 한편 이를 등에 업고 밀려들어오는 서양에 대응하여 국권을 수호해야만 하는 이중의 고통을 안게 된다. 그것은 이제까지 겪어보지 못한 충격이었다. 계몽주체들은 이러한 극심한 혼란의 상황에 직면하여 국권을 지키고 살아남기 위해서는 무엇보다 서양의 선진문화를 수용하여 근대적 개혁을 단행하는 것이 시급한 과제라고 생각했다. 그러자면 완고하게 깔려있는 구제도의 청산이 전면적으로 요망되었다. 세계는 엄청난 변화의 속도로 나아가고 있는데, 아직껏 낡아빠진 구문화에 얽매어 있어서는 근대적 개혁도 국권 수호도 허망한 꿈일 뿐이었다.

말하자면 제갈량은 모젤총, 기선, 화차, 중학교로 상징되는 신문화와 대척점에 있는 구문화의 상징이며, '제갈량에 골몰하는 사대부'는 종래의 구학문, 구문화의 굴레에 갇혀 변화된 현실을 정확하게 인식하지 못하는 전통적 지식인을 빗댄 것이라 하겠다.

> 본디 내가 제갈량을 꿈꾸었으나 실은 제갈량이 나를 꿈꾼 것일 따름인 것이다. 아! 이 책을 읽은 사람 가운데 어찌 여전히 제갈량을 꿈꾸는 자가 있겠는가?[189]

그러면 유원표가 구문화의 굴레 속에 갇혀 있는 사대부에 특히 주목하는 이유는 무엇인가? 일본과 달리 오랜 문화의 전통을 지닌 한국이나 중국의 경우, 엄청난 속도로 변하는 세계 속에서도 구문화의 전통은 완강한 힘으로 변혁의 흐름에 저항하고 있었다. 그 저항의 한 가운데에는 구문화의 굴레 속에 갇혀 있는 사대부들이 있었다. 변혁의 물꼬를 트고 이를 이끌어가야만 할 "상등 인류"인 그들이 이처럼 구문화의 굴레 속에 갇혀 있어서는 근대적 변혁이나 국권 수호는 요원한 일로 여겨졌던 것이다. 그런 만큼 시대의 변화를 외면한 채 구문화의 전통에 매몰되어 있는 이들을 설득하여 역사의 흐름에 합류할 수 있는 세력으로 성장할 수 있도록 하기 위해 이 작품을 창작하게 되었다고 하겠다.

189) 固余夢諸葛而實諸葛夢余耳嗚呼讀此書者其尙有夢諸夢者乎

이렇게 구문화의 굴레 속에 갇혀 있는 사대부를 주 계몽대상으로 상정한 만큼, 유원표는 이들의 사유체계 안에서 중요한 위치를 차지하고 있는 제갈량을 등장시켜 그 허상을 폭로하는 글쓰기 전략을 취하였던 것이다. 제갈량을 구문화가 가지고 있는 부정적 모습을 함축하고 있는 가공의 인물로 설정하여 그로 하여금 수구적 지식인의 생각을 마음껏 발언하게 한 후 이를 반박하는 형식을 취함으로써 구문화의 허상을 폭로하고자 했던 것이다. 이러한 전략은 유원표가 중인 신분이었기 때문에 가능했다. 이렇게 함으로써 유원표는 구문화의 굴레 속에 갇혀 있는 수구적 사대부들이 자기 자신을 되돌아보고 반성함으로써 근대적 변혁의 장에 합류하도록 하는 것으로 자신의 임무를 삼았다고 하겠다.

2) 구문화의 허상과 동양적 근대의 모색

(1) 제갈량에 투사된 동양적 劣性의 폭로

유원표가 제갈량을 형상화하는 방식은 근대계몽기에 산출된 역사전기소설의 그것과는 매우 대조적이다. 역사전기류는 당시의 우리 민족에게 귀감이 될 만한 긍정적인 인물을 주인공으로 하여, 우리 민족이 나아가야 할 방향을 제시하려는 의도에서 창작된 것이다. 그런 만큼 역사전기류에서는 외세의 침략에 맞서 조국을 수호하거나 재건하는 데 기여한 주인공의 긍정적인 모습만 부각되어 나타난다. 그러나 이 작품에 등장하는 제갈량은 그렇지 않다. 제갈량은 현재적 시점에서 동양적 열성을 폭로하기 위해 가공된 인물이기 때문이다.

이제 제갈량의 모습이 어떻게 형상화되고 있는지 보기로 하자.

이 책의 목차는 다음과 같다.

1장 議者謂爲非計

2장 容或無怪十章

3장 先生歷史演義

4장 東土文學虛失

5장 黃白關係眞狀

6장 支那政略改良

1장부터 3장까지는 제갈량의 행적을 어떻게 평가할 것인가에 초점이 맞추어져 있다. 1장은 제갈량이 자신의 정책에 대해 바르지 못한 것이었다고 하던 당시의 평에 대해 불만을 품고, 밀아자에게 자신을 제대로 평가해달라고 부탁하는 내용이다. 당시 평자들이 잘못된 것이었다고 평가한 사건은, 제갈량이 중원을 평정하기 위해 여섯 번째 출사한 것을 말한다. 제갈량은 중원을 평정하기 위해 다섯 번이나 출사하여 위나라를 토벌하였으나, 위나라는 원래 강하고 제갈량의 촉나라는 약한데다 산길이 험해 군량 보급이 원활하지 못하여 결정적인 승리를 거두지 못했다. 그래서 제갈량이 여섯 번째 출정하려고 할 때는 군량을 자체 조달하여 지구전을 펴려고 하였다. 그러나 당시의 사람들은 이에 대하여 잘못된 것이라 비난하였다고 한다. 이를 두고 제갈량은 밀아자에게 정당한 평가를 해달라고 부탁했던 것이다.

이에 대해 밀아자는 군량을 자체 조달하여 지구전을 펴고자 했던 제갈량의 뜻에 동의하면서 제갈량의 재주와 충성심을 칭송한다. 그러나 "人情物態의 緊着헌 眞狀實蹟"(7)으로 말하면 議者들이 올바른 계책이 아니었다고 말하는 것이 괴이할 것이 없다고 하면서, "先生 生前에 所經萬事를 逐條分解ᄒᆞ야 人情物理의 逼切ᄒᆞᆫ 經緯를 詳核下判"(10)하겠다고 응대한다. 밀아자 역시 제갈량 당시의 사람들처럼 제갈량의 행적에 잘못된 점이 있다는 사실에는 동의하지만, 그들과는 다른 입장에서 제갈량의 행적을 새롭게 평가하게 될 것임을 예고하고 있는 것이다.

2장은 제갈량의 행적 가운데 비난받을만한 여지가 있는 열 가지를 새로운 관점에서 재평가하는 과정이다. 그 열 가지는 다음과 같다.

1. 무력으로 익주를 공격하여 빼앗은 일과 익주를 취한 후에 돌려주겠다며 형주를 빌린 후에 돌려주지 않은 일.

2. 천자에게 아뢰지 않고 한나라 왕으로 즉위한 일.

3. 전쟁 수행시 작전을 잘못 시행한 일.

4. 법률을 엄격히 적용하지 않은 일.

5. 군법을 불공평하게 시행한 일.

6. 평화롭던 익주 백성으로 하여금 전쟁의 노역으로 고단하게 한 일.

7. 用兵과 用人을 잘못한 일.

8. 전쟁할 여건이 갖추어지지 않은 상황에서 무리하게 전쟁을 치룬 일.

9. 모든 정사를 홀로 독단한 일.

10. 임종시 양의에게 삼군절도를 맡겨 위연의 악감을 사서 반란을 일으키도록 한 일.

유원표는 제갈량 당시의 평자들이 그의 행적에 잘못된 것이 있다고 하는 것이 이상할 것이 없다고 하면서도, 제갈량 당시의 평자와는 다른 입장에서 제갈량의 행적을 논단한다. 논단의 기준은 바로 1900년대 가치평가의 최종 규준이었던 '국가', '국권의 보전'이다. 이를 단적으로 보여주는 것이 1과 6이다. 당시의 평자들은 1에 대하여 신의를 저버린 것이라 하여 비난하였으나, 이는 외교상 흔히 있을 수 있는 일이라는 것이 밀아자의 입장이다. 오히려 평자들의 비난을 우매한 편견이라 몰아붙이기까지 한다. 6에 대해서도 당시의 평자들은 익주 백성으로 하여금 전쟁의 노역으로 고단하게 한 것이라 하여 비난하였으나, 밀아자는 개명한 국가 정신으로 볼 때 당연한 일이라 평한다. 말하자면 유원표는 1900년대의 시점에서 '국가'라는 최고의 가치 기준을 소급 적용하여 제갈량의 행적을 판단하는 것이다. 나머지 항목에서도 제갈량 당시의 평자와는 다른 관점, 즉 현재적 시점에서 이루어진다. 법률의 엄격한 적용, 관직 등용에 있어서의 실무능력 중시, 경제력 향상이라는 세 가지 가치를 기준으로 제갈량의 행적을 비판하는 것이다.

3장에서는 제갈량의 실책을 좀 더 구체적으로 제시하면서 그렇게 된 원인을 분석한다. 제갈량은 밀아자의 혹평에 대하여 당시 지식의 수준으로는 어쩔 수 없는 일이었으며, 지금 시대에 태어났더라면 일대 혁신을 이룰 수 있었을 것이라 변명한다. 그러나 밀아자의 입장은 단호하다. 왕의 전적인 신뢰를 받고 있었으니, 제갈량이 혁신을 이루고자 하는 마음만 있었다면 가능한 일이었다는 것이다. 여기서 밀아자가 말하는 혁신은 상하의원의 설치, 헌정제도의 확장, 관리 단체의 조직, 실업사회의 지도, 교육을 통한 民智의 계몽 등이다. 1900년대 당시에나 가능할 법한 기획을 1700여 년 전의 제갈량이 실천하지 않았다고 하는 밀아자의 반박에는 현재적 욕구가 강하게 개입되어 있다고 하겠다. 그러니 1700여 년 전에는 밀아자가 말하는 식의 혁신 사상은 "通地球에 夢想도 不及한 者" 라고 하는 제갈량의 반박은 어쩌면 당연한 것이다.

> 若使今日哲學家로 先生의 一生을 評論ᄒᆞ라 ᄒᆞ오면 不過獨善其身이오 獨忠其身이라 ᄒᆞ올 者야ㅣ오. 復以近日各邦에 刻薄ᄒᆞᆫ 政治家나 法律家로 評論ᄒᆞ라 ᄒᆞ오면 先生이 當年에 無量ᄒᆞᆫ 權利와 地位만 享有ᄒᆞ야 但一身生前에 帝室保管만 ᄒᆞ얏지 死後百年에 國命計圖ᄂᆞᆫ 一切虛空ᄒᆞᆫ 天數에 付屬ᄒᆞ얏다 ᄒᆞ올지니(34쪽)

그러나 철저하게 1900년대 당시의 가치 기준으로 무장한 작가에게 제갈량은 '국가의식'과 '계몽정신'도 체득하지 못한 인물이며, 대단한 능력과 힘을 갖고 있었으면서도 자기 한 몸과 황실을 보전하는 데만 급급하여 국가를 보전하지 못한 인물에 불과한 것이다. 이러한 평가의 기저에는, 국가는 어떤 가치와도 나란히 할 수 없는 독점적 위치에 있는 것이라는 인식이 자리하고 있다. 국민 개개인의 능력은 오로지 국가를 위해서 발휘될 때에만 의미 있는 것이며, 다른 대상을 향한 열정-그 대상이 황실이라 하더라도-은 무의미하다는 것이다.

제갈량이 비난받는 다른 이유는 그에게 국민을 지도하고 계몽하려는 정신이 없었다는 점 때문이다.

> 先生이 成都에셔 法律을 制定ᄒᆞ얏스니 此ᄂᆞᆫ 法律家之始祖也ㅣ오 南屛山에셔 東南風을 借得ᄒᆞ얏스니 此ᄂᆞᆫ 氣學家之始祖也ㅣ오 交趾에셔 火跎炎獸ᄅᆞᆯ 使用ᄒᆞ얏스니 此ᄂᆞᆫ 化學家之始祖也ㅣ오 祁山에셔 木牛流馬ᄅᆞᆯ 製造ᄒᆞ얏스니 此ᄂᆞᆫ 工業家之始祖也이오 川中에셔 連發弩ᄅᆞᆯ 創造ᄒᆞ얏스니 此ᄂᆞᆫ 機械家之始祖也ㅣ라. …… (그럼에도) 伊時에ᄂᆞᆫ 此等事業이 夢想도 不及者-ㅣ라 ᄒᆞ심은 無他라. 先生 學問이 泥古ᄒᆞ야 死而後에 已ᄒᆞ올 貞忠一念만 堅持ᄒᆞ심으로 如彼發明事業을 先生生前에만 一時 利用ᄒᆞ시고 百代國家에 公益될 必要ᄅᆞᆯ 硏究치 아니심으로 公衆을 指導ᄒᆞ고 社會에 傳及지 아닌 者也ㅣ니 以若先生之天縱大智로 忠於君上도 ᄒᆞ시려니와 忠於天下ᄒᆞᄂᆞᆫ 大義ᄅᆞᆯ 發揮ᄒᆞ야 梁益之間에 實利實業을 培養ᄒᆞ얏드면 先生死後에 國家도 不亡ᄒᆞ려니와 當年 民智 啓發ᄒᆞᆫ 事業이 支那政治界에 嚆矢가 되야 ……(37-38쪽)

제갈량은 법률, 기학, 화학, 공업, 기계 등 제반 실용 학문의 시초를 마련했으면서도, 이를 국민에게 전파하고 계몽하는 데는 인색했다. 지식인은 자신의 앞선 생각과 지식을 보다 폭넓게 전파해야 할 의무가 있는데, 제갈량은 이를 실천하지 않았으니 비난받아 마땅하다는 논리이다.

이상에서 우리는 제갈량이 매우 부정적인 인물로 평가되고 있으며, 그 평가의 기준은 작가 당대에 저널리즘을 통해 광범위하게 유포되었던 논리에 근거하고 있음을 확인할 수 있었다. 여기서 이 작품의 의도가 역사 속의 인물 제갈량을 이야기하려는 데 있지 않음을 짐작할 수 있다. 제갈량에 대한 비난은 역사적 실존인물 제갈량을 향한 것이 아니다. 그것은 구문화의 전통에 매몰되어 새로운 시대에서 요청되는 제반 가치를 외면하고 있는 수구적 사대부들을 향해 있다고 보는 편이 옳다. 말하자면 제갈량은 작가의 현재적 욕구와 미래적 기획을 말하기 위해 선택된 인물인 것이다.

그러면 이처럼 소설 속 제갈량이 국가의식이나 계몽정신을 체득하지 못한 이유는 무엇 때문이라고 보는가? 그것은 전적으로 제갈량이 고집하는 낡은 학문에서 비롯된다는 것이 작가의 생각이다.

> 物與事ᄂᆞᆫ 國家ᄅᆞᆯ 培養ᄒᆞᄂᆞᆫ 元素也-ㅣ오 文은 事物에 隨從ᄒᆞ야 服役ᄒᆞᄂᆞᆫ 附屬品에 不過ᄒᆞᆫ 者ㅣ라. 是以로 物勝於事ᄒᆞ고 事勝於文이면 國必興旺ᄒᆞ고 文勝於事ᄒᆞ고 事勝於物이면 國乃衰亡者ᄂᆞᆫ 天地間 定理也ㅣ라.(42쪽)

작가는 기본적으로 事와 物이 국가를 유지하는 근간이고, 文은 그 부속품일 뿐이라고 생각한다. 그러므로 국가를 보전하기 위해서는 事와 物이 승해야 하는데, 동양의 역사는 그렇지 못했다. 사물의 實地는 부족하고 文을 숭상하는 분위기가 지배적인데다, 그 文도 실용학문은 없고 격식과 명분만을 중시하는 공허한 학문일 뿐이다.

그러나 작가는 국가보전의 핵심에는 실용적이고 실무적인 학문이 있다고 본다. 예컨대 제갈량이 중국에 이미 우뚝 솟을 맹아가 드러났다고 하며 미래를 낙관적으로 전망하자, 밀아자는 세 가지 논거를 가지고 이를 부정한다. 명분을 중시하는 외교정책, 실용학문을 배척하는 풍조, 실용학문을 가르치는 전문학교의 부재 등이 그것이다. 외교정책에서 중요한 것은 실리이지 명분이 아니다. 그러므로 서양은 다른 나라를 병합할 때 그 나라 왕을 황제로 높여주어 명분을 세워준 후 실리를 챙긴다는 것이다. 그럼에도 동양은 여전히 명분을 앞세우다가 실리를 놓치는 우를 범하고 있다. 학문이나 교육도 마찬가지이다. 史書와 같은 낡은 학문으로는 새로운 시대에 대처할 수 없다. 서양처럼 실용학문과 전문교육이 활성화되어야만 각 분야의 발전을 도모할 수 있다. 말하자면 동양의 미래가 낙관적이지 못한 것은 전적으로 이처럼 실용성을 무시하는 풍조에서 비롯된다는 것이다.

이상에서 살펴본 바와 같이 제갈량으로 대표되는 동양적 열성은 국가의식, 계몽정신, 실용정신의 부재로 요약될 수 있으며, 이것은 전적으로 실용학문을 천시하고 낡은 학문만을 중시하는 풍조에서 비롯된다. 상황이 이러한데도 역사를 주도해 나가야 할 '상등지식인'인 사대부들은 이러한 동양적 열성을 제대로 파악하지 못한다.

> 先生은 原來 支那에 生長ᄒᆞ야 文學에 從事ᄒᆞ심으로 俗常에 潛濕이 되야 此文字의 弊害됨을 省悟키 難ᄒᆞᆫ 者인즉(44쪽)

그들은 이미 이러한 풍조에 너무나 깊이 침윤되어 있기 때문에 스스로는 그 폐해를 깨닫기 어렵게 된 것이다. 따라서 작가는 이 작품을 통해 동양적 열성을 폭로하고 비판함으로써 구문화의 허상을 드러내고, 그렇게 함으로써 이들을 변혁의 장으로 이끌어내고자 했다. 이것이 중인 역관 출신으로 실용학문의 가치를 일찍이 깨달을 수 있었던 선각적 지식인으로서의 임무라 생각했던 것이다. 그들이 영웅의 전범으로 추앙하던 제갈량조차도 자신의 착오를 인정하고 "足下의 三條証據ᄒᆞᆫ 一場說辭가 支那 實況에 的當ᄒᆞᆫ 公談이라 할지라. 雖然이나 此亦 過去情況이니 無足可言이어니와 將來就緖ᄅᆞᆯ 復可思量ᄒᆞ라"(63-64쪽)며 근대적 변혁의 필요성을 절감하게 되었다고 함으로써 그 계몽의 효과를 극대화하고자 했다.[190]

---

190) 유원표가 신문에 기고했던 <蜜啞子經歷>은 작가의 이와 같은 인식을 잘 보여주는 글이다. 이 글은 밀아자가 예전에 친하게 지내던 재상의 집을 방문했다가, 여전히 사서삼경과 같은 옛날 책으로 자식을 교육시키는 것을 보고 상등사회에서부터 옛것을 혁신하고 새로운 것을 만드는 모범을 보여 문명한 세계로 나가야 할텐데, 이처럼 완고한 교육방법을 계속해서는 안된다고 하였다는 내용이다. 그러면서 청년들은 각급 학교에 보내어 교육시키고, 장년층은 梁啓超의 『飮氷室文集』을 보라고 한다. 재상과

이처럼 작가가 동양적 열성을 철저하게 비판하면서 변혁의 필요성을 강조하는 이면에는 절박한 위기의식이 자리하고 있다.

> 今日 萬國의 文明之氣가 天地에 充溢ᄒᆞ고 銃砲之聲이 海陸를 震盪ᄒᆞᄂᆞᆫ 熱鬧場中에서 猶此酗酒만 ᄒᆞ오니(48쪽)

작가가 보기에 1900년대 후반은 총성이 海陸을 진동하는 전쟁터이다. 서양은 선진적인 문명과 무력을 앞세워 동양을 위협하는데 동양은 이에 맞설 문명도 힘도 갖고 있지 못하다. 거기다 일본은 강제적으로 한국을 식민지화하려는 의도를 노골적으로 드러내기 시작했으나, 한국은 속수무책이다. 1906년에 창작된 이 작품은 바로 이와 같은 절박한 위기의식에서 출발한다. 말하자면 동양적 열성에 대한 탐구는 궁극적으로는 문제의 원인을 파악함으로써 국가적 위기를 타개하고자 하는 열망에서 비롯된 것이라 하겠다.

(2) 동양의 위기를 극복할 두 가지 기획

작가는 5장과 6장을 통해 중국과 한국이 대면한 국가적 위기(국권상실)를 극복할 방책으로 두 가지 기획을 제시하고 있다. 황인종 단결론과 동양적 근대의 창출이 그것이다. 여기서 흥미로운 사실은 밀아자와 제갈량의 관계가 이 부분부터 새로운 양상을 띠게 된다는 점이다. 동양의 구문화가 가지고 있는 열성적 측면을 비판하는 4장까지는 밀아자가 절대적 우위에 서서 제갈량을 비판하는 식으로 진행되었던데 비해, 현재의 위기를 타개할 방책을 기획하는 5장과 6장에서는 서로 대등한 입장에서 변혁의 방책에 대해 논의하게 된다. 보수적 사대부 제갈량이 밀아자와의 대화를 통해 근대적 변혁의 필요성을 절감하고 그 위기를 타개할 방책을 연구하는 진보적 지식인으

같은 양반들이 이처럼 변해야만 망국의 위기를 극복할 수 있다고 다시 강조했다는 것이다.

로 새롭게 태어난 것이다.

① 황인종 단결론

> 近今 西勢東漸ᄒᆞ야 黃種白人이 種族을 各自 愛護ᄒᆞ야 各其樹黨ᄒᆞᄂᆞᆫ 此時에 黃種의 韓日清 三國人心이 裂缺ᄒᆞ야 不相和睦이면 是ᄂᆞᆫ 骨肉相殘과 無異ᄒᆞᆫ 者ㅣ니 韓日清 政府의 意志方略이 如何ᄒᆞᆯᄂᆞᆫ지 微嫌과 細利ᄂᆞᆫ 切勿思念ᄒᆞ고 大勢와 巨利ᄅᆞᆯ 各自 計圖ᄒᆞᆯ 者ㅣ 今日也ㅣ니(85쪽)

작가는 동양의 위기가 거세게 몰아닥치는 서구 제국주의의 팽창주의로부터 비롯된다고 본다. 그러므로 자연스럽게 황인종이 단결하여 백인종의 침략에 맞서야 한다는 황인종 단결론으로 이어진다. 이처럼 세계정세를 황인종과 백인종이라는 이분법적 구도로 파악하고 있음은, 러일전쟁에서 일본이 승리했을 때 환호했다는 작가의 변을 통해 확인할 수 있다.[191)]

> 數百年 蟄屈ᄒᆞᆫ 黃人種之代表로 數百年 行惡ᄒᆞ든 白人種之先鋒 俄國을 大打擊을 ᄒᆞ얏스니 幸莫大焉이오 慶莫大焉이라. 然則 日本之此擧가 顧我黃色人種界에 第一義務가 된 者ㅣ니(97쪽)

서세동점의 위기가 고조되면서 아시아권에서는 일본을 재평가하려는 움직임이 나오기 시작했다. 서구문명을 재빠르게 수입하여 근대화를 이루는데 성공한 일본의 저력을 재조명하려는 논의가 시작된 것이다. 이는 일본을 오랑캐라고 냉대했던 시대의 종막을 뜻하며, 나아가 중국을 세계의 중심으

191) 이러한 견해는 매우 자주 나타나는 바, 일본이 러일전쟁에서 승리하고도 미국의 개입으로 적절한 보상을 받지 못한 것은 일본이 백인종이 아니었기 때문이라는 식의 분석이 그러한 예라 하겠다.

로 이해해왔던 중화중심주의가 일본을 중시하는 방향으로 이동하고 있음을 시사한다. 그런 만큼 당시 동양의 지식인들은 백인종의 위협에 구조대를 보내줄 나라는 일본밖에 없다고 판단하게 된다. 일본의 승리는 황인종의 승리라며 감격했다는 작가의 생각은 이러한 인식의 연장선에 있다고 하겠다.

그러나 이러한 기대는 1905년 일본이 조선에 대해 취한 행동을 보면서 무참히 깨지게 된다.

> 東洋人種이 一致團結하여 西勢東漸의 弱肉强食ᄒᆞᄂᆞᆫ 禍患을 防禦홈이 第一主点에 綱이 됨은 雖尺童이라도 瞭知홀 터인데 以若日本之當世英雄으로 何若是懵然ᄒᆞ야 主客의 判別과 綱目의 次序ᄅᆞᆯ 茫然 不知ᄒᆞᄂᆞᆫ지. 昔年에 日本의 豊臣氏가 無斷이 朝鮮을 襲擊ᄒᆞᄂᆞᆫ 事ᄅᆞᆯ 今日에 公言之ᄒᆞ량이면 蠻行이라 홀터이오(91-92쪽)

일본은 러일전쟁에서의 승리로 제국주의 열강의 대열에 합류하게 되며, 이후 일본이 보여준 일련의 행동은 서구 제국주의 열강의 무력적 팽창주의와 크게 다르지 않다. 작가는 을사보호조약을 계기로 이와 같은 일본의 야욕을 정확하게 인식하게 된다.

> 千萬意外로 滿洲勝捷ᄒᆞ든 當時에 最近最親ᄒᆞᆫ 仁弱同種의 朝鮮을 향ᄒᆞ야 新條約을 搆結ᄒᆞ야 人心을 驚動ᄒᆞ고 國權을 削取ᄒᆞ얏스니 先生의 稱道ᄒᆞ시든 日本에 大英雄이라 ᄒᆞ시든 元老의 事爲가 果如是者乎잇가 譬喩之ᄒᆞ면 萬金資本家가 於賈於商에 適足得利홀 터인대 不此之爲ᄒᆞ고 貧寒ᄒᆞ고 幼穉한 同腹舍弟의 家에 來ᄒᆞ야 廚中에 單一個의 食鼎을 奪取ᄒᆞᄂᆞᆫ 格이오니(98-99쪽)

그러므로 제갈량이 일본의 大隈重信, 伊藤博文과 같은 인물을 영웅이라 칭송했을 때, 밀아자는 그들의 행동은 가난한 형제의 솥을 탈취하는 격이라며 영웅이 아니라고 한다. 을사보호조약을 체결함으로써 같은 종족인 한국의 국권을 빼앗으려고 하고 있으니, 이는 영웅이 할 만한 행동이 아니라는 것이다. 그럼에도 작가는 여전히 황인종과 백인종의 갈등이 동양의 핵심 모순이라고 생각한다. 그러므로 한국을 식민지화하려는 일본의 야욕을 확인하고서도 작가는 강력한 적대감을 표시하기보다는 배신감을 먼저 토로한다.

그러면서 호소와 협박으로 일본을 회유하려 한다. 한편으로는 "至於朝鮮은 十數年來로 隣誼를 敦修ᄒᆞ야 果以先進國之義務로 凡百事爲에 或勸告之ᄒᆞ며 或敎導之ᄒᆞ야 國體를 期於玉成코져ᄒᆞᆫ 자"(111)이라고 호소하고, 한편으로는 "日本이 外釁으로 有事之日에 朝鮮이 果以愛黨之心으로 欲出一臂補助力耶"(112)라며 협박하기도 하는 것이다. 결국 작가는 "東洋事勢를 通而計算ᄒᆞ오면 往日 日本 名士 三本藤吉의 大東合邦論이 眞訣이라"(114)며 황인종 단결론을 재차 강조하면서 5장을 마무리한다.

이는 제국주의의 본질을 모르는 소치이기도 하지만, 그보다는 황인종과 백인종이라는 순진하고 과장된 이분법에 지나치게 경도되어 현실을 냉정하게 진단하지 못한 탓이라 하겠다. 동양의 위기를 진단하고 그 해결방안을 모색하고자 했으나, 위기를 제대로 진단하지 못하고 인종갈등이라는 관념적 도덕주의에 빠져 도덕적 명분을 축적하는데 치우치고 말았던 것이다.[192)]

그러나 그의 황인종 단결론이 일본이 주도한 그것과 동일한 의미로 이해되어서는 안 된다. 그의 황인종 단결론은 적어도 이상주의적인 차원에서 한국과 중국, 그리고 일본이 자주독립을 유지하는 대등한 관계로 설정되어 있다는 점에서 그러하다. 그에게 일본은 동양평화의 동반자로 이해되었다. 만일 일본이 한국과 중국의 변혁을 돕지 않아서 독립국으로서의 지위를 상실

---

192) 이런 점에서 목전에 닥친 일제의 침략을 도외시하고 가상의 적인 백인종과의 전쟁을 운위하는 자들의 주장이 얼마나 허무맹랑한 것인가를 적실하게 지적한 신채호의 논설은 투철한 현실인식에 기반한 것이라 하겠다.(<與友人絶交書>, 『대한매일신보』, 1908.4)

하게 된다면, 앞으로 닥치게 될 일미전쟁으로 동양의 평화는 깨지고 말 것이라는 논리를 통해서 이를 확인할 수 있다.[193] 그에게 황인종 단결론은 한국과 중국의 자주독립을 지키기 위한 방책으로 이해되었던 것이다. 그러므로 일본의 속셈이 표면화되었음에도 황인종 단결론을 포기할 수 없었다.

② 동양적 근대의 창출

그러나 작가가 황인종 단결론만이 동양의 위기를 극복할 수 있는 유일한 방책이라고 생각했던 것은 아니다. 위기가 있다면 그것은 단순히 외부에서 오는 것이 아니라 외부의 문제와 맞물린 내부의 문제와도 긴밀한 관련이 있다고 보았다. 그러므로 논의는 자연스럽게 동양 내부의 문제로 옮겨진다.

> 足下之所算이 可謂間不容髮일지나 何其煩瑣耶오? 蔽一言ᄒᆞ고 淸國이 今日에 天下情勢ᄅᆞᆯ 顧察ᄒᆞ고 腐敗ᄒᆞᆫ 舊習은 一切 滌去ᄒᆞ며 新鮮ᄒᆞᆫ 公道로 日夜繼續ᄒᆞ야 速成科로 富强에 進就ᄒᆞ량이면 初不受侮於日本矣오 且不借力於白人ᄒᆞ고 自足行動일터인데 足下의 思想은 何其誤路作行으로 千思萬念이 至此者乎아?(114-115쪽)

이 인용문은 밀아자가 동양위기의 원인을 인종갈등으로 보고 일본에게 구원을 호소했을 때 제갈량이 말한 것이다. 위기의 원인이 내부에 있으니 내부의 변혁을 통해 위기를 극복하는 것이 옳다는 말에 밀아자는 전적으로 동의하고, 변혁의 내용에 관심을 돌리게 된다. 그 내용은 관제개혁, 준법정신의 계몽, 풍속 개량, 문학 개량의 순으로 전개된다.

밀아자는 가장 시급하게 변혁해야 할 과제로 관제개혁을 꼽으면서, 선진

---

193) 若使淸國으로 早自開明ᄒᆞ야 自國內에 所有ᄒᆞᆫ 利藪와 財源을 他人의게 讓奪치 안코 淸國民族이 自擔組織이면 無事ᄒᆞ려니와 不然則 日美戰爭은 在所難免이니 太平洋上에 無邊風雲의 變色이 遠則 十年이오 近즉 五年矣ㅣ라(105쪽)

국의 체제를 본받아 개혁함이 마땅하다고 강조한다. 이어 관리 임용자는 재능과 덕을 분별하여 해당관직에 적합한 실무능력을 기준으로 관리를 임용해야 할 것이며,[194] 관리는 국가를 보전하겠다는 사명감을 갖추어야만 한다고 지적한다. 관리 임용자나 임용된 관리가 모두 명심해야 할 것은, 바로 국가의 이익이다. 그러므로 이러한 주장은 덕이 부족하더라도 재능이 있는 사람을 등용하는 것이 국가의 이익에 도움이 된다는 식의 극단적인 논리로 나아가기도 한다.

다음으로 법정신을 계몽하는 것이 시급한 과제라고 한다. 국가의 흥망이 법률의 준수에 달려있기 때문이다.[195] 왜 그런가 하면, 어려서부터 국민들에게 법정신을 교육시켜 익숙하도록 하면 이에 어긋나는 정치와 풍속을 스스로 막을 수 있게 된다는 것이다.[196] 법은 구문화에서 도덕이 안겨주었던 안정성을 대치할 수 있는 새로운 가치로, 그리고 강자의 횡포에 맞서 약자의 권리를 보호하고 약육강식의 질서를 견제할 수 있는 새로운 가능성으로 인식되는 것이다.

풍속의 개량에서는 동양의 풍속 가운데 肉刑과 같은 나쁜 풍속은 버리고, 三綱五倫은 아름다운 풍속이니 이를 개량해야 한다는 점을 지적한다. "三綱五倫者ᄂᆞᆫ 國家와 人類에 第一綱常이니 孰敢着手而能改良爲哉아?"(153쪽)라는 제갈량의 지적에 대해, 밀아자는 세상이 변했으니 새롭게 요청되는 덕목을 더하여 삼강오륜을 개량해야 한다고 한다. 그래서 제시된 것이 삼강오

194) 예컨대 효행, 청렴, 산림처사의 절개 같은 가치는 해당관직의 실무능력과는 전혀 무관한 것인데도, 이러한 가치가 훌륭한 덕목이라는 이유만으로 관직에 등용하는 식으로는 맡은 일을 제대로 처리할 수 없다는 것이다. 또한 관리들이 관직을 돈벌이의 수단으로만 인식하는 것도 문제라고 지적한다.

195) 人或敬愛則 藥爲之用ᄒᆞ야 使其國興隆ᄒᆞ고 人或褻慢則 去而不返ᄒᆞ야 使其國衰亡ᄒᆞ나니(145쪽)

196) 若或不番而橫出範圍則 還有生疎之歎而自不果也요 又或有大慾ᄒᆞ야 妄出範外則 自然世不相容ᄒᆞ야 君之不韙ᄂᆞᆫ 臣必不承也요 臣之不韙ᄂᆞᆫ 民必不從也요 民之不韙ᄂᆞᆫ 世必不應也ㅣ니(148쪽)

륜에 세 가지 綱과 두 가지 倫을 더한 六綱七倫이다. 새롭게 첨가된 三綱은 國爲君綱, 民爲國綱, 物爲民綱이며, 二倫은 將卒과 師生의 윤리이다. 1900년대는 국가에의 열정이 어느 시대보다 강렬하게 요청되던 시기였다. 개인의 삶은 언제나 국가를 위해 바쳐져야 할 것이었다. 왕조차도 여기서 자유로울 수 없었다. 國爲君綱과 民爲國綱은 바로 이러한 시대 분위기에 부응하여 새롭게 부연된 윤리라 하겠다. 物爲民綱은 실용성이 중요한 가치로 부각되었던 시대정신에 대처하기 위한 윤리로 더해진 것이다. 이에 더해 장졸과 사생의 윤리를 더함으로써 이 시대에 새롭게 주목받게 된 군대와 학교에서의 윤리를 세우고자 했다. 학문의 개량은 이미 4장에서 충분히 논의되어서인지 국가를 보전하기 위해서는 낡은 학문을 버리고 실용학문을 배워야 한다는 취지가 간략하게 제시된다.[197]

이상에서 살펴본 변혁의 방책은 동양의 전통을 모조리 부정하지 않으면서 전통을 새롭게 개량하고 재해석하는 것으로 새 시대에 대처하고자 했다는 점에서 주목을 요한다. 삼강오륜을 계승하면서 새롭게 요청되는 덕목을 더하여 새 시대에 대처할 윤리체계를 마련한 것에서 전통을 새롭게 개량하려는 작가의 노력을 확인할 수 있다. 이러한 노력은 구문화의 전통 안에 내재되어 있던 근대적 측면을 추출하여 재해석하는 방식으로 나타나기도 한다.

> 泰西는 何其富强ᄒᆞ고 東土는 何其貧弱ᄒᆞᆫ고? …… 何由로 聖人의 利用厚生하랴시든 心法을 不遵ᄒᆞ고 自暴自棄ᄒᆞ야 國家焉荒頹ᄒᆞ고 人力焉殘弱ᄒᆞ야 今日 泰西의게 無限ᄒᆞᆫ 凌辱을 甘受ᄒᆞᄂᆞᆫ지 可謂不可思擬로다.(59쪽)

작가는 서구의 물질문명이 선진적임을 인정하면서도 물질문명을 숭상하

197) 我도 不可不 如彼ᄒᆞᆫ 實物을 準備ᄒᆞ여야 可히 抵敵이요 可以報讐ᄒᆞᆯ지니 不得不 實地의 文學과 實地의 事物을 取用ᄒᆞ며(155쪽)

는 心法은 동양의 유교에서 비롯된 것이라고 강조함으로써, 유교적 교양을 지닌 사대부들에게 매우 낯익은 논리를 가지고 동양적 근대 창출의 가능성을 설득하고 있다. 물질문명을 숭상하는 정신이 이미 동양의 구학문 안에 내재되어 있었으니, 이러한 정신을 계승한다면 동양적 근대를 창출할 수 있을 것이라는 논리이다. 이러한 논리는 神農氏의 농업에서 토질분석법과 비료제작술의 단초를, 格物新編에서 물리학의 단초를, 軒轅氏의 배와 수레, 창과 칼에서 증기차와 화륜선의 단초를 확인하는 방식으로 나타나기도 한다.

이 점이 독립신문, 매일신문, 제국신문의 논설진으로 대표되는 서구지향적인 지식인과 다른 점이다. 독립신문의 논조는 대체로 문명과 야만이라는 이항대립적인 구도 하에 지탱되고 있다. 즉 '서양사람들은 이러이러한데 조선인들은 그렇지 않다. 우리가 이런 야만의 상태에서 벗어나기 위해서는 이리저리 해야 한다' 식의 논설 구성 아래, 서양의 문명을 추종해야만 서양의 문명인과 동일해질 수 있다는 서구지향적 태도를 보여주는 것이다.198)

이에 비해 유원표는 동양 문화의 전통을 개량하거나 새롭게 재해석함으로써 동양적 근대 창출의 가능성을 시험해보고자 했다. 이 점은 유원표가 신문에 기고했던 논설 <前明後昧之由>를 통해서 보다 분명하게 확인된다. 이 글은 작가 자신을 빗댄 인물인 밀아생이 無何先生을 만나 중국의 문명이 서양의 문명보다 뒤쳐지게 된 원인에 대해 문답하는 형식의 논설이다. 원래 서양은 동양보다 문화적으로 뒤쳐진 곳이었으나, 지금 이처럼 서양에 뒤지게 된 근본원인은 유교의 변혁정신을 제대로 계승하지 못했기 때문이라는 것이 이 글의 논지이다. 유학은 본래 사회적 개혁의지를 뚜렷하게 보여주던 학문이었다. 예컨대 공자의 兼善이나 노자, 묵자 등 제자학의 개제의 정신은 변혁의 정신을 그 근간으로 하는 것이다. 그러나 이후 수천 년

198) 정선태, 『개화기 신문 논설의 서사수용 양상』, 소명출판, 1999.

동안 자구 해석을 주로 하는 훈고학이 유학의 본류처럼 인식되면서, 유학이 본래 갖고 있던 변혁의 정신은 쇠퇴하게 된다. 말하자면 유원표는 동양문화의 전통 안에 내재되어 있던 정신적 측면, 즉 변혁의 정신을 계승하여 동양적 근대를 창출해야 한다고 보고 있다. 작가는 구문화의 劣性은 버리되, 그 안에 내재되어 있는 근대적 측면을 계승함으로써 동양적 근대 창출의 가능성을 모색하고자 했던 것이다.

『몽견제갈량』은 1900년대 후반 동양이 마주치게 된 위기의 원인을 진단하고 그 해결방안을 모색하려는 다양한 담론 가운데 하나이다. 유원표는 이 작품을 통해 위기의 원인이 동양의 구문화가 가지고 있는 劣性적 측면에 있다고 진단하고, 이를 회고하고 유지하려는 전통적 지식인에게 그 열성적 측면을 폭로하고 비판함으로써 그들이 변혁의 장으로 합류하여 동양적 근대를 창출하고 국권을 보전하게 되기를 기대했다. 이처럼 근대적 변혁의 문제를 민족문제와 함께 극복하고자 했다는 점에서 이 작품의 이념적 정당성이 있다고 할 수 있다.

3. 민족적 위기의 절망적 인식과 구국의지의 고취 : 『지구성미래몽』[199)]

『지구성미래몽』은 1909년 7월 15일부터 8월 10일까지 『대한매일신보』에 연재되었던 작품이다. 모두 19회 연재되었으며 순한글로 표기되었다. 이 작품에 대한 연구는 크게 두 가지 방향에서 논의되었다. 우선 양식 특질에 대한 논의로, 송민호는 이 작품을 구소설적 요소와 신소설적 요소가 혼효되어 있는 작품으로, 고소설과 근대소설의 교량적 역할을 하는 것으로 평가했다.[200)] 이후 신재홍은 이 작품이 전래의 몽유양식에 크게 의존하고 있는 작품으로, 이 작품에서 몽유양식의 발전적 면모를 발견할 수 없다고 평가했

199) 원제는 『디구셩미릭몽』이지만, 이 글에서는 『지구성미래몽』으로 칭하기로 하겠다.
200) 송민호, 앞의 책.

다.[201] 다른 하나는 이 작품의 주제의식에 대한 논의로, 두 사람 모두 이 작품이 당대의 시대상황을 걱정하고, 국민을 계도하려는 의지를 보여준 작품이라고 했다. 그러나 이상의 연구는 작품의 구체적인 분석을 통해 이루어졌다기보다는 인상론적 비평에 가까운 것이라고 할 수 있다. 따라서 이 논문에서는 이 작품의 서지사항을 고찰한 후, 구체적인 분석을 통해 이 작품에 투영된 주제의식을 살펴보기로 하겠다.

1) 서지 고찰

이 작품은 작가가 누구인지 밝혀지지 않은 채, 『대한매일신보』에 연재되었다. 그러나 몽유양식의 몽유자는 대체로 작가의 의식을 강하게 반영하는 인물이므로, 몽유자 우세자가 작가일 것으로 짐작된다.[202] 그러면 우세자는 작품 속에서 어떤 인물로 형상화되어 있는지 보기로 하자.

가) 우셰ᄌᆞ는 단군이후 ᄉᆞ쳔여년 시ᄃᆡ 사ᄅᆞᆷ이라. 일즉 교화가 ᄇᆞᆰ지 못ᄒᆞ고 풍쇽이 아ᄅᆞᆷ답지 못ᄒᆞᆫ 것을 근심ᄒᆞ야 혹 쳥년을 교육ᄒᆞ며 혹 지ᄉᆞ를 권고ᄒᆞ고 혹 완고를 경계ᄒᆞ기 위ᄒᆞ야 셰상에 도라ᄃᆞᆫ닌지 몃ᄒᆡ에 ᄒᆞᆫ 사ᄅᆞᆷ도 ᄭᆡᄃᆞᆺ는 쟈 업고 도로혀 지목ᄒᆞ기를 광패ᄒᆞᆫ 쟈ㅣ라 ᄒᆞ며 인류로 ᄃᆡ졉지 아니ᄒᆞ거ᄂᆞᆯ, 우셰ᄌᆞㅣ ᄌᆞ탄ᄌᆞ가ᄒᆞ다가 창ᄌᆞ속에 더운 피가 ᄭᅳᆯ음을 금치 못ᄒᆞ야, 일일은 표연히 멀니 놀ᄯᅳᆺ을 두ᄆᆡ 손에 잡고 일반 동포에게 권고ᄒᆞ랴던 일쳬 잡지와 월보를 다 집어 더지고 니러서니 ……(1회)

나) 우셰ᄌᆞㅣ 왈 "나ᄂᆞᆫ 대한뎨국에 우셰ᄌᆞㅣ라 칭ᄒᆞᄂᆞᆫ 광ᄀᆡᆨ이니 우리 민족의

---

201) 신재홍, "몽유양식의 소설사적 전개에 관한 연구", 서울대 박사학위논문, 1992.

202) 근대계몽기에 신문이나 잡지에 소설을 발표한 작가들은 흔히 이름을 밝히지 않고 이런 식의 필명을 사용하였다. 예컨대 우호자, 색은자, 이장자, 신안자, 우시자, 빙허자, 우시생, 은우생, 일학산인, 금화산인, 백운산인 등이 그런 예이다.

> 부패ᄒᆞᆷ과 국셰의 빈약ᄒᆞᆷ을 근심ᄒᆞ야 월보와 잡지를 발간ᄒᆞ야 셰상ᄉᆞ람을 긔도ᄒᆞ기로 일을 숨더니, ᄒᆞ나도 ᄭᅵᄃᆞᆺ는 쟈는 업고, 졈졈 비참ᄒᆞᆫ 디경에 ᄲᅡ지ᄆᆡ 내 비록 불ᄀᆞᆺ흔 열혈이 ᄯᅳ르나 ᄒᆞᆫ 손으로 건질 수 업ᄂᆞᆫ고로 ᄌᆞ연 화? 씌여 셰계에 멀니 놀어 흉회를 펼가 ᄒᆞ다가(3회)

가)는 『지구성미래몽』의 서두부분이고 나)는 우세자가 원장법사를 만나 자기를 소개하는 부분이다. 여기서 우세자가 월보와 잡지를 발간하는 언론인이었을 것이라는 사실을 확인할 수 있다. 그리고 『대한매일신보』에 『지구성미래몽』을 연재한 것으로 보아 우세자는 『대한매일신보』의 필진으로 활동하던 인물이었던 것 같다. 앞에서 살펴보았던 바와 같이 신문에 연재된 소설은 대개 해당신문의 필진에 의해 창작되었던 점으로 보아, 이 작품의 작가인 우세자도 『대한매일신보』의 필진 가운데 한 명이었을 것으로 추정되는 것이다. 『대한매일신보』의 필진으로 참여했던 인물로는 신채호, 박은식, 최익, 장달선, 황희성 등이 있다. 이 가운데 월보와 잡지의 발간에도 간여했던 인물은 신채호, 박은식이다. 따라서 우세자는 『대한매일신보』의 필진으로 참여했던 이러한 인물 가운데 한 명일 것으로 추정된다.[203]

한편 가)와 나)의 내용으로 보아, 우세자는 전통사회의 봉건적인 제도나 풍속을 완고한 것으로 이해하고, 이를 근대적으로 개혁하려는 의식을 가진 인물이다. 말하자면 우세자는 신문, 잡지 등 대중적 언론매체를 적극 이용하여 문화계몽운동을 펼쳤던 계몽지식인 가운데 한 명일 것으로 추정된다. 1905년 을사조약을 전후하여 시작된 문화계몽운동은 조선의 서구식 근대화만이 자주독립하는 길임을 계몽하는 방향으로 진행되었다. 그래서 계몽지식인들은 세계 각국의 실상을 알려 당시 조선의 낙후성을 깨우치게 하는 한편, 민족의 위기를 구하기 위해 근대화를 통한 실력양성이 이루어져야 함을

203) 최근 김주현은 여러 가지 자료를 바탕으로 『지구성미래몽』의 작가가 신채호임을 밝혔다. 김주현, 『신채호문학연구초』, 소명출판, 2012.

계몽하였다.

그러나 이러한 계몽운동에도 불구하고 그 성과가 눈에 띄게 나타나지 않았으며, 여기에 더하여 한국의 식민지화는 피할 수 없는 상황으로 치닫게 되자, 계몽운동가들은 그간 적극적으로 펼쳐왔던 계몽운동에 대하여 심각하게 회의하게 되었을 법하다.204) 우세자가 당시 국내정세에 낙담하고 절망하여 월보와 잡지를 집어던지고 유람의 길을 떠났다는 데서, 당시 계몽지식인들의 이러한 고민과 절망을 느낄 수 있다. 말하자면 『지구성미래몽』을 발표할 당시의 우세자는 조국의 현실과 근대적 이상의 간극 앞에서 고민하고 고통스러워하는 수많은 계몽지식인을 대표하는 인물이라 하겠다.

한편 『지구성미래몽』은 미완인 채로 연재가 중단된 것으로 보인다. 이렇게 추정하는 몇 가지 이유는 다음과 같다. 우선 작품의 마무리가 어색하다는 점이다. 『지구성미래몽』은 주인공 우세자가 옥경에 이르러 해월존자를 만나는 것으로 연재가 끝난다. 해월존자를 만난 이후의 행적이 있어야 작품의 문맥상 자연스러울 터인데, 해월존자를 만나는 대목에서 어색하게 연재가 중단된 것이다. 또한 13회에서 원장법사는 "옥경에 원찰딕가 잇스니 그곳에 올나보면 다만 인도와 한국만 볼 쑨 아니라 텬하만국 형편이 모다 눈압헤 잇스니" 옥경에 가서 그 형편을 자세히 목도하자며 우세자와 함께 옥경에 들어간 것으로 설정되어 있다. 그런데 옥경에 들어간 원장법사와 우세자가 원찰대에 올라가 천하만국의 형편을 목도하는 내용이 나타나지 않는다. 아마 해월존자를 만나 원찰대에 올라 천하만국의 형편을 보고 조선과 인도가 취해야 할 방편을 토론하는 내용이 더 전개되어야 하는데, 중도에서 연재가 중단된 것 같다.

---

204) 1909년 7월 6일 일본은 각의에서 적당한 시기에 한국의 합병을 단행한다는 내용의 '한국합병에 관한 건'을 의결하였고, 곧바로 천황의 재가까지 받았다. 이로써 한국이 일본의 식민지가 될 것이라는 사실은 거의 기정사실로 공인되었다 하겠다. 1909년 후반 이러한 절망적인 역사현실은 계몽지식인들로 하여금 이전 시기까지 활발하게 벌여왔던 문화계몽운동에 대하여 회의를 품도록 하였던 것이다.

그러면 이처럼 어색하게 연재를 중단하게 된 이유는 무엇일까? 최소한 작가의 개인적 사정 때문에 갑자기 연재가 중단된 것은 아닌 것 같다. 왜냐하면 작가 자신도 19회를 마지막으로 연재가 중단될 것임을 의식하고 있었던 것 같기 때문이다. 『지구성미래몽』의 1회에서 18회까지는 작품 말미에 연재가 계속될 것임을 예고하는 '미완'이라는 말이 있다. 그런데 19회의 경우에는 '미완'이라는 말이 없다. 이는 작가도 19회가 마지막 회가 될 것임을 알고 있었음을 의미한다.

아마 『지구성미래몽』은 어떤 외부적 원인 때문에 불가피하게 연재를 중단하게 되었던 것 같다. 망국의 슬픔과 국권회복에 대한 의지를 적극적으로 계몽하는 내용의 작품이 일제의 검열로부터 자유로울 수는 없었을 것이다. 이러한 정황의 이면에는 『대한매일신보』의 발행인 베델이 1909년 5월 1일 사망했다는 사실이 자리하고 있기도 하다. 『대한매일신보』는 1909년 이전까지는 이 시기에 간행된 신문 가운데 일본의 사전검열을 받지 않는 유일한 신문이었다. 이 신문은 영국인 베델을 설립자로 내세움으로써 외국인의 치외법권을 적용받을 수 있었기 때문이다. 그래서 일본에서는 '신문지법'을 일부 고쳐 내국에서 외국인이 발행하는 신문과 외국에서 한국인이 발행하는 신문 등을 압수 및 판매 금지할 수 있는 법적인 근거를 마련하고, 이어 배델을 국외로 추방하는 방안을 구상하였다. 결국 일본은 1908년 6월 15일 『대한매일신보』가 질서를 문란하게 하고 폭동을 격려하여 정부와 인민간에 원수되는 뜻을 격동하게 하였다는 명목으로, 배델을 기소하여 5차에 걸친 재판을 하게 된다. 재판 결과 증거불충분으로 무죄석방 되었으나, 배델은 건강이 악화되어 1909년 5월 1일 37세의 나이에 사망한다. 이로써 『대한매일신보』는 더 이상 일본의 검열로부터 자유로울 수 없게 되었던 것이다. 그럼에도 이 신문은 1908년 10월 25일부터 연재하던 『매국노』를 중단하고 『지구성미래몽』을 연재하기 시작했다. 『매국노』는 독일 소덕몽의 작품을 번역한 것인데, 동년 7월 14일에 미완인 채로 연재가 중단된다. 그리고 바로 다음날부터 『지구성미래몽』이 연재되는 것이다. 더 이상 외국 작품의 번역물을 연재하고 있을 수 없을 만큼 급박해진 당시 정황이 짐작된다. 조국의 절망적인 현실을 널리 알리는 것이 보다 시급한 과제로 인식되었던 것이다.

그러나 바로 이와 같은 내용 때문에 『지구성미래몽』은 연재를 중단할 수밖에 없었을 것이다. 지구성의 미래를 꿈꾼다는 다소 모호한 제목과 우의적인 수법[205]으로 일본의 검열을 피하면서 항일의식을 고취하려고 했으나, 결국은 끝까지 검열을 피할 수는 없었던 것이다.

2) 시대적 위기의식의 전파와 그 해결책의 모색

작품의 서두는 우세자가 "우리 민족의 부패홈과 국세의 빈약홈을 근심ᄒᆞ야 월보와 잡지를 발간ᄒᆞ야 세상사ᄅᆞᆷ을 계도ᄒᆞ기로 일을 숨더니 ᄒᆞ나도 ᄭᆡ닷는 쟈는 업고 졈졈 비참ᄒᆞᆫ ᄃᆡ경에 ᄲᅡ지ᄆᆡ 내 비록 열혈이 ᄯᅳ르나 ᄒᆞᆫ 손으로 건질 수 업ᄂᆞᆫ고로"(1회), 조국을 떠나 수미산에 이르는 것으로 시작된다. 우세자는 잡지와 월보를 통해 '민족의 부패함과 국세의 빈약함'을 계몽하는 운동을 업으로 하던 인물이다. 그런데 왜 "일반동포에게 권고ᄒᆞ랴던 일쳬 잡지와 월보를 다 집어더지고"(3회) 조국을 떠난 것일까? 일차적으로는 "ᄒᆞ나도 ᄭᆡ닷는 쟈는 업"다고 할만큼 계몽운동의 효과가 기대에 미치지 못했기 때문이다. 그러나 그보다는 "졈졈 비참ᄒᆞᆫ ᄃᆡ경"으로 빠져드는, 그래서 계몽 지식인의 '한 손'으로는 더 이상 어쩔 수 없을 만큼 절망적인 상황에 이르게 된 조국의 현실 때문에 우세자는 계몽운동을 접고 조국을 떠나게 된다.

절망적인 조국의 현실은 이 작품이 창작되기 직전인 1909년 7월 6일 일본 각의에서 '한국합병에 관한 건'이 결의됨으로써 한일합방이 기정사실화 되

205) 『지구성미래몽』에는 일본을 직접적으로 언급한 부분이 전혀 나타나지 않는다. 일본은 인도를 패망시킨 영국에 대한 묘사에 투영되어 간접적으로 드러날 뿐이다. 즉 우세자가 수미산에서 만난 인물이 하필 패망국인 인도의 원장법사로 설정되어 있는 것은, 직설적으로는 문제삼을 수 없었던 우리나라의 민족적 위기를 효과적으로 알리기 위한 불가피한 선택이었던 것이다.

었던 역사적 상황을 말하는 것으로 짐작된다. '한국합병에 관한 건'은 적당한 시기에 한국의 합병을 단행한다는 내용의 문건이다.206) 구체적인 시기만 정해지지 않았을 뿐, 한국의 합병은 피할 수 없는 현실이 된 것이다.

조국을 떠난 우세자는 수미산에 이르러 원장법사를 만난다. 수미산은 세계의 한 가운데 높이 솟아있다고 하는 상상의 산이다. 그런데 우세자가 원장법사를 만나는 대목부터가 심상치 않다. 수미산에 이른 우세자는 매우 처량강개한 게음을 부르고 있는 원장법사를 목격한다. 그 게음은 다음과 같다.

어어어 봉헌일판향　　<u>ㅇㅇㅇ</u> 덕용란ᄉᆞ 의이이이
어어어 근반진ᄉᆞ예　　<u>ㅇㅇㅇ</u> 엽슈오슈 미이이이

어어어 불샹ᄒᆞ다 뎌창싱들　<u>ㅇㅇㅇ</u> 극락셰계 어ᄃᆡ두고
어어어 칼산디옥 왜찻슴나　<u>ㅇㅇㅇ</u> 방아질작도질 뎌형벌을
<u>ㅇㅇㅇ</u> 압허ᄒᆞᆫ들 뉘말닐가

어어어 불샹ᄒᆞ다 뎌창싱들　<u>ㅇㅇㅇ</u> 몸망ᄒᆞ고 나라ᄭᆞ지
어어어 나라업ᄂᆞᆫ 뎌귀신들　<u>ㅇㅇㅇ</u> 참혹하다 뎌죄악을
어어어 닥치나니 형벌이오　<u>ㅇㅇㅇ</u> 부르ᄂᆞ니 노레귀라
어어어 싱젼에　나라일코　<u>ㅇㅇㅇ</u> 환싱ᄒᆞᆫ들 어ᄃᆡ가나
어어어 어둠침침 염라부에　<u>ㅇㅇㅇ</u> 쳔년만년 ᄀᆡᆨ귀로다
어어어 불샹ᄒᆞ다 뎌창싱들　<u>ㅇㅇㅇ</u> 어셔어셔 지식넓혀
어어어 망국죄인 되지마라　<u>ㅇㅇㅇ</u> 불샹ᄒᆞ다 뎌창싱들
<u>ㅇㅇㅇ</u> 남무아미타불 (2회)

이 게음은 매 구 앞에 있는 "아아아"와 "<u>ㅇㅇㅇ</u>"를 빼고 보면 가사형식의

206) 야마베 겐타로, 안병무 역, 『한일합병사』, 범우사, 1982, 279쪽.

노래이다. 그 내용은 염라부에서 망국민족이 고통 받고 있는 광경을 아주 참담한 어조로 노래하고, 이런 고통을 당하지 않으려면 망국죄인이 되지 말라고 경계하는 것이다. 매 구는 "아아아", "으으으"와 같은 탄식어로 시작하는데 이는 마치 상여소리를 연상케 하여 망국의 비참한 심정이 더욱 절실하게 표현되었다.

그러면 원장법사가 염라부에서 무엇을 보았기에 이처럼 비창한 노래를 부른 것일까? 원장법사는 지구성을 유람하고 옥경으로 돌아가던 중 염라부에 잠깐 들렀다. 원장법사가 염라부에 갔을 때, 거기서는 최근 백여 년 동안 애급, 인도, 파란, 월남 등 많은 나라가 제국주의 열강의 식민지가 되면서 망국민족이 많아지게 되어 이들의 처리문제로 논쟁이 벌어지고 있었다.

> 찰하리 뎌 인죵들을 소나 물이나 개나 도야지로 환싱케 ᄒᆞ야 뎌 빈약ᄒᆞᆫ 나라에 보내여 우리 부즁을 안정케 홈이 됴타ᄒᆞ고, 혹은 모라다가 불에 틔오쟈 ᄒᆞ고, 혹은 물에 띄우쟈 ᄒᆞ며, 혹은 모다 방아에 바수쟈 ᄒᆞ고, 혹은 밋돌에 갈쟈 ᄒᆞ야 공론이 불일ᄒᆞ니(4회)

망국민족 가운데 악인은 지옥에 보내면 되지만, 선인은 다시 환생시켜야 하는데 이들을 받아들이려는 나라가 없어서 문제가 생긴 것이다. 그래서 염라부에서는 이들을 가둘 지옥을 더 만들자거나, 짐승으로 환생시키자거나, 불에 태워 죽이자거나, 방아에 바수자거나, 맷돌에 갈자는 등 실로 끔찍한 제안이 제기된다. 이러한 광경을 목격하고 돌아오던 원장법사가 그 비참한 심정을 노래한 것이 이 게음이다. 게음의 표현방식이나 염라부의 묘사방식이 다소 원초적이지만, 망국의 죄가 얼마나 무서운 것인가를 쉽고도 절실하게 표현하였다 하겠다. 그렇게 함으로써 "뎌 속에 ᄯᅩ 몃나라의 망국인죵이 잇슬지 알지 못홈으로 우리 불가의 대ᄌᆞ대비ᄒᆞᆫ ᄆᆞᄋᆞᆷ으로 게음 일편을 새로 지어 불"(5회)러, 망국의 위기에 처해 있으면서도 이를 심각하게 인식하지 못하고 있는 사람들을 경계하고자 한 것이다. 그러면서 한편으로는 망국민족이라도 조국을 위해 죽은 애국지사는 천당에 갈 수 있도록 배려해 주더라는 말을 덧붙여, 국가를 위해 몸을 바칠 것을 강조하기도 하였다.

원장법사의 이와 같은 이야기를 들으면서 우세자는 조국의 절박한 상황을 다시금 절감한다. 그래서 "ᄒᆞᆫ 손으로 금잔듸를 ᄯᅳᆺ으며 ᄯᅩ ᄒᆞᆫ 손으로 반셕을 두다리고 민족 민족 ᄒᆞ고" 부르짖으며 방성대곡한다. "우리 신셩ᄒᆞ신 단군의 ᄌᆞ손의 디옥이 목젼에 잇"(6회)기 때문이다.

이처럼 『지구성미래몽』의 전반부는 망국을 바로 앞에 둔 당대의 상황을 매우 절망적으로 묘사하고 있다. 한국이 처한 상황에 대한 이와 같은 절망적 인식은 1909년 후반에서 1910년 한일합방이 되기까지의 시기에 발표된 다수의 문학작품에서 흔히 발견된다. 이는 그 이전 시기에 발표된 문학작품의 양상과는 매우 대조적인 현상이다. 이전 시기의 작품들은 대개 근대적 개혁을 통해 국권을 회복하자는 데 초점이 맞추어져 있으며, 그래서 작품의 분위기도 이처럼 절망적이지 않다. 시가의 경우 『대한매일신보』에 발표된 대다수의 가사 작품이 이러한 경향을 보이고 있으며, 소설의 경우에도 마찬가지이다. 1909년 7월 6일 '한국합병에 관한 건'이 일본 각의에서 의결된 것을 계기로 작중 세계도 이처럼 절망적으로 변하게 된 것이다.

1909년 7월 이후에 발표된 작품 가운데 한 예를 보기로 하자.

殘燈如對讀書秋　가물거리는 등불 마주하고 독서하기 좋은 가을
此夜覊人共此樓　이 밤 나그네와 함께 누각에 올랐다.
天地無家憐我輩　천지에 집이 없는 가여운 우리들
光陰依舊向東流　세월은 변함없이 동으로 흘러가네.
終期滄海爲平地　끝내 창해가 평지될 것을 기약하지만
只信高山有白頭　단지 믿는 것은 높은 백두산이 있다는 것 뿐.
倒盡長瓶不成醉　큰 병을 다 기울이도록 취하지 않는데

隔窓風雪正颼颼　창 밖의 눈보라 정녕 세차게 몰아치누나.[207)]

위에 인용된 시는 1910년 2월 13일 『대한매일신보』에 연재되었던 신채호의 『舊曆歲除逢友述懷』이다. 음력 섣달그믐 친구를 만나 회포를 털어놓는다는 제목 아래, 깨어있는 지식인으로서 느낄 수밖에 없었던 울분을 비유적인 수법으로 형상화한 작품이다. 여기서 우리 민족은 창 밖에는 눈보라가 세차게 몰아치는데 천지에 집이 없는 가여운 신세로 비유된다. 외형상으로는 아직 독립국이지만 실질적으로는 국권을 상실한 것이나 다를 것이 없는 조국의 상황을 이렇게 표현한 것이다. 울분을 풀 길은 술을 마시는 것뿐인데, 그마저도 여의치 않다. 화자가 믿는 것은 단지 백두산뿐이다.

이러한 정조의 시가 『지구성미래몽』에도 삽입되어 있다. 원장법사로부터 염라부의 이야기를 듣고 비창해진 우세자가 지은 가사 삼장이 그것이다.

뎨일쟝
불샹ᄒᆞ다 민츙졍은　　츙국이민　그아닌가
셰셰싱싱 됴흔ᄯᅡ에　　부귀영화를 누리련만
아마도　환싱은　　무긔ᄒᆞ니　텬당에나

뎨이쟝
신셩ᄒᆞ신 우리민족　　단군후예　그아닌가
례악문물 여의관으로　　텰문디옥이 웬일인가
우리동포 어셔ᄭᅢ오　　깁흔잠을

뎨삼쟝
뎌긔가는 뎌기럭아　　ᄇᆡᆨ두산이 어디ᄆᆡ뇨

207) 단재신채호전집편찬위원회 편, 『단재신채호전집』 하, 을유문화사, 1972, 465쪽.

원장법ᄉ 이말솜을　　전히주쇼
우리국민 텬당디옥을　다ᄇ리고 셰셰싱환 (7회)

『지구성미래몽』에는 전통적인 몽유양식처럼 등장인물의 감정을 토로하는 삽입시가 두 편 있다. 한 편은 앞에서 인용한 원장법사의 게음이고 다른 한 편은 위에 인용한 우세자의 가사삼장이다. 우세자가 읊은 시는 모두 삼장으로 되어 있다. 일장에서는 나라를 위해 목숨을 버린 민영환이 죽어서도 망국민족이라는 이유로 환생하지 못하고 천당에 갈 수밖에 없는 상황에 대하여 한탄하고, 이장에서는 단군의 후예로서 망국의 죄로 철문지옥에 떨어지게 된 상황을 한탄하면서 깊은 잠에서 깨어날 것을 경계하고, 삼장에서는 우리 민족의 발상지인 백두산을 거론하면서 우리 민족이 망국의 죄를 짓지 않기를 기원했다. 이 시 역시 "그 소릭 쟝렴 단렴과 평셩, 샹셩이 쳐쳐절절ᄒᆞ야 심양강샹 밤둘에 비파셩을 듣는 듯, 연남시 가을바룸에 격쥭셩을 맛난 듯, 남ᄋᆞ의 강ᄒᆞᆫ 챵ᄌᆞ라도 거의거의 슬어질 듯"(7회) 비창한 정조가 주조를 이룬다. 그러면서 신채호가 그러했던 것처럼 백두산을 빌어 구국의 의지를 다짐하고 있다. 당시 한국인에게 있어서 백두산은 단순한 산의 이름이 아니라, 민족의 가슴마다 아로새겨 있는 민족혼이었다. 백두산은 단군이 태어난 곳으로 한국 민족의 발상지인 것이다. 특히 나라의 주권을 강탈당하는 역사적 사건을 겪었던 이 시기에 백두산은 한국 민족을 상징하는 의미로 받아들여졌던 것이다. 그러나 사정이 이처럼 급박하게 돌아가고 있는데도 신채호나 우세자가 의지할 만한 것은 백두산뿐이었다는 데서 이 시기 계몽지식인의 절망감을 다시 확인할 수 있다. 이처럼 『지구성미래몽』에 실린 두 편의 삽입시는 망국의 울분을 품고 있는 등장인물의 비창한 감정을 토로해 주는 기능을 수행하고 있다. 산문으로는 전달할 수 없는 감정을 시를 통해 보다 절실하게 드러내고자 한 것이다.

그러면 이처럼 망국이라는 절망적인 상황을 전달하는 데 작품의 초점이 맞추어져 있는 까닭은 무엇인가? 이상에서 본 바와 같이 『지구성미래몽』의 전반부는 망국민족이 염라국에서 겪는 고통을 열거하는가 하면, 삽입시를 통해 망국의 한을 전달하는 등, 다양한 방식으로 망국의 위기에 처한 절망적인 현실을 전달하는 데 집중되어 있다. 아마도 작가는 국망이 목전으로 다가왔음에도 불구하고, 여전히 '깊은 잠'에 취해 이러한 절망적 현실을 인식하지 못하고 있는 국민들을 계몽하는 것이 무엇보다도 시급한 과제라고 생각했을 법하다.

그러면서 한편으로는 망국의 원인을 분석하여 국망의 사태를 막을 방책을 모색해 보고자 하는 데 노력을 기울였다. 원장법사는 인도사람으로 이미 망국의 설움을 경험하였고, 우세자는 앞으로 망국을 경험하게 될 처지여서, 두 사람은 서로의 절망에 공감한다. 그래서 두 사람은 "대ᄉᆞ는 이왕을 슬허ᄒᆞ고 나는 장릭를 슬허ᄒᆞ니 피ᄎᆞ가 다 당장 슬음은 아닌즉 이왕 슬음은 회복ᄒᆞ기을 싱각ᄒᆞ고 장릭 슬음은 면ᄒᆞ기를 싱각홈이 가ᄒᆞ"(8회)다고 하면서 "량국형편을 토론ᄒᆞ야 션후지칙을 연구"(8회)하기로 한다.

이에 우세자와 원장법사는 이미 영국의 식민지가 된 인도 망국의 과정을 되돌이켜 봄으로써 망국의 원인을 분석해 보기로 한다. 이렇게 해서 원장법사가 내린 결론은 다음과 같은 몇 가지로 요약될 수 있다.

첫째, 국가나 민족보다는 개인을 중시하는 풍조. "전국 남녀즁에 춍명ᄒᆞ고 영민ᄒᆞ다는 쟈는 다 고상ᄒᆞ다 ᄌᆞ칭ᄒᆞ야 국ᄉᆞ이니 민족이니 ᄒᆞ는 거슨 언론도 업고 일신만 닥그면 극락세계로 도라간다 ᄒᆞ고 혹 두문불출ᄒᆞ며 혹 명산에 드러가"(9회)는 풍조가 만연하여, 이억 만 민족으로 이천 만 영국에게 학대를 받는 처지에 놓이게 되었다는 것이다. 그러면서 인도 국민이 이처럼 국가나 민족보다는 개인을 중시하게 된 데는 "텬하도 불관이오, 국가도 불관이오, 다만 일신이 청정ᄒᆞᆫ 싸에셔 양싱ᄒᆞ다가 텬당에 오르기가 데일 발원"(7회)인 것으로 생각하는 불교의 개인주의적 성향의 영향이 컸음을 지적하였다.

둘째, 천신이 강림하여 영국인을 쫓아내 줄 것이라는 비기를 믿고 아무런 저항도 하지 않았던 점. 조금 지식이 있다 하는 사람들도 "영국인이 드러올 때를 당ᄒᆞ야 문졍도 ᄒᆞ고 담판도 ᄒᆞ여 약됴를 ᄒᆞ든지 항거를 ᄒᆞ"(10)려는 생각은 하지 않고, 허황한 비기만 믿고 운수만 기다리다가 영국의 압제를 받게 되었다는 것이다.

셋째, 설마하는 안이한 현실인식태도. "영인이 처음에 변방을 침노하미 셜마 엇더ᄒᆞ랴, 지졍을 관할ᄒᆞ야도 셜마, 가옥을 ᄲᅡ앗겨도 셜마, 혼편으로 죽으면셔도 셜마 셜마 ᄒᆞ야"(12쪽), 천여 만방 좋은 강산이 모두 영국인의 손에 넘어가도록 설마하는 마음으로 현실을 안이하게 받아들이고 있었다는 것이다.

원장법사의 입을 통해 말해지는 이러한 인도 패망의 원인은 우세자가 생각하는 당시 한국의 문제점과 크게 다르지 않다. 국가나 민족보다는 개인을 중시하는 한국의 국민성에 대한 비판은 당시 신문논설란에 흔히 등장하는 계몽내용 가운데 하나이다. 당시 전통적 지식인들 가운데 상당수는 개항 이후 급변하는 현실에 불만을 품고 은둔적 삶을 선택하였는데, 당시 계몽운동가들은 이러한 태도를 국가보다는 개인을 중시하는 완고한 악습이라고 비판하곤 했던 것이다.[208] 또한 현실을 정확하게 판단하지 못하여 제대로 저항도 하지 못하고 국토를 상실해 가는 과정은, 개항 이후 한국의 집권층과 국민이 보여주었던 안이한 대응방식과 너무나 흡사하다. 사정이 이러하므로 인도와 비슷한 문제를 지닌 한국이 일본의 식민지로 전락하는 것은 어쩌면 당연한 수순일 수밖에 없다. 작가는 인도의 패망과정을 자세히 분석함으로써 한국이 인도의 전철을 되풀이하지 않기를 경계하고 있는 것이다. "대한국에도 만일 이 ᄀᆞᆺ흔 비긔와 셜마ㅅ소릐가 잇스면, 필경은 더 인도의 전철이 멀지 아니ᄒᆞ"(12회)리라고 직설적인 화법으로 경계한다.

208) "어부와 초옹의 문답", 『매일신문』, 1898.12.22.
"自許先生과 迂儒子", 『황성신문』, 1899.2.20 외.

그런데 한국의 현실은 인도보다도 더욱 심각해서 우세자의 위기의식은 더욱 증폭된다. 한국은 이 밖에도 '안 된다', '할 수 없다'는 패배의식이 만연하여 있고, 국민의 수준이 미개하며, 정치, 법률, 군제, 교육 등의 제반 제도가 부끄러운 지경이기 때문이다. 따라서 한국이 일본의 식민지로 전락하지 않기 위해서는 이상에서 지적된 문제를 극복하여야만 한다는 것이다. 즉 작가는 망국의 원인을 민족 내부에서 찾고 있으며, 그런 만큼 국망의 위기에서 벗어나기 위해서는 먼저 전근대적 제도와 의식을 청산하고 근대적 개혁을 이루어야 한다고 보고 있다고 하겠다. 이는 "국민의 지식이 몽미ᄒᆞ야 고식지계로만 구챠히 지내다가 현금 뎌 디경이 되엿거니와"(9회), "우리 ᄃᆡ한은 국민의 보통 지식이 잇는 쟈도 몃 사ᄅᆞᆷ이 못되니"(13회)와 같은 표현에서도 분명하게 확인된다. 이 작품에서 확인되는 이와 같은 의식은 당시 계몽지식인의 현실인식과 그 맥을 같이 하는 것이다.

따라서 우세자의 이후의 행적은 근대적 개혁의 방향을 모색하는 것으로 전개되었을 것으로 짐작되지만, 작품은 우세자와 원장법사가 그 대책을 마련하기 위해 옥경으로 향하는 대목에서 연재가 중단되므로 그 구체적인 내용을 확인할 수 없다. 옥경부분은 우세자와 원장법사가 옥경에 들어가는 과정, 우세자의 눈에 비친 옥경의 모습, 그리고 원장법사의 친구인 해월존자와의 대면장면으로 이루어져 있다. 아마 연재가 계속되었다면 우세자가 해월존자를 만나 옥경의 원찰대에 올라 세계정세를 정확하게 파악하고, 이를 바탕으로 구국의 방책을 모색하고 구국의지를 새로이 가다듬는 내용이 더 이어졌을 것 같다. 그러나 이러한 추정만으로는 작가가 의도했던 바를 정확하게 파악할 수는 없다. 다만 우세자의 눈에 비친 옥경의 모습이 어떻게 묘사되고 있는가를 통해 그 대강을 추정해 보기로 하자.

옥경은 이상적인 문명국의 모습으로 묘사되어 있다.

> 량인이 드러가다가 ᄒᆞᆫ 언덕에 올나 ᄇᆞ라보니 과연 ᄇᆡᆨ옥세계라. 구천팔ᄇᆡᆨ 방

> 리 쯤 되는 들에 고루거각이 즐비ᄒᆞ야 그 졔도는 양옥갓치 칠팔 층 혹 십여 층인딕 모다 벽옥을 싸가 지엇고, 즁앙에셔 ᄉᆞ방으로 통ᄒᆞᆫ 대로와 방방곡곡에 쇼로는 모다 금강셕갓흔 돌을 싸라 틔끌 ᄒᆞᆫ 졈이 업고, 은빗ᄀᆞᆺ흔 큰 하슈는 즁심을 끼여 흐르는딕 무지기 ᄀᆞᆺ흔 텰교는 곳곳이 싸쳐 왕릭ᄒᆞ는 사ᄅᆞᆷ이 락역부졀ᄒᆞ더라.(15회)

우세자의 눈에 비친 옥경은 선진국의 파리, 런던, 워싱톤과 같은 대도시가 연상될 만큼 이상적인 문명도시로 그려지며, 이것이 바로 한국이 본받아야 할 하나의 전범으로 작가가 생각하는 옥경일 것이다. 시종 옥경의 발달된 모습에 감탄하고 있는 우세자의 모습에서 한국이 선진국을 본받아 근대적 변혁을 이루었을 때, 저절로 국권도 수호되고 선진국의 대열에 합류할 수 있을 것이라고 기대하는 작가의 마음을 읽을 수 있으나, 국망이 목전에 다가온 시점에서 이전 시기에 되풀이하여 제기되었던 '근대적 개혁을 통한 민족자주권의 수호'라는 구호를 여전히 반복하는 것은 어쩐지 공허한 느낌마저 든다. 작가가 작품의 전반부에서 집요하게 문제 삼았던 것처럼 당시 한국이 처한 역사적 현실은 절망적인 것이었다. 이러한 절망적인 상황에서 어느 겨를에 근대적 개혁을 완수하여 국권을 지킬 수 있겠는가?

그럼에도 『지구성미래몽』이 당대적 의의를 지니는 것은 한국이 처한 절망적인 현실을 매우 효과적으로 전달하고 있기 때문이다. 즉 이 작품은 몽유양식의 전통을 받아들이되 그 문자표기는 한자가 아닌 한글로 사용하고, 쉽고도 절실한 말을 사용해서 민족적 위기의식을 전파함으로써 대중의 공감을 자아내고 있는 것이다. 국망이 목전으로 다가왔음에도 불구하고 여전히 '깊은 잠'에 취해 있었던 대중을 설득하여 정치의 장으로 이끌어내려 했으나, 연재를 마치지도 못하고 중단해야 할 만큼 절박했던 당대의 상황을 적나라하게 보여주는 작품이어서 더욱 망국의 한을 절절하게 느끼게 된다.

Ⅳ. 근대계몽기 신작 고소설의 성격

1. 신작 고소설 작가층의 성격과 현실인식의 특질

근대계몽기에는 전환기적 현실의 본질을 파악하고 새로운 이념의 방향을 모색하기 위한 다양한 흐름이 형성되고 있었다. 특히 신문과 잡지라는 근대적 매체는 이와 같은 흐름의 중심에 서서 주도적으로 여론을 형성해 나갔다. 비록 다듬어지고 완성된 형태는 아니지만 격변하는 역사 현실에 맞서 새로운 질서를 모색하는 지식인계층이 형성된 것이다. 이 새로운 주역들의 성격은 그들이 몸담고 있던 상이한 현실적 처지, 곧 출신 배경, 학습 경로, 사회적 위상에 따라 다양한 편차를 드러내고 있었다.

그러면 이 시기에 새롭게 창작된 신작 고소설 작가층의 성격은 어떠했는가? 서론에서 밝혔듯이 이 시기 신작 고소설은 전통적 고소설의 양식과 내용을 그대로 답습한 작품, 당대 현실의 실상과 본질을 탐구하고 새로운 가치의 방향을 모색한 작품으로 크게 대별되며, 후자는 다시 그 지향성에 따라 애국계몽적인 것과 친일개화적인 것으로 나뉜다. 이 논문에서 특히 애국계몽적인 지향을 보이는 작품을 대상으로 논의를 전개한 것은, 이러한 작품들이 이 시기 고소설사의 새로운 흐름을 주도했다는 사실에 주목했기 때문이다. 즉 신작 고소설의 존재는 고소설이 역사 현실을 외면하고 통속화의 길을 걸었던 것이 아니라, 격변하는 전환기적 현실에 정면으로 대면하여 자생적인 개혁을 이루어나갔음을 보여준다는 점에서 소설사적 의의가 있다고 하겠다. 따라서 애국계몽적인 지향을 보이는 신작 고소설을 중심으로 그 작가층의 성격을 살펴보기로 하겠다.

Ⅲ장에서 검토한 바와 같이 신작 고소설 작가층으로는 신문의 논설진에서 대한제국 관료에 이르기까지 다양한 계층이 있다. 이 글에서 작가를 분명히 밝힌 작품은 『호섬전』 한 편 뿐이다. 『호섬전』의 작가 윤석창은 병마절도사를 역임한 인물의 자손으로 짐작되는 인물이다. 그는 작품 내용을 통해 확인할 수 있었던 바와 같이 유교적 가치관과 양반의식을 간직하고 있던 인물이다. 또한 작가 당대에 간행된 신문이나 잡지에서 그의 존재를 확인할 수 없는 것으로 보아, 윤석창은 뚜렷한 사회적 활동을 하지 않았던 것으로 보인다. 말하자면 윤석창은 도도하게 진행되는 개화의 흐름으로부터 한 발 비껴 서서 구학문 체계와 전통질서를 포기하지 않으면서, 일본의 국권침탈에 대해서는 심각한 위기의식을 갖고 있던 전통적 지식인이었다.

한편 구학문체계에서 출발했으나 1900년을 전후하여 새로운 학문체계를 적극적으로 받아들이면서 전환기적 현실에 발전적으로 대처해나가고자 했던 과도적 지식인이 주 작가층으로 활동하고 있었다. 『대한매일신보』와 『황성신문』의 필진으로 활동했던 인물들이 바로 이에 해당한다. 즉 『적선여경록』, 『청루의녀전』, 『보응』, 『지구성미래몽』, 그리고 『김봉본전』을 포함한 『신단공안』 일곱 작품의 작가일 것으로 추정되는 『대한매일신보』와 『황성신문』의 필진은 대개 한학 교육의 바탕에서 성장하여 새로운 학문체계를 받아들인 과도적 지식인이었다. 이는 양 신문의 필진으로 활동했던 신채호, 박은식, 장지연 등의 면모를 살펴보면 쉽게 확인할 수 있다.

『대한매일신보』와 『황성신문』 필진의 이와 같은 성향은, 아펜젤러를 중심으로 한 선교사와 외국인 선생들로부터 서양식 교육을 받은 이들로 구성되어 있었던 『독립신문』, 『매일신문』, 『제국신문』 필진의 성향과는 매우 대조적인 것이었다. 이러한 차이는 양자의 논조를 전혀 다른 방향으로 이끌어 가는 원인이 되었다. 예컨대 서양식 교육을 받은 신지식인 계층으로 구성된 『독립신문』, 『매일신문』, 『제국신문』 등이 옛것은 모조리 타기해야 할 것으로 파악하고 위기의 시대를 구원할 수 있는 논리를 외부에서 찾았던 데 비해, 『대한매일신보』나 『황성신문』은 동양적 사상의 전통을 새롭게 재해석함으로써 주체적인 문명개화의 길을 모색하려는 논조를 취하는 것이다.209)

이 밖에 『정씨복선록』의 작가는 대한제국 관료일 것으로 추정되는 인물이다. 이렇게 추정한 근거는 이 작품이 '표훈원'이라는 대한제국 기관의 이름이 새겨진 종이에 필사되어 있는 점, 이상국으로 형상화된 대남국의 지향가치가 구본신참을 표방했던 대한제국의 개혁원칙과 상통하는 점, 그리고 대남국 왕이 천성산에서 단을 모으고 황제즉위식을 치른 후 천자 위에 오른다는 대목이 고종이 원구단에서 황제 즉위식을 갖고 대한제국의 성립을 공포했던 역사적 사실을 거의 그대로 재현한 듯한 인상이 깊다는 사실 등이다. 즉 『정씨복선록』은 대한제국의 성립으로 근대적 국가 건설에 대하여 낙관적 전망을 갖게 되었던 신흥 부르조아 계층의 작품일 것으로 추정되는 것이다.

이상에서 살펴본 바를 정리하자면, 이 시기 신작 고소설 작가층으로는 구학문체계와 전통질서를 포기하지 않으면서 외세의 침략에 대해서는 끝까지 저항하려고 했던 전통적 지식인과, 구학문체계에서 출발했지만 새로운 학

---

209) 예컨대 『독립신문』의 논조는 대체로 문명과 야만이라는 이항대립적인 구도하에 전개된다. 조선의 상황을 야만의 상태로 규정하고 이런 야만 상태에서 벗어나기 위해서는 하루바삐 서양의 선진문명을 수용해야 한다는 식이다. 『독립신문』 이외에 『매일신문』, 『제국신문』 등도 대개 이와 같은 논조를 취한다. 그러나 『황성신문』이나 『대한매일신보』는 '문명개화'의 필요성은 인식하면서도 이들 신문과는 다른 논조를 취한다. 옛것만을 고집하는 완고파의 주장과 무비판적으로 서양의 문화를 추종하는 개화파의 주장을 동시에 비판하면서 주체적인 문명개화의 길을 모색하고자 하는 것이다.(정선태, 앞의 책)

문체계를 받아들여 전환기적 현실에 발전적으로 대처해나가려고 했던 과도적 지식인이 있다는 것이다. 그리고 후자는 다시 그들의 사회적 위상 및 현실인식 수준에 따라 정치권력의 내부로부터 합법적인 개혁을 시도했던 지식인과 언론을 통해 사회변혁의 이상을 전파했던 계몽지식인으로 나누어 볼 수 있다.

이처럼 이 시기 신작 고소설 작가층이 처한 현실적 처지는 단일하지 않다. 그럼에도 이 시기 신작 고소설 작가층의 성격을 대표하는 특징적 면모를 말한다면, 이들이 모두 서구식 교육을 일체 받지 않고 오로지 전통적 교양의 배경 아래서 성장한 지식인이라는 것이다. 즉 윤석창과 같은 전통적 지식인은 물론이고, 『대한매일신보』와 『황성신문』의 필진이었던 과도적 지식인들도 전통적인 한학교육의 바탕 위에서 성장하여 근대계몽기에 신학문체계를 받아들여 계몽지식인으로 변신한 인물들이다.

요컨대 신작 고소설 작가층은 전통적 지식인이든 계몽지식인이든 전통적 한한교육의 바탕 위에서 성장하였으며, 이런 까닭에 이들에게는 일본이나 서구의 소설양식보다는 우리나라와 중국의 소설 전통이 더욱 익숙했을 것이다. 새로운 서사양식이 다양하게 모색되고 있던 소설사적 단계에서, 이들이 고소설 창작에 적극 나섰던 것은 이들이 처하고 있던 이와 같은 현실적 처지에서 비롯된 것이라고 하겠다.

이 논문에서 다룬 작품은 그 유통방식에 따라 필사본으로 전해지는 작품과 신문에 연재된 작품, 그리고 구활자본으로 출판된 작품으로 대별해 볼 수 있다. 『정씨복선록』, 『산촌미녀』, 『호섬전』 등이 필사본으로 전해지며, 『적선여경록』, 『청루의녀전』, 『보응』, 『김봉본전』, 『어복손전』, 『지구성미래몽』 등이 신문에 연재되어 전해진다. 그리고 『몽견제갈량』은 활자본으로 전해지고 있다. 그런데 필사본으로 전해지는 작품이 국문고소설의 전통을 잇고 있는 데 비해,[210] 신문에 연재된 작품과 활자본으로 전해지는 작품은 한결같이 중국소설을 번안·개작한 것이거나, 傳양식이나 몽유양식과 같은 한문소설의 전통을 잇고 있다.[211] 즉 이 시기 신작 고소설 작가층은 국문고소설의 전통에 익숙한 작가층과 중국소설이나 한문소설의 전통에 익숙한 작가층으로 대별해 볼 수 있겠다. 그리고 신문에 연재된 작품의 작가층이 한결같이 중국소설이나 한문소설의 전통을 잇고 있고, 활자본으로 출판된 『몽견제갈량』이 제갈량 및 『삼국지』를 소재로 삼고 있는 것은, 이들이 대부분 한학교육의 바탕 위에서 성장한 인물이라는 사실과 밀접한 관련이 있다고 하겠다. 이들은 대체로 신문이나 잡지를 통해 대중계몽운동을 펼치던 계몽지식인들이었다. 이들에게 있어서 소설은 사회변혁과 대중계몽을 위한 도구로 인식되고 있었다. 박은식의 다음과 같은 글은 전통적 교양의 배경 아래에서 성장한 지식인이 고소설을 창작하게 되었던 배경을 잘 보여준다.

> 我韓은 由來 小說의 善本이 無ᄒᆞ야 國人所著ᄂᆞᆫ 九雲夢과 南征記 數種에 不過ᄒᆞ고 自支那而來者ᄂᆞᆫ 西廂記와 玉麟夢과 剪燈新話와 水湖志 等이오, 國文小說은 所謂 蘇大成傳이니 蘇學士傳이니 張豊雲傳이니 淑英娘子傳이니 ᄒᆞᄂᆞᆫ 種類가 閭巷之間에 盛行ᄒᆞ야 匹夫匹婦의 菽栗茶飯을 供ᄒᆞ니 是ᄂᆞᆫ 皆荒誕無稽ᄒᆞ고 遙靡不經ᄒᆞ야 適足히 人心을 蕩了ᄒᆞ고 風習을 壞了ᄒᆞ야 政教와 世道에 關ᄒᆞ야 爲害不淺ᄒᆞᆫ지라. 若使世之覘國者로 我邦의 現行ᄒᆞᄂᆞᆫ 小說種類를 問ᄒᆞ면 其風俗과 政教가 何如타 謂ᄒᆞᆯ깃ᄂᆞᆫ가. 乃學士大夫가 此等緊要的事에 慢不致意ᄒᆞ고 學問家에 所宗은 性理討論의 湖洛競爭과 儀禮問答의 蚕絲牛毛而已

210) 『정씨복선록』은 가문소설, 『산촌미녀』는 영웅소설, 『호섬전』은 우화소설의 형식을 잇고 있다.

211) 몽유양식은 크게 『금오신화』와 같은 몽유전기소설, 『원생몽유록』과 같은 몽유록, 『구운몽』과 같은 몽유장편소설로 대별해 볼 수 있다. 몽유전기소설은 환상을 통한 욕망의 성취를, 몽유록은 환상을 통한 이념의 관철을, 몽유장편소설은 환상을 통한 욕망과 이념의 통합을 그 양식적 특성으로 한다.(신재홍, 앞의 논문) 그런데 이 논문에서 다룬 『몽견제갈량』과 『지구성미래몽』은 몽유자가 꿈속에서 역사적 사건과 결부된 역사적 인물들을 만나 그들과 함께 역사나 이념의 문제에 대해서 토론을 벌이는 있는바, 몽유록의 전통을 따르고 있는 작품이라고 할 수 있다.

오 功令家의 所誦은 蘇子瞻의 赤壁賦와 申光洙의 關山戎馬而已니 試問ᄒᆞ건ᄃᆡ 這般工夫가 於國性과 於民智에 究有何益가. …… 同是圓顱方趾의 冠帶之族으로 獨히 愛國思想이 淺薄ᄒᆞᆫ 것은 一則 學士大夫之罪오 二則學士大夫之罪라. 余가 間嘗同志를 對ᄒᆞ야 小說著作을 擬議ᄒᆞ나 現方報舘에 執役ᄒᆞᆷ으로 何隙이 苦無ᄒᆞᆯᄲᅮᆫ더러 ᄯᅩ 此等著作에 技能이 不及ᄒᆞᆫ지라.212)

박은식은 소설이 지닌 강력한 대중적 흡인력에 대하여 정확하게 인식하고 있었던 인물이다. 그가 소설의 대중적 흡인력을 생생이 느끼도록 한 것은 『장풍운전』, 『장학사전』과 같은 국문 고소설이었다. 물론 이들은 그 황탄무계한 괴담이나 음담이 '인심풍속'과 '정교세도'를 해치는 것이라고 하여 전래의 고소설을 부정적으로 파악하고 있었다. 그런데 박은식은 고소설이 이처럼 저급한 상태에 머무르게 된 원인을, 글을 읽고 학문을 한다는 사람들이 소설 창작의 긴요한 과업에는 뜻이 없고 성리와 의례의 시비를 논하고 한문학의 시문이나 읊고 있었다는 데서 찾고 있다. 즉 고소설이 지닌 대중적 흡인력을 시대변혁과 대중계몽의 수단으로 이용하기 위해서는 각성한 지식인들이 고소설 창작에 나서야 함을 역설한 것이며, 그와 같은 이유로 박은식 자신은 스스로 소설을 창작할 만한 능력을 갖추지 못했으므로 『서사건국지』라는 외국소설을 번안하게 되었다는 것이다. 여기에서 전통적 교양의 바탕에서 성장한 과도적 지식인 계층이 고소설 창작에 나서게 되었던 배경의 일단을 확인할 수 있다. 역사적 상황의 변화와 소설이 지닌 대중적 흡인력에 일찍 눈뜬 계층이 바로 지식인 계층이었다. 이들은 소설의 현실적 영향력에 대한 신뢰와 작가의 사회적 역할에 대한 의무감에 바탕하여 대중소설 창작의 주역으로 등장하게 되었던 것이다. 그러나 이들은 소설을 창작할 만한 역량을 갖춘 전문적인 작가는 아니었다. 그렇기 때문에 이들은 자

212) 박은식, 『서사건국지』 서.

신들에게 익숙한 중국소설을 번안·개작하거나, 구비설화를 한문단편 양식에 맞게 재구함으로써, 자신들이 의도하는 바를 전달하는 방식으로 삼았던 것이다. 말하자면 계몽지식인과 같은 새로운 작가층이 등장하게 되면서, 고소설은 새로운 국면을 맞게 되었다고 할 수 있다. 즉 이전 시기까지는 국문소설과 한문소설은 엄격한 경계선을 두고 서로 다른 경로를 밟으며 전개되었다면, 이 시기에 이르러 한문소설의 전통이 국문소설의 영역 안에 들어오게 되었던 것이다.

이상에서 근대계몽기 신작 고소설 작가층의 성격을 살펴보았는바, 이들은 대부분이 전통적 교양의 바탕 위에서 성장한 지식인이었으며, 지식인의 사회적 역할에 대한 의무감에 격동되어 고소설 창작의 주역으로 등장하게 되었음을 알 수 있었다. 그런 만큼 신작 고소설 작가층은 치열한 갈등과 긴장 속에 놓여 있던 당대 한국사회의 문제를 소설로 형상화하는 데 매우 적극적이었다. 그러면 이상에서 살펴본 작품들을 중심으로 신작 고소설 작가층이 당대 현실의 문제를 어떻게 인식하고 있는지 보기로 하자.

우선 신작 고소설 작가층이 주목한 것은 한국사회의 근대화 문제라고 할 수 있다. 근대화의 필요성에 대한 사회적 요구는 근대계몽기에 가장 시급하게 요청되던 문제라 할 수 있다. 각종 서적과 학교교육, 그리고 신문을 통해 근대화의 필요성과 당위성이 지식인층뿐만 아니라 대중사회로까지 확산됨에 따라, 근대화 문제는 중요한 시대적 과제로 부각되기에 이른 것이다. 그런 만큼 이 시기에 창작된 다양한 서사양식은 근대화라는 시대정신에서 결코 자유로울 수 없었다고 하겠다. 신작 고소설도 예외는 아니어서, 그 가운데 상당수의 작품이 한국사회의 근대화 문제에 대한 진지한 관심을 보여주고 있다.

먼저 당대 한국사회가 지향해야 할 근대적 국가상을 모색한 작품인 『정씨복선록』이나 『산촌미녀』를 보기로 하자. 이 두 작품에서 주목되는 사실은 독자적이고 주체적인 근대화에 대한 믿음이 강렬하게 표출되어 있다는 점이다. 두 작품의 문제의식은 미처 개항에 대한 대비책을 세우지 못해 정치적・경제적으로 제국주의 열강에 예속화되었던 이 시기 한국사회의 정치현실을 반성적으로 되짚어보는 데서 출발한다. 그리고 이와 같은 반성적 인식은 독자적이고 주체적인 개항을 통해 근대적 국가를 건설함으로써 외세로부터 민족자주권을 수호해야 한다는 인식으로 이어진다. 말하자면 이 두 작품은 한국의 자생능력을 긍정하는 입장에서 주체적인 근대화의 가능성을 모색하는 데 초점이 맞추어져 있는 것이다. 그런 만큼 이 두 작품에서 지향하는 근대화의 방향은 서구의 선진문명을 수용하는 데는 적극적이면서도 다른 한편으로는 전통적인 제도와 사상을 긍정적으로 계승하고자 하는 양상을 띠고 있다. 말하자면 '동서', '신구'의 역동적 균형에서 그 근대화의 방향을 모색하고 있다고 하겠다.

이는 『황성신문』에 연재된 『신단공안』에서도 확인되는 바이다. 『신단공안』은 일곱 편의 작품이 연작 형태로 연재된 작품이다. 이 연작소설에 실린 작품은 크게 전근대적 제도 및 의식의 청산을 계몽한 작품(『김봉본전』-4화, 『어복손전』-7화)과 심각한 정체성의 혼란을 겪고 있는 당대 상황을 극복하기 위해 전통적 윤리의식이 국민정신을 통어할 정신적 구심력이 되어야 함을 보여준 작품(1화, 2화, 3화, 5화, 6화)으로 대별된다. 이렇게 보면 이 연작소설은 서로 모순되는 것처럼 보이는 의식지향-즉 '전근대적 제도 및 의식의 청산'과 '전통적 윤리의식의 긍정적 재인식'-을 담고 있는 것으로 이해될 수 있다. 그러나 그 이면에는 전통적인 것 가운데 긍정적으로 계승해야 할 것과 완전히 새로운 것으로 대체해야 할 것을 구별하여 이해하고자 하는 작가의식이 자리하고 있다고 하겠다. 말하자면 이 연작소설의 작가가 지향하는 근대화의 방향은 서양의 발전된 문명 및 제도의 수용을 인정하면서, 한편으로는 전통적 윤리의식의 상대적 우월성을 긍정하는 입장을 취하고 있는 것이다.

이처럼 신작 고소설이 지향하는 근대화의 방향은 한국의 주체적인 근대화와 '동서', '신구'의 역동적 균형에 그 초점이 맞추어져 있다고 하겠다. 이는 신소설이 지향하는 근대화의 방향과는 매우 대조적인 것이라고 할 수 있다. 신소설이 근대화에 대해 남다른 관심을 보이고 있음은 주지의 사실이다. 신소설은 중세체제의 제 모순을 강렬하게 비판하고 문명개화와 풍속개량을 주장하는 내용을 중점적으로 형상화하고 있는 것이다. 그리고 다소의 편차는 있지만, 그 근대화의 방향은 신작 고소설의 그것에 비해 서구 추종적인 양상을 띠고 있다. 예컨대 신소설의 갈등의 중심축은 대개 수구세력과 개화세력의 대결을 중심으로 전개되는데, 이 대결의 최종적인 결말은 외국에 유학하여 선진문물을 배우고 돌아온 개화세력의 일방적인 승리로 귀결되는 것이다. 이 가운데 가장 극단적인 서구 추종주의적 입장을 보여주는 것이 이인직의 소설이다. "우리가 입으로 조선말을 하더래도 마음에는 서양 문명한 풍속에 젖었으니 우리는 혼인을 하여도 서양사람과 같이 부모의 명령을 좇을 것이 아니라 우리가 서로 부부될 마음이 있으면 서로 직접하야 말하는 것이 옳은 일이다. 그러니 우선 말부터 영어로 수작하자. 조선말로 하면 입에 익은 말로 외작해라 하기 불안하다"(『혈의루』, 84쪽)는 『혈의루』의 한 대목은, 서구문명에 대한 이인직의 동경의 정도를 짐작케 한다. 말하자면 그는 한국사회의 근대화의 성패가 서양 따라잡기에 달려있다고 믿고 있는 것이다.[213] 이와 같은 인식의 저변에는 한국사회의 주체적인 근대화에 대한 심각한 회의가 자리하고 있다. 이를 단적으로 보여주는 것이 이인직의 『은세계』이다.

> 지금 우리 나라 형편이 어떠하냐. …… 누가 보던지 그 집은 꼭 망하게만 된 집이다. 비록 새 규모를 정하고 치산을 잘할 도리를 하더래도 어느 세월에 남의 빚을 다 청장하고, 어느 세월에 그 난봉된 자식들을 잘 가르쳐서, 사람치러 당

213) 한기형, 앞의 책, 88-89쪽.

기고 형제간에 싸움만 하고 밤낮으로 무슨 일만 저질렀던 것들이 지각이 들어서 집안에 유익 자식이 되도록 하기가 썩 어려울지라.(『은세계』, 129쪽)

위 인용문은 한국의 개혁이 근본적으로 불가능하다는 것을 설파한 최옥남의 발언으로, 한국의 자생적인 개혁능력을 부정하는 이인직의 입장을 잘 보여준다. 따라서 이인직의 소설에서 지향하고 있는 근대화의 방향은 지극히 외세의존적(친일적)인 형태로 형상화된다. "만일 삼십년 전에 개혁만 되었으면 남으로 일본과 동맹국이 되고 북으로 아라사 세력이 뻗어오는 것을 틀어막고 서로 청국의 내버리는 유리를 취하여 장차 대륙에 전진의 길을 열어서 불과 기년에 도한 일등 강국을 기약하였을 것이요"(『은세계』, 84쪽)라고 하는 부분은, 한국의 근대화가 민족적 주체를 포기하고 일제와의 결탁 아래 이루어진다고 해도 무방하다는 그의 인식을 잘 보여주는 것이다.[214)]이는 일제의 침략으로부터 민족자주권을 수호해야 한다는 시대적 과제를 고취하는 데 적극적인 관심을 두고 있는 신작 고소설의 작품세계와는 매우 대조적인 것이라 하겠다. 이미 본 바와 같이 신작 고소설 가운데 『호섬전』과 『지구성미래몽』은 일제의 침략으로부터 민족자주권을 수호해야 한다는 항일의지를 강렬하게 표출하고 있는 것이다. 이에 비해 신소설 작품 가운데는 민족자주권 수호라는 시대적 과제를 형상화한 작품이 없을 뿐만 아니라, 이인직의 작품에서는 교묘하게 포장된 친일적인 입장을 확인할 수 있는 것이다.

이상에서 이인직의 작품을 중심으로 신소설에서 한국사회의 근대화와 민족자주권 수호라는 양대 과제를 어떻게 형상화하고 있는지 보았는바, 신소설에서는 서구추종적이고 친일적인 근대인식을 보여주고 있음을 알 수 있었다. 여기에는 한국사회의 주체적인 근대화에 대한 회의가 깊게 자리하고

214) 김도형, 『대한제국기의 정치사상연구』, 지식산업사, 1994, 64쪽.

있는 것이다. 말하자면 신작 고소설과 신소설은 모두 한국사회의 근대화가 시급한 시대과제라는 데는 인식을 같이 하지만, 그 근대화의 방향이 어떠해야 하는가에 대한 인식에 있어서는 서로 다른 입장을 취하고 있는 것이다. 이렇게 된 데는 신작 고소설과 신소설의 작가층이 상이한 현실적 처지-출신배경, 학습경로, 사회적 위상-에 있었기 때문인 것으로 생각된다. 즉 신작 고소설 작가층은 대부분 한학교육의 배경 아래서 성장한 지식인이었던 데 비해, 신소설 작가층은 신식교육을 받은 신지식층이었던 것이다. 예컨대 신소설의 대표적 작가라 할 수 있는 이인직과 안국선은 일본에 유학했었으며, 육정수나 최찬식은 각각 배재학당과 시흥학교에서 신식교육을 받았다. 또한 안국선과 육정수는 독립협회운동 속에서 성장하여 기독교로 개종한 인물이다. 즉 안국선은 일본 유학에서 돌아온 이후, 독립협회 간부였던 이승만, 이상재 등과 관계를 맺고 있다가 이들과 함께 정치 사건에 관련되어 투옥되었고, 감옥 안에서 배재학당의 선교사 아펜젤러와 벙커 등의 권유로 기독교로 개종한다.[215] 한편 육정수는 독립협회를 대중운동으로 확산하기 위한 거점으로 조직되었던 협성회에 참가했었으며, 기독교청년회(YMCA) 운동에 종사하기도 했다.[216] 주지하다시피 독립협회의 지도적 역할을 담당한 인물들은 서양식 교육을 받은 서재필, 윤치호, 이상재 등과 같은 신지식층이었으며, 이들은 서구지향적 시선으로 당시의 상황을 바라보고 있었다. 이는 독립협회의 기관지인 『독립신문』이 서구지향적 태도를 분명하게 보이고 있는 데서도 확인할 수 있다. 그런 만큼 독립협회운동의 비상한 감격 속에서 성장한 이들이 독립협회의 사상적 영향권에서 자유로울 수 없었을 것임은 충분히 짐작되는 바이다.[217]

---

215) 김영민, 앞의 책, 267쪽.

216) 최원식, 앞의 책, 246-251쪽.

217) 물론 이해조는 이와 같은 신소설 작가층의 성격과는 구별되는 특질을 보여주는 인물이다. 그는 신식교육을 일체 받지 않고 오로지 한학교육의 배경 아래에서 성장했으며, 그런 만큼 서구지향적 태도를 보이는 여타의 신소설 작가층과는 달리 서양의 과학문

이처럼 신작 고소설과 신소설 작가층은 그 성장배경이나 지향의식에서 상이한 양상을 띠고 있었으며, 이러한 차이는 양자의 작품세계를 전혀 다른 방향으로 이끌었던 것이다. 이런 점에서 신작 고소설에서 확인되는 현실인식의 특질은 한국사회의 주체적 근대화와 국권수호를 계몽할 목적으로 창작된 역사전기소설의 그것과 맥을 같이한다고 할 수 있다. 주지하는 바와 같이, 근대계몽기에 개화자강운동의 일환으로 창작된 역사전기소설은 민족적 영웅의 사적을 되살려 반외세 자주독립의 사상을 고취할 목적으로 창작되었다. 즉 역사전기소설은 대외적으로는 일제의 침략에 대응하여 민족의 자주독립을 지키는 한편, 대내적으로는 중세체제를 지양하고 근대국가를 건설해야 한다는 시대적 과제에 부응하여, 민족주의 사상을 고취시키고 자주독립을 위한 투쟁정신을 불러일으키는 역할을 했던 것이다. 이처럼 역사전기소설은 당대 한국사회가 안고 있던 시대적 과제를 이해하는 틀이 신작 고소설의 그것과 매우 유사하다. 말하자면 신작 고소설과 역사전기소설은 민족적 자주성을 견지하면서 근대화를 성공적으로 이루어야 한다는 염원을 형상화하고 있는 것이다. 이러한 민족주의적 입장은 친일개화론으로 기울었던 신소설과 구별되는 근대계몽기 신작 고소설의 의의라 하겠다.

그러나 1910년 이후의 신작 고소설은 근대계몽기 신작 고소설이 보여주었던 이와 같은 소설사적 성과가 현저하게 후퇴된 면모를 보여준다. 1912년에 등장하여 이후 상당 기간 동안 활발하게 출판되었던 활자본 고소설 가운데, 이 시기에 새롭게 창작된 상당수의 신작 고소설은 통속적 모습을 보여주고 있는 것이다.[218] 그러나 한편에서는 근대계몽기 신작 고소설이 보여주

명과 근대적 제도의 가치를 적극 받아들이되 동양정신을 잃지 않으려는 절충적 태도를 보이고 있다. 그러나 1910년 이후에는 『소양정』, 『홍장군전』, 『한씨보응록』과 같은 신작 고소설을 창작하고, 판소리 네 마당 『춘향가』, 『심청가』, 『홍부가』, 『수궁가』를 개작하기도 한 만큼, 이해조는 신소설 작가이면서 신작 고소설 작가이기도 하다고 할 수 있다.

218) 권순긍, “1910년대 활자본 고소설 연구-그 개작 · 신작의 역사적 성격-”, 성균관대 박

었던 민족주의적 입장을 견지하면서 당대 한국사회가 안고 있던 문제를 훌륭하게 그린 일군의 작품들이 창작되고 있었으니, 『압록강』, 『영산홍』, 『혼』 등이 그러한 예라고 하겠다.219)

2. 근대계몽기 신작 고소설의 양식 특질

이처럼 근대계몽기 신작 고소설 작가들은 전환기적 역사현실의 실상과 본질을 파악하고 새로운 이념의 방향을 모색하기 위한 목적에서 고소설 창작에 나선만큼, 이러한 요청에 부응하는 새로운 형식을 창출해야 한다는 필요를 절감하고 있었다. 예컨대 주인공의 일생이 서사적으로 완결되는 일대기적 형식 안에 다양한 인물들과 복합적인 사건을 엮어내는 기존 고소설의 형식은, 격변하는 역사 현실의 한 단면을 포착하여 그 본질을 탐구하는 데 적합한 것이 아니었다. 그렇다고 이들이 새로운 형식의 창출이라는 시대적 요청에 부응할 만한 충분한 작가적 역량을 갖추고 있었던 것도 아니었다. 이와 같은 상황에서 신작 고소설 작가들이 주목한 것은, 삶의 한 단면을 예각화하여 보여줄 수 있는 기존의 서사양식이었다.

신작 고소설 작가가 이러한 목적에서 선택한 기존의 서사양식은, 작가의 가치관을 집약적으로 토로하는 데 유리한 우언, 우화, 몽유양식과 현실의 미묘하고도 복잡한 실상을 상세하게 포착하기에 적합한 한문단편이었다. 우선 근대계몽기 신작 고소설 작품 가운데 가장 큰 비중을 차지하는 것은 우화소설, 몽유양식과 같은 寓言이라고 할 수 있다. 『정씨복선록』과 『산촌미녀』는 우언적 성격이 매우 강하게 나타나며, 『호섬전』은 우화소설, 『몽견

사학위논문, 1990.

219) 이은숙은 이상의 작품이 항일 민족의식을 우의적으로 제시하고 있다는 점에서, 소설사적 의의를 갖는다고 보았다.(이은숙, "항일 우의 신작 구소설 연구", 한국학대학원 박사학위논문, 1994)

제갈량』과 『지구성미래몽』은 몽유양식의 전통을 잇고 있다. 이러한 양식은 작가의 주관적 가치관을 토로하기에 매우 적합한 서사양식이라는 공통점이 있다. 『호섬전』과 같은 동물우화소설은 경험적 현실세계의 모순을 닮은 동물세계의 한 단면을 포착하여 당대 현실의 문제를 우의적으로 표출한 것이다. 우화소설은 비록 비유적인 방식이기는 하지만 현실세계의 모순을 단적으로 드러내는 데는 매우 효과적인 양식이라고 할 수 있다. 몽유양식은 꿈이라는 가상의 공간을 설정하여 작가의 주관적 가치관을 집약적으로 표출하는 양식이다. 몽유양식에서 꿈 이전의 세계는 현실의 횡포로 인해 주인공이 자신의 지향가치를 실현할 수 없는 공간이다. 이 때문에 주인공은 꿈의 세계로 이행하게 되는데, 이 가상의 공간은 현실에서 좌절되었던 이상과 욕망을 실현할 수 있는 장을 마련해준다. 말하자면 꿈이라는 가상의 공간은 모순에 찬 경험세계를 극복하고 이상을 실현할 수 있는 장인 셈이다.

이러한 양식들은 역사 발전단계가 매우 급격하게 이행되어 가는 역사적 전환기마다 새로운 주목을 받곤 했는데, 이는 이러한 양식들이 역사적 전환기의 제반 문제를 예각화해서 드러내면서 새로운 이념적 방향을 모색하기에 적합한 방식이었기 때문이다.[220] 그래서 전환기적 특질이 매우 중층적이고도 복합적으로 나타났던 근대계몽기에 이르러, 이러한 양식들이 문학사의 주도적인 양식으로 떠오르게 되었던 것이다. 이 시기 신문이나 잡지의 논설란, 문예란 혹은 잡문란에 실린 글들 가운데 상당수가 이러한 양식에 속하는 작품들이라는 사실은 이를 웅변적으로 보여주는 예이다.[221]

---

220) 물론 이러한 양식을 취하는 작품은 대개 당대 사회에 대한 날카로운 비판의식을 드러내게 마련이어서, 작품내용으로 인해 문제될 수 있는 상황을 막기 위해 우화나 몽유양식과 같은 간접적 표현 방식이 선호 되었을 수도 있다. 그러나 단순히 이런 이유 때문에 우화나 몽유양식이 선호되었다고 보기는 어렵다. 오히려 이러한 양식이 전환기적 삶의 단면을 예각화하여 형상화하면서, 새로운 삶의 전망을 제시하기에 적합하기 때문에 역사적 전환기에 특히 주목받게 되었던 것으로 생각된다.

221) 예컨대 '물고기와 백로', '개고리도 잇쇼'(이상 『독립신문』), '두 개구리 이야기'(『매일신문』), '北蟾과 南蟾', '有眼者□□盲魚', '禽鳥樂'(이상 『황성신문』) 등 이 시기

한편 한문단편과 같은 현실주의 문학의 전통을 잇고 있는 것이 『김봉본전』과 『어복손전』이다. 한문단편은 주로 거리의 전기수나 사랑방 이야기꾼들에 의해 전수된 서민층의 화제를 그대로 옮겨 놓은 것이다.222) 이런 점에서 시정에서 흔히 떠돌던 이야기, 즉 '봉이설화'와 '꾀쟁이 하인' 설화를 소설적으로 재구한 이 두 작품은 한문단편의 양식적 전통 속에 놓여 있다고 할 수 있다. 한문단편은 시정인의 눈을 통해 세태의 실상을 사실적으로 담아내는 서사양식이다. 그런 만큼 현실의 미묘하고도 복잡한 실상을 상세하게 포착해내는 데 매우 유효한 양식이라고 할 수 있다. 한문단편이 갖고 있는 이러한 특질이 바로 신작 고소설 작가층으로 하여금 전환기적 역사현실의 한 단면을 효과적으로 포착하기 위한 방편으로 한문단편을 선택하도록 한 것이다.

그러면서 『김봉본전』과 『어복손전』의 작가는 논찬부를 더욱 확대함으로써 이념적 성향을 더욱 강조하는 방향으로 기존의 한문단편을 변용했다. 물론 조선 후기의 한문단편에서도 서술자의 견해를 밝히는 논찬부가 있지만, 이 두 작품에서처럼 빈번하게 나타나지는 않는다. 말하자면 이 두 작품의 작가는 논찬부를 확대함으로써, 독자의 관심을 작가가 의도하는 방향으로 유도하고자 했던 것이다. 이는 이 시기 소설이 견지하고 있는 계몽적 성격과 깊은 관련이 있다고 하겠다. 즉 작가는 자신의 이념이나 가치를 전달하는 데 목적이 있었던 만큼, 현실의 한 단면을 풍속화의 차원에서 그리는 것만으로는 만족할 수 없었던 것이다.

신문 논설란에 실린 글 가운데 우화양식을 차용하여 새로운 시대정신을 계몽하는 수단으로 삼은 경우는 매우 많다. 또한 몽유양식을 차용하여 새로운 시대정신을 계몽하고자 한 글로는 '無何翁問答'(최석하, 『태극학보』 4), '春夢'(백악춘사, 『태극학보』 8), '晩悟'(심상직, 『장학월보』 1권 2호), '血의 影'(육정수, 『장학월보』 1권 2호), '몽중설화', '일장춘몽'(이상 『독립신문』), '지옥의 광경'(『매일신문』), '昨夜之夢', '夢中問答', '夢遊動物園'(이상 『황성신문』) 등 수없이 많다.

222) 이우성, 임형택 역편, 『이조한문단편집』 상, 일조각, 1973, 「서」.

근대계몽기 신작 고소설은 허다한 전통 서사양식 가운데 특정한 사건의 한 단면만을 주목하여 작가의 주관적 가치관을 집약적으로 표출할 수 있는 전통적 서사양식을 선택함으로써 단일한 주제의식을 선명하게 전달할 수 있었다. 이는 상업소설적 성향이 농후했던 신소설이 독자의 흥미를 유도하기 위해 주제구현과는 무관한 삽화들을 인위적으로 배치시켜 흥미로운 장편의 이야기를 만들어내고, 그 속에 슬쩍 작가의 본지를 끼워 넣는 방식을 택함으로써 구성의 완결성과 주제의 선명함을 성취할 수 없었던 것과는 매우 대조적인 모습이라고 하겠다.[223] 이미 본 바와 같이 신작 고소설은 신문에 연재되거나 필사본으로 유통되었던 까닭에 상업적 영리추구로부터 자유로울 수 있었으며, 그 결과 신작 고소설 작가들은 흥미로운 사건보다는 주제의식이 두드러진 작품을 창작할 수 있었던 것이다.

그러나 주제의식의 선명함에 비해 주제의 구현은 다분히 당위적이거나 피상적으로 이루어졌다. 이 논문에서 다룬 작품들은 기본적으로 당대 현실의 문제를 정확하게 포착하고 이를 매우 사실적으로 형상화하고 있다. 이처럼 당대 현실에 대하여 이토록 섬세하고도 역동적으로 반응하기 시작했다는 것은 분명 소설사의 새로운 국면임에 틀림없다. 그러나 이러한 문제적 현실을 극복할 수 있는 이념적 방향의 제시는 지극히 피상적이고도 추상적으로 이루어진다. 예컨대 『정씨복선록』이나 『산촌미녀』는 자주적 근대국가의 건설이라는 과제가 시급하게 요청되고 있던 당대 현실을 포착하고 이를 사실적으로 형상화하고 있지만, 그 대안으로 제시된 이상은 주체적 개항, 근대적 상공업의 발달, 군사력의 증강, 자주적 외교 등과 같이 매우 관념적으로 제시되는 것이다.

이러한 한계는 일차적으로 신작 고소설 작가들이 선호한 양식, 즉 우화소설, 몽유양식, 한문단편이 지닌 양식의 특질에서 비롯된 것이라고 할 수 있

---

223) 한기형, 앞의 책, 58-62쪽.

다. 동물의 세계 혹은 꿈(혹은 가상의 공간)과 같은 허구적 시공간에서 은유적 방식으로 표출되는 이상은 기본적으로 관념적, 추상적일 수밖에 없다. 그런 만큼 이러한 양식은 모순의 본질을 탐구하고 그것을 해결할 수 있는 전망을 구체적이고도 사실적으로 제시하기에는 그 자체 많은 한계를 지닐 수밖에 없다. 이 점에서는 구비설화에 그 토대를 두고 있는 한문단편도 마찬가지이다.

그러나 이러한 한계는 단순히 양식 특질에서 비롯된 것이라고만 할 수는 없다. 그 심층에는 오히려 급격하게 변화하는 전환기적 현실에 대해서는 민감하게 반응하고 있으면서도, 그러한 변화의 방향을 정확하게 전망할 수 없었던 작가층의 인식론적 한계가 자리하고 있다고 하겠다. 신문의 논설란에 실린 당시 선각적인 지식인들의 글을 통해 확인할 수 있는 바와 같이, 이 시기 지식인들의 역사인식의 수준은 매우 추상적이고도 피상적이었다. 당시 지식인들은 누구나 '근대적 개혁'이나 '외세로부터의 민족자주권 수호'와 같은 시대정신을 전파하고 있으나, 그것은 매우 당위적인 차원에서 이루어질 뿐이었다. 선각적인 지식인조차도 아직 당대 현실을 총체적으로 인식할 수 있는 단계에 이르지 못했던 것이다. 즉 신작 고소설의 추상적인 주제의 구현은, 바로 이와 같은 현실인식의 수준이 작품에 그대로 반영된 결과인 것이다. 한편으로는 현실에 대한 총체적인 인식과 미래에 대한 전망이 확보되기 이전의 단계에서는 전환기적 현실의 단면에 대응하는 가상의 인물이나 허구적 시공간을 설정하여, 작가가 지향하는 가치관을 비유적으로 표출하는 양식(즉 우화나 몽유양식)이 경험적 현실을 구체화하여 다루어야 한다는 작가의 부담을 덜어줄 수 있었기 때문에, 신작 고소설 작가들이 이러한 양식을 선호하게 되었을 수 있다.

이처럼 신작 고소설은 당대 현실의 한 단면을 사실적으로 형상화함으로써 단일한 주제의식을 선명하게 전달한다는 점에서 소설사적 의의를 확보한다고 할 수 있다. 그러나 그 주제의식에 있어서나 이를 담아내는 형식에 있어서 완숙한 단계에 이르지 못한 과도적 양식이라 할 수 있겠다.

그렇다고 해서 이 시기의 신작 고소설이 전통적 서사양식을 그대로 답습하기만 한 것은 아니다. 부분적이기는 하지만 대중의 의식을 계몽하는 데 적합하게 형식이나 문체를 변형시키려는 모색이 이루어졌다. 이러한 모색 가운데 우선 주목되는 것은 권선징악의 서사구조가 근대적 이상을 담는 그릇으로 변용된다는 것이다. 이 논문에서 다룬 작품 가운데 『김봉본전』, 『어복손전』을 제외한 작품은 모두 권선징악의 서사구조를 취하고 있다. 권선징악의 서사구조는 이전 시기 국문고소설의 가장 특징적인 면모라 할 만한 것인데, 이 시기 신작 고소설에서도 그 전통이 계승되고 있는 것이다. 그러나 신작 고소설이 비록 권선징악의 서사구조라는 오랜 전통을 잇고는 있지만, 그것을 그대로 답습한 것은 아니다. 먼저 『정씨복선록』과 『산촌미녀』의 경우를 보자. 이 두 작품을 끌고 가는 갈등의 기본축은 중세체제 및 질서에 긴박되어 있는 수몽국(『산촌미녀』에서는 소무릉)과 근대적 국가로 전신한 대남국(『산촌미녀』에서는 신무릉)을 중심으로 구성된다. 수몽국과 소무릉은 개항 이후 국제정세의 변화에 자주적으로 대처하지 못하여 정치적·경제적으로 제국주의 열강의 침탈을 받게 되었던 당시 한국의 역사적 시공간이라면, 대남국과 신무릉은 주체적 개항, 근대적 상공업의 발달, 군사력의 증강, 자주적 외교를 바탕으로 하는 근대적 이상국가로 설정된 가상의 시공간이다. 중세와 근대, 구질서와 신질서의 대립 구도가 이 두 작품의 갈등관계를 결정해나가는 관념으로 설정되어 있는 것이다. 그리고 중세 혹은 구질서는 국가적 위기를 초래한 惡性으로, 근대 혹은 신질서는 새로운 삶의 가능성을 전망해주는 善性으로 설정하는 한편, 악성의 구질서는 망하고 선성의 신질서는 승리한다고 함으로써, 전통적 서사양식의 오래된 틀인 勸善懲惡의 서사구조가 근대적 이상을 담는 權新懲舊의 구조로 변용되고 있는 것이다.[224)]

이와 같은 양상은 Ⅲ장 2절에서 다룬 작품에서도 확인된다. 우선 『적선여경록』,『청루의녀전』,『보응』 등의 작품을 살펴보자. 이 세 작품의 갈등의 기본축은 '돈'을 위해서라면 윤리나 도덕을 무시하는 惡人과 '돈'보다는 전통적 윤리나 도덕을 추구하는 善人의 대결을 중심으로 구성된다. 즉 전통적 윤리의식과 물질주의적 세태를 선과 악의 대립적인 개념으로 설정함으로써, 근대화의 과정에서 배태된 전환기의 부정적 세태를 극복할 수 있는 보편적인 윤리의식에 대한 믿음을 계몽하는 틀로 권선징악의 서사구조를 변용하고 있는 것이다. 다음으로『신단공안』 1화, 2화, 3화, 5화, 6화의 갈등의 기본 축은 성적 쾌락을 위해 비윤리적인 행동을 서슴지 않는 惡人과 적극적으로 정절을 지키려는 善人의 대결이다. 즉 성적 쾌락을 추구하는 풍조와 전통적 윤리의식을 선악의 대립적인 개념으로 설정하고 전통적 윤리의식이 비윤리적인 성적 방종이 만연한 현실을 혁파한다고 하여 권선징악의 서사구조를 변용하고 있는 것이다.

이처럼 권선징악의 서사구조는 근대계몽기에 이르러 계몽적 내용을 전달하는 유효한 방식으로 새롭게 변용된다. 이는 이전 시기의 고소설에서 권선징악의 서사구조가 지배적 이념의 당위성을 형상화하는 주된 방식으로 복무했던 사실과 매우 대조적인 현상이다. 즉 근대계몽기에 이르러 권선징악의 서사구조는 전환기적 현실의 문제를 극복할 새로운 질서 및 이상을 담는 중요한 방식으로 새롭게 변용되고 있는 것이다. 그러나 권선징악의 서사구조는 기본적으로 문제적 현실을 포착하고 형상화하는 데는 유효한 방식일

224) 이 시기에 이르러 권선징악의 서사구조가 새로운 시대적 의미를 담는 서사구조로 변용된다는 시각은 한기형과 임형택에 의해 제기된 바 있다. 즉 한기형은 신소설의 양식 특질을 분석하면서 신소설 작가들이 계몽적 아이디얼리즘을 표현하기 위해 권선징악의 서사구조를 차용하되 소설내용의 가치지향을 '권신징구'로 변개하는 방식을 취했던 사실을 밝혔으며(한기형, 앞의 책, 63쪽), 임형택은『빈상설』,『홍선격악록』,『정씨복선록』 등의 작품을 분석하고, 이 시기에 이르러 권선징악의 서사구조가 새로운 내용을 담는 '낡은 부대'의 구실을 수행하게 되었다고 했다(임형택, 앞의 논문, 347쪽). 이와 같은 기존의 논의는 신작 고소설에서 권선징악의 서사구조가 어떻게 변용되는가를 고찰하는 데 있어서도 시사하는 바 크다.

수 있으나, 새롭게 모색되어야 할 이상을 구체적이고도 효과적으로 제시할 만한 방식은 아니다. 이상의 작품이 기존의 체제가 무너지면서 새롭게 배태된 문제적 현실을 형상화하는 데 있어서는 비교적 사실적이면서, 이러한 문제적 현실을 해결할 이상을 제시하는 데 있어서는 지극히 당위적인 양상을 띠고 있는 것은 이와 같은 서사구조에서 기인하는 바 크다.

다음으로 전통을 바탕으로 한 변용의 양상으로 지적할 수 있는 것은, 서술자의 개입이 더욱 강화되었다는 사실이다. 이러한 양상은 이 논문에서 다룬 모든 작품에서 확인되는 공통적인 현상이다. 특히 이 시기 신작 고소설 가운데 상당수는 그 소재적 원천을 구비설화나 중국 문언소설에 두고 있는데, 이런 작품에서 서술자의 개입은 더욱 확대된다. 이러한 작품들은 전래하는 구비설화나 중국소설 가운데 일부를 차용하여 작가의 계몽적 의도에 맞게 재창작된 것이다. 그런데 이렇게 새롭게 부여된 계몽적 의도는 종종 본래의 구비설화나 중국소설이 지닌 소설적 형상성과 대립되는 경우가 있다. 이런 경우에 작가는 서술자의 목소리로 작품에 개입하여 작가의 가치관을 직접 드러내게 되는 것이다. 이처럼 근대계몽기 신작 고소설은 서술자의 개입이 강화됨으로써 이 시기 소설에 부과된 사회적 책무-즉 대중의 의식을 계몽해야 한다는-를 보다 효과적으로 수행할 수 있게 되었다.

한편 고소설이 신문에 연재되면서 비로소 '귀로 듣는 소설'에서 '눈으로 읽는 소설'로 바뀌게 되었으며, 그 결과 신작 고소설은 한 단계 진전된 형식 변형을 이루게 되었다. 국문 고소설의 보급은 기본적으로 이야기꾼의 구연에 의해 이루어졌다. 대개의 하층민은 문맹이었고 이야기책을 구하기도 쉽지 않은 상황이어서, 고소설은 이야기꾼의 구송에 의해 향유되었던 것이다. 돈을 받고 직업적으로 소설을 구송했다는 강담사나 전기수에 대한 기록은 이를 입증해 주는 단서가 된다. 이밖에 동일한 제명과 줄거리를 가진 한 작품의 이본이 그 구체적인 표현방식에서는 전혀 다른 양상을 보이는 경우가 많은데, 이는 구송한 것을 듣고 필사하는 과정에서 나타난 현상이라고 할 수 있다. 만일 원본을 놓고 필사한 것이라면 이처럼 다양한 표현의 차이가 나타나지 않을 것이기 때문이다.[225]

고소설의 이와 같은 향유방식은 고소설의 양식 특질을 여러 모로 규정하는 틀이 되었다. 우선 구송하여 듣는 방식으로는 기억할 수 있는 양이 한정되어 있었으므로, 핵심적인 줄거리를 요약적으로 제시하는 방향으로 이야기가 전개될 수밖에 없었다. 이 때문에 고소설의 구조는 줄거리 중심으로 짜여지게 되어, 등장인물의 심리묘사나 상황의 핍진한 묘사가 이루어질 여지를 마련할 수 없었다. 또한 이야기꾼이 구송하고 이를 듣는 방식으로 고소설이 향유되다 보니, 고소설은 서사문학이면서도 율문성을 띠게 될 수밖에 없었다. 이야기꾼뿐만 아니라 청자에게도 일정한 리듬이 있는 율문이 훨씬 지루함을 덜어주는 방식이었기 때문이다. 이러한 율문적 문체로 인해 고소설은 상황을 사실적으로 생동감 있게 전달하는 데는 그다지 효과적이지 못하게 되었다.

그러나 신문에 고소설이 연재됨으로써 고소설의 향유방식은 '눈으로 읽는 방식'으로 바뀌게 되었고, 이로 인해 고소설의 양식 특질도 상당 부분 변하게 된다. 우선 '눈으로 읽는 방식'으로 바뀌게 됨으로써 더 이상 줄거리를 요약적으로 제시하거나 율문체를 고수하지 않아도 되게 되었다. 그 결과 율문체가 아닌 구어체를 통해 사건의 전개과정을 보다 구체적이고도 사실적으로 전달할 수 있게 되었으며, 등장인물의 심리묘사나 상황의 핍진한 묘사도 가능해졌다. 그러나 신문에 연재된 고소설이 모두 이와 같은 발전적 면모를 보여주는 것은 아니다. 중국 문언소설을 개작・번안한 작품들은 여전히 전통적인 고소설의 양식 특질을 거의 그대로 계승하고 있는바, 이러한 작품들은 원작의 구속력으로부터 완전히 자유로울 수는 없었던 것으로 보인다.

---

225) 실재로 활자본으로 간행된 고소설 작품을 필사한 이본의 경우에는 원본과 필사본 사이에 字句 하나의 차이도 없이 거의 일치하는 경우가 흔하다.

이상에서 본 바와 같은 발전적 면모를 보여주는 작품은 『황성신문』에 연재된 『김봉본전』, 『어복손전』 정도이다. 『어복손전』을 중심으로 그 구체적인 양상을 살펴보기로 하자. 우선 이 작품에서 가장 눈에 띄는 양상은 등장인물간의 대화가 작품의 상당부분을 차지한다는 것이다. 이러한 대화를 통해 등장인물의 성격이 입체적으로 묘사되며 사건의 전개가 구체적으로 형상화된다. 예컨대 일지홍이 오진사와 다투게 된 내력을 某客에게 설명하는 대목이 3회(11-14회 초반)에 걸쳐서 전개된다. 이전 시기의 고소설에서라면 이러한 대목은 '며칠전 오진사가 우리 집에 와서 자고 화채도 주지 않고 가더니 이제껏 소식이 없어 찾아왔는데 발뺌을 한다'는 정도의 내용으로 요약・제시되었을 것이다. 그런데 이 작품에서는 일지홍이 사건의 진상을 말할 때마다 모객의 반응이 변하는 모습까지 구체적으로 묘사되는 것이다.[226] 이 밖에도 일지홍이 어복손을 속량시키기 위해 색중귀를 설득하는 장면은 7회(50-56회)에 걸쳐 연재되는 등, 대화를 통해 등장인물의 성격을 섬세하게 묘사하고 사건의 전개과정을 곡진하게 표현함으로써, 독자로 하여금 작중 현실의 상황을 직접 보고 느낄 수 있게 했다.

또한 등장인물의 심리묘사가 매우 사실적으로 묘사되기도 한다. 어복손이 재상가에 드나들면서 속량을 청하고 다녔다는 사실을 알게 된 후의 오진사의 심리변화과정과 모든 일이 들통난 것을 알고 안절부절못하는 어복손의 심리를 묘사한 대목은 매우 사실적으로 묘사되어 있어, '속량'을 둘러싼 노주의 갈등을 극적으로 전달하는 효과를 준다. 이 밖에 비록 한문현토체라는 제약을 갖고 있기는 하지만 생동감 있는 구어체의 문장을 구사하기도 하고 부분적으로 현재형 서법을 사용하는 등, 고소설의 전통적인 틀을 새롭게

---

226) 일지홍의 말에 의해 사건의 진상이 하나씩 밝혀질 때마다 '那客은 無語로다-那客이 歛了膝ᄒᆞᆫ다-那客이 放了手ᄒᆞᆫ다-那客이 □咳唾ᄒᆞᆫ다-那客이 起了身ᄒᆞᆫ다'는 식으로 모객의 행동이 변하는 모습을 묘사함으로써 그 심리의 변화과정을 매우 실감나게 묘사한다.

변용하기 위한 움직임이 여러 군데서 포착된다.227)

한 가지 예를 보기로 하자.

> 一枝紅이 問道 是誰오
> ○○答道 是我이지
> 一枝紅이 再問道 我是誰오
> ○○答道 我是我이지
> ……
> 一枝紅이 忍笑不住혼다.(『어복손전』, 1906.11.8)

위 인용문은 일지홍과 색중귀가 처음 만나는 부분이다. 여기서 작가는 두 사람의 대화를 행을 바꿔 제시하는가 하면, '-- 다'라는 현재형 서법과 구어체를 구사하고 있다.

이처럼 신작 고소설이 문체의 변화와 문장기법의 발전을 이루게 된 데는 이미 상당한 인기를 끌고 있던 신소설로부터의 영향도 적지 않게 작용했을 것으로 짐작된다. 또한 이 작품에는 간혹 신소설이 개발한 새로운 서술방식이라 할 수 있는 '역전식 서술' 기법이 나타나기도 한다.228) 예컨대 어복손이 재상에게 접근하여 속량의 기회를 엿보고 있었다는 사실을 알게 된 오영

---

227) 『김봉본전』과 『어복손전』은 한문에 우리말 토를 단 한문현토체로 되어 있다. 이전 시기의 국문 고소설이 순국문체로 쓰여졌던 사실에 비한다면, 이 작품이 한문현토체로 쓰여졌다는 것이 시대에 역행하는 것으로 이해될 수도 있다. 그러나 이것이 한학 교육의 바탕에서 성장한 지식인의 자기 혁신의 결과라는 사실을 고려한다면, 그 의의를 그저 부정하고 말 것은 아니다. 더구나 이전 시기의 소설에 비해 사실적인 심리묘사, 생동감 있는 구어체, 현재형 서법 등을 통해 인물의 성격 및 사건의 전개과정을 보다 사실적으로 전달한다는 점에서 그 의의가 인정되는 것이다.

228) 전래의 고소설은 대부분 자연적인 시간 순에 따라 순차적으로 전개되는데 비해, 신소설에서는 등장인물의 동작이나 발언을 먼저 제시하고, 다음에 그러한 동작이나 발언이 이루어지는 이유나 또는 그것이 지니는 의미를 보다 상세하게 설명해가는 역전식 서술방식을 즐겨 사용한다.

환과 그의 친구가 어복손을 징치할 방책에 대하여 이야기하고 있는데, 누군가가 이를 엿듣고 도망가는 장면을 먼저 제시한 후에, 이 이야기를 엿듣고 도망간 사람이 바로 어복손이었으며, 그가 이 이야기를 엿듣게 된 과정을 나중에 서술하는 식이다. 말하자면 신작 고소설은 동시대의 서사양식인 신소설의 발전된 기법을 수용함으로써, 고소설의 전통을 이으면서 자생적 변용을 이루어나갔던 것이다.

그러면 신작 고소설이 근대계몽기의 서사문학상에서 차지하는 위상은 어떻게 자리매김할 수 있는가? 먼저 신작 고소설과 역사전기소설의 관련양상을 보기로 하자. 신작 고소설과 역사전기소설은 이전 시기의 고소설 문체(문어체) 및 형식(傳양식)의 명맥을 이으면서, 새롭게 직면한 전환기적 역사현실의 실상과 본질을 대중에게 계몽하려는 의도가 강한 서사양식이라는 점에서 신작 고소설과 그 성격이 유사하다고 할 수 있다. 그러나 역사전기소설이 외형상 소설을 표방하고 있지만 실제 내용은 논설을 위주로 하고 있는데 비해, 신작 고소설은 허구적 서사를 근간으로 하고 있으며, 부분적이기는 하지만 구어체의 문장을 구사하기도 하고 신소설의 서술방식(역전식 서술)을 수용하는 등 독자의 기호에 부응하기 위한 자생적 변용을 이루어나간다는 점에서는 그 성격을 달리한다. 말하자면 신작 고소설은 역사전기소설이 해결할 수 없는 독자의 정서와 기호를 충족시키면서, 대중의 의식을 계몽해야 한다는 목적도 효과적으로 수행할 수 있는 양식으로 새롭게 주목받고 있는 것이다. 이런 점에서 신작 고소설은 일정한 사회계몽적 내용을 담고 있으면서, 독자의 정서와 기호를 충족시킬 수 있는 서사양식으로 출현한 신소설과 그 맥을 같이 한다고 하겠다.[229] 더구나 신소설은 전래의 고소설 형식에 상당 부분 빚지고 있는 바, 신소설은 신작 고소설과 마찬가지로 전래의 고소설에 그 문학적 연원을 두고 있는 것이다. 말하자면 신작 고소

229) 한기형, 앞의 책, 52-53쪽.

설과 신소설은 전래 고소설의 형식을 빌어 새 사상을 담아낸 과도적 서사양식이라고 할 수 있겠다. 근대계몽기에 이르면 사회 각 영역에서 근대화에 대한 요구가 강력하게 제기되고 있었고, 문학도 이러한 시대적 요청에서 자유롭지 못했다. 따라서 이 시기의 작가들은 누구나 중세문학과 질적으로 구별되는 근대문학을 창출해야 한다는 시대적 소임을 지고 있었다 하겠다. 그러나 "구문학으로부터 신문학이 생탄하는 과정은 구문학으로부터의 급격한 결별과정인 것보다는 오히려 구문학으로부터의 서서한 해탈과정"[230]이었다는 임화의 지적처럼, 이 시기 문학의 혁신은 전래의 것을 바탕으로 하면서 전개되었다. 예컨대 이 시기 신문에 실린 시조나 가사는 전통과의 유대를 통한 혁신을 모색해 나가는 이 시기 문학의 모습을 잘 보여준다.[231] 말하자면 근대계몽기는 아직 근대문학의 적절한 형식을 찾지 못한 상황에서, 전통적 양식을 나름대로 변형하여 질적 전환을 모색해나가던 과도적 단계였다고 하겠다. 신작 고소설과 신소설은 이러한 절충적인 곳에서 산생된 것이다. 다만 신작 고소설은 전래 고소설의 서사문법을 극복하고 근대소설로 나아가는 과정이 신소설에 비해 훨씬 더디게 진행되었다고 하겠다.

이상에서 살펴본 바와 같이 근대계몽기 신작 고소설은 당대 현실의 한 단면을 사실적으로 형상화함으로써 당대 현실의 문제를 선명하게 전달했다는 점에서, 그리고 전통적 서사양식을 바탕으로 자생적 변용을 위한 다각적인 모색을 시도했다는 점에서 소설사적 의의를 확보한다고 할 수 있다. 그러나 그 주제의식에 있어서나 이를 담아내는 형식에 있어서 완숙한 단계에 이르지 못한 과도적 양식이었다. 근대 소설의 성립은 이러한 다양한 모색의 과정을 거쳐 이루어졌던 것이다.

---

230) 임화, 『신문학사』, 한길사, 1993, 131쪽.
231) 고미숙, 앞의 책, 329쪽.

Ⅴ. 결론

이상에서 1894년에서 1910년에 이르는 시기, 즉 근대계몽기에 새롭게 창작된 신작 고소설을 대상으로 하여 그것의 작품 세계와 현실대응적 성격을 고찰하고, 작가층의 성격 및 양식 특질을 해명함으로써, 중층적이고도 복합적인 전개양상을 보이는 이 시기 소설사에서 신작 고소설이 차지하는 위상을 살펴보았다. 이제 앞에서 전개한 논의를 간추리는 것으로 결론을 대신하기로 한다.

Ⅱ장에서는 근대계몽기 신작 고소설의 작품분석을 위한 예비적 작업으로, 이 시기의 역사적 성격과 이 시기에 새롭게 산생된 다양한 서사문학 양식의 존재양상 및 그 성격을 검토함으로써, 이 시기가 역사적으로나 소설사적으로 전환기적 성격을 강하게 드러내던 시기였음을 보았다. 근대계몽기는 역사적으로나 소설사적으로 큰 전환기였으며, 그 핵심은 무엇보다 중세와 근대, 전통과 혁신이 중층적으로 공존하며 대립·갈등하는 시기였다는 데 있다. 이러한 역사적 전환기에 직면하여 이 시기 서사양식은 새롭게 경험하게 된 전환기적 체험과 앞으로 추구해야 할 삶의 전망을 담기에 적합한 양식적 실험이 다양하게 모색되고 있었다. 근대계몽기 신작 고소설은 기본적으로 이와 같은 서사문학사의 흐름과 그 맥을 같이 한다. 신작 고소설은

기본적으로 그것이 지닌 강력한 대중적 흡인력 때문에 이 시기 지식인에게 시대적 위기의식을 전파하고 그 해결책을 제시할 수 있는 서사양식으로 새롭게 주목받게 되었으며, 그 결과 전환기적 현실의 문제에 민감하게 반응하는 현실대응적 성격을 띠게 된다. 이와 같은 신작 고소설의 존재는 19세기 후반에서 20세기 초반 고소설의 전개가 현실을 외면하고 통속화의 길을 걸었던 것만은 아니라는 사실을 보여준다는 점에서 중요한 의미가 있다고 하겠다.

Ⅲ장에서는 Ⅱ장에서 얻은 성과를 토대로 근대계몽기 신작 고소설 가운데 이 시기의 전환기적 현실을 짙게 반영하고 있는 작품을 대상으로 하여 그 작품세계와 현실대응적 성격을 살펴보았다. 이를 위해 그 현실인식의 층위에 따라 대상작품을 네 가지 유형으로 나누어 다루었다. 즉 근대적 국가상의 모색, 정체성의 혼란, 전근대적 의식 및 제도의 청산, 민족적 위기의식이라는 시대적 과제가 어떻게 소설로 형상화되고 있는지, 그리고 여기에는 어떤 계층의 의식이 투영되어 있는지 살펴보았다.

Ⅲ장 1절에서는 『정씨복선록』과 『산촌미녀』를 대상으로 근대적 국가 건설이라는 시대적 과제가 어떻게 소설로 형상화되고 있는지 고찰하였다. 『정씨복선록』에서는 우선 이 작품의 주인공인 정화가 역사적 실존인물이라는 사실을 밝히고, 본격적인 작품 분석에 앞서 역사적 인물인 정화가 어떤 인물이었으며, 작가는 정화의 어떤 면을 주목하고 소설화하게 되었는가 살펴보았다. 그 결과 작가는 정화가 여러 차례의 해외원정을 통해 부강한 국가를 건설하고 선진문물을 적극적으로 수용한 인물이라는 사실에 주목하고 소설화하게 되었음을 확인하였다. 정화의 이와 같은 성향은 근대적 변혁을 통한 부강한 국가의 건설이라는 시대적 과제에 조응하는 면이 있으며, 작가는 이처럼 현재에 조응하는 정화의 행적을 작품의 배경으로 차용함으로써 당대의 문제를 진지하게 짚어보고자 했던 것이다.

구체적인 작품분석에서는 작품에 등장하는 수몽국, 정화 일가가 들어가기 전의 대남국, 정화 일가에 의해 변모한 대남국이 각각 유가적 정치체제에 긴박되어 있는 국가, 서구의 물질문명과 동양의 유가적 정치체제가 불완전하게 혼효되어 있는 국가, 유가적 정치체제를 근간으로 하면서 강력한 군사력, 발달된 상공업, 서구 선진문명과 같은 근대적 가치가 역동적으로 균형을 이룬 근대적 이상국가를 우의적으로 형상화하였음을 살폈다. 여기서 작가는 수몽국과 정화 일가가 들어가기 전의 대남국은 패망하거나 패망의 위기에 직면한 불완전한 국가형태로 형상화함으로써 전환기적 역사현실에 철저하게 대비하지 못하고 정치적 · 경제적으로 심각한 위기에 직면하게 되었던 당시 한국의 정치현실을 비판하고, 정화 일가에 의해 이상적인 근대국가로 변모한 대남국을 통해 이상적인 근대적 국가상의 전형을 제시했다. 한편 이 작품의 서술시각의 초점이 정화 일가의 능력발휘와 가문의 번영에 맞추어져 있는 바, 여기에는 대한제국의 성립으로 자기 계급 및 대한제국의 발전적 미래에 대해 낙관적인 전망을 소유하게 된 신흥 부르조아, 특히 이 작품의 작가일 것으로 추정되는 대한제국 관료의 자신감과 포부가 강하게 투영되어 있다.

『산촌미녀』에서는 우선 작중 현실이 구체적으로 우의하는 바가 무엇인지 고찰하였다. 『산촌미녀』의 내용은 '외부로부터 격리된 소무릉의 세계-강촌 포구의 세계에 의해 개항된 후의 소무릉의 세계-주체적으로 개항한 신무릉의 세계'로 구성되어 있는바, 앞의 두 세계는 국제정세의 변화를 인식하지 못하고 쇄국으로 대응했던 한국과 중국의 모습, 비주체적인 개항으로 인해 정치적 · 경제적으로 심각한 위기상황에 직면하게 되었던 한국과 중국의 모습을 우의적으로 형상화한 것임을 살폈다. 작가는 이 두 세계를 통해 국제정세의 변화를 정확하게 인식하지 못하고 쇄국으로 대응하거나, 정권을 유지하기 위해 외세와 결탁하여 국권 강탈의 빌미를 마련했던 당시 한국과 중국의 정치현실을 반성적으로 되짚어보면서, 주체적 개항, 근대적 상공업의 발달, 군사력의 증강, 자주적 외교를 바탕으로 하는 근대적 이상국가(즉 신무릉)건설의 필요성을 계몽하고자 하는 의도에서 이 작품을 창작하였던 것이다.

Ⅲ장 2절에서는 급속하게 수용된 서양의 문명으로 인해 한국적인 생활과 사고방식이 뿌리째 흔들리면서 극심한 정체성의 혼란을 겪고 있던 당시의 상황이 어떻게 소설로 형상화되고 있는지, 그리고 그 대안으로 제시된 가치관은 무엇인지 고찰하였다. 이에 해당하는 작품은 물질주의적 세태를 소재로 한 것과 성적 방종을 소재로 한 것으로 대별된다. 우선 물질주의적 세태를 짙게 반영한 작품으로는 『적선여경록』, 『청루의녀전』, 『보응』, 『장벽지화라』가 있다. 앞의 세 작품이 중국소설 『금고기관』을 토대로 번안·개작한 작품임을 밝히는 한편, 번안·개작의 과정에서 갈등구조나 서술시각이 작가의 의도에 맞게 변모되고 있음을 확인하였다. 즉 이 세 작품은 중국 문언소설을 번안·개작하면서, 그 갈등의 기본축이 '돈'을 위해서라면 윤리나 도덕을 무시하는 惡人과 '돈'보다는 전통적 윤리나 도덕을 추구하는 善人의 대결을 중심으로 구성되도록 변개했다. 작가는 전통적 윤리의식과 물질주의적 세태를 선과 악의 대립적인 개념으로 설정함으로써, 근대화의 과정에서 배태된 전환기의 부정적 세태를 극복할 수 있는 보편적인 윤리의식에 대한 믿음을 계몽하고자 한 것이다.

다음으로 비윤리적인 성적 쾌락을 추구하는 세태를 짙게 반영한 작품으로는 『신단공안』 1화, 2화, 3화, 5화, 6화가 있다. 이 가운데 앞의 네 작품은 중국소설 『용도공안』을 토대로 번안·개작한 작품인데, 그 번안·개작의 양상은 성적 쾌락을 추구하는 등장인물과 전통적 윤리의식을 지향하는 등장인물의 모습을 각각 극단화하여 보여주는 방향에서 이루어졌다. 즉 갈등의 기본축이 성적 쾌락을 위해 비윤리적인 행동을 서슴지 않는 惡人과 적극적으로 정절을 지키려는 善人의 대결을 중심으로 전개되도록 구성했다. 작가는 성적 쾌락을 추구하는 풍조와 전통적 윤리의식을 선악의 대결개념으로 설정함으로써, 비윤리적인 성적 방종이 만연한 현실의 모순을 전통적 윤리의식으로 해결해야 한다는 의식을 계몽하고자 한 것이다. 이 밖에 『신단공안』 6화는 앞의 네 작품과는 달리 작가의 순수한 창작물인데, 그 갈등구조나 작가의식은 앞의 네 작품과 크게 다르지 않다.

그런데 이상의 작품은 『대한매일신보』와 『황성신문』에 연재되었던 작품인 바, 당시 신문에 연재된 소설이 대개 해당 신문 필진의 창작물이라는 사실을 감안 할 때, 이상의 작품도 『대한매일신보』와 『황성신문』의 필진에 의해 창작되었을 가능성이 크다. 이 점은 이 작품의 사회적 의미를 조망하는 데 중요한 단서가 된다. 두 신문은 『독립신문』을 비롯한 서구지향형 신문과는 달리, 전통적인 것과 근대적인 것의 역동적인 균형을 지향하던 신문이었다. 그러므로 이 두 신문의 필진은 근대적 가치가 급속하게 수용되면서 전통적 윤리체계가 심각하게 무너지고 있는 현실을 보다 심각하게 인식할 수 있었을 것이며, 국민정신을 하나로 통어할 이념체계의 필요성을 절감하게 되었던 것 같다. 이상의 작품에는 이러한 문제의식이 짙게 투영되어 있다고 하겠다. 그러나 기존의 체제가 무너지면서 새롭게 배태된 문제적 현실을 전통적 윤리와 도덕이라는 낡은 틀 속에서 해결하고자 했다는 데 그 한계가 있다.

Ⅲ장 3절에서는 『김봉본전』과 『어복손전』을 대상으로, 전근대적 의식 및 제도를 청산하고 근대적 개혁을 이루어야 한다는 시대적 과제가 어떻게 소설로 형상화되고 있는지 고찰하였다. 『김봉본전』에서는 구체적인 작품분석에 들어가기에 앞서 봉이 설화와 『김봉본전』의 관련양상을 살폈다. 이제까지의 논의에서는 봉이설화의 소설화에 주목하면서도 봉이설화가 소설로 전환되면서 갖게 된 새로운 의미를 간과하고 양자를 동일시하여 다루고 있었는바, 양자의 관련양상을 살피는 작업이 선행되어야 될 필요가 있다. 『김봉본전』에는 봉이설화의 이야기 가운데 특히 부자의 재산을 빼앗거나 양반의 권위를 무너뜨리는 이야기가 수용되어 있다. 한편 작가는 이미 항간에서 떠돌던 봉이설화를 수용하는 데 그치지 않고 상당부분 새롭게 창작했는데, 이

렇게 새롭게 창작된 내용도 이 작품에 수용된 봉이설화와 맥을 같이 하는 것이었다. 요컨대 작가는 중세적 질곡 앞에서 번민하고 갈등하는 한 인간의 행적을 통해 중세체제의 문제점을 효과적으로 계몽하려는 의도에서, 봉이설화를 채록하는 선에서 만족하지 않고 설화를 재해석하여 새로운 문제의식을 담고자 했던 것이다.

그리고 이렇게 형성된 『김봉본전』에서 봉이는 중세체제가 만들어낸 왜곡된 인간형으로 그려진다. 봉이의 갈등과 좌절의 과정은 중세체제의 제반 굴레를 부정하고, 자신의 존재가치를 확인하고자 하는 노력의 과정이었다. 한편 중세체제의 본질을 자각한 봉이가 능동적으로 중세체제의 제반 굴레와 대립하고 갈등하는 모습을 보았는바, 이 같은 봉이의 능동성은 주목할 만한 특징이다. 이는 중세체제의 질곡에서 해방된 새로운 인간형의 탄생을 고지하는 의미가 있기 때문이다. 말하자면 봉이는 중세적 질곡을 뚫고 나와 근대를 능동적으로 담당해나가고자 하는 새로운 인간형이라 할 수 있다. 여기에서 봉이와 같은 수많은 왜곡된 인간형을 산출한 중세체제의 문제점을 폭로함으로써 중세적 사고에 매몰되어 있는 보수적 양반으로 하여금 중세체제의 근본적 해체의 당위성을 인식하도록 하는 한편, 더 나아가 중세체제의 질곡을 자각하고 그 자각을 능동적으로 실천에 옮기는 봉이의 자유로운 모습을 통해 중세적 질곡을 뚫고 나와 근대를 주체적으로 담당해나가는 근대적 국민의 출현을 강력하게 염원했던 작가의식을 읽을 수 있다.

다음으로 『어복손전』에서도 구체적인 작품분석에 앞서 먼저 이 작품에 영향을 준 '꾀쟁이 하인' 설화와 『어복손전』의 관련양상을 고찰하였다. 이제까지의 논의에서는 『어복손전』에 영향을 준 설화를 밝히는 데 치중한 나머지, 설화가 소설로 전환되면서 갈등구조 및 서술시각이 어떻게 변모되는가에 대해서는 그다지 논의가 이루어지지 않았다. 그래서 양자의 관련양상을 면밀히 분석한 결과, 이 작품이 설화에 비해 당대적 관점에서 전근대적 신분제의 문제를 예각화하여 드러내고 있음을 확인하였다. 물론 설화에서도 상하의 신분질서에 맞서려는 노비의 의지를 그리고 있음에 틀림없다. 그러나 설화의 초점은 꾀 많은 노비가 상전의 불합리한 횡포에 맞서 상하, 귀천의 관계를 역전시킨 사실에 맞추어져 있을 뿐, 신분제 자체를 문제삼는 데까지 나아가지는 못한다. 이에 비해 『어복손전』에서는 그 갈등의 기본 축을 '속량'을 원하는 어복손과 이를 거부하는 오영환의 대립, 다시 말해 '전근대적 신분제를 부정하고 평등한 인간관을 관철시키려는 각성한 민중과 전근대적 신분제를 유지하려는 양반'의 대립을 중심으로 전개되도록 함으로써 전근대적 신분제의 불합리성을 정면에서 문제 삼았다.

그러나 이 대립에서 최후의 승자는 없다. 전근대적 신분제를 고수하려던 오영환도, 이에 맞서려던 어복손도 비극적인 죽음에 이르게 되는 것이다. 이와 같은 결말구조는 설화의 그것과는 사뭇 다르다. 설화에서는 노비가 상전의 가족을 몰살시킨 후 상전의 재산과 딸을 차지하고 행복하게 사는 것으로 마무리된다. 설화 향유층은 상하의 신분질서를 우롱하고 파괴하는 데서 쾌감을 얻는 것으로 억눌린 욕구를 충족시켰다고 할 수 있다. 이와 같은 비극적인 결말구조는 이 작품이 전통적 지식인을 계몽하려는 목적으로 창작되었다는 사실과 긴밀히 조응한다. 즉 『어복손전』이 설화에서와는 달리 오영환이라는 양반에 초점을 맞추어 시대적 흐름을 외면한 채 여전히 전근대적 신분제의 틀에 매여 있는 완고함을 비판하는 형식을 취한 것은 바로 이런 이유 때문이다. 작가는 시대적 흐름을 외면하는 오영환의 완고함으로 인해 어떤 비극적인 상황이 초래될 수 있는지를 극단화하여 보여줌으로써, 수구적인 전통적 지식인에게 전근대적 신분제의 불합리함과 근대적 각성의 필요성을 계몽하고자 했던 것이다.

Ⅲ장 4절에서는 『호섬전』, 『몽견제갈량』, 『지구성미래몽』을 대상으로, 1907년 이후 일본의 침략의도가 노골화됨에 따라 민족적 위기의식이 고조되고 민족자주권의 수호가 시대적 과제로 떠오르게 되었던 상황을 소설이 어떻게 형상화하고 있는지 고찰하였다. 먼저 『호섬전』에서는 작품의 첫 장

과 마지막 장에 작가의 印章이 찍혀 있는 것을 근거로 이 작품의 작가가 윤석창이라는 사실을 밝혔다. 그리고 『호섬전』의 토대가 되었던 두껍전과 두꺼비 설화와의 관련양상을 살피면서 이 작품의 형성과정을 검토했다. 그 결과 『호섬전』이 『두껍전』, 두꺼비 설화를 기본 골격으로 창작된 작품이기는 하지만, 양자는 서로 다른 역사적 지평에 놓여있다는 것을 확인할 수 있었다.

그래서 두꺼비와 호랑이가 우의하는 바를 구체적으로 살펴보고, 갈등의 기본축이라 할 '두꺼비와 호랑이의 대결'에 내포된 역사적 의미를 고찰했다. 여기서 평화로운 산중 세계를 약육강식의 논리에 의해 지배되는 세계로 바꾸어놓은 존재인 호랑이는 일본을, 위협적으로 다가오는 호랑이를 보고 두려움에 떠는 담약한 존재인 두꺼비는 한국을 우의한 것이다. 즉 이 작품에서 '두꺼비와 호랑이의 대결'은 설화에서와는 달리 '먹고 먹히는' 약육강식의 차원에서 진행되고 있는 바, 여기에는 일본의 침략의도가 노골화되었던 이 시기의 역사적 상황이 삼투되어 있다고 하겠다. 작가는 담약한 본성을 운명으로 받아들이지 않고 호랑이의 먹이가 되지 않겠다는 저항의지를 다짐하는 두꺼비의 모습을 통해, 위협적인 수준에 이른 일본의 침략야욕을 막기 위해서는 이를 순순히 받아들이지 않겠다는 국민의 단결된 저항이 필요하다는 사실을 계몽하고자 한 것이다.

다음으로 『몽견제갈량』에서는 유원표가 남긴 여러 글과 유원표 관련 기사 등을 바탕으로 계몽 지식인으로 활동했던 작가의 행적 및 정신적 지향을 확인하였고, 작품 말미의 기록을 통해 창작 연대를 바로잡았으며, 신채호의 서문을 통해 작품의 창작 의도가 구문화의 굴레 속에 갇혀 있는 수구적 사대부들이 자기 자신을 되돌아보고 근대적 변혁의 장에 합류하도록 하는 데 있음을 보았다.

『몽견제갈량』은 동양적 劣性을 폭로하는 전반부와 동양의 위기를 극복할 두 가지 방책을 제시하는 후반부로 이루어져 있다. 전반부는 제갈량의 실책을 비판하는데 집중되어 있다. 그 비판은 1900년대 당대의 시점에서 이루어지며, 제갈량 역시 실존하는 인물이 아니라 동양적 열성을 폭로하기 위해 창조된 가상의 인물이다. 제갈량의 행적을 일일이 비판하는 과정에서 동양적 열성이 드러나고 이를 철저하게 비판하면서 변혁의 필요성을 강조한다. 그 이면에는 구문화의 허상을 드러냄으로써 거기에 매몰되어 있는 수구적 사대부들을 변혁의 장으로 이끌어내고자 열망이 자리하고 있다.

그러나 열망이 큰 데 비해 동양의 위기를 극복하기 위해 제시된 후반부의 해결책은 황인종 단결론과 동양적 근대의 창출이다. 동양의 위기는 거세게 몰아닥치는 서구 제국주의의 팽창주의로부터 비롯된다고 본 작가는 자연스럽게 황인종이 단결하여 백인종의 침략에 맞서야 한다는 황인종 단결론을 주장하게 된다. 동양의 위기를 진단하고 그 해결방안을 모색하고자 했으나, 위기를 제대로 진단하지 못하고 인종갈등이라는 관념적 도덕주의에 빠져 도덕적 명분을 축적하는데 치우치고 만 것이다. 또한 위기의 원인은 외부에만 있는 것이 아니라 내부에도 있다고 보고, 관제개혁을 비롯한 다양한 개혁 방책을 제시하기도 한다. 그러나 서구의 물질문명이 선직적임을 인정하면서도 물질문명을 숭상하는 정신이 이미 동양의 구학문에 내재되어 있었다고 보고, 이러한 전통을 개량하거나 새롭게 재해석함으로써 동양적 근대를 창출할 수 있을 것으로 기대했다. 구문화의 열성은 버리되, 그 안에 내재되어 있는 근대적 측면을 계승함으로써 동양적 근대 창출의 가능성을 모색하고자 했던 것이다

마지막으로 『지구성미래몽』에서는 이 작품의 작가가 작중 몽유자인 우세자일 것으로 추정하는 한편, 우세자는 『대한매일신보』 및 잡지를 통해 계몽운동을 펼치던 계몽지식인일 것으로 보았다. 그리고 이 작품은 미완인 채로 연재가 중단되었는바, 이는 지구성의 미래를 꿈꾼다는 다소 모호한 제목과 우의적인 수법으로 일본의 검열을 피하면서 망국의 슬픔과 항일의식을 고취하려고 했으나, 결국은 끝까지 검열을 피할 수는 없었기 때문으로 보인다.

『지구성미래몽』의 전반부는 망국민족이 염라국에서 겪는 고통을 열거하거나, 삽입시를 통해 망국의 한을 전달하는 등의 다양한 방식을 이용하여 망국의 위기에 처한 절망적인 현실을 전달하는데 집중되어 있는 바, 여기에는 국망이 목전으로 다가왔음에도 불구하고 여전히 '깊은 잠'에 취해 이러한 절망적 현실을 인식하지 못하고 있는 국민들을 계몽하려는 작가의도가 삼투되어 있다. 이러한 의도 아래 작가는 이미 영국의 식민지가 된 인도의 망국의 과정을 되돌이켜 보면서 망국의 원인을 분석함으로써 구국의 방책을 모색하고자 했으나, 외부적 원인 때문에 작품을 완결하지 못한 채 연재가 중단된 것이 아닌가 생각된다. 따라서 작품의 전체적인 윤곽을 파악할 수는 없지만, 구국의 방책을 모색하기 위해 들어간 옥경의 모습이 선진국의 파리, 런던, 워싱톤과 같은 이상적인 문명도시로 묘사되고 있는 것을 통해 작가의 의도를 짐작해볼 수 있다. 우세자의 눈에 비친 옥경, 즉 이상적인 문명도시는 바로 한국이 본받아야 할 하나의 전범이다. 작가는 한국이 선진국을 본받아 근대적 개혁을 완수했을 때, 저절로 국권도 수호되고 선진국의 대열에 합류할 수 있을 것으로 생각했던 것 같다. 그러나 국망이 목전에 다가온 시점에서 이전 시기에 되풀이하여 제기되었던 '근대적 개혁을 통한 민족자주권의 수호'라는 구호를 여전히 앞세우는 것은 어쩐지 공허한 느낌마저 든다. 다가올 미래에 대한 전망을 명확하게 할 수 없었던 당시의 역사적 정황이 작품 속에도 그대로 반영된 셈이다. 그러나 한국이 처한 절망적인 현실을 쉽고도 절실한 말을 사용해서 효과적으로 전달하고 있다는 점에서, 이 작품의 의의는 충분히 인정된다고 하겠다.

그럼에도 『지구성미래몽』이 당대적 의의를 지니는 것은 한국이 처한 절망적인 현실을 매우 효과적으로 전달하고 있기 때문이다. 즉 이 작품은 몽유양식의 전통을 받아들이되 그 문자표기는 한자가 아닌 한글로 사용하고, 쉽고도 절실한 말을 사용해서 민족적 위기의식을 전파함으로써 대중의 공감을 자아내고 있는 것이다. 국망이 목전으로 다가왔음에도 불구하고 여전히 '깊은 잠'에 취해 있었던 대중을 설득하여 정치의 장으로 이끌어내려 했으나, 연재를 마치지도 못하고 중단해야 할 만큼 절박했던 당대의 상황을 적나라하게 보여주는 작품이어서 더욱 망국의 한을 절절하게 느끼게 된다.

마지막으로 Ⅳ장에서는 이제까지의 논의를 마무리하면서, 근대계몽기 신작 고소설을 창작한 작가층의 성격 및 이들의 현실인식의 특질을 고찰하였다. 이 시기 신작 고소설 작가층은 구학문체계와 전통질서를 포기하지 않으면서 외세의 침략에 대해서는 끝까지 저항하려고 했던 전통적 지식인과 구학문체계에서 출발했지만 새로운 학문체계를 받아들여 새로운 체제에 발전적으로 대처해 나가려고 했던 과도적 지식인으로 대별된다. 그리고 과도적 지식인에는 그들의 사회적 위상 및 현실인식 수준에 따라 정치권력의 내부로부터 합법적인 개혁을 시도했던 지식인, 언론을 통해 사회변혁의 이상을 전파했던 계몽지식인이 있다.

그러나 이러한 상이한 현실적 처지에도 불구하고 이들은 모두 서구식 교육을 일체 받지 않고 오로지 전통적 교양의 배경 아래서 성장한 지식인이라는 공통점을 갖고 있었다. 전통적 지식인이든 계몽지식인이든 전통적 한학 교육의 바탕 위에서 성장하였으며, 이런 까닭에 이들은 일정 부분 개명한 양반층의 의식에 긴박되어 있었다고 할 수 있다. 이와 같은 기반에서 성장했으므로 이들에게는 일본이나 서구의 소설양식보다는 우리나라와 중국의 소설 전통에 깊이 연결되어 있었을 것이다. 즉 소설사의 전개가 고소설에서 신소설로 이행하던 시기에 이들이 굳이 새로운 양식이 아닌 고소설을 선호했던 까닭은 이들이 자리하고 있던 이와 같은 현실적 처지로부터 비롯된 것이라고 하겠다.

한편 신작 고소설 작가층은 치열한 갈등과 긴장 속에 놓여 있던 당대 한국사회의 문제를 소설로 형상화하는 데 매우 적극적이었다. 우선 신작 고소설 작가층이 주목한 것은 한국사회의 근대화 문제라고 할 수 있다. 근대화의 필요성에 대한 사회적 요구는 근대계몽기에 가장 시급하게 요청되던 문제라 할 수 있다. 각종 서적과 학교교육, 그리고 신문을 통해 근대화의 필요성과 당위성이 지식인층뿐만 아니라 대중사회로까지 확산됨에 따라, 근대화 문제는 중요한 시대적 과제로 부각되기에 이른 것이다. 그런 만큼 이 시기에 창작된 다양한 서사양식은 근대화라는 시대정신에서 결코 자유로울 수 없었다고 하겠다. 신작 고소설도 예외는 아니어서, 그 가운데 상당수의 작품이 한국사회의 근대화 문제에 대한 진지한 관심을 보여주고 있다.

신작 고소설이 지향하는 근대화의 방향은 한국의 주체적인 근대화와 '동서', '신구'의 역동적 균형에 그 초점이 맞추어져 있다. 이는 신소설이 지향하는 근대화의 방향과는 매우 대조적인 것이라고 할 수 있다. 신소설이 근대화에 대해 남다른 관심을 보이고 있음은 주지의 사실이다. 신소설은 중세체제의 제 모순을 강렬하게 비판하고 문명개화와 풍속개량을 주장하는 내용을 중점적으로 형상화하고 있는 것이다. 그리고 다소의 편차는 있지만, 그 근대화의 방향은 신작고소설의 그것에 비해 서구추종적인 양상을 띠고 있다. 이 가운데 가장 극단적인 서구추종주의적인 입장을 보여주는 것이 이인직의 소설이다. 그는 한국사회의 근대화의 성패가 서양 따라잡기에 달려 있다고 믿고 있었다. 이와 같은 인식의 저변에는 한국사회의 주체적인 근대화에 대한 심각한 회의가 자리하고 있다. 이를 단적으로 보여주는 것이 이인직의 『은세계』이다. 이 작품에는 한국의 자생적인 개혁능력을 부정하는 이인직의 입장이 잘 나타나 있다. 따라서 이인직의 소설에서 지향하고 있는 근대화의 방향은 지극히 외세의존적(친일적)인 형태로 형상화된다. 그는 한국의 근대화가 민족적 주체를 포기하고 일제와의 결탁 아래 이루어진다고 해도 무방하다는 인식을 하고 있는 것이다. 이는 일제의 침략으로부터 민족자주권을 수호해야 한다는 시대적 과제를 고취하는 데 적극적인 관심을 두고 있는 신작 고소설의 작품세계와는 매우 대조적인 것이라 하겠다. 예컨대 신작 고소설 가운데 『호섬전』과 『지구성미래몽』은 일제의 침략으로부터 민족자주권을 수호해야 한다는 항일의지를 강렬하게 표출하고 있는 것이다.

이에 비해 신소설 작품 가운데는 민족자주권 수호라는 시대적 과제를 형상화한 작품이 없을 뿐만 아니라, 이인직의 작품에서는 교묘하게 포장된 친일적인 입장을 확인할 수 있는 것이다.

말하자면 신작 고소설과 신소설은 모두 한국사회의 근대화가 시급한 시대과제라는 데는 인식을 같이 하지만, 그 근대화의 방향이 어떠해야 하는가에 대한 인식에 있어서는 서로 다른 입장을 취하고 있는 것이다. 이렇게 된 데는 신작 고소설과 신소설의 작가층이 상이한 현실적 처지-출신배경, 학습경로, 사회적 위상-에 있었기 때문인 것으로 생각된다. 즉 신작 고소설 작가층은 대부분 한학교육의 배경 아래서 성장한 지식인이었던 데 비해, 신소설 작가층은 신식교육을 받은 신지식층이었던 것이다. 예컨대 신소설의 대표적 작가라 할 수 있는 이인직과 안국선은 일본에 유학했었으며, 육정수나 최찬식은 각각 배재학당과 시흥학교에서 신식교육을 받았다. 또한 안국선과 육정수는 독립협회운동 속에서 성장하여 기독교로 개종한 인물이다. 이처럼 신작 고소설과 신소설 작가층은 그 성장배경이나 지향의식에서 상이한 양상을 띠고 있었으며, 이러한 차이는 양자의 작품세계를 전혀 다른 방향으로 이끌었던 것이다.

이런 점에서 신작 고소설에서 확인되는 현실인식의 특질은 한국사회의 주체적 근대화와 국권수호를 계몽할 목적으로 창작된 역사전기소설의 그것과 맥을 같이한다고 할 수 있다. 주지하는 바와 같이, 근대계몽기에 개화자강운동의 일환으로 창작된 역사전기소설은 민족적 영웅의 사적을 되살려 반외세 자주독립의 사상을 고취할 목적으로 창작되었다. 즉 역사전기소설은 대외적으로는 일제의 침략에 대응하여 민족의 자주독립을 지키는 한편, 대내적으로는 중세체제를 지양하고 근대국가를 건설해야 한다는 시대적 과제에 부응하여, 민족주의 사상을 고취시키고 자주독립을 위한 투쟁정신을 불러일으키는 역할을 했던 것이다. 이처럼 역사전기소설은 당대 한국사회가 안고 있던 시대적 과제를 이해하는 틀이 신작 고소설의 그것과 매우 유사하다. 말하자면 신작 고소설과 역사전기소설은 민족적 자주성을 견지하면서 근대화를 성공적으로 이루어야 한다는 염원을 형상화하고 있는 것이다. 이러한 민족주의적 입장은 친일개화론으로 기울었던 신소설과 구별되는 근대계몽기 신작 고소설의 의의라 하겠다.

다음으로 신작 고소설이 시대의 문제에 대응하기 위해 전통적 서사양식을 어떻게 계승하고 변용했는가를 추적함으로써 신작 고소설의 양식 특질과 신작 고소설이 근대계몽기의 서사문학상에서 차지하는 위상을 고찰하였다. 신작 고소설 작가들이 전통적 서사양식을 선택한 방식은 대개 두 가지 형태로 이루어졌다. 작가의 가치관을 집약적으로 토로하는 데 유리한 전통적 서사양식인 우언, 우화, 몽유양식을 차용하는 방식, 그리고 현실의 미묘하고도 복잡한 실상을 상세하게 포착하기에 적합한 한문단편을 차용하는 방식이 그것이다. 신작 고소설에서는 특정한 사건의 한 단면만을 주목하여 작가의 주관적 가치관을 집약적으로 표출하려는 이념적 성향이 강한 양식이 주로 선택되었으며, 그 결과 신작 고소설은 단일한 주제의식을 선명하게 전달할 수 있었던 것이다.

그렇다고 해서 이 시기의 신작 고소설이 전통적 서사양식을 그대로 답습하기만 한 것은 아니다. 부분적이기는 하지만 대중의 의식을 계몽하는 데 적합하게 형식이나 문체를 변형시키려는 모색이 이루어졌다. 계몽적 내용을 전달하는 유효한 방식으로 새롭게 변용된 권선징악의 서사구조, 율문체가 아닌 구어체를 통한 구체적이고도 사실적인 묘사, 핍진한 등장인물의 심리묘사나 상황의 묘사 등은 이러한 모색의 결과물이라고 하겠다.

다음으로 신작 고소설이 근대계몽기의 서사문학에서 차지하는 위상을 살펴보았는바, 신작 고소설은 이전 시기의 고소설 문체(문어체) 및 형식(傳양식, 몽유록)의 명맥을 이으면서, 거기에 새롭게 직면한 전환기적 역사현실의 실상과 본질을 내용을 담은 서사양식임을 보았다. 이런 점에서 신작 고소설은 역사전기소설과 그 성격이 유사하다고 할 수 있다. 그러나 역사전기소설이 외형상 소설을 표방하고 있지만 실제 내용은 논설을 위주로 하고 있는데 비해, 신작 고소설은 허구적 서사를 근간으로 하고 있으며, 부분적이기는 하지만 구어체의 문장을 구사하기도 하고 신소설의 서술방식(역전식 서술)을 수용하는 등 독자의 기호에 부응하기 위한 자생적 변용을 이루어나간다는 점에서는 그 성격을 달리한다. 말하자면 신작 고소설은 역사전기소설이 해결할 수 없는 독자의 정서와 기호를 충족시키면서, 대중의 의식을 계몽해야 한다는 목적도 효과적으로 수행할 수 있는 양식으로 새롭게 변모했던 것이다. 이런 점에서 신작 고소설은 일정한 사회계몽적 내용을 담고 있으면서, 독자의 정서와 기호를 충족시킬 수 있는 서사양식으로 출현한 신소설과 그 맥을 같이 한다고 하겠다. 더구나 신소설은 전래의 고소설 형식에 상당 부분 빚지고 있는바, 신소설은 신작 고소설과 마찬가지로 전래의 고소설에 그 문학적 연원을 두고 있는 것이다. 말하자면 신작 고소설과 신소설은 전래 고소설의 형식을 빌어 새 사상을 담아낸 과도적 서사양식이라고 할 수 있겠다. 근대계몽기에 이르면 사회 각 영역에서 근대화에 대한 요구가 강력하게 제기되고 있었고, 문학도 이러한 시대적 요청에서 자유롭지 못했다. 따라서 이 시기의 작가들은 누구나 중세문학과 질적으로 구별되는 근대문학을 창출해야 한다는 시대적 소임을 지고 있었다 하겠다. 그러나 "구문학으로부터 신문학이 생탄하는 과정은 구문학으로부터의 급격한 결별과정인 것보다는 오히려 구문학으로부터의 서서한 해탈과정"이었다는 임화의 지적처럼, 이 시기 문학의 혁신은 전래의 것을 바탕으로 하면서 전개되었다. 말하자면 근대계몽기는 아직 근대문학의 적절한 형식을 찾지 못한 상황에서, 전통적 양식을 나름대로 변형하여 질적 전환을 모색해나가던 과도적 단계였다고 하겠다. 신작 고소설과 신소설은 이러한 절충적인 곳에서 산생된 것이다. 다만 신작 고소설은 전래 고소설의 서사문법을 극복하고 근대소설로 나아가는 과정이 신소설에 비해 훨씬 더디게 진행되었다고 하겠다.

이처럼 근대계몽기 신작 고소설은 당대 현실의 한 단면을 사실적으로 형상화함으로써 당대 현실의 문제를 선명하게 전달했다는 점에서, 그리고 전통적 서사양식을 바탕으로 자생적 변용을 위한 다각적인 모색을 시도했다는 점에서 소설사적 의의를 확보한다고 할 수 있다. 그러나 그 주제의식에 있어서나 이를 담아내는 형식에 있어서 완숙한 단계에 이르지 못한 과도적 양식이었다. 근대 소설의 성립은 이러한 다양한 모색의 과정을 거쳐 이루어졌던 것이다.

이상으로 근대계몽기에 새롭게 창작된 신작 고소설을 대상으로 하여 그것의 작품 세계와 현실대응적 성격, 그 작가층의 성격 및 현실인식의 특질, 그리고 양식 특질 및 소설사적 의의를 해명함으로써, 중층적이고도 복합적인 전개양상을 보이는 이 시기 소설사에서 신작 고소설이 차지하는 위상을 살펴보았다. 이러한 논의를 통해 고소설이 전환기적 현실에 정면으로 대응하여 자생적 개혁을 이루어나가던 과정을 확인할 수 있었다. 그러나 이러한 다양한 모색의 과정이 이후 시기의 소설사에서 어떻게 계승되고 단절되는지를 해명하는 데까지 나아가지 못했다. 또한 근대계몽기에 새롭게 창작된 신작 고소설 가운데 친일개화적 지향을 보이는 작품의 성격을 해명함으로써 이 시기 고소설의 전체적인 면모를 고찰하지 못했다. 이와 같은 문제는 앞으로의 과제로 남겨두기로 한다.

참고문헌

1. 자료

『정씨복선록』(2권 2책). 국문필사본, 국립중앙도서관 소장.

『산촌미녀』. 국문필사본, 서강대학교 도서관 소장.

『적선여경록』.『대한매일신보』 1905년 8월 12일-8월 29일 연재.

『靑樓義女傳』.『대한매일신보』 1906년 2월 6일-2월 18일 연재.

『보응』.『대한매일신보』 1909년 8월 11일-9월 7일 연재.

『디구셩미래몽』.『대한매일신보』 1909년 7월 15일-8월 10일 연재.

『神斷公案』.『황성신문』 1906년 5월 19일-12월 31일 연재.

『호섬전』. 국문필사본, 한국정신문화연구원 소장.

『장벽지화라』. 국문필사본, 서강대학교 도서관 소장.

『금섬전』. 국문필사본, 김동욱 소장.

한기형, 정환국 역,『역주 신단공안』, 창작과비평사, 2007.

이상택 이종묵 역주,『민시영전』,『한국고전문학전집』 7, 고려대학교 민족문화연구소, 1993.

『혈의루』.『신소설 번안소설』 1권, 아세아문화사, 1978.

『오옥기담』. 국문필사본, 고려대학교 도서관 소장.

『夢見諸葛亮』. 광학서포, 1908년 8월 8일.

『全圖今古奇觀』. 영인본, 북경 중국서점, 1988.

『警世通言』. 영인본, 중국 상해고적출판사, 1987.

『初刻 拍案驚奇』. 영인본, 중국 상해고적출판사, 1987.

『龍圖公案』. 영인본, 대만 천일출판사, 1974.

『황성신문』. 영인본, 경인문화사, 1994.

『대한매일신보』. 영인본, 사단법인 한국신문연구소, 1994.

『대한민보』. 영인본, 아세아문화사, 1985.
『뎨국신문』. 영인본, 아세아문화사, 1986.
『매일신문』. 영인본, 사단법인 한국신문연구소, 1977.
『대한협회회보』.
단재신채호전집 편찬위원회 편, 『단재신채호전집(하)』, 을유문화사, 1972.
박은식 역, 『서사건국지』, 『대한매일신보』, 대한매일신보사, 1907.
황현, 『매천야록』, 『황현전집』 하권, 아세아문화사, 1978.
정약용 저, 박석무 정해겸 역주, 『역주 흠흠신서』 1, 현대실학사, 1999.
임석재, 『한국구전설화』, 평민사, 1998.
한국정신문화연구원 편, 『한국구비문학대계』, 1980.
이상택, 이종묵 역주, 『한국고전문학전집』 7, 고려대 민족문화연구소, 1993.
한국정신문화연구원, 『한국민족문화대백과사전』 17, 웅진출판주식회사, 1991.

2. 단행본

가라타니 고진, 박유하 옮김, 『일본 근대문학의 기원』, 민음사, 1997.
강영주, 『한국 역사소설의 재인식』, 창작과 비평사, 1991.
강재언, 『한국근대사』, 한울, 1990.
고미숙, 『18세기에서 20세기 초 한국시가사의 구도』, 소명, 1998.
김교봉, 설성경, 『근대전환기소설 연구』, 국학자료원, 1991.
김도형, 『대한제국기의 정치사상연구』, 지식산업사, 1994.
김복순, 『1910년대 한국문학과 근대성』, 소명, 1999.
김영모, 『조선지배층 연구』, 일지사, 1977.
김영모, 『한국 사회계층 연구』, 일조각, 1982.
김영민, 『한국근대소설사』, 솔, 1997.
김주현, 『신채호문학연구초』, 소명출판, 2012.
김학동, 『한국개화기시가연구』, 시문학사, 1990.
김화진, 『한국의 풍토와 인물』, 을유문화사, 1973.
김홍규, 『문학과 역사적 인간』, 창작과 비평사, 1980.
대중문학연구회 편, 『신문소설이란 무엇인가?』, 국학자료원, 1996.

문학사와 비평연구회, 『한국문학과 계몽담론』, 새미, 1999.
민족문학사연구소 엮음, 『민족문학과 근대성』, 문학과 지성사, 1995.
박성수, 『독립운동사연구』, 창작과 비평사, 1980.
박영규, 『한권으로 읽는 조선왕조실록』, 들녘, 1996.
서대석, 『군담소설의 구조와 배경』, 이화여대출판부, 1985.
성현경, 『한국소설의 구조와 실상』, 영남대출판부, 1980.
소재영, 『고소설통론』, 이우출판사, 1983.
송민호, 『한국개화기소설의 사적 연구』, 일지사, 1975.
신용하, 『박은식의 사회사상연구』, 서울대출판부, 1982.
신용하, 『독립협회 연구』, 일조각, 1976.
야마베 겐타로, 안병무 역, 『한일합병사』, 범우사, 1982.
윤명구, 『개화기 소설의 이해』, 인하대출판부, 1986.
이광린, 『개화파와 개화사상 연구』, 일조각, 1989.
이능화, 『조선해어화사』, 한국학연구소, 1977.
이만열, 『한국 근대역사학의 이해』, 문학과 지성사, 1981.
이재선, 『한국개화기소설 연구』, 일조각, 1972.
이종주, 『여항소설』, 시인사, 1984.
이헌홍, 『한국송사소설 연구』, 삼지원, 1997.
임형택, 최원식 편, 『전환기의 동아시아 문학』, 창작과 비평사, 1985.
임 화, 『신문학사』, 한길사, 1993.
정선태, 『개화기 신문논설의 서사수용 양상』, 소명, 1999.
정진석, 『한국언론사』, 나남, 1990.
조동일, 『신소설의 문학사적 성격』, 서울대출판부, 1973.
조동일, 『한국문학통사』 4, 지식산업사, 1977.
최원식, 『한국근대소설사론』, 창작사, 1986.
한국역사연구회 편, 『한국사강의』, 한울, 1989.
한기형, 『한국 근대소설사의 시각』, 소명출판, 1999.
한원영, 『한국 개화기 신문연재소설 연구』, 일지사, 1990.
홍일식 외, 『근대전환기의 언어와 문학』, 고려대 민족문화연구소, 1991.

3. 학술 논문

고미숙, "근대계몽기, 그 생성과 변이의 공간에 대한 몇 가지 단상", 『민족문학사연구』 14호, 민족문학사 연구소.

김균태, "조선후기 인물전의 야담취향성 고찰", 『한국한문학연구』 12집, 한국한문학연구회, 1989.

김익환, "『정씨복선록』 연구", 배재대 석사학위논문, 1995.

김준석, "조선후기의 당쟁과 왕권론의 추이", 이성무 외, 『조선후기 당쟁의 종합적 검토』, 한국정신문화연구, 1992.

김헌선, "건달형 인물이야기의 존재양상과 의미", 『경기어문학』 8집, 경기대 국어국문학회, 1990.

민 찬, "『호섬전』 연구", 『국문학연구』, 서울대 국문학연구회, 태학사, 1998.

박재연, "조선시대 중국통속소설 번역본의 연구-낙선재본을 중심으로", 한국외대 박사학위논문, 1993.

박찬승, "19세기 후반 동도서기론의 전개", 『근대이행기의 사회와 사상』, 서울대 한국문화연구소 제5회 학술토론회 발표요지, 1993.

박소현, "과도기의 형식과 근대성-근대계몽기 신문연재소설 ≪신단공안≫과 형식의 계보학", 『중국문학』 63호, 2010.

서대석, "신소설 『명월정』의 번안양상", 『비교문학 및 비교문화』 1집, 1977.

손병국, "한국고전소설에 미친 명대화본소설의 영향-특히 『삼언』과 『이박』을 중심으로", 동국대 박사학위논문, 1995.

신재홍, "몽유양식의 소설사적 전개에 관한 연구", 서울대 박사학위논문, 1992.

심경호, "조선후기소설 고증", 『한국학보』 56집, 1989.

심재복, "『봉니신셜뇩』에 대하여", 사재동 편, 『한국서사문학사의 연구』 V, 중앙문화사, 1995.

유연환, "한국고전번안소설의 연구", 고려대 박사학위논문, 1990.

윤명구, "개화기 서사문학 장르", 『신문학과 시대의식』, 새문사, 1981.

이광린, "『황성신문』 연구", 『동방학지』 53, 1986.

이상경, "『은세계』 재론", 『민족문학사연구』 5호, 민족문학사연구소, 1994.

이은숙, "항일우의 신작 구소설 연구", 한국학대학원 박사학위논문, 1994.

이재춘, "『청루의녀전』 연구", 『어문학』 50, 한국어문학회, 1989.

인권환, "고소설의 형성과 전개", 『한국고전소설론』, 새문사, 1990.
인권환, "토끼전군 결말부의 변화양상과 그 의미", 『정신문화연구』 통권 44호, 한국정신문화연구원, 1991.
임성래, "『호섬전』에 대하여", 한국고소설연구회 편, 『한국고소설의 조명』, 아세아문화사, 1990.
임형택, "20세기 초 신·구학의 교체와 실학-근대계몽기에 대한 학술사적 인식", 『민족문학사연구』 9, 1996.
임형택, "20세기 초 소설의 신구양식의 관련양상", 양포이상택교수환력기념 간행위원회 편, 『한국고전소설과 서사문학(상)』, 집문당, 1998.
장효현, "애국계몽기 창작 고전소설의 한 양상-신자료의 소개를 중심으로", 『정신문화연구』 13권 4호, 1990.
장효현, "근대전환기 고전소설 수용의 역사성", 『근대전환기의 언어와 문학』, 고려대 민족문화연구소, 1991.
장효현, "애국계몽기 고전장편소설의 역사현실 대응", 사재동 편, 『한국서사문학사의 연구 V』, 중앙문화사, 1995.
정규복, "『제일기언』에 대하여", 『중국학논총』 1, 고려대 중국학연구소, 1984.
정출헌, "조선후기 우화소설의 사회적 성격", 고려대 박사학위논문, 1992.
정환국, "애국계몽기 한문소설의 현실인식-『어복손전』의 경우-", 『민족문학사연구』 8호, 1995.
정환국, "『신단공안』 제7화 『어복손전』 연구", 성균관대 석사학위논문, 1994.
정훈식, "『김봉본전』의 구조와 서사적 전통", 부산대 석사학위논문, 1997.
조동일, "개화기의 우국시가", 민병수 외, 『개화기의 우국문학』, 신구문화사, 1974.
조상우, "애국계몽기 한문산문의 의식지향 연구", 고려대 박사학위논문, 2002.
증천부, "한국소설의 명대의화본소설 수용의 일고찰", 부산대 석사학위논문, 1988.
증천부, "한국소설의 명대화본소설 수용연구", 부산대 박사학위논문, 1995.
진경환, "『창선감의록』의 작품구조와 소설사적 위상", 고려대 박사학위논문, 1992.
최원식, "1910년대 친일문학과 근대성", 『민족문학사연구』 14호, 민족문학사연구소, 1999.
최원식, "봉이형 건달의 문학사적 의의", 『한국근대소설사론』, 창작사, 1986.
황재문, "애국계몽기 몽유록과 힘의 윤리", 『규장각』 35집, 규장각 한국학연구소, 2009.

자료편

일러두기

1. 원문 표기를 원칙으로 하되 띄어쓰기는 현대어문규정을 따랐다.
2. 인쇄상의 문제 등으로 판독할 수 없으나 문맥상 분명한 글자는 ( ) 안에 바로잡았다.
3. 문맥상 오식이 분명한 글자는 [ ] 안에 바로잡았다.
4. 판독이 불가능한 글자는 □로 표시했다.

1. 『정씨복선록』

정씨복션록 권지일[1)]

정씨복션록 일

화셜, 쳔하 지구의 육ᄃᆡ쥐 잇스니 왈 구라파요, 왈 아셰ᄋᆞ요, 왈 아푸리아요, 왈 호터리아[2)]요, 왈 남아미리가요, 왈 북아미리카니, 이 육ᄃᆡ쥬 즁의 단셜 아셰ᄋᆞ쥐 가쟝 광ᄃᆡᄒᆞ고 그 즁앙이 더욱 인물리 번셩ᄒᆞ고 의관문물과 예악법도 쳔ᄒᆞ의 졔 일 일컷ᄂᆞᆫ ᄇᆡ라. 상고로부터 셩졔명왕이 셔로 젼ᄒᆞ야 희황지셰[3)]라 칭ᄒᆞ더니 그 흥망을 ᄀᆡ거ᄒᆞ건ᄃᆡ 상쥬[4)] 포학ᄒᆞ야 달긔[5)]를 총ᄒᆡᆼ

---

1) 겉표지에 '정씨복션록 권지일' 이라고 쓰여 있음.

2) 호터리아 : 濠太利亞, 오스트레일리아.

3) 희황지셰 : 羲皇之世, 복희씨 이전의 오랜 옛적의 세상이라는 뜻으로, 백성이 한가하고 태평하게 사는 세상을 이르는 말.

4) 상쥬 : 商紂, 중국 상(商)나라 마지막 왕으로 폭군의 전형으로 불리며 애색을 탐하여 나라를 망하게 함.

5) 달긔 : 妲己, 주왕의 애첩으로, 중국 역사상 음란하고 잔인한 대표적인 독부(毒婦)로 기록되어 있음.

ᄒᆞ야 현신을 살히허ᄆᆡ 쥬문왕6)이 상쥬를 ᄂᆡ치시고 쳔ᄒᆞ를 졍ᄒᆞ시니 그 ᄌᆞ손 유왕7)의 일우러 포사8)를 춍힝ᄒᆞ야 졍ᄉᆡ 어지러워 오랑킈의계 ᄶᅩᆺ기여 도읍을 동으로 옴기ᄆᆡ 졔휘9) 졈졈 쳔자를 만모10)ᄒᆞ며 왕토를 침벌ᄒᆞ야 국셰 날노 잔ᄑᆡ11)ᄒᆞ고 안희 어진 신ᄒᆞ 읍고 밧긔 간셩지쟝12)이 읍셔 쥬나라 이졔 후의계 망ᄒᆞᆫ ᄇᆡ 되고, 졔휘 셔로 싸화 육국이 분분터니 육국이 진나라로 드러가니 이는 진시황이라. 졍ᄉᆡ ᄶᅡ다롭고 법영이 혹독ᄒᆞ며, 방ᄉᆞ의 술셔를 미더 동남동녀 오ᄇᆡᆨ 인으로 바다의 보ᄂᆡ여 슴신산 불ᄉᆞ약을 구ᄒᆞ다가 불ᄉᆞ약은 오지 안코 시황은 병들어 ᄉᆞ구평ᄃᆡ13)의셔 죽어스니 만고의 우음이요, 손ᄌᆞ ᄌᆞ영이 임군 된지 사십육 일에 한ᄑᆡ공의계 ᄒᆞᆼ복ᄒᆞ니 드듸여 쳔ᄒᆞ를 졍ᄒᆞᄆᆡ, 이는 한고죄14)라. 양쟝명신15)이 셩쥬16)를 도와 ᄉᆞᄇᆡᆨ여 년의 일루러 환관이 롱권ᄒᆞ야 현신을 살히허며 간당을 진용ᄒᆞ니, 이ᄯᆡ 간신 죠죄 한나라

---

6) 쥬문왕 : 周文王, 중국 고대 주 왕조(周王朝)의 기초를 닦은 명군(名君). 이름은 창(昌). 상나라의 마지막 천자 주(紂)가 산둥 반도의 동이(東夷) 민족의 정벌에 여념이 없는 틈을 타서 인근 제후의 지지를 받아 세력을 길러서 은나라를 공격할 태세를 정비하였음.

7) 유왕 : 幽王, 중국 서주(西周)의 마지막 왕으로 향락과 주색에 빠져 정사를 돌보지 않았고, 견융의 침공시 리산 기슭에서 살해되었음.

8) 포사 : 褒姒, 유왕(幽王)의 애첩. 유왕은 그녀를 웃기려고 거짓 봉화를 올려 군사와 제후들을 놀라게 하여 포사를 웃겼다고 함.

9) 졔휘 : 諸侯들이, 주(周)는 통치상의 편의를 위해 각 지역을 같은 성의 형제나 친척 또는 공을 세운 신하들에게 나누어 주었는데, 이들을 제후라고 부름.

10) 만모 : 慢侮/謾侮, 거만한 태도로 남을 업신여김.

11) 잔ᄑᆡ : 殘敗, 힘이 다하여 패함.

12) 간셩지쟝 : 干城之將, 나라를 지키는 믿음직한 장수.

13) ᄉᆞ구평ᄃᆡ : 沙丘平臺, 기원전 210년 가을, 도성 함양으로 돌아오는 도중에 막 쉰 살이 된 진시황은, 지금의 하북성 형태시 광종현 경내의 사구평대에서 돌연히 사망함.

14) 한고죄 : 漢高祖, 중국 한(漢)나라의 제1대 황제로 진나라 말기에 군사를 일으켜 진왕으로부터 항복을 받았으며, 4년간에 걸친 항우와의 쟁패전에서, 항우를 대파하고 천하통일의 대업을 실현시킴.

15) 양쟝명신 : 良將名臣, 재주와 꾀가 많은 훌륭한 장수와 훌륭한 신하.

16) 셩쥬 : 聖主, 어질고 덕이 뛰어난 임금.

를 멸ᄒᆞ미 촉한과 오와 위숨국이 분징ᄒᆞ더니 진나라이 숨국을 멸ᄒᆞ고 쳔ᄒᆞ를 통일ᄒᆞ야더니, 그 후숀의 일우러 군신이 고담쥰론으로 닙신ᄒᆞ는 도를 숨고 나라 다ᄉᆞ리는데 이루어 다셧 오랑키의 망ᄒᆞ고 육죠가 분분터니, 슈양졔 통일ᄒᆞ야 정시 어지러오미, 당틱죵이 쳔ᄒᆞ을 으더 삼빅 년의 일우러 쇼인을 진용ᄒᆞ고 현인을 살힉ᄒᆞ야 오계[17]에 망ᄒᆞ고 송틱죄 일어나 오계를 쓰러ᄇᆞ리고 숨빅 년을 누리더니 후손이 혼암ᄒᆞ야 원나라의 망ᄒᆞᆫ ᄇᆡ 되고 원나라 빅 년의 일우러 명틱죄 원을 쏫고 쳔ᄒᆞ를 통일ᄒᆞ야 이빅여 년에 쳥나라의 망ᄒᆞᆫ ᄇᆡ 되야스니 쳥은 지금 아셰ᄋᆞ 즁앙국이라. 그 년ᄃᆡ와 흥망을 헤아리면 ᄉᆞᆼᄒᆞ 오육쳔 년이라. 인군이 어돕고 신ᄒᆡ 간악ᄒᆞ고 아니 망ᄒᆞ는 나라이 읍고, 인군이 춍명ᄒᆞ고 신ᄒᆡ 츙셩ᄒᆞ고 아니 흥허는 나라이 읍슨즉 인군도 신ᄒᆞ를 갈희여 밋길 거시오, 신ᄒᆞ도 인군을 갈희여 셤길지라. 상고를 헤아리고 ᄉᆡᆼ각ᄒᆞ면 번기 쇽의 부친 몸이 도라보면 츈몽이라. 그러허나 인군이란 ᄌᆞ는 만민을 위ᄒᆞ야 ᄒᆞᆫ 자리를 ᄂᆡ여 법을 밋겨 쳔ᄒᆞ를 다ᄉᆞ려 만민의 질고를 살피게 ᄒᆞ미니, 이는 ᄒᆞᆫ ᄉᆞ람이 만인을 위ᄒᆞ야 난 거시오, 만 ᄉᆞ람이 ᄒᆞᆫ ᄉᆞ람을 위ᄒᆞ야 난거슨 아닌즉, 인군의 ᄌᆞ리는 공도의 ᄌᆞ리요 그 인군의 셰젼지물이 아니어늘 근셰에 용군암쥬[18]와 난신적지[19] 상ᄒᆞ상복ᄒᆞ야 혼ᄌᆞ 부귀를 탐ᄒᆞ다가 필경 망ᄒᆞ기의 일우러는, 인군은 죠상의 죵묘를 복망[20]ᄒᆞ며 신ᄒᆞ는 가문을 보젼치 못ᄒᆞ고 쳔고의 타미[21]를 드르니, 이 진실노 아지 못헐 일이로다. ᄒᆞᆫ담은 그만ᄒᆞ고 쳔ᄒᆞ 유명헌 현인군ᄌᆞ의 복션화음으로 ᄌᆞ손이 ᄃᆡᄃᆡ로 영화부귀ᄒᆞᆫ 일쟝 셜화가 잇스니 ᄒᆞ문을 분히헐지어다.

각셜, ᄎᆞ시는 쳥국 옹정년간[22]이라. 아셰아쥬 셔남간의 ᄒᆞᆫ 나라히 잇스니

17) 오계 : 아르메니아 지방에 있던 烏鷄國을 이름.
18) 용군암쥬 : 庸君暗主, 사리에 어둡고 어리석은 임금.
19) 난신적지 : 亂臣賊子, 나라를 어지럽히는 불충한 무리.
20) 복망 : 覆亡, 나라나 집안이 망함.
21) 타미 : 唾罵, 아주 더럽게 생각하고 경멸히 여겨 욕함.
22) 옹정년간 : 雍正年間, 옹정제가 재위했던 1723~35년 사이.

국호는 셤어국이라. 지방 이만여 리요 의관과 법되 청국과 상사ᄒᆞ더라. 이ᄯᅢ 셤어국 쇼쥬 남창현의 일위 유명ᄒᆞᆫ 호걸쳐ᄉᆡ 잇스니, 셩은 정이요 명은 황이요 별호는 운슈쳐ᄉᆡ라. 정황의 죠부 정슴이 그 죠업으로 젼장을 광치ᄒᆞ야 가산이 초요ᄒᆞ고, ᄉᆞ람이 인후ᄒᆞ야 남의 실고를 힘써 구졔ᄒᆞ고 불상이 여겨 ᄒᆞᆼ상 집의 져축헌 곡식이 읍는지라. 나히 오십의 ᄒᆞᆫ ᄋᆞ들이 잇스니 나히 이십 셰라. ᄒᆞᆫ 가지로 농사를 지어 업을 직히며 일향 구졔ᄒᆞ기로 일을 숨으ᄆᆡ ᄉᆞ람이 다 군ᄌᆞ라 ᄒᆞ더라. 년이 육십의 쥭으ᄆᆡ ᄋᆞ들 정홍[정황]이 그 부친의 ᄒᆡᆼ젹을 본바다 널니 구제ᄒᆞ기를 죠하ᄒᆞ고 농ᄉᆞ의 부지런ᄒᆞᄆᆡ 일 군 ᄉᆞ람이 ᄯᅩ 일홈ᄒᆞ야 군ᄌᆞ라. 나히 칠십의 쥭으ᄆᆡ 그 아들 정황은 곳 운슈져ᄉᆞ라. 쳔셩이 활달인후ᄒᆞ야 남의 시비와 쟝단을 말허지 ᄋᆞ니ᄒᆞ며 인아죡쳑과 향당고구를 친쳑갓치 ᄉᆞ랑ᄒᆞ야 ᄌᆡ물을 읫기지 ᄋᆞ니ᄒᆞ고, 산슈간 쳥복을 ᄉᆞ랑ᄒᆞ야 날마다 고붕[23]이 만좌ᄒᆞ고 유주[24]영쥰이라. 혹 쥭장망혜로 산쳔 경ᄀᆡ도 완상ᄒᆞ며 혹 일엽편쥬로 은인옥쳑을 낙거ᄂᆡ여 쳥풍명월과 ᄉᆞ시가졀을 허송치 아니ᄒᆞᄆᆡ 인근 읍 ᄉᆞ람이 일홈ᄒᆞ야 운슈쳐ᄉᆡ라 하더라. 년이 오십의 ᄒᆞᆫ 아들이 잇스니 명은 화라. 년 이십육 셰에 풍치 단아ᄒᆞ고 문장지명이 일쥬의 진동ᄒᆞᄆᆡ 쳐ᄉᆞ 부뷔 어진 ᄇᆡ필을 으더 죠션의 향화를 밧들고 쳥운의 올나 문호 빗너기를 바라더라.

각셜, 본쥬 틱슈 숑빈은 녜부상셔 숑경의 아오니 경은 일 ᄌᆞ가 잇스니 명은 현이니 일직 용문의 올나 벼슬리 틱학ᄉᆞ요, 틱슈 송빈은 일ᄌᆞ일녀가 잇스니 ᄋᆞ들에 일홈은 환이니 년이 심삽이요, 일녀는 방년 십오니 쳔셩인효ᄒᆞ고 유한지틱와 틱임틱사의 덕이 잇스니 부뫼 보옥갓치 사랑ᄒᆞ야 그 ᄇᆡ필이 읍스믈 근심허더니, 일일은 틱쉬 부인을 ᄃᆡᄒᆞ야 왈 "녀ᄋᆞ의 ᄇᆡ필을 으더스니 이는 남충현 학명촌 정쳐ᄉᆞ의 아ᄌᆞ니 금년 십육의 문장지명과 충후근신

23) 고붕 : 高朋, 인품과 행동거지가 뛰어난 벗.

24) 유주 : 遺珠, 세상에 미처 알려지지 아니한 훌륭한 인물이나 시문을 비유적으로 이르는 말.

ᄒᆞ야 당시 졔 일이라 이뮈 통혼ᄒᆞ야 상약이 되얀지라, 지금 길일을 기다리나이다." 부인이 ᄃᆡ희ᄒᆞ야 길일을 기다려 위의를 갓초와 ᄃᆡ레를 일우니 ᄐᆡ슈 부뷔 깃그며 만당빈ᄀᆡᆨ이 다 하례ᄒᆞ더라. 동방화촉의 삼 일을 지ᄂᆡ고 신부를 솔귀ᄒᆞ니 쳐ᄉᆞ 부부의 깃그믈 읏지 층양ᄒᆞ리요. 소졔 현구고 삼 일을 지ᄂᆡᄆᆡ 부인이 가산을 맛긴지라. 소졔 비록 연유ᄒᆞ나 구고의 감지와 봉ᄉᆞ졉빈이 정정 유법ᄒᆞ고 승순군ᄌᆞᄒᆞ며 ᄉᆞᆼᄒᆞ 비복의 은덕이 아니 밋칠 데 읍더라. 광음이 여류ᄒᆞ야 익년 유월의 일기 남ᄋᆞ를 나으니 부풍모습이라. 쳐ᄉᆞ 부뷔 깃거 더욱 ᄋᆡ즁ᄒᆞ고 일홈을 궁이라 ᄒᆞ다.

각셜, 쳔지 황자를 탄강ᄒᆞ사 쳔ᄒᆞ 션비를 모하 태평과를 뵈일 식 원근 션비 발을 싸고 다토와 경ᄉᆞ로 올나갈 식, 인읍 션비 정화와 동ᄒᆡᆼᄒᆞ기를 청ᄒᆞ거늘 홰 ᄉᆞ양ᄒᆞ야 왈, "북당의 양친이 겨시고 ᄂᆡ ᄯᅩᄒᆞᆫ 학식이 져근지라. 읏지 용문을 바라리요. 원컨ᄃᆡ 그ᄃᆡ 등은 계슈 놉흔 가지를 썻거 영화로이 도라오면 ᄂᆡ 말셕의 나아가 경ᄒᆞ허리라." 졔ᄉᆡᆼ을 ᄉᆞ양ᄒᆞ야 보ᄂᆡ고 쳐ᄉᆞ긔 그 사연을 고헌ᄃᆡ 쳐식 왈, "네 공부 족히 쳔ᄒᆞ 션비의 뒤지지 안일지라. ᄂᆡ 년노다병ᄒᆞ니 긔회를 일치 말고 쇼쥬로 올나가 악부를 뵈옵고 환으로 더부러 경셩 송상셔를 ᄎᆞ져 뵈옵고 범ᄉᆞ를 교훈ᄃᆡ로 ᄒᆞ라." 모부인이 ᄯᅩᄒᆞᆫ ᄀᆞ로ᄃᆡ, "ᄂᆡ 집이 누ᄃᆡ 사환셰족으로 지금 삼ᄃᆡ의 벼술이 ᄭᅳᆫ인지라. 네 올나가 만일 말방이라도 촘예ᄒᆞ면 죠션의 영광이 아니 되리요." 홰 쥬져ᄒᆞ더니 시비 일봉셔를 드리거늘 쳐식 바다본니, 이는 송ᄐᆡ쉬 정화를 ᄌᆡ촉ᄒᆞ야 송환과 동ᄒᆡᆼ케 ᄒᆞ미라. 쳐ᄉᆞ 부뷔 가기를 ᄌᆡ촉허거늘 홰 부모게 ᄒᆞ직ᄒᆞ고 쇼져를 보아 왈, "ᄂᆡ 오날 양당슬ᄒᆞ를 ᄯᅥ나니 반면홀 긔약이 명년 츈ᄒᆞ의 잇는지라. ᄇᆞ라건ᄃᆡ 부인은 양친봉양지졀를 더욱 힘써 게으르지 마쇼셔." 쇼졔 ᄃᆡ왈, "군ᄌᆞ는 근심 말으쇼셔. 쳡이 비록 무상ᄒᆞ나 읏지 군ᄌᆞ의 부탁을 져바리잇고. 원로의 보즁ᄒᆞ야 금의로 영친ᄒᆞ시기를 바라나니다." 홰 즉시 일필쳥녀와 양ᄀᆡ 동복을 더리고 쇼쥬로 드러가 ᄐᆡ슈 부부게 뵈온ᄃᆡ ᄐᆡ쉬 왈, "네 환으로 더부러 경ᄉᆞ의 올나가 상셔게 뵈옵고 ᄐᆡᆨ즁의 유허라. ᄂᆡ ᄯᅩ 일봉셔 잇노라." 이에 양 ᄉᆡᆼ이 길에 올나 여러 날만의 송상셔의 ᄐᆡᆨ의 드러가 상셔 부뷔긔 뵈옵고 ᄒᆞᆨᄉᆞ로 더부러 ᄒᆞᆫ혼을 맛치ᄆᆡ 외당의 나와 머무러 과일을 기다릴 ᄉᆡ 혹 ᄉᆡ 날노 당시 유명ᄌᆡ 청ᄒᆞ야 혹 음풍영월도 허며 혹 셔화금긔25)도 ᄒᆞ야 양 ᄉᆡᆼ의 ᄀᆡᆨ회를 위로헐 ᄉᆡ, 졔ᄉᆡᆼ이 정ᄉᆡᆼ의 청아헌 표되와 츄슈갓튼 문쟝을 보고 ᄀᆡᄀᆡ 흠탄ᄒᆞ더라. 어언간의 과일을 당ᄒᆞᆫ지라. 정ᄉᆡᆼ과 송환이 필연을 갓쵸와 학원의 드러가 현졔판을 바라보며 일폭시지 펼쳐 놋코 용연의 묵을 가라 산호ᄎᆡ필 놉피 들어 일휘이취ᄒᆞ니 문불가졈이라. 일쳔의 션쟝ᄒᆞ고 송환은 본ᄅᆡ 문ᄌᆡ 져근지라. 정ᄉᆡᆼ이 글를 부르며 송환이 바다 쓰ᄆᆡ ᄌᆞᄌᆞ 쥬옥이라. 사쳔의 밧친 후의 필연을 슈습ᄒᆞ고 만장인ᄒᆡ를 헷치고 장즁의 나와 집의 도라와 장즁사를 말허며 ᄉᆞᆯ을 나와 권ᄒᆞ야 방셩26)을 기다리더니 가인이 급히 드러와 방을 드리거늘 바다보니 정화는 갑과의 ᄲᅡ히고 송환은 병과의 ᄲᅩ펴 남ᄆᆡ 연벽이라. 상셔 부뷔 ᄃᆡ희ᄒᆞ야 ᄃᆡ연을 ᄇᆡ셜ᄒᆞ고 질길 ᄉᆡ 친쳑고구의 ᄒᆞ례 분분허더라. ᄉᆞ람으로 ᄒᆞ야금 쇼쥬와 학명쵼 본집의 남ᄆᆡ 연벽ᄒᆞᆫ 경ᄉᆞ를 치하ᄒᆞ고 이튼날 쳔페에 사은ᄒᆞᆫᄃᆡ, 쳔ᄌᆡ 두 신은을 명쵸ᄒᆞ시거늘 구칭 옥계상에 셔운이 어리엿고 문관 무장이 졔졔창창ᄒᆞ야 좌우의 시립ᄒᆞᆫᄃᆡ, 탑쳔의 셰우시고 졔신을 도라보아 왈, "남ᄆᆡ 연벽이 과연 한쌍쥬옥이로다." 숑경다려 왈, "경은 ᄌᆞ질이 이갓치 영준하니 만ᄅᆡ의 복을 누리이로다." 정화를 불너 ᄀᆞ라ᄉᆞᄃᆡ, "네 부죄 다 션비로 늘거스니 과셩이 쳐음이뇨?" 홰 복지 쥬왈, "소신은 정난공신 충정공 정쳘의 칠ᄃᆡ손이요 양쥬ᄌᆞᄉᆞ 양평후숙의 오ᄃᆡ숀이요 그후로 삼ᄃᆡ의 과셩이 ᄭᅳ쳐슴나이다." 상이 그 ᄃᆡ답이 ᄎᆞ셔 잇스믈 보시고 졔신더러 왈. "정홰 과연 국가의 공신ᄌᆞ손이로라. 정씨의 쳔리마요 짐의 동양이라." ᄒᆞ시고 즉시 정화로 한림학ᄉᆞ를 ᄒᆞ이시고 숑환으로 한

---

25) 셔화금긔 : 書畫琴棋, 속세를 떠난 경지에서 금(琴) · 기(棋) · 서(書) · 화(畫)를 즐기는 것을 그린 동양화의 한 가지.

26) 방셩 : 榜聲, 과거에 합격한 사람을 알리는 방꾼이 방을 전하기 위하여 크게 외치던 소리.

림을 ᄒᆞ시고 학ᄉᆞ 숑현으로 니부시랑을 도도시고 파죠허신ᄃᆡ 숌인이 오계 ᄒᆞ의 ᄉᆞ비ᄒᆞ야 쳔은을 숙사ᄒᆞ고 ᄉᆞᆼ셔와 학ᄉᆡ 두 신은을 솔방ᄒᆞ고 나올 ᄉᆡ, 복두사화와 청숨야ᄃᆡ로 ᄇᆡᆨ마금안의 놉피 안져 이원풍악은 느러진ᄃᆡ 금의화동은 ᄎᆡ슈를 번득이며 청홍ᄉᆞᆼ기는 좌의 버럿는ᄃᆡ 장안만호 슈양리의 쌍용이 넘노는 듯, 고인이 일은 말이 십년을 등ᄒᆞ고면 숨일마두영[27]이라 ᄒᆞ야스니 이 정히 쇼년남ᄌᆞ의 득의헌 ᄯᆡ로다. 만죠 문뮈 뉘 아니 부러ᄒᆞ리요. 집의 도라오니 상셔 부뷔 크게 깃거 ᄃᆡ연을 ᄇᆡ셜ᄒᆞ야 숨 일을 유과홀ᄉᆡ 치하ᄒᆞ는 쇼ᄅᆡ 분분허더라. 잇ᄯᆡ 병부시랑 ᄒᆞᆫ긔 일ᄀᆡ 녀ᄋᆞ 잇스니 년방 십육의 가셔를 널니 구ᄒᆞ더니 이날 죠회의 숑환의 표치[28]를 보안지라. 숑상셔의게 경ᄉᆞ를 치ᄒᆞᄒᆞ고 그 녀ᄋᆞ의 셩친을 구허거늘 ᄉᆞᆼ셔와 부인이 본ᄂᆡ 한쇼져의 덕힝을 아는지라. 상셰 한시랑더러 왈, "질아 일간의 슈유를 쳥ᄒᆞ고 쇼쥬로 근친을 갈지라. 그 올나오기를 기다려 셩친ᄒᆞ미 죠흘가 ᄒᆞ노라." 한시랑 왈, "범사의 긔회를 공연히 연타치 못 헐지라. 허물며 일륜ᄃᆡᄉᆡ리요. 슈쳔리 장졍의 죠만을 예정치 못 헐 거시오, ᄯᅩ 노부의 쳔헌 나히 육십이라. 죠셕화복을 웃지 알니잇고. 쇽히 셩친ᄒᆞ야 신부를 솔귀허면 ᄒᆞᆫ림은 두 가지 경ᄉᆞ를 뵈이고 노부는 우려를 더러ᄇᆞ릴 거시니 상셔는 다시 ᄉᆡᆼ각ᄒᆞ쇼셔." 상셰 그러히 여겨 허락ᄒᆞᆫᄃᆡ 시랑이 ᄃᆡ희ᄒᆞ야 양ᄀᆡ 혼구를 ᄌᆡ촉ᄒᆞ야 길일이 다다르ᄆᆡ 위의를 갓쵸와 ᄃᆡ레를 일우ᄆᆡ 상셔 부뷔 질ᄋᆞ의 아름다온 ᄇᆡ필 으드믈 못ᄂᆡ 깃거ᄒᆞ더라. 혹시 쳔ᄌᆞ긔 글을 올녀 근친ᄒᆞ는 슈유를 쳥헐ᄉᆡ 그 상쇼의 갈와스되,

"ᄒᆞᆫ림원 ᄐᆡ혹ᄉᆞ 신 정화는 셩황셩공ᄒᆞ고 돈슈ᄇᆡᆨᄇᆡ허며 감히 글월을 만셰 황제페ᄒᆞ의 올니나니, 신이 ᄒᆞ향쳔품의 년쇼식쳔으로 외람이 용문의 올으

27) 십년을 등ᄒᆞ고면 숨일마두영 : 十年燈下苦三日馬頭榮, 십 년 간의 등잔 아래 고통은 삼 일 간의 말머리의 영화라.

28) 표치 : 標致, 얼굴이 매우 아름다움.

ᄆᆡ ᄐᆡᄒᆞᆨᄉᆞ에 벼술을 쥬시니 쳔은이 ᄒᆡ심ᄒᆞ고 영춍이 산고ᄒᆞ야 신의 분의에 과람이 극헌지라. 신이 웃지 몽ᄆᆡ지간이라도 ᄯᅳᆺᄒᆞ야든 ᄇᆡ리잇고. 어제날 지즁ᄒᆞᆫ 은ᄐᆡᆨ을 입ᄉᆞᆸ고 오날날 감히 (10) 폐ᄒᆞ의 좌우를 ᄯᅥ나고ᄌᆞ ᄒᆞ오니 죄상이 ᄒᆡ망ᄒᆞ온지라.[29] 부월의 버히시믈 무릅쓰고 신의 ᄉᆞ정을 감히 쳔폐의 알외오니 만셰폐ᄒᆞ는 구버 ᄉᆞᆯ피쇼셔. 신의 아비 누ᄃᆡ독신으로 강건지친이 읍고 년만 오십의 혈혈무의러니 신을 ᄉᆡᆼᄒᆞᄆᆡ 어미에 길니이고 아비의 교훈을 입ᄉᆞ와 오날날 폐ᄒᆞ 좌우의 뫼시믈 으드니 이 웃지 부모의 은공이 아니리잇고. 쳔은이 즁ᄒᆞ오나 부은을 난망이라. 금슈도 반듯시 의가 잇삽거든 허물며 ᄉᆞ람이리잇고. 신의 아비 쳔년이 육십오 셰의 긔식이 엄엄ᄒᆞ되 슬ᄒᆞ의 의지 읍는지라. 신이 폐ᄒᆞ 셤길 날은 만코 부모 셤길 날은 젹ᄉᆞ오니, 바라건ᄃᆡ 폐ᄒᆞ는 신의 벼술을 거드시고 신의 정원을 죠치ᄉᆞ 신으로 ᄒᆞ야금 영화로이 도라가 션형의 분황ᄒᆞ고 부모의 ᄯᅳᆺ을 질거이 ᄒᆞ고 슬ᄒᆞ의 잇셔 그 여년을 맛쳐 신의 평ᄉᆡᆼ유한을 면케ᄒᆞ시면 이는 폐ᄒᆞ의 호쳔ᄃᆡ은이요 신의 ᄉᆡᆼᄉᆞ난망지ᄐᆡᆨ이라. ᄒᆞ날이 놉ᄉᆞ오나 나진 소리가 들니나니 가긍헌 정ᄉᆞ를 ᄉᆞᆯ피쇼셔. 업듸여 뇌정을 기다리나이다.”

상이 보시고 칙칙 칭션ᄒᆞ시고 죠셔를 나려 ᄀᆞ라ᄉᆞᄃᆡ, “ᄉᆞ군이 충ᄒᆞ며 ᄉᆞ부이 효는 인륜ᄃᆡ의여니와 너의 지셩지효를 보건ᄃᆡ 짐이 심히 ᄉᆞ랑ᄒᆞ노라. 특별이 노복과 젼ᄐᆡᆨ을 쥬나니 영친후에 부모쳐ᄌᆞ를 권귀ᄒᆞ야 짐의 ᄉᆞ랑ᄒᆞ는 ᄯᅳᆺ을 져바리지 말나.” ᄒᆞᆨᄉᆡ 쳔은이 더욱 심중ᄒᆞ믈 황축허더라. 상셰 시랑을 명ᄒᆞ야, “ᄒᆞᆨᄉᆞ와 한림 부부를 호ᄒᆡᆼᄒᆞ야 쇼쥬로 들너 졍쳐ᄉᆞ를 뵈고 ᄒᆞᆫ가지로 올나오라.” 시랑이 즉시 신은의 위의를 갓초고 ᄉᆞᆼ셰긔 ᄒᆞ직고 길을 ᄯᅥ나 ᄒᆡᆼ헐ᄉᆡ 이ᄯᅢ 정히 이월 즁순이라. 홍녹은 만ᄉᆞᆫᄒᆞ고 쳐쳐의 유산이요 양뉴는 청청ᄒᆞᆫᄃᆡ 황죠의 노ᄅᆡ로다. 녹슈는 곤곤허니 ᄇᆡᆨ구의 죠름이요, 풍류

29) ᄒᆡ망ᄒᆞ온지라 : 순우리말 ‘해망적다’, 총명하지 못하고 아둔하다.

는 양양ᄒᆞ니 힝즁의 군악이라. ᄉᆞᆷ인이 지긔 상합ᄒᆞ고 ᄌᆡ홰 비등ᄒᆞᄆᆡ 그 ᄉᆞ랑ᄒᆞ는 마음이 비길ᄃᆡ 읍더라. 여러날 힝ᄒᆞ야 쇼쥬의 일으니 일경이 진동허더라. ᄐᆡ슈 부뷔 그 ᄋᆞᄌᆞ의 현달홈과 쇼져의 유한허믈 더욱 깃그더라. 슈일을 연락ᄒᆞ고 ᄉᆞᆷ인이 쇼쥬를 ᄯᅥ나 ᄎᆞᄎᆞ 힝ᄒᆞ야 남창현 학명촌의 ᄃᆞᄃᆞ라 위의를 ᄎᆞ리고 집으로 향홀ᄉᆡ 린이권쳑이 길의 마져 들러갈 ᄉᆡ 남녀노유의 구경ᄒᆞ는 ᄌᆡ 길이 메여 셔로 가로ᄃᆡ, “이 다 쳐ᄉᆞ의 누ᄃᆡ 심흔 음덕이라.” ᄒᆞ더라. 외당의 올나 쳐ᄉᆞ긔 뵈옵고 숑시랑으로 솔방ᄒᆞ야온 말삼을 고ᄒᆞ고 ᄂᆡ당의 드러가 모부인긔 뵈온ᄃᆡ 부인이 아ᄌᆞ의 이쳐럼 영춍이 도라오믈 보고 십분 ᄋᆡ즁허더라. 학ᄉᆡ 시랑과 한림을 잡고 모부인긔 ᄌᆞ질지녜로 뵈옵고 쇼졔 두 형을 보ᄆᆡ 셔로 반기더라. 션형의 손분ᄒᆞ고 ᄃᆡ연을 비셜ᄒᆞ야 향당고구와 슈일을 질긴 후의 ᄀᆡᆨ을 사례ᄒᆞ고 별당의 쳐ᄒᆞ야 길에 곤ᄒᆞ믈 쉬이더니, 잇ᄯᅢ 혹ᄉᆞ부인이 잉ᄐᆡᄒᆞ야 당삭이 되야는지라. 이날 ᄉᆞᆷ 인이 슐을 나와 취허더니 시비 보허되, “쇼졔 순만 ᄉᆡᆼ남ᄒᆞ야나이다.” ᄒᆞ거늘 쥬ᄀᆡᆨ이 셔로 깃그며 셔로 ᄒᆞ례ᄒᆞ더라. 쳐ᄉᆞ부뷔 경ᄉᆡ 쌍으로 일우믈 보고 ᄃᆡ희ᄒᆞ야 일홈을 상이라 ᄒᆞ니, 이ᄯᅢ 궁의 나히 ᄉᆞᆷ 셰라. 학ᄉᆡ 산부와 히ᄋᆞ를 더리고 ᄒᆞ절의 길를 ᄯᅥ나기 어려워 츄절을 기ᄃᆞ려 올나가기를 정ᄒᆞᆫᄃᆡ 시랑 왈, “ᄉᆞ셰 과연 그러헌지라. ᄂᆡ ᄒᆞᆫ림과 쇼쥬의 가 귀권을 기다리리라.” 칠월 즁순으로 긔약ᄒᆞ고 쳐ᄉᆞ를 ᄒᆞ직ᄒᆞ고 쇼쥬로 향허니라.

ᄎᆞ셜, 혹ᄉᆡ 두 사람을 보ᄂᆡᆫ 후에 부모슬ᄒᆞ의 지셩으로 봉양허더니 하늘이 효ᄌᆞ의 뜻을 ᄡᅵ아사 쳐ᄉᆡ 우연 득병ᄒᆞ야 칠월 망일에 엄연이 도라가니, 오회라. 혹ᄉᆞ 부부 ᄋᆡ통을 어ᄃᆡ 비ᄒᆞ리요. 인리친쳑이 모히여 치상을 분별ᄒᆞ고 경ᄉᆞ의 ᄉᆞ람을 보ᄂᆡ여 숑상셔긔 고부ᄒᆞ고 쇼쥬의 젼인ᄒᆞ니라.

ᄎᆞ셜, 숑시랑이 쇼쥬의 잇셔 가을을 기ᄃᆞ리더니 흉보를 드르ᄆᆡ 모든 일이 일죠의 낭픠 된지라. 한림으로 더부러 탄식ᄒᆞ믈 마지 아니ᄒᆞ더라. ᄐᆡ쉬 시랑다려 왈, “정홰 심히 고독ᄒᆞᆫ ᄉᆞ람이라. 쥬관이 읍슬지니 너의 밧비 나려가 범ᄉᆞ를 쥬션ᄒᆞ고 쟝ᄉᆞ 후의 즉시 경ᄉᆞ로 올나가라.” 양인이 승명ᄒᆞ고 학ᄉᆞ

의 집의 일우러 닉외의 죠문허고 인ᄒᆞ야 상ᄉᆞ를 다ᄉᆞ려 장일을 당ᄒᆞ미 녜졀을 구비ᄒᆞ야 션산의 완장ᄒᆞ고 도라오미 모부인이 이어 병들어 이지 못허는지라. 고인이 이르기를 '복은 쌍으로 이루기 어렵고 ᄌᆡ앙은 혼자 단니지 안는다.' ᄒᆞ미로다. 천명이 ᄒᆞᆫ이 잇셔 길게 도라가니 혹ᄉᆞ 부부의 익통을 웃지 말ᄒᆞ리요. 쳐ᄉᆞ 분묘의 ᄒᆞᆸ폄ᄒᆞ고 인ᄒᆞ야 묘칙의 시묘허거늘 시랑이 ᄒᆞᆫ림으로 더부러 혹ᄉᆞ를 이별ᄒᆞᆯ 식 눈물을 쓰리고 보닉더라. 셰월이 여류ᄒᆞ야 삼상을 다 지닉미 집의 도라와 가ᄉᆞ를 다ᄉᆞ리고 비복으로 더부러 농ᄉᆞ를 젼념ᄒᆞ야 그 션인의 유업을 직히더라.

각셜, 천지 정화의 평싱 효힝과 삼년시묘의 정셩이 지극ᄒᆞ믈 드르시고 긔특이 여기ᄉᆞ 죠셔를 나려 ᄀᆞ라ᄉᆞ듸, "젼임 ᄒᆞᆫ림원 틱혹ᄉᆞ 정화로 녜부상셔를 승탁ᄒᆞ노니 즉일 등정ᄒᆞ야 짐의 사랑ᄒᆞ는 마음을 헤ᄋᆞ리라." ᄒᆞ시고 쇼쥬틱수로 가권을 호숑ᄒᆞ라 ᄒᆞ시다. 녜관이 죠셔를 밧드러 쇼쥬부 남창현 학명촌 ᄒᆞᆫ림원 틱학ᄉᆞ 정화의 집의 나리거늘 홰 죠셔를 밧든 후의 녜관을 ᄉᆞ례ᄒᆞ야 보닉고 황은을 감축ᄒᆞ야 즉시 길을 ᄎᆞ릴 식, 향당친척이 모다 영화를 ᄒᆞ례ᄒᆞ며 ᄯᅩ 써나믈 감창ᄒᆞ더라. 상셰 비복 등을 불너 ᄀᆞ로듸, "천지 벼술을 도도시고 오기를 ᄌᆡ촉ᄒᆞ시니 분의에 아니 가지 못ᄒᆞᆯ지라. 닉 가턱과 젼토를 너의계 밋기ᄂᆞ니 농ᄉᆞ를 게을니 말며 션형을 부지런이 슈호ᄒᆞ야 닉 국은을 보답ᄒᆞ는 날 다시 고향의 나려와 너의와 갓치 늘그리라." 즁인이 모ᄃᆞ 눈물을 쓰리더라. 이ᄯᅢ의 쇼쥬틱슈 숑빈이 황명을 밧들어 거마를 셩비ᄒᆞ고 관리를 거나리고 남창현 학명촌 예부상셔 정화의 집의 일우니, 상셔 부뷔 마져 당의 올녀 뵈올식 이ᄯᅢ의 궁의 나히 육 셰요 상의 나히 ᄉᆞ 셰라. 총명영오허미 틱쉬 긔히이 여기더라. 틱쉬 상셔의 가권을 호송ᄒᆞ야 쇼쥬의 드러가니 그 부인이 상셔 부부와 두 외숀의 숙셩ᄒᆞ물 보고 못닉 깃거하더라. 슈일을 머물너 써날 식 숑틱쉬 쇼쥬지경의 일우러 젼숑ᄒᆞ야 보닉니라. ᄎᆞᄎᆞ 힝ᄒᆞᆯ식 고을마다 지송30) ᄒᆞ야 경셩이 머지 아닌지라. 숑시랑과 ᄒᆞᆫ림이 셩외의 나와 마자 숑상셔 턱즁의 드러가 상셔 부부긔 뵈온 후의 즉시 궐ᄒᆞ의 ᄂᆞ

아가 쳔은을 슉비ᄒᆞ온ᄃᆡ, 쳔ᄌᆞ 부르ᄉᆞ 그 부모의 초토지ᄂᆡ물 위문ᄒᆞ시고 ᄀᆞ라ᄉᆞᄃᆡ, "경의 효ᄒᆞ는 마음으로 나라를 츙셩ᄒᆞ라. 짐이 경을 사랑ᄒᆞ노라." 상셰 복지 쥬왈, "신이 향촌 일ᄀᆡ 쥰물노 요힝이 폐ᄒᆞ의 셩명ᄒᆞ시믈 맛나 견마의 효를 베풀가 바라더니 신이 박명ᄒᆞ야 죵천지통을 맛나ᄆᆡ 향녀의 잇셔 부모의 묘칙의 놀기를 긔약ᄒᆞ야습더니 폐ᄒᆞ의 륭은이 나리시니 이는 신이 폐ᄒᆞ의 죄신이요, ᄉᆞ호[31]지공이 읍거늘 도리여 ᄃᆡ관을 더으시며 가턱을 ᄉᆞᄒᆞ시니 신이 간뇌도지[32]ᄒᆞ오나 웃지 홍은에 만분지일을 갑프리잇고." 상왈, "짐이 경을 아나니 겸양치 말나." 상셰 쳔폐에 ᄒᆞ직ᄒᆞ고 도라오니라. 원ᄅᆡ 어ᄉᆞᄒᆞ신 가턱이 송상셔의 집과 후원이 격ᄒᆞᆫ지라. 이날 가권을 거나리고 신턱의 정돈ᄒᆞ니 실당이 광활ᄒᆞ고 분벽ᄉᆞ창이 죠요ᄒᆞ더라. 정상셰 시랑, ᄒᆞᆫ림으로 날마다 죠회의 파ᄒᆞ면 셔로 죠ᄎᆞ 도셔금긔와 쳥화ᄒᆞᆫ담으로 셰월을 보ᄂᆡᄆᆡ 그 지취의 쳥고홈과 정의에 친밀ᄒᆞ미 비길 ᄃᆡ 읍더라.

광음이 슈이 달니고 신민이 박복ᄒᆞ야 쳔ᄌᆞ 옥쳬 미령ᄒᆞᄉᆞ ᄇᆡᆨ약이 무효ᄒᆞ야 일죠의 승쳔ᄒᆞ시니 정상셰 그 지우지은을 츄감ᄒᆞ야 심이 ᄋᆡ통허더라. ᄇᆡᆨ관이 ᄐᆡ자를 셰워 쳔ᄌᆞ위의 나아가니 년이 이십이 셰라. 정ᄉᆞ를 도라보지 안이ᄒᆞ고 환관·궁쳡을 다리고 연락으로 일을 숨아 거상에 쳬면이 바히 읍고, 오린 신ᄒᆞ를 물이치고 신진쇼년을 탁용ᄒᆞ니 죠정의 어진 신ᄒᆡ 읍고 간당이 용권ᄒᆞ야 정ᄉᆡ 날노 괴픠ᄒᆞ는지라. 정상셰 여러 번 글을 올녀, "간신을 물니치고 현신을 진용ᄒᆞᄉᆞ 션왕의 고규를 직히시며 정령을 발키ᄉᆞ 죵ᄉᆞ와 ᄉᆡᆼ령을 편안케 ᄒᆞ쇼셔." 쳔ᄌᆞ 글을 보고 ᄶᅡ의 더지고 더욱 방탕ᄒᆞ더라. 정쾌 셰ᄉᆞ를 ᄉᆡᆼ각ᄒᆞ고 쥬야 통한ᄒᆞ더니 일일은 황후의 탄일이라. ᄇᆡᆨ관이 다 궐즁의 드러가 죠회헐 ᄉᆡ 정상셰 바로 탑젼의 나ᄋᆞ가 부복 쥬왈, "신이 근일 정

---

30) 지송 : 祗送, 백관이 임금의 출가(出駕)를) 공경하여 보냄. 의미에 맞지 않게 사용함.

31) ᄉᆞ호 : 絲毫, 몹시 적은 수량.

32) 간뇌도지 : 肝腦塗地, 간과 뇌장을 땅에 쏟아낸다는 뜻으로, 나라를 위하여 목숨을 돌보지 않고 힘을 다함.

영을 보오니 죠졍의 바른 신ᄒᆡ 읍고 쇼인간당이 쳬결ᄒᆞ야 총명을 옹폐ᄒᆞ고 법영을 문란호ᄃᆡ 폐ᄒᆡ 그 무리를 죵ᄒᆡᆼᄒᆞ시고 환관궁쳡을 친압ᄒᆞ야 낫즈로 밤을 이으며 밤으로 낫즐 이어 연낙이 끈이지 ᄋᆞ니ᄒᆞ며 졍ᄉᆞ를 젼폐ᄒᆞ시며 션황의 혼젼[33]과 폐ᄒᆞ의 효복이 몸의 잇는 쥴 모르시니 쳥문[34]이 ᄒᆡ춤[35]ᄒᆞ며, ᄌᆡ물 잇는 ᄌᆞ는 비록 우준미쳔이나 상셔・시랑과 자ᄉᆞ・군슈의 일으고 ᄌᆡ물 읍는 자는 비록 덕ᄒᆡᆼ과 ᄌᆡ망이 잇스나 쵸야의 늑ᄉᆞ오니 폐ᄒᆡ 누구로 더부러 쳔ᄒᆞ를 다ᄉᆞ리이잇고. 신이 션제에 지우지은을 입ᄉᆞ와 슈ᄇᆡᆨ 년 죵ᄉᆞ가 오날날 폐ᄒᆞ에 일우러 픠망ᄒᆞᆷ을 보고 슈슈방관ᄒᆞ야 션제을 져ᄇᆞ리이잇고. 간ᄌᆡᆼ은 신의 직분이요 쳥죵은 폐ᄒᆞ의 잇는지라. 신이 부월에 버히시믈 무릅쓰고 충졍을 알외오니 복원 폐ᄒᆞ는 고황제 창업허시든 신고를 ᄉᆡᆼ각ᄒᆞᄉᆞ 신의 말을 취용ᄒᆞ시면 죵ᄉᆞ 만ᄒᆡᆼ이요 만민의 만ᄒᆡᆼ이니이다." 말을 맛치ᄆᆡ 눈물이 옷깃슬 젹시는지라. 쳔ᄌᆞ 쳥파의 ᄂᆡᆼ쇼 왈, "인ᄉᆡᆼ 세간이 ᄃᆡ희의 부운이라. 짐이 만승의 부귀를 가지고 ᄒᆡᆼ낙을 잇겨 무엇ᄒᆞ리요. 경의 말이 너무 과도ᄒᆞ도다." 상셰 왈 "고어에 ᄀᆞ로되 '흥진비ᄅᆡ요 락극환ᄉᆡᆼ이라' ᄒᆞ니 달이 둥근즉 이지러지고 ᄒᆡ가 즁쳔의 일운즉 기우러지나니 원컨ᄃᆡ 폐ᄒᆞ는 살피쇼셔." 쳔ᄌᆞ 묵연양구의 왈, "경은 물너가라. ᄂᆡ ᄉᆡᆼ각ᄒᆞ리라." ᄒᆞ고 몸을 일어 안으로 드러가시거늘 ᄇᆡᆨ관이 모다 무연이 퇴ᄒᆞ니라. 이ᄯᅢ 간신의 무리 상의 불열헌 긔회를 타 죵용 쥬왈, "졍홰 션제의 후은을 잇고 요망헌 말노 폐ᄒᆞ를 비방ᄒᆞ고 죠졍을 원망ᄒᆞ며 ᄐᆡ평을 가르쳐 픠망이라 ᄒᆞ야 쳔ᄒᆞ인심을 요동허며, 오날 ᄯᅩ 신민이 경축ᄒᆞ는 날이어늘 흉험헌 말숨으로 폐ᄒᆞ긔 들니오니 신등이 도리여 통분ᄒᆞᆷ을 이기지 못ᄒᆞ나이다." 쳔ᄌᆞ 그 말을 듯고 분긔 다시 발ᄒᆞ야 즉시 ᄃᆡ리경을 명쵸ᄒᆞ시니 이ᄯᅢ ᄃᆡ리경은 젼 이부상셔 엄

---

33) 혼전 : 魂殿, 조선시대, 왕이나 왕비의 국장 뒤에 종묘에 배위할 때까지 신위를 모시던 사당. 왕이 죽으면 3년 동안 모시고 왕비가 죽으면 왕이 죽을 때까지 모셨음.

34) 청문 : 聽聞, 퍼져 돌아다니는 소문.

35) ᄒᆡ춤 : 駭慚, 해괴하여 몹시 남부끄러움.

숭의 ᄋᆞ들 엄신이니 신진쇼년으로 일즉 등과ᄒᆞ야 벼술리 ᄃᆡ리경의 일운지라. 이날 승명ᄒᆞ야 드러갈 시 상셰 엄신더러 왈, "네가 ᄃᆡ리경으로 잇셔 정상셔의 집을 망케ᄒᆞ면 ᄂᆡ 너를 보지 아느리라." 엄신이 ᄃᆡ왈, "맛당이 극히 간ᄒᆞ야 정씨 일문을 보젼ᄒᆞ오리니 념녀치 마르쇼셔." 궐즁의 드러가 승명ᄒᆞᆫᄃᆡ 쳔지 진로 왈, "정홰 군부를 ᄃᆡᄒᆞ야 요망픠악이 망유기극ᄒᆞ니 그 죄 죽을지라. 그 젹정을 엄문ᄒᆞ야 왕법을 발키라." 엄신이 쥬왈, "작일 죠회의 정화의 알외는 바를 젼폐 머지 아니ᄒᆞ야 신도 듯ᄉᆞ온지라. 그 말이 충즉ᄒᆞ고 절절이 오른지라. 폐히 그 말을 취용치 아니실지언정 션졔의 구신이요 죠야의 명망 잇는 신ᄒᆞ를 죄 읍시 죽여 충신의 언로를 막으랴 ᄒᆞ시니 이는 국가에 상셰 ᄋᆞ니옵고, ᄯᅩ 탑젼의셔 군신이 ᄉᆞ쥬ᄒᆞ사 만죄 문무 갓치 듯사와 다른 비밀ᄒᆞᆫ ᄉᆞ정이 읍거늘 무슴 일을 국문ᄒᆞ오며, 정홰 삼십 년 션황을 셤겨 공젹이 젹지 아니ᄒᆞ오니 그 구의를 짐렴ᄒᆞᄉᆞ 쳔위를 거드시고 신분을 현안이 ᄒᆞ시면 폐ᄒᆞ의 홍ᄃᆡ지은을 더욱 감격ᄒᆞᆯ 거시오, 폐ᄒᆞ의 충신 사랑ᄒᆞ시는 셩덕이 쳔ᄒᆞ의 가득ᄒᆞ오리이다." 쳔지 본ᄂᆡ 강단이 읍는지라. 쳥파의 왈, "만일 경의 말이 아니러면 ᄒᆞ마 충양을 히헐 번 ᄒᆞ도다." 즉시 정화를 노으라 ᄒᆞ시니 엄신이 빅비사은ᄒᆞ고 집의 도라와 그 부친긔 고ᄒᆞᆫᄃᆡ 상셰 ᄃᆡ희ᄒᆞ더라. 잇ᄯᅴ의 간신비가 엄신이 극간ᄒᆞ야 정화의 구ᄒᆞ믈 보고 십분 통한ᄒᆞ야 셔로 의논허되, "우리 쳔ᄌᆞ긔 다시 알외여 정화의 오ᄌᆞ일셔를 병히 방축향니ᄒᆞ고 그 뒤를 음습ᄒᆞ야 모다 죽여 후한을 읍시ᄒᆞ미 올타." ᄒᆞ고 쳔ᄌᆞ긔 죵용이 아뢰되, "폐히 쳔위를 나리ᄉᆞ 정화를 국문ᄒᆞ라 ᄒᆞ심은 죠졍이 다 ᄋᆞ는 비여늘 엄신의 말노ᄡᅧ 뇌정을 거드시니 이는 군신긔강이 괴픽ᄒᆞᆫ지라. 원컨ᄃᆡ 폐ᄒᆞ는 신등의 말을 죠치사 정화 부자 육인과 그 ᄉᆞ위 원장을 병히 향리로 방축ᄒᆞ시면 이는 폐ᄒᆞ의 은위가 병힝ᄒᆞ미오니 지금으로 죠셔를 나리쇼셔." 쳔지 ᄃᆡ희ᄒᆞ야 왈, "경등의 의논이 가장 묘허도다. 짐이 정화의 죄상이 엄과치 못헐지라. 특별이 ᄒᆞᆫ 목숨을 빌녀 오자일셔를 병히 파직ᄒᆞ고 방축향리ᄒᆞ라."

잇ᄯᅢ 정홰 연이 사십오 셰요 오ᄌᆞ이녜 잇스니 장ᄌᆞ 궁의 년은 이십구 셰니 셩효공검ᄒᆞ고 문장이 탁월ᄒᆞ야 의약복셔와 경제지셔를 무불셥녑ᄒᆞ니 벼술이 니부시랑이요, 부인은 상셔 니셩의 녀니 인효공근ᄒᆞ니 ᄉᆞᆷᄌᆞ일녀가 잇고, 이ᄌᆞ 상의 년은 이십칠이니 사람되미 총명영오ᄒᆞ고 긔경ᄒᆞᆫ 권술이 잇는지라. 십오 셰의 집을 ᄯᅥ나 천ᄒᆞ육쥬를 유람ᄒᆞ야 각국 산천풍쇽과 긔교·정치·농상지학을 ᄇᆡ화 치부 거만이요, 그 부인은 학ᄉᆞ ᄒᆞᆫ긔의 여요 일ᄌᆞ일녀를 ᄉᆡᆼᄒᆞ고, ᄉᆞᆷᄌᆞ 각은 년이 이십오니 십삼의 그 형 상을 죳ᄎᆞ 천ᄒᆞ를 박남ᄒᆞ야 학문이 광ᄃᆡᄒᆞ고 신장이 팔척이요 용ᄆᆡᆼ이 절륜ᄒᆞ며 경천위지지ᄌᆡ와 활달ᄒᆞᆫ ᄃᆡ도가 잇스니 부인은 쳥쥬자ᄉᆞ 쇼졍의 여니 일ᄌᆞ일녀가 잇고, 사ᄌᆞ 치의 년은 이십ᄉᆞᆷ 셰니 위인이 관후인ᄌᆞ하고 문무겸비ᄒᆞ고 지용이 쌍젼ᄒᆞ니 그 부인은 승상 림준의 여요 이ᄌᆞ일녀를 두고, 오ᄌᆞ 우의 년은 십팔 셰니 쳔셩이 인효ᄒᆞ고 옥골션풍이요 문장지화와 풍류지ᄉᆞ라. 승상 최정의 여ᄋᆞ와 결혼ᄒᆞ야더니 최정이 죽고 풍파 이러나ᄆᆡ 셩혼지 못ᄒᆞ고, 장녀 연이 이십일 셰니 인효지셩ᄒᆞ고 유한지ᄐᆡ와 ᄐᆡᄉᆞᄐᆡ임지덕이 잇스며 시셔녀공을 진션진미ᄒᆞ는지라. 상셔 부뷔 금옥갓치 ᄉᆞ랑ᄒᆞ야 그 쌍이 읍스물 근심허더니 십육 셰에 일우러 상셔 원현의 ᄋᆞ자 원장으로 셩친ᄒᆞ니 이ᄯᅢ 장의 연이 이십오 셰라. 십세에 부모를 일코 혈혈무의ᄒᆞ야 사방의 두루 노라 실가지락이 읍고 뜻이 활달ᄒᆞ야 가산을 일ᄉᆞᆷ지 아니허며, 위인이 충후인덕ᄒᆞ고 여력이 과인ᄒᆞ고 지혜 광ᄃᆡᄒᆞ며 늠늠헌 풍치 잇스니 당시 호걸이라. 상셔 부뷔 깁히 ᄋᆡ중허더라. ᄎᆞ녀의 연은 십사 셰니 아직 졍혼치 못ᄒᆞ고 가셔를 널리 구허더니 졸지의 파랑이 이는지라. 잇ᄯᅢ 숑한림은 쇼쥬의 ᄂᆞ려가고 숑시랑은 여쥬ᄌᆞᄉᆞ로 잇더라.

ᄎᆞ셜, 상셰 오ᄌᆞ일셔를 불너 왈, "ᄂᆡ 몸의 큰 홰 밋칠지라. 나와 시랑은 국녹지신이라. 거취를 못ᄒᆞ리니 너의는 지금으로 쳐ᄌᆞ를 거ᄂᆞ리고 혹명쵼으로 나려가 춘하의 글을 익고 추동의 산양ᄒᆞ야 ᄯᆡ를 기다리고 간신의 심안의 거리ᄭᅵ지 말나. ᄂᆡ 비록 엄신의 구ᄒᆞ물 입어스나 번복을 웃지 층량ᄒᆞ리

요." 지금 ᄒᆞᆫ절이라 육노로 못 가리니 셩남 홍원강의 ᄃᆡ션 일 척을 사고 가기를 ᄌᆡ촉허니 일문의 비창ᄒᆞ믈 웃지 말ᄒᆞ리요. 일변으로 ᄒᆡᆼ장을 슈습터니 맛참 천지 죠셔를 나리ᄉᆞ 정화 오ᄌᆞ일셔를 병히 방축향리ᄒᆞ라 ᄒᆞ얏거늘 상셔 부ᄌᆡ 북향ᄉᆞ비ᄒᆞ고 눈물을 ᄲᅮ려 ᄉᆞᄌᆞ를 보ᄂᆡ니 맛초와 ᄒᆡᆼ장이 다 되야ᄂᆞᆫ지라. 두 가ᄐᆡᆨ은 노복을 ᄆᆡᆺ기고, 외국유람ᄒᆞ야든 가졍 이십여 인과 남녀비복의 ᄌᆞᆺ찌를 원ᄒᆞᄂᆞᆫ 지 이십여 인이라. ᄒᆞᆫ 가지로 강의 나ᄋᆞ가 ᄇᆡ의 올으니 일기 단취ᄒᆞᆫ 즁 상셔를 뫼셔 ᄒᆞᆫ 가지로 가믈 다ᄒᆡᆼ이 여기더라.

순풍의 돗츨 달고 순류의 ᄇᆡ를 ᄯᅴ여 쇼쥬를 향ᄒᆞᆯ ᄉᆡ 션두의 안ᄌᆞ 북으로 경셩을 바라보니 흉즁이 억식ᄒᆞ고 남으로 쇼쥬를 바라보니 만리창ᄒᆡ의 슈운이 막막이라. 술을 드러 회포를 위로ᄒᆞ며 여러날 ᄒᆡᆼᄒᆞ야 쇼쥬룰 바라보더니 홀연이 거문 구름이 ᄃᆡ히를 덥흐며 ᄃᆡ풍이 어지러이 이러나며 ᄐᆡ산갓튼 물결이 ᄇᆡ를 두다리미 파도 소ᄅᆡ 우레갓고 지척을 분변치 못ᄒᆞ며 큰 비 붓다시 오는지라. 졔인이 혼절ᄒᆞ야 션즁의 업듸여 졍신을 모르더니 졈졈 바람이 긋치며 물결이 쉬는지라. 졔인이 졍신을 슈습ᄒᆞ야 션즁 양찬으로 졔인을 구헌 후의 육인이 의관을 졍돈ᄒᆞ고 션두의 올나 ᄌᆞ셰이 살펴보니 산쳔이 험준ᄒᆞ고 멀리 셩곽이 잇셔 총림ᄉᆞ이에 은은ᄒᆞ거늘 ᄎᆞᄎᆞ 탐지ᄒᆞ랴 ᄒᆞ더니 멀리 ᄉᆞ쟝 우으로 ᄒᆞᆫ ᄯᅦ ᄉᆞ람이 ᄇᆡ를 향ᄒᆞ야 오는지라. 션즁인이 마자 올리니 이는 본쥬 ᄐᆡ쉬 문졍[36]으로 나오미라. 그 의관을 보건ᄃᆡ 거문 빗슬 숭상ᄒᆞ고 인물과 언어와 의복졔도가 아셰아 쳥국과 상사ᄒᆞ더라. ᄐᆡ쉬 션즁 졔인을 돌나보니 풍치와 의관이 션명ᄒᆞ야 여러 날 놀난 모양갓지 아닌지라. ᄐᆡ쉬 암암히 신긔ᄒᆞ믈 칭찬ᄒᆞ고 문왈, "어ᄂᆡ 지방 사람으로 풍파를 맛나 이 지경의 일우러스며 졔 귀인의 놀나시믈 위로ᄒᆞ노라." 시랑이 ᄃᆡ왈, "우리는 아셰아쥬 셔람 슈몽국 경셩 ᄉᆞ람으로서 가권을 다리고 쇼쥬 고향ᄯᅡ흐로 가다가 ᄃᆡ히즁의셔 풍파 오 일을 맛나 이곳의 다하스나 아지 못게라, 이 지방은 어

36) 문정 : 問情, 남의 나라의 배가 처음으로 항구에 들어왔을 때 관리를 보내어 그 사정을 묻는 일.

되며 ᄃᆡ인은 뉘시죠?" ᄐᆡ쉬 왈, "ᄉᆡᆼ의 셩은 왕이요 명은 윤이요 이 지방은 남외양 ᄃᆡ남국 북희쥬니 쇼ᄉᆡᆼ이 지방관으로 범외국인이 표박ᄒᆞ면 문정ᄒᆞ야 왕상긔 쥬문ᄒᆞ고, 그 ᄉᆞ람으로 ᄒᆞ야금 ᄉᆞ롱공상의 직목ᄃᆡ로 ᄆᆡᆺ겨 젼거ᄒᆞ게 하고 도라보ᄂᆡ지 안는 법이니 슈일을 기다리쇼셔." 시랑 왈, "쳔ᄒᆞ만국이 셔로 표박헌 ᄇᆡᆨ셩을 ᄇᆡ를 곳치고 양촌을 쥬어 호종허거늘 귀국법은 읏지ᄒᆞ야 그러ᄒᆞ믈 발키 가르치쇼셔." ᄐᆡ슈 왈, "폐방이 쳔ᄒᆞ육ᄃᆡ쥬 외의 남외양의 일편지방이니, 연무 슈만 리요, 옥야 쳔 리요, 토광인희ᄒᆞ야 지금도 공ᄒᆞᆫᄒᆞᆫ ᄯᅡ히 만흔지라. 외국인이 드러오면 호종치 안코 ᄯᅡ흘 쥬어 ᄇᆡᆺ츨 갈아먹게 ᄒᆞ고 ᄯᅩ 외국으로 이 지방을 아지 못ᄒᆞ게 ᄒᆞ미니이다." 시랑 왈, "ᄃᆡ인의 의관과 언어 즁원과 근ᄉᆞᄒᆞ니 알고져 ᄒᆞ나이다." ᄐᆡ쉬 왈, "이 ᄃᆡ남국이 본ᄅᆡ 뷘 셤일너니 쵸한이 분징ᄒᆞᆯ ᄯᅢ의 쳔히 분분허거늘 쵸나라 ᄉᆞ람 슈쳔이 ᄒᆡ로로 피란타가 이곳의 일우러 지금 슈쳔 년간의 외국인의 드러온 ᄉᆞ람은 잇고 나간 ᄉᆞ람은 웁스미 셰계의셔 모르며, ᄎᆞᄎᆞ 드러오는 즁화ᄉᆞ람의게 ᄇᆡ화 인군도 셰우고 벼술도 ᄂᆡ이며 글도 ᄇᆡ호미 언어와 의관이 갓튼지라. 셰셰ᄒᆞᆫ 사건은 갑자기 못하오니 션즁인원과 그 본국의 무슴 직업을 져져히 가르치쇼셔." 상셰 청파의 의ᄉᆡ 억ᄉᆡᆨᄒᆞ야 읏지 ᄒᆞᆯ 슈 웁는지라. 그 ᄉᆞ실을 일운ᄃᆡ, ᄐᆡ쉬 제ᄉᆡᆼ으로 더부러 각각 한훤을 펴고 그 ᄀᆡᄀᆡ 영쥰ᄒᆞ믈 깃거ᄒᆞ더라. 션즁인을 모다 청ᄒᆞ야 셩즁 본쥬 공관의 젼졉케 ᄒᆞ고 집물을 옴긴 후의 ᄇᆡ를 불지를고 ᄐᆡ쉬 이런 ᄉᆞ상을 셰셰히 긔록ᄒᆞ고 그 인지를 쳔거ᄒᆞ야 쥬문ᄒᆞ고 일힝을 우ᄃᆡ허더라.

각셜, ᄃᆡ람국왕이 북희ᄐᆡ슈의 쥬문을 보고 제신을 모하 왈, "이졔 아셰아 즁앙 셔남 셤어국인 예부상셔 정홰 오ᄌᆞ일셔를 다리고 표로헌지라. 제신 즁 아셰아인이 마는지라. 혹 셩명을 아는 ᄌᆡ 잇ᄂᆞ뇨? 국법을 의지ᄒᆞ야 그 인ᄌᆡ를 보아 ᄉᆞ롱공ᄉᆞᆼ을 분비ᄒᆞ야 ᄉᆞ망여ᄉᆡᆼ으로 항우지탄이 웁게 ᄒᆞ라." 좌승상 최우 쥬왈, "신이 근련의 드러온 중화 ᄉᆞ람의게 듯ᄉᆞ온즉 정홰 셤어국 쇼쥬 남창현 학명촌 유명헌 도학쳐ᄉᆞ 정황의 아들노셔 충효념직ᄒᆞ고 문쟝이 츌유ᄒᆞᄆᆡ 십칠 셰에 갑과 장원으로 슈년지간의 벼술이 예부상셔의 일우ᄆᆡ 명망이 죠야의 가득ᄒᆞ며, 오ᄌᆞ일셰 ᄀᆡᄀᆡ 영준ᄒᆞ고 탁월ᄒᆞᆫ ᄌᆡ죄 잇스니 이 사람을 불너보ᄉᆞ 탁용ᄒᆞ시면 국가의 만ᄒᆡᆼ일가 ᄒᆞ나이다." 이부상셔 쇼졍이 쥬왈, "신도 즁화의 잇슬 ᄯᆡ의 그 명망을 드른지라. 이졔 승상의 소쥬 졀당[37] ᄒᆞ여이다." 왕이 ᄃᆡ희 왈, "승상과 상셔의 의견이 갓튼지라. 다시 무어슬 의심ᄒᆞ리요. 즉시 북ᄒᆡ ᄐᆡ슈의게 젼지ᄒᆞ야 그 일ᄒᆡᆼ을 병히 망야[38]호송ᄒᆞ라." ᄒᆞ신ᄃᆡ ᄐᆡ쉬 거마를 갓쵸와 호송ᄒᆞ야 경셩의 일우ᄆᆡ 왕이 ᄇᆡᆨ관을 더부러 보실 ᄉᆡ 상셰 오자일셔를 거ᄂᆞ리고 ᄎᆞ례로 드러가 젼폐의 사ᄇᆡᄒᆞᆫᄃᆡ 왕이 ᄌᆞ시 보니 과연 인물이 비범ᄒᆞ야 ᄉᆞ람으로 ᄒᆞ야금 졀노 경복케 ᄒᆞ더라. 왕이 ᄃᆡ희하야 젼폐에 올니시고 풍파의 놀나믈 위로ᄒᆞ신ᄃᆡ, 정쾌 주왈, "표망여ᄉᆡᆼ이 어복의 장ᄉᆞ를 면ᄒᆞ오니 ᄃᆡ왕의 은혜로소이다." 왕 왈, "과인이 경의 명망과 복녁을 임의 드른 ᄇᆡ어이와 져 쇼년들을 보니 과연 정씨오준이로다. 나히 몃몃치나 되뇨?" 정쾌 ᄎᆞ례로 고ᄒᆞᆫᄃᆡ, 상 왈, "이갓튼 쇼년영ᄌᆡ로 벼술의 올으지 못ᄒᆞ미 웃지 억울치 아니리요. 과인의 나라히 ᄀᆡ국ᄒᆞᆫ지 쳔여 년에 의관문물이 아셰아 중앙을 효측ᄒᆞ나 ᄆᆡ양 아셰아 지방으로셔 오는 ᄌᆡ 장ᄉᆞ와 공장이 만코 문ᄉᆞ와 관인이 져근고로 공상은 초셩ᄒᆞ나 국가졍치와 관졔와 군졔·예악·문필이 그 ᄃᆡ강만 짐작ᄒᆞ고 참지경을 모르는지라. 평ᄉᆡᆼ의 즁앙국에 명문거족과 문장지ᄉᆞ를 고ᄃᆡᄒᆞ더니 오날 ᄒᆞ날이 지시ᄒᆞ사 경등을 맛나스니 과인의 쇼회를 경영ᄒᆞ리로다." 정쾌 쥬왈, "ᄒᆞ교 과당ᄒᆞ오이다. 그러ᄒᆞ나 외신이 감히 ᄉᆞ졍을 알외나니 외신이 고쥬의 구축ᄒᆞᆫ ᄇᆡ 되야 고향의 나려가 부모의 분묘를 쓸고 농업을 다ᄉᆞ리자 ᄒᆞ얏더니 나문 ᄌᆡ앙이 미진ᄒᆞ야 망망창ᄒᆡ에 십ᄉᆡᆼ구ᄉᆞᄒᆞ야 ᄃᆡ왕을 맛나ᄆᆡ ᄉᆞᆼᄒᆞᆫ 칠십여 구가 ᄌᆡᄉᆡᆼ하온지라. 그 은혜 크오나 사ᄌᆞ일셔로써 ᄃᆡ왕을 셤기옵고, 외신과 장ᄌᆞ 궁을 쥬시고 일쳑 션을 쥬시면 고향을 ᄎᆞ자 션인에 분묘를 뫼시고 친쳑으로

37) 소쥬 졀당 : 所奏切當, 아뢴 바가 사리에 꼭 들어맞음.

38) 망야 : 罔夜, 밤을 새워서.

셔로 보면 이는 ᄃᆡ왕의 ᄌᆡ싱지은이오니, ᄉᆞᆯ피쇼셔." 왕이 청파의 ᄃᆡ쇼 왈, "경이 이믜 부뫼 ᄒᆞ셰ᄒᆞ고 모든 자녀손이 금일 ᄂᆡ 지방의 단취ᄒᆞ야스니 이는 과인의 복이요 경네에 만힝이라. 셜혹 과인이 경을 보ᄂᆡ드ᄅᆡ도 ᄃᆡ희즁의 향방을 모르고 ᄯᅩ 과인이 국가고규를 일죠의 읏지 페ᄒᆞ리요. 모름직이 경은 단렴ᄒᆞᆯ지어다." 즉시 정화로 녜부상셔를 삼고 정궁으로 이부시랑을 ᄒᆞ인ᄃᆡ 정쇄 면관복지 쥬왈, "외신이 임의 즁토의 벼ᄉᆞᆯᄒᆞ온지라. ᄯᅩ ᄃᆡ왕을 셤길 ᄇᆡ 잇스리잇가. 만일 젼ᄒᆞ계오셔 외신의 뜻을 어긔시면 신이 ᄎᆞ라리 젼페에 죽어 고군을 갑프리이다." 정궁이 ᄯᅩᄒᆞᆫ 간졀이 ᄉᆞ양ᄒᆞᆫᄃᆡ 왕이 마음의 셔어ᄒᆞ샤 좌우다려 왈, "정화의 부ᄌᆡ 충의 너무 과도허도다." 승상 최우 쥬왈, "정쇄 셩품이 충후인자ᄒᆞ야 벼ᄉᆞᆯ을 질겨 고쥬를 잇지 아니리니, 정화의 벼ᄉᆞᆯ을 거드시고 정화로 셰ᄌᆞ 사부를 삼아 빈례로 ᄃᆡ졉ᄒᆞ시면 셰ᄌᆞ의 학문이 유익ᄒᆞ고 정화의 뜻을 드듸여 쥬미니이다." 왕이 그러이 여겨 두 벼ᄉᆞᆯ을 다 거드시고 정화로 셰ᄌᆞ 사부를 ᄇᆡᄒᆞ고 셰ᄌᆞ를 불너 사부의 예로 뵈인ᄃᆡ, 정쇄 황망 답녜ᄒᆞ고 쥬왈, "외신의 학식이 쳔박ᄒᆞ와 셰자 져ᄒᆞ를 보도키 불감ᄒᆞ오니 명을 거드쇼셔." 왕 왈, "경의 겸ᄉᆞ 너무 과ᄒᆞ도다. 일직 관ᄉᆞ의 나가 편히 쉬고 명일의 자셔를 거ᄂᆞ리고 입죠ᄒᆞ라." ᄒᆞ시고 파조허시다.

잇ᄯᆡ 죠정ᄇᆡᆨ관의 아셰아쥬 지방 사람이 ᄉᆞᆷ분의 이가 되고 그 나마는 사방으로셔 모인고로 언어와 의관을 ᄎᆞᄎᆞ 곳치여 학문을 ᄇᆡ혼 ᄌᆞ는, 겨우 셩명을 긔록ᄒᆞ면 사환의 올나 고관ᄃᆡ작을 허고, 당금 ᄃᆡ남국왕도 그 션죠는 한션제[39]시 교지 ᄉᆞ람으로 상고로 위업ᄒᆞ더니 동ᄉᆞ 삼십여 인으로 표풍ᄒᆞ야 드러오니 셩은 곽이요 명은 무니 그 위인이 웅위ᄒᆞ고 ᄌᆡ물이 만으ᄆᆡ 즁인이 셰워 인군을 삼으니 정ᄉᆞ을 발기 ᄒᆞ고 ᄇᆡᆨ셩을 사랑ᄒᆞᄆᆡ 드듸여 ᄃᆡᄃᆡ로 젼ᄒᆞ야 지금가지 일우러더라. 익일의 쳔ᄌᆡ ᄇᆡᆨ관을 모흐고 의논ᄒᆞ실 ᄉᆡ 승상 최우와 니부상셔 쇼정과 병부상셔 상우인 등 졔신이 일시의 쥬왈, "신등이 이

39) 한션제 : 漢宣帝, 전한 무제의 증손자로 여태자 유거의 손자임.

ᄆᆡ 그 오ᄌᆞ일셔의 션셩을 드러ᄉᆞ오니 일을 가히 ᄆᆡᆺ길만 허여이다." 최우 왈, "방금 국세 잔약ᄒᆞ야 남으로 ᄒᆡ안국의 셩지 슈십을 일코 셔흐로 ᄃᆡ도국 즁도국 등에셔 ᄒᆡ즁 큰 셤을 쎄앗긴 지 십여 도요, 변방이 용용ᄒᆞ고 ᄇᆡᆨ셩이 이산허되 밧게 간셩지장이 읍고 안에 지모지신이 읍셔 진실노 위급존망의 ᄯᆡ러니, 이제 종묘사직과 십삼 쥬 ᄉᆡᆼ령에 복으로 이 일곱 ᄉᆞ람을 ᄒᆞ날리 지시ᄒᆞ시미라. 작일 파죠의 모든 신뇨로 더부러 묘당의셔 획칙ᄒᆞᆫ ᄇᆡ 잇ᄉᆞ오니 왕숭은 ᄐᆡᆨ용ᄒᆞ쇼셔. 이제 외무가 급ᄒᆞ오니 남ᄒᆡ쥬의 육군도독부를 세워 정화의 ᄉᆞᆷ자 각으로 남ᄒᆡ ᄉᆞᆷ쥬 일ᄇᆡᆨ오십군 병마ᄃᆡ도독을 삼아 장용을 모집ᄒᆞ야 무예를 연습ᄒᆞ야 ᄡᅧ ᄒᆡ안국을 방비ᄒᆞ시고, ᄯᅩ 서ᄒᆡ쥬에 슈군도독부를 세워 그 ᄉᆞ위 원장으로 슈군도독을 ᄉᆞᆷ아 셔ᄒᆡ 삼쥬 일ᄇᆡᆨ오십군 슈륙병마ᄃᆡ도독을 삼아 슈젼을 련습ᄒᆞ야 ᄒᆡ즁 제국의 침노를 막으시고, 정궁으로 호부상셔를 ᄉᆞᆷ아 십삼 쥬 육ᄇᆡᆨ오십 군 세입세출과 호구전결을 상량 마련ᄒᆞ야 국민이 양편케 ᄒᆞ며 전답을 광ᄀᆡᄒᆞ야 산천의 이를 열고, 이ᄌᆞ 상으로 공부상셔를 ᄉᆞᆷ아 병긔에 정예ᄒᆞᆫ 것과 직죠긔명에 편리ᄒᆞᆫ 긔계를 ᄆᆡᆫ들며 금·은·동·철을 ᄎᆡ광ᄒᆞ야 쳔ᄒᆞ의 이를 널이 ᄒᆞ고, ᄉᆞ자 치로 병부상셔를 ᄉᆞᆷ아 군정ᄉᆞ무를 맛기ᄉᆞ 장ᄉᆞ를 광모ᄒᆞ야 병셔를 습득ᄒᆞ며 무예를 갈쳐 긔ᄂᆡ와 경셩을 보호ᄒᆞ고, 오ᄌᆞ 위 비록 연유ᄒᆞ나 그 ᄌᆡ분이 등한치 안인지라, 정우로 니부상셔를 삼아 관제와 형정을 교정ᄒᆞ고 ᄇᆡᆨ관의 션부와 슈령에 득실을 가음 알고 학당을 널니 베퍼 쇼년을 교휵ᄒᆞ야 학문을 광ᄃᆡᄒᆞ면 불과 십년의 나라히 부허고 군ᄉᆡ 강ᄒᆞ며 인국이 감히 엿보지 못허리이다." ᄇᆡᆨ관이 제셩 쥬왈, "이는 과연 천ᄌᆡ 일시의 긔회니 ᄯᆡ를 일치 마르쇼셔." 왕이 쳥필에 ᄃᆡ희 왈, "과인이 ᄯᅩ한 이 마음이 잇스나 육 인의 ᄌᆡ긔를 지ᄂᆡ지 못ᄒᆞ고 션셩을 ᄆᆡᆺ어 죠정의 오ᄅᆡᆫ 신ᄒᆞ의 ᄃᆡ관을 거취키 난편ᄒᆞ야 ᄎᆞᄎᆞ 경 등의 의논을 기다리랴 ᄒᆞ더니 경등 의향이 몬져 이갓트니 과인이 경 등의 겸양ᄒᆞ는 마음을 심히 아름다이 아노라." 승상 최우와 이부상셔 쇼졍이 쥬왈, "이 여셧 신ᄒᆞ의 만일 국가ᄃᆡᄉᆞ의 그릇치미 잇거든 신등의 전가의 명으로ᄡᅧ 밧치리이

다.” 상이 ᄃᆡ희ᄒᆞᄉᆞ 일일이 졔슈ᄒᆞ신ᄃᆡ, 졍ᄐᆡ시 오ᄌᆞ일셔를 거ᄂᆞ리고 젼폐에 ᄉᆞ은ᄒᆞ고 알외되, “신등이 국가의 ᄎᆞᆫ공이 읍고 죠졍ᄃᆡ관을 일죠의 ᄂᆞ리시니 이는 젼ᄒᆞ의 졍령이 불명ᄒᆞ시미요, ᄯᅩ 죠졍구신의 예ᄃᆡ가 아니시고 신등으로 ᄒᆞ야금 졍죵이 황축[40]게 ᄒᆞ시미라. 신등은 불과 외국 표망여싱으로 지식이 쳔단ᄒᆞ고 ᄯᅩ 나히 어린지라. 웃지 잠시나 그 ᄌᆞ리를 나아가리잇고. 원컨ᄃᆡ 왕상은 그 명을 거드사 향ᄎᆞᆫ일녹을 쥬시면 젼ᄒᆞ 솔토지민이 되야 농업을 힘써 부모의 여년을 맛치게 ᄒᆞ시면 신등의 원이 족ᄒᆞ오니 구버 술피쇼셔.” 왕 왈, “ᄂᆡ 나라이 남으로 ᄒᆡ안국과 셔흐로 여러 ᄒᆡ국에 능모를 입어ᄶᅡ. 슈쳔리를 일코 셔히 십삼 도를 쎄앗기고 ᄇᆡᆨ셩이 도탄의 갓가온지라. 이졔 ᄂᆡ 나라히 경등의 나라히요 경의 몸이 ᄂᆡ 몸이라. 과인이 경 등 ᄌᆡ망을 아나니 공연히 견집ᄒᆞ야 시일을 쳔연ᄒᆞ리요.” 졍ᄐᆡ부 쥬왈, “국가즁ᄃᆡᄒᆞᆫ 일을 미경ᄉᆞ 쇼년의계 맛기사 죵묘ᄉᆞ직을 희롱갓치 알으시니 신은 두리건ᄃᆡ 국가의 복이 아니오니 원컨ᄃᆡ 죠졍의 노련ᄒᆞᆫ 신ᄒᆞ로 일을 맛기사 만젼지ᄎᆡᆨ을 ᄒᆞ옵쇼셔.” 왕 왈, “과인이 다 ᄋᆞ는 ᄇᆡ니 념녀 말나.” ᄒᆞ시고 좌우를 명ᄒᆞ사 슈십 권 셔ᄎᆡᆨ을 쥬시며 왈, “이 ᄎᆡᆨ을 보면 ᄃᆡ남국 자쵸지죵 · 흥망셩쇠와 산쳔도리 · 토산풍쇽과 호구지졍을 긔록헌 거시니, 다 십분 ᄌᆞ세치 못ᄒᆞ니 경등이 보아 다시 이졍ᄒᆞ라.” 승상 최우 등을 보사 왈, “경로ᄇᆡᆨ관을 동솔ᄒᆞ야 오준일웅으로 국ᄉᆞ를 찬양ᄒᆞ라.” 이날 왕이 ᄃᆡ연을 ᄇᆡ셜ᄒᆞ고 문무ᄇᆡᆨ관과 크게 질기니라.

ᄂᆡ일노붓터 졔인이 각 부즁에 나ᄋᆞ가 직무를 힘쓸 ᄉᆡ 여섯 영쥰이 일심합력ᄒᆞ야 일국 졍치를 모다 일신ᄒᆞ야 관민이 셔로 편ᄒᆞ고 부강이 날노 나아가니 가히 쳔디도 돌릴 ᄌᆡ죄더라. 졍각과 원쟝은 날마다 도독부의 나아가 년쇼 쟝ᄉᆞ와 건장헌 군사를 모화 무예와 진퇴를 련습ᄒᆞ며 일면으로 군긔를 타죠헐 ᄉᆡ ᄃᆡ포와 죠총 · 창금 · 약환 · 긔계 · 거장 등물을 공장 슈쳔 인을

40) 황축 : 惶蹙, 황공하여 몸을 움추림.

모하 불분쥬야ᄒᆞ고 ᄉᆡ법으로 죠셩ᄒᆞ니 수년지간의 ᄃᆡ포 수ᄇᆡᆨ 좌이요 죠종이 슈만 병이요 거장과 긔계 다 쥰비ᄒᆞ야는지라. 이날 각각 본쥬 자사의게 젼령ᄒᆞ야 몬져 남ᄒᆡ쥬 육군도독 정각과 셔ᄒᆡ쥬 수군도독 원장이 각각 용사를 모집헐 ᄉᆡ[41] 그 젼령 ᄃᆞ기의 왈, "ᄃᆡ남국이 쳐지 남외양ᄒᆞ야 셔람의 강국이 핍근ᄒᆞᄆᆡ 국가강토를 침범ᄒᆞ야 십삼 ᄒᆡ로와 슈십 셩지를 슈년지간에 일허스되 막은 ᄌᆡ 읍는지라. 만일 그 ᄃᆡ젹의 욕심을 졔어치 아니면 불과 긔년의 나문 토지가 읍슬지라. 이 웃지 일국 신민의 통분츌력헐 ᄯᆡ 아니리요." 무지 외람이 ᄃᆡ도독 인슈를 밧자와 남방을 진졍허고 ᄒᆡ안국 왕을 문죄헐 ᄉᆡ 명쟝 슈ᄇᆡᆨ과 웅병 십만을 일우혀 ᄃᆡ군이 금방 진발이라. 각 쥬·군의 충의유지지ᄉᆡ 혹 쵸야의 뭇치며 혹 시졍의 수문 자를 자ᄉᆞ·군슈가 져져 탐지ᄒᆞ야 셩야로, 도독부로 모집ᄒᆞ야, "국가를 위ᄒᆞ야 ᄃᆡ쇼육력ᄒᆞ야 ᄃᆡ국 위엄을 젹국의 셰우고 일홈을 죽ᄇᆡᆨ의 드려 부귀를 갓치ᄒᆞ고 부모쳐ᄌᆞ로 영화를 보게 ᄒᆞ미 ᄃᆡ장부 천지간 ᄯᅥᆺᄯᅥᆺ헌 ᄃᆡ의라, 향곡의 널니 고시ᄒᆞ고 삼쥬군마를 죠련ᄒᆞ고 군긔를 슈보ᄒᆞ야 ᄃᆡ군 도일에 경상의 졉응ᄒᆞ며 일응군슈를 삼쥬 자ᄉᆞ로 ᄎᆡᆨ응사를 삼나니 만일 쇼홀이면 군법시ᄒᆡᆼ이라. 남ᄒᆡ 삼쥬 일ᄇᆡᆨ오십군 병마ᄃᆡ도독 정각이라," ᄒᆞ야더라.

각셜, 슈군도독 원장은 셔ᄒᆡ의 일이 만은 고로 먼져 타죠헌 군긔를 가지고 신모 장ᄉᆞ 이ᄇᆡᆨ 원과 무ᄉᆞ 일쳔, 호위군 삼쳔, 포군 일만을 거ᄂᆞ리고 셩야로 ᄯᅥ날 ᄉᆡ 천페의 ᄒᆞ직ᄒᆞᆫᄃᆡ 왕 왈, "도독의 츌ᄉᆡ 웃지 이리 총총허뇨?" 도독 왈, "신이 밧비 나려가 슈군을 죠련헐지니 불가불 속히 가려 ᄒᆞ나이다." 왕 왈, "과인이 명일 셩외의 젼별ᄒᆞ리라." 도독이 쥬왈, "신이 명일 셩문을 기다려 장졸을 거ᄂᆞ리고 강주의 나아가 군오를 ᄎᆞ려 ᄒᆡᆼᄒᆞ려 ᄒᆞ나니 ᄃᆡ

41) 아래 여백에 '남ᄒᆡ쥬 육군도독 정각과 셔ᄒᆡ쥬 수군도독 원장이 각각'이라고 써 있음. '위용을'이라고 필사했다가 '용사를'이라고 고친 흔적도 있음. 아마도 '용사들'이라고 고치는 과정에서 '남ᄒᆡ쥬 육군도독 정각과 셔ᄒᆡ쥬 수군도독 원장이 각각'을 쓸 자리가 없어지자 아래 여백에 쓴 것으로 보임. 따라서 본문에 이 부분을 넣었음.

왕은 ᄒᆞ림치 마르쇼셔." 왕 왈, "경이 셔히쥬의 ᄂᆞ려가 범사를 편의 ᄒᆡᆼᄉᆞᄒᆞ고 쥬문치 말되 위령ᄌᆞ는 션참후계ᄒᆞ라." 원장이 ᄒᆞ직고 도독부의 나와 졔쟝을 모화 군령을 약속ᄒᆞ고 쳥신의 죠발ᄒᆞ야 셩셔 십 니의 나ᄋᆞ가니 정씨 오쥰과 ᄇᆡᆨ관이 등후ᄒᆞ야 서로 젼별ᄒᆞ니라.

ᄌᆡ셜, 도독이 군ᄉᆞ를 휘동ᄒᆞ야 날마다 ᄒᆡᆼᄒᆞᄆᆡ 열읍 관리 분쥬도로ᄒᆞ며 률령거ᄒᆡᆼ의 읍읍 진동이라. 일일은 셔쥬지경이 머지 아인지라. 이에 장졸을 삼군의 난화 젼,후,즁을 ᄎᆞ리고 병마긔계를 가다듬어 위의를 갓초고 ᄒᆡᆼ진을 엄정이 ᄒᆞ니 지나는 바의 추호 불범ᄒᆞ고 각쥬 군현의 ᄇᆡᆨ셩의 구경ᄒᆞ는 ᄌᆡ 도로에 연락ᄒᆞ더라. 경상의 일우ᄆᆡ 슴쥬 자ᄉᆡ 영ᄒᆞᆫ 군슈를 영솔허고 본쥬 군마를 거ᄂᆞ려 영졉ᄒᆞ야 셩의 드러가ᄆᆡ, 도독이 당의 올나 자ᄉᆞ와 군슈의 군례를 바든 후의 젹국의 동졍을 탐문ᄒᆞ고 일변 공장을 모하 젼션을 졔죠ᄒᆞ며 포ᄃᆡ를 싸흐며 초모장ᄉᆞ의 무예를 련습ᄒᆞ고 슴쥬 병션을 모화 슈젼을 훈련ᄒᆞ며 군량을 광젹ᄒᆞ야 쎠 진군ᄒᆞ믈 경영ᄒᆞ더라.

각셜, 육군도독 정각이 날마다 군ᄉᆞ를 죠련ᄒᆞ며 군긔를 동독할 ᄉᆡ 삼 삭을 긔약허더라. 일일은 세ᄌᆡ 근시를 보ᄂᆡ여 ᄐᆡ부를 쳥ᄒᆞ야 쇼학을 ᄇᆡ호고 뜻을 강논하고 인ᄒᆞ야 쥬찬을 나와 ᄃᆡ졉ᄒᆞ더니, 이ᄯᆡ 왕이 두어 시녀를 거나리고 동궁으로 향ᄒᆞ실 ᄉᆡ 세ᄌᆞ의 강셩을 듯고 ᄃᆡ희ᄒᆞ야 드러가 ᄐᆡ부ᄃᆞ려 왈, "ᄐᆡ부 어ᄂᆡ ᄯᆡ의 드러와나뇨? 과인을 ᄎᆞᆺ지 안코 아희를 죠ᄎᆞ 노나뇨?" ᄐᆡ부 왈, "신이 세자의 부르시믈 이어 드러왓나이다." 왕 왈, "세자의 글이 진취가 잇나뇨?" ᄐᆡ부 왈, "세ᄌᆡ 춍명ᄒᆞ사 공부가 일취월장 ᄒᆞ오나 ᄂᆡᄂᆡ 근근불타ᄒᆞ면 ᄌᆞ연 셩취ᄒᆞ나이다." 왕 왈, "과인이 무식ᄒᆞ야 평싱의 ᄒᆞᆫᄒᆞ든 ᄇᆡ라. 이제 세ᄌᆞ는 ᄐᆡ부의 교휵만 밋노라." ᄃᆡ왈, "신의 ᄇᆡ혼 바를 힘쎠 보도[42] ᄒᆞ오리이다." 왕 왈, "과인이 일ᄌᆞ일녀 잇스니 공쥬는 금년 십오 세요 세ᄌᆞ는 십삼이라. 과인이 드른즉 경의 오ᄌᆞ 정위 년이 십팔의 ᄇᆡ우를 정ᄒᆞᆫ 곳이

42) 보도 : 補導, 잘 도와서 좋은 데로 인도함.

웁다 ᄒᆞ니 웃진 연고요?" ᄐᆡ부 ᄃᆡ왈, "고국의 잇슬 ᄯᅢ의 승상 최정의 녀ᄋᆞ와 결혼ᄒᆞ야더니 최정이 죽으ᄆᆡ 삼상을 맛치기를 기다리다가 셔로 존망을 모르나니다." 왕 왈, "ᄎᆞ녀의 나흔 몃치뇨?" ᄃᆡ왈, "십삼 셰로소이다." 왕 왈, "과인의 여아 비록 츄루허나 죡히 군ᄌᆞ의 건즐을 밧들지라. 경의 오ᄌᆞ 정우로 부마를 숨고ᄌᆞ ᄒᆞ나니 ᄐᆡ부는 물니치지 말나." ᄐᆡ부 ᄃᆡ왈, "신의 오ᄌᆞ일셰 ᄃᆡ왕의 지우지은을 입ᄉᆞ와 항상 감격헌 마음이 산ᄒᆡ갓튼지라. 허물며 공쥬를 ᄒᆞ가허시면 신의 복분의 더욱 과람ᄒᆞ여이다." 왕 왈, "경의 쥬져ᄒᆞ는 바는 최정의 여ᄋᆞ를 거리ᄭᅵ미라. 최씨 여아는 만리 ᄒᆡ외에 인연이 영절이나 셰ᄉᆞ를 난칙이라. 만일 규즁을 직히여 인연이 다시 합ᄒᆞ면 과인이 그 인연을 억울케 아닐 거시오, ᄯᅩ 경의 여ᄋᆞ와 과인의 셰ᄌᆡ 년치 삽합ᄒᆞ고 경의 가ᄒᆡᆼ을 아나니 두 집이 셔로 남가여혼ᄒᆞ야 셰간에 희귀헌 경ᄉᆞ를 일우미 웃더허뇨" ᄐᆡ뷔 겸양헌ᄃᆡ, 왕 왈, "우리 양인이 말ᄒᆞᆫ ᄇᆡ니 과인은 두 말을 아니리라." ᄒᆞ시고 셰ᄌᆞ더러 왈, "너도 슉녀의 ᄇᆡ필을 웃고 네 누의도 군ᄌᆞ의 ᄇᆡ우를 맛나스니 오날 경ᄉᆡ 젹지 안인지라. ᄂᆡ ᄐᆡ부로 더부러 ᄒᆞᆫ 번 취ᄒᆞ리라." 좌우를 명ᄒᆞ야 쥬과를 나와 슈순을 지ᄂᆡᆯ ᄉᆡ 왕 왈, "과인이 명일에 공쥬의 길일을 ᄐᆡᆨᄒᆞ야 ᄐᆡ부긔 보ᄂᆡ리니 언약ᄃᆡ로 허라." ᄐᆡ부 ᄒᆞ직고 집의 도라와 호부상셔 ?과[43] ᄋᆞᄌᆞ로 더부러 혼례를 준비허더라. 익일에 왕이 정궁을 부르ᄉᆞ 그림 ᄒᆞᆫ 장을 쥬시며 왈, "이거시 부마의 궁과 ᄐᆡ부의 가ᄐᆡᆨ 도형이니 쇽히 시역ᄒᆞ라." 궁이 쥬왈, "공쥬의 궁은 국가법젼의 ᄯᅥᆺᄯᅥᆺᄒᆞᆫ 일이오나 신의 집 도형을 보건ᄃᆡ 장녀 과도ᄒᆞ오니 신의 쇼쥬를 의지ᄒᆞ야 영을 거드쇼셔." 왕 왈, "경이 과인의 ᄯᅳᆺ을 막지 말나." 육국도독 정각이 쥬왈, "이졔 도독부의 병긔 정예ᄒᆞ고 장ᄉᆡ 연숙ᄒᆞᆫ지라. 명일에 출ᄉᆞᄒᆞ와 촌공이라도 으더 나라의 갑기를 원ᄒᆞ나이다." 왕 왈, "경이 이졔 ᄉᆞ직안위를 맛타스니 남ᄒᆡ숨 쥬는 경이 임의로 ᄒᆞ야 범ᄉᆞ를 쥬문치 말고 강토를 회복ᄒᆞ고 ᄒᆡ안국의

43) '도라와' 다음 글자는 지워져 있고 빈 자리에 '호부상셔' 가 가필되어 있음. 아마도 'ᄋᆞᄌᆞ로 더부러'라고 했다가 '호부상셔 궁'을 덧붙이려다 문장이 어색해진 듯함.

위엄을 셰워 ᄇᆡᆨ 년 슈치를 씨셔바리게 ᄒᆞ라.” 각이 쥬왈, “신이 년쇼지쳔ᄒᆞ와 읏지 홍ᄃᆡ헌 공업을 셰오리잇고. 신이 견마의 효를 힘써 셩은에 만일을 갑고ᄌᆞ ᄒᆞ나니다.” 인ᄒᆞ야 젼폐의 ᄒᆞ직ᄒᆞ고 도독부에 나와 휘ᄒᆞ 장ᄉᆞ를 모하 졔장을 임용ᄒᆞᆯ 식, 용호갓튼 쇼년장ᄉᆞ 좌우의 구름갓고 호위관군 오쳔 명이 춘순의 안ᄀᆡ 뫼듯 십만 용병이 계하의 쳥영ᄒᆞ니 위엄이 상셜이라. 장젼교위 뇌진을 불너 왈, “ᄂᆡ 션봉인을 쥬나니 마군 ᄉᆞᆷ쳔, 보군 오쳔을 거ᄂᆞ리고 션힝ᄒᆞ되 지나는 바 열읍 군슈로 향도관을 ᄉᆞᆷ아 거쟝과 량료를 거나려 칙응ᄒᆞ고, 녀군 ᄒᆞᆫ셤을 불너” 왈, “너의 각각 일쳔 병 거나리고 좌우익이 되고 황건으로 중군사마를 ᄉᆞᆷ고 장종·죠신으로 죵ᄉᆞ를 ᄉᆞᆷ고 졍건을 불너” 왈, “그ᄃᆡ는 마군 삼ᄇᆡᆨ, 보군 삼쳔을 거나리고 후군이 되고 ᄒᆞ후승으로 포군 일쳔을 거나려 젼후구응ᄉᆞ가 되되 만일 위령ᄌᆞ면 의군법시힝이라.” 이날 ᄃᆡ군이 이발ᄒᆞᆯ 식 치중거마[44] 압세우고 즁앙군슈 향도ᄒᆞᆫ 후 마군 ᄉᆞᆷ쳔 압혜 셔셔 오말작ᄃᆡ[45]ᄒᆞ야 ᄎᆞ제잇게 ᄂᆞᄋᆞ오고, 취고슈가 눌러 셔셔 힝고를 울니면 셔포군 오쳔 나오는ᄃᆡ 원앙ᄃᆡ로 짝을 지어 힝고쇼릐 발 마쵸ᄋᆞ 삼힝으로 느러셔고 삼십팔면 ᄃᆡ긔치와 순시영긔 버러 셔고 홍질쳥변긔를 보니 션봉ᄃᆡ장 몸긔로다. 좌관이 우영젼에 호긔롭고 건장ᄒᆞ다. 부ᄒᆞ장교 옹위ᄒᆞ고 ᄉᆞᆷ힝 분명 호령ᄒᆞ니 힝진이 엄위ᄒᆞ다. 쳔신갓튼 일원ᄃᆡ쟝 용충갓튼 말을 타고 션봉인슈 도도 차고 젼 군사 명슈긔 쥐고 쇼년 영웅 험조헐ᄉᆞ. 션상진이 다 지나니 즁앙진이 나오리라. 마군 오쳔 지난 후의 군즁취나 이어 오니 뇌고셩이 진동이라. 포병 오만 다 지나고 오방신긔 늘어셔고 표미금고 호통이라. 황질홍변 몸긔 보니 ᄃᆡ도독의 진이로다. 쵸요긔가 압흘 셔고 황금부월 좌우로다. 금슈화안 팔쥰마는 ᄃᆡ도독의 좌마이요, 호위검군 오쳔 명은 좌우익이

---

44) 치중거마 : 輜重車馬, ‘치중’은 군대의 여러 가지 물품(탄약, 식량, 장막, 피복 따위)을 통틀어 이르는 말. 즉 군용품을 실은 수레와 말.

45) 오말작ᄃᆡ : 五馬作隊, 기마병이 행군할 때에, 오 열 종대로 편성하던 일. 또는 그렇게 편성한 기마대.

되야셰라. 인신복ᄐᆡ 좌편이요, 슈군상격 우편이라. 팔쳑장신 쇼년영웅 ᄇᆡᆨ마금안 도도 안자 졔군 사명슈긔 쥐고 부ᄒᆞᆫ 장ᄉᆞ 슈ᄇᆡᆨ원이 젼ᄎᆞ후옹 보호ᄒᆞ니 만경ᄎᆞᆼ파 풍낭즁에 창용이 이러나고 만쳡청산 숑님간의 ᄆᆡᆼ호가 쒸여난 듯 오ᄉᆡᆨ긔치 영농ᄒᆞ야 일광을 희롱ᄒᆞ고, 도창금극 ᄉᆞᆷ열ᄒᆞ니 상셜이 가득ᄒᆞᆫ 듯. 즁앙이 다 지나니 후상진이 이어온다. 마군오쵸 ᄃᆡ취타와 보군 ᄉᆞᆷ쳔 이어셔고 ᄃᆡ장 몸긔 바라보니 홍질흑변 분명ᄒᆞ다. 홍안ᄇᆡᆨ발 노영웅이 후군ᄉᆞ명긔를 쥐고 부ᄒᆞᆫ 장ᄉᆞ 영솔ᄒᆞ야 ᄎᆞ셔잇게 나아오고 보군 일쳔 이어오니 난후장[46] 그 아닌가. 그렁져렁 다 지ᄂᆡ니 이목이 황홀ᄒᆞ고 심신이 상활ᄒᆞ다. 경셩 남문 ᄂᆡ다르니 왕이 셰ᄌᆞ와 졔신을 거ᄂᆞ리고 젼별헐 ᄉᆡ 군장졸을 호궤ᄒᆞ시고 도독의계 술을 쥬시니 이러ᄒᆞᆫ 쇼년 영광 쳔지간의 또 잇는가. 몸을 일어 ᄒᆞ직ᄒᆞ고 방포 삼 셩 이어나니 ᄃᆡ도독의 상마로다. 명금이ᄒᆞ ᄃᆡ취타의 산쳔이 움자긴다. 션상진이 휘동ᄒᆞ니 젼후좌우 즁앙진이 ᄎᆞ셔잇게 나ᄋᆞ간니 왕과 ᄇᆡᆨ관이 환궁ᄒᆞ야 정각의 장ᄌᆡ를 무슈히 칭찬ᄒᆞ시고, 부마궁과 ᄐᆡ부의 가ᄐᆡᆨ을 ᄌᆡ촉ᄒᆞ야 길일이 다다르ᄆᆡ 위의를 갓쵸와 길네를 지ᄂᆡᆯ ᄉᆡ, 왕이 동궁 별당을 슈리ᄒᆞ고 화촉동방에 삼 일을 연락ᄒᆞ니 양ᄃᆡ운우와 무산낙포지락을 비길 ᄃᆡ 읍더라. 부ᄆᆡ 공쥬를 거ᄂᆞ려 부모긔 우귀할 ᄉᆡ 셰ᄌᆞ로 후ᄇᆡ하야 본궁으로 나아가니 장안ᄃᆡ도 광활ᄒᆞᆫᄃᆡ 오ᄉᆡᆨ치화 흣터진 듯, 칠보쥬렴 금봉년의 옥빈홍안 시녀들이 금의슈화 단장ᄒᆞ고 쌍쌍이 작ᄃᆡᄒᆞ고, 이원의 일등악은 젼후의 느러셔셔 봉황곡을 울니는ᄃᆡ, 부마궁의 다다러셔 구고의 현폐ᄒᆞ니 ᄐᆡ부 부뷔 다시 보니 과연 용용정정ᄒᆞ야 페월슈화지ᄐᆡ와 침어낙안지용이 잇는지라, 일문이 모다 ᄃᆡ희ᄒᆞ더라.

차일에 ᄇᆡᆨ관이 궐즁의 드러가 죠회헐 ᄉᆡ 왕이 졔신으로 더부러 변방승ᄑᆡ를 의논ᄒᆞ시더니 맛참 좌위 왕긔 글월을 올니거늘 모다 보니 슈군도독 원쟝의 글월이라. 그 ᄃᆡᄀᆡ에 왈, "신이 천폐에 ᄒᆞ직ᄒᆞ고 ᄇᆡᆨ일을 ᄒᆡᆼᄒᆞ야 셔희쥬의

---

46) 난후장： 攔後將, 부대의 후미를 경비하는 난후군(攔後軍)의 군관.

일루러 졔 일 도의 드러가 여러 번 싸화 도쥬를 ᄉᆞ로잡고 신의 부ᄒᆞ 후군쟝 신숙으로 슈군부도독을 삼아 일도를 진졍ᄒᆞ고, 신은 졔군을 거나려 이 도로 향ᄒᆞ오며 먼져 쥬문ᄒᆞ나이다." 왕이 졍ᄃᆡ부를 보ᄉᆞ 왈, "경의 사위 이갓치 영웅ᄒᆞ니 과인이 셔방 근심을 일로라." ᄇᆡᆨ관이 모다 ᄒᆞ례ᄒᆞ더라.

각셜, 육군ᄃᆡ도독 졍각이 남히쥬에 일우러 삼쥬자ᄉᆞ와 졔군군슈를 모와 삼쥬 일ᄇᆡᆨ오십군 지도를 상고ᄒᆞ야 산쳔도로와 호구젼양을 탐지ᄒᆞᆫ 후에 남동쥬자ᄉᆞ로 운량관을 삼고 본쥬자ᄉᆞ로 최응사를 삼고 히안국 경상에 나아가 ᄒᆞ치ᄒᆞ고 격셔를 히안국의 보ᄂᆡ니 그 격문에 왈, "ᄃᆡ남국 삼쥬 일ᄇᆡᆨ오십군 병마ᄃᆡ도독 졍각은 글월을 히안국 왕의게 젼ᄒᆞ나니 나라ᄆᆞ다 각각 지경의 졍ᄒᆞ미 잇고 인국의 화목ᄒᆞ는 의가 잇거늘 너의 히안국은 ᄉᆡ랑의 마음으로 인국 강토 이십여 셩을 탈취ᄒᆞ고 인민을 살히ᄒᆞ니 ᄂᆡ 이졔 왕상젼ᄒᆞ의 명을 밧자와 히안국 왕의게 문죄ᄒᆞ나니 이십여 군 셩지를 도라보ᄂᆡ고 그 허물을 ᄉᆞ레ᄒᆞ면 군ᄉᆞ를 거더 ᄇᆡᆨ셩의 도탄을 면ᄒᆞ고 죵사를 보젼헐 거시오. 만일 우준ᄒᆞ야 마음을 도리키지 아니면 군ᄉᆞ를 드러 국도를 파ᄒᆞ고 왕으로 ᄉᆞ로잡아 ᄃᆡ국 위엄을 셰워 ᄇᆡᆨ여 년 젹분을 셜치ᄒᆞ리라." ᄒᆞ야더라.

각셜, 히안국왕이 ᄃᆡ남국 격셔를 보고 졔신을 모아 의논헐 ᄉᆡ ᄃᆡ쟝 엄한이 쥬왈, "신이 그 글을 보니 사의만홀[47]ᄒᆞ고 지긔교항[48]ᄒᆞᆫ지라. 원컨ᄃᆡ 졍병 삼만을 빌니시면 졍각의 머리를 버혀 ᄃᆡ왕긔 드리고 강토를 보젼ᄒᆞ고 종묘사직을 반셕갓치 편안케 ᄒᆞ오리이다." 승상 우삼보 쥬왈, "신이 근일에 듯ᄉᆞ온즉 ᄃᆡ남국의 아셰아 중앙ᄉᆞ람 여섯 영웅이 드러와 졍ᄉᆞ를 일신변혁ᄒᆞ고 쟝ᄉᆞ를 모집ᄒᆞ며, 병긔를 졔죠ᄒᆞ야 강토를 회복ᄒᆞ며, 부국강병지술을 힝ᄒᆞᆫ다 ᄒᆞ되 젼ᄒᆞ는 말을 밋지 못 헐너니, 이졔 졍각의 격문을 보건ᄃᆡ 과연 그러헌지라. 신의 쇼견은 국셔를 닥고 사신을 보ᄂᆡ여 젼일을 ᄉᆞ과ᄒᆞ고 이십여 군 셩지를 도라보ᄂᆡ고 양국이 셔로 통화ᄒᆞ야 순치의 의를 굿게 ᄒᆞ미 만

47) 사의만홀 : 思議漫忽, 생각하여 헤아림이 소홀함.
48) 지긔교항 : 志氣驕亢, 의지와 기개가 교만함.

젼지칙일가 ᄒᆞ나이다." ᄃᆡ쟝 엄한과 남운,하승 졔쟝 등이 일시의 츌반 쥬왈, "승상 우삼보의 알외는 ᄇᆡ 다 나라를 욕되고 졔 몸과 쳐ᄌᆞ를 보젼코져 ᄒᆞ미요. 나라 체면을 도라보지 아니ᄒᆞ오니 그 죄를 발키시고 신등으로 졍병 ᄉᆞᆷ만을 쥬시면 졍각을 ᄉᆞ로잡고 나라 위엄을 세우리이다." 우ᄉᆞᆷ뵈 졔쟝을 도라보아 왈, "져근 욕을 참지 못ᄒᆞ면 큰 일에 어렵다 ᄒᆞ야스니 제군은 십분 상량ᄒᆞ라." 모든 무쟝이 분긔 ᄃᆡ발ᄒᆞ야 ᄒᆞᆫ 번 ᄊᆞ오기를 원ᄒᆞ는지라. 왕이 이에 엄훈으로 ᄃᆡ쟝을 ᄉᆞᆷ고 남운, ᄒᆞ승으로 좌우익을 삼고 졍병 ᄉᆞᆷ만을 죠발ᄒᆞ야 즉일 ᄒᆡᆼ군ᄒᆞ야 남희쥬 지경의 일루러 젹진으로 더부러 십 니에 ᄒᆞ치ᄒᆞ니라.

각셜, 희안국 사지 도라와 엄한의 무례ᄒᆞ믈 고ᄒᆞᆫᄃᆡ 도독이 ᄃᆡ로ᄒᆞ야 션봉쟝 뇌진을 불너 왈, "엄훈의 군식 여러 날 달녀와 필련 곤핍ᄒᆞᆯ지라. 그ᄃᆡ 오쳔군 거ᄂᆞ리고 나ᄋᆞ가 도젹이 오거든 젹군이 치칙을 세우고 쉬기를 기다리지 말고 급피 치면 젹군을 파ᄒᆞ리라." 좌익쟝 여순과 우익장 훈셤을 불너 왈, "그ᄃᆡ 각각 ᄉᆞᆷ쳔 군 거나리고 셩밧 ᄉᆞᆷ십 리 ᄉᆞᆫ곡간의 ᄆᆡ복ᄒᆞ야다가 엄훈의 군식 퓌ᄒᆞ거든 그 다라나는 길을 막아 치면 ᄉᆞᆷ 장을 가히 ᄉᆞ로자부리라." ᄉᆞᆷ장이 쳥영ᄒᆞ고 군ᄉᆞ를 죠발ᄒᆞ야 나아가니라.

ᄎᆞ셜, 엄한이 쟝졸을 휘동ᄒᆞ야 호호탕탕이 남희쥬를 향ᄒᆞ야 나아갈 ᄉᆡ 졍히 션봉쟝 뇌진을 맛나 쟝ᄎᆞ 군ᄉᆞ를 머무루고 치칙을 셰우려 ᄒᆞ더니 뇌진의 진즁으로셔 일셩포향의 오쳔군미 일시의 ᄂᆡ다라치니 포셩이 ᄒᆞ날을 년ᄒᆞ고 엄훈의 군식 쥭는 지 무슈헌지라. 엄한이 부쟝 남운, ᄒᆞ승더러 왈, "ᄂᆡ 지친 군ᄉᆞ로 져 용ᄆᆡᆼᄒᆞᆫ 봉예를 당ᄒᆞᆯ 슈 읍는지라. 이졔 잠간 피ᄒᆞ야 앙쥬셩의 드러가 다시 쟝졸을 슈습ᄒᆞ야 졍각을 사로잡아 오날날 분ᄒᆞ믈 씨스리라." ᄒᆞ고 나문 군ᄉᆞ를 ᄌᆡ쵹ᄒᆞ야 앙쥬로 향ᄒᆞᆯ ᄉᆡ 이십 니를 가지 못ᄒᆞ야 좌편 ᄉᆞᆫ곡즁으로셔 일셩포향의 일표인마 ᄂᆡ다르니 이는 좌익장 한셤이라. 엄훈이 마져 ᄊᆞ홀 ᄉᆡ ᄯᅩ 우편 ᄉᆞᆫ곡즁으로 함셩이 진동ᄒᆞ며 일원ᄃᆡ쟝이 ᄉᆞᆷ쳔 포병을 거ᄂᆞ리고 좌우로 시살ᄒᆞ니 이는 우익장 녀순이라. 남운, ᄒᆞ승이 마져 싸화

슈합이 못ᄒᆞ야 녀순의 금광이 이는 곳의 남운의 머리 더러지는지라. ᄒᆞ승이 황겁ᄒᆞ야 말게 나려 ᄒᆞᆼ복ᄒᆞ미 엄한이 다라나려 ᄒᆞ더니, ᄯᅩ 후면에 남황이 이러나며 뇌진의 군식 ᄯᅩ 즈쳐 드러오니 젹군의 ᄒᆞᆼ복허는 지 무슈한지라. 엄한이 셰궁 녁진ᄒᆞ믈 보고 ᄊᆞ홀 ᄯᅳ이 읍셔 챵을 바리고 말긔 나려 ᄒᆞᆼ복헌니, 뇌진이 군즁의 영ᄒᆞ야 젹군의 항복ᄒᆞᆫ 자를 ᄒᆞ나토 일치 말고 ᄃᆡ진으로 보ᄂᆡ고 숨 장은 군ᄉᆞ를 머물너 도독의 군령을 기다리니라.

이ᄯᅵ 도독이 즁장을 거나리고 승쳡을 기다리더니 이윽고 션봉진으로셔 젹군 장졸을 장ᄒᆞ의 드리거늘 도독이 좌우를 명ᄒᆞ야 그 ᄆᆡᆫ 거슬 그르고 쟝즁에 올녀 왈, “그ᄃᆡ 등이 진심으로 항복ᄒᆞ야 나와 갓치 ᄃᆡ공을 셰우면 ᄂᆡ 나라의 쥬문ᄒᆞ야 즁히 쓰게 ᄒᆞ리니 질겨 그리ᄒᆞ라.” 이 장이 연셩 응왈, “쇼장이 오날날 도독의 은덕으로 잔명을 보젼ᄒᆞᆫ지라. 읏지 견마의 슈고를 잇기리잇고.” 도독이 ᄃᆡ희하야 쥬식을 나와 ᄃᆡ졉ᄒᆞ고 션봉장 뇌진을 불너 왈, “그ᄃᆡ는 본부병 삼천을 거나리고 ᄒᆞᆼ복헌 젹국의 의갑을 입피고 그 긔치를 들니고 항쟝, 엄한, 하승으로 일쳔 군 거나려 전군이 되야 양쥬셩에 드러가 자ᄉᆞ를 보고 군마와 양쵸를 우수히 삼 일 ᄂᆡ로 쥰비ᄒᆞ라 간쳥ᄒᆞ면, 필연 어려우믈 말허리니 그ᄯᅵ를 타 자ᄉᆞ를 쥭이고 인슈를 ᄲᅦ앗고 ᄇᆡᆨ셩을 안무ᄒᆞ고 용동치 말나.” 숨 장이 쳥영ᄒᆞ고 군ᄉᆞ를 죠발ᄒᆞ야 양쥬셩의 일우ᄆᆡ. 셩상 군식 바라보니 의갑과 긔치 다 자긔 나라 군식라. 셩문을 열고 마져 드리거늘 엄ᄒᆞᆫ의 군식 몬져 드러가고 뇌진의 군식 뒤를 이어 드러가 셩문 ᄂᆡ외의 군ᄉᆞ를 머무르고 동졍을 기다리더라.

각셜, 양쥬ᄌᆞ식 엄한의 군식 픽ᄒᆞ야 도라오믈 듯고 ᄃᆡ경ᄒᆞ야 당의 나려 마져 올나 ᄊᆞ홈의 픽ᄒᆞ믈 셔로 위로ᄒᆞ며 쥬찬을 나와 장졸을 위ᄃᆡ헐 식, 슈순이 지나ᄆᆡ 엄ᄒᆞᆫ이 자ᄉᆞ다려 왈, “ᄂᆡ 이졔 남운, ᄒᆞ승으로 더부러 숨만 군을 거ᄂᆞ려 ᄊᆞ호다가 ᄃᆡ젹의 픽헌 ᄇᆡ 되어 션봉쟝 남운을 상ᄒᆞ고 남은 군식 삼천의 지나지 못허는지라. 원컨ᄃᆡ ᄉᆞ군은 졍병 숨만과 군량 삼천 셕을 숨 일 ᄂᆡ로 쥰비ᄒᆞ면 픽헌 원슈를 갑고 국가강토를 보젼ᄒᆞ며 죵ᄉᆞ를 편안이 ᄒᆞ

리니 ᄉᆞ군은 힘써 주션ᄒᆞ쇼셔." 자식 쳥파의 아연 쇼왈, "장군이 취ᄒᆞ야도다. 양쥬 지방이 젹어 마보군을 합ᄒᆞ야 숨쳔의 ᄎᆞ지 못ᄒᆞ고 병긔 졍예치 못ᄒᆞ며 군량으로 말헐진ᄃᆡ 작년의 ᄃᆡ흉을 당ᄒᆞ고 금년의 비록 쵸셩ᄒᆞ야스나 곡식이 다 들에 잇셔 거두지 못헌지라. 장군의 쇼쳥이 가위 강목슈싱이니 실노 봉힝키 어려우며, 우견으로 말허건ᄃᆡ 밧비 왕상긔 등문ᄒᆞ야 죠졍쳐분을 기다려 셔셔히 경영ᄒᆞ미 죠흘 뜻 ᄒᆞ나이다." 엄한이 발련변식 왈, "ᄂᆡ 일긔지식 아니요 죵묘사직과 만민의 도탄을 위ᄒᆞ미어늘 네 일쥬 방빅으로 국가ᄃᆡᄉᆞ를 그릇치게 ᄒᆞ고 ᄒᆞᆫ 몸의 이히만 교계ᄒᆞ니 이는 ᄉᆞ직지신이 아니라." ᄒᆞ고 몸을 일어 ᄒᆞ승을 보니, ᄒᆞ승이 칼을 ᄲᅢ혀 자ᄉᆞ의 머리를 버혀 나리치니 좌위 ᄃᆡ경ᄒᆞ야 요란코자 ᄒᆞ거늘 뇌진이 엄혼으로 더부러 크게 웨여 왈, "자식 국가위망을 도라보지 안코 빅셩을 학ᄃᆡᄒᆞ미 자사를 이졔 쥭여 히를 던지라. 그나마 모든 관리와 ᄃᆡ쇼민인 등은 다 안심ᄒᆞ고 망동치 말나." 셩즁이 진졍ᄒᆞ미 ᄃᆡ군이 셩ᄒᆞ의 일운지라. 뇌진이 졔장을 거나리고 셩의 나와 마져드려 셩지 오든 말을 일일이 고헌ᄃᆡ 도독이 ᄃᆡ희ᄒᆞ야 엄혼, ᄒᆞ승을 보아 왈, "이는 다 그ᄃᆡ의 공이로다." 뇌진이 자ᄉᆞ병부를 드리거늘 도독이 엄혼, ᄒᆞ승더러 왈, "이졔 양쥬 이십 군을 회복ᄒᆞ야스니 광쥬와 회쥬를 파ᄒᆞ면 히안국 경셩이 진동헐지라." 즉시 엄혼을 불너 왈, "그ᄃᆡ 숨쳔 군 거ᄂᆞ리고 광쥬셩 밧긔 ᄆᆡ복ᄒᆞ고, 먼져 ᄉᆞ람으로 ᄒᆞ야금 양쥬자ᄉᆞ 공문을 가지고 광쥬셩ᄂᆡ의 드러가 양쥬 위급ᄒᆞᆷ을 고허고 구원을 쳥ᄒᆞ면 필연 셩즁 군마를 거ᄂᆞ리고 나오리니 그 군식 다 지나거든 즉시 셩의 드러가 웅거ᄒᆞ라." ᄯᅩ ᄒᆞ승을 불너 왈, "그ᄃᆡ 숨쳔 군 거나리고 회쥬셩 밧긔 ᄆᆡ복ᄒᆞ야 양쥬 구원병이 나오거든 드러가 음습허면 경셩 파ᄒᆞ기는 목젼의 잇나니 범ᄉᆞ를 쇼루치 말나." 양 장이 쳥영ᄒᆞ고 각각 나아가니라. 도독이 ᄯᅩ 장젼교위 ᄒᆞ운, 등비를 불너 왈, "너의 각각 일쳔 군 거ᄂᆞ리고 ᄒᆞ운은 회쥬 중노의 ᄆᆡ복ᄒᆞ고 등비는 광쥬 중노의 ᄆᆡ복ᄒᆞ얏다가 그 군식 다 지나거든 그 뒤를 죠ᄎᆞ 음살ᄒᆞ면 ᄂᆡ ᄯᅩ 군ᄉᆞ를 거ᄂᆞ려 마죠 치면 양군을 다 파ᄒᆞ리라." 양장이 쳥영ᄒᆞ고 양로로 나아가니라.

ᄎ셜, 양쥬 군관이 회쥬의 드러가 자ᄉ를 보고 병부를 뵈이고, "양쥬셩이 십분 시급ᄒ니 회쥬군마를 죠발ᄒ야 죠셕의 화를 구허쇼셔." 회쥬자ᄉ 급히 셩즁 군마를 죠발ᄒ야 셩화갓치 양쥬로 향ᄒ야 나아가거늘, ᄎ시 엄한이 셩 밧 숑님즁의 ᄆ복ᄒ야다가 그 군ᄉ 지나기를 기다려 군ᄉ를 거나리고 회쥬 셩의 드러가니 감히 막는 ᄌ 읍는지라. 이민을 진무ᄒ고 ᄃ진의 쳡셔를 보ᄒ니라.

ᄎ셜, 하승이 광쥬셩의 ᄆ복ᄒ야다가 군ᄉ 나오기를 기다려 셩으로 향ᄒᆯ ᄉ 맛침 날이 져물고 셩문이 다친지라. 셩산군ᄉ 무러 왈, "어ᄂ 곳 군마뇨?" ᄒ승이 군관으로 ᄃ답ᄒ되, "우리는 엄장군의 션봉진으로 일진을 ᄃ픠ᄒ고 양쥬로 향허더니 인마곤핍ᄒ기로 ᄒ로 군마를 쉬여 가랴 ᄒ노라." 셩상군ᄉ 자시 보니 과연 의심 읍는지라. 셩문을 여러 군ᄉ를 마져 드리거늘 ᄒ승이 말을 달녀 드러가 슈셩장을 ᄒᆫ 칼노 버혀 나리치니 셩중이 요란ᄒ는지라. ᄒ승이 셩문을 닷고 요란허든 군ᄉ 슈십을 버히ᄆ 셩즁이 비로쇼 진졍ᄒ는지라. 도독의게 쳡셔를 보ᄂ니라.

각셜, 회쥬자ᄉ와 광쥬자ᄉ 양쥬 노상의셔 셔로 만나 군ᄉ를 합ᄒ야 양쥬 셩을 바라고 닷더니 군ᄉ 보허되, "뒤의 츄병이 급히 싸로니 어ᄂ 곳 군ᄆ인지 모르나이다." 자ᄉ 군관을 명ᄒ야 탐지ᄒ고 일변 나아가더니 젼군이 쏘 보허되, "압헤 쏘 ᄃᄃ인마 길을 막아오나이다." 두 ᄌ 말을 치쳐 젼면을 바라보니 무슈헌 인ᄆ 바람갓치 나아오며 긔치창금은 상셜이 가득ᄒ고 뇌고 함셩은 산쳔이 움작이는지라. 두 ᄌ 혼비빅산ᄒ야 군ᄉ를 젼후로 난호와 ᄃ젹헐 ᄉ 젼면의 젼부션봉 뇌진, 영순, 한셤이요, 후면의 화운, 등비 ᄌ쳐 드러오는지라. 회쥬자ᄉ 그 형세을 보고 길을 쎄쳐 회쥬로 향허랴 허더니 뇌진의 말이 일으며 회쥬자ᄉ의 머리 싸의 써러지며 좌충우돌허니 젹군 장졸이 물결 허여지듯 허는지라. 광쥬자ᄉ 말긔 나려 항복을 쳥ᄒ거늘 뇌진이 군ᄉ를 거두어 즁군의 도라와 광쥬자ᄉ를 ᄆ여 장ᄒ의 드린ᄃ 도독이 그 민

거슬 그르고 술을 쥬어 놀나믈 위로ᄒᆞ고 중군사마 황건으로 양쥬자ᄉᆞ를 삼아 이십삼 군을 순힝ᄒᆞ야 슈령의 쟝부를 젹발ᄒᆞ며, 항쟝 엄한으로 회쥬자ᄉᆞ를 삼고 ᄒᆞ승으로 광쥬자ᄉᆞ를 삼아 각각 사십 군을 순힝케 ᄒᆞ고, 일변으로 나라의 쥬문ᄒᆞ고 군ᄉᆞ를 휘동ᄒᆞ야 힉안국 경셩을 향헐 시, "젼부션봉 뇌진으로 정병 삼만을 거나리고 여순, 한셤으로 좌우익이 되고 ᄒᆞ후승으로 후응을 삼아 션힝호되 나지면 산곡중의 머물고 밤으로 힝군ᄒᆞ야 셩ᄒᆞ의 나아가 ᄒᆞ치허라. ᄂᆡ ᄃᆡ군을 거ᄂᆞ리고 ᄃᆡ로로 나아가리라." 사 쟝이 쳥영코 진발ᄒᆞ니라.

각셜, 힉안국 셩즁 ᄇᆡᆨ셩이 ᄃᆡ군이 경상을 범ᄒᆞ믈 듯고 모다 도망허는지라. 승상 우삼뵈 ᄇᆡᆨ관을 거나리고 왕긔 드러가 ᄃᆡ남국 군마 셩ᄒᆞ의 일우러 시급ᄒᆞ믈 고헌ᄃᆡ 왕이 ᄃᆡ경 왈, "엄한의 군식 읏지 되며 젹군이 경셩의 일우되 연로의 슈령과 방ᄇᆡᆨ들이 ᄒᆞ나토 고급ᄒᆞ는 지 읍스니 읏진 일이뇨?" 좌위 ᄃᆡ왈, "신등이 이졔야 비로소 션봉 엄한의 군식 도망헌 자를 보고 사실을 탐문ᄒᆞ온즉, ᄃᆡ남국 도독 졍각이 엄한으로 싸화 남운은 젼ᄉᆞᄒᆞ고 엄한, ᄒᆞ승은 항복ᄒᆞ야 그 군ᄉᆞ로 양쥬셩의 드러가 자ᄉᆞ를 버히고 그 병부를 가져 회쥬와 광쥬의 구원을 쳥ᄒᆞ고 셩즁 군식 나오기를 기다려 ᄃᆡ남국 군ᄆᆡ 드러가 웅거ᄒᆞᄆᆡ 각군 슈령들리 그 바람을 죠ᄎᆞ 모다 젹군의 항복ᄒᆞ야 이졔 삼쥬 ᄇᆡᆨ여 군이 다 ᄃᆡ남국으로 도라갓나이다." 왕이 쳥파에 슈각이 황난ᄒᆞ야 좌우더러 왈, "밧비 셩즁 ᄇᆡᆨ셩을 모화 경셩을 직히고 남도 각 군의 영ᄒᆞ야 쟝ᄉᆞ를 모집ᄒᆞ야 셩야로 경셩을 구ᄒᆞ미 읏더ᄒᆞ뇨?" 졔신이 쥬왈, "셩즁 ᄇᆡᆨ셩이 피란ᄒᆞ고 나문 지 노약뿐이라. 만일 구병이 오기를 기다리면 경셩이 함몰할지라. ᄎᆞ라리 셩을 바리고 남으로 힝ᄒᆞᄉᆞ 의병을 모집ᄒᆞ야 ᄎᆞᄎᆞ 경ᄉᆞ를 회복ᄒᆞ미 올흘가 ᄒᆞ나니다." 승상 우삼뵈 쥬왈, "이졔 셩을 바리고 다라나면 젹군의게 사로잡필지라. 신의 우견으로 싱각건ᄃᆡᆫ 급피 셩상의 항긔를 셰우고 신이 젹진의 나아가 ᄂᆡ일노 셩ᄒᆞ의 항복ᄒᆞ기를 언약ᄒᆞ야 그 군ᄉᆞ를 지완케 하고 밤을 타 다라나면 츄병의 근신이 읍슬가 ᄒᆞ나이다." 왕 왈, "그 계교 가쟝 죠

ᄒ니 쇽히 힝ᄒ라." 이에 셩우의 흔긔를 셰우고 우삼뵈 죵자 수인을 거나리고 셩 북문 십 니의 나아가 젹군의 통보헌ᄃ 도독이 졔장을 모하 군즁 위엄을 베풀고 불너 장즁의 일우러 졀ᄒ야 뵈온ᄃ 도독이 ᄃ질 왈, "너의 국왕이 어리셕고 씨닷지 못ᄒ야 ᄃ국 위엄을 항거타가 이졔 삼쥬 일ᄇ이십군이 ᄃ남국으로 도라와 죵사의 명이 시긱의 잇거늘 오히려 쳔명을 거역ᄒ니 무삼 ᄯᅢ를 기다리나뇨?" 우삼뵈 염용ᄃ왈, "당쵸의 도독ᄃ군이 국경의 일우시ᄆ 왕상이 졔신과 의논ᄒ야 귀국 본토 남희 반쥬 이십삼 군을 봉환ᄒ고 양국이 화호ᄒ야 순치의 의를 닥자 ᄒ시나 쇼년무장이 혈긔지용을 밋고 쥭기로 싸호기를 닷토ᄆ 왕상이 부득이 죠치시미요, 실심이 아니라. 이졔 ᄃ군이 셩ᄒ의 임ᄒ시ᄆ 왕이 후회ᄒ사 졔신을 명ᄒ야 국ᄂ 호구젼결과 부고젼양과 지형도번을 자세히 상고ᄒ야, 명일 평명의 도독의 진의 나와 친히 밧치고 죵사 ᄒ 모통이를 보젼코자 ᄒ사 쇼장을 명ᄒ야 도독긔 살와 셩 치는 봉에를 ᄒ로만 늣치시면 만셩싱령의 어육을 구ᄒ고 도독의 ᄃ은을 감ᄉᄒ오리다." 도독이 쳥파의 노를 긋치고 흔연이 우스며 졔장의계 분부ᄒ야 왈, "명일 희안국왕이 출항ᄒ리니 왕셩에 에운 군마를 다 거두어 도라오게 ᄒ고 셩즁 ᄇ셩을 경동치 말나." ᄯᅩ 우삼보를 보아 왈, "그ᄃ 왕긔 도라가 명일의 실신치 아느면 ᄂ 죠정의 보ᄒ야 왕의 죵ᄉ를 보젼케 ᄒ리라." 우삼뵈 ᄇ비사례ᄒ고 셩즁의 드러가 ᄇ셩 일쳔여 명을 모집ᄒ야 왕궁과 비빈을 더리고 밤들기를 기다려 남문을 열고 다라나니라.

ᄎ셜, 도독이 우삼보를 보ᄂ고 즉시 졔장을 불너 왈, "우삼뵈 간ᄉ헌 ᄭᅬ로 ᄂ 군ᄉ를 멈츄게 ᄒ고 필연 밤을 타셔 남문으로 다라날 ᄯᅳᆺ이라." 남문의 에운 군ᄉ를 것고 화운, 등비 양 장을 불너 왈, "너의 각각 일쳔 군 거나리고 셩남 십니 좌우산곡의 ᄆ복ᄒ야다가 셩즁의 화광을 보아 일시의 ᄂ다라 가는 길을 막고, ᄯᅩ 여순으로 일쳔군 거나리고 셩남 우현의 ᄆ복ᄒ야다가 셩즁 군식 나오거든 그 뒤를 끈코, ᄒ셤으로 일쳔군 거나리고 셩남 좌편의 ᄆ복ᄒ야다가 우군의 납함을 드러 즉시 남문으로 드러가 셩상의 불을 노아 복

병을 나오게 ᄒᆞ라.” 분부ᄒᆞ기를 맛치미 졔장을 도라보아 왈, “희안국 왕이 비록 날ᄂᆡ 잇스나 웃지 너 긔물을 버셔나리요?” 졔장이 모다 무러 가로되, “도독이 웃지 왕의 사항을 아시나잇가?” 도독 왈, “ᄃᆡ군이 셩ᄒᆞ의 임ᄒᆞ야 망ᄒᆞ미 호흡 사이에 잇셔 군신이 수각이 황난허거늘 어늬 겨를에 호구젼결를 검ᄉᆞᄒᆞ리요. 다만 일씨에 져근 ᄭᅬ로 너 군ᄉᆞ의 예긔를 놀키고 남쥬로 다라나 군마를 모집ᄒᆞ야 희우 ᄒᆞᆫ 모퉁이를 보젼ᄒᆞ고 셔셔히 회복헐 계괴라. 오날 삼경이 못ᄒᆞ야 왕을 ᄉᆞ로잡고 왕경을 정허면 그나마 쥬 팔십 군은 가히 격셔를 젼ᄒᆞ야 졍ᄒᆞ리니 이 웃지 우리 왕상의 홍복이 아니시리요.” 졔장이 청파의 ᄃᆡ희 왈, “도독의 신긔묘산은 귀신도 칭양치 못허리이다.” 이날 황혼을 기다려 군ᄉᆞ를 밥 먹이고 후군장군 졍건으로 삼쳔마군을 거나려 본치를 직히오고 셩즁의 불 일어나물 기다리더니, 쵸경은 ᄒᆞ야 탐미 보ᄒᆞ되, “셩 남문 화광이 일어나나이다.” 도독이 ᄃᆡ군을 모라 셩 북문으로 향할시 좌익쟝 한셤이 맛져 셩의 드러가 불을 구허고 일면으로 방 붓쳐 빅셩을 안무ᄒᆞ고, 군ᄉᆞ를 신칙ᄒᆞ야 창고젼양과 빅셩의 가산을 보호ᄒᆞ고, 도독이 승상부의 안져 표를 닥가 경ᄉᆞ로 보너니 ᄯᅢ 졍히 삼경이라. 여순, 화운, 등매 삼 장이 희안국왕과 죵친, 시신 등 사십여 인을 싱금ᄒᆞ야 드리거늘 도독이 우삼보를 보아 왈, “네 져근 계교로 감히 날을 속이더니 지금 웃더허뇨?” 삼뵈 정식 왈, “혹 ᄌᆞ의도독이 그 계교를 신쳥[49]허면 강토일우를 직혀 죵ᄉᆞ 일믹을 보젼헐가 허미러니 이졔 죵ᄉᆞ의 명운이 쇠진ᄒᆞ고 도독의 지략이 광ᄃᆡᄒᆞ야 이에 일운 비라. 무러 무슴ᄒᆞ리요.” 말리 맛치며 희허유체 ᄒᆞ는지라. 도독이 우삼뵈 당쵸의 그 왕을 간하야 셩지를 보너고 싸홈을 파기로 역권ᄒᆞ믈 싱각ᄒᆞ고 ᄯᅩ 그 나라 인민의 명망이 잇스무로 후례로 ᄃᆡ졉ᄒᆞ야 군즁의 두고 좌우를 명ᄒᆞ야 왕의 ᄆᆡᆫ 거슬 그르고 좌를 쥬어 왈, “공이 만일 우삼보의 말을 드러드면 오날날 국파군망 ᄒᆞ는 화를 면훌낫다.” 왕이 묵연 체읍ᄒᆞ고 죽기

---

49) 신쳥 : 信聽, 밋고 곧이들음.

를 구허거늘 도독이 화운을 명ᄒᆞ야, "왕과 비빈을 다 관ᄉᆞ의 감금ᄒᆞ라." ᄒᆞ고 우슴보를 불너 가로ᄃᆡ, "ᄂᆡ 영쥬와 평쥬의 격문을 보ᄂᆡᆺ거니와 그ᄃᆡ 참군장 동죠신과 교위, 화운, 등비로 한가지로 이쥬 팔십군을 순힝ᄒᆞ야 화복으로 효유허면 필련 귀순허리니 만일 항거ᄒᆞ는 지 잇스면 그 셩지를 도륙ᄒᆞ리라." ᄉᆞ 장이 쳥영ᄒᆞ고 우슴보로 더부러 도독긔 ᄒᆞ직ᄒᆞ고 군ᄉᆞ를 거ᄂᆞ려 진발ᄒᆞ니라. 익일에 ᄃᆡ장 ᄒᆞ후승을 불너 왈, "그ᄃᆡ는 오ᄇᆡᆨ군 거ᄂᆞ리고 왕과 비빈, 죵친을 압령ᄒᆞ야 경ᄉᆞ로 올나가 죠정쳐분을 기다리게 ᄒᆞ고 군ᄉᆞ를 쉬울 ᄉᆡ, 챵고를 여러 ᄇᆡᆨ셩을 진휼ᄒᆞ고 금은단필을 ᄂᆡ여 장졸을 상사ᄒᆞ고 ᄉᆞ로잡은 군ᄉᆞ을 다 노하보ᄂᆡ고 남히 ᄉᆞᆷ쥬 군마를 본쥬로 돌녀보ᄂᆡᆯ ᄉᆡ, 그 군ᄉᆞ의 부자, 형졔에 부역을 면ᄒᆞ고 상은을 후히 ᄒᆞ고 ᄉᆞ망헌 장졸은 그 시신을 운구ᄒᆞ고 문호를 졍문ᄒᆞ고 ᄌᆞ손을 탁용[하라]"ᄒᆞ니 즁군이 깃거 아니리 읍더라. 남히쥬 자ᄉᆞ 겸 운량관 황진이 영솔ᄒᆞ야 도라가니 셩즁이 졈졈 진정ᄒᆞᄆᆡ ᄇᆡᆨ셩이 날노 모혀드러 슈순지간에 ᄇᆡᆨ셩이 의구히 모햐 각각 가산을 츄호도 유실험 읍스믈 보고 도독 은덕을 일으며 셔로 질기더라.

각셜, 슈군도독 원장이 졔 이도의 드러가ᄆᆡ 이도쥬 황겁ᄒᆞ야 나와 항복허거늘 원도독이 이도쥬로 션봉을 ᄉᆞᆷ고 슈군 이쳔을 거나리고 ᄉᆞᆷ도의 다다라 이도쥬다려 왈, "그ᄃᆡ 단긔로 ᄉᆞᆷ 도의 드러가 ᄉᆞᆷ도쥬를 보고 이히로 달ᄂᆡ여 귀순케 ᄒᆞ면 구틱여 ᄇᆡᆨ셩을 살히치 안코 ᄉᆞᆷ도를 졍헐지라. ᄒᆞᆫ 번 가물 ᄉᆞ양치 말나." 이도쥐 긔연이 승낙ᄒᆞ고 ᄉᆞᆷ도의 드러가 ᄉᆞᆷ도쥬를 보고, ᄃᆡ남국 군셰 호ᄃᆡᄒᆞ고 긔계 졍이ᄒᆞ야 가히 져당치 못헐 형셰를 말ᄒᆞᆫᄃᆡ, ᄉᆞᆷ도쥐 그러이 여겨 도독의 군마를 마져 드리거늘 도독이 ᄉᆞᆷ도를 진정ᄒᆞ고 ᄉᆞᆷ도주로 ᄒᆞ야금 각각 본도 군수를 ᄉᆞᆷ고 다시 이도군슈로 ᄒᆞ야금 십삼 도의 ᄎᆞ례로 보ᄂᆡ여 격문을 젼ᄒᆞᄆᆡ 긔긔 귀순ᄒᆞ는지라. 원쉬 부장 십이 인을 션턱ᄒᆞ야 각각 포군과 ᄃᆡ포를 쥰비ᄒᆞ야 셔히 ᄉᆞᆷ 국을 방비허며 죠졍에 쥬문ᄒᆞ고 ᄃᆡ군을 휘동ᄒᆞ야 ᄃᆡ도국으로 진발헐 ᄉᆡ, 용양장군 여상으로 젼부션봉을 ᄉᆞᆷ고 이도, 항장, 시쳥으로 부션봉을 ᄉᆞᆷ아, 포군 ᄉᆞᆷ쳔과 ᄃᆡ포 이십문을 가지고 젼션 오십 척을 준비ᄒᆞ야 몬져 ᄒᆡᆼᄒᆞ고, 부쟝 사룡, 오승으로 각각 포군 일쳔을 거나리고 좌우익이 되고, 후군쟝군 신숙으로 포군 일쳔을 거나리고 후응이 되고, 중군도독 원쟝은 ᄃᆡ군을 거ᄂᆞ려 졔군을 ᄉᆞ령ᄒᆞ고, 셔ᄒᆡ쥬자ᄉᆞ로 운량ᄉᆞ를 ᄉᆞᆷ고, ᄇᆡ를 ᄒᆡᆼᄒᆞ야 ᄃᆡ도국 ᄒᆡ즁의 일우러 즁군 젼션 즁의 ᄃᆡ포 ᄉᆞᆷ 셩을 발ᄒᆞᄆᆡ 졔군젼션이 일시의 응포ᄒᆞ고 션봉 녀상과 부쟝 시쳥이 ᄇᆡ의 ᄂᆞ려 안상의 올나 젹군 슈십을 버힌ᄃᆡ 젹쟝이 포ᄃᆡ를 ᄇᆞ리고 다라나는지라. 여상이 군ᄉᆞ를 ᄌᆡ촉ᄒᆞ야 왕셩으로 향허니 형셰 풍운갓튼지라. 지나는 바 군현이 모다 바람을 바라고 셩을 열고 마져 항복허는지라. 군ᄉᆞ를 둔찰ᄒᆞ고 ᄃᆡ군을 기다릴 ᄉᆡ 이ᄣᆡ ᄃᆡ도국 ᄑᆡ군쟝졸이 도망ᄒᆞ야 왕셩의 도라가 병셰의 호ᄃᆡ험과 긔계총포의 졍이ᄒᆞ야 져당키 어려우믈 고ᄒᆞᆫᄃᆡ, 왕이 졔신으로 의논허여 왈, "뉘 감히 군ᄉᆞ를 거나리고 쳥운관 ᄋᆡ구[50]를 직혀 젹군을 물니칠고?" 반부즁 일 인이 출반 쥬왈, "신이 근일에 ᄃᆡ남국 ᄉᆞ졍을 듯ᄉᆞ오니 아셰아 즁쥬로셔 일긔 현인이 오ᄌᆞ일셔를 다리고 ᄃᆡ남국의 표박ᄒᆞᄆᆡ 긔긔 영웅이요, 경쳔위지지ᄌᆡ 잇스니 왕이 신임ᄒᆞ야 국가ᄂᆡ의 졍치를 부탁ᄒᆞᄆᆡ 슈년지간의 졍ᄉᆡ 일신ᄒᆞ야 국부병강ᄒᆞ야 병긔의 신이헌 거시 ᄎᆡᆨ양치 못ᄒᆞ고 쳔ᄒᆞ의 ᄃᆡ젹헐 나라이 읍는고로, ᄒᆡ안국의 쎄잇긴 바 이십여 군을 회복허고 그 왕을 ᄉᆞ로잡아 ᄒᆡ안국 오 쥬 이ᄇᆡᆨ 군을 평ᄒᆞᆫ지라. 이졔 ᄃᆡ왕이 안의 지모지신이 읍고 밧긔 용ᄆᆡᆼ헌 쟝ᄉᆡ 읍스며 졍예한 군ᄉᆞ와 신이한 병긔 읍는지라. 셔로 싸호면 범의 입의 ᄉᆡᆼ육을 더지미라. ᄎᆞ라리 셰자와 ᄇᆡᆨ관을 거나리고 셩밧긔 나아가 그 군마를 마져드려 일국강토를 드리면 필연 ᄃᆡ왕을 후ᄃᆡ헐 거시오, ᄯᅩ한 만민의 어육을 구졔ᄒᆞ리이다." 왕이 이의 부고창늠[51]을 봉ᄒᆞ고 왕ᄌᆞ와 졔신을 거나리고 셩밧 ᄉᆞᆷ십 니의 나아가 도독의 ᄃᆡ군을 맛나 노방의셔 항복허고 국왕의 인슈를 밧치거늘, 도독이 ᄃᆡ희허여 왕과 한 가지로 셩의 드러가 ᄇᆡᆨ셩을 진무ᄒᆞ고 쟝졸을 호상ᄒᆞ고 ᄃᆡ도국왕을 향ᄒᆞ야 왈, "공이 잠시 권

50) ᄋᆡ구 : 애구(隘口)의 잘못. 험하고 좁은 목.

51) 부고창늠 : 府庫倉廩, 문서나 재물을 보관하는 곳간으로 지은 집.

술노 ᄃᆡ국 강토를 탈취허고 린국 에의를 비반ᄒᆞ니, ᄃᆡ국이 군ᄉᆞ를 드러 문죄헐 ᄉᆡ ᄃᆡ도국을 파멸ᄒᆞ고 ᄉᆡ 인군을 셰울지라. 그러허나 ᄂᆡ 공의 셩심을 ᄉᆡᆼ각ᄒᆞ야 우리 왕상의 알외여 귀순왕을 봉ᄒᆞ야 죵사를 의구히 보젼케 ᄒᆞ리라." 인ᄒᆞ야 ᄃᆡ남국에 죠공을 쟉정헐 ᄉᆡ "ᄆᆡ년 정삭의 ᄃᆡ국의 드러와 죠회허되 방물진공은 쥰마 일ᄇᆡᆨ 필과 ᄒᆡ포[52] 이ᄇᆡᆨ 필, ᄒᆡᆼ귤 오쳔 ᄀᆡ를 드리고 ᄃᆡ국의 ᄃᆡᄉᆞ를 당허거든 ᄉᆞ신으로 죠회허되 ᄐᆡ만치 말나." 왕과 졔신이 무슈 사례ᄒᆞ더라. 도독이 글을 올녀 왈, "ᄃᆡ도국왕이 이믜 항복허니 즁도국과 쇼도국은 쟝즁의 잇ᄉᆞ오니 원컨ᄃᆡ 왕상은 위를 놉피사 황졔위의 나아가시고, ᄃᆡ도국왕으로 귀순왕을 봉ᄒᆞ야 졔후에 영을 ᄒᆡᆼ하쇼셔."

각셜, ᄃᆡ남국왕이 두 도독의 승쳡이 연ᄒᆞ야 일우물 보고 ᄃᆡ희과망ᄒᆞ야 군신이 경ᄒᆞ헐ᄉᆡ 승상 최위 쥬왈, "이졔 남으로 ᄡᅡ 슈쳔 리를 읏고 셔호로 십삼 도를 회복허며 ᄃᆡ도국왕을 항복밧고 위엄이 인국의 진동헌지라. 맛당이 황졔 위의 올으ᄉᆞ 년호를 셰워 쳔명을 순히ᄒᆞ쇼셔." 왕이 가로되, "과인이 덕이 박허고 ᄌᆡ죄 읍는지라. 다ᄒᆡᆼ이 두 도독의 신위를 힘입어 강토를 ᄀᆡ쳑허고 슈십 년 젹분을 셜치허여쓰나, 읏지 황졔위를 바라리요?" 즁관이 모다 알외되, "ᄃᆡ왕의 공덕이 아국가 이쳔 년 션왕의 쳐음이요, ᄯᅩ ᄃᆡ도국 왕으로 귀순왕을 봉ᄒᆞ야 쓰니 이는 왕으로 왕을 봉허미니, 읏지 상국 쳬모가 되리잇가? 그런고로 원쟝의 상쇼허여 위를 놉히시미 이런 연괴라. 원컨ᄃᆡ 왕상은 쳔ᄒᆞ신민의 뜻을 살피사 위엄을 빗ᄂᆡ고 죵ᄉᆞ를 놉피쇼셔." 왕이 이에 허락헌ᄃᆡ 졔신이 ᄃᆡ희허여 셩북 삼십 니 쳔셩산 남의 단을 모흐고 길일을 ᄐᆡᆨᄒᆞ야 왕을 호위ᄒᆞ야 단의 올나 쳔지의 ᄉᆞ례ᄒᆞ고 황졔 위에 나아가니 ᄇᆡᆨ관이 황졔 ᄉᆡ부[53]를 밧들어 올니고 년호를 셰워 무홍원년이라 ᄒᆞ고 즉일의 궁에 도라와 만죠에 하례를 바든 후의, 국셔를 닥가 ᄉᆞ신을 명ᄒᆞ야 인국의 포고ᄒᆞ고 육군도독 정각으로 ᄒᆡ안국왕을 봉ᄒᆞ야 오쥬 이ᄇᆡᆨ군을 진무ᄒᆞ고, 슈군

52) 해포 : 蟹脯, 농게의 살을 뽑아서 말린 포

53) ᄉᆡ부 : 璽符, 나라를 대표하는 도장을 의미하며 '국새'의 잘못된 표현임.

도독 원쟝으로 일도왕을 숨아 십삼도를 춍독허고, 기여장졸은 추례로 상을 도도고 졔신이 산호만셰[54] ᄒᆞ여 질길식, 승상 최우 쥬왈, “이제 폐히 천ᄌᆞ위의 오르시미 모든 예악과 의졀리 다른지라. 호부상셔 정궁으로 궁실을 곳쳐 셰우고 이부상셔 정우로 예악의졀과 빅관의 직무를 감독ᄒᆞ쇼셔.” 천지 그 장ᄃᆡᄒᆞ믈 혐의ᄒᆞ야 유예ᄒᆞ거늘, 정궁이 쥬왈, “승상의 알외는 빅 극당ᄒᆞ여 이다. ᄃᆡ져 천ᄌᆞ는 ᄉᆞ히로 집을 숨으미 왕후의 궁실과 각별헌지라. 그런고로 궁실을 놉피고 원유를 널니ᄒᆞ야 천하의 그 위가 읍셔 써 졔후를 호령ᄒᆞ고 빅셩을 다사리는 비라. 복원 황장은 청납ᄒᆞ쇼셔.” 천지 군신의 쇼견을 막지 못ᄒᆞ야 허락허신ᄃᆡ, 정궁이 궁궐을 기건헐 식 궐문 좌우의 슈륙도독부를 셰우고 좌우의 육부를 빈치ᄒᆞ고 승상부 이ᄒᆞ 각 관ᄉᆞ의 추셔를 의지ᄒᆞ고 셩쳡과 도문을 크긔 ᄒᆞ고, 공역이 맛치미 천지 빅관으로 더부러 쥬람ᄒᆞ시고 낙셩연을 베퍼 질기더라.

각셜, 수군ᄃᆡ도독 원장이 군ᄉᆞ를 휘동ᄒᆞ야 ᄃᆡ도국왕으로 한 가지로 즁도국을 향헐식, 이ᄯᅢ 두 나라 군신이 ᄃᆡ도국이 파ᄒᆞ고 왕이 항복허미 원도독이 다시 왕작을 회복ᄒᆞ고 신민을 은익ᄒᆞ믈 듯고 양국왕이 셔로 모드여 항복허기를 정허고 졔신을 거나리고 히상의 나와 도독군마를 마자 셩지를 드리거늘, 도독이 ᄃᆡ희ᄒᆞ야 두 왕으로 다시 왕작을 회복ᄒᆞ고 천ᄌᆞ의 셩덕을 효유ᄒᆞ고 정삭죠회와 방물공헌을 ᄃᆡ도국 녜로 정ᄒᆞ고 즁도국 경셩의 드러가 군ᄉᆞ를 쉬울식, 삼도국왕이 날마다 ᄃᆡ연을 빈셜ᄒᆞ여 장졸을 호괴허며 은덕을 감ᄉᆞ하더라. 슈일을 쉬운후의 군ᄉᆞ를 도로혀 졔 일도로 드러와 히군도독부를 셰워 신숙으로 부도독을 삼아 십이 군수를 절졔ᄒᆞ고, 표를 올녀 일도왕을 사양하고 군ᄉᆞ를 도로헐 식, ᄃᆡ도왕ᄌᆞ를 다리고 숨도왕을 작별ᄒᆞ고 경ᄉᆞ로 향ᄒᆞ야 여러 날만의 경셩의 일우미, 천지 만죠를 거나리고 셩밧 십 니에 나와 도독 군마를 마져 노문ᄒᆞ시고 왈, “경이 만리히외에 슈년을 노고ᄒᆞ

54) 산호만셰 : 山呼萬歲, 나라의 큰 의식에 황제나 임금의 축수를 표하기 위하여 신하들이 두 손을 치켜들고 만세 또는 천세를 외치던 일.

야 불세지공을 세워스니 짐이 심히 감ᄉᆞᄒᆞ노라.” 도독이 쥬왈, “신이 죵ᄉᆞ 신령의 도으시믈 힘입어 ᄃᆡ군이 일우는 곳의 셩지를 회복ᄒᆞ고 ᄉᆞᆷ국왕을 항복밧고 금일에 쟝사의 ᄉᆞ망헌 지 읍ᄉᆞ오니 페ᄒᆞ의 홍복이로소이다.” 군신이 ᄃᆡ희ᄒᆞ야 말을 견쥬어 셩의 드러오니 만셩 인민이 용약환희ᄒᆞ야 닷토아 우양을 드려 군ᄉᆞ를 공괴허더라. 천지 ᄃᆡ도국왕ᄌᆞ로 ᄐᆡᄌᆞ시독을 허이시고 원도독의 부장을 평쥬, 영쥬에 보ᄂᆡ고 쳡셔를 기다리더니, 일일은 이쥬 군마도라와 보ᄒᆞ되 “이쥬 팔십군이 모다 셩지를 드려 항복ᄒᆞ고 막는 지 읍는지라. 고로 군ᄉᆞ와 빅셩의 ᄒᆞ나토 상헌 지 읍나이다.” 도독이 ᄃᆡ희ᄒᆞ야 ᄃᆡ연을 빈셜ᄒᆞ야 졔장을 노문ᄒᆞᆯ ᄉᆡ 우삼보를 보아 왈, “이 도시 그ᄃᆡ에 공이로다.” 즉시 여순으로 평쥬자ᄉᆞ를 ᄉᆞᆷ고 ᄒᆞᆫ셤으로 영쥬자ᄉᆞ를 ᄉᆞᆷ고, 표를 올녀 왕작을 바치고 ,희안국 경셩의 육군도독부를 두어 후군장군 졍건으로 육군부도독을 ᄉᆞᆷ아 오쥬 이빅군을 진무ᄒᆞ고 졔장으로 더부러 ᄯᅥ나기를 의논허디니, 잇ᄯᅢ 천지 ᄐᆡᄌᆞ의 가례를 삼월 망간으로 졍ᄒᆞ시고, ᄉᆞ명을 도독부의 보ᄂᆡ여 모든 군마는 션봉 뇌진으로 영ᄉᆞᆯᄒᆞ야 완완이 ᄒᆡᆼ군하고, 도독은 경긔를 거나리고 셩야로 올나와 짐의 기다리는 바를 위로ᄒᆞ고 ᄯᅩ ᄐᆡᄌᆞ의 가례를 ᄒᆞᆫ가지로 보기를 지쵹ᄒᆞ신지라. 도독이 졔장을 ᄃᆡ하야 왈, “ᄐᆡᄌᆞ의 가례 갓가읍고 황상의 명의 이갓트시니 불가불 션ᄒᆡᆼ헐지라. ᄂᆡ 이졔 ᄒᆞ후승으로 젼군을 ᄉᆞᆷ고 뇌진으로 즁군ᄃᆡ쟝을 ᄉᆞᆷ고 쟝동, 죠신으로 후군을 ᄉᆞᆷ나니 완완히 ᄒᆡᆼᄒᆞ야 ᄒᆡᆼ군 졀ᄎᆞ를 의구히 ᄒᆞ라.” 분부허기를 맛치믜 항쟝 우ᄉᆞᆷ보와 호위관군 일빅을 다리고 ᄯᅥ날 ᄉᆡ ᄒᆞ운, 등비로 경긔 삼빅을 거나리고 몬져 나아가며 길을 지쵹ᄒᆞ야 ᄒᆡᆼ노를 쇽허게 ᄒᆞ야 쥬야빈도하야 경셩을 바라고 ᄒᆡᆼ허더니, 일일은 젼면을 바라보니 일ᄯᅦ 인믜 길을 막아오는지라. 도독이 말을 멈츄고 기다리더니 이윽고 승상 최우, ᄐᆡ자를 호위ᄒᆞ야 쳔ᄌᆞ의 명으로 도독에 노고를 ᄉᆞ례ᄒᆞ고 영졉ᄒᆞ야 경셩의 드러와 ᄇᆡ로 궐ᄒᆞ의 일우러 복명ᄒᆞ온ᄃᆡ, 천지 뎐페의 나려 도독의 손을 잡고 왈, “도독의 회환허는 긔한을 예탁지 못ᄒᆞ야 멀리 맛지 못ᄒᆞ야스니 바라건ᄃᆡ 허물을 ᄉᆞᄒᆞ라.” 도독이 복지 주왈, “신이 국가 후은을 입ᄉᆞ와 몸이 만 번 부셔지나 읏지 갑후리잇가?" 쳔ᄌᆡ 왈, "도독이 여러 히 전장에 노고ᄒᆞ야 천ᄒᆞ에 쌍 읍는 공을 셰워스니 짐이 읏지 경을 닉 골육으로 디졉지 아니리요?" 도독이 쥬왈, "신이 폐ᄒᆞ의 명을 밧들무로 부터 쥬야 동동ᄒᆞ야 폐ᄒᆞ의 부탁ᄒᆞ신 바를 욕될가 두리더니, 이졔 다힝이 죵ᄉᆞ 싱령의 복을 힘입어 쥬군을 회복ᄒᆞ고 젹국을 토멸ᄒᆞ오미 잇스나 읏지 신이 감히 공의 거ᄒᆞ리잇고?" 쳔ᄌᆡ 가라ᄉᆞᄃᆡ, "경의 모부인이 경을 기다련지 오런지라. 밧비 나아가 슬ᄒᆞ의 반면ᄒᆞ고 몸을 보즁ᄒᆞ라." ᄒᆞ시고 티부를 도라보ᄉᆞ 왈, "군이 과거 무량겁의 무숨 복을 닥가 오날날 오ᄌᆞ일셰 이갓치 영웅이니 짐이 만승으로쎠 군을 부러ᄒᆞ노라." 졔신이 ᄃᆡ왈, "신등이 일우기를 졍씨 오준과 원씨일웅이라 허나이다." 상왈, "과연 오쥰일웅이라 층ᄒᆞ리로다." 도독이 ᄒᆞ직고 집의 도라와 모부인긔 뵈온ᄃᆡ 부인이 그 아ᄌᆞ의 큰 공을 셰우고 완젼이 도라오믈 보고 더욱 ᄋᆡ즁허더라. 형졔 오 인이 원도독으로 더부러 회포를 펴며 셔로 질기미 비헐ᄃᆡ 읍더라.

각셜, 육군ᄃᆡ쟝 뇌진이 ᄃᆡ군을 거나리고 여러 날만의 궐ᄒᆞ의 복명ᄒᆞ온ᄃᆡ, 쳔ᄌᆡ 쟝졸을 노문ᄒᆞ시고 츌젼쟝ᄉᆞ의 공노를 포상허실 ᄉᆡ 두 도독을 불너 왈, "경등이 왕작을 ᄉᆞ양ᄒᆞ니 짐의 마음의 심히 닝담헌지라. 다시 ᄉᆞ양치 말나." 두 도독이 쥬왈, "신등이 폐ᄒᆞ의 복음으로 촌토의 공이 잇스나 읏지 왕위를 쳔ᄌᆞ히 바드리잇고? 신등이 평싱을 젼폐지ᄒᆞ의 뫼셔 쳔은을 만분의 일이라도 갑기를 원ᄒᆞ나니다." 상이 ᄀᆞ라사ᄃᆡ, "경등의 충의 이 갓트니 짐이 ᄯᅩᄒᆞᆫ 그 뜻을 져바리지 못헐지라. 졍각으로 히안국 오 쥬 이ᄇᆡᆨ 군으로쎠 영명왕을 봉ᄒᆞ야 아직 경셩의 머물너 짐을 보좌ᄒᆞ고 본국 졍ᄉᆞ는 부도독 졍건으로 겸셥케 ᄒᆞ고, 수군도독 원쟝으로 합도왕을 봉ᄒᆞ야 국호를 합도국이라 ᄒᆞ야 십삼 도 일ᄇᆡᆨ오십 군을 관할허고 인ᄒᆞ야 경셩의 잇셔 왕니를 죵편[55]히 허라." 허시고 육군 션봉 뇌진으로 진남장군 남평후를 허이고, 후군장군 하후

55) 죵편 : 從便, 어떤 일을 처리함에 있어서 편할 때로 따름.

승으로 졍남장군 창원후를 삼고, 화운으로 좌장군, 등비로 우장군, 장동으로 전장군, 죠신으로 후장군을 삼고 기여 출젼 장스를 모다 공노를 의지ᄒᆞ야 시상ᄒᆞ고, 항장 우슴보로 분의장군을 숨아 경셩에 거쥬ᄒᆞ고 ᄒᆡ안국 항복헌 왕으로 귀순후를 봉ᄒᆞ야 젼결과 텩졔을 쥬어 그 비빈을 더리고 경셩의 머무루고, 종쳑, 시죵 사십여 인을 모라 본국으로 돌라가 부모쳐ᄌᆞ와 단취케 ᄒᆞ고, 육군을 상ᄉᆞᄒᆞ미 슈군ᄃᆡ션봉 동호로 진셔장군 셔평후를 봉ᄒᆞ고 후군장 신숙을 합도국 수군부도독을 삼고 녀상으로 좌쟝군을 숨고 송관으로 후장군을 숨고 그나마 출젼 쟝졸을 일일이 시상ᄒᆞ고 항쟝 일도쥬 시쳥으로 건공쟝군을 숨아 경셩의 유쥬ᄒᆞ고 슈륙양군의 상을 필허미, 천지 정화의 인덕과 오ᄌᆞ일셔의 특출허물 특별이 포쟝코ᄌᆞ 허ᄉᆞ ᄐᆡ부 졍화로 문졍왕을 봉ᄒᆞ야 동ᄒᆡ 이십 군의 왕ᄒᆞ고 영창군의 도읍ᄒᆞ고 국호를 동번이라 ᄒᆞ고, 부인 송시로 숙경왕후를 봉허고 치단 이빅 필, 황금 이쳔 양과 궁녀 이십을 사여ᄒᆞ시고, 장ᄌᆞ 졍궁으로 충션공을 봉ᄒᆞ야 우승상을 겸ᄒᆞ고 젼 일만 결과 노비 이빅 구을 쥬시고 그 부인 니시로 졍순부인을 봉ᄒᆞ고 견 일빅 필, 황금 오빅 양을 쥬시고, 이자 상으로 충숙공을 봉ᄒᆞ야 호부상셔를 겸ᄒᆞ고 젼 일만 결, 노비 이빅 구을 쥬시고 그 부인 한시로 졍숙부인을 봉ᄒᆞ고 견 일빅 필, 왕금 오빅 양을 상ᄒᆞ시고, 슴ᄌᆞ 각으로 충무왕을 봉ᄒᆞ야 남안의 도읍ᄒᆞ야 국호를 영명이라 ᄒᆞ고 부인 쇼시로 졍원왕후를 봉ᄒᆞ고, 견 이빅 필, 황금 이쳔 양을 쥬고, 사ᄌᆞ 치로 충장공을 봉ᄒᆞ고 ᄃᆡ쟝군을 겸ᄒᆞ야 젼 일만 결과 노비 이빅 구를 쥬시고 부인 님시로 졍신부인을 봉ᄒᆞ야 견 이빅 필, 황금 오빅 냥을 쥬시고, 오자 우로 부마도위 충영공을 봉ᄒᆞ시고 젼 일만 결, 노비 이빅을 쥬시고 효션공쥬의게 치단 일빅 필, 황금 오빅 냥을 쥬시고, 그 ᄉᆞ위 원쟝으로 무렬왕을 봉ᄒᆞ야 합도국의 도읍ᄒᆞ고 부인 졍시로 덕닌왕후를 봉하야 견 이빅 필, 황금 이쳔 양을 쥬시고, ᄯᅩ 최우 등에 공신 쳔거ᄒᆞ믈 긔특이 여기ᄉᆞ 승상 최우로 의양공을 봉ᄒᆞ야 젼 이쳔 결, 노비 오십 구와 그 부인으로 경헌부인을 봉ᄒᆞ고 견 오십 필, 황금 이빅 량을 쥬시고, 상셔 쇼졍으로 남창후를 솜고 상우인으로 건신후를 솜고 북히 티슈 왕윤으로 진북장군을 삼아 인ᄒᆞ야 북히를 직히고, 그나마 만죠 문무ᄇᆡᆨ관을 모다 일급을 승ᄎᆞᄒᆞ신 후의 ᄇᆡᆨ관의 경ᄒᆞ를 바드시미, 좌승상 최위 쥬왈, “신이 예관으로 더부러 틱ᄌᆞ 길레의 의절을 쥰비ᄒᆞ옵고 길일이 불원헌지라. 복원 페ᄒᆞ는 궁즁 절ᄎᆞ를 예비ᄒᆞ쇼셔.” 상 왈, “ᄂᆡ절은 이미 정당헌지라. 다만 길일만 기다리노라.” 군신이 셔로 ᄒᆞ레ᄒᆞ더니 근신이 셔히쥬 자사의 글월을 드리거날 여러보니 “셔히 삼국 왕이 ᄒᆞᆫ 가지로 경ᄉᆞ의 올나가 쳔은을 숙사ᄒᆞ고 겸ᄒᆞ야 틱ᄌᆞ의 길네에 방물을 공헌ᄒᆞ미라.” 상이 ᄃᆡ희ᄒᆞᄉᆞ 각국왕의 관ᄉᆞ를 정ᄒᆞ라 ᄒᆞ시고 파죠ᄒᆞ시다.

각셜, 삼도왕이 ᄃᆡ남국 경셩의 일우러 방물을 예부의 밧친ᄃᆡ 쳔지 죠회를 베풀고 삼국 왕을 부르시니 삼국 왕이 명을 이어 궐ᄒᆞ의 나아갈 식 이칭문루는 반공의 소사는ᄃᆡ 운누에 싸이엿고 오문이 통기헌ᄃᆡ 호위금군 십만 명이 오식젼포 몸의 입고 쟝창ᄃᆡ금 손의 쥐고 황궁을 호위ᄒᆞ고 황국젼 놉흔 곳의 ᄇᆡᆨ옥난간 구급상의 일월병을 둘너치고 황금용탑 칠보상의 만승 쳔지 젼좌ᄒᆞᄉᆞ 쳔ᄒᆞ 영웅호걸들이 졔졔창창 묘앗는ᄃᆡ, 용호방이 문무 ᄎᆞ려 좌우로 시위ᄒᆞ니, 좌반 문관 그 뉘구뇨? 좌우 승상, 육부 상셔, ᄒᆞᆫ림혹ᄉᆞ 졔 장관이 금슈죠복 몸의 입고 머리의 금관이요 손의는 옥흘이라. 국궁진퇴 엄숙허니 틱옥쇼릐 징징ᄒᆞ고 풍치가 빈빈[56]허다. 우반 무장 바라보니 원슈, 도독 슈만이요, 사마총독부 반이라. 쇄금젼포 떨쳐 입고 쌍봉투구 놉히 쓰고 삼쳑 장금 빗기 ᄎᆞ고 ᄎᆞ셔 잇게 ᄇᆡ위ᄒᆞ니 위풍이 늠늠ᄒᆞ고 위엄이 상셜갓다. 젼상의 향연이 어리엿고 젼ᄒᆞ의 오식긔치 일광을 희롱이라. 쳔페의 사비헌ᄃᆡ 쳔지 탑젼의 부르사 멀니 오믈 노문ᄒᆞ시고 조셔ᄒᆞ사, “정ᄉᆞ를 부즈런이 ᄒᆞ고 ᄇᆡᆨ셩을 사랑ᄒᆞ며 외신의 직무를 틱만치 말나.” 허시더라.

각셜, ᄎᆞ시는 상월[57] 망일이니 황틱ᄌᆞ ᄃᆡ레 길일이라. 이ᄯᅢ ᄉᆞ방이 무ᄉᆞ

56) 빈빈 : 彬彬, 문조와 바탕이 잘 갖추어져 훌륭함.
57) 상월 : 相月, 음력 7월을 달리 일컫는 말.

하고 국ᄐᆡ민안ᄒᆞ니 희황세계의 격양가를 부르더라. ᄐᆡ지 ᄇᆡᆨ관과 위의를 거나리고 동번왕 정ᄐᆡ부 궁중에 나아가 영친ᄒᆞ야 도라올 ᄉᆡ 각군 장관이 호위ᄒᆞ고 오ᄉᆡᆨ의장 느러셔고 녹의홍상 쇼년궁녀 금안ᄇᆡᆨ마 시위ᄒᆞ고 금의화관 시비들은 전후좌우 옹호허고 이원에 제일 풍악 경ᄒᆞ곡을 알외는ᄃᆡ 청아ᄒᆞ고 용황ᄒᆞ야 춘풍의 날이여셔 청천의 사뭇는 듯, 황금봉년[58] 진쥬렴의 향연이 깁허는ᄃᆡ, 비취양산 압흘 셔고 쌍봉미션 뒤에 온다. 오ᄉᆡᆨ 상운 영농헌ᄃᆡ 셔왕모의 거동인가? 장안셩즁 홍진간의 이런 구경 ᄯᅩ 잇는가? ᄃᆡ신부인 명부되야 봉년 뒤의 슈가ᄒᆞ고 ᄐᆡᄌᆞ국구 동번왕이 오군을 거나리고 후ᄇᆡᄒᆞ야 호숑ᄒᆞ고 죵친, ᄇᆡᆨ관문무들은 반을 ᄎᆞ려 슈가ᄒᆞ니 원근 인민 모야드러 쳔츄만세 송덕ᄒᆞ니 인간승사 이 아니냐? 황궁으로 드러와셔 납폐를 ᄒᆡᆼᄒᆞᆫ 후의 천지 황국전의 오르사 만죠와 각국 후왕을 모화 ᄒᆞ레를 바드시고 ᄃᆡ연을 ᄇᆡ셜ᄒᆞ야 진일토록 질기다가 만죄 각각 집으로 도라갈 ᄉᆡ 장안셩즁 너분 길의 월ᄉᆡᆨ은 죠요하야 흔깁을 펼쳣는 듯, 부녀ᄉᆞ민 모야드러 이날을 경축허니 만호 문문 등을 달아 산호만셰 노니는ᄃᆡ 영농ᄒᆞ고 찬난ᄒᆞ다. 여민동낙 이 아닌가? 삼일 경연을 다 지ᄂᆡᄆᆡ 오군일웅이 숌도국왕과 숌공, 육경을 청ᄒᆞ고 ᄃᆡ도왕세ᄌᆞ를 불너 셔로 보게ᄒᆞ니, 정히 일ᄃᆡ 쇼년영준이라. 만좌 제인이 그의 표와 언ᄉᆡ 단아ᄒᆞ물 모다 칭찬허더라. 술이 반감의 일우ᄆᆡ ᄃᆡ도왕이 합도왕 원쟝의게 고왈, "과인이 다른 아들이 읍고 다만 일ᄌᆞ이녀가 잇는지라. 과인이 ᄯᅥ날 ᄯᆡ의 노쳐의 부탁을 드른 ᄇᆡ 잇스니 황상긔 셩은을 무르와 반년 슈유를 으더 ᄌᆞ식을 ᄯᅴ고 도라가 그 ᄉᆡᆼ전의 ᄒᆞᆫ 번 보고자 허는 마음을 위로코자 ᄒᆞ오니 원컨ᄃᆡ ᄃᆡ왕은 이 사정을 천폐의 들니사 만일의 천은이 나리시면 이 ᄯᅩᄒᆞᆫ ᄃᆡ왕이 노쳐의 일명을 구허시미니이다." 합도왕이 우셔 왈, "과인이 웃지 천의를 만회ᄒᆞ리잇고? ᄃᆡ왕의 나라는 과인이 셰운 ᄇᆡ라, 웃지 그 안위를 맛지 아니리잇고?셰ᄌᆞ는 아직 ᄐᆡᄌᆞ를 뫼셔 학문을 공부ᄒᆞ고 ᄃᆡ국

58) 황금봉년 : 黃金鳳輦, 꼭대기에 황금의 봉황을 장식한 임금이 타는 가마.

의 예악, 형졍과 관제, 군졔를 널니 혹습ᄒᆞ면 장ᄂᆡ의 ᄃᆡ도국 중흥지쥬 될 거시오, 과인의 부인이 ᄯᅩᄒᆞᆫ 져를 긔출의 다름이 읍는 비라. 장원지계를 ᄉᆡᆼ각지 안코 목젼의 ᄋᆡ정을 연연허니 이는 ᄃᆡ왕의 복이 아니이이다." ᄃᆡ도왕이 묵연무어허더라. 원ᄂᆡ 합도왕이 이ᄌᆞ이녀를 두어스니 다 연유ᄒᆞ고 오직 쟝녀 연방 십오에 규즁의 잇는지라. ᄃᆡ도 셰ᄌᆞ의 ᄯᅳᆺ이 잇스나 볼모로 잇는고로 체면의 혐의ᄒᆞ야 ᄀᆡ론치 못ᄒᆞ고 잔치를 파ᄒᆞ고 각각 도라가니라.

각셜, 쳔지 오준일웅을 부르사 후언별당을 열고 ᄐᆡᄌᆞ로 더부러 ᄒᆞᆫ 가지로 춘경을 보라 ᄒᆞ시고, 이날 황휘 ᄂᆡ연을 ᄇᆡ셜허고 숙경왕비로 여러 ᄌᆞ부와 덕인왕비를 거나리고 드러오라 명ᄒᆞ시거늘, 숙경왕비 승명ᄒᆞ야 드러간ᄃᆡ, 황휘 ᄐᆡᄌᆞ비와 효션공쥬로 마자 올녀 군신네를 힝헌 후에 좌를 쥬시고 숙경왕비의 복덕을 흠션ᄒᆞ시고 연셕을 베풀고 여악을 드려 예상우의 곡을 아뢰고 질탕이 경ᄒᆞ허더라. 이ᄣᆡ ᄐᆡ직 오준일웅을 더리고 후원 ᄇᆡᆨ화 깁흔 곳의 누각을 크게 열고 술이 ᄃᆡ취ᄒᆞᄆᆡ ᄉᆞ죽관현은 봉황의 우름이요, 쳥가일곡은 ᄋᆡᆼ무의 말이로다. 이ᄣᆡ ᄐᆡ직 ᄯᅩᄒᆞᆫ 홍훈이 옥안의 올으시고 쥬흥이 잠간 동ᄒᆞᄉᆞ 황문을 명ᄒᆞ야 다시 슈순을 지ᄂᆡᄆᆡ 군신이 셔로 취ᄒᆞᆫ지라. 승상 졍궁이 합도왕을 향ᄒᆞ야 왈, "일젼 연셕의 ᄃᆡ도왕의 ᄀᆡᆫ간헌 쳥을 듯고 읏지 황상긔 알외지 아나이ᄭᅩ? 아ᄆᆞ ᄃᆡ왕의 실신이 될가 허나이다" 합도왕 왈, "볼모로 잇난 외신을 방환허기를 읏지 아뢰리잇고? 이는 ᄃᆡ도왕에 무식헌 쇼견이라. 그 말을 읏지 괘치ᄒᆞ리잇고?" 영명왕 졍각이 가로ᄃᆡ, "쇽담의 일우기를 결ᄌᆡ히지라 ᄒᆞ니 ᄃᆡ왕이 ᄆᆡ진 일이니 ᄃᆡ왕의 숀이라야 풀리리이다." 상셔 졍상이 가로되, "그 읏진 말니뇨?" 부ᄆᆡ 문 득 ᄃᆡ왈, "이 일을 쇼졔 십분의 팔구분을 짐작허오니 ᄃᆡ도국 셰ᄌᆞ는 지금 급히 도라가지 못ᄒᆞ오리다." 상 왈, "무숨 일이뇨?" 부ᄆᆡ 합도왕을 가르쳐 왈, "져 ᄃᆡ왕이 쟝녀로ᄡᅧ 셰ᄌᆞ의 ᄯᅳᆺ이 잇스ᄆᆡ 그런고로 졸련이 도라가지 못헌다 ᄒᆞ미니이다." 만좨 셔로 우으며 왈, "이는 ᄃᆡ왕의 슈단의 잇는 바여늘 읏지 쥬져ᄒᆞ야 셰월을 쳔연ᄒᆞ리잇고?" 합도왕 왈, "부ᄆᆡ 읏지 출쳐 읍는 말솜을 ᄂᆡ여 쇼ᄉᆡᆼ을 죠롱허시나이가?" 부미 왈, "근지 읍는 말을 웃지 허오리잇가?" 왕 왈, "원컨디 출쳐를 가르치쇼셔." 부미 우으며 가로딕 "징인은 분명ᄒᆞ나 지금 술이 취ᄒᆞ야 정신이 착난ᄒᆞ오니 명일 드르쇼셔." 합도왕 왈, "이는 부미 쇼싱을 희롱ᄒᆞ시미라. 웃지 그럴 빅 잇스리잇고?" 딕쟝군 정치 부마다려 왈, "그딕 이미 아는 일이면 ᄒᆞ필 명일을 기다리리요?" 부마 딕왈, "열위형장이 무르시니 쇼졔 웃지 뜻을 감쵸리잇고? 과연 드른 곳은 덕인왕비와 효션공쥬의겨 드른 빅니이다." 합도왕이 밋쳐 딕답지 못하야 졔인이 일시의 딕쇼 왈, "이졔 징거 명빅ᄒᆞ니 무숨 발명을 ᄒᆞ시랴 ᄒᆞ나뇨?" 틱지 즁인의 슈작을 일일이 드른 후의 박장딕쇼 왈, "닉 이졔 공네의 말을 드른지라, 공의게는 싱질셔요 나의게는 동셔의 ᄉᆞ위요 효션공쥬의 싱질셔요 ᄯᅩ 쳐형의 ᄉᆞ위니 우리 가닉지ᄉᆞ요, ᄯᅩᄒᆞᆫ 셩인지미[59]라. 나도 ᄒᆞᆫ번 즁미 들니이다." 합도왕 왈, "신이 웃지 신의 마음을 틱ᄌᆞ젼ᄒᆞ긔 긔망ᄒᆞ오리잇가? 쳐음의 과연 그 마음이 잇스나, 외국 부신을 웃지 감히 ᄉᆞᄉᆞ로히 결친ᄒᆞ야 국체를 숀상ᄒᆞ고 죄과를 범ᄒᆞ오리잇고? 이는 신의 심닉의 잇ᄉᆞ와ᄉᆞ오 구외의 출헌 빅 읍ᄉᆞ오나, 필연 부마 션발졔언헌 쥬작인가 ᄒᆞ나이다." 틱지 쇼왈, "왕이 이믜 마음이 잇셔스니 ᄒᆞ필 출쳐이니 증거이니 헐 거 읍고 우리 ᄒᆞᆫ 가지로 황상폐ᄒᆞ전의 나아가 뎨셩[60]ᄒᆞ자." ᄒᆞ고 희소허더니, 이ᄯᅢ 황휘 시녀로 ᄒᆞ야금 그 노는 동졍을 탐지ᄒᆞ야 드르시고 숙경왕후더러 왈, "왕휘 그 일을 아시나니가?" 딕왈, "노신이 듯지 못헌 빅로소이다." 황휘 왈, "딕도세ᄌᆞ 님쥰의 일컷는 말을 틱자의게 익이 드른지라. 덕인왕후의 사위되면 이는 아름다온 일이라. 웃지 황상긔 아뢰지 아니리요?" 직시 궁녀를 명ᄒᆞ야 틱ᄌᆞ와 부마를 부르시니 양인이 급피 건질을 곳치고 의관을 졍제ᄒᆞ고 시녀를 죠ᄎᆞ 드러가 젼상의 올나 승명ᄒᆞ온딕, 황휘 부마를 바라보니 쳥안이 몽농ᄒᆞ고 옥안의 홍훈이 ᄯᅴ여는지라. 황후 왈,

59) 셩인지미 : 成人之美, 다른 사람의 훌륭하고 아름다운 점을 도와주어 더욱 빛나게 해줌.

60) 뎨셩 : 齊聲, 여러 사람이 한꺼번에 일제히 소리를 지름.

“경등이 오날 무어스로 쇼견ᄒᆞ나뇨?” 부ᄆᆡ 쥬왈, “신등이 오날 황상의 셩은으로 화원을 쥬시고 풍류와 진슈셩찬을 나리시ᄆᆡ 졔신이 ᄐᆡᄌᆞ뎐ᄒᆞ를 뫼셔 화류간의 노나니다.” 황휘 쇼왈, “그는 나도 아는 바어니와 죵일 한담헌 ᄇᆡ 무어시뇨?” 부ᄆᆡ ᄃᆡ왈, “오날 황상겨오셔 술을 사ᄒᆞ샤 신 등이 잠간 취ᄒᆞ야 지쳑 쳔폐를 모로압고 셔로 들네나이다.” 황휘 쇼왈, “가위 동문셔답이로다.” 공쥬와 덕인왕휘 ᄯᅩᄒᆞᆫ 미미히 웃는지라. 황휘 ᄐᆡ자다려 무러 왈, “부마는 취헌지라, 경이 ᄃᆡ신 말허라.” ᄐᆡᄌᆞ 알외되, “신이 듯사오니 과연 합도왕의 여아와 셰ᄌᆞ 님준으로 셩친헐 ᄉᆡᆼ각이 간졀ᄒᆞ나 다만 외국 볼모로 은신한 고로 감히 ᄀᆡ구치 못ᄒᆞ미러이다. 이 일은 부ᄆᆡ 자셔이 아는 ᄇᆡ니 낭낭은 ᄒᆞ순ᄒᆞ쇼셔.” 황휘 부마다려 왈, “경이 이미 알면 웃지 ᄀᆡ졍을 ᄒᆞ나뇨?” 부ᄆᆡ ᄃᆡ왈, “신도 자셔히 모로옵고 덕인후와 공쥬의게 잠간 드른 듯 허여이다.” 황휘 공쥬와 덕인후다려 왈, “경등이 부마더러 무러보라.” 양부인이 웃고 몸을 도로혀 장뒤로 드러가는지라. 황휘 가로ᄃᆡ, “이 일은 모다 부마의 쥬션이라. 비록 즁간으로 일우킨 일이나 사체 ᄯᅩᄒᆞᆫ 거리낄 ᄇᆡ 읍는지라. 웃지 부황긔 알외여 봉황의 쌍을 일우지 안나뇨?” ᄐᆡ자 ᄃᆡ왈, “이졔 졔신으로 더부러 알외랴 ᄒᆞ나이다.” ᄐᆡᄌᆞ 부마로 더부러 물너나온ᄃᆡ 졔인이 무러 왈, “황후페ᄒᆡ 무슴 죠칙이 겨시뇨?” 부ᄆᆡ ᄃᆡ왈, “황후페ᄒᆞ게오셔 오날 일긔 화창헌ᄃᆡ 무슴 소견으로 ᄒᆡ를 보ᄂᆡ나뇨 ᄒᆞ시거늘 쇼제 취ᄒᆞ야 ᄌᆞ셰이 앙달치 못ᄒᆞ야나이다.” ᄐᆡᄌᆞ 오쥰일웅으로 더부러 외뎐의 나아가 황상긔 사은ᄒᆞᆫᄃᆡ 쳔ᄌᆞ 졔인의 만면춘풍을 보시고 쳔안이 깃그ᄉᆞ 왈, “오날 연셕의 합도왕 녀ᄋᆞ의 혼식 웃지 된고?” 합도왕이 ᄃᆡ경ᄒᆞ야 복지 쥬왈, “신의 여식이 십오 셰의 규중의 잇사오나 밧부미 읍ᄉᆞ옵고 ᄃᆡ도셰ᄌᆞ 님쥰은 외국질신이요, 신은 당당헌 ᄃᆡ국ᄃᆡ신이라. 웃지 ᄉᆞᄉᆞ로히 셩친허여 우호로 국체를 손상ᄒᆞ고 ᄋᆞ릐로 신의 죄상을 더허리잇가? 이는 도시 부마졍위 신의 ᄯᅳᆺ을 짐작ᄒᆞᆫ다 ᄒᆞ고 죵즁쥬ᄉᆞ[61]헌 일이오니 원컨ᄃᆡ 셩상은 술피쇼셔.” 상이 소왈, “짐이 다 드른지라. 경은 혐의ᄒᆞ야 발명치 말나. 즉시 니부상셔을 명ᄒᆞ사 ᄃᆡ도셰ᄌᆞ로 셔충위를 봉ᄒᆞ야 죵금이후로 죠반의 춤네케 ᄒᆞ고 네관으로 턱일을 쇽히 ᄒᆞ고 디도왕은 아직 머물너 셩친을 보게 ᄒᆞ라." ᄒᆞ시다. 육인이 티자긔 ᄒᆞ직ᄒᆞ고 나오니 검뉘62) 숨경을 보허는지라. 여홍이 미진ᄒᆞ야 디도왕을 쳥ᄒᆞ야 승상부로 모의여 다시 술을 마실 시 모다 디도왕의게 천은을 ᄒᆞ례허더라. 승상 졍궁 왈, "셔충위 영친허는 가티[턱]은 승상부 우편 별실노 정ᄒᆞ고 졔반 범졀은 우리 형졔 담당허려니와, 디왕도 귀쥬 의졀을 속히 ᄒᆞ쇼셔." 부미 쇼왈, "턱일이 쇽히 나야 하레쥬 숨빅를 먹으리로다." 모다 디쇼허고 야심후 도라 가니라.

지셜, 졍승상이 디도왕과 셔챵위를 승상부 우턱의 머무르고 의졀을 준비허더니 일일은 길일이 다다른지라. 이의 위의를 갓쵸와 합도왕궁의 나아가 영친ᄒᆞ야 별턱으로 도라와 부왕긔 폐레를 힝ᄒᆞ고 셔창위와 귀쥐 ᄒᆞᆫ 가지로 부궁에 드러가 외조부와 조모와 모든 외숙모를 뵈온디, 왕과 숙경왕비 기히 이 여겨 시녀와 모든 상ᄒᆞ 비복를 각각 후상ᄒᆞ야 본궁으로 돌녀보니여 동방화촉의 숨일을 지니미, 디도왕이 그 ᄋᆞᄌᆞ의 어진 빅필을 웃고 셔창위를 봉ᄒᆞ고 천은과 영춍이 과람ᄒᆞ야 졍씨 오준을 더욱 감격히 여기더라. 셰월이 신속허여 숨하가 다 지니고 쵸츄가 되얀지라. 디도왕이 고국 싱각이 간절ᄒᆞ야 합도왕궁의 나아가 도라가기를 쳥헌디, 합도왕 왈, "과인이 지금 디왕을 쳥ᄒᆞ려 ᄒᆞ야나니라." 디도왕 왈, "무숨 ᄉᆞ괴 잇나잇가?" 왕 왈, "지금 합도국 부도독의 급보를 졉ᄒᆞᆫ 즉 귀국의 병변이 이러나미 귀국이 폐방으로 구병을 쳥ᄒᆞ야쓰나 과인의 명을 듯지 못하야 회보를 기다리미니이다." 왕이 그 글을 보니, "본국 경셩이 진동이라." 허니, 왕이 셔충위로 더부러 셔로 잡고 쳬읍읏통 허는지라. 왕 왈, "디왕은 근심 마르쇼셔. 이갓튼 쥐무리를 웃지 족히 쾌치ᄒᆞ리요만은 다만 도로가 장원ᄒᆞ야 장졸의 노고와 수쳔 리 운량이 심히 어려우나, 과인이 디왕의 위급ᄒᆞ믈 보고 웃지 힘쓰지 아니리잇고?" 즉

61) 죵즁주ᄉᆞ : 從衆做事, 여러 사람의 말이나 행동을 좇아서 일을 꾸려 나감.

62) 검뉘 : 禁漏, 궁중의 물시계. 宮漏와 같은 말.

시 합도국 부도독 신국의긔 영ᄒᆞ야, "부쟝 슈인으로 포병 일천을 거ᄂᆞ리고 ᄃᆡ도국 동히 슈군의 드러가 군ᄉᆞ를 난호아 둔촐ᄒᆞ야 멀니 형셰를 베펴 ᄃᆡ도국 빅셩의 마음을 진정케 ᄒᆞ고, 또 십이 도와 십삼 도 군슈로 젼션 슈십을 거나리고 히즁의 멀니 잇셔 젹군으로 ᄒᆞ야금 왕셩 범허는 형셰를 쥬리고 싸호지 말고 ᄃᆡ군을 기다리라." 쓰기를 맛치미 ᄃᆡ도국왕이 또ᄒᆞᆫ 글을 닷가 본국 ᄃᆡ신 등의게 부치고 즉시 호위군관 십여 인을 턱ᄒᆞ야, "쾌헌 말을 타고 쥬야로 빅도ᄒᆞ라." ᄒᆞ고, 합도왕이 ᄃᆡ도왕으로 더부러 셔창위를 다리고 궁중의 드러가 황문으로 하야금 쳔ᄌᆞ긔 청ᄒᆞ온ᄃᆡ, 쳔지 부르사 왈, "경이 무솜 일이 잇나뇨?" 합도왕이 ᄃᆡ도국 ᄉᆞ변을 알왼ᄃᆡ 쳔지 놀나 가라사ᄃᆡ, "경이 도독부 군마를 거ᄂᆞ리고 ᄃᆡ도왕과 ᄒᆞᆫ 가지로 나려가 도젹을 쇼탕ᄒᆞ고 경은 합도국의 잇셔 정ᄉᆞ를 다ᄉᆞ려 나라 규모를 셰훈 후의 ᄂᆡ권을 솔귀ᄒᆞ라." 이 왕이 사은ᄒᆞ고 나와 쟝졸을 죠발ᄒᆞ야 불일ᄂᆡ로 떠날 식 풍우갓치 힝ᄒᆞ야 셔히쥬의 일우니 자사와 합도국 쟝졸이 등후ᄒᆞ야 젹셰를 고ᄒᆞ는지라. 합도왕이 셔히쥬 자ᄉᆞ로 "군량과 긔장을 슈윤허라." ᄒᆞ고 젼션을 휘동ᄒᆞ야 ᄃᆡ도국 동히의 일우러 젹진의 격셔를 보ᄂᆡ고 빈의 나려 언덕의 올으미, ᄃᆡ도국 장졸이 마져올녀 젹셰 호ᄃᆡᄒᆞ고 경셩 오십 니 쳥운관 ᄒᆞ의 일우러 하칙ᄒᆞ미, 슈관쟝 셔문룡이 향용을 모집ᄒᆞ야 힘써 막아 십여 일을 상지헐시 셩즁 양식이 진헌지라. 군식 숑엽과 목근을 먹으며 쥭기로 직히더니 일일은 삼경은 ᄒᆞ야 젹군이 관문을 씨치고 드러오는지라. 슈관쟝 셔문룡이 군ᄉᆞ를 호령ᄒᆞ야 마져 ᄊᆞ홀 식 젹군 슈빅을 쥭이고 좌우충돌 허더니, 젹진의 함셩이 점점 이러나며 젹군이 에워드러오미 군식 주려 능히 ᄃᆡ젹지 못하야 점점 흣허지고 다만 셔문룡 단긔만 나문지라. 관을 바리고 경셩을 바라고 올 식, 길의 피란허는 빅셩을 효유ᄒᆞ야 슈쳔을 모집ᄒᆞ야 경셩 이십 니를 등지고 ᄒᆞ치ᄒᆞ야 젹군의 오는 길을 막을 식, 이ᄯᆡ 경셩이 쳥운관을 파ᄒᆞ믈 듯고 빅셩이 진동ᄒᆞ야 물썰틋 허는지라. ᄃᆡ신과 죵친이 의논ᄒᆞ야 왈, "이제 왕상의 거가와 상국 구원은 이루지 안코 도젹은 장ᄎᆞ 셩ᄒᆞ의 일울지니 왕비와 비빈을 모셔 셩동 이ᄇᆡᆨ 니 고읍현으로 피란ᄒᆞ시고 그나마 문무ᄇᆡᆨ관은 죽기로ᄡᅧ 경셩을 보젼ᄒᆞ야 왕상의 도라오시기를 기다리 올타." ᄒᆞ고, 왕비와 모든 비빈은 고읍현으로 가시고 셩즁 노약으로 셩샹을 호위허고 왕의 거가와 쳔병을 시일노 고ᄃᆡᄒᆞ나이다. 합도왕이 ᄃᆡ도왕더러 왈, "ᄃᆡ왕이 도젹 창궐헌 근원을 아시나이가?" 왕 왈, "읏지 모르리잇고? 남반도라 허는 ᄶᅡ히 본국 동남 일우의 잇셔 지방이 쳔 리라. 인죵이 본ᄂᆡ 괴휼ᄒᆞ야 ᄉᆞ방의 망명과 부랑파락호를 용납ᄒᆞ야 쥬군을 명ᄒᆞ고 왕을 세워 슈십 년 이ᄅᆡ로 동남쥬군을 자로 침노허거늘, 쟝ᄉᆞ를 모집ᄒᆞ야 슈년을 련습ᄒᆞ야 남반도를 쳐파ᄒᆞᄆᆡ, 젹취 그 노략헌 부녀와 ᄌᆡ물을 돌녀 보ᄂᆡ고 항복ᄒᆞ거늘 과인이 그 항복을 준헌지 칠팔년지간의 요란허미 읍더니, 이제 나라히 공허믈 보고 감히 불녕지심을 ᄂᆡ여 셩지를 타파ᄒᆞ고 ᄉᆡᆼ영을 살히ᄒᆞ미니이다." 본군 관리 알외되, "젹병이 셩ᄒᆞ의 일운지 수십 일의 경셩이 보젼허믄 쳥운관 슈쟝 션문룡의 힘이로소이다." 왕이 즉시 슈셩 ᄇᆡᆨ관과 셔문룡의게 글월을 보ᄂᆡ여 쟝졸을 노문허고 ᄃᆡ군이 시일을 긔약ᄒᆞ야 경셩으로 향ᄒᆞ믈 고유63)ᄒᆞ고 일면으로 각쥬군의 젼령ᄒᆞ야 셩지를 구지 직히고 양초를 쥰비ᄒᆞ야 ᄃᆡ군을 ᄎᆡᆨ응ᄒᆞ라 하니라.

ᄎᆞ셜, 합도왕이 일 도 군슈와 이 도 군슈의 젼령ᄒᆞ야, "각각 슈군 오ᄇᆡᆨ을 거ᄂᆞ리고 남반도 ᄒᆡ즁의 갓가이 잇셔 동ᄒᆡ 슈군과 셔로 졉응이 되야 젹군의게 멀니 형셰를 뵈이라." ᄒᆞ고, ᄃᆡ도왕으로 더부러 ᄃᆡ군을 모라 경셩으로 향ᄒᆞ야 셩ᄒᆞ의 일우ᄆᆡ 셩즁 관민이 ᄃᆡ한의 갈우을 만남 갓터여 셩문을 열고 마져 드러가 군신이 셔로 통곡ᄒᆞ고 셩즁 ᄇᆡᆨ셩이 쥬려 죽은 ᄌᆡ 무슈허더라. 합도왕이 슈셩제쟝을 불너 젹졍을 탐지헐 ᄉᆡ 잇ᄯᆡ 모든 슈령드리 왕이 도라오고 ᄃᆡ국 구원이 일우믈 듯고 젼곡이 육속64)ᄒᆞ야 드러오며 인심이 종정하는지라. 합도왕이 부쟝 이원과 졍병 ᄉᆞᆷ쳔과 군량을 셔문룡에 진에 보ᄂᆡ여 군심을 진졍ᄒᆞ고 공을 포장ᄒᆞ야 호위쟝군 ᄃᆡ션봉을 ᄉᆞᆷ고, ᄃᆡ도왕으로 용쟝

63) 고유 : 告諭, 어떤 사실을 널리 알려서 깨우쳐 줌.

64) 육속 : 陸續, 계속하여 끊이지 않음.

오원과 포병 삼쳔을 쥬어 빅관을 거나리고 경셩을 직히게 ᄒᆞ고, 합도왕이 스사로 ᄃᆡ군을 거나리고 션봉진의 일우니 셔문룡이 마져 군례로 뵈온ᄃᆡ 왕이 그 츙용을 포장ᄒᆞ고 졔군을 위로허니 군중이 무불환희허다라.

각셜, 젹장이 합도왕의 신용을 본ᄂᆡ 아는지라. 이졔 왕이 이르믈 듯고 ᄃᆡ경ᄒᆞ야 졔장을 모하 왈, "ᄃᆡ도국 경셩이 시긱에 잇거늘 헤아림 밧긔 합도왕의 ᄃᆡ군이 일운지라. 계괴 어듸로 날고?" 좌위 셔로 보고 묵묵무언허니, 진실노 병든 나무쓴니 호랑에 쇼ᄅᆡ를 견디기 어렵고 어린 아희 쳔동 쇼ᄅᆡ를 드름 갓타야 마음이 놀나고 담이 ᄯᅥ러져 읏지헐 바를 아지 못허니, 읏지된고 ᄒᆞ회 분셕헐지어다.

정씨복션록 이죵

각셜, 젹군 즁장이 합도왕의 션셩을 듯고 슈각이 황난ᄒᆞ야 말헐 바를 아지 못허거늘, 젹취 가로되, "우리 쳔신만고ᄒᆞ야 셩지 슈십을 파ᄒᆞ고 경셩이 죠셕에 파헐거시여늘 이졔 합도왕은 진실노 뜻밧기라. 우리 군시 그 봉예를 당치 못 헐지니 지금으로 관을 바리고 본방으로 도라가 셩지를 구지 직히면 합도국 군미 필현 도라가는 날이 잇슬지니, 다시 긔회를 기다려 동허면 가히 뜻을 일울지니 졔장은 예긔를 ᄯᅥ루치지 말나." 즉시 군중의 영ᄒᆞ야 슴경에 밥을 먹고 가만이 다라나기를 ᄭᅬ허더라.

ᄎᆞ셜, 합도왕이 졔장을 불너 왈, "젹군이 ᄂᆡ 일운 쥴 알면 필연 밤을 기ᄃᆞ려 다라나리니 호위ᄉᆞ 동진, 왕편은 각각 일쳔 포병을 거ᄂᆞ리고 쳥운관 남십 니 좌우 산곡의 ᄆᆡ복ᄒᆞ얏다가 젹군이 다라나거든 좌우로 협공ᄒᆞ야 그 군ᄉᆞ의 예긔를 좔 픠케 ᄒᆞ고 멀니 ᄡᅡ로지 말며, 션봉장 셔문룡으로 포병 슴쳔을 거ᄂᆞ리고 쳥운관 이십 니의 나아가 ᄆᆡ복ᄒᆞ야다가 젹군의 픠귀ᄒᆞ믈 보아 길을 막아 치면 젹취를 잡으리라. ᄯᅩ 부장 황호로 일쳔 포병과 이십 ᄃᆡ포을 거나리고 쳥운관 북문 갓가이 ᄆᆡ복하얏다가 ᄃᆡ진의 방포 소ᄅᆡ 나거든 방포

로 응허고 뇌고 소릐 나거든 뇌고로 응ᄒᆞ고 연쥬 포셩이 이러나거든 ᄃᆡ포로 북문을 ᄭᆡ치고 일시의 드러가면 관을 가히 파혈지라. 관의 드러가 군ᄉᆞ를 머무르고 젹군을 ᄯᅡ르지 말나. ᄂᆡ 발씨를 기다려 드러가리라.” 즁장이 청영ᄒᆞ고 각각 나아가니라. 왕이 졔쟝으로 더부러 장젼의 나와 황혼을 기다려 방포 일셩을 발허ᄆᆡ, 황회 산곡의 ᄆᆡ복ᄒᆞ야다가 ᄃᆡ진의 포셩을 듯고 즉시 응포헌ᄃᆡ 젹군이 맛참 밥을 지으려 ᄒᆞ더니 방포 소릐을 듯고 놀나 군ᄉᆞ로 놉픈 곳의 올나 사면을 바라보나 젹군의 죵젹이 읍는지라. 다시 밥을 지으려 허더니 ᄯᅩ 산곡 ᄉᆞ이로셔 ᄯᅩ 뇌고 진동허거늘 젹취 졔장을 다리고 언덕의 올나 멀니 도라보되 아모 동졍이 읍는지라. 젹취 도라와 졔장더러 왈, “이는 젹군의 계교로 우리 군ᄉᆞ의 마음을 요동케 ᄒᆞ미라.” 하고 군ᄉᆞ를 호령ᄒᆞ야 밥을 지어 쟝ᄎᆞ 먹으려 ᄒᆞ더니 ᄯᅩ 산곡즁으로셔 연쥬푀 일어나며 관 북문으로 ᄃᆡ포가 발ᄒᆞ야 쳔지 진동허며 관문이 파ᄒᆞ고 일ᄃᆡ 군ᄆᆡ 들어오니 그 형세 물미듯 허는지라. 젹취 관을 바리고 군ᄉᆞ를 잇ᄭᅳᆯ고 관 남문으로 다라나는지라. 황회 군ᄉᆞ를 머무르고 발기를 기다리더니 ᄉᆡ벽별이 오르며 동쳔이 희미이 박더니, 왕의 ᄃᆡ군이 일우러 젹군의 지은 밥으로 장졸을 먹인 후의 황호로 ᄒᆞ야금 관을 직히우고 군마를 거나리고 관 남문으로 나아가 졔쟝을 졉응ᄒᆞ더라.

각셜, 젹취 관을 바리고 다라나더니 십 니를 가지 못ᄒᆞ야 좌우 산곡 즁으로셔 뇌고 함셩이 이러나며 동진, 왕평이 ᄂᆡ다라 ᄃᆡ호 왈, “젹장은 닷지 말나.” 젹취 ᄃᆡ경ᄒᆞ야 길를 ᄲᅦ쳐 다라나더니 젼면의 화광이 충천ᄒᆞ며 방포 소릐 쳔지 진동허며 일ᄃᆡ 군ᄆᆞ 길을 막으니, 이는 ᄃᆡ션봉 셔문룡이라. 크게 ᄭᅮ지져 왈, “밋친 도젹놈은 어ᄃᆡ로 가랴허ᄂᆞ뇨? ᄂᆡ 너를 기다련지 오련지라. 밧비 목을 드리라.” 젹취 ᄃᆡ로ᄒᆞ야 말을 도로혀 셔로 싸화 슈합의 일우ᄆᆡ, 젹군은 쥬리고 황겁ᄒᆞ야 싸홀 마음이 읍셔 분분이 항복ᄒᆞ는지라. 젹취 셰궁허물 보고 말을 도로혀 다라나거늘 문룡의 말리 죠ᄎᆞ오며 금광이 이는 곳의 젹취의 머리 ᄯᅡ의 ᄯᅥ러지는지라. 문룡이 그 머리를 가지고 ᄃᆡ군을 마져

슈급을 드린디 왕이 디희하야 문룡다려 왈, “이제 젹취 쥭어스미 그 나마는 족히 념녀홀 거 읍는지라. 그디 동진, 왕평으로 더부러 경긔 숨천을 거나리고 도젹의 디진을 치면 필연 그 형셰 진을 바리고 다라날지라. 그 뒤를 음습ᄒᆞ야 치면 도젹을 사로잡고 승승장구하야 도젹의 소혈의 드러가 남반도셩을 뭇지르고 연히의 순힝ᄒᆞ야 빅셩을 위유ᄒᆞ라. 닉 디도왕과 ᄒᆞᆫ 가지로 셔셔히 나아가리라.” 숨 장이 청령ᄒᆞ고 젹진의 일우러 젹취의 수급을 뵈힌디 젹장이 과연 디경ᄒᆞ야 진을 바리고 다라나는지라. 숨 장이 군ᄉᆞ를 지촉ᄒᆞ야 뒤를 짜라 엄술ᄒᆞ니 젹군이 ᄉᆞ산 분쥬ᄒᆞ는지라. 승승장구허며 나아갈 ᄉᆡ 지나는 바 군현이 만풍귀순허미 바로 남반도의 일우니, 셩즁이 그 왕의 쥭으믈 알고 셩을 바리고 다라나거늘 동진, 왕평이 뒤를 짜라 젹군, 장졸을 모다 쥭여 읍시ᄒᆞ고 셔문룡으로 셩의 드러가 셩즁 빅셩을 진정ᄒᆞ고 연히쥬군을 순힝허더라.

ᄎᆞ셜 디도왕이 도젹의 파ᄒᆞ믈 듯고 합도왕의 진즁의 일우러 공을 ᄒᆞ례ᄒᆞ고 한 가지로 남반도를 향ᄒᆞ야 올 ᄉᆡ 셔문룡의 쳡음이 일우는지라. 이 왕이 대희ᄒᆞ야 셩의 드러가 셔문룡으로 남반도 슈육병마디원슈를 숨고 동진, 왕평으로 졍남장군을 숨고, 창고를 열어 장졸을 상ᄉᆞ하고 빈민을 진휼ᄒᆞ고, 이 왕이 디군을 휘동ᄒᆞ야 디도국 경셩의 일우러 군ᄉᆞ를 쉬울 ᄉᆡ, 디도왕이 구병장졸이 쳔 리 젼투의 풍찬노숙허믈 감ᄉᆞᄒᆞ야 금은을 후상ᄒᆞ고 날마다 우양과 쥬식을 셩비ᄒᆞ야 승젼곡을 울니며 군신이 셔로 경ᄒᆞᄒᆞ더라. 여러 날을 쉬은 후의 디군이 본국으로 향헐 ᄉᆡ 합도왕 왈, “과인이 올나가 쳔ᄌᆞ긔 복명ᄒᆞ고 귀쥬의 신힝을 즉시 ᄒᆞ오리니 과렴치 마르쇼셔.” 왕과 빅관이 셩 밧 빅 니의 나와 눈물을 뿌려 젼별ᄒᆞ더라.

ᄎᆞ셜, 합도왕이 회군ᄒᆞ야 황셩의 일우러 쳔ᄌᆞ긔 복명ᄒᆞ온디 쳔지 디도국을 회복ᄒᆞ고 신속히 도라오믈 칭찬ᄒᆞ시고 가라ᄉᆞ디, “셔히의 히도가 마느미 불우의 변이 자진지라. 경도 권솔을 더리고 본국의 도라가 귀쥬를 신힝ᄒᆞ고 부귀를 누리라.” 왕이 쥬왈, “신이 읏지 쳔페를 멀리 쩌나 부귀를 ᄉᆞ랑ᄒᆞ오

리잇가?" 천지 왈, "이는 짐이 비단 경을 위허미라. 셔히 일면을 미양 염녀 ᄒᆞ는 비라, 경이 나려가 진정ᄒᆞ면 짐의 침식이 편안허리니 쳔연치 말고 속히 발허고 경ᄉᆞ의 왕닉는 경이 종편ᄒᆞ라. 수군딕도독은 정상으로 빅허노라." 합도왕이 ᄒᆞ직고 집의 도라와 길일을 턱ᄒᆞ야 본국으로 써날 식, 동번왕 궁즁의 드러가 ᄒᆞ직ᄒᆞ미 친척 상히 모다 창연ᄒᆞ고 덕인왕휘 ᄯᅩ한 부모의 슬ᄒᆞ를 못닉 연연ᄒᆞ나 웃지ᄒᆞ리요? 이날 경셩을 써나 본국으로 도라가미 부도독 신숙이 모든 장관을 다리고 션척을 쥰비ᄒᆞ야 마져 셩즁의 드러가 신숙으로 승상을 빅ᄒᆞ고 젼장의 유공장ᄉᆞ를 탁용ᄒᆞ고 궁궐과 셩쳡을 슈리ᄒᆞ고 빅관을 베풀고 예악, 형졍을 마련ᄒᆞ고 ᄉᆞ민을 편리ᄒᆞ야 부강을 힘쓰더라.

각셜, 딕도국왕이 합도왕의 환국허믈 듯고 ᄉᆞ신을 보닉여 경ᄒᆞᄒᆞ고 ᄯᅩ한 딕쇼관리와 죵친으로 위의를 거나리고 ᄯᅩ 죵친부인으로 명부를 삼아 시녀 슈십을 다리고 셰ᄌᆞ와 공쥬를 빅힝헐 쓧이라. 왕이 길일을 턱ᄒᆞ야 샹쟝군 만춘으로 빅신을 삼고 그 부인으로 명부를 솜아 의졀을 갓쵸아 합도셰ᄌᆞ로 ᄒᆞ야금 호힝헐시 이ᄯᅢ 팔월 상순이라, 히변의 누션 슈십을 결션ᄒᆞ야 오식치단으로 장막을 ᄭᅮ미고 불근 난간과 그림충이 영롱헌데, 무슈헌 져근 빅의 양국 관원이 위의를 버려 좌우로 나아가니 청풍은 서리ᄒᆞ야 긔치를 희롱ᄒᆞ야 히식을 번득이니 ᄉᆞ람의 심신이 황홀허더라. 슈일을 힝ᄒᆞ야 딕도국 경상의 일우니 무수헌 인미, 용거, 봉년으로 마자 드러갈 식, 솜 궁 비빈이 웅쟝셩식으로 봉년을 옹호ᄒᆞ야 궁즁의 드러가 구고긔 예를 힝ᄒᆞ미 왕휘 십분 질거오믈 웃지 층양ᄒᆞ리요? 딕도왕이 관리와 모든 시녀을 즁상ᄒᆞ고 합도셰ᄌᆞ를 십 일 딕연을 쥬어 질기더라. 합도셰지 모든 호위를 거ᄂᆞ리고 여러 날 머무는 페를 염녀ᄒᆞ야 궁즁의 ᄒᆞ직ᄒᆞ고 본국으로 도라와 부왕모후게 뵈오니라. 익년 춘에 딕도왕이 병드러 훙허니 셰지 위를 잇고 왕후로 왕틱후를 놉피고 셰ᄌᆞ비로 왕후를 봉허고 졍ᄉᆞ를 부즈런이 ᄒᆞ야 일국이 딕치ᄒᆞ니라.

각셜, 딕남국 경셩 남문 십 니의 일딕 장강이 잇스니 일홈은 영춘강이니, 동으로 영창강, 동동지를 달ᄒᆞ고 셔호로 쳔 리를 흘너 딕히를 통ᄒᆞ미, 상션쥬집[65]이 복쥬병진[66]ᄒᆞ는 ᄃᆡ도회쳐라. 정상이 슈군도독을 겸헌 후로 영춘강 안의 수군도독부를 세우고 전션과 상션을 지으면 법식을 구쥬 ᄐᆡ셔의 졔도를 본ᄇᆞ다 화긔로 힝ᄒᆞ는 거시니, 원ᄂᆡ 정상이 어려셔부터 ᄐᆡ셔를 유람헐 ᄯᆡ의 그 ᄋᆞ오 정치로 가동 수십 인을 다리고 십 년을 학습ᄒᆞ야 여러 가지 지죠를 ᄇᆡ화 본국의 도라온 후에 씨이지 안는고로 세상의 힝세치 아니 허더니, ᄃᆡ남국으로 드러오ᄆᆡ 왕이 모든 정ᄉᆞ를 맛기시ᄆᆡ 학교를 광셜ᄒᆞ야 후ᄉᆡᆼ을 교휵ᄒᆞ고 금, 은, 동, 쳘과 셕탄, 셕유를 ᄏᆡ며 긔교정치 날노 진취ᄒᆞ야 십여년지간의 쳔ᄒᆞ 부강지국이 되얏지라. 쳔ᄌᆞ 그 정씨 오쥰의 공을 깁히 감동ᄒᆞ사 가라ᄉᆞᄃᆡ, "짐이 경의 부친으로 동번왕을 봉ᄒᆞ믄 오쥰일웅의 유복허믈 포장ᄒᆞ미러니, 인ᄒᆞ야 국가의 일이 만아 진시 분별치 못헌지라. 이제 춘양강 동 오ᄇᆡᆨ 니 영챵군의 도셩을 정ᄒᆞ야 황셩과 갓가이 ᄒᆞ고 궁실 셩쳡을 화려이 ᄒᆞ야 왕의 말년을 질겁게 ᄒᆞ라." ᄒᆞ시고 ᄯᅩ "호부상셔 당쥬로 그 녁ᄉᆞ를 통솔허라." ᄒᆞ시고 희안왕 정각의계 하죠ᄒᆞ사 "쟝자 정셜로 세ᄌᆞ를 봉ᄒᆞ고 속히 나려가 정ᄉᆞ를 다ᄉᆞ려 짐의 남편 근심을 읍게 ᄒᆞ라." 정각이 쥬왈, "신의 ᄋᆞ비 명년 춘이 쵸도슈일[67]이라. 신의 형제 자셔 질손이 모이여 부모의 ᄯᅳᆺ을 질거이 ᄒᆞ고 신등의 마음을 경축ᄒᆞᄋᆞᆸ고 신의 나라로 나려가 폐ᄒᆞ의 지우지은을 명심ᄒᆞ오리이다." 쳔ᄌᆞ 왈, "ᄂᆡ 잠간 이져도다. 이 날을 ᄂᆡ 읏지 모로리요? 경은 염녀치 말고 죵편허라." ᄒᆞ신ᄃᆡ, 오 신이 승명ᄒᆞ고 집의 도라와 금일 연즁의 지ᄂᆡᆫ 일을 부왕긔 고헌ᄃᆡ 청파의 희허탄식 왈, "ᄂᆡ 집의 오날날 이 부귀를 ᄉᆡᆼ각ᄒᆞ면 쳔지가 가ᄇᆡ온지라. 그러ᄒᆞ나 훈허는 바는 고국흥망을 모르고 부모의 션형을 바려스니 금의옥식이 읏지 질겁다 ᄒᆞ리요?" 상이 가로ᄃᆡ, "부왕은 심녀치 마로쇼셔. 쇼ᄌᆞ 이미 영춘강의 륜션 십

---

65) 상션쥬집 : 商船湊集, 삯을 받고 사람이나 짐을 나르는 데에 쓰는 배(여객선, 화물선, 화객선 따위)가 모여듬.

66) 복쥬병진 : 輻輳竝臻, 한곳으로 많이 몰려듬.

67) 쵸도슈일 : 初度日, 환갑날 혹은 생일.

쳑을 졔조허는 즁 일 쳑이 먼져 완셩ᄒᆞ야는지라. ᄒᆞᆫ 번 시험헐 ᄎᆞ로 그 ᄇᆡ를 ᄐᆞ고 남양의 널니 도라 고국흥망을 탐지ᄒᆞ고 션형을 모셔 도라와 ᄃᆡ인의 유환을 편안이 ᄒᆞ오리다.” 왕 왈, “ᄂᆡ 너의 도량을 짐작ᄒᆞ거니와 고국의 드러가나 친지가 읍고 ᄯᅩ 션쳑이 이상허니 필연 나라ᄉᆞ람의계 의심을 바들지니 어렵지 아니ᄒᆞ랴?” 상 왈, “ᄌᆞ연 님시 권도가 잇사오나 다만 황상의 쳐분을 모로나이다.” 왕이 이에 그 ᄉᆞ정을 닥가 쳔ᄌᆞ긔 올니고 오 ᄌᆞ를 거나리고 궐ᄒᆞ의 ᄃᆡ명ᄒᆞ니 그 글에 왈,

“ᄐᆡᄌᆞ ᄐᆡ부 동번왕 신 졍화는 돈슈ᄇᆡᆨ비 ᄒᆞ옵고 읍필상소의 ᄃᆡ황졔 만셰 폐ᄒᆞ ᄒᆞ노니, 신이 번이[68] ᄒᆡ외 타방 인죵으로 양 죠를 셤길 ᄉᆡ 자못 지우지 은을 입어삽더니, 신의 명되 군ᄉᆡᆨᄒᆞ고 가운이 젼복ᄒᆞ야 간신의 모ᄒᆡ를 입어 일죠의 견축허시믜, 신이 오ᄌᆞ일셔를 다리고 망망창ᄒᆡ의 잔명이 일편부운 일너니, ᄒᆞ날이 긍칙헌 졍셰를 구버 술피시고 죠션의 신령이 도라보아 희황셰계의 요순지군을 지시ᄒᆞ시니 이는 신이 죽고 다시 사는 날이라. 폐ᄒᆡ 융은을 나리ᄉᆞ 신을 영춍ᄒᆞ시고 ᄌᆞ셔를 즁용ᄒᆞ사 왕후장상이 일문의 번다ᄒᆞ오니 인신의 부귀 극헌지라. 다시 무合 쇼원을 바라리잇고? 그러ᄒᆞ오나 신이 누ᄃᆡ 분묘가 각각 직숀이 잇ᄉᆞ오나 신의 오 ᄃᆡ 이ᄒᆞ는 신이 독파로 슈호허더니, 이졔 만 리의 월경ᄒᆞ고 신은 금일의 ᄌᆞ손이 만당ᄒᆞ고 부귀가 극ᄒᆞ오니 읏지 신 조샹의 젹덕이 아니리잇고? 부귀는 이러ᄒᆞ오ᄂᆞ 부죠의 ᄇᆡᆨ골은 만리의 격ᄒᆞ야 강건지친이 읍고 향연이 끈쳐진지 거의 이십 년이라. ᄉᆡᆼ각허건ᄃᆡ 분토가 퇴비ᄒᆞ고 등갈이 ᄇᆡᆨ골의 얼킬지라. 울울송추는 미록의 마당이요, 쵸쵸한연은 오쟉의 우름이라. 추월춘풍의 고혼이 젹막허나 ᄌᆞ손의 ᄌᆞ최 읍셔 일비 쥬 묘연ᄒᆞ니 일구월심의 영혼이 늣길지라. 신이 감히 부모의 혈육을 타고 부모의 교휵을 밧고 부모의 은의를 닙고 부모의 음덕을 이어 부

68) 번이 : 蕃夷, 중국 사람들이 중국의 남쪽과 동쪽에 있는 종족을 낮잡는 뜻으로 이르던 말.

귀가 이의 일우어ᄉᆞ오니 웃지 잠시간이나 츄감이 읍ᄉᆞ오리잇가? ᄆᆡ양 구구헌 졍셰를 알외고져 ᄒᆞ오나 국법의 신민이 감히 ᄒᆡ외의 나가지 못ᄒᆞ며 ᄯᅩᄒᆞᆫ 션쳑이 젹고 둔ᄒᆞ야 비록 가고ᄌᆞ ᄒᆞ나 웃지 못 헐지라. 이졔 국개 ᄐᆡ평ᄒᆞ고 인국이 귀순ᄒᆞ며 신으 이ᄌᆞ 상이 슈군도독부의셔 ᄐᆡ셔 졔도를 본바다 졔죠헌 션쳑이 화긔로 ᄒᆡᆼᄒᆞᄆᆡ 신속ᄒᆞ미 비길 ᄃᆡ 읍고 풍파를 평지갓치 왕ᄂᆡᄒᆞ오니, 원컨ᄃᆡ 상의 벼술를 거드시고 아셰아 지방의 보ᄂᆡ야 신의 오ᄃᆡ 이ᄒᆞ ᄇᆡᆨ골을 수운ᄒᆞ야 신의 본국 경셩 근지의 완쟝ᄒᆞ야 신의 일문 영춍과 폐ᄒᆞ의 융은으로쎠 고ᄒᆞ야 젹막고혼으로 지ᄒᆞ의 감읍게 ᄒᆞ면 우흐로 폐ᄒᆞ의 셩덕이 지ᄒᆞ의 밋치옵고 ᄋᆞ리로 신의 유한이 숭ᄉᆞ간의 풀릴지라. 복원 황상은 긍칙헌 졍셰를 구버 술피쇼셔."

쳔지 남필의 ᄐᆡ부를 부르시니 오직 이어 드러가 뵈온ᄃᆡ 상이 가라ᄉᆞᄃᆡ, "짐이 ᄐᆡ부의 셩효를 웃지 막으리요? 상의 베술은 졍치로 ᄃᆡ신ᄒᆞ고 왕ᄂᆡ를 허ᄒᆞ나니 ᄐᆡ부의 경영ᄃᆡ로 허라."부마 졍위 쥬왈, "신이 어려셔 고국을 ᄯᅥ나 순쳔풍속이 희미ᄒᆞ옵고 신의 형이 만리ᄃᆡ히의 독ᄒᆡᆼ이 고단헐지라. 신이 형과 ᄒᆞᆫ 가지로 고향을 다시 보고 션묘를 반구ᄒᆞ오며, ᄯᅩ 신이 져근 ᄉᆞ졍이 잇ᄉᆞ오니 신이 고국의 잇슬 ᄯᆡ의 승상 최졍의 여ᄋᆞ와 약혼ᄒᆞ야더니 최졍이 ᄒᆞ셰ᄒᆞᄆᆡ 운구ᄒᆞ야 향녀로 나려가 삼상을 기다리더니, ᄯᅩ 신의 집 풍파가 일어나 남북 만리의 음신이 단절하온지 십유여 년이라. 신이 그 과부와 여ᄋᆞ의 일단 원ᄒᆞᆫ이 구소[69]의 ᄉᆞ못칠지라. 비록 신의 집의셔 자작헌 일은 아니오나 인지상졍이요 물ᄐᆡ동연[70]이라. 신이 ᄒᆞᆫ 번 죵젹을 지탐ᄒᆞ야 만일 모녀 양ᄀᆡ의 일누[71]가 붓터거든 솔귀ᄒᆞ야 황은이 고궁쟌쳔[72]의 잇게 ᄒᆞ오

---

69) 구소 : 九霄, 구천(九天)과 같은 말.

70) 물ᄐᆡ동연 : 物態同然, '물ᄐᆡ'는 세태와 같은 의미. 세상 물정 똑같이 그러함.

71) 일루 : 一縷, 가능성이 극히 적으나 그나마 간신히 있음을 나타내는 말.

72) 고궁잔천 : 孤窮殘喘, 외롭고 곤궁한 사람의 아주 끊어지지 아니하고 겨우 붙어 있는 숨.

리이다. 신이 감히 양 궁의 은춍을 밋ᄉᆞᆸ고 군신존비의 ᄎᆞ셔를 어지레오니 신의 죄 망상ᄒᆞ오나 일부 함원에 오월비상이라. 신의 부귀를 웃지 길리 누리리잇고?" 상 왈, "ᄂᆡ 그 일을 이미 아는 ᄇᆡ요 네 ᄯᅳᆺ이 극히 아름다오나 네 아직 년쇼ᄒᆞ고 그런 경년이 읍는지라. 네 형의겨 범ᄉᆞ를 부탁ᄒᆞ야 솔귀허는 날 ᄂᆡ 후이 죠쳐ᄒᆞᆯ 거시오, 네 비록 가고ᄌᆞ 허나 황후젼의셔 보ᄂᆡ지 아느리라." 부ᄆᆡ 다시 쥬왈, "신이 비록 미경ᄉᆞ 쇼년이오나 이 일이 국가의 즁ᄃᆡᄒᆞ미 읍ᄉᆞᆸ고 ᄯᅩ 신이 친솔치 아느면 신의 형을 죠ᄎᆞ올 이치 읍ᄉᆞ외다. 신이 쟉야의 황후낭낭긔 품달ᄒᆞ온즉 죠흔 긔회를 일치 말고 형과 ᄒᆞᆫ 가지 나아가 ᄭᅳᆫ어진 인연을 이으면 이 웃지 너의 부부의 복음이 아니리요? 나는 그러ᄒᆞ나 황상의 쳐분을 무르라 ᄒᆞ시는 ᄎᆡᆨ교를 밧드러나이다." 쳔지 우셔 왈, "네 발셔 황후의 허가를 으더시면 무어슬 쎠리이요? 네 마음의 잇는 바를 ᄒᆡᆼᄒᆞ고 범ᄉᆞ를 쥬밀이 ᄒᆞ야 쇽히 도라오라." 정상이 쥬왈, "신이 금번의 본국 쇼년 춍혜자 ᄇᆡᆨ 명을 다리고 쳔ᄒᆞ 각국의 보ᄂᆡ여 학문을 널리 ᄇᆡ화 ᄃᆡ남국 인민으로 널니 ᄀᆡ명케 ᄒᆞ야지이다." 상 왈, "짐이 범ᄉᆞ를 경의게 의탁ᄒᆞ는 ᄇᆡ니 짐의계 뭇지 말나." ᄐᆡ부 황은을 감ᄉᆞᄒᆞ고 집의 도라와 범졀을 준비ᄒᆞ고 형제 이 인이 영춘강의 나아가 ᄇᆡ를 ᄒᆡᆼᄒᆞ야 북쳔을 바라고 ᄒᆡᆼᄒᆞ야 여러 날만의 ᄒᆞᆫ 곳의 다다르니, 이ᄯᆡ 졍히 동방이 열이 이며 일륜 홍일이 이부상73)의 ᄉᆞᆺ사나며 ᄃᆡᄒᆡ으 불근 구름이 덥혀는ᄃᆡ ᄒᆡ쳔이 ᄒᆞᆫ 빗치라. 이윽고 ᄒᆡ운이 거듸치며 멀리 순쳔이 은은ᄒᆞ야 아침 안ᄀᆡ를 씌여 희미이 뵈이는지라. 이의 닷슬 쥬고 져근 ᄇᆡ를 푸러 가동으로 ᄒᆞ야금 그곳의 나아가 탐지헌 즉 도라와 보ᄒᆞ되, "이곳은 청국지경이니 슈몽국이 만여 리라 ᄒᆞ더이다." 상셰 부마다려 왈, "이졔 우리 아셰아 지방을 ᄎᆞ져스니 만리는 지쳑이라." 즉시 ᄇᆡ를 씌워 슈 일을 ᄒᆡᆼᄒᆞ더니 쇼쥬 산쳔이 멀니 뵈이는지라. 정상셰 원ᄅᆡ 향녀를 ᄌᆞ죠 왕ᄅᆡᄒᆞ야 산쳔이 관숙헌지라. 바라보ᄆᆡ 일희

73) 이부상 : 以扶桑, 써 해가 돋는 동쪽 바다.

일비ᄒᆞ야 빅를 히즁의 머무르고, 부마로 더부러 가동을 거ᄂᆞ리고 쇼션을 나려 타고 언덕의 올나 각각 쳥녀를 타고 졈졈 힝ᄒᆞ야 ᄒᆞᆫ 곳의 일우니 일긔 쥬졈이 심이 유벽ᄒᆞ고 졍쇄헌지라. 양인이 말긔 나려 집의 드러가니 졈쥐 흔연이 마자드려 쥬찬을 나오거늘 슈 빅를 지넌 후의 상셰 졈쥬를 살펴보니 모발이 반빅이요 쥬션허는 모양이 심히 근간헌지라. 상셰 무러 왈, “이 졈 일홈이 무어시며 쇼쥬부가 몃 니나 되나뇨?” 졈쥐 딕왈, “이 골은 쳥산현이요, 이 졈 일홈은 유가쟝이니 쇼쥬부가 숨십 니로소이다.” 상셰 왈, “이곳의 긔싱헌지 몃힉나 되나뇨?” 딕왈, “쇼지 셩은 쥬요, 명은 문이니 부죠 숨딕가 이곳의 ᄉᆞ라 학힝을 힘쓰더니, 부뫼 죽으믹 소지 본주 공목을 단이더니 셰식 번복ᄒᆞ고 본쥬 틱쉬 갈니이믹 쇼인이 공목을 바리고 도로 본토의 도라와 쥬졈을 시작헌 지 십여 년이 되야거니와 아지 못게라, 상공네는 어듸로 가시나잇가?” 상셔 왈, “우리는 남중ᄉᆞ람으로셔 경셩의 흥판74)ᄎᆞ로 가다가 슌천을 구경코ᄌᆞ 왓노라. 그딕 젼임 틱슈 송상공을 아는다?” 졈쥬 왈, “읏지 모로리잇고? 소인이 공목을 이십여 년을 셤겨 은턱이 자못 깁ᄉᆞ옵고 그ᄯᅵ에 송후의 쇼져로 남창현 학명촌 졍쳐ᄉᆞ의 공ᄌᆞ 졍화로 셩혼헌 후 경ᄉᆞ의 올나가 벼술이 놉고 명망이 죠야의 진동허더니 이ᄯᅵ의 만민이 무복ᄒᆞ야 쳔직 안가ᄒᆞ시고, 틱지 즉위ᄒᆞ믹 황음무도ᄒᆞ야 국식 날노 괴퍽ᄒᆞ믹 졍공이 여러 번 죽기로써 간ᄒᆞ다가 님군이 진로허고 간신이 뮈워ᄒᆞ야 졍공과 오ᄌᆞ일셔를 향니로 방축허믹, 졍공이 모든 권속을 합ᄒᆞ야 빅여 인구가 빅를 타고 쇼쥬로 향허다가 폭풍을 맛나 몰ᄉᆞᄒᆞ야스니 쳔도가 읏지 이딕지 무심ᄒᆞ리잇고?” 상셔 왈, “그딕 노셩지인으로 고ᄉᆞ를 자셰히 알지라. 슈십년간 셰ᄉᆞ를 담화ᄒᆞ야 ᄒᆞᆫ방 ᄉᆞ람을 들니라.” 졈쥐 왈, “그ᄯᅵ 졍씨를 쏫고 그 뒤흐로 음습ᄒᆞ야 쥭이랴 ᄒᆞ야더니 졍씨 부자는 창히의 어육이 되얀지라. 그 빈 집과 젼토를 젹몰허여가믹 숑휘 크게 감창ᄒᆞ야 쇼쥬

74) 흥판 : 興販, 물건을 흥정하여 파는 일.

틱수를 ᄇ리고 그 부인과 ᄋ들 ᄒ림의 부부와 그 족하 ᄒᆨᄉ의 닉외를 더리고 본쥬 슈양촌의 나아가 농ᄉ를 위업허미 그 졍셰 가궁ᄒ더니, 그 이듬히의 여러 나라이 합병ᄒ야 죠쳐 드러오니 옥셕을 불분이라. 쳔직 다라나시다 난민의 죽은 빅 되고 나라는 각국이 찌져 난호고 머리를 둥치고 검은 옷슬 입히며 경셩 닉외 딕가, 갑졔[75]는 모다 외국 ᄉ람의 집이 되고 고관딕쟉 허든 귀인들은 유리기걸ᄒ고 부귀공ᄌ들은 슈레를 ᄯᅳ을매 담부지역[76]의 겨워 병들고 죽는 ᄌᆡ 무슈허니 이 읏지 님군 ᄒ나 맛나지 못헌 ᄒᆡ가 죵묘사직과 쳔ᄒ만민의 밋치미 아니리잇고? 딕져 군왕이란 ᄌ는 우흐로 한ᄌ리를 놉펴 만민을 다ᄉ리게 ᄒ미니 그 ᄌ리 놉고 귀ᄒ나 실노 만민을 위ᄒ야 난 바이요 만민이 ᄒᆫ ᄉ람을 위하야 난 거슨 안인 즉, 인군이 맛당이 그 도를 부지런이 하야 만민의 질고를 술피고 신ᄒ의 현우를 명츌ᄒ야 죠졍빅관의 말허는 길을 여러 닉 허물 듯기를 쥬옥갓치 귀히 여겨도 오히려 다 듯지 못헐가 두립거늘, 허물며 츙언극간을 병든 ᄋ히 약 피ᄒ듯 허고 아쳠의 쇼릭를 기순남풍의 봉의 우름으로 아라 그 임군의 ᄌ리를 무쇠로 ᄯᅧ려 부어 ᄌᄌ손손이 나만 허는 쥴노 아라, 혼군과 간신이 심장이 연복ᄒ야 닉외 관작을 져ᄌ의 물건 팔 듯 ᄒ매, 닉 몸의 혼ᄌ 힝낙을 도라보다가 국지를 말니고 빅셩을 궁곤ᄒ야 일죠의 죵ᄉ로 더부러 무너져 션왕의 죄인이 되고 쳔만세의 타믹를 면치 못ᄒ고, 국녹지신으로 말ᄒ면 쳔ᄉ만상으로 그 인군의 ᄯᅳᆺ을 아쳠ᄒ야 나라의 빅폐를 숨기고 죠흔 말노 들이여 캄캄히,[77] 오날날 작녹을 탐허며 권셰를 닷토와 명일의 몸이 쳔창만인의 죽고 일문이 복망허는 줄을 ᄞᅢ닷지 못ᄒ고, 밧그로 자ᄉ 수령이 시랑갓치 탐학ᄒ야 빅셩의 가죽을 벗기고 살을 글거 그 피육을 임군과 갓치 먹어 혹 직품도 놉피며 혹 죠흔 외임으로 승쳔도 ᄒ며 혹 과긔를 잉임[78]ᄒ야 죠금도

75) 갑졔 : 甲第, 크고 너르게 아주 잘 지은 집.

76) 담부지역 : 擔負之役, 짐을 지는 일. 막벌이 일.

77) 캄캄히 : '캄캄히' 다음에 '하더니'가 빠진 듯함.

긔탄이 읍스ᄆᆡ, ᄇᆡᆨ셩은 원ᄒᆞᆫ이 ᄲᅢ의 ᄉᆞ못쳐 나라 향헐 마음은 젼혀 읍고 망ᄒᆞ기를 ᄃᆡᄒᆞᆫ의 비 바라듯 허니 인중승쳔이라. ᄒᆞᆫ날이 민원을 좃치ᄉᆞ 일죠의 만 근에 누름과 뇌정의 멸ᄒᆞ믈 입어스니 전후를 ᄉᆡᆼ각허면 탄식통한헌 일이 아니이잇가? 우직헌 말슴을 ᄉᆞ짓지 마르쇼셔?" 중인이 일장셜화를 드르ᄆᆡ 장탄타루ᄒᆞ고 다시 술을 마실 ᄉᆡ 졈쥬의 말리 유리ᄒᆞ고 강ᄀᆡ헌 쟝부의 뜻이 잇는 줄 알고 가로되, "그ᄃᆡ 말을 드르니 우리 일문지인이나 다름이 읍는지라. ᄂᆡ 진정을 은휘치 아니리라. 나는 과연 졍상공의 졔 이ᄌᆞ요 이는 나의 졔 숨졔라." 고향으로 가다가 ᄒᆡ중의 표풍헌 시초와 ᄃᆡ남국의 드러가 여ᄒᆞ히 되고 무숨 일노 온 ᄉᆞ연을 셰셰히 말헌ᄃᆡ 졈쥐 이윽이 보다가 취헌 술이 ᄭᆡ이고 흑운중의 일광이 소사난 듯 일어 절ᄒᆞ야 왈, "쇼인이 눈이 잇셔도 동지 읍ᄉᆞ와 상공긔 득죄ᄒᆞ야나이다." 즉시 노파와 ᄌᆞ부, 손부를 불너 양 위 상공을 마져 드러가 그 ᄉᆞ이 지난 바를 강논허고 밤을 지ᄂᆡᆯ ᄉᆡ 상셰 왈, "그ᄃᆡ ᄌᆞ숀이 몃치나 되나뇨?" ᄃᆡ왈, "ᄋᆞ들은 다만 져 ᄒᆞ나히니 농ᄉᆞ를 위업ᄒᆞ고 손ᄌᆞ 둘리 잇ᄉᆞ오나 아비 직업을 번 밧지 안코 셩품이 방탕ᄒᆞ야 산양질노 업을 숨고 가산을 도라보지 안나이다." 상셰 일일이 본후의 부모의게 효허는 도리을 효유ᄒᆞ고 쥬문의 아들 쥬셩으로 글월을 쥬어 슈양촌의 보ᄂᆡ고 쥬문으로 몬져 학명촌의 보ᄂᆡ여 친쳑의 통긔ᄒᆞ고 부마다려 왈, "이졔 고국이 번복허고 외국이 모다 통헌지라. 우리 긔탄헐 ᄇᆡ 읍스니 ᄇᆡ를 불너 뭇헤 갓가이 와 우리 왕ᄂᆡ를 순편이 허ᄌᆞ." ᄒᆞ고 션중 졔인을 다리고 학명촌으로 나아갈 ᄉᆡ, 쥬문 손ᄌᆞ 쥬방, 쥬당으로 인로을 숨아 ᄎᆞ일 계명의 남창현 학명촌의 일우니 순쳔은 옛 빗치요 녹슈는 의구헌ᄃᆡ 인물은 쇼쇼허고 촌락이 황잔ᄒᆞ야 ᄉᆞ람으로 ᄒᆞ야금 회포를 일우키는지라. 양 인이 말게 나려 ᄒᆡᆼᄒᆞ야 향녀의 일우니 집터는 밧치 되고 ᄒᆞᆫ편 못통이의 쓰러진 ᄒᆡᆼ각 두어 간이 나마는ᄃᆡ 노파와 노옹이 잇는지라. 주문으로 ᄒᆞ야금 불너

78) 잉임 : 仍任, 기한이 다 된 관리를 그 자리에 그대로 남겨 둠.

나오미 ᄌᆞ시 보니 이는 숙경왕휴 신힝시의 교촌비로셔 그 위인이 충근허므로 양 궁이 특별이 사랑ᄒᆞ야 경셩의 다리고 신임허시더니, 일분의 변이 이러나미 몬져 져의 부부로 ᄒᆞ야금 쇼쥬부의 글월을 드리고 향녀로 나려가 가턱을 쇼쇄ᄒᆞ라 ᄒᆞ시므로 이예 잇스미러라. 상셰 한 번 보고 ᄃᆡ희ᄒᆞ야 그 숀을 잡고 왈, "그ᄃᆡ 나를 모로는다." 노패 이으기 보더니 그 셩음과 의형을 보미 귀가 열리고 눈이 쓰이는지라. 일변 반가오며 일변 비창ᄒᆞ야 늣기여 말을 못ᄒᆞ는지라. 상셰 그 마음을 위로허고 부부를 더리고 션형의 올나가 일장 통곡ᄒᆞ고 국닉를 도라보니 송추는 나문 거시 읍고 셕물이 쓰러져스나 분상[79]은 완년ᄒᆞ야 죠금도 축헌 듸 읍는지라. 상셰 무러 왈, "분상은 여젼ᄒᆞ시니 필연 그ᄃᆡ의 공이로다." ᄃᆡ왈, "쇼지 그 ᄯᆡ의 쥬야로 힝ᄒᆞ야 쇼쥬 숑상공긔 셔간을 올니고 향턱의 나려와 날마다 기다리나 쇼식이 읍ᄉᆞ와 시시로 경셩을 바라더니, 일일은 경ᄉᆞ로셔 관인이 ᄒᆞᆫ ᄡᅦ가 교졸을 거나리고 턱의 드러와 문셔를 슈탐허며 가턱, 젼답을 젹몰ᄒᆞ미 그 ᄯᆡ의 학명촌 근쳐의 졍씨는 다겁ᄒᆞ야 집을 바리고 다라나고 노쇼 비복들도 촌토 읍스미 부지헐 길이 읍셔 다 타향의 거산ᄒᆞ고 쇼인 닉외 두어 ᄌᆞ식을 거나리고 가턱을 직힐 식, 원근촌 셰가 노복들이 묘상의 송추를 작벌허나 읏지 헐 슈 읍고 가턱이 졈졈 문어지나 슈리헐 길이 읍고 자식 두어시 쟝셩ᄒᆞ미 져의 힘ᄡᅧ 분상을 슈호ᄒᆞ고 상공턱 소식을 드른 즉 만구일담[80]이 만리 충히의 풍빅을 ᄶᅡ랏다 ᄒᆞ니 쇼인 부부의 억싀허물 읏지 금허리잇고? 오날 뵈읍고 턱닉 졔절을 듯ᄉᆞ오니 이는 ᄭᅮᆷ과 갓타여 오히려 밋지 안나이다." 즁인이 모다 감누ᄎᆞ탄허더라. 상셰 오 ᄃᆡ 십여 총을 출구ᄒᆞ야 운구헐 식 영셩헌 친쳑이 뫼힌지라. 상셰 왈, "닉 이졔 충졍공 직파로 육ᄃᆡ 분뫼를 뫼셔 닉 지방으로 도라가나니 종족중 순장공 ᄌᆞ숀이거든 나와 ᄒᆞᆫ 가지로 가미 읏더허뇨?" ᄌᆞ손중 혹 셰업젼토의 연연ᄒᆞ야 층탁ᄒᆞ며 혹 허실을 의혹ᄒᆞ야 불원

79) 분상 : 墳上, 무덤에서, 둥글게 흙을 쌓아 올린 부분.
80) 만구일담 : 萬口一談, 많은 사람의 의견이 일치함.

ᄒᆞ고 원ᄒᆞ는 지 두 집이라. 상셰 각각 거마와 치힝을 분별ᄒᆞ야 남녀, 노유와 노파 부부를 다리고 써날 시 모든 죵족을 은양을 후이 쥬어 죵중으로 젼답을 장만ᄒᆞ야 구묘를 슈호ᄒᆞ고, 촌중 빅셩의 빈부를 헤아려 은ᄌᆞ를 고루이 주어 싱업을 힘쓰게 ᄒᆞ고, 졍씨 중 족장을 불너 빅은 이쳔 양을 쥬며 왈, "이 은으로 ᄂᆡ 집 긔지의 가ᄉᆞ[81] 슈십 간을 셰우고 젼토를 작만허여 ᄉᆞ람으로 슈호ᄒᆞ야 우리 형졔 구산에 셩묘헐 ᄯᅥᆨ 유숙허는 집을 허리니 죵중이 공의ᄒᆞ야 힘쓰기를 바라나니다." 모다 감ᄉᆞ치 아니리 읍더라. 이에 노옹의 부부와 그 ᄌᆞ녀를 거ᄂᆞ리고 유가장의 일우니 쥬문의 노파 마져 드러기 숑ᄒᆞᆫ림과 숑학시 몬져 와 기다려 셔로 깃그믄 웃지 층양ᄒᆞ리요? 영구를 션중으로 모시고 "송학ᄉᆞ의 ᄂᆡ힝이 이루거든 다 션중의셔 기다리라. 우리 형졔는 경셩의 일이 잇셔 불가불 단녀올지니 비록 오릭나 히중의셔 기다리라." ᄒᆞ고 쇼년 빅여 명과 가동 십 인과 쥬문의 부부를 더리고 갈 식 그 아손으로 주졈을 의구이 ᄂᆡ여 션중 ᄉᆞ람과 셔로 통신케 ᄒᆞ고 ᄃᆡ션 일척을 사셔 타고 경셩의 올나가 일빅 소년을 각각 자은을 후이 쥬어 "져의 장기ᄃᆡ로 비화 십 년이 되거든 ᄂᆡ 션척을 이곳으로 보ᄂᆡ되 션상의 불근 밧탕의 푸른 용긔를 보거든 ᄃᆡ남국 션척으로 알나." 모든 쇼년을 효유ᄒᆞ야 작별ᄒᆞ고 일변 가동을 노와 최승상 집 ᄒᆞ락을 탐지ᄒᆞᆫᄃᆡ 과부 독녀가 묘ᄒᆞ의 잇셔 근근보젼이라 허거늘, 상셰 최승상의 고향을 아는지라, 부마로 더부러 쥬문의 부부와 가동 수인으로 뒤를 싸로라 ᄒᆞ고 수일만의 그 향녀의 일우러 쥬문의 쳐로 ᄒᆞ야금 최틱의 드러가 허실을 탐지ᄒᆞᆫ 후 정상셔의 이ᄌᆞ 상과 오ᄌᆞ 위은 뜻을 통ᄒᆞ고 ᄯᅩ 부마의 뵈이믈 청헌ᄃᆡ, 그 부인 죠씨 심ᄂᆡ 의심히 의아ᄒᆞ나 ᄂᆡ력을 드른 즉 진젹헌지라. 아모커나 ᄂᆡ당 ᄒᆞᆫ 모퉁이를 치우고 불너드리니 그 드러오는 동지[82]와 분면쥬순[83]이 완연헌 정위라. 원ᄂᆡ

---

81) 긔지의 가ᄉᆞ : 基地의 家舍, 기지는 터전, 가사는 사람이 사는 집.

82) 동지 : 動止, 행동거지.

83) 분면주순 : 粉面朱脣, 분을 바른 얼굴과 붉고 고운 입술.

죠씨는 숙경왕후 고모의 당질녀로 서로 왕닉헐 씨 부마를 익이 보안지라. 일면 여구ᄒᆞ야 당의 오르미 부미 ᄯᅩᄒᆞᆫ 부인의 의형이 가히 긔억헐지라. 부인긔 뵈온 후의 그간 합닉 졔졀84)을 뭇ᄌᆞ온ᄃᆡ 부인이 일희일비ᄒᆞ야 셔로 지닌 일을 쇼셜허더니, 부미 그 영친ᄒᆞ라온 뜻을 고헌ᄃᆡ 부인 왈, "부마의 셩의는 감ᄉᆞ허거니와 나는 육십여싱이 일박셔산이요 ᄯᅩ 규슈로 말허드릭도 명되 긔구ᄒᆞ야 청춘을 공연이 ᄇᆞ린지라. 이제 만리창히의 부마를 ᄯᆞ르니 읍스리니 이는 우리 모녀 부마를 져ᄇᆞ리미요, 부미 닉 여ᄋᆞ를 져ᄇᆞ리믄 아니라, 허물치 말기를 ᄇᆞ라노라." 부미 왈, "쇼싱이 ᄯᅥ날 ᄯᅢ의 우리 황상긔 누누이 부탁을 밧자와 부인을 뫼시고 쇼져를 솔귀ᄒᆞ라 ᄒᆞ시고 부모의 명교지중허시니 읏지 부인을 뵈읍고 그져 도라가리잇고? 원컨ᄃᆡ 부인은 규슈의 뜻을 강권ᄒᆞ야 도리키게 ᄒᆞ쇼셔." 부인이 몸을 일어 드러가 여ᄋᆞ를 보고 그 일편을 베푼ᄃᆡ 규쉬 만면홍훈에 누쉬 여우ᄒᆞ고 늣기여 왈, "쇼녜 규중의 반싱을 지닉고 모친이 늘그신지라. 읏지 부귀를 탐ᄒᆞ야 남의 부실이 되야 셰숭에 우음을 바드리잇고? ᄎᆞᆯ아리 부모 분묘의 죽어 청결헌 혼빅이 구천의 올나 셔왕모의 옥반을 밧들지라. 이 뜻으로 사례ᄒᆞ소셔." 부인이 나와 부마다려 왈, "녀ᄋᆡ 듯지 아느니 읏지 ᄒᆞ리요?" 부미 가로ᄃᆡ, "이는 규슈의 뜻지 너무 고집ᄒᆞ고 의리를 싱각지 못허는지라. ᄃᆡ져 녀ᄌᆡ ᄉᆞ나회 예단을 ᄒᆞᆫ 번 바드면 숨죵지의 잇셔 구고를 셤기며 죵신히로ᄒᆞ야 ᄌᆞ손이 현달ᄒᆞ야 문호를 셰우고 후셰의 향화 가쟝 원ᄒᆞ미 인륜의 졔일이어늘, 부뫼 이믜 정혼납치 ᄒᆞ시고 규쉬 ᄯᅩᄒᆞᆫ 쇼싱의 예단을 바든지라. 호ᄉᆞ다마ᄒᆞ고 가긔이로ᄒᆞ야 인년이 끈쳐더니 ᄒᆞ날이 가련이 보ᄉᆞ 월노승85)이 발을 믹야 천연이 이은지라. 이제 규쉬 친영을 물니치고 구고의 우귀를 ᄉᆞ양ᄒᆞ니 이는 싱이

---

84) 합닉졔졀 : 閤內諸節, '합내'는 남을 높이어 그의 가족을 이르는 말, '제절'은 남의 집안의 모든 사람의 기거 동작을 이르는 말임.

85) 월노승 : 月老繩, 월하노인이 가지고 있다는 주머니의 붉은 끈. 이것으로 남녀의 인연을 맺어 준다고 함.

어려셔 규슈의 덕ᄒᆡᆼ을 듯든 바와 갓지 안코, 우흐로 부모의 마음을 거스리고 아ᄅᆡ로 쇼ᄉᆡᆼ의 ᄯᅳᆺ을 ᄂᆡᆼ담케 ᄒᆞ오니 규슈로 ᄒᆞ야금 일후의 지ᄒᆞ의 도라가나 ᄋᆞᆺ지 감히 부친 상공의 영혼과 구고를 뵈오리요? ᄎᆞᄉᆡᆼ 후ᄉᆡᆼ의 두 집 죄인이 되고 셰상에 자최 읍시 스러지리잇고? 쇼ᄉᆡᆼ이 ᄯᅩ 오날 부인젼의 ᄒᆞᆫ 말노 ᄒᆡ셕헐 일이 잇ᄉᆞ오니 잠간 드르쇼셔. ᄉᆡᆼ의 부ᄌᆞ응셔가 국가후은을 입어 왕후, 쟝상이 가쟝 만터니 ᄯᅩ 일죠의 공주로 ᄒᆞ가 ᄒᆞ시ᄆᆡ ᄉᆡᆼ의 부친이 ᄉᆞ실로써 ᄉᆞ양ᄒᆞ오나 쳔위를 어긔지 못ᄒᆞ야 부득이 봉승ᄒᆞ미요, ᄯᅩ 쳔ᄌᆞ겨오셔 황후로 더부러 쇼ᄉᆡᆼ을 ᄃᆡᄒᆞᄉᆞ 가라ᄉᆞᄃᆡ, '일후의 만일 최씨 규슈의 긔회가 잇스면 짐이 그 몸을 영화ᄒᆞ고 죤비의 ᄎᆞ셔를 억울케 아니리라.' ᄒᆞ신 옥음이 귀의 ᄉᆞ못친지라. 쳔ᄌᆞ 셩의가 이갓트시니 필연 죤비의 분별이 읍슬 거시오, ᄯᅩ 십여년을 ᄭᅳᆫ인 바는, 나라의 일이 만코 션쳑이 지둔ᄒᆞ야 ᄃᆡ히를 타지 못허미더니, 형이 외국제도를 번쩌 십년을 경륜ᄒᆞ야 이졔 일 쳑이 몬져 죠셩ᄒᆞᆫ고로 황상의 명을 밧자와 형제 이 인이 슈륙 슈십만 리의 쳔신만고ᄒᆞ야 부인긔 승후ᄒᆞ믄 셩녜를 지ᄂᆡ고 부인을 뫼셔 본국의 도라가 군부의 ᄯᅳᆺ을 순이허고ᄌᆞ 허미러니, 혜아림밧게 규슈의 견집이 이러ᄒᆞ니 쇼ᄉᆡᆼ이 규슈를 위ᄒᆞ야 심히 ᄋᆡ셕ᄒᆞ나니다." 부인이 시비를 명ᄒᆞ야 쥬과를 나와 권ᄒᆞ거날 부ᄆᆡ 몸을 일어 왈, "명일의 드러와 곳쳐 승후ᄒᆞ오리이다." 부인 왈, "잠간 안져 ᄒᆞᆫ 잔 술을 마시라." 부ᄆᆡ ᄃᆡ왈, "이형이 가인과 거마를 거나리고 외촌 졈ᄉᆞ의 잇셔 고ᄃᆡ헐지라. 소ᄉᆡᆼ의 말슴은 셜진심즁 ᄒᆞ야ᄉᆞ오니 부인은 ᄃᆡ의로써 규슈를 ᄭᆡ닷게 ᄒᆞ쇼셔." 부인 왈, "노신이 장ᄎᆞ 다시 ᄀᆡ유허려니와 여ᄉᆞ의 편히 쉬히고 명일 다시 사안[86]ᄒᆞ기를 ᄇᆞ라노라." 부ᄆᆡ 졈ᄉᆞ의 일루러 상셔긔 일편을 고헌ᄃᆡ 상셔 왈, "이는 부인의 일시 편심이라. 규슈의 절죠의 무어시 거리ᄭᅵ리요?" 익일의 부ᄆᆡ 다시 드러가 부인긔 뵈온ᄃᆡ 부인 왈, "야ᄅᆡ에 귀양이 만복가?" 부ᄆᆡ ᄃᆡ왈, "부인의 권렴을

86) 사안 : 賜顔, 방문한 아랫사람에게 면회를 허락함.

입ᄉᆞ와 일힝이 틱평ᄒᆞ오이다." 부인 왈, "노신이 년노다병ᄒᆞ야 정신 출몰허는지라. 부마의 청춘이 을마뇨?" 딕왈, "삼십이로소이다." 부인 왈, "셰월이 쉬웁도다. 그딕를 동몽87)의 보와노라." 부믹 왈, "그러허여이다. 지금 규슈의 년영이 이십칠 셰 아니니잇가?" 부인 왈, "그러허오다." 부믹 왈, "아지 못게라. 규슈 쓰이 도로혓나이가?" 부인 왈, "노신이 빅 번 기유ᄒᆞ되 질겨 힝치 아느려 ᄒᆞ나 지금 ᄉᆞ셰가 아니치못헐지라. 가ᄉᆞ는 어룬이 쥬장이라 허니 노신이 쥬장ᄒᆞ려니와 그딕는 만리타국의 부모의 쥬장이 읍고 읏지 딕ᄉᆞ를 힝ᄒᆞ리요?" 부믹 딕왈, "쇼싱이 써날 씩의 혼ᄉᆞ를 형의게 부탁허ᄉᆞ 쥬장케 ᄒᆞ신 빅니 이는 부인의 과렴ᄒᆞ실 빅 아니로소이다." 부인 왈, "노신이 강근지족이 읍고 다만 ᄒᆞᆫ 쏠노 션형 ᄒᆞ의 뭇치기를 긔약ᄒᆞ더니 이졔 싱각건딕 노신이 오날 죽으면 명일에 여ᄋᆞ의 신셰를 읏지 허며 쏘한 귀문의 후의를 읏지 져ᄇᆞ리이요? 오날부터 상셔와 일힝이 ᄒᆞᆫ ᄉᆞ의 머물너 범ᄉᆞ를 쥬션허라." 이날붓터 예물을 준비ᄒᆞ야 동뇌연을 힝ᄒᆞ고 숨일화촉은 본국의 도라가 구고의 페현헌 후의 지닉려 ᄒᆞ더라. 부믹 최씨의 죵족을 ᄎᆞ져 금은을 후상ᄒᆞ야 분묘와 가틱을 수호ᄒᆞ고, 교ᄌᆞ와 거마를 으더 시비 슈숨을 거나리고 쥬문의 쳐ᄌᆞ로 시죵ᄒᆞ야 ᄒᆞᆫ 가지로 유가장으로 향ᄒᆞ니라.

각셜, 상셰 슈긔 가동을 다리고 엄상셔의 쇼식을 탐지ᄒᆞ야 바로 고향을 ᄎᆞ자 엄신의 집의 일우니, 과연 향곡의 뭇치여 의상이 남누허고 형용이 쵸췌헌지라. 냥 인이 셔로 보믹 비회를 금치 못ᄒᆞ야 낙누ᄎᆞ탄 왈, "우리 셔로 죽은 쥴 아라더니 오날 보믄 진시 쑴이로다." 신 왈, "그 씩의 귀권이 향니로 가신 후의 즉시 표몰허신 줄노 아라 쇼졔의 일문이심히 비ᄎᆞᆼᄒᆞ더니 가친이 감회ᄒᆞᄉᆞ 미구의 하셰ᄒᆞ시고 졔는 딕리경으로 잇슬 씩의 형틱의 사정이 잇써다 ᄒᆞ고 간신의 모희를 입어 북방으로 귀향보닉믹 쳐ᄌᆞ는 향려로 보닉고 홀노 젹소의 잇더니, 익년의 나라히 혁셰ᄒᆞ믹 존존 젼진ᄒᆞ야 고향으로 ᄎᆞ자와 쳐ᄌᆞ로

---

87) 동몽 : 童蒙, 어려서 아직 사리에 어두운 아이. 소년.

더부러 상취ᄒᆞ야 여반치깅으로 셰월을 보니거니와, 아지 못게라, 형은 읏진 일이뇨? 상셰 죵용이 일장을 셜화ᄒᆞ고 ᄒᆞᆫ 가지로 가기를 쳥헌ᄃᆡ" 신 왈, "형의 후의 감ᄉᆞ허나 권솔리 수다헌지라. 읏지 감히 운동키를 바라리요?"상셰 왈, "쇼졔 차일 차힝이 젼혀 군곤을 구졔ᄒᆞ고 은인을 ᄎᆞ지미라. 형은 죠금도 거리끼지 말나." 즉시 가동으로 ᄒᆞ야금 거마를 쥰비ᄒᆞ야 엄씨 일문 상ᄒᆞ 이십여 구를 다리고 근강의 나와 일쳑션을 타고 바로 쳥산현 유가장으로 일우러 모든 권솔이 단취ᄒᆞ야 션의 올나 비를 씌워 ᄃᆡ남국으로 향허니라.

각셜, 승상 정궁이 호부상셔 당쥬로 더부러 쳔ᄌᆞ의 명을 밧드러 영챵군의 셩첩을 건축ᄒᆞ고 궁실을 영건헐 시 숨사, 육부와 ᄃᆡ신, 죵친과 왕ᄌᆞ, 왕손의 집을 지으며 육가숨시88)의 져ᄌᆞ를 질비히 ᄆᆡᆫ드러 상고를 편리케 ᄒᆞ고 셩남문 오 리에 츈양강이 잇스니 이 강은 황셩 남문 십 니 영츈강으로 통헌 숭류라. 상션이 왕릭허며 인민이 부요허더라. 왕셩을 일홈ᄒᆞ야 건양셩이라 ᄒᆞ고 동번왕이 즁권을 거나리고 건양셩의 도읍ᄒᆞ야 셩동 이십 니 ᄃᆡ홍산의 산릉을 정ᄒᆞ고 반구허기를 기다리더라.

직셜, 상셔 정상이 비를 직촉ᄒᆞ야 여러 날만의 황셩 영츈강의 일으니 수군도독 정치 도독부 장졸을 거나리고 션쳑을 모집ᄒᆞ야 영구를 마져 관션에 올은 후의 상셔와 부미 궁즁의 드러가 쳔ᄌᆞ긔 복명ᄒᆞ온ᄃᆡ 쳔지 ᄃᆡ희ᄒᆞ야 원노신고와 경영허든 바를 무르시거늘, 양인이 시죵을 일일이 알왼ᄃᆡ 쳔지 ᄃᆡ희ᄒᆞ사 최녀의 졀표를 찬양ᄒᆞᄉᆞ 탄식ᄒᆞ시기를 마지 아니시고 왈, "부미 이졔 두 부인이 되얏지라. 최씨 비록 긔약은 먼져 잇셔스나 셩친은 공쥬의 후요, 연치 쏘ᄒᆞᆫ 공쥬의 두 히 져근지라. 그 ᄎᆞ셔는 불가불 공쥬의 아레 안질지라. 최녜 능히 혐의치 아느랴." 부미 쥬왈, "공쥬는 금지옥엽이요 최녀는 여항미미녀지라. 읏지 감히 자리를 견쥬리잇고?" 쳔지 웃고 부마를 다리고 황후궁으로 드러가 뵈온ᄃᆡ 황휘 부마의 소원을 일우고 틱평이 도라오믈 깃

88) 육가숨시 : 六街三市.

거ᄒᆞ고 두 부인 좌ᄎᆞ를 무른ᄃᆡ 쳔ᄌᆞ 이부인으로 졍ᄒᆞ믈 말슴헌ᄃᆡ 황휘 왈, "진실노 사셰 그러ᄒᆞ나 일문 양 부인이 ᄋᆡ쳬[89]헌 일이 만을지라. 노신이 ᄒᆞᆫ 쥬견이 잇사오니 져의 둘노 하야금 공ᄉᆞ양편의 일이 잇ᄉᆞ오니 황상이 드르시리잇가?" 쳔ᄌᆞ 왈, "무슴 말슴이니잇고?" 휘 왈, "경원왕휘 년만 요순의 일 졈 혈육이 읍스니 최쇼져로 경원왕후의 양녀를 슴아 이공쥬를 봉ᄒᆞ면, 경원왕후 노릐의 젹막을 면ᄒᆞ고 져의 양 인은 형졔지의가 잇스며, ᄯᅩᄒᆞᆫ 나라 쳬면을 일치 아닐지라. 폐ᄒᆞ 쳔의 읏더ᄒᆞ시니잇고?" 쳔ᄌᆞ 항연 ᄃᆡ각ᄒᆞᄉᆞ 왈, "낭낭의 말슴이 지극히 맛당ᄒᆞ야이다." 즉시 궁녀로 경원왕후를 쳥ᄒᆞ야 그 ᄉᆞ실을 고헌ᄃᆡ 왕휘 ᄯᅩᄒᆞᆫ 깃거ᄒᆞ야 즉일에 시녀와 위의를 보ᄂᆡ여 쇼져를 마져 드러오라 ᄒᆞ니라. 원ᄅᆡ 쳔ᄌᆞ 아오 경원왕이 잇스니 죠졸ᄒᆞ고 부인 경원왕비 셔씨 소년쳥상으로 궁중의 늘근지라. 그런고로 쳔ᄌᆞ 극히 우ᄃᆡᄒᆞ고 황휘 ᄯᅩᄒᆞᆫ 졍의가 ᄉᆞᆼ득[90]ᄒᆞ야 동긔의 지나더라. 이날 쇼져를 마져 궁중의 드러오ᄆᆡ 경원왕비 의녀ᄌᆞ를 졍ᄒᆞ고 경효공쥬를 봉ᄒᆞᆫ 후의 양 궁과 경원왕휘 ᄒᆞᆫ 가지로 예를 바들 ᄉᆡ, 이ᄯᅢ 쇼져의 년영이 이십칠 셰라. 유한요죠ᄒᆞ고 쳥춘자ᄐᆡ가 이팔가인의 지지 안는지라. 쳔ᄌᆞ 자리를 쥬시고 사랑ᄒᆞᄉᆞ 잔취를 베퍼 위로허시고, 이날부터 경원왕휘 죠씨부인과 경효공쥬를 다리고 본궁으로 도라가 동번왕의 국ᄉᆞ가 필헌 후의 ᄐᆡᆨ일우귀ᄒᆞ려 허더라.

각셜, 졍상, 졍위 영춘강의 나와 영구를 뫼셔 동번국 춘양강의 일우러 부왕과 형제 셔로 본 연후의 셩동 이십 니 ᄃᆡ홍손의 장ᄉᆞ헐 ᄉᆡ, 쳔ᄌᆞ 예관을 보ᄂᆡ여 오ᄃᆡ의 왕작을 추징ᄒᆞ고 의졀을 왕네로 ᄒᆞ시고, 승상 졍궁으로 셰ᄌᆞ를 칙봉ᄒᆞ신ᄃᆡ, 왕이 글월을 닥가 쳔은을 숙ᄉᆞᄒᆞ온ᄃᆡ, 쳔ᄌᆞ 길일을 기다려 경효공주를 위귀헐ᄉᆡ, 쳔ᄌᆞ 부마다려 왈, "네 만리타국의 친영헐 ᄯᅢ의 무슴 위의 잇셔스리요? 금번 우귀헐 ᄯᅢ의는 위의를 갓쵸고 육노로 ᄒᆡᆼᄒᆞ야 구고의 현알ᄒᆞ고, 명춘의 네 부왕의 슈연을 갓치 지ᄂᆞ고 도라오라. 짐이 경효공쥬

89) ᄋᆡ쳬 : 礙滯, 걸리어서 막힘.
90) ᄉᆞᆼ득 :相得, 서로 뜻이 맞아서 잘 통함.

의 별당을 지어 장공쥬와 가치 허리라." 부미 사은ᄒᆞ고 길일을 기다려 써날 식 쳔지 친히 의졀을 마련허시고 연로쥬군의 신칙허ᄉᆞ 지영지송[91]과 공궤등졀[92]을 왕공의 예로 ᄒᆞ라 ᄒᆞ시고 오식 봉년을 ᄐᆡ와 즁관이 호송ᄒᆞ고 이원풍악이 젼도ᄒᆞ야 동번국으로 나아갈 식, 지나는 바 군현의 자ᄉᆞ와 슈령이 금고와 긔치를 거ᄂᆞ리고 각각 지경의 영송허니 위의 찬란허더라. 여러 날을 힝ᄒᆞ야 동번국 경셩의 일우미 수경왕휘 시녀와 황문을 보ᄂᆡ여 마져 드려 페레를 바든 후의 별당의 동방화촉을 베푸러 삼 일을 힝낙허니 궁즁상ᄒᆞ와 만셩인민이 뉘 아니 긔희이 여기리요? 숙경왕비 죠부인과 쳑의 잇고 소시의 자로 보안지라. 쳥ᄒᆞ야 궁즁의 드러와 날노 질계 회포를 위로허더라. 왕이 고국으로셔 드러온 모든 죵쳑과 신졉인을 경즁을 보아 가ᄐᆡᆨ과 젼결을 쥬어 다 안졉케 ᄒᆞ고, 엄신으로 원로를 비ᄒᆞ야 죠회의 드러오되 추창허지 안코 일홈을 아니허며 좌를 쥬고, 아들 엄준으로 예부상셔를 허이고, 숙경왕후의 종형 숑현으로 왕후궁 ᄃᆡ부관을 비ᄒᆞ고, 그 장ᄌᆞ 숑죵으로 승상을 비ᄒᆞ고, 이ᄌᆞ 공으로 이부시랑을 허이고, 왕후의 친졔 송환으로 왕후비부관을 비ᄒᆞ고, 장ᄌᆞ 송호로 병부상셔를 슴고, 이ᄌᆞ 쵸포젼장군 겸 궁즁호위ᄉᆞ를 허이고, 죵친 졍효로 셰ᄌᆞᄉᆞ을 슴ᄒᆞ고, 졍렴으로 셰ᄌᆞ빈긱을 슴고, 그 ᄌᆞ질의 품부를 가리여 탁용ᄒᆞ고, 쥬문으로 어션관을 슴고, 그 아들 쥬셩으로 그 모친과 가산을 다ᄉᆞ리고, 손ᄌᆞ 쥬방, 쥬랑으로 호위영 좌우교위를 슴고, 셰ᄌᆞ 정궁의 차ᄌᆞ 무로 육군병마ᄃᆡ도독을 슴고, 졍상의 장ᄌᆞ 교로 슈군ᄃᆡ도독을 슴아 변방의 침요를 방비ᄒᆞ고, 본방 오십오군의 ᄌᆡ망과 덕힝 잇는 ᄉᆞ람을 ᄲᅡ 경ᄉᆞ로 올녀 그 ᄌᆡ분을 죠ᄎᆞ ᄂᆡ외직을 죠용[93]허니, ᄇᆡᆨ관이 모다 질겨 ᄒᆞ레ᄒᆞ는지라. 왕 왈, "과인이 덕이 박ᄒᆞ고 ᄌᆡ죄 여튼지라. 외람이 이 자리를 발

91) 지영지송 : 祇迎祇送, 백관이 임금의 환행을 공경하여 맞고, 임금의 출가를 공경하여 보냄.

92) 공궤등절 : 供饋等節, (윗사람에게) 음식을 드리는 모든 예절.

93) 죠용 : 調用, 벼슬아치로 등용함.

부니 천은이 황축ᄒᆞ고 분의에 과당헌지라. 바라건ᄃᆡ 모든 경네는 ᄃᆡ소 육력ᄒᆞ야 과인을 발키 가르치라." 승상 숑죵이 진젼 쥬왈, "젼ᄒᆞ 금일 ᄒᆞ교 극당ᄒᆞ오니 신민의 복이로소이다. 자고 제왕의 치국허는 되 다셧시 잇ᄉᆞ오니, 일왈 근졍이요, 이왈 ᄐᆡᆨ용이요, 숨왈 상벌이요, ᄉᆞ왈 호언이요 ,오왈 졀용이니, 님군이 졍ᄉᆞ의 부지런ᄒᆞ면 힝낙헐 마음이 읍고, 현우를 갈히여 쓰면 간신이 읍셔지고, 상벌을 분명이 ᄒᆞ시면 법관이 감히 ᄉᆞ졍을 두지 못ᄒᆞ고, 인군이 충언을 조차 허면 ᄂᆡ 몸의 과실을 알기 쉬웁고, 지물을 졀용ᄒᆞ면 ᄇᆡᆨ셩이 부요ᄒᆞ고 ᄇᆡᆨ셩이 부요ᄒᆞ면 군싀 강ᄒᆞ나니, 이러허면 쳔히 셩쥬라 일커르리이다." 졔신이 쥬왈, "오날 젼ᄒᆞ 윤음이 이러허시고 승상의 쇼쥐 이러ᄒᆞ오니 진실노 종ᄉᆞ 만민의 복이로쇼이다." 문무ᄇᆡᆨ관이 일시의 쳔셰를 부르고 죠회를 파ᄒᆞ고 익일에 왕이 오 자로 더부러 왈, "ᄂᆡ 드르니 나라 지방이 동북이 심이 깁고 놉흔 데 만코 비운 ᄶᅡ히 만하 쵸젹이 쳐쳐의 웅거ᄒᆞ야 ᄇᆡᆨ셩을 침요허니 과연 큰 근심이라. 너의 방약을 의논허라." 이ᄌᆞ 상이 쥬왈, "소직 사졔치와 ᄒᆞᆫ 가지로 동북쥬군을 순힝ᄒᆞ야 그 형편과 민정을 먼져 순찰코자 허나이다." 왕이 허락ᄒᆞ고 호부상셔 왕인으로 동북순찰ᄉᆞ를 숨고 인부을 쥬시고 왈, "관찰ᄉᆞ, 군수의 션악을 출쳑허고 국ᄂᆡ손쳔을 도량ᄒᆞ고 ᄇᆡᆨ셩을 무휼허고 두 왕ᄌᆞ는 과인의 ᄃᆡ힝이니 옛젹 졔왕의 순수허는 예를 의ᄒᆞ야 쥬람허되 만일 왕명을 거역허는 ᄌᆞ는 션참후계ᄒᆞ라." 숨 인이 ᄒᆞ직고 호위군관 이십 인과 도독부 포병 이ᄇᆡᆨ 명과 가쟝 십여인을 거나리고 각각 몸의 단병을 지니고 경셩 북문으로 나와 숨십 니 손음현의 일우러 숙소허고 군슈를 불너 왕명을 교육ᄒᆞ고 "고을지경의 공허지지를 답ᄉᆞᄒᆞ야 전답을 ᄀᆡ쳑ᄒᆞ야 산협 우망[94]으로 농ᄉᆞ의 도라오게 허되 조금도 틔만치 말나." 군쉬 황공쳥명ᄒᆞ더라. 숨 인이 ᄯᅥ나 슈십 니를 힝허더니 길이 졈졈 놉고 산이 졈졈 깁훈지라. 그 유벽허믈 보고자 ᄒᆞ야 군마를 촌졈의 머므르고 숨 인이 죽장망혜

94) 우망 : 迂妄, 하는 짓이나 태도가 괴상하고 요망스러움. 여기서는 그런 사람.

로 슈십 군관을 다리고 촌촌이 거러 훈 곳의 일우니 순쳔이 심수호고 큰 닉히 반셕 우흐로 흐르며 길이 끗인지라. 물가를 좃추 다시 수 리를 가니 산쳔이 수려호고 비금쥬수가 셔로 왕닉호며 쳔산은 잠잠허고 녹슈는 곤곤헌디 산은 졈졈 놉고 물은 졈졈 깁허 흐르는 소릭 요란헌디, 칭암졀벽이 반공의 숏고 만장폭포가 나리치매 다시 나아갈 길이 읍는지라. 중인이 몸을 도르혀 수십 보를 나려와 물간 반셕 우의 안즈 술을 더이며 구은 썩과 마른 고기를 먹으며 경기를 탄상허더니, 문득 보니 물가흐로 씌여진 쵸자 호나히 써나오는지라. 즁인 왈, "필연 상류의 인촌이 잇는지라. 우리 젼공이 가셕이니 힘써 길을 추자 올나가 훈 번 구경허즈." 호고 몸을 일어 사면으로 길을 추즐 식 져근 순곡 스이로 시닉물리 잔잔헌데 좌우 모다 셕벽이라. 중인이 셕벽을 반년호야 시닉을 발바 추추 드러가니 물이 진허고 언덕이 막혀는디 슈목춤천95) 호야 검어 어둑헌지라. 그 언덕의 올으니 비로쇼 호날이 뵈이며 먼리 계견셩이 들니는지라. 중인이 딕희호야 거름을 직촉호야 나려갈 식, 멀리 바라보니 사면의 놉흔 봉이 둘너는디 송히가 울울충충허고 가은디 큰 돌리 일망무졔헌데 영셩헌 촌락이 잇는지라. 훈 집의 일우러 쥬인을 부르니 안흐로셔 훈 노인이 나와 보며 크게 놀나 왈, "긱네는 어듸로셔 오시뇨?" 왕인이 딕왈, "우리는 동번국 경셩스람으로 순쳔을 유람타가 길을 잘못 드러 이 곳의 일우러거니와, 아지못게라, 이곳 지명이 무어시며 노인은 년긔 얼매뇨?" 노인 왈, "잠간 안즈쇼셔. 닉 말삼허리이다." 중인이 풀을 자리호고 안즈믹 노인 왈, "이 곳의 숭호촌이 잇스니 숭왈 숭운동이요 호왈 빅운동이라. 인긔 합호야 오십여 가의 인구가 숨빅여 명이나 다 쵸막토굴을 짓고 스나이다." 어언지간의 이웃셰 모야드는 직 슈십여 인이 모다 빅발이 흔날이더라. 산과를 나와 긱을 딕졉허거늘 왕인 왈, "쇼년들은 어듸 가고 노인만 잇나뇨?" 왈, "쇼년들은 날마다 산의 올나 나무도 버히며 밧도 갈아 쉬일 식 읍스나,

95) 참천 : 참천, (나무가) 하늘을 찌를 듯이 울창함.

ᄒᆞ로 먹는 거슨 강낭 두어 그릇시오, 입는 거슨 갈포 십여 쳑의 지나지 못ᄒᆞ나이다." 왕인 왈, "이곳의 ᄉᆞ람이 거싱헌 지 몃히나 되나뇨?" 노인 왈, "우리는 북히쥬 ᄉᆞ람이러니 그 곳의 공허헌 순곡이 만아 쵸젹이 ᄌᆞ로 발허ᄆᆡ 관군이 ᄒᆞᆫ 번 나오면 쵼락이 분탕ᄒᆞ고 부녀를 음난허며 도젹은 자취도 ᄎᆞᆺ지 안코 ᄇᆡᆨ셩의 난리를 더헌 즉 호소헐 곳이 젼혀 읍셔 이십 여기가 남부여ᄃᆡᄒᆞ야 이곳의 드러와 셰상을 도망헌 지 사십여 년이라. 외인의 드러오믄 오날 쳐음으로 보나이다." 왕인 왈, "압페 ᄃᆡ야가 잇거늘 웃지 젼답을 일우지 안나뇨?" 노인 왈, "논을 경영ᄒᆞ면 큰 물 근원이 읍고 우마, 긔계를 웃지 판비ᄒᆞ리요?" 어언지간에 셕양이 순의 빗긴지라. 노인이 즁인을 청ᄒᆞ야 토실의 드러가 강낭반과 순치로 셕반을 권ᄒᆞ고 날이 져물ᄆᆡ 동니 노옹이 모듸여 셰상사 십년ᄉᆞ를 뭇는지라. 왕인이 오준일웅의 공업과 동번국왕의 인덕을 일컷고 ᄯᅩ 가로되, "우리는 동번국의 벼술허더니, 왕상계오셔 변방을 순힝ᄒᆞ야 지방을 긔척ᄒᆞ고 젼답을 여러 산곡의 수문 우망으로 다 왕의 덕화를 밋게 ᄒᆞ라 ᄒᆞ시ᄆᆡ, 각 군으로 힝허다가 경긔를 죠ᄎᆞ 어늬 곳인지 아지 못허고 이 곳의 일우러노라." 졔인이 모다 차탄허믈 마지 안터라. 밤을 지닉고 날이 식ᄆᆡ 쥬옹이 감ᄌᆞ로 밥을 허고 달글로 국을 허여 은근이 권허더라. 일광이 올으ᄆᆡ 삼인이 노옹을 다리고 사면을 두러 볼 식 산쳔이 명녀ᄒᆞ고 경긔 곳곳이 졀승ᄒᆞ야 진소위 무릉도원이요 별유쳔지 비인간이라. 큰 들이 가은ᄃᆡ 평탄한데 남북이 삼십 니요 동셔는 이십여 리니 연포지목[96]이 참쳔[97]ᄒᆞ야 긔운이 음습ᄒᆞ나 슈퇴 아름다은지라. 상셰 도독다려 왈, "이런 셰계를 ᄒᆞ날이 감츄ᄉᆞ 우리를 쥬시미라. 이 곳의 별궁을 영건ᄒᆞ야 부왕의 노릐 한유ᄒᆞ사 뜻을 질겁게 ᄒᆞ시미 웃더ᄒᆞ뇨?" 치 왈, "쇼졔의 마음이 이갓ᄉᆞ외이다." 중인이 집의 도라와 쵼중 부로를 모아 그 뜻을 일우고 호위군관 십 인으로 감관을 졍ᄒᆞ야 분부허되, "너의 쵼민의 장졍을 모화 들을 ᄡᅡᆨ가 지목은

96) 연포지목 : 連抱之木, 아름드리 큰 나무.

97) 참천 : 參天, 하늘을 찌를 듯이 공중으로 높이 솟아서 늘어섬.

ᄒᆞᆫ 곳의 모ᄒᆞ고 젼답을 일우키고, 동구 험노의 잔도[98]를 노화 외인을 통케 ᄒᆞ고, 미인의 식도[99]를 다리쥬어 노약을 편히 ᄒᆞ고, 외인의 고용을 만히 으더 일졔히 힘을 쓰라. ᄂᆡ 인근 열읍에 젼영ᄒᆞ리니 우마와 각식 연장과 일용 물죵을 너의 감관이 쓰는 ᄃᆡ로 취용ᄒᆞ라." ᄯᅩ 동중부로를 불너 왈, "너의 ᄌᆞ질을 동솔허고 부역의 힘쓰라. 오날부터 너의 ᄇᆡᆨ셩이 의식이 염녀 읍고 ᄯᅩ 필역허는 날 젼답을 ᄇᆡᆨ셩과 갓치 ᄒᆞ면 다시 강냥을 아니 머글 거시오, 일신을 갈릴 거시오 부모쳐ᄌᆞ를 후ᄃᆡ헐 거시니 부ᄃᆡ 근간이 ᄒᆞ야 감관의 지휘를 어긔지 말나." 중인이 ᄶᅡ헤 업듸여 무슈히 사례허더라. 상셰 왕인으로 하야금 근읍의 젼령ᄒᆞ야, "쇼임을 창념 시힝허되, 경ᄉᆞᆼ납즁으로 졔ᄒᆞ고, 관군 오십을 보ᄂᆡ여 감관의 ᄉᆞ환허고 유식지인의 빈곡무의헌 쟝졍을 ᄉᆞ출ᄒᆞ야 역소[100]로 보ᄂᆡ여 자싱케 허라." 젼령ᄒᆞ기를 마치믹 슘 인이 몸을 일어 중인을 효유ᄒᆞ고 동구의 나와 헤아리니 경셩이 육십 니러라. 다시 군마을 지휘ᄒᆞ야 거나리고 북으로 향ᄒᆞ야 연히 십 군을 순힝헐 ᄉᆡ 관찰슈령의 션악을 상벌ᄒᆞ고 지나는 바의 ᄉᆞᆫ쳔도리와 공허지지를 쳑양ᄒᆞ야 각 지방 슈령의게 신칙ᄒᆞ야 공지를 ᄀᆡ척허되 심상궁곡의 뭇친 ᄇᆡᆨ셩을 푸러 고용ᄒᆞ야 그 잡심을 버리고 왕화의 도라오게 허되, 각 군 각 동각쵼의 젼령ᄒᆞ야, "왕명을 바뜰러 죄의 다닷지 말게 ᄒᆞ며, 관출, 군수라도 죠금 ᄒᆡ틔허미 잇스면 국법을 면치 못허리라." 분부허기를 다 허믹 익일의 강쥬부를 ᄶᅥ나 호쥬부로 향ᄒᆞ야 동히 십 군을 순힝ᄒᆞ고 졍쥬, 창쥬를 도라 경긔 오 군을 현답ᄒᆞ고 지나는 바의 관부의 들지 안코 졈ᄉᆞ의 지숙허며 이민을 표유허니 국민이 ᄃᆡ열허더라. 경셩의 드러와 복명ᄒᆞ고, "상운동 긔경ᄒᆞ고 별궁을 경영험과 오십오 군의 동북 공허헌 곳이 만은 고로 각기 지방관으로 ᄀᆡ척ᄒᆞ고 나라의 등문[101]

---

98) 잔도 : 棧道, 험한 벼랑 같은 곳에 낸 길. 선반처럼 달아서 낸다.
99) 식도 : 食道, 식량을 운반하는 길.
100) 역소 : 役所, 토목이나 건축 따위의 공사를 하는 곳.
101) 등문 : 登聞, 중요한 사실이나 사건을 임금에게 알림.

허라 ᄒᆞ야나이다.” 왕이 ᄃᆡ희ᄒᆞᄉᆞ 왕인더러 왈, “비록 그러ᄒᆞ나 경이 힘써 감독ᄒᆞ야 실효가 잇기를 바라노라.” 왕인이 쥬왈, “신이 ᄉᆡᆼ각건ᄃᆡ 상운동 ᄀᆡ쳑이 중춘의 시역ᄒᆞ야 이제 십 삭이 되안지라. 신등이 노중의셔 죵죵 탐문헌 즉 민심이 락종[102]ᄒᆞ야 원근이 닷토와 고군을 원허미 불일셩지[103]라 허나이다. 신이 셰ᄌᆞ를 뫼시고 셩쳡 궁실과 가ᄐᆡᆨ, 시정을 도형ᄂᆡ여 공쟝과 각항 물건을 가지고 나려가 신이 감동[104]이 되야 쇽히 락셩ᄒᆞ기를 바라나이다.” 왕이 허락허신ᄃᆡ 왕인이 동궁의 나아가 ᄉᆞᆼ셔와 도독으로 더부러 도형을 ᄂᆡ여 가지고 공쟝을 션ᄐᆡᆨᄒᆞ야 ᄉᆞᆷ천여 명을 다리고 나려갈 ᄉᆡ 이ᄯᆡ 정히 십이월 상순이라. 궁중의 드러가 왕ᄀᆡ 알외되, “신이 각ᄉᆡᆨ 공장과 소용 물동이 준비된지라. 그 수만 명의 먹는 거슬 인근 읍으로만 올녀쓰면 조잔[105]헐지라. 신이 이왕 영창군을 직힐 ᄯᆡ의 일국 셰납을 모하 외고의 ᄡᆞ흔 거시 슈년지간의 ᄇᆡᆨ여만 셕이로되 나라의 ᄊᆡ인 ᄇᆡ 읍는지라. 이제 그 곡식을 옴겨 상운동으로 슈운하야 공쟝과 역부를 지방ᄒᆞ고[106] 명년부터 ᄉᆞᆼ운동 신곡을 환ᄒᆞ야 경셩의 올니면 일이 심히 편리헐가 허나이다.” 상이 올히 여기ᄉᆞ 허락허시고 왈, “동계가 머지 아는지라. ᄂᆡ ᄉᆡᆼ각건ᄃᆡ 여러 녁뷔 ᄉᆞ방 모ᄉᆞᆫ지ᄇᆡ[107]로 실가지락이 읍슬지라. ᄇᆡᆨ미와 황우와 솜옷 일 벌식을 주어 ᄀᆡᆨ지의 과셰ᄒᆞᆫ고를 잇게 ᄒᆞ고, 원동민의 육십 이상을 경이 침쟉ᄒᆞ야 향우지탄이 읍게 ᄒᆞ라. 역비의 당헌 거슨 호부ᄌᆡ물노 허되 과인의게 뭇지 말고 임의로 허되 만일 과용지페가 잇스면 녁ᄉᆞ를 간략히 허고 ᄌᆞᆼᄃᆡ치 말나.” 왕인이 ᄒᆞ직고 모든 공장과 ᄀᆡ계를 몬져 보ᄂᆡ고 호부 젼곡은 시랑의게 겸관ᄒᆞ고 호부원

---

102) 락종 : 諾從, 마음속으로 받아들여 진심으로 따라 좇음.

103) 불일셩지 : ‘不日成之’의 오자인 듯함. 며칠 안 걸려서 이룸.

104) 감동 : ‘監董官’의 준말. 조선 시대 국가의 공사를 감독하기 위하여 임시로 임명하던 벼슬. 각 궁전을 짓는 데에 많이 동원되었음.

105) 조잔 : 凋殘, 빼빼 말라서 쇠잔함 혹은 망하여 쇠퇴함.

106) 지방ᄒᆞ고 : 支放하다, 관아에 속하여 있는 일꾼에게 급료를 내어 주다.

107) 모ᄉᆞᆫ지ᄇᆡ : 謀算之輩, 꾀를 내어 이해타산을 일삼는 무리.

외랑 십 인과 도독부 포공 일빅 명과 군관 일빅 인을 거느리고 공부상셔 쇼형으로 흔 가지로 써나 상운동의 일우러, 모든 관리를 노문흐고 모든 관원과 모든 공장을 더리고 도형화본을 닉여 노코 모다 보니, 경셩 북 육십 니 순음현 긔린산 흐 숭운동에 터를 정흐고 그 셩을 일홈흐야 신경이라 흐고 디궐은 영락궁이라 흐며, 셔편 셕벽동구를 씌쳐 셔문을 짓고 동으로 험노을 싹가 동문을 지여 동쥬 졔군, 상고를 통허고, 셩닉 동셔물을 모와 남으로 보닉되 기쳔을 깁히 허고 그 강로 남문을 셰우고 수구의 이층 누각을 지여 왕닉인의 쉬이는 곳을 허고 그 아릭로 져근 빈가 왕릭케 흐고, 궐문을 틱안문이라 흐고 가운디 침젼을 남극젼이요 좌우의 별젼을 짓고 그 위의 닉정침을 셰우니 왈 만추젼이요 동셔의 별젼을 짓고 침젼 동으로 셰즈동궁을 허며 침젼 셔흐로 경복당, 로경당이 잇스니 이는 왕의 신흐 졉견흐시는 곳이요, 후원을 심슈히 허고 십이 별당을 지으되 다 경긔를 긔교이 흐고 쥬란화각과 긔화이쵸를 진션진미흐고 시닉를 인도흐야 슈각과 셰욕지를 믿글고 큰 못슬 파셔 오식부어와 홍빅년을 시무고, 연당을 지으되 십이곡난과 십이교창으로 못 가온디 쇼사는디 좌우로 무지계 다리늘 놋코 져근 용쥬 이 쳑을 그 가온디 씌우고, 후원 사면으로는 각식과목과 사시화초를 시무며 졀벽을 씌치고 감쳔을 으더 일등 공장을 드려 바회를 ᄉ기며 물 근원을 회곡흐야 십분 정교히 허며, 흔 편의 밧츨 갈고 흔 편의 논을 풀며 가운디 쵸당을 셰워 춘추의 감농허는 집이되니, 이는 모다 셰즈궁이 모후를 위흐야 사시로 노리를 끈치 안케 흐미러라. 궁닉 좌우의 관ᄉ 십여 쳐를 짓고 영락궁 동편의 상셔 정상의 궁을 짓고 셔편의 ᄉ즈도독 정치의 궁을 셰우고, 셩닉 남부을 분흐야 북으로 상운동을 닉셩이라 허고 디궐과 각 관ᄉ와 공후디인이 거흐고 남은 외셩이라 흐야 농민과 장식과 디소상민이 살고, 닉셩 동촌의 산쳔이 가쟝 졀승헌지라 그 곳의 누디를 화려정결이 짓고 빅화를 널니 시머 일홈을 장춘원이라 흐야 관인의 흔유허는 곳을 숨고, 셔촌의 과목과 치쇼를 위업흐야 ᄉ시로 공헌흐고 외셩에 정ᄉ 수쳐를 지어 유람쳐를 허다. 즁인이 일심동역헐 시 일변으로 궁터를 다드므며 목셕을 치련허며 동셔 남셩문터를 포공으로 ᄒᆞ야 ᄃᆡ포를 노아 ᄡᅵ치며 문 ᄂᆡ외의 길을 닷그며 기와를 구으며 쇠를 뇍여 연죵과 쳘물을 ᄆᆡᆫ글며 여러 감관이 장식 역부를 혹 일이ᄇᆡᆨ 명 혹 사오ᄇᆡᆨ 명을 거ᄂᆞ리고 사면의 긔지를 맛타 역ᄉᆞ의 부지런허더라.

각셜, 합도국왕이 덕인왕후로 더부러 동번국왕 슈연의 올나올 시 셰ᄌᆞ로 국ᄉᆞ를 ᄃᆡ리ᄒᆞ고 ᄌᆞ녀를 거나리고 건장 수인과 가정 슈십과 경긔 일ᄇᆡᆨ을 거나리고 륜션의 올나 ᄃᆡ남국 경셩 영춘강의 다다라 상셔 정상의 집의 일우러 로복을 갓쵸고 권ᄂᆡ의 드러가 쳔ᄌᆞ긔 현알ᄒᆞᆫᄃᆡ, 쳔ᄌᆡ 반기ᄉᆞ 국졍을 무르시고 왈, "경이 이믜 몬져 일우어스니 왕비와 몬져 힝ᄒᆞ야 지다리는 마음이 읍게 ᄒᆞ라." 왕이 ᄒᆞ직고 익일의 ᄯᅥ나 동번국의 일우러 양 궁게 뵈온ᄃᆡ 양궁이 ᄃᆡ희ᄒᆞ고 덕인왕휘 양궁의 만강허시물 더욱 깃ᄭᅥ더라. 쳔ᄌᆡ 예관을 명ᄒᆞᄉᆞ 동번왕 이ᄌᆞ 상으로 충원군을 봉ᄒᆞ고 장숀 졍문으로 왕셰손을 봉허고 황금 일쳔 양과 ᄇᆡᆨ금 이쳔 양을 ᄉᆞᄒᆞ시고, 황후계오서 쉭견 이ᄇᆡᆨ 필과 ᄇᆡᆨ금 일쳔 양을 숙경왕후긔 ᄉᆞᄒᆞ시니 동번왕이 ᄌᆞ손으로 더부러 북향ᄉᆞ빈ᄒᆞ고 쳔은을 숙ᄉᆞ허더라.

ᄎᆞ셜, 덕인왕비 ᄯᅳᆺ밧긔 경효공쥬를 보믜 신긔ᄒᆞᆷ믈 이긔지 못ᄒᆞ고 ᄯᅩᄒᆞᆫ 그 숙덕을 ᄉᆞ랑ᄒᆞ야 날마다 모후를 뫼셔 질기더라. 그러구러 왕의 탄일이 머지 아닌지라. 쳔ᄌᆡ ᄐᆡᄌᆞ를 명ᄒᆞ야 "비와 경션공쥬를 숄허고 부마와 ᄒᆞᆫ 가지 나아가 경축을 갓치허라." ᄐᆡ지 즉일 치힝ᄒᆞ야 ᄯᅥ날 시 빈신108)부인과 문무를 거나리고 수로로 힝ᄒᆞ야 춘양강의 일우니 왕셰ᄌᆞ 강변의 나와 마쟈 셩의 들어가 왕과 왕후를 뵈온 후의 왕의 졍침 동헌별젼의 머무르고 ᄐᆡᄌᆞ비와 경션, 경효 두 공쥬는 왕후를 뫼셔 침젼 좌우 별당의 ᄒᆞ쳐ᄒᆞ야 셔로 그리든 회포를 풀더라. 슈일이 지닌 후의 탄일을 당헌지라. ᄂᆡ젼의 금슈병장과 치화포진을 베풀고 뎐숭 좌편의 운모병을 두르고 황금용상 우의 왕이 홍금일월곤

---

108) 빈신 : 陪臣, 제후의 신하가 천자를 상대하여 자기를 낮추어 이르는 말.

룡포를 입고 허리의 청옥보ᄃᆡ를 씌고 머리의 십이멘류를 쎠스니 위의 엄연ᄒᆞ고, 우편으로 금슈병ᄒᆞ의 쥬옥비취상을 노코 왕휘 머리의 칠보봉관을 쓰고 몸의 녹나슈삼을 입고 진쥬영락이 어리여는ᄃᆡ, 삼천 궁네 시위ᄒᆞ고 ᄂᆡ외손이 좌우로 버렷스니 남녀장유 차셔 ᄎᆞ려 쳔ᄐᆡ손 쳔일쥬로 쳔년슈를 밧드는ᄃᆡ 노군의 쳔년도와 셔왕모의 교리화조 오날날 구경허니 용간봉슈[109]요산진ᄒᆡ착[110]이라. 여악ᄃᆡ 오십 명이 계ᄒᆞ의 비립ᄒᆞ야 용가봉싱[111]이 쳥아요량[112]ᄒᆞ고, 이팔가인이 예ᄉᆞᆼ우의로 젼상의 나부기니 향연이 습습[113]이라. 요지연[114] 횡낙도를 옛 말노 드러더니 여긔 와셔 보리로다. ᄂᆡ연을 맛친 후의 셰지 외젼의 나와 ᄇᆡᆨ관을 거나리고 잔치를 베푸러 질기시고 경셩 ᄉᆞ민의 육십일 셰인을 남녀 병ᄒᆞ야 각각 ᄒᆡ견 일 필과 쥬육을 쥬고, ᄃᆡ연을 파ᄒᆞ미 ᄐᆡᄌᆞ와 합도왕이 각각 날을 졍ᄒᆞ야 후연을 비셜ᄒᆞ야 궁중ᄂᆡ외 여러 일을 연락헌 후의 ᄐᆡ지와 부ᄆᆡ ᄂᆡ궁을 거나리고 황셩으로 도라갈 ᄉᆡ, 양 궁이 경효공쥬를 금쥬보픠로 예물을 쥬시고 경션공쥬를 ᄯᅩ한 갓치ᄒᆞ야 부마와 ᄒᆞᆫ 가지 본국으로 보ᄂᆡᆯ ᄉᆡ 셰지 ᄇᆡᆨ관을 호송허니라.

각셜, 쳔지 영명왕을 명ᄒᆞ사 환국을 지촉허신ᄃᆡ 왕이 양궁의 ᄒᆞ직ᄒᆞ고 왕후를 솔허고 본국으로 도라가니라.

각셜, 호부상셔 왕인이 신경의 영건이 필허물 고허거늘 왕이 그 신속허물 칭찬ᄒᆞᄉᆞ 모든 쟝관을 중상허시고 슈일이 지ᄂᆡᆫ 후의 합도왕이 ᄯᅩᄒᆞᆫ 덕인왕후를 솔허고 본국으로 도라가니라.

셰월이 여류ᄒᆞ야 왕의 츈츄 육십삼 셰라. 왕위를 셰자의계 젼ᄒᆞ고 만련에

---

109) 용간봉슈 : 龍肝・鳳髓, 팔진미의 하나.
110) 산진ᄒᆡ착 : 山珍海錯, 산해진미와 같은 의미.
111) 용가봉싱 : 龍茄鳳笙, 맑고 깨끗하고 아름다운 소리를 내는 악기를 이르는 말.
112) 요량 : 嘹喨, 소리가 맑고 낭랑함.
113) 습습 : 고유어, 마음이나 하는 짓이 활발하고 너그러움.
114) 요지연 : 瑤池淵, 중국 곤륜산에 있다는 못. 신선이 살았다고 하며, 주나라 목왕이 서왕모를 만났다는 이야기로 유명함.

ᄒᆞᆫ양을 탐ᄒᆞ고자 ᄒᆞ야 ᄇᆡᆨ관을 모흐시고 가로되, “과인이 위의 잇슨지 거연히 ᄉᆞᆷ념[115]이 되얏지라. 나히 늘고 정신이 점점 희미ᄒᆞ야 능히 정ᄉᆞ를 다ᄉᆞ리지 못헐지라. 이제 위를 셰ᄌᆞ의계 전ᄒᆞ야 만민을 다ᄉᆞ리고 과인은 ᄉᆞᆫ슈간 청복을 누려 여년을 맛고ᄌᆞ ᄒᆞ나니 경등은 셰ᄌᆞ을 보조ᄒᆞ야 보국안민허라.” 셰ᄌᆡ ᄌᆡᄉᆞᆷ 사양허거늘 승상 숑죵이 이미 왕상의 ᄯᅳᆺ을 아는지라, ᄇᆡᆨ관으로 더부러 셰ᄌᆞ를 붓들어 왕위의 나아가고 부왕을 ᄐᆡ상왕으로 놉피고 모후로 ᄐᆡ상왕후를 봉허고 문무ᄇᆡᆨ관이 경ᄒᆞ헐 ᄉᆡ ᄐᆡ상왕 왈, “과인이 당쵸의 왕작을 셰ᄌᆞ의계 미루려 ᄒᆞ더니 황상의 명의를 순죵ᄒᆞ미요, 실ᄉᆞᆼ 원허는 ᄇᆡ 아니라. 이제 왕후와 ᄃᆡ군을 다리고 신경의 나아가 여ᄉᆡᆼ을 산슈간 쾌락으로 지ᄂᆡ고ᄌᆞ ᄒᆞ나니 경등은 셔어치 말고 신왕을 션도허라.” 중관이 모다 셩덕을 일컷더라. ᄐᆡ상왕이 환궁허시ᄆᆡ 왕이 ᄃᆡ군과 호부상셔 왕인을 신셩 세랍과 관리를 마련헐 ᄉᆡ 동으로 호쥬 십군 셰랍은 신경으로 드리고 궁ᄂᆡ의 각ᄉᆞ를 두어 궁중 각 한 ᄉᆞ무를 분장ᄒᆞ고, 시녀 삼ᄇᆡᆨ이요 궁비 이ᄇᆡᆨ이요 노예 오ᄇᆡᆨ이요 병사 일천이요 궐문 밧 좌편의 경츌관리가 잇셔 셩ᄂᆡ, 셩외 인민을 보호허고, 우편의 봉계관리가 잇셔 십 군 셰랍을 가음알아 관인의 녹봉을 장관ᄒᆞ고 분별ᄒᆞ기를 맛치ᄆᆡ, ᄃᆡ부 송현, 숑환과 죵친 정효, 정념과 원노, 엄신으로 가권을 솔ᄒᆞ고 신경의 이사ᄒᆞ야 ᄐᆡ상왕을 뫼셔 한향케 ᄒᆞ고, 옛날 문ᄉᆡᆼ고리[116]의 유공지인을 다 가ᄉᆞ와 전지를 쥬어 평ᄉᆡᆼ을 자ᄉᆡᆼ케 ᄒᆞ고, 충원군과 충흥군이 ᄯᅩ한 권솔을 거나리고 몬져 나아가 영락궁 좌우 신궁의 안돈허고, 모든 즙물을 춘양강 상유로 거슬너 바로 신경 남문의 일우러 뭇셰 나리니 슈운이 심히 편ᄒᆞ더라. 각 가권이 다 안돈ᄒᆞᄆᆡ 상왕이 길일을 ᄐᆡᆨᄒᆞ야 신경으로 ᄒᆡᆼ헐 ᄉᆡ, 왕이 ᄇᆡᆨ관을 거나리고 호동ᄒᆞ야 신경 남문으로 드러가니 길이 평탄ᄒᆞ야 거마가 능히 ᄒᆡᆼᄒᆞ며 큰물이 수문으로 나오ᄆᆡ 져근 ᄇᆡ 족히 왕ᄂᆡ허더라. 셩즁 ᄇᆡᆨ셩과 향ᄎᆞᆫᄇᆡᆨ셩이 모다 모히여 구경허는 지 길리

115) ᄉᆞᆷ념 : 三念, ‘念’은 이십을 의미하며, 삼념은 육십을 뜻함.

116) 문ᄉᆡᆼ고리 : 門生故吏, 문생과 이속(吏屬)을 아울러 이르던 말.

메여더라. ᄉᆞᆼ왕이 남극젼의 올으ᄆᆡ 왕이 ᄇᆡᆨ관을 거나리고 쳔세를 부르고 왕인더러 왈, “경의 ᄌᆡ죠와 국양은 칭양치 못허리로다.” ᄒᆞ시고 황금 오ᄇᆡᆨ 양과 노비 쳔 결을 후사ᄒᆞ시고 시위 장졸를 호궤ᄒᆞ고 셩즁부로를 불너 가라ᄉᆞᄃᆡ “너의 ᄇᆡᆨ셩이 이졔 ᄂᆡ 슬ᄒᆞ의 갓가이 잇스니 고독곤궁을 특별이 무휼헐지라. 그러ᄒᆞ나 너의 근본 사방의 모산지비로 혹 셩품도 다르며 혹 언어와 ᄒᆡᆼ동도 갓지 아니ᄒᆞ고 혹 우둔헌 ᄌᆞ도 잇스며 혹 총명헌 ᄌᆞ도 잇셔 범ᄉᆞ의 ᄯᅳᆺ지 어길지라. 그러ᄒᆞ나 웃지 ᄒᆞᆫ 부모슬ᄒᆞ의 잇셔 각각 마음을 가지고 쥬야의 징경이 이러나면 그 부모의 봉양은 일우도 말고 그 마음이 웃지 잠시나 편안ᄒᆞ리요? 그런고로 부모는 자식 가르치는ᄃᆡ 달초[117]ᄒᆞ는 벌이 잇고 인군은 신민을 가르치는 국법이 이쓰니 너의 ᄉᆞ롱공상 네 가지의 무숨 ᄉᆞ업을 허든지 그 업을 부지런이 ᄒᆞ고 마음을 곳게 잡고 ᄒᆡᆼ위를 밋부게 ᄒᆞ며, 부모형제 쳐ᄌᆞ숙질이 화ᄒᆞᆸᄒᆞ고 늘근이를 공경ᄒᆞ며 어리니를 ᄉᆞ랑ᄒᆞ며 ᄂᆞᆷ네길을 사양ᄒᆞ며 향당의 질고를 친쳑갓치 구ᄒᆞ라. 비록 그른 ᄉᆞ람이라도 곳치면 바른 ᄉᆞ람이 되나니 너의 ᄂᆡ ᄇᆡᆨ셩이 되랴 허거든 힘쓰고 힘써 법을 범치 말고 ᄌᆞ숀으로 글과 효ᄒᆡᆼ을 가르치라.” ᄒᆞ시고 좌우를 명ᄒᆞᄉᆞ, “이윤음을 신경 ᄂᆡ외와 각군 인민의게 효휴ᄒᆞ되 무식헌 ᄉᆞ람을 일거 들니고 부인과 어린 아희들도 다 가르쳐 잇지 말게 ᄒᆞ라.” ᄒᆞ시니, 모든 부뢰 복지쳬읍 왈, “금일 ᄃᆡ왕의 ᄒᆞ교 이갓트시니 민등이 웃지 진정을 감쵸리잇가? 신경셩 ᄂᆡ외의 민호가 일만ᄉᆞᆷ쳔여 호의 절반은 호쥬 십군 ᄇᆡᆨ셩의 이산헌 ᄌᆡ니 농ᄉᆞ와 ᄉᆞᆼ업을 위ᄒᆞ야 온 거시오, 그 반은 혹 오륙십 명 혹 이ᄉᆞᆷᄇᆡᆨ 명이 모히여 녹림 ᄉᆞ이의 출몰ᄒᆞ야 향촌을 분탕ᄒᆞ며 ᄒᆡᆼ인을 겁박ᄒᆞ며 혹 죄범망명으로 사방의 의탁헐 곳이 읍더니, 신경의 역ᄉᆞ를 듯고 남부여ᄃᆡ로 드러와 몸을 고용ᄒᆞ야 긔한을 면ᄒᆞ고 젼죄를 쇽허려 ᄒᆞ미러니 도리여 의식을 쥬시고 젼토를 쥬ᄉᆞ 안도케 ᄒᆞ시니 이졔는 실가지낙이 잇는지라. 아무리 준준우망[118]이

117) 달초 : 撻楚, 어버이나 스승이 잘못을 경계하고자 회초리로 종아리를 때림.
118) 준준우망 : 蠢蠢迂妄, 하는 짓이나 태도가 괴상하고 어리석어서 사리를 판별치 못함.

오나 ᄉᆞ람의 셩품은 가진지라. 읏지 다시 어두운 집속의션들 감히 그른 마음을 밍동ᄒᆞ오리잇가?" 호부상셔 왕인을 명ᄒᆞ사 쥬육을 쥬시고, "신경니외의 연 육십일 셰인을 각각 ᄒᆡ견 일 필과 우육 ㅿ 손을 쥬고 ᄆᆡ 호의 젼일 관식[119] 분사[120]ᄒᆞ야 오날 신경 낙셩연을 ᄇᆡᆨ셩과 ᄒᆞᆫ 가지로 질기게 허라." 모든 부뢰 ᄇᆡᆨ비 졔읍고 물너나와 남녀노유 셔로 질기는 소릐 ᄒᆞ날의 들네더라. 왕이 역ᄉᆞ의 감동허든 과리를 모다 승쳔ᄒᆞ고 공장을 ᄎᆞ 례로 후상ᄒᆞ고 ᄐᆡ상왕을 뫼셔 ㅿ 일을 ᄃᆡ연ᄒᆞ고 부왕모후긔 ᄒᆞ직ᄒᆞ고 ᄇᆡᆨ관을 거나리고 건양셩으로 환궁ᄒᆞ니라.

각셜, ᄐᆡ상왕이 날마다 숑현, 숑환, 엄신, 정효, 경렴과 모든 죵쳑, 원로ᄃᆡ신으로 더부러 혹 경복당의도 모히여 혹 노복당의도 모야 날마다로셔 금긔와 미쥬가효로 취ᄒᆞ야 고금쳥담으로 날을 보니며 혹 츈ᄒᆞ풀 죠ᄎᆞ 장츈원에도 올으며 혹 산의 드러가 도관과 사찰도 ᄎᆞ자 셰상만ᄉᆞ를 쓰러바리고 무궁헌 쳥복을 누리더라. ᄎᆞ시의 두 ᄃᆡ군은 부인과 자녀를 거나리고 양 궁을 봉양헐 식 날노 아손을 다리고 희롱으로 조견ᄒᆞ며 녀악ᄃᆡ를 다리고 십이별당으로 사시을 허숑치 아니허니 진실노 셰월이 가는 줄을 모르네라.

각셜, 신경셩 사문 니외에 도로 평탄ᄒᆞ야 원근 상고들이 날노 왕니허는 지 만은지라. 그런고로 외셩의 쥬졈, 육졈과 면졈, 반졈이 즐비허더라. 이ᄶᅵ 맛참 단오일이라. 원근 남네 구경ᄒᆞ는 지 인ᄉᆞᆫ인히헌ᄃᆡ, 풍유호ᄉᆞ와 쥬도시긱이 무리를 지어 혹 산수유벽헌 데로 차지며 혹 정ᄌᆞ와 누ᄃᆡ의 올으며 혹 쥬ᄉᆞ쳥누의 올나 이팔가인으로 질기며 혹 쇼션의 술을 싣고 쳥풍의 ᄇᆡ를 ᄯᅴ워 양유간의 ᄇᆡ회ᄒᆞ며 혹 녹의홍상 쇼년들이 녹슈쳐음 셕벽간의 오식 츄쳔 놉피 ᄆᆡ고 반공 즁의 몸을 날녀 놉기를 닷토와셔 왕니인을 머무르고, 술 파는 늘근이와 ᄯᅥᆨ 파는 노파들은 유산긱을 ᄶᅡ로는ᄃᆡ 신경셩니 너른 곳의 쳐쳐이 유산이요, 곳곳이 풍류로다. 시화셰풍ᄒᆞ고 가급인족ᄒᆞ니 진실노 ᄐᆡ평세

---

119) 관식 : 官食, 관청에서 주는 음식.
120) 분사 : 分賜, 나누어 줌.

계러라.

각셜, 딕남국 북히쥬 동북 졔군의 공허헌 짜히 만코 도젹이 만흔고로 죵죵 군현을 겁박허며 촌낙을 노략ᄒᆞ야 관군을 두리지 아니ᄒᆞ믹 북방이 날노 쇼요허더니 정씨 오쥰이 드러오며 셔흐로 십삼 도를 회복ᄒᆞ고 셔히 숨 국을 항복 바드며 남딕쥬를 회복ᄒᆞ고 히안국을 멸ᄒᆞ믹 위엄이 사방의 진동ᄒᆞ야 녹림의 숨은 도젹이 감히 발 뵈지 못헌지 이십여 년이라. 근련 이리로 합도왕과 영명왕이 각각 본국으로 도라가 셩ᄉᆞ와 오륙쳔 리를 격졀ᄒᆞ고 ᄯᅩ 동번왕 형졔 본방으로 나아가믹, 나라의 긔탄헐 지 읍다 ᄒᆞ야 산림의 숨은 도젹이 혹 일이빅 혹 사오빅이 모듸여 도창금극을 민글며 무예를 교련ᄒᆞ야 북히쥬를 칠식, 젹취 홍진으로 장군을 삼아 장ᄎᆞ 군ᄉᆞ를 일우킬 식 홍진 왈, "우리 군식 가는 곳마다 창고의 곡식이 미만121)헐지라. 북히쥬를 파ᄒᆞ고 장산관을 으드면 장산북녁흐로 삼십 군은 결단코 으드리니 ᄎᆞᄎᆞ 북히졔도를 긔쳑ᄒᆞ면 딕남국으로 더부러 엇기를 비길지라. 웃지 써를 일코 산즁의 늘글리요? 우리 평싱 부귀가 오날 ᄒᆞᆫ 번 힘쓰는데 잇는지라. 졔군은 딕쇼육녁허라." 모다 용약환희ᄒᆞ야 쥭기로써 긔약ᄒᆞ거늘 홍진이 부장 오십 인과 군ᄉᆞ 숨만을 거나리고 북히 졔군을 치니 관민이 셩을 바리고 다라나고 막는 지 읍는지라. 젹쟝 홍진이 슈월지간의 숨십 군을 파ᄒᆞ고 곡식을 젹취ᄒᆞ믹 빅셩의 항복허는 지 만터라.

각셜, 북히쥬 ᄌᆞᄉᆞ 왕윤이 북히주군의 도젹이 이러나믈 듯고 군ᄉᆞ를 거ᄂᆞ리고 군현을 순힝허더니 젹병을 맛나 ᄊᆞ화 크게 픽ᄒᆞ야 군ᄉᆞ를 도로혀 셩밧긔 ᄒᆞ치ᄒᆞ고 도젹을 방비ᄒᆞ며, 일변으로 나라의 쥬문ᄒᆞ고 인군의 구원을 쳥ᄒᆞ고 빅셩을 모집ᄒᆞ야 장산관을 직히더니, 젹병이 크게 일우믹 왕윤이 군ᄉᆞ를 모라 ᄊᆞ화 능히 져당치 못ᄒᆞ고 군식 틱반이나 상헌지라. 왕윤이 견딕지 못ᄒᆞ야 픽잔군을 거나리고 셩으로 드러가 문을 구지 닷고 구원을 기다리더

121) 미만 : 彌漫, 널리 가득 찬 상태에 있음.

라.

각셜, 적장 홍진이 졔장더러 왈, "이졔 왕윤이 셰궁역진ᄒᆞ야 필련 북셔쥬의 구원을 기다리미니 그듸 등은 군ᄉᆞ를 세 길노 난화 ᄒᆞ나흔 북셔쥬 구원병의 길을 막고 둘은 북히쥬셩 동셔문을 치면 왕윤이 겁ᄒᆞ야 셩을 바리고 다라날지라. ᄂᆡ 장산관 좌우의 군ᄉᆞ를 ᄆᆡ복허면 왕윤을 가히 ᄉᆞ로자부리라." 즁장이 쳥영ᄒᆞ고 나아가니라.

ᄎᆞ셜, 왕윤이 도젹이 셩ᄒᆞ에 일운지 슈일이 지나되 동졍이 읍는지라. 부ᄒᆞ를 불너 왈, "이졔 젹병이 셩ᄒᆞ의 일우러 ᄊᆞ호지 아느믄 우리 구원허는 군ᄉᆞ를 막고 장산관을 범허미니, 그러허면 우리 군ᄉᆡ 압과 뒤로 도젹을 바드미니 ᄎᆞ라리 이 셩을 바리고 장산관을 직히니만 갓지 못허다." ᄒᆞ고 가마니 셩동문을 열고 장산을 ᄇᆞ라고 오십여 리를 힝ᄒᆞ야 관의 일우니 관상군ᄉᆡ 문을 열고 마자드려 픽헌 군ᄉᆞ를 위로ᄒᆞ고 관을 직히더라.

ᄎᆞ셜 적장 홍진이 왕윤이 북히쥬를 바리고 다라나믈 듯고 제장다려 왈, "왕윤이 ᄂᆡ 계교를 알고 몬져 다라나스나 장산관의 군ᄉᆡ 젹고 왕윤이 겁헌지라. 우리 ᄃᆡ군이 일우면 관을 가히 파허리라." ᄒᆞ고 아오 홍신으로 북히쥬 졔군을 직히고 군마를 거나리고 관ᄒᆞ의 일우러 군ᄉᆞ를 난화 관 동셔문을 치니 뇌고함셩이 쳔지 진동허며 관문이 파허는지라. 왕윤이 필마단ᄎᆡᆼ으로 관을 ᄇᆞ리고 홍원군을 바라고 다라나 일변 민병을 쵸모허며 죠졍의 쥬문ᄒᆞ며 회복허기를 기다리더라.

ᄎᆞ셜, 젹쟝 홍진이 북히쥬 숨십 군과 장산관을 파허미 의긔양양ᄒᆞ야 스사로 북히왕이 되고 그 아오 홍신으로 ᄃᆡ쟝군을 숨고 제장의 관작을 졍ᄒᆞ고 군마를 거나리고 홍원군으로 향허니라.

각셜 쳔지 북히쥬에 도젹이 이러나믈 듯고 급히 중관을 모하 의논헐 시 우승상 유장이 쥬왈, "아국 동북지방이 심히 험허고 부인 곳지 만아 ᄌᆞ고로 난민이 작난ᄒᆞ야 북방을 자죠 쇼동허더니 졍씨 오준일웅의 귀국ᄒᆞ므로 감히 발뵈지 못 헌 지 슈십 년이러니, 이졔 여러 영웅이 각각 본국으로 도라가미 다시 인지 읍스믈 엿보고 감히 망동허미니, 신이 싱각건디 죠정 문무의 홍진의 젹쉬 읍는지라. 합도왕과 영명왕은 다 나라히 머러 왕러지간의 경셩이 위티헐지라. 밧비 동번왕의게 죠셔ᄒᆞ샤 젼임 슌군도독 졍치와 그 아들 졍환을 불너 급히 경셩을 구허라 ᄒᆞ시고 ᄯᅩ 육군도독 우신츙으로 졍병 삼만을 거나리고 왕윤으로 합병ᄒᆞ야 홍원군을 직히계 하쇼셔." 쳔지 즉시 우신츙으로 군ᄉᆞ를 발ᄒᆞ야 보니고 일변으로 동번국에 ᄉᆞ신을 보니니라.

ᄎᆞ셜, 왕윤이 홍원군의 잇셔 쥬야로 구원을 기다리더니 일일은 탐미 보허되 젹군이 장산관을 너머 본군지경의 일우러다 허거늘 왕윤이 디경ᄒᆞ야 군슈로 더부러 가로디, "우리 군식 슈쳔의 지나지 못ᄒᆞ고 셩지 ᄯᅩᄒᆞᆫ 약헌지라. 비록 ᄊᆞ화도 픠헐 거시오, 직혀도 보젼치 못헐지라. ᄎᆞ라리 셩을 바리고 창평군으로 물너가 경군을 기다리니만 갓지 못ᄒᆞ다." ᄒᆞ고 군민을 거나리고 창평군으로 나아가 죠졍의 급허믈 고허더라.

각셜, 육군도독 우신츙이 군ᄉᆞ를 직쵹ᄒᆞ야 나ᄋᆞ갈 시 홍원군이 파ᄒᆞ고 창평군으로 물너오믈 듯고 졔장다려 왈, "홍진이 홍원군을 힘드리지 안코 편히 으더스니 필연 그 마음이 교만ᄒᆞ고 쟝식 히티헐지라. 왕윤의게 젼령ᄒᆞ야 셩즁 군ᄉᆞ를 거ᄂᆞ리고 홍원군 셩밧 십니의 ᄒᆞ치ᄒᆞ야 도젹의 오는 길을 막으라." ᄒᆞ고 이에 군ᄉᆞ를 양노로 난화, "홍원 동셔를 치면 셩중 도젹이 방비치 못ᄒᆞ야 셩을 바리고 다라나리니 홍진을 가히 ᄉᆞ로잡으리라." 중장이 각각 영을 의지ᄒᆞ야 나아가니라.

ᄎᆞ셜, 홍진의 탐미 도허되 디남국 육군디도독 우신츙이 군마 슴만을 거나리고 창평군으로 향헌다 허거늘, 홍씨 이소왈, "이는 빅면셔싱이라. 황후의 본쪽으로 권셰를 미드미요 실노히 녹녹헌 위인이라. 졔 비록 빅이 잇스나 읏지 감히 나의 군ᄉᆞ를 항거ᄒᆞ리요? 졔 지금 우리 군식 여러 번 이긔미 장졸이 히티허다 ᄒᆞ야 군ᄉᆞ를 난화 이 셩을 범허려 ᄒᆞ미라. 졔 계교 읏지 이에셔 지나리요? 니 이졔 경긔[122] 일만을 거ᄂᆞ리고 창평군을 파ᄒᆞ고 우리 군식 웅거ᄒᆞ면 졔 낙담상혼ᄒᆞ야 즁노의 군ᄉᆞ를 머물지라. 부장젼영 사황은 각각

정병 오쳔을 거ᄂᆞ리고 즁노에 ᄆᆡ복ᄒᆞ야다가 우신충의 군마 오거든 좌우로 협공ᄒᆞ면 일진을 크게 파ᄒᆞ리라." 분발허기를 맛치ᄆᆡ 홍진이 바로 창편관의 일우니 왕윤의 군식 밋쳐 동치 못하야 젹병이 셩을 파ᄒᆞ고 드러가니 군수와 왕윤이 마져 ᄃᆡ젹다가 져당치 못ᄒᆞ야 셩 동문으로 나와 다라날 ᄉᆡ 그 에운 거슬 헤치고 길을 ᄢᅦ쳐 다라나더니 젹의 부쟝젼영 사황이 좃ᄎᆞ ᄒᆞᆫ 칼노 군슈를 버혀 나리치거늘 왕윤이 죽긔를 무릅쓰고 경ᄉᆞ를 ᄇᆞ라고 향허더니, 우신충의 ᄃᆡ군을 맛나 젹셰 호ᄃᆡᄒᆞ야 셩지를 일코 군식 픽망ᄒᆞ믈 고헌ᄃᆡ 우도독 왈, "창평군을 ᄯᅩ 일어쓰니 우리 계교 일우지 못헐지라." 군ᄉᆞ를 이곳의 ᄒᆞ치ᄒᆞ야 관동 길을 막아 경사를 보호ᄒᆞ고 젹군의 동졍을 술피더라.

ᄎᆞ셜, 홍진의 부장젼영 ᄉᆞ황이 창평군 동 삼십 니 산곡의 슈머 ᄃᆡ남국 군매 일우러 ᄒᆞ치ᄒᆞ기를 기다려 좌우로 ᄂᆡ다라 협공허니 ᄯᅢ 정히 황혼이라. 우신충의 군식 크게 어지러워 자상쳔답[123]ᄒᆞ야 ᄉᆞ산분쥬 허는지라. 우신츙이 장졸을 호령ᄒᆞ야 젹군을 물니칠 ᄉᆡ, 잇ᄯᅢ 젹쟝 홍진의 ᄃᆡ군이 뒤를 이여 일우ᄆᆡ 뇌고함셩이 쳔지 진동ᄒᆞ고 시살허는 쇼릐 ᄒᆞᆫ날을 연ᄒᆞᆫ지라. 우신충이 군식 졈졈 허여지고 일이 급허믈 보고 휘ᄒᆞ 장ᄉᆞ를 거나리고 다라나 관동쥬를 직히고 왕윤으로 ᄒᆞ야금 관동쥬 셩밧 ᄉᆞᆷ십 니의 나아가 ᄒᆞ치ᄒᆞ야 젹군을 막게 ᄒᆞ니라.

각셜, 동번왕이 ᄃᆡ남국이 위급ᄒᆞ물 듯고 홍원군 정치와 의논ᄒᆞ야 왕의 이ᄌᆞ 정무와 홍원군 장ᄌᆞ 정환을 다리고 장ᄉᆞ 십원과 정병 오쳔을 거ᄂᆞ리고 쥬야 빅도ᄒᆞ야 ᄃᆡ남국의 일우러 쳔ᄌᆞ긔 뵈온ᄃᆡ, 쳔지 ᄃᆡ희ᄒᆞᄉᆞ 정치로 슈육병마ᄃᆡ원슈를 ᄉᆞᆷ아, "도적을 토멸ᄒᆞ야 ᄉᆡᆼ령의 도탄을 구허라." 정치 쥬왈, "신이 비록 지죄 읍사오나 읏지 국가의 위급ᄒᆞ물 보고 감히 몸을 잇기리잇고? 신이 몸을 바리고 ᄒᆞᆫ 번 나아가 젹취를 버혀 폐ᄒᆞ의 심중헌 은혜를 갑흐리이다." 쳔지 왈, "우신충이 ᄉᆞᆷ만 군을 거나리고 나아가쓰나 그 승픽를

122) 경긔 : 勁騎, 강한 기병.
123) 자상천답 : 刺傷踐踏, 찔러서 상처를 입히고 발로 짓밟음.

아지 못허나니 경이 밧비 우심충으로 합병ᄒᆞ야 회복허기를 바라노라." 말이 맛치미 좌위 우신충의 쥬문을 올리거늘 쳔지 보시니 "창평군이 ᄯᅩᄒᆞᆫ 파ᄒᆞ고 물너와 관동쥬를 직히미 젹셰 점점 호ᄃᆡᄒᆞ야 여러번 픽ᄒᆞ야 나문 군식 삼쳔의 지나지 못ᄒᆞ고 위급허미 죠셕의 잇ᄉᆞ오니 밧비 구원을 보ᄂᆡ 관동쥬를 보젼케 ᄒᆞ소셔." 만죠제신이 황황 실쇼하야 말헐 바를 아지 못허는지라. 승상 유장이 쥬왈, "우신충이 본ᄂᆡ 모략리 적고 전장의 경녁이 읍셔 삼만 군을 일죠에 졀상ᄒᆞ고 관동쥬를 직히나 관동쥬를 ᄯᅩ 실슈허면 경셩이 불과 슈빅니라. 젹군이 익인 형셰를 가지고 승승장구허여 경ᄉᆞ를 범ᄒᆞ면 그 급허미 순식의 잇는지라. 이졔 ᄃᆡ원슈 군미 나려가나 그 지간의 길흉을 ᄯᅩ 아지 못헐지라. 신의 우견에는 거기 잠간 경셩을 피ᄒᆞ야 동번국으로 힝ᄒᆞ사 ᄃᆡ원슈 승첩을 기다려 환가허시면 만젼지칙일가 ᄒᆞ나니다." 쳔지 왈, "이 도시 짐이 불명ᄒᆞᆫ 타시로다." 정치 쥬왈, "폐ᄒᆞ는 관심ᄒᆞ쇼셔. 신의 ᄌᆞ질 정무와 신의 장ᄌᆞ 정환이 자못 여력이 잇고 병셔를 숙독헌고로 다리고 출정ᄒᆞ야 촌공이라도 셰우려 ᄒᆞ나니다." 쳔지 정무로 좌장군을 숨고 정환으로 우장군을 숨아 군ᄉᆞ 숨만을 모하 장ᄎᆞ ᄯᅥ날 식, 좌위 ᄯᅩ 우신충의 글월을 올리니, "산동쥬 ᄯᅩ 도젹의게 파ᄒᆞ고 본쥬 ᄌᆞ사와 양 군 군슈 다 도젹의 죽은 비 되고 북히쥬 ᄌᆞᄉᆞ 왕윤과 필마단창으로 빅여 리를 퇴ᄒᆞ야 셩쥬군의 드러와 빅셩을 취집ᄒᆞ야 셩을 직히오나, 젹셰 점점 창궐ᄒᆞ야 무리 슈십만의 일우미 경셩의 위급ᄒᆞ미 ᄯᅩᄒᆞᆫ 죠셕의 념녀 잇ᄉᆞ오니 폐ᄒᆞ는 급피 쳐분ᄒᆞ옵쇼셔. 신등은 죄 중헌지라. 이졔 이 셩과 명을 갓치하야 신등의 죄를 득ᄒᆞ랴 ᄒᆞ나이다." 군신이 ᄃᆡ경실식ᄒᆞ고 만셩이 황황분찬ᄒᆞ야 부로휴유[124] ᄒᆞ고 남부여ᄃᆡᄒᆞ야 분분이 다라나미 셩중이 일공[125]이라. 이ᄯᅢ 승상 최우 벼술를 ᄒᆞ직고 향녀의 잇더니 ᄉᆞ변을 듯고 쳔ᄌᆞ긔 죠회ᄒᆞ고 국ᄉᆞ를 의논헐 시 정치 쥬왈,

124) 부로휴유 : 扶老携幼, 노인은 부축하고 어린이는 이끈다는 뜻으로, 늙은이를 도와 보호하고 어린이를 보살펴 주는 것을 이르는 말.

125) 일공 : 一空, 텅 비어 아무것도 없는 상태.

"일이 급헌지라. 승상 최위 비록 늘거스나 디스을 가히 밋길 거시오, 우승상 유장으로 동북쥬 졔군의 순찰ᄒᆞ야 민심을 안무허고 병부상셔 상우인과 부마 정우로 도셩을 직히오고 폐ᄒᆞ 거기 잠간 동으로 피ᄒᆞ사 범ᄉᆞ를 최우의계 무르쇼셔." 쳔지 디도독 우신츙을 파직ᄒᆞ시고 젼국 병권을 디원슈의게 맛기시니 원쉬 ᄒᆞ직고 쩌날 식 장ᄌᆞ 정환으로 슈군 숨천을 거나리고 빨리 북히로 드러와 도젹의 뒤를 음습허라 허고, 군마를 지촉ᄒᆞ야 풍우갓치 셩쥬군을 바라고 나아가 셩ᄒᆞ의 일우니 우신츙, 왕윤이 마져드려 도젹의 셰 디허물 고허거늘, 원쉬 왈, "승픽는 병가상식라. 공등은 과렴치 말고 장ᄎᆞ 공을 일우워 젼죄를 속허게 ᄒᆞ라." 이 장이 복복ᄉᆞ죄허더라. 원쉬 모든 장졸를 불너 왈, "이졔 도젹의 군ᄉᆞ는 만코 우리 군ᄉᆞ는 젹근지라. 그 형셰 가히 당치 못허믄 비록 숨쳑지동이라도 아는 비라. 우리 군ᄉᆞ ᄒᆞ나히 젹군 열을 당헌 후의 가히 큰 공을 셰울지니 졔군즁장은 일심합녁ᄒᆞ야 도젹을 쇼멸ᄒᆞ고 공명을 쥭빅의 드리고 부모쳐ᄌᆞ로 부귀를 누리리니, 졔군은 압흐로 나아가기를 힘쓰고 뒤흐로 물너나지 말나. 만일 위령허는 지 잇스면 참ᄒᆞ리라." 졔군즁장이 모다 죽기로써 싸호기를 원ᄒᆞ거늘 원쉬 디희ᄒᆞ야 장ᄒᆞ 모든 장수를 모하 의논 왈, "젹장이 우리 군식 일운줄 알면 필련 군ᄉᆞ를 셰 길노 난호와 셩주군을 범허리니 우리 쏘ᄒᆞᆫ 숨 노로 마질지라." 부장 숑경, 가방을 불너 왈, "너의 각각 숨천군 거나리고 셩쥬 셔문 박 이십 니 좌우 디로에 ᄒᆞ치ᄒᆞ야 도젹의 오는 길을 막고 싹호지 말나. 닉 디군을 거나리고 셩밧 십 니의 나아가 ᄒᆞ치ᄒᆞ야 젹세를 정탐ᄒᆞ며 양군을 호위허리라." 양장이 청령ᄒᆞ고 나아가니라. 원쉬 우신충으로 셩지를 직히고 왕윤과 모든 장ᄉᆞ를 거나리고 나아가 ᄒᆞ치허더니 젹장 홍진이 디군을 거나리고 일우러 싸홈을 도도거늘 원쉬 진문을 구지 닷고 나지 안는지라. 홍진이 디로ᄒᆞ야 여러번 충동허되 드러가믈 읏지 못ᄒᆞ야 셔로 이십여 일을 상지126) ᄒᆞ미 홍진이 즁장과 의논 왈,

126) 상지 : 相持, 서로 자기의 의견만을 고집하고 양보하지 아니함.

"이졔 졍치 큰 지죄 읍고 마음이 겁혼지라. 군〻를 양로로 보닉여 셩쥬군 좌우를 치고 닉 그 압흘 치면 셩쥬를 파ᄒᆞ리니 셩쥬를 파ᄒᆞ면 경셩은 편안이 안져 으들지라." ᄒᆞ고 장졸을 죠발허더니 탐미 보허되, "셩쥬군 이십 니 좌우의 딕남국 군미 잇나이다." 홍진이 두 장슈를 명ᄒᆞ야 양노로 보닉고 장산관 군마를 불너 합녁ᄒᆞ야 원슈의 진을 치려허더라.

각셜, 홍신이 북희쥬의 잇셔 삼십여군을 진무허더니 각 군의 고급[127]을 듯고 홍진의계 글을 보닉여 왈, "근일의 북희 중의 무슈헌 젼션이 바다의 연ᄒᆞ야 쥬군을 파ᄒᆞ고 쏘 북동쥬로 죠ᄎᆞ 딕딕군미 나ᄋᆞ와 우리 본방과 인근 군현을 토멸ᄒᆞ니 이는 불우지변이라. 일이 심히 위급허니 딕왕은 밧비 군〻를 거더 도라와 장승관을 구지 직히니만 갓지 못헐가 허나이다." 홍진이 졔장다려 왈, "닉 헤아리건딕 우리 본방을 범허는 군〻는 동번국 군마니 장수는 졍상의 지날 직 읍스니 졍상이 비록 다른 지죄 잇스나 읏지 용병ᄒᆞ는 도를 알리요? 족히 근심헐 빅 아니요, 슈군은 필련 합도국 젼션이라. 비록 용밍ᄒᆞ나 오륙쳔 리의 군량이 읍슬지라. 읏지 감히 범ᄒᆞ리요?" 장, 하 두 장슈를 불너 각각 오쳔 군 거나리고 졍치의 진 좌우의 숨어다가 중군 표향[128]을 드러 일시의 치면 닉 그 압흘 치리라. 이 장이 쳥영코 나아가니라.

ᄎᆞ셜, 딕원슈 졔장을 모화 왈, "우리 싸호지 안은 지 이십여 일이라. 지금 용량컨딕 동번국 츙원군의 육군과 졍환의 슈군이 북희쥬 지경의 일우러 연희쥬 군이 진동ᄒᆞ야쓰리니 홍진이 그 쇼식을 드르면 필연 싸홈을 더 급히 직촉허며 뒤흐로 다라나기를 예비ᄒᆞ리니 우리 큰 공이 이 ᄒᆞᆫ 쌈의 잇는지라. 졔군은 뇌력ᄒᆞ라." 졔군 중장이 모다 깃거 죽기로써 ᄊᆞ호기를 원허거늘 원슈 딕희ᄒᆞ야 좌장군 졍무로 "삼쳔군 거ᄂᆞ리고 장산관 좌편 놉푼 곳의 수머다가 관의 화광이 이러나면 홍진이 감히 관으로 드러가지 못허고 순을 타 다라나리니, 네 홍진을 잡으되 쇼루[129]허지 말나." 쏘 왕윤더러 왈, "그딕

127) 고급 : 告急, 급한 상황을 알림.
128) 표향 : 砲響의 잘못. 대포를 쏠 때에 울리는 음향.

숨쳔 군 거느리고 길을 도라 장손관을 너머 북히쥬 셩외의 미복ᄒᆞ야다가 관승의 화광을 보아 셩을 치면 홍신이 겁ᄒᆞ야 다라나리니 북히을 가히 회복허리라." 또 부장 남신, 뇌홍을 불너 왈, "너의 각각 일쳔 군 거나리고 장손관 좌우 산로를 너머 관북 산곡ᄉᆞ이의 수머다가, 관승의 불이 일어나믈 보아 즉시 군ᄉᆞ를 거느리고 일군은 충홍군의 육군을 마지며 일군은 우장군 정환의 수군을 마지라." 부쟝 죵리권으로 "셩쥬 군슈를 다리고 군ᄉᆞ 오빅을 거나리고 쟝손관 셔편 수목 깁흔 곳의 미복ᄒᆞ야다가 딕군의 연쥬포셩이 셰 번 일어나거든 일시의 불을 노흐면 그 화셰 셔풍을 인ᄒᆞ야 셩중으로 드러가면 관 직힌 장ᄉᆡ 다라나리니 즉시 드러가 불을 구허고 셩을 직히라." 중장이 각각 청령ᄒᆞ고 가니라. 원쉬 졔장을 거나리고 각각 숨 일 건량을 가지고 젹진 동정을 기다리더니 탐미 보허되, "젹진즁의 긔치 움자기며 젹군이 이어나오나이다." 원슈 진문을 닷고 기다리더이 홍진의 군미 일우러 ᄊᆞ홈을 도도거늘 원쉬 장ᄉᆞ를 명ᄒᆞ야, "요동치 말나." 졔장이 모다 가로딕, "소쟝 등이 오늘날 딕공을 셰우려 허거늘 원쉬 일향 젹군을 두리시니 어늬날 도젹을 파ᄒᆞ리잇고?" 원쉬 쇼왈, "닉 읏지 젹군을 두리리요? 닉 젹셰를 보미 예긔 승승헌지라. 잠간 그 예긔를 쥬리고 닉 군ᄉᆞ의 마음을 격분케 ᄒᆞ미니, 그딕는 급히 말나." 좌위 고왈, "도젹이 진젼에 일우러 빅 가지로 욕미ᄒᆞ오니 우리는 당당헌 딕국 딕장으로 읏지 도젹에 욕을 바드리요?" 원쉬 왈, "고인이 일으되 져근 욕을 춤지 못허면 큰 일에 어려웁다 ᄒᆞ야스니 급죠히 말나." ᄎᆞᄎᆞ 날이 셔양이 되미 원쉬 군ᄉᆞ를 빈불니 멕이고 진문의 일우러 젹군을 바라보니 모다 긔운이 시진하야 혹 언덕과 수림 ᄉᆞ이의 눕고 안져 항오가 착난터니, 홍진이 진젼의 나와 군ᄉᆞ를 호령ᄒᆞ야 원슈의 진을 향ᄒᆞ고 총과 활을 쏘는지라. 원쉬 이에 졔쟝을 명ᄒᆞ야 왈, "이졔 젹군이 피곤허니 파허기 쉬운지라. 션봉 두영원으로 정병 오쳔을 거나리고 나아가면 젹군이 다라나

---

129) 쇼루 : 疏漏, 하는 일이나 생각 등이 찬찬하지 못하여 거칠고 엉성함.

광쥬부로 드러가리니 군ᄉ를 쉬우지 말고 셩을 조쳐 드러가면 광쥬를 회복 허리니 광쥬셩을 뷔워두고 홍진의 뒤를 죠ᄎ 충평군의 일우러 ᄒ치ᄒ라." 부장 당픽를 불너 왈, "너는 숨천 군 거ᄂ리고 션봉 두영원의 뒤를 이어 군ᄉ를 합ᄒ야 충평군을 쳐파ᄒ고 홍원군의 일우면 그 형셰 흑 문어지듯 허리니 만일 장졸이 물너나는 지면 참허리라. 닉 쏘 군마를 거나리고 졔군을 졉응ᄒ리라." 졔장이 딕희ᄒ야 진문을 크게 열고 일셩포향이 일어나며 무슈헌 군미 일시의 닉다르니 말은 비호갓고 ᄉ람은 쳔신 갓트니 틱산이 문허지고 벽녁이 나리는 듯. 젹장 홍진이 일셰 느지믈 보고 장ᄎ 군을 거두어 도라ᄀ랴 허더니, 밋쳐 숀을 놀니지 못ᄒ야 말긔 올나 광쥬 딕로로 다라나거늘, 두영원이 뒤를 음습ᄒ야 광쥬셩의 일우니 젹군의 죽은 지 부지기슈요 피 흘러 닉가 되고 죽엄이 산 것더라. 광쥬 셩중이 문을 열고 홍진을 마져 들렷 식 두영원이 군ᄉ를 직촉ᄒ야 홍진의 뒤를 싸라 셩문을 즛쳐 드러가니 셩상 군미 홍진이 상헐가 두려 감히 시셕을 발허지 못허는지라. 두영원이 말을 달녀 홍진을 죠ᄎ 셩의 드러가 젹장 슈인을 버히고 좌충우돌허니, 후군이 이어 드러와 셩중 군ᄉ를 풀 버히듯 허미 젹중이 홍진을 호위ᄒ야 충평군을 바라고 닷는지라. 두영원이 부장다려 왈, "원슈의 모략은 과연 신인이로다. 우리 이 셩을 뷔우고 도젹을 죠치리라." 장졸이 몸의 진인 건량으로 요긔ᄒ고 다시 죠ᄎ 충평셩ᄒ의 일우러 군ᄉ를 쉬우더니 부쟝 당픽의 군식 일우거늘 두영원이 딕희ᄒ야 군ᄉ를 양로로 난호아 치니 홍진이 마음이 겁허고 쏘 ᄒᆞᆫ 딕남국 군미 연속ᄒ야 오믈 보고 젹장으로 더부러 왈, "우리 군식 젹고 피곤ᄒ야 정치의 군셰를 당키 어려운지라. 충평군과 홍원군을 바리고 장산관을 직히여 북히쥬 숨십 군을 보젼ᄒ고 ᄎᄎ 원수를 갑흐리라." 홍진이 이날 황혼을 기다려 셩상의 긔치와 ᄉ소헌 군ᄉ를 두어 딕남국 군ᄉ를 의심케 ᄒ고 충평군을 바리고 홍원군으로 다라나니라.

ᄎ셜, 원쉬 졔군을 거나리고 광쥬부의 일우러 부장으로 군ᄉ 오빅을 두어 직히우고 숑셩, 가방 양 쳐 군마를 다 장산관으로 모히라 ᄒ고 충평군을 향

ᄒᆞ야 나아가니 션봉 두영원이 마쟈 드러가 고왈, "젹군이 충평군의 웅거ᄒᆞᆫ 지라. 쇼쟝 등이 밤을 기다려 셩을 치려 ᄒᆞ나이다." 원쉬 왈, "황혼후 셩중 동졍이 엇더허뇨?" ᄃᆡ왈, "셩상의 긔치와 군식 호위ᄒᆞ고 셩북으로 홍원군을 연ᄒᆞ야 화광이 통하야나이다." 원쉬 진문의 일우러 셩상을 바라보고 왈, "이 셩이 뷔운지라. 무어슬 치랴허나뇨?" 즉시 두영원다려 왈, "그ᄃᆡ의 군ᄉᆞ는 머물너 쉬게 ᄒᆞ고 졍병 오천과 송경, 가방으로 ᄒᆞᆫ 가지로 홍진을 ᄶᅩ치면 거위 홍원군의 밋칠지라. 그 군ᄉᆞ의 머무르기를 기다리지 말고 ᄉᆞᆷ 면으로 뇌고납함과 ᄃᆡ포를 발허면 비록 셩중 젹병이 만으나 홍진의 마음이 황급ᄒᆞ고 ᄯᅩ 쟝손관을 막아 북히쥬 ᄉᆞᆷ십 군을 일치 아느랴 허는고로 홍원군을 바리고 쟝손관으로 가리니 셩봉 진중의셔 연쥬포 ᄉᆞᆷ셩을 발허면 관상의 불이 이러나리라." ᄉᆞᆷ장이 쳥영ᄒᆞ고 나아가니라.

ᄎᆞ셜, 원쉬 ᄃᆡ군을 거나리고 충평군의 드러가니 과연 공셩이라. 졔장이 무불탄복허더라. 원쉬 쟝졸을 쉬우고 발기를 기다려 셔셔히 힝군ᄒᆞ야 홍원군의 일우니 션봉이 마쟈 고왈, "과연 장손관이 파ᄒᆞ고 홍진은 장손관 좌편 ᄉᆞᆫ곡으로 다라낫나이다." 원쉬 제장을 위로ᄒᆞ고 장손관의 드러가 군ᄉᆞ를 쉬우더니, 익일의 좌장군 졍뮈, 젹취, 홍진과 자ᄉᆞ 왕윤이 홍신을 미여드리거늘 원쉬 무ᄉᆞ를 호령ᄒᆞ야 원문130)의 버히고 홍진의 머리를 경ᄉᆞ로 보ᄂᆡ니라.

각셜, 쳔지 ᄃᆡ원슈를 보ᄂᆡ시고 파쳔ᄒᆞ기를 의논허더니 맛ᄎᆞᆷ 동번국 ᄐᆡ상왕이 셰ᄌᆞ 졍문으로 더부러 졍병 오쳔을 거나리고 황셩의 드러와 쳔ᄌᆞᄭᅴ 뵈온ᄃᆡ 쳔지 일희일비ᄒᆞᄉᆞ 누슈를 금치 못허는지라. ᄐᆡ상왕이 쥬왈, "신의 이ᄌᆞ 상이 ᄯᅩ 국병 오쳔을 거ᄂᆞ리고 셔북으로 향ᄒᆞ야 도젹의 소혈을 뭇지르고 북히 각 군을 회복허려 ᄒᆞ오니 승픽를 아지 못허고, 사ᄌᆞ 쳥치의 츌군이 여러 날의 ᄎᆞᆫ공이 읍ᄉᆞ오니 신이 황공미안ᄒᆞ와 셰ᄌᆞ 졍문으로 부쟝 슈인과 군

130) 원문 : 院門, 관아의 문.

사 오쳔을 발ᄒᆞ야 황셩을 보젼ᄒᆞ라 ᄒᆞ나이다." 쳔ᄌᆞ 왈, "도적이 지쳑지지의 잇ᄉᆞᄆᆡ 짐이 침식을 젼폐ᄒᆞ고 황후와 동궁이 ᄯᅩᄒᆞᆫ 그러헌지라. 짐이 잠간 그 봉예를 피ᄒᆞ고자 ᄒᆞ되 죠정 의논이 불일헌지라. 아지못게라, 왕의 ᄯᅳᆺ의 웃더ᄒᆞ시뇨?" 왕이 ᄃᆡ왈, "이는 신의 참예헐 일이 아니오나 적셰 ᄃᆡ치ᄒᆞ고 원슈의 쳡음이 읍는지라. 문무중의 현지를 가리ᄉᆞ 도셩을 직히시고 거긔 잠시 파쳔허시면 만젼지칙일가 허나이다." 쳔ᄌᆞ 왈, "왕의 ᄯᅳᆺ이 그러허니 짐이 의심치 안이ᄒᆞ나이다." 즉시 최우로 다시 좌승상을 ᄇᆡᄒᆞ고 병부상셔 ᄉᆞᆼ우인으로 도독부 군마를 거나리고 부마도위 졍우로 슈셩ᄃᆡ쟝군을 ᄉᆞᆷ아 동번병 오쳔을 거나려 황셩을 직히고, ᄐᆡ자와 동번셰ᄌᆞ로 모든 궁권을 호힝ᄒᆞ야 몬져 신경셩으로 향헐 ᄉᆡ 육궁 비빈과 ᄉᆞᆷ쳔 궁녜 셔로 불지지는 쇼ᄅᆡ 구쇼[131]의 ᄉᆞ못치고, 셩즁 ᄉᆞ민이 셩을 너머 다라나ᄆᆡ ᄂᆡ젼의 위의를 술필 슈 읍는지라. ᄇᆡᆨ관, 죵친이 거가를 ᄎᆞ려 ᄂᆡ젼궁문의 드러가 뫼셔 영춘강으로 힝헐 ᄉᆡ 시녀와 관리 모다 거러나오ᄆᆡ 쳔ᄌᆞ 황후와 비빈 등을 ᄃᆡᄒᆞ야 왈, "경등이 짐을 만나지 못ᄒᆞ야 오날 쳔고의 읍는 욕을 바드니 ᄒᆞᆫ허나 웃지허리요?" 모다 ᄋᆡ원극통허더라. 황후 거긔 궐문의 나아가려허더니 홀련 슈십긔 탐ᄆᆡ 원슈의 승쳡을 고ᄒᆞ고 쥬문을 올니거늘 군신이 ᄃᆡ희ᄒᆞ야 바다보니 갈와스되, "신이 셩지를 밧자와 셩쥬군의 일우러 이십여 일을 상지허믄 적졍을 탐지ᄒᆞ고 적병을 늘켜 그 예긔를 줄리미요, ᄯᅩ 신, 형 상의 군ᄉᆞ와 신의 자식 환의 슈군을 기다려 도적의 셰를 견동ᄒᆞᆫ 년후의 군ᄉᆞ를 쓰려허미요, 죵사의 위급험과 폐ᄒᆞ의 우려를 감히 만홀허미 아니러니 폐ᄒᆞ의 홍복으로 ᄒᆞᆫ 번 교봉[132]허ᄆᆡ 일쥬일야지간의 광쥬와 ᄎᆞᆼ평군을 회복ᄒᆞ고 지금 적취와 셔로 더부러 홍원군을 상지ᄒᆞ오니 복망 폐ᄒᆞ는 셩심을 관희허소셔. 신이 죽기로ᄡᅥ 폐ᄒᆞ를 져바리지 아니리이다. 신이 그 긔관을 먼져 알외여 잠시라도 쳔의를 편안이 헐 일이오나 승부를 웃지 적년이 알며 ᄯᅩ 군중ᄉᆞ는 지극히 비밀헌지

131) 구쇼 : 九霄, 九天과 같은 의미임.
132) 교봉 : 交鋒, 서로 병력을 가지고 전쟁을 함, 교전.

라. 감히 긔틀을 누셜치 못허미로쇼이다. 이제 도젹의 셰는 좔픽ᄒᆞ고 쳔병은 파쥭지셰를 가진지라. 복원 폐ᄒᆞ는 밧그로 만민을 안무허시고 안으로 졍ᄉᆞ를 발키ᄉᆞ 최우, 상우인과 쇼졍 등을 맛기ᄉᆞ 인지를 공도로 탁용ᄒᆞ옵쇼셔. 신이 황공디죄ᄒᆞ나이다." 쳔지 용안이 깃그시고 닉젼을 다시 안돈헌 후의 셩즁 빅셩을 안무ᄒᆞ고 도셩 ᄉᆞ문을 크게 열고 셩즁 군ᄉᆞ를 거드며 사방의 유리헌 빅셩을 모흐더라. 이날 빅관이 쳔ᄌᆞ를 뫼셔 궐즁의셔 밤을 지닉고 익일의 병부상셔 상우인으로 츌젼장ᄉᆞ를 노문ᄒᆞ고, 십삼쥬의 안무ᄉᆞ를 보닉여 빅셩을 안무헐시 원슈의 승쳡이 쏘 일우는지라. 모다 보니 "홍원군을 파ᄒᆞ고 홍진을 버히고 장ᄉᆞ관을 파허고 북히쥬를 회복허고 홍진의 ᄋᆞ오 홍신을 버히미 젹즁이 사면으로 훗터지고 군현의 둔취헌지라. 신이 슈륙양노군을 기다려 북히 졔군을 쳥졍ᄒᆞ고 북방을 널니 기쳑헌 후의 쳔폐의 복명ᄒᆞ오리이다. 젹취 홍진의 수급을 올니오니 쳔ᄒᆞ의 편시ᄒᆞᄉᆞ 난신젹ᄌᆞ를 징게케ᄒᆞ소셔." 상이 람필의 깃거우믈 이긔지 못ᄒᆞ야 몸을 일러 빅관으로 더부러 셔로 ᄒᆞ례ᄒᆞ시고, 즁궁황후와 왕후비빈과 양공쥐, 모든 궁녀를 다리고 질기는 쇼릐 궁즁이 들네여 디원슈의 덕을 외오니 어졔 울며 궁중을 나오든 경관을 싱각허면 오날 흑운을 헷치고 발근 일광을 볼 쥴 읏지 뜻ᄒᆞ야스리요. 진쇼위 고진감릐요 부왕틱릐로다. 쳔지 틱ᄌᆞ로 ᄒᆞ야금 동번셰ᄌᆞ와 병부승셔를 다리고 북히쥬의 나아가, "장ᄉᆞ를 노문허시고 군즁 상벌을 짐의계 뭇지 말고 경이 자단ᄒᆞ라. 짐이 경으로 북히왕을 봉허나니 ᄉᆞ양치 말고 이졔 디젹이 평헌지라, 그 여당은 경의 부ᄒᆞ졔장을 갈희여 맛기고 속히 도라와 맛나기를 ᄇᆞ라노라." 허신디 원쉬 죠셔를 밧들고 북향사비ᄒᆞ고 틱자긔 알외되, "신의 부왕이 년 근 칠순이라. 신이 이 형상으로 부모의 슬ᄒᆞ에 잇셔 그 빅 년을 맛치기를 평싱 원허는 비라. 신이 읏지 부귀를 탐ᄒᆞ야 평싱 뜻을 져바리리잇고? 원컨디 젼ᄒᆞ는 신의 구구헌 뜻을 황상게 달ᄒᆞᄉᆞ 신의 지셩을 일워쥬쇼셔." 틱지 왈, "과인이 공의 뜻으로 알외리니 념녀치 말나." 원쉬 진중 군악을 베풀고 장졸을 호궤ᄒᆞ고 익일의 틱지 경ᄉᆞ로 도라갈 시 원쉬

다시 글월을 닷가 왕작을 밧치고 쟝ᄉ의 공젹을 긔록ᄒ야 좌장군 정무로 텩ᄌ 일힝을 빅힝ᄒ니라.

각셜, 충언군 정상이 북히쥬 동북지경의 일우러 도젹의 소혈을 뭇지르고 쥬방, 쥬당으로 군ᄉ 오빅을 쥬어, "산곡의 순힝ᄒ야 빅셩을 효유ᄒ고 산쳔을 도량ᄒ고 젼답을 일우혀 궁민을 논하 쥬어 농ᄉ의 도라가고 국법을 범치 말되 모다 신경 역ᄉ 예를 의ᄒ야 허라." ᄒ고 북히쥬를 향ᄒ야 오며 쥬군을 순힝ᄒ니 군현이 셩을 열고 맛는지라. 그러무로 군ᄉ를 슈고치 안코 오더니, 부장 남신이 중노의 맛거늘 그 군ᄉ로 쥬군을 순힝ᄒ고 군슈의 션악을 염찰ᄒ고 원슈긔 보허라 ᄒ고, 원슈의 딘진으로 드러와 셔로 지닌 바를 말허더니, 또 우장군 정환의 군식 일우러 연히쥬군이 다 귀순허믈 고허거늘 원쉬 딘희ᄒ야 왕윤으로 북히ᄌᄉ를 잉임허고, 동북면 긔쳑ᄉ를 겸ᄒ야 쥬방, 쥬당으로 죵사를 숨고, 인근 쥬군이 북히의 난을 구허지 아는 ᄌ를 다 ᄉ출하야 파직ᄒ고 도젹의계 항복헌 ᄌ를 그 머리를 버혀 호령ᄒ고, 션봉장 두영원으로 광쥬ᄌᄉ를 숨고, 송경으로 장슨관을 직히오고, 죵리권으로 북동쥬ᄌᄉ를 숨고, 그나마 모든 쟝ᄉ는 공노를 보아 군슈를 젼ᄎᄒ고 숨노군이 합ᄒ야 경ᄉ로 향허니라.

각셜, 텬지 도라와 쳔ᄌ긔 뵈옵고, "원슈의 왕작을 ᄉ양ᄒ미 진정 그 부모를 위허미니 황상은 쳐분허쇼셔." 좌쟝군 정위 또ᄒᆞᆫ 글월을 올니거늘 천지 졔신다려 왈, "원쉬 과연 구지 사양허니 그 공을 무어스로 사례허리요?" 승상 최위 쥬왈, "정치 이졔 쌍 읍는 공을 셰우고 상을 밧지 아니ᄒ오니 신의 우견으로는 정치로 그 양친을 봉양허고 그 아들 정환으로 북히쥬 숨십오군 병마딘원슈을 숨아 관ᄒ 각 군 셰랍으로써 쥬시고 ᄌ손이 셰습허게 ᄒ시며 정치의 쇼원을 죠차 쥬시고 또한 북방의 념녀 읍슬가 허나이다." 천지 그러히 여기ᄉ 즉시 죠셔ᄒᄉ 정환으로 딘원슈를 숨고 장산관 북으로 숨십 군을 거나리라 ᄒ시다.

ᄎ셜, 충원군 정상과 딘원슈 정치와 좌장군 정환이 경ᄉ의 일우러 천ᄌ긔

뫼온ᄃᆡ 쳔ᄌᆡ ᄇᆡᆨ관으로 더부러 친히 마져 젼의 올나 공노를 무슈 사례ᄒᆞ신ᄃᆡ 원쉬 쥬왈, "신이 폐ᄒᆞ의 신령을 힘입어 쳑촌의 공이 잇스나 읏지 폐ᄒᆞ의 깁은 지우지은을 갑ᄉᆞ오리잇가? 신의 ᄌᆞ식 졍환이 ᄉᆞ쇼헌 공이 이시스나 원슈의 ᄌᆡ목이 아니오니 칙지를 거드사 신 부ᄌᆞ의 분의를 편케 ᄒᆞ쇼셔." 쳔ᄌᆡ 왈, "경의 ᄉᆞ양이 너무 과허도다. 다시 ᄌᆡ언치 말나." 즉시 황문을 명ᄒᆞᄉᆞ 황극젼의 ᄃᆡ연을 베퍼 쳔ᄌᆡ 출젼 장ᄉᆞ와 ᄇᆡᆨ관으로 더부러 질기시고 군ᄉᆞ를 크게 호궤ᄒᆞ시고, 명일의 모든 장졸을 각각 돌녀 보ᄂᆡᆯ ᄉᆡ 공노를 죠ᄎᆞ 직품을 도도며 금은을 ᄉᆞᆼ사ᄒᆞ야 보ᄂᆡ시고 원슈의게 황금 일ᄇᆡᆨ 근, ᄇᆡᆨ금 일쳔 근을 ᄉᆞᆼᄉᆞᄒᆞ시고 황휘 ᄯᅩᄒᆞᆫ 특별이 능나 일ᄇᆡᆨ 필과 ᄒᆡ견 오ᄇᆡᆨ 필을 ᄒᆞ허시고, ᄐᆡᄌᆡ ᄯᅩᄒᆞᆫ 황금 오십 근, ᄇᆡᆨ금 오ᄇᆡᆨ 근을 ᄉᆞ허시고, 츙원군 졍ᄉᆞᆼ의계 황금 이ᄇᆡᆨ 양, ᄇᆡᆨ금 일쳔 양을 쥬시고 졍무, 졍환의계 각각 황금 일ᄇᆡᆨ 양, ᄇᆡᆨ금 오ᄇᆡᆨ 양을 나리시고, 황휘 졍무, 졍환을 부르사 ᄂᆡ연을 쥬시고 숙경왕후의게 ᄎᆡ금 일ᄇᆡᆨ 필과 ᄇᆡᆨ금 일쳔 양을 보ᄂᆡ시고 쇼년ᄌᆡ예를 탄ᄉᆞᆼ허시더라. 익일의 졍치 ᄃᆡ원수를 ᄉᆞ직ᄒᆞ고 상왕을 뫼셔 본국으로 도라갈 ᄉᆡ 모든 관리와 ᄇᆡᆨ셩이 영춘강의 나와 젼별ᄒᆞ니 경셩 ᄇᆡᆨ셩이 길의 덥혀 졍씨의 공덕을 무수히 감격허더라.

ᄎᆞ셜, 졍환이 ᄃᆡ원수의 인수를 바다 북ᄒᆡ쥬로 나아가 ᄇᆡᆨ셩을 ᄉᆞ랑ᄒᆞ고 군ᄉᆞ를 죠련허니 도젹이 흣터지고 농ᄉᆞ를 힘쓰니 북ᄒᆡ 일경이 ᄃᆡ치ᄒᆞ야 도젹의 환이 읍더라. ᄎᆞ시 쳔ᄌᆡ 모든 졍ᄉᆞ를 최우, 쇼졍, 상우인과 문무 원노ᄃᆡ신으로 ᄇᆡᆨ관을 임용ᄒᆞ야 인ᄌᆡ를 탁용ᄒᆞ니 쳔ᄒᆡ 안년ᄒᆞ야 다시 ᄐᆡ평을 누리더라.

ᄎᆞ셜, 홍원군이 상왕을 뫼셔 본국의 도라와 부ᄒᆞ장졸을 후상ᄒᆞ고 상왕을 뫼셔 신경으로 도라가 숙경왕후긔 승후ᄒᆞ온ᄃᆡ, 상왕휘 아손이 쇼년ᄃᆡ공을 셰우고 편안이 도라오믈 크게 깃그시더라.

각셜, ᄃᆡ남국이 ᄃᆡ란을 평졍허믈 듯고 모든 졔휘 ᄉᆞ신을 보ᄂᆡ여 경ᄉᆞ를 ᄒᆞ례ᄒᆞ니 잇ᄯᆡ 쳔ᄒᆞ ᄐᆡ평ᄒᆞ야 희황세계의 질기더니, 쳔명이 ᄒᆞᆫ이 잇셔 쳔ᄌᆡ

홀연 신음ᄒᆞ시더니 빅약이 무효ᄒᆞ야 일조의 붕허시니 춘츄 칠십칠 셰라. 만죄 거이ᄒᆞ고 틱ᄌᆞ를 밧들러 황졔위의 나ᄋᆞ가니 연이 습십이 셰라. ᄋᆡ훼 과도ᄒᆞ야 용체 슈쳑ᄒᆞ는지라. 좌승상 최우와 우승상 유장이 빅관을 거ᄂᆞ리고 여러 번 간ᄒᆞ미 쳔지 ᄋᆡ통을 억졔ᄒᆞ고 졍ᄉᆞ를 술피며 모후를 위로허더라.

각셜, 동번국왕이 쳔지 붕ᄒᆞ시믈 듯고 셰ᄌᆞ로 나라를 딕리ᄒᆞ고 상왕을 뫼시고 딕남국의 일우러 영상 아릭 나아가 일장을 ᄋᆡ곡허니 비통이 간졀ᄒᆞ야 듯는 지 골졀의 사뭇치며 쳔지 더욱 ᄋᆡ통을 이긔지 못허는지라. 빅관이 권지ᄒᆞ야 부마로 ᄒᆞ야금 상왕을 뫼셔 궁으로 도라가고 동번왕이 빅관으로 더부러 장녜를 다스려 예월[133]을 당ᄒᆞ미 잇ᄯᅢ 합도왕과 영명왕이 모다 모혀 셩남 습십 니 신릉의 장ᄉᆞ하고 황후로 황틱후를 놉피고 틱ᄌᆞ비로 황후를 봉허고 황손으로 틱자를 봉허니 년 이십 셰러라. 쳔지 쳔셩이 인효공건ᄒᆞ고 문장지화 션왕의 지나고 충양을 ᄉᆞ랑ᄒᆞ고 신ᄒᆞ의 현우를 명찰허니 가히 셩군의 비길네라. 상왕이 부마궁의 머물 식 원닉 장공쥬는 다만 두 ᄯᆞᆯ이 잇고 경원공쥬는 우귀헌 후로부터 연ᄒᆞ야 습 ᄌᆞ를 싱허니 장은 구 셰요 이ᄌᆞ는 칠 셰요 습ᄌᆞ는 오 셰니라. 총명영오ᄒᆞ야 부종모습이라. 상왕이 더리고 날을 지닉더니 국식 다 맛치미 쳔ᄌᆞ긔 ᄯᅥ나믈 통헌딕 쳔지 공쥬궁의 거동ᄒᆞ사 상왕긔 고왈, "졔 직죄 궁ᄒᆞ와 부황의 상ᄉᆞ를 당ᄒᆞ고 딕위를 승습ᄒᆞ야 만긔를 춍출ᄒᆞ니 흉금이 억식ᄒᆞ야 일을 바를 아지 못ᄒᆞ오니 원컨딕 ᄉᆞ부는 발키 가르치시기를 바라나이다." 상왕 왈, "폐히 경ᄉᆞ를 널이 빅화시니 ᄌᆞ고 졔왕의 흥망셩쇠를 아실지라. 웃지 노부의계 무르실 빅리잇고?그러허나 감히 '명덕' 두 글ᄌᆞ로ᄡᅧ 폐하긔 드리여 만셰의 거울을 숨고ᄌᆞ ᄒᆞ오니 딕져 인군이 강단의 발그면 그릇허미 읍고 덕힝이 잇스면 쳔히 감복ᄒᆞ나니 이 두 글ᄌᆞ를 항싱 마음의 가지시고, ᄯᅩ 이졔 쳔ᄒᆞ 형셰를 보건딕 미구의 히외만국과 ᄒᆞᆫ 번 통헐지라. 그러허나 아국 쇼년직사 빅여 명을 구쥬 각국의 보닉

133) 예월 : 禮月, 죽은 뒤에 장사 지내는 달. 천자는 일곱 달, 제후는 다섯 달, 대부는 석 달, 선비는 한 달 만에 지냄.

지 거의 년혼이 되얏지라. 밧비 불너드리ᄉᆞ 죠흔 법을 갈희여 쓰시고 사방의 영준을 모화 학문을 널니ᄒᆞ야 일후의 타국에 욕을 면ᄒᆞ쇼셔. 셩인도 시속을 죠치라 ᄒᆞ셔스니 허물며 텬ᄒᆞ 만국의 순환ᄒᆞ는 ᄃᆡ변을 웃지 견집ᄒᆞ리잇고?" 천지 염용 ᄃᆡ왈, "숌가 ᄀᆞ라치시믈 바드리이다." 상왕 왈, "노뷔 년만 칠순이라. 다시 페ᄒᆞ를 뵈올 날이 읍는지라. 원컨ᄃᆡ 만수무강ᄒᆞ쇼셔." 쳔지 왈, "졔ᄌᆞ의 오날날 셩인ᄒᆞ미 뉘가 쥬신 거시리요? ᄉᆞ부 은공을 갑지 못ᄒᆞ야 ᄉᆞ뷔 년로허시니 졔지 훈ᄒᆞ는 빅로소이다. 그러허나 죠졍의 션황의 오런 신히 만흐나 노미ᄒᆞ고 신진쇼년이 잇스나 학문이 널지 못ᄒᆞ야 죠졍ᄃᆡᄉᆞ를 밋길 직 읍ᄉᆞ오니 ᄉᆞ부는 가르치쇼셔." 상왕 왈, "노뷔 웃지 죠졍ᄃᆡ신을 의논허리잇고? 그러ᄒᆞ나 페히 모르시니 그 아는 바로쎠 고허리이다. 승상 최우 비록 충근ᄒᆞ나 지금 년고헌지라, 그 벼술을 거드ᄉᆞ 샹우인으로 ᄃᆡ신ᄒᆞ시고, 최우의 두 아들과 상우인, 쇼졍, 유쟝빅의 아들이 다 학문이 유여ᄒᆞ고 그 아비의 충효를 본바다스니 쎄야 쓰시면 다 페ᄒᆞ의 ᄉᆞ직지신이요, 쟝군 원광이 비록 여력이 잇스나 병법을 아지 못ᄒᆞ고 어ᄉᆞᄃᆡ부 마원이 념직공평ᄒᆞ니 법을 가히 밋기시고, 노뷔 근련에 고국 혹ᄉᆞ 숑현, 숑환을 다려와 신의 나라의 잇셔 그 아숀이 다 ᄉᆞ환ᄒᆞ는 중 그 손ᄌᆞ들이 잇스니 ᄒᆞ나흔 숑진이니 나히 이십이 셰요, ᄒᆞ나흔 숑신이니 년 이십팔 셰라. 다 학문이 유여ᄒᆞ고 천셩이 인효허오니 페히 부르ᄉᆞ 티ᄌᆞ를 뫼셔 보조허면 만셰에 이가 되리이다. 이 모든 신ᄒᆞ는 노뷔 익이 아는 빈고로 망녕되이 말헌 빅니이다." 쳔지 피셕 ᄃᆡ왈, "사뷔지괴 이갓트시니 웃지 쳑촌을 어긔리잇고?" 쳔지 몸을 일어 상왕긔 절허여 ᄒᆞ직ᄒᆞ니 상왕이 일어 답녜ᄒᆞ고 당ᄒᆞ의 나려 눈물을 뿌려 ᄒᆞ직ᄒᆞ시니 잇ᄯᅢ의 황후와 두 공쥐 뫼셔더라. 상왕이 쳔ᄌᆞ의 거가를 보닉고 위의를 숄허고 본국으로 도라가 산수간 힝낙을 의구히 누리더라.

셰월이 수히 달녀 어언지간의 ᄃᆡ힝[134]황졔의 쵸긔신[135]이 되얏지라. 숙

---

134) 대행 : 大行, 왕이나 왕비가 죽은 뒤 시호를 올리기 전에 높여 이르던 말.

135) 초기신 : 初忌晨, 사람이 죽은 지 1년이 되는 날.

경왕휘 셰손 궁을 거나리고 ᄃᆡ남국의 드러가 황ᄐᆡ후와 쳔ᄌᆞ긔 죠례ᄒᆞ고 황후긔 죠문ᄒᆞᄆᆡ 황ᄐᆡ휘 반기ᄉᆞ 멀리 오시믈 ᄉᆞ례ᄒᆞ시고 부마궁중의 머믈너 모든 진외손으로 더부러 셰월이 가는 줄을 모르더니, 그러구러 슈삼 삭이 되얀지라. 이에 거마를 ᄎᆞ려 도라갈 ᄉᆡ 쳔ᄌᆡ 비신 부인과 시녀들을 금은 ᄎᆡ단을 상ᄉᆞᄒᆞ시고 모든 호위를 다 후상ᄒᆞ시고 황ᄐᆡ휘 ᄯᅩᄒᆞᆫ 이갓치 ᄒᆞ시더라. 이ᄣᅢ에 승ᄉᆞᆼ 최우와 상셔 쇼정, 상우인 등이 정ᄉᆞ를 각각 그 ᄌᆞ숀의게 맛기고 ᄐᆡ상왕을 좃ᄎᆞ 신경셩의 드러와 지취를 셔로 ᄉᆞ랑허더라. 질거운 곳의 셰월이 수히 달녀 상왕의 춘츄 칠십육 셰니 금년 구월 쵸오일은 숙경왕후와 합근허시든 회혼일이라. 셰지 ᄇᆡᆨ관을 거나리고 왕긔 알외되, "젼ᄒᆡ 춘츄 육순이 ᄎᆞ시고 상왕의 회혼경졀136)리 일우시고 진의 ᄌᆞ손이 슈ᄇᆡᆨ여 인이라. 이는 만고의 희귀헌 경ᄉᆡ라, 신 등이 예관으로 더부러 샹왕 양 궁의 경연ᄒᆞ는 의절과 ᄯᅩ 셰지 ᄃᆡ왕긔 헌수허는 의졀를 마련ᄒᆞ야ᄉᆞ오니 복원 왕상은 쳐분허쇼셔." 왕 왈, "과인이 이미 분별헌 ᄇᆡ 잇스니 호부상셔 왕인과 예부ᄉᆞᆼ셔 마순과 공ᄉᆞᆼ셔 쇼형을 신경의 나아가 의논ᄒᆞ야 힘써 번화셩비히 마련ᄒᆞ되 지물은 ᄂᆡ탕고로 슈용허리라." ᄯᅩ 영명, 합도국의 궁권을 더리고 드러와 경축을 ᄒᆞᆫ 가지로 허물 쳥ᄒᆞ고 경일이 갓가오ᄆᆡ ᄂᆡ외ᄌᆞ손과 문ᄉᆡᆼ고리와 친쳑고구의 모야드는 ᄌᆡ 날마다 길의 이어더라.

각셜, 합도왕이 나라 정ᄉᆞ를 ᄃᆡ신의게 ᄆᆡᆺ기고 그 ᄉᆞ위 ᄃᆡ도왕과 왕비를 더리고 모든 남녀아숀을 모화 ᄇᆡ의 올나 ᄃᆡ남국 셩 남 영춘강에 다다라 경셩의 드러가 쳔ᄌᆞ긔 죠현ᄒᆞ고, 즉시 ᄣᅥ나 동번국의 일우러 신경셩의 드러가 양궁의 뵈온ᄃᆡ 양궁이 ᄃᆡ희ᄒᆞ사 ᄃᆡ도왕다려 왈, "너를 보완 지 십여 년이라. 지금 노셩헌 ᄃᆡ쟝부 되어도다." 합도왕이 슈정병풍 일쌍과 ᄃᆡ모평상 일쌍을 드리고 덕인왕비 금슈병풍 이 벌과 ᄎᆡ화수돈 일쌍과 진쥬셰렴 일쌍을 올니고 ᄃᆡ도왕이 희견 오ᄇᆡᆨ 필과 산호좌장을 드리고 ᄃᆡ도왕비는 능나 오ᄇᆡᆨ 필과

136) 회혼경절 : 回婚慶節, '회혼'은 부부가 혼인하여 함께 맞는 예순 돌 되는 날. 또는 그 해, '경절'은 온 국민이 기념하는 경사스러운 날.

희과수룡과 잉모공작을 드리더라. 긔린당, 봉상누와 십이 별당을 여러 모든 ᄌᆞ손으로 각각 쳐허게 허니라. 영명왕이 ᄯᅩᄒᆞᆫ 일우러 산호잔, 밀화반과 ᄃᆡ모셔안을 올니고, 왕비 수정렴과 금수쟝 두 벌을 올니더라.

각셜, 천지 ᄐᆡ상왕긔 금슈의 안과 ᄉᆡ 그린 쳥녀쟝과 순주 일ᄇᆡᆨ 항과 금잔옥반을 보ᄂᆡ시고, 상왕후긔 촉금 이ᄇᆡᆨ 필, 견ᄉᆞ 오ᄇᆡᆨ 필과 금슈취화안식을 보ᄂᆡ시고, ᄯᅩ 동번왕의 육십 슈년이 된고로 황금 일천 양과 촉금 오십 필, 희견 ᄉᆞᆷᄇᆡᆨ 필을 ᄉᆞᄒᆞ시고, ᄐᆡ지 상왕긔 금슈용봉금침 ᄒᆞᆫ 쌍과 쥬단 오ᄇᆡᆨ 필을 올니고 황휘 황금반상과 진쥬반 두 벌과 돈피금요 일 쌍을 드리고, 경션공쥬는 호ᄇᆡᆨ구 두 벌, 진쥬교의 일쌍이요, 경효공쥬는 비취교위와 돈피모쟝 두 벌이요, ᄯᅩ 황ᄐᆡ휘 ᄐᆡ상왕후긔 촉금 일ᄇᆡᆨ 필과 금슈향일 쳔 ᄀᆡ와 황금 이ᄇᆡᆨ 냥을 보ᄂᆡ시고, 익일의 ᄐᆡ지 황후와 모든 궁권을 호송ᄒᆞ야 신경셩의 드러가 양 궁의 뫼온ᄃᆡ 상왕휘 만추젼 동편 봉상누의 황후를 머물게 ᄒᆞ시고 셔편 긔린당의 덕인왕비를 머물게 ᄒᆞ고 ᄐᆡᄌᆞ는 충원군궁을 정ᄒᆞ야 시신을 거나리고 숙쇼를 정허고 영명왕과 합도왕은 흥원군 궁중의 머무러 날마다 젹회를 풀더라.

ᄎᆞ셜, 회혼 예일이 다다르ᄆᆡ 모든 ᄌᆞ손이 만추젼의 드러가 양궁의 합근허는 예를 힝헌 후의 동번왕이 왕비로 더부러 슈를 밧들고 모든 ᄌᆞ손이 ᄎᆞ례로 헌수헌 후의 왕이 남극젼의 ᄇᆡ관을 모화 경연을 베풀고 황후와 ᄐᆡᄌᆞ와 영명왕비와 두 공쥬 날마다 ᄎᆞ례로 별연을 베퍼, 여러 날을 연락ᄒᆞ고 경셩 ᄉᆞ인의 칠십 이상을 모화 황극젼의셔 ᄃᆡ연을 쥬시고 집마다 젼곡을 쥬어 경축허는 ᄯᅳᆺ을 뵈이시더라. 이러구러 슈십 일 ᄃᆡ연이 되연지라. 황휘 ᄐᆡᄌᆞ로 ᄇᆡᆨ관을 솔허고 몬져 황셩으로 보ᄂᆡ고 황휘 모든 왕비와 공쥬로 더부러 양궁을 뫼셔 ᄯᅳᆺ을 질거이 ᄒᆞᄆᆡ 인간오복을 비길 ᄃᆡ 읍더라. 구월이 다 진허ᄆᆡ 졔 왕이 중ᄎᆞ 본국으로 도라가려 허더니 상왕이 우연이 미령ᄒᆞᄉᆞ 침셕의 누으시니, 진쇼위 홍진비릐요, 락극환싱이라. 졈졈 침중ᄒᆞᄉᆞ 이지 못헐 줄 짐작ᄒᆞ시고 모든 ᄂᆡ외ᄌᆞ손을 불너 탑젼의 셰우고 시녀를 의지ᄒᆞ야 안ᄌᆞ 모든

아들과 ᄉᆞ위를 불너 왈, “경 등이 ᄯᅡ흘 ᄶᅵ져 왕작을 봉ᄒᆞ고 군을 봉허며 혹 졍승과 쟝슈의 일우러 인신의 부귀 극ᄒᆞ며 ᄌᆞ손이 이어 일문의 고관ᄃᆡ쟉이 쉬읍는지라. 국가의 보답헐 ᄉᆡᆼ각을 일치 말나. 경 등은 부탁헐 말이 읍스나 ᄌᆞᄌᆞ손손이 충효를 교휵ᄒᆞ야 길리 셰업을 보젼ᄒᆞ고 가셩을 ᄯᅥ르치지 말며 문호를 보젼ᄒᆞ라. ᄂᆡ 금년이 칠십뉵 셰라. 죠션의 복음으로 인간오복을 온젼이 누린지라. 죽는 거시 무어시 늣거우리요.” 모든 손증을 보아 왈, “너의 부ᄃᆡ 부모의 효도ᄒᆞ고 형제우ᄋᆡ허며 부인의 현우를 술페 죵족의 화목을 일치 말나. 부모의 효와 형제우ᄋᆡ와 친척화목이 젼혀 부인의 잇나니 힘써 명출ᄒᆞ야 화긔를 상치 말면 ᄌᆞ연 복녹이 무궁허리라.” 모든 ᄌᆞ부를 불너 왈, “너의 졍문의 드러와 ᄉᆞ구고승군ᄌᆞ137) ᄒᆞ고 가ᄐᆡᆨ이 화락ᄒᆞ야 문호가 흥왕허니 이는 너의 부인이 인효허고 숙덕이 잇스미라. 놉흔 슈를 누려 ᄌᆞ손의 영효를 나와 갓치 누리리라.” 덕인왕비와 황후를 불으사 이윽이 보시고 왈, “셰월이 무정ᄒᆞ야 너의도 늘거ᄯᅩ다. ᄂᆡ 오날날 천명이 맛친지라. 너의을 다시 보지 못허리로다.” 상왕후를 청ᄒᆞ야 가로ᄃᆡ, “과인이 누ᄃᆡ독신으로 혈혈ᄒᆞ믈 근심허더니, 왕휘 ᄂᆡ 집의드러오신 후로 부모의 감지지공이 편ᄒᆞ시고 ᄂᆡ 일직 용문의 올나 몸이 현달ᄒᆞ고 오ᄌᆞ이녀를 ᄉᆡᆼ허며 년건팔순이요 자손이 만당ᄒᆞ고 죵쳑이 화합허니 이는 왕후의 복음이니이다. 오ᄅᆡ지 아니ᄒᆞ야 지ᄒᆞ로 맛나리이다.” ᄯᅩ 합도왕을 불너 왈, “경이 본ᄂᆡ 원상셔 ᄋᆞᄌᆞ로 어려셔 양친을 여희고 혈혈무의ᄒᆞ야 년건 슴십의 충근인후허고 무략이 과인허되 아는 ᄌᆡ 읍는지라. 고로 ᄂᆡ 장녀로 경을 납셔ᄒᆞᄆᆡ 혹이 그 문회 고루허물 말허니 이는 다 보는 거시 나와 다른 연괴라. 그 ᄌᆡ죠로써 고국의 ᄯᅵ이랴 허더니 천만요외의 ᄎᆞ방의 드러와 너의 ᄇᆡ혼 ᄌᆡ죠를 쓰고 부귀 극허며 ᄃᆡ장부의 뜻을 일운지라. ᄌᆞ숀을 젼ᄒᆞ야 국은을 잇지 말며 영히 강토를 보젼ᄒᆞ라.” 좌우를 명ᄒᆞ야 필연을 가져와 천ᄌᆞ긔 글을 닥가 왈, “노뷔 본ᄂᆡ 슈몽국

---

137) ᄉᆞ구고승군자 : 事舅姑承君子 시아버지와 시어머니를 섬기고, 남편을 받들어 섬김.

일ᄀᆡ 퇴망여싱으로 본국의 드러오ᄆᆡ, 션황계오셔 노부를 영춍ᄒᆞ시고 오ᄌᆞ 일셔를 현달허시니 노뷔 ᄌᆞ셔를 경계ᄒᆞ야 쥬야 황공ᄒᆞ야 국은을 도보138)허더니 션황이 안가139)ᄒᆞ시ᄆᆡ 노뷔의 지셩의 마음이 ᄒᆞ날이 문허진지라. 이졔 션왕의 지우지은을 가져 폐ᄒᆞ의 갑흘지라. 노뷔 비록 보지 못ᄒᆞ나 원컨ᄃᆡ 폐ᄒᆞ는 '명덕' 두 ᄌᆞ를 명심ᄒᆞ사 간신을 물니치고 현신을 텩용ᄒᆞ시며 릐ᄌᆞ를 인효와 공금을 가르치시고 좌우의 어진 ᄉᆞ람으로 보도140)허쇼셔. 노뷔 지금 죽으나 지ᄒᆞ의 도라가 션황을 뫼셔 놀며 눈을 씻고 폐ᄒᆞ의 정치를 보리이다. 정신이 혼미ᄒᆞ고 의시 억식ᄒᆞ야 어지러온 말슴으로 명덕허신 쳔ᄌᆞ긔 드리나이다. ᄉᆡ가 죽을 ᄶᅵ의 그 우름쇼릐 슬푸고 ᄉᆞ람이 죽을 ᄶᅵ에 그 말이 츅허다 허니 살피쇼셔." 쓰기를 맛치ᄆᆡ 약음을 드리거늘 상왕 왈, "지금 ᄃᆡ훈141)이 일운지라. 괴로이 먹어 무엇허리요?" 인ᄒᆞ야 상의 누어 슴혼 칠빅이 청천의 부운갓치 흣터지고 일편심령이 쳔손의 녹슈를 ᄯᅡ라 ᄒᆞᆫ 읍시 가신지라. 이날 일긔 청낭허고 이향이 궁즁의 가득허더라. 왕이 모든 ᄌᆞ숀과 빅관을 솔허고 상녜를 다사리며, 모후를 위로허며 모든 후비와 ᄌᆞ부들이 쥬야로 상왕후를 뫼셔 ᄋᆞ손의 희학을 뵈이며 혹 시녀로 고담을 들이여 회포를 위로허더니, 일일은 시월 망일이라. 동충의 월식이 죠요허거늘 상왕휘 ᄌᆞ녀를 명ᄒᆞ야 창을 열고 달을 바라보시더니 모든 후비를 보ᄉᆞ 왈, "오날 달이 심히 둥그니 오날이 망일이로다. ᄂᆡ일부터는 이지러지리라. ᄉᆞ람의 일이 ᄯᅩᄒᆞᆫ 져 달과 갓트니 ᄂᆡ 인간의 슈와 부귀 망월이 되얏지라. 명일에 장ᄎᆞ 이지러지리로다." 좌우를 명ᄒᆞ야 ᄃᆡ남국 황졔와 황후의 젼후 ᄉᆞ송허신 바 금은치단과 금옥슈향을 가져오라 ᄒᆞ샤 모든 ᄌᆞ부와 후비와 진외연숀과 여러 시녀를 ᄎᆞ례로 분ᄉᆞᄒᆞ시고 왈, "이는 다 우리 황졔의 쥬신 빅라. ᄂᆡ 오날

---

138) 도보 : 圖報, 보답하기를 꾀함.
139) 안가 : 晏駕, 임금이 세상을 떠남.
140) 보도 : 輔導/補導, 도와서 올바른 데로 이끌어 감.
141) ᄃᆡ훈 : 大限, 목숨이 있는 한도.

을 기다려 쳔은을 고로[142]허미요, ᄯᅩᄒᆞᆫ 말이 잇스니 ᄌᆞ셰히 드르라. ᄃᆡ져 녀ᄌᆞ는 어미교훈이 읍지 못헐 거시오, 자식은 어미교훈을 어긔지 못헐지니라. 만일 ᄇᆡ호지 못허고 남의 문호의 드러가 그른 심장으로 장부를 아쳠ᄒᆞ야 부모를 셤긔게 ᄒᆞ고 형제를 멀리 ᄒᆞ며 일문으로 원슈를 ᄆᆡᆫ그는 거시 죵죵 잇스니, 일문지ᄂᆡ에 아홉 ᄉᆞ람이 착허나 ᄒᆞᆫ ᄉᆞ람이 그르면 아홉 ᄉᆞ람이 ᄒᆞᆫ ᄉᆞ람의 허물노 죄읍시 그른 ᄉᆞ람이 되나니, 그러허면 남의 집을 읏지 보젼ᄒᆞ리요? 이는 다 부인의 소위니 읏지 두렵지 아니리요? 심장이 흉헐ᄉᆞ록 ᄇᆞ른 ᄉᆞ람을 물불갓치 미워ᄒᆞ고 ᄌᆞ손의 교휵ᄒᆞ는 법은 모를사록 남의 ᄌᆞ숀은 허물이 만코, 당장의 험헌 심장을 밋고 일후 ᄌᆞ숀의 화를 미루워쥬니 어둡기 심허도다. 명심ᄒᆞ야 교휵ᄒᆞ고 명심ᄒᆞ야 ᄇᆡ호라. 셰상의 이믜 녀ᄌᆞ로 되야나셔 요죠숙녀와 ᄐᆡ임ᄐᆡᄉᆞ의 덕은 바라지 못헐지언졍 마음 바르게 가져 졔 신명을 순이ᄒᆞ고 졔 마음을 제가 소겨 신명의 노허믈 밧지 말나. ᄉᆞ람도 여러 번 소기면 어렵거든 허물며 신명이리요? ᄂᆡ 님죵시 너의게 후언이니 너의도 ᄇᆡᆨ 년후의 이 말노써 ᄌᆞ숀을 유언허라.” 모다 감격체읍허더라. 익일 쳥죠의 ᄌᆞ셔를 부르사 호상에 졀ᄎᆞ를 무르시고 가라ᄉᆞ되, “ᄂᆡ ᄯᅩ한 셰연이 진헌지라. 너의게 부탁헐 말이 읍스나 다만 ᄒᆞᆫ 말이 잇노라. 너의 부왕계오셔 단독일신으로 너의 칠ᄌᆞ녀를 두어스니 이는 마른 나무 순이 나미라. 오ᄌᆞ이녀를 남가여흠[143]ᄒᆞ야 오ᄃᆡ를 동거허되 일문이 화합ᄒᆞ믄 너의 부인에 심덕이라. 이 읏지 우연ᄐᆞ 허리요? ᄂᆡ ᄌᆞ식을 가르친 후의 ᄌᆞ부도 가리고 사위도 가릴 거시오, 만일 가르치지 못허거나 심장이 그른 ᄌᆞ식을 가지고 남을 쇽여 달그로써 봉을 ᄶᅡᆨ허면 그 남의 평싱의 억울험과 그 집의 길흉이 읏ᄯᅥ타 ᄒᆞ리요? 남의게 젹악이 이러허면 졔 집은 읏지 무심허리요?” 말을 맛치며 덕인왕비의게 몸을 의지ᄒᆞ고 잠간 조으시더니 일도영혼이 유유창창ᄒᆞ야 간 바를 모르는지라. 왕이 모든 아오와 후비로 더부러 발상ᄒᆞ고 ᄋᆡ회비졀ᄒᆞ며 궁

142) 고로 : 苦勞, 수고로이 애씀.

143) 남가여흠 : 男佳女歆, 남녀가 서로 사랑함.

즁 승히 고지호쳔허니 그 경상이 ᄉᆞ람으로 ᄒᆞ야금 견듸여 보지 못헐네라. 예월을 기다려 상왕 양위 영구를 뫼셔 딕홍산 일녹의 안장ᄒᆞ고 신경셩 장낙궁 남극젼의 혼젼을 뫼시고, 왕이 동평왕위를 셰ᄌᆞ 정문의겨 젼ᄒᆞ고 진경셩의 머물러 셰 아오로 더부러 숨 년을 밧드더라.

ᄎᆞ셜, 합도왕과 영명왕이 나라를 ᄯᅥ난 지 칠팔 삭이 되미 국ᄉᆞ의 관계를 염녀ᄒᆞ야 도라갈 시, 영명왕이 그 왕비로 삼년죵상을 밧들게 ᄒᆞ고 몬져 도라가미 덕인왕비 합도왕긔 고왈, “닉 부모의 은공이 깁흐나 갑흔 빅 읍는지라. 이졔 ᄒᆞᆫ 번 가면 수륙 만 리에 다시 올 긔회 읍는지라. 이졔 부왕모후의 피연을 시칙144)ᄒᆞ야 싱젼의 ᄌᆞ죠 뫼시지 못헌 ᄒᆞᆫ을 펴고ᄌᆞ ᄒᆞ오니 딕왕은 읏ᄯᅥ타 ᄒᆞ시나뇨?” 합도왕 왈, “이는 부인의 ᄋᆡ정이어니와 이믜 양궁의 죵신시칙ᄒᆞ고 ᄯᅩ 장녜를 맛친지라. 이졔 숨 년을 경영ᄒᆞ시니 이는 예외지젼이요, ᄯᅩ 정문의 자손이 만당ᄒᆞ니 ᄒᆞ필 부인이리요? 과인은 오른 줄 모로나이다.” 비왈, “쳡이 비록 빅혼 빅 읍스나 예문을 딕강 아는지라. ᄯᆞᆯ리 출가외인이라, 본가 숨년상을 밧드지 못허믄 구괴 계시므로 감히 못허미요, 예문의 ᄯᆞᆯ이 본가 숨상을 바드지 못헌다 허믄 보지 못ᄒᆞ야나이다. ᄯᅩ 정씨의 자손이 비록 빅ᄌᆞ쳔손이라도 쳡도 ᄯᅩᄒᆞᆫ 그 부모의 쇼싱이니 열 ᄌᆞ숀이 부모 셤기는 마음은 일심이라. 그러허나 황송헌 바는 구고양당의 긔신향화145)를 친히 밧드지 못ᄒᆞ오니 용셔ᄒᆞ쇼셔.” 왕 왈, “왕비 이쳐로 견집ᄒᆞ시니 평싱 ᄯᅳ을 일우쇼셔.” 왕비 왈, “이졔 숨월 즁춘이니 명년 시월의 일쳑 션을 보닉시기를 ᄇᆞ라나이다.” 왕이 작별허고 본국으로 도라가니라.

각셜, 천직 근시를 간솔허시고 신경셩에 일우러 상왕 피연에 일장을 ᄋᆡ통ᄒᆞ시고 모든 ᄌᆞ손를 ᄎᆞ례로 부르사 다 관작을 쥬어 영춍ᄒᆞ시고 도라갈 식 셰직 즁관을 거나리고 황셩으로 빅힝ᄒᆞ니라.

144) 시칙 : 侍側, 부모의 상을 당하여 성분(成墳)한 다음, 그 서쪽에 여막(廬幕)을 짓고 상주가 3년 동안 사는 일.

145) 긔신향화 : 忌辰香火, 제삿날.

셰월이 무졍여류ᄒᆞ야 숨상을 다 지ᄂᆡ니 ᄌᆞ녀의 ᄉᆡ로은 비회를 웃지 일우리요? 왕이 숨상을 맛치ᄆᆡ 충원군과 홍원군으로 더부러 부왕의 지취를 이어 추월춘풍을 허송치 아니허며 형제 ᄉᆞᆼᄋᆡᄒᆞ야 숨 인의 락을 가히 금셕의 비헐네라.

각셜, 합도국 셰ᄌᆞ 션쳑과 위의를 베풀고 신경셩의 드러와 모후를 맛거늘 홍원군이 친솔가장과 가동 슈십을 거나리고 왕비를 호송헐 ᄉᆡ 모든 비빈이 셔로 연연ᄒᆞ야 비회를 금치 못허는지라. 여러 ᄌᆞ질과 좌우 시녀 뉘 아니 슬퍼허리요? 상왕이 가로되 "덕인비 길을 님ᄒᆞ야 심회를 과히 상치 말고 원로의 쳔만보즁ᄒᆞ야 노년의 아손의 복을 누리라. 두 집의 ᄌᆞ숀들이 장셩허니 왕ᄂᆡ ᄭᅳᆫ니지 아닐지니 념녀치 말라." 덕인왕비 몸을 일어 눈물을 ᄲᅮ리고 ᄯᅥ나니라.

각셜, ᄃᆡ남국과 동번, 영명, ᄒᆞᆸ도 졔국이 학문이 점점 열녀 타국의 지지 아니ᄒᆞ고 ᄯᅩ 슈년 이러로 구쥬 각국이 ᄎᆞᄎᆞ 통상왕ᄂᆡᄒᆞ야 ᄃᆡ남국 일셩을 두루 보니 쳔ᄒᆞ 육쥬외의 ᄒᆞᆫ 덩이 별셰계 숨겨스니, 순쳔이 슈려ᄒᆞ고 인물이 번셩ᄒᆞ고 각국 통변허는 ᄌᆡ 만흐며 졔군 졔졍치, 법녕이 모다 만국의 편리헌 거스로 진션진미헌지라. 모다 흠션ᄒᆞ고 인ᄌᆡ를 일커르며 쳔ᄒᆞ의 일등국으로 비견ᄒᆞ야 깁히 예ᄃᆡ허더라. ᄎᆞᄎᆞ 각국의 통화ᄒᆞ야 공ᄉᆞ를 파송허며 국셔가 왕ᄂᆡᄒᆞ야 교린지의 화목허고 쥬ᄀᆡᆨ이 셔로 경네ᄒᆞ며 금, 은, 동, 철, 셕탄, 셕유, 륜션, 철노, 젼션과 각ᄉᆡᆨ 졍이 긔교헌 긔계의 타국인을 고용치 안코 모다 본방 ᄉᆞ람으로 허ᄆᆡ ᄇᆡᆨ셩이 부요ᄒᆞ고 나라히 강ᄒᆞ니 비록 욕심이 잇스나 이미 발근지라, 웃지허리요? 이 모다 정씨 드러온지 사십년지간에 슈ᄇᆡᆨ 쥬 군을 회복허고 동북으로 지방 사오쳔 리를 ᄀᆡ쳑ᄒᆞ며 졍녕을 ᄎᆞᄎᆞ 변ᄒᆞ야 쇼년영쥰들을 모하 각국의 보ᄂᆡ여 가마니 ᄌᆡ죠를 ᄇᆡ화 본국의 도라와 ᄇᆡᆨ이쳔을 젼ᄒᆞ고 쳔이만을 젼ᄒᆞ야 지금의 ᄃᆡ남도 각국이 일체로 발가스니 이 웃지 오쥰일웅의 공업이 아니리요? 쳔ᄌᆞ ᄯᅩᄒᆞᆫ 부강을 힘쓰사 정씨의 공노를 잇지 못ᄒᆞ야 ᄃᆡ남국 경셩의 묘당을 크게 셰우고 동번국 ᄐᆡ상왕 정화의 화상을 뫼시여 ᄉᆞ시향화를 밧들고, ᄯᅩ 오준일웅의 화상을 좌우로 ᄇᆡ향허니라. 이러무로 님군이 혼암ᄒᆞ면 신ᄒᆡ 간악ᄒᆞ야 아니 망허는 나라히 읍고 인군이 명출ᄒᆞ면 신ᄒᆡ 충직ᄒᆞ야 아니 흥허는 나라히 읍나니, 그런고로 악을 싸으면 그 악보가 나마 미루워 ᄌᆞ숀의 밋치고 덕을 닥그면 복녹이 넘쳐 ᄌᆞ손의 나리나니 가히 두렵고 가히 숨가지 아니리요? 지금으로 보건ᄃᆡ ᄃᆡ남국은 인군이 어질고 신ᄒᆡ 착허미요, 정씨의 일문으로 보건ᄃᆡ 웃지 누ᄃᆡ 죠션의 닥ᄭᅳᆫ 덕이 아니리요? 후ᄅᆡ의 동번국이 북으로 점점 페지를 ᄀᆡ쳑ᄒᆞ야 지방이 광ᄃᆡᄒᆞ고, 영명왕과 합도왕이 셔로 ᄌᆞ손이 충셩ᄒᆞ고 국부민안ᄒᆞ야 쳔만세 무궁헌 복녹을 누리더라.　　　죵

2.『적선여경록』

젹션여경녹[1)]

유송 진종ᄯᆡ에 셔경 낙양 ᄯᅡ에 일위 관인이 잇스니 셩은 류요 일홈은 홍경이요 자는 원보라. 일즉이 쳥쥬자ᄉᆞ 벼술에 임ᄒᆞ얏다가 나히 륙십세 되ᄆᆡ 늘금으로ᄡᅥ 표를 올러 ᄒᆡ임ᄒᆞ고 고향에 도라오ᄆᆡ, 부인 왕씨ᄂᆞᆫ 일즉이 ᄌᆡ취로 나히 사십에 미만ᄒᆞ고 가산이 부요ᄒᆞᄃᆡ 자여간 일졈혈륙이 업기로 젼원창젹과 일응ᄌᆡᄉᆞᆫ[2)]을 부인의 족하 왕문용의게 막기여 관리케 ᄒᆞ고 자긔ᄂᆞᆫ 착헌 일을 널이 ᄒᆡᆼᄒᆞ며 의ᄅᆞᆯ 집혀 ᄌᆡ물에 소활ᄒᆞ야 휘금여토[3)]ᄒᆞ니 종젼으로 지금ᄭᆞ지 궁교빈족[4)] 외에 낙난공궁ᄒᆞᆫ ᄉᆞᄅᆞᆷ을 구졔젼활헌 ᄌᆡ 무일무지ᄒᆞ기로 사방 인ᄉᆡ 그 일홈을 모르ᄂᆞᆫ ᄌᆡ 업스되, 슬하에 사속[5)]이 묘연ᄒᆞᆷ으로

---

1) 젹션여경록 : 積善餘慶錄, '적선여경'은 '積善之家必有餘慶'의 줄임말로, '선한 일을 많이 한 집안에는 반드시 남는 경사가 있다'라는 뜻으로, 좋은 일을 많이 하면 후손들에게까지 복이 미친다는 의미. 『주역』의 <문언전(文言傳)>에 실려 있는 한 구절임.

2) 一応財産 : 모든 재산, '일응'은 일본말 '一応'(이찌오)를 한자발음으로 읽은 것으로, 일본어에서 일단은, 우선은 이라는 의미로 쓰임.

3) 휘금여토 : 揮金如土, 돈을 물 쓰듯 함. '用錢如水'와 같은 의미.

4) 궁교빈족 : 窮交貧族. 가난하고 미천할 때 사귄 벗과 가난한 친척.

5) 사속 : 嗣續, 대를 잇는 아들.

일야 근심ᄒᆞ던 차에 ᄯᅢ가 맛침 쳥명시졀이 일은지라. 류자싀 ᄂᆡ질 왕문융을 분부ᄒᆞ야 희싱과 쥬과를 갖추어 가지고 션영에 셩소홀 ᄉᆡ 부인 왕씨로 더부러 산소에 임ᄒᆞ야 졔젼홀 ᄉᆡ 류자싀 무덤압해 ᄭᅮᆯ어 지비부복ᄒᆞ야 ᄉᆡᆼ각호ᄃᆡ, '가련ᄒᆞ다, 류홍경이여. 불효유삼호ᄃᆡ, 무후위ᄃᆡ[6]라 인ᄉᆡᆼ칠십고릐희과 일커르니 잔ᄉᆡᆼ이 진셰에 불구ᄒᆞ도다.'[7]

이졔날 부부가 션산에 빅소ᄒᆞ나 다른 ᄒᆡ에 뉘가 차자올고 슬하되, 소죠ᄒᆞᆫ 것은 그만두고 ᄂᆡ 봉사를 엇지홀고? 류자싀 ᄉᆡᆼ각이 이에 이르러 방셩ᄃᆡ곡홈을 ᄭᆡ닷지 못ᄒᆞ니 겻희 사ᄅᆞᆷ이 다 비창홈을 이긔지 못ᄒᆞ더라. 왕부인이 어진 덕이 본ᄃᆡ 낫타ᄂᆞᆫ 눈물은 싯고 압히 나와 엿자오ᄃᆡ, "상공은 비감ᄒᆞ신 회포를 억졔ᄒᆞᄋᆞᆸ소셔. 비록 연긔 고ᄃᆡᄒᆞ오시나 근력이 장건ᄒᆞ시니, 쳡은 비록 ᄉᆡᆼ휵지 못ᄒᆞ나 현숙ᄒᆞᆫ 부실을 구ᄒᆞ야 사속을 바람이 불가홈이 업ᄉᆞ오니이다." 류자싀 비탄홈을 마지 아니ᄒᆞ다가 강잉ᄒᆞ야 눈물을 거두고 가인을 분부ᄒᆞ야, "부인을 뫼시고 먼져 돌아가라" ᄒᆞ고 자긔ᄂᆞᆫ 가동 일 인을 다리고 찬찬이 힝ᄒᆞ야 풍경을 완상ᄒᆞ며 집 근쳐에 거진 일르러 ᄒᆞᆫ 도사를 맛나니, 쵸픠에 '풍감통신[8]이라' 써거늘, 류자싀 한 번 보믜 상보ᄂᆞᆫ 사ᄅᆞᆷ인 쥴 알고 사속유무를 뭇고자 ᄒᆞ야 마져 집에 이르러 차를 파ᄒᆞᄆᆡ, 류자싀 도ᄉᆞ를 ᄃᆡᄒᆞ야 상논 듯기를 구ᄒᆞᆫᄃᆡ, 도싀 자셔이 한동안 살펴보고 갈ᄋᆞᄃᆡ, "사군의 긔ᄉᆡᆨ을 뵈오니 다만 ᄉᆞ속이 업슬 ᄲᅮᆫ 아니라 슈한이 ᄯᅩᄒᆞᆫ 불원ᄒᆞ야 됴셕에 잇도소이다." 류자싀 염의ᄃᆡ왈, "학ᄉᆡᆼ이 나히 희연에 죽어도 요홈이 아니오, 사속의 바ᄅᆞᆷ도 져문 나헤 ᄯᅩᄒᆞᆫ 물속에 달을 건지려 함과 갓흔지라. 학ᄉᆡᆼ이 스ᄉᆞ로 ᄉᆡᆼ각건ᄃᆡ ᄉᆡᆼ평에 비록 큰 덕은 업스나 졔곤부위[9] ᄒᆞ기를 존심[10]

---

6) 불효유삼호ᄃᆡ, 무후위ᄃᆡ : 不孝有三無後爲大, 불효에는 세 가지가 있는데 그중에 후손이 없는 것이 가장 큰 불효임.

7) 불구ᄒᆞ도다 : 不久하다, 오래지 아니하다.

8) 풍감통신 : 風鑑通神, 용모와 풍채로 그 사람의 성질을 감정하고 신령과 통함. '풍감'은 용모와 풍채로써 그 사람의 성질을 감정함, '통신'은 정신이 신령과 서로 통함을 뜻함.

9) 졔곤부위 : 諸困扶危, 곤란한 사람을 건져주고. 위태로운 사람을 붙들어 줌.

ᄒᆞᆫ 즈 이믜 오릭되, 아지 못게라, 여하ᄒᆞᆫ 죄업으로 조종의 봉사가 진멸ᄒᆞ기 에 이르ᄂᆞ잇가?" 도식 미소ᄒᆞ며 일오ᄃᆡ, "군이 어긔도소이다.[11] 자고로 가 응연자는 원망의 퍼귀[12]라. 사군의 가게가 부셤하니 엇지 낫낫치 총찰하며 ᄯᅩᄒᆞᆫ 일 맛흔 직 다만 집에 살지기를 도라보고 공도로 싱각지 아니하야, ᄃᆡ두소칭[13]에 빅다으로 취렴ᄒᆞᆯ 제 소민의 근심과 원망을 일으기날 사군으 ᄒᆞᆯ로 비록 착ᄒᆞᆫ 일을 힝하시나 공이 허물을 깁지 못ᄒᆞᆯ너니, 사군은 다만 그 폐롤 아라 업시하시면 바야흐로 원만ᄒᆞᆫ 공덕이 되야 다슈, 다복, 다남을 가히 바라어리다." 류자식 그 말을 듯고 묵묵무언이 쳥슈하거날, 도식 이허여 작별허고 사금[14]도 밧지 안코 표연이 가더라. 류자식 그 도ᄉᆞ의 말을 깁히 복응허여 드듸여 원 지산, 장부롤 일변 조사허며 ᄯᅩ 항촌가항의 물론을 다 쳥허여 그 실상을 다 탐지허고, ᄂᆡ질 왕문융과 여러 관사인을 불러 일일이 견칙허고 젼곡간[15] 자모[16] 즁변[17]을 병 견감[18] 허고 일로브터 착ᄒᆞᆫ 일을 더욱 힘쓰더라.

각셜, 잇ᄯᅢ 번경ᄯᅡ의 사는 리손니란 션비의 자는 극당[극량], 현윤[19]을 쥐 슈ᄒᆞᆫ지라. 일즉이 아들 은쳥 히나으니 소자는 츈광이오 나히 십ᄉᆞ 세라. 리 극양이 고빈ᄒᆞᆫ 가세로 일시 영ᄶᅡᆨ허믜 쳐자롤 잇글고 젼당현의 부임하여 한 달리 차지 못허여 우연득병허여 빅약이 무효하니, 리현윤이 스ᄉᆞ로 이지 못 ᄒᆞᆯ 쥴 알고 장씨와 츈랑을 불러 일러 왈, "ᄂᆡ가 어려셔부터 괴롭게 공부허여

10) 존심 : 存心, 마음에 새겨 두고 잊지 않음.
11) 어긔도소이다. : 어긔다(옛말), 어긋나다.
12) 퍼귀 : 포기, 퍼기(옛말), 퍼구(평북지방의 방언)와 같은 의미.
13) ᄃᆡ두소칭 : 大斗小稱, 저울이나 용기를 속이는 수법으로 음식점 숙수들의 단골메뉴.
14) 사금 : 謝金, 사례의 뜻으로 주는 돈.
15) 젼곡간 : 錢穀間, 돈이거나 곡식이거나 무엇이든지.
16) 자모 : 子母之利, 1년간의 변리가 원금의 2할 이내가 되도록 정한 이자율.
17) 즁변 : 重邊, 비싼 이자.
18) 병 견감 : 竝輕減, 모두 가볍게 함.
19) 현윤 : 縣尹, 현령(縣令)이라고도 하고, 원대(元代)에는 현윤(縣尹)이라 하였음.

어더 황예 춤예허여 헌ᄃᆡ부[20]에 은슈허니 죽어도 ᄒᆞᆯ 것 업사되, 다만 나 죽은 후에 고아, 과부가 의탁ᄒᆞᆯ 고이 업사니 가련허도다." 일회를 침음타가 문득 ᄉᆡᆼ각고 이로ᄃᆡ, "ᄂᆡ 드르매 낙양ᄯᅡ희 전임 쳥쥬ᄌᆞᄉᆞ 류홍경은 당ᄃᆡ 현인 쟝ᄌᆞ라. 장의 소ᄌᆡ허ᄂᆞᆫ 일홈이 텬ᄒᆞ에 펼만허니 가히 쳐ᄌᆞ을 부탁헐만허다." 허고 드듸여 춘랑 명허여 필목을 나ᄋᆞ와 붓슬 들고 ᄯᅩ 다시 자셔 침음[21]호ᄃᆡ, 'ᄂᆡ가 본ᄃᆡ 류자사로 더부러 반면지교[22]도 업거날 이 부탁을 엇지 허리요' 허다가 마음에 좀간 ᄉᆡᆼ각을 널리 잇서 처자를 분부허여 더운 물를 좀 가져오라 허여 밧그로 나간 후, 서간을 봉허고 셔면에 열다셔 글ᄌᆞ를 쓰ᄃᆡ '욕졔리손셔정낙양은형류현보친탁'[23]이라 쓰고 인하야 장씨와 츈랑을 쥬어 갈아ᄃᆡ, "ᄂᆡᄀᆞ 결의헌 고인 잇스니 전임 쳥주ᄌᆞ사 류현보라. 이 ᄉᆞ롬이 의긔가 하날에 ᄉᆞ못쳐 반ᄃᆞ시 저의 모자를 구졔하리니, 믄일 류ᄇᆡᆨ부의 거두어 보호양이오. 그 안희는 장시라, 일즉이 거자의 업[24]을 힘쓰더니 나히 삼십륙 셰에 ᄉᆞ급진졔[25]의 증식[26]되야 전함을 입으면 아ᄌᆞ를 교휵셩명케 하야 나의 밋지 모란 ᄯᅳᆺ슬 펴게ᄒᆞᆯ 거시오, ᄯᅩ 부인의 태긔 잇션 지 슈 월이니 ᄉᆡᆼᄌᆞᄉᆡᆼ녀간에 류ᄇᆡᆨ부의 보호함을 힘입어 의지하라." 하고 "ᄯᅩ 나 죽은 후 쳬ᄇᆡᆨ[27]을 부구시에 권죠[28]ᄒᆞ야 류ᄇᆡᆨ부게 뵈온 후 안장하기를 셔셔 도모하라." 하고 인하야 긔운이 ᄉᆡ진하니 오호애ᄌᆡ라. ᄌᆞᆼ씨와 츈랑이 통곡불승하고 유언을 의지하야 의금관곽을 갓조와 부구시에 권조ᄒᆞᆯ 시, 관하요속[29]덜이 더

20) 헌ᄃᆡ부 : 憲大夫, 정2품의 문무관의 품계.
21) 침음 : 沈吟, 속으로 깊이 생각함.
22) 반면지교 : 半面之交, 얼굴만 겨우 알 뿐이고 교제는 얕은 사이.
23) 욕졔리손셔정낙양은형류현보친탁 : 辱弟李遜書呈洛陽恩兄柳賢輔親親託, 못난 아우 이손, 은혜로운 형님께 글을 올립니다.
24) 거자의 업 : 擧子의 業, 과거를 보는 사람을 도와주는 일.
25) ᄉᆞ급진제 : 賜給振濟, 금품을 주어 구제함.
26) 증식 : 增殖, 늘어서 많아짐.
27) 쳬ᄇᆡᆨ : 體魄, 죽은 지 오래된 송장 또는 몸이나 육체.
28) 권죠 : 權厝, 좋은 묏자리를 구할 때까지 임시로 장사를 지냄.

욱 그 정상 가련하야 극력 비례[30]하야 칠칠이 지닌 후 모ᄌ 이 인이 여간 반젼[31]을 슈습하야 길을 ᄯᅥ나 촌촌 젼진하야 낙양현을 바라고 가니라.

각셜, 류자ᄉ 하로는 졍히 셔직에 안져 고셔를 보더니 홀연 보믹 먼 길에 풍을 젹거 쵸최남루헌 모ᄌ 두 사롬이 드러와 복디빅올하며 셔신을 올니거늘, 류자식 답례허고 일으ᄃ "현모자이 어ᄃ 계시며 날로 더부러 이 닉곳에셔 아랏던지 실로 긔억지 못허옵닉다." 츈랑이 일어 엿자오ᄃ, "소질과 모친은 일즉이 진졉[32]든 못허옵고 소질의 션군은 리손이요 자는 극양이오, 모친은 장씨오, 소질의 일홈은 은쳥이니, 본릭 셔월 사롬으로 변경에 우거ᄒ다가 진사힝신[33]으로 젼당현윤을 졔빅허여 부임ᄒᆫ 지 일 삭이 뭇허여 신고[34]허옵고 부친 임종시에 유언호ᄃ 낙양 류자식 릉히 너의 모자롤 구졔허리니 닉 유셔를 올니라 허옵기로 모지 불원쳔리허 허옵고 고[보]호 허옵시기를 바라나이다." 허고 서신을 드리거날 류자식 그 셔신을 바다보니 피봉의 '욕졔리손셔졍낙양은형온[35]류원보친탁'이라 허여는지라. 아모리 싱각허여도 그 사롬은 아지 못허고 밋츄어 셔신을 ᄯᅦ여본직 한 장 흰 조희 ᄲᅮᆫ니라. 류자식 놀나믈 마지 아니허고 좌사우상 허다가 심즁에 홀연 ᄭᅵ다라 일으되, "닉가 이졔 그 연고란 말홀 것 업고 져 모자로 하야금의지홀 곳이 잇도록 험이 평하다." 허고 류자식 인허여 셔신을 거두고 츈랑의 모자를 ᄃ허여 말하ᄃ, "리형이 과시 나와 결의ᄒᆫ 친구로 영귀ᄒᆫ 후 슈히 맛나볼ᄭ 허엿더니 인을 자 허ᄃ 하니 가하다. 이런고로 이졔 너의 모자는 나의 골륙지친이나 다름이 잇스리오?" 곳 왕부인계로 모자를 인도하야 릭력을 자셔히 말슴하고 장

---

29) 관ᄒ요속 : 管下僚屬, 관할하는 구역의 아래에 딸린 동료.
30) 비례 : 備禮, 예의를 갖춤.
31) 반전 : 盤纏, 먼 길을 가는 데 드는 비용.
32) 진졉 : 眞接, 직접 봄.
33) 진사힝신 : 進士行新, 관직의 하나임.
34) 신고 : 辛苦, 어려운 일을 당하여 몹시 애씀.
35) 온 : 실수로 들어간 글자로 보임.

씨는 왕부인과 동서의 례도 보옵고 츈랑은 자질[36]의 례로 뵈옵게 하고 인하야 남편 집 곁치를 뷔여 거접[37]하게 하고 의복, 음식과 긔명집물[38]에 업는 게 업시 낫낫치 쥰비하야 쥬미 장씨 모지 감격홈을 마지아니하더라. 류자사 쏘 신실훈 사람을 부려 젼당현에 가셔 리현윤의 령구를 반운[39]하야 신산[40] 자바 안장하게 지휘하니라.

이러구러 류자식 리씨 자 츈랑의 성정을 지닉여 보믹 직화[41]가 영민하고 겸하야 소심근신[42]하며 장씨부인의 덕셩이 온화하고 □문이 웅묵하믹 더욱 경즁하게 알너라. 하로는 류자식 졍히 왕부인으로 더브러 졍당에 안젓다가 츈랑이 압헤 와 문후홀 식 자사 마음에 사랑하야 왕부인을 딕하야 왈, "닉가 리씨자를 보건딕 의용과 지긔가 후일에 필연 크게 일울지라. 나도 져러훈 아자 하나만 잇스면 무삼 여한이 잇사리요?" 왕부인이 갈아딕, "쳡이 누차 상공게 현숙훈 부실을 두심을 권하딕 샹고이 불윤ᄒ시나 이졔는 졍히 샹공의 사쇽을 위하야 의남[43]홀 측실을 구하오리다." 자식 갈ᄋ딕 "닉 나은 비록 만으나 부인이 아즉 즁연이니 하날이 우리 류문을 쓴치지 아니하시면 부인이 달어지 싱휵[44]지 뭇하리요?" 말리 맛치믹 인하야 의당으로 나가거날 왕부인이 졍훈 뜻이 이믜 굿은지라. 당하에 즁릭하는 셜파를 불러 사연을 이르고 덕용[45] 겸비훈 여자를 방구[46]훈딕 셜파도ㅣ 응낙고 가더라.

---

36) 자질 : 子姪, 아들과 조카를 통틀어 이르는 말.
37) 거접 : 居接, 잠시 몸을 의탁하여 거주함.
38) 긔명집물 : 器皿什物, 집안의 살림살이에 쓰는 그릇을 통틀어 이르는 말.
39) 반운 : 搬運, 옮겨 나름.
40) 신산 : 新山, 새로 생긴 묘, 신묘(新墓)와 같은 말.
41) 직화 : 才華, 빛나는 재주. 또는 뛰어난 재능.
42) 소심근신 : 小心謹愼, 마음을 조심하여 말과 행동을 삼감.
43) 의남 : 義男, 아버지나 어머니가 서로 다른 아들.
44) 싱휵지 : 生慉, 낳아서 기름.
45) 덕용 : 德容, 좋은 평판.
46) 방구 : 訪求, 어떤 일에 쓸 사람을 널리 찾아 구함.

차셜, 변경 ᄀᆡ봉부 삼부현의 일위 현사 잇스니 셩은 ᄇᆡ요 일홈은 습이요 자는 요경이라. 나히 오□의 진ᄉᆞ츌신하ᄆᆡ 부인 정씨는 졸하고 다만 ᄯᆞᆯ 하ᄂᆞ만 나하 이름은 난숀이라. 나히 바야흐로 십오 셰라. 의용이 졀ᄃᆡ하고 자질이 유한하더라. 요경이 여러ᄒᆡ 량□으로 승임[47]하야 낭양자ᄉᆞ 졔ᄇᆡ하니 녀아를 다리고 부임하ᄆᆡ 이임ᄒᆞᆫ 지 반연의 졍ᄉᆞ가 말기가 물갓트여 ᄇᆡᆨ셩 사랑하기을 자식갓치 하ᄃᆡ 교화가 흡족하야 ᄇᆡᆨ성이 편안하고 소셩[48]이 ᄃᆡ작하ᄂᆞᆫ지라. 광음이 엄연하야 ᄯᅩ 류월염천을 향하야, 자ᄉᆡᆨ 공ᄉᆞ를 필하고 ᄂᆡ당에 드러와 낫밥을 먹고 집안 하인을 명ᄒᆞ야 ᄂᆡᆼ슈를 ᄉᆡ로 기러오라 ᄒᆞ야, 여아 ᄂᆞᆫ숀소져를 명ᄒᆞ야 물을 가져오라 ᄒᆞ야 연ᄒᆞ야 두 그릇슬 마시고 소져도 한 그릇슬 마시며 소졔 우으며 엿ᄌᆞ오ᄃᆡ, "부친이 찬물을 마니도 자시나니다." 자ᄉᆡᆨ 갈오ᄃᆡ, "나와 너는 이런 조흔 ᄂᆡᆼ슈를 어더 먹거니와 어려운 ᄯᆡ ᄲᅡ진 사람과 힘드는 농ᄉᆞᄒᆞᄂᆞᆫ ᄇᆡᆨ셩들은 이런 더운 날의 몸미 괴로울 ᄲᅳᆫ 아니라 죠흔 내[ᄂᆡᆼ]슈를 자죠 어더 먹지 못ᄒᆞ나니다. ᄯᅳᆺᄒᆞ건ᄃᆡ 사옥[49] 듕의 긔시 병젼[50]ᄒᆡ온 죄슈가 이 염쳔의 슈족의 질곡을 갓쵸고 볼 ᄉᆡ 불사ᄒᆞᆫ 져 죄슈가 참회의 변ᄒᆞᆫ 자도 업지 안으련니와 무비달련[51]으로 옥을 일우고 셰□으로 모라된 지 더욱 만흔지라. □한 셩셔의 관능함은 완졍[52]의 소□이니 ᄂᆡ가 그 죄슈를 보방코져 하노라." 소져 갈ᄋᆞᄃᆡ, "부친니 가히 후회허실지라. 져 죄슈ᄀᆞ 하마 불량헌 사ᄅᆞᆷ이 업지 아니하야 만일 소우[53]홈이 잇스면 누되미 젹지 아나홀가 하ᄂᆞ이다." ᄇᆡ자ᄉᆡᆨ 갈ᄋᆞ되, "아해 말리 올흐나 옥수를 이 셩염에 관ᄃᆡ홈이 ᄯᅩᄒᆞᆫ 아니치 못하리라." 하고 인하야 옥리의게 분부허

47) 승임 : 陞任, 직위가 오름.

48) 소셩 : 笑聲, 웃음소리.

49) 사옥 : 史獄, 감옥.

50) 병젼 : 두 가지 이상이 다 함께 온전함.

51) 무비달련 : 無備鍛鍊, 방비나 준비도 없이 반복하여 익숙하게 함.

52) 완졍 : 完整, 완전히 갖춤. 또는 완전히 갖추어져 있음.

53) 소우 : 疏虞, 조심하지 아니하여 잘못을 저지름. 또는 그 잘못.

여 죄슈의 질곡을 다 벅기고 옥중에 신쳐케 허고 옥문만 긴이 ᄌ슈허고 음식을 쥬라 하얏더니, 슈일이 지나매 졍히 칠월 쵸일이 되야 옥중에 고사을 지닉고 옥졸빅ᄀ 쥬병들 포식하 밤이 들도록 침취허여 ᄌᄂ 사이에 죄슈들이 다 화응하여 일졔이 쇄약54)을 파쇄허고 다 다라ᄂ지라. 날이 쉰 후에 비로쇼 찌다르니 빅자식 비로소 소져의 말 듯지 못홈을 뉘읏치나 잇지 못훌지라. 이 사건으토 샹사55)에 들이매 조졍에 쥬둘되야 조졍에ᄂ 이 죄슈롤 혈우후이하 ᄒ야 젼슈56) 부실홈 론난만 되야 힉도신57)을 ᄃ리시로 국문 58)국문 졍죄하기로 비하59)ᄒ니, 裵자사 녀ᄋ로 더부러 상경하야 ᄃ리옥60) 속에 춰슈61)ᄒ매, 소졔 슈식차쳔62)을 파라 봉슈구면63)으로 옥풍식음울 공궤할식 빅자식 쇠 한나에 경황ᄒ고 초64)롤 바드니 일야로 근심득병허여 음식을 젼폐하고 하로ᄂ 능졸에게 ᄌ걸ᄒ야 녀ᄋ를 보게 인진65)하믈 쳥하야 녀ᄋ를 붓들고 왈, “닉가 긔운이 막키여 금일은 븐다시 쥭을지라.” 누슈믄면ᄒ고 장탄수셩에 인허여 긔진ᄒ니, 난손소져 하날을 불너 통곡하며 곰옥관인의게 아비 시체를 물[묻]워달나 고소66)한ᄃ 옥관인이 쏘훈 가련이 여겨 즉시

54) 쇄약 : 鎖鑰, 자물쇠.
55) 샹사 : 上司, 윗등급의 관아 혹은 윗 관청.
56) 젼슈 : 前守, 전 지방관리.
57) 힉도신 : 該道臣, 해당 관찰사.
58) 국문 : 중복된 글자임.
59) 비하ᄒ니 : 批下하니, 조선 시대에, 전조(銓曹)에서 임금에게 관리 후보자를 세 사람 추천하여 올리면 임금이 그중 한 사람을 택하여 결재함.
60) ᄃ리옥 : 大理獄, '대리'는고대 중국에서 추포(追捕) · 규탄(糾彈) · 재판(裁判) · 소송(訴訟) 따위를 맡아보던 관아.
61) 춰슈 : 就囚, 옥에 갇힘.
62) 슈식차쳔 : 首飾硨釧, 여자의 머리에 꽂는 장식품과 옥으로 만든 가락지.
63) 봉슈구면 : 蓬首垢面, 흩어진 머리와 때가 낀 얼굴.
64) 초 : 招, 문초(問招).
65) 인진 : 引進, 이끌어 나아감.
66) 고소 : 告訴, 고하여 하소연함.

전품[67]하야 윤하된지라. 난손쇼졔 비록 윤논물 이스나 슈식차쳔도 다 업셔지고 부친에 시셰[체]를 옥문빠게 쓰러너여 노흐믹 간장이 다 사라지고 지원극통훈 정상을 뉘 알니오? 고지호텬후고 통곡긔절홀 쑨이라가 다시 싱각후고, '이 몸 훈낫을 종으로 팔렷스면 부친의 시체나 엄토후리라.' 후고 피발호곡[68]후며 년로[69] 방황후야 몸을 자믹허기로 부으지더니, 문득 한 로파 나아와 사연을 뭇거날, 빅소져 사상[70]을 일일리 고소훈딕 노파 쏘한 눈물을 흘니고 위로허며 일오딕, "소졔가 훤가녀즈로셔 금일에 부친을 위허여 몸을 자믹허나 남의 비복을 엇지 지으리오? 낙양 류자식 연로무스함으로 부실을 구허야 나의게 부탁이 잇스니 소져의 의향이 엇더허오리가?" 소졔 갈으딕, "닉가 부친을 위후야 비록 몸이 죽은들 사양홀 빅 잇스오리가?" 로파 드듸여 동힝허여온 간스인[71]을 안동허여 관곽의금을 가쵸와 셩외 북사의 헌안허고 소져를 일송교자의 닛와 함게 낙양현으로 향허여 가니, 노파는 원릭 왕부인의 보닌 바 설픽더라.

슈일만의 득달허야 셜픽 소져를 다리고 왕부인게 엿즈오믹 부인이 딕희허여 셩명을 무러보고 정결훈 쳐소를 정하야 거쳐하게 하고, 잇트날 류자식게 죵용이 말숨훈딕 류자식 갈으딕, "로[72]ㅣ 다만 두리건딕 닉 신명의 무자하야 비록 편방[73]을 두어도 맛참닉 업슬가 하미라. 부인게셔 이쳐럼 용심하시니 쏘헌 그 녀즈를 부르라." 훈딕 부인니 즉시 빅소져를 부르니 소져 나아와 자스게 직비하거날, 자식 훈 번 보고 마음의 혼오딕,[74] '차녀의 의용과

---

67) 전품 : 傳禀, 웃어른이나 또는 상사에게 아뢰어 여쭘.
68) 피발호곡 : 被髮號哭, 머리를 풀어 헤치고 소리를 내어 슬피 욺.
69) 년로 : 沿路, 큰 도로 좌우에 연하여 있는 곳. 연도(沿道)와 같은 말.
70) 사상 : 事狀/事相, 일이 되어 가는 형편이나 상황.
71) 간스인 : 幹事人, 일을 맡아 주선하고 처리하는 사람.
72) 로ㅣ : 老ㅣ, 내가.
73) 편방 : 便方, 원칙이나 정도를 벗어나서 쉽게 목적을 이루기 위해 사용하는 방법.
74) 혼오딕 : '혼자 생각하되'를 뜻하는 듯함.

동지[75]가 결다코 하등인이 아니라' 하고 문득 뭇ᄌᆞ오ᄃᆡ, "네 엇더ᄒᆞᆫ 집 녀ᄌᆞ며 무숨 사고로 몸을 자ᄆᆡ하려 하는다?" ᄇᆡ소졔 엿ᄌᆞ오ᄃᆡ, "쳔쳡의 셩은 ᄇᆡ오 명은 단숀이오 변경 소민의 ᄯᆞᆯ로 아비가 쥭어 엄토ᄒᆞᆯ 슈 업ᄉᆞ와 몸을 자ᄆᆡ하야 장사를 경영하옵나니다." 인하야 누수ㅣ 옥안의 빗기믈 ᄭᆡ닷지 못하ᄂᆞᆫ지라. 류자ᄉᆡ 침음양구하야 ᄯᅩ ᄉᆡᆼ각고 일오ᄃᆡ, "네가 본ᄅᆡ 신분을 긔이지 말고 나를 ᄃᆡ하야 낫낫치 바로 말하고 은휘치 말라. ᄂᆡ가 장차 네 근심을 업시ᄒᆞᆯ 도리 잇스로라."

ᄇᆡ소졔 류쟈사의 호의ᄅᆞᆯ ᄀᆞᆷ동하야 그졔야 부친의 양양ᄌᆞ사로 죄슈ᄅᆞᆯ 일코 왕욱[76]에 치폐[77]ᄒᆞᆫ ᄉᆞ실를 낫낫치 고소하온ᄃᆡ 류ᄌᆞᄉᆞ ᄃᆡ경실색하고 누슈교류하야 ᄇᆡᆨ슈에 져즈믈 ᄭᆡ닷지 못허고 일오ᄃᆡ, "가셕허도ᄃᆞ. ᄇᆡ사군의 쳥덕인애ᄒᆞᆷ으로 이러헌 억울헌 화픠를 당ᄒᆞᆷ이 엇지 ᄎᆞ홉지[78] ᄋᆞ니리오?" 소져를 ᄃᆡ허여 일으되, "소져ᄂᆞᆫ 아즉 ᄂᆡ 집 머물고 ᄂᆡ 장ᄎᆞ 존군을 위허어 길디를 구허여 안장케 허리라." 하고 즉시 외당으로 나아가 가인 시겨 변양셩에 보ᄂᆡ여 ᄇᆡ사군 영구를 이운케 허더니, 슈일을 지ᄂᆡ미 가인이 ᄇᆡ사군의 령구를 이운허여 득달ᄒᆞᆫ지라. 류자사 령연[79] ᄇᆡ셜할 쳐소를 정졔허게 수리허고 ᄇᆡᄌᆞᄉᆞ며 리현윤의 령구를 마져 권안허고 두령언을 ᄇᆡ셜하고 졔물 갓쵸워 치제, 위안ᄒᆞᆯ ᄉᆡ, 장씨ᄂᆞᆫ 츈랑으로 더불어 리현윤의 고연[80] ᄇᆡ젼[81]허고 류ᄌᆞᄉᆞᄂᆞᆫ 친히 난손소져를 다리고 ᄇᆡᄌᆞ사의 령연에 치젼[82]허고 풍수션

75) 동지 : 動止, 움직임과 멈춤.

76) 왕욱 : 王獄, 조선 시대에 의금부에 딸려 관인 및 양반 계급의 범죄자를 가두어 두던 감옥.

77) 치폐 : 致斃, 죽음에 이름.

78) ᄎᆞ홉 : 차홉, 주로 글에서 매우 슬퍼 탄식할 때 쓰는 말.

79) 령연 : 靈筵, 죽은 사람의 영궤(靈几)와 그에 딸린 모든 것을 차려 놓는 곳.

80) 고연 : '궤연'의 방언(충청). 죽은 사람의 혼령을 위하여 차려놓은 영궤와 영궤에 딸린 모든 물품을 이르는 말.

81) ᄇᆡ젼 : 拜奠,, 절하고 제사지냄.

82) 치젼 : 致奠, 사람이 죽었을 때에, 친척이나 벗이 슬퍼하는 뜻을 나타냄.

ᄉᆡᆼ을 청허여 깁디로 신정허여 납월 길일로 택일 안장허니라.

니러구러 세월리 여류허여 신연 정월리 되니 일일은 왕부인니 자사의게 엿ᄌᆞ오되, "세 ᄉᆡᆨ[83]니 임의 밧귀엿스니 ᄇᆡᆨ씨 여자를 복일셩친[84]허심을 청허나니다." 류ᄌᆞ사 부인의 말을 듯고 발연변ᄉᆡᆨ 왈, "텬하에 여자 만커널 ᄇᆡᆨ사군의 청덕으로 ᄒᆡᆼ로인[85] 흠경하ᄂᆞᆫ ᄇᆡ, ᄂᆡ 엇지 그 녀ᄌᆞ를 졈오[86]허리오? 류홍경이 마음에 잇스면 상텰[텬]이 감응허신다." ᄒᆞ고 ᄌᆞᆷ시 ᄉᆡᆼ각을 돌리여 사환을 분부허여 소져 부르라 허여 다시 염임[87]허고 다시 소져더러 일러 왈, "ᄂᆡ가 너의 부친보다 나이 놉고 ᄯᅩ ᄌᆞᆺ□ 자사벼살을 지ᄂᆡ여스나 ᄂᆡ가 ᄌᆞ식이 업스매 너ᄅᆞᆯ 슈양ᄒᆞᆫ ᄯᆞᆯ로서 하나니, 나와 부인께 다시 뵈이라." 소졔 황공감격허여 일여나 자ᄉᆞᄭᅴ 복디허고 이로부터 더욱 십분 효경허더라. 일일은 왕부인이 ᄯᅩ 자ᄉᆞᄭᅴ 엿ᄌᆞ오ᄃᆡ, "상공게셔 긔위 논손을 ᄯᆞᆯ로 정허오시니 ᄆᆞᆺ당이 아름다온 ᄉᆞ희ᄅᆞᆯ ᄐᆡᆨ허실지라." 왕문용이 상ᄇᆡᆨ허고, "ᄋᆞ즉 ᄌᆡ취ᄒᆞᆯ 곳을 정치 못ᄒᆞ엿스니 녀ᄋᆞ를 왕문과 정혼ᄒᆞᆷ이 엇더허오니가?" 자ᄉᆞ 미소 왈, "ᄂᆡ 족하의 ᄌᆡ취ᄂᆞᆫ 자여ᄒᆞᆯ 곳이 잇스련이와 녀ᄋᆞ의 ᄇᆡᆨ필 정함은 ᄂᆡ가 주장ᄒᆞᆫ ᄯᅳᆺ이 ᄯᆞ로 잇스니 부인은 우려 마옵소셔." 하고 류자사 즉시 길일 간ᄐᆡᆨ하야, 리현윤의 ᄋᆞᄌᆞ 츈랑으로 녀ᄋᆞ 난손소져와 ᄇᆡᆨ년가우를 결정허고, 부인과 밋 린리족쳑[88]을 ᄃᆡ허여 왈, "당쵸에 ᄇᆡᆨ사군이 화환[89]을 당허여 신고[90]허ᄆᆡ 그 녀ᄋᆡ 몸을 자ᄆᆡ[91]허여 그 부친을 장ᄉᆞ허려 허ᄆᆡ ᄂᆡ 엇지 그

---

83) 세 ᄉᆡᆨ : 三朔, 3개월.

84) 복일셩친 : 卜日成親, 점을 쳐서 좋은 날을 가리어 혼인함.

85) ᄒᆡᆼ로인 : 行路人, 오다가다 길에서 만난 사람이라는 뜻으로, 아무 상관이 없는 사람을 이르는 말.

86) 졈오 : 占汚, 차지하여 더럽힘.

87) 염임 : 斂衽, 삼가 옷깃을 바로잡고 정숙(靜肅)히 함, 곧 예의를 차리어 남을 대함의 비유.

88) 린리족쳑 : 隣里族戚, 이웃 동네 사람들과 성이 같거나 다른 사람들을 통틀어 이르는 말.

89) 화환 : 禍愋, 화를 당하여 한탄함.

불힝홈을 인허여 작톕허리오? 류홍경이 차라리 ᄌ식은 업슬지언정 결단코 빅사군의 쳥덕과 녀ᄋ의 지효헌 젼졍을 그릇치리오? 또 너질 왕문용은 비록 산업을 경긔허는 지죠가 잇스나, 공후의 녀식을 빅필되기 불합흔지라. 오직 나의 고인 젼당 리현윤의 영윤 은쳥이 ᄌ모가 쌍젼허고 벌열이 상젹허니 진실로 요됴슉녀의 군자호구92)라. 금일에 특별이 두 집 아름다운 연분을 믹즈니 졔공은 써 허되 엇덧타 허나잇가?" 중인이 일졔이 이러나 지비ᄒ여 왈, "상공의 지인디덕은 텬지 화휵93)허신는 은덕과 부합허오니 비록 쵸목금슈라도 감화치 아니허오리가?" 허고 찬탄홈을 마지 아니더라. 류자시 일변으로 신랑의 의식을 갓쵸와 츈랑을 입피고, 부인을 셜파로 허여금 난손소져롤 쳥장셩식94)으로 차환95) 슈십 인이 옹위허여 화문교빅셕96)에 임허여 젼안납폐97)롤 힝례롤 필허고 류자시 쳔금 장엄을 차려주고 또 인리족당을 디연으로 즐기고, 날리 져물믹 동방화촉에 신랑과 신부와 빅연 어슈지낙98)으로 훤이99) 허여 침변에 류공의 지인디덕을 감격홈이 골슈에 심입하더라.

잇튼날 믹상100)에 츈랑부뷔 일즉 이러나 장씨게 뵈오니 장시 츈랑부부롤

90) 신고 : 辛苦, 어려운 일을 당하여 몹시 애씀.

91) 자믹 : 自賣, 스스로 팖.

92) 요됴슉녀의 군자호구 : 窈窕淑女 君子好逑, '그윽하고 정숙한 숙녀는 군자의 좋은 짝이로다. 행실과 품행이 고운 여인은 군자의 좋은 배필이 된다'는 말.

93) 화휵 : 化慉, 천지자연의 이치로 만물을 만들어 기름.

94) 쳥장셩식 : 盛裝盛飾, 잘 차려입음. 또는 그런 차림.

95) 차환 : 叉鬟, 주인을 가까이에서 모시는 젊은 계집종.

96) 화문교빅셕 : 花紋交拜席, 꽃무늬 교배석, '교배석'은 전통 결혼식에서, 신랑과 신부가 서로 절하는 자리.

97) 젼안납폐 : 奠雁納幣, 혼인 때 신랑이 신부 집에 기러기를 가지고 가서 상위에 놓고 절하는 예와 신랑 집에서 신부 집에 푸른 비단과 붉은 비단을 보내는 일.

98) 어슈지낙 : 魚水之樂, 어진 임금과 신하가 서로 이해하고 돕는 즐거움. 여기서는 신랑과 신부가 서로 이해하고 돕는 즐거움의 의미로 사용됨.

99) 훤이 : '시원히'의 옛말.

100) 믹상 : 昧爽, 먼동이 틀 무렵.

다리고 류공계 낫ᄌᆞ와 뵈옵고 드듸여 삼싱제의[101] 폐빅을 갓초와 두 집 령연에 치졔허고 또 삼 일을 ᄃᆡ연하야 인리향당으로 즐기이다. 장씨와 츈랑부부는 일야로 분향암츅[102] 허기롤 류공의 일즉 귀ᄌᆞ를 두기롤 발원ᄒᆞ더라.

일일은 류자ᄉᆞ ᄒᆞᆫ ᄭᅮᆷ을 어드니 홀연 보ᄆᆡ 일위 관인이 머리에 오사복두[103]롤 쓰고 손에 ᄉᆞᆼ아을 쥐고 몸에 강홍[104] 죠복을 입고 옥ᄃᆡ[105] 슈욱으로 향젼시례[106] 허여 왈, "나는 양양자사 비습이오, 차위는 젼당 현륜 리손이라. 상졔게셔 우리 두 ᄉᆞ롬의 청츙홈을 어엿비 여기ᄉᆞ 나는 쳔하도셩황을 봉하시고 리공은 쳔됴부판관을 봉하옵시고, 상졔게옵셔 또 공의 지인ᄃᆡ덕을 감동하ᄉᆞ 삼십 연 슈한을 더하옵시고 벼살리 일품을 더하시고 귀ᄌᆞ 이인을 졈지하시니, 아등이 유명이 다르나 존공의게 자녀의 인권[107]되믈 입어 은혜 하날과 ᄀᆞᆺᄉᆞ오니 엇지 인ᄋᆡ롤 보효하오리가?" 리공이 또 ᄀᆞᆯ오ᄃᆡ, "ᄂᆡ 류공으로 더부러 교분이 업시 임종에 일지공함[108]으로 일편츙곡[109]을 고소허엿더니, 공이 ᄒᆞᆫ 번 보시고 ᄀᆡ연인의[110] 하야 양싱 송사에 텬ᄃᆡᄒᆞᆫ 은혜를 입숨고, 또 숙녀비필 아ᄌᆞ의게 쥬시니 엇지 써 홍은의 만일이나 ᄀᆞᆸᄉᆞ오리가? 이졔 형쳐[111]의게 유복 소녀 봉명 일곳 희복되오리니, 감이 써 장랑군

---

101) 삼싱제의 : 三生祭儀, 삼생(전생, 현생, 내생)을 두고 끊어지지 않을 부부의 인연을 비는 제의.

102) 분향암축 : 焚香暗祝, 향을 피워 신에게 마음속으로 기원함.

103) 오사복두 : 五絲幞頭, 다섯 가지 깁으로 짠 복두. '복두'는 과거에 급제한 사람이 홍패를 받을 때 쓰던 관(冠).

104) 강홍 : 絳紅, 오동씨 기름이 환원된 본디의 빛깔.

105) 옥ᄃᆡ : 玉帶, 임금이나 관리의 공복(公服)에 두르던 옥으로 장식한 띠.

106) 향젼시례 : 香篆施禮, 부처 앞에 향을 피우는 예를 베풂. '향전'은 절에서 시간을 재기 위하여 쓰던 향. 후에는 부처 앞에 향을 피우는 일을 이르게 됨.

107) 인권 : 引勸, 이끌어 권함.

108) 일지공함 : 一紙空函, 빈 봉투.

109) 일편츙곡 : 一片衷曲, 한 조각의 간절하고 애틋한 마음속.

110) 개연인의 : 蓋然引義, 확실하게 단정할 수 없지만, 그럴 것이라고 생각하여, 의리를 좇아서 행함.

의 출세 후 비필되기를 고하옵나이다. 공이 나를 며나리를 주시니 나도 또훈 공의 며나리로 갑삽나이다" 말이 맛츠미 공슈하고 즉별하거날, 류자ᄉ 황망이 전별홀 시 문턱에 걸쳐 별연이 ᄶ다르니 졍히 왕부인으로 더부러 상우에 누엇는지라. 자ᄉ 몽사를 믈삼하고 이상이 여기더라. 이튼날 장부인이 츈랑으로 더부러 왕부인끠 뵈일 시, 츈랑 모지 또훈 리현윤의 현몽훈 일이 잇셔 일일이 말솜하든 ᄎ에 왕부인이 또훈 ᄌ사의 몽죠를 말솜홈이 세 쑴이 젹합하니 더욱 차탄불이 하더라. 이튼날 장씨부인이 복즁이 이상하며 반향을 벼개에 의지허엿다가 삽시간에 일녀 탄싱하미 춘랑 급피 와 왕부인게 고하니 일변으로 식음을 나ᄋ와 장씨를 구호하더라. 이러구러 반월이 지너미 장씨 녀ᄋ를 안고 류빅부와 빅모게 뵈옵고 인하여 일홈을 봉명이라 하니라.

차셜, 왕부인 나히 임의 사십 셰에 홀연이 산홈훈[112] 음식 먹기를 즐기고 상시에 구역이 나니 일즉 싱산치 못홈으로 티긔인 쥴 몰르나 감히 약도 쓰지 못허고 슈월이 또 지나미 ᄌ연 티긔인 쥴 분명이 올지라. 세월이 용이허여 거연 십 식이 되미 슌산 제구를 쥰비허고 잇더니, 일일은 이향이 만실허고 션학이 요량[113]허며 부인이 복즁이 잠간 불평허더나 반시가 미만하야 일개 옥동을 탄싱하니, 향탕에 즉시 목욕허야 누이고 부인을 구호허더라. ᄌ사가 부인 슌산득남홈을 보고 훤희[114] 무량하며 일문이 다 깃거하고 사린[115]이 다 치하허더라. 삼칠이 지나미 아히 더욱 미슈목쳥[116]허고 십분 괴위[117]허더라.

차셜, 리춘랑이 부친 안장훈 후로 더욱 경에 잠심허여 일야로 공부에 젼

111) 형쳐 : 荊妻, 남에게 자기의 아내를 낮추어 이르는 말.
112) 산홈훈 : 酸한, 맛이 신.
113) 요량 : 嘹喨, 소리가 맑고 낭랑함.
114) 훤희 : '歡喜'의 오자인 듯함. 매우 기뻐함.
115) 사린 : 四鄰, 사방의 이웃.
116) 미슈목청 : 眉秀目淸, 눈썹이 빼어나고 눈이 맑음.
117) 괴위 : 魁偉, 체격이 장대하고 훤칠함.

력허여 류ᄇᆡᆨ부의 ᄃᆡ은을 보답허기로 쥬의허고 ᄯᅩ 류자ᄉᆞ의 인진ᄒᆞᆷ을 입어 국자감에 입학허여 츈긔 국시에 관광허기로 정허엿더니, 맛참 난손소져 의외 구정츄밀의 셔신이 일른지라. 원ᄅᆡ 소져의 외구 정츄밀이 셔천절도ᄉᆞ로 잇다가 슈월전에 ᄂᆡ이[118]허여 츄밀부ᄉᆞ로 환경하야 비로소 ᄆᆡ부 양양자사가 환란에 신고허고 ᄉᆡᆼ녀의 소식을 사쳐 탐문허여 낙양 류자사의 소식을 젹실이 듯고 소져의 부부를 마져 상경케 ᄒᆞᆷ이라. 당하에 츈랑부뷔 류자ᄉᆞ게이 사연을 품고ᄒᆞᆫᄃᆡ 류공이 ᄃᆡ희허여 츈랑부부와 장부인과 봉명소져를 일졔이 치ᄒᆡᆼ허여 경사 정츄밀게로 보ᄂᆡ여 셩친허게 쥰비하니, 장씨와 츈랑의 부뷔 봉명소져로 ᄒᆞᆷ게 발정상경ᄒᆞᆯ ᄉᆡ 환란여ᄉᆡᆼ으로 슈년ᄀᆞᆫ 류자사의 은혜로 가문이 정중하야 지ᄂᆡ다가 금일 경사로 향하ᄆᆡ 셥셥ᄒᆞᆫ 정회가 다시금 차마 ᄯᅥ나지 못ᄒᆞᆯ러라. 류공이 ᄯᅩ 츈랑부부를 ᄃᆡ하야 ᄌᆡ삼 부탁하되, "너의 부뷔 이번에 가ᄆᆡ 압길리 만리라. 우리 ᄂᆡ외ᄂᆞᆫ 집에 잇셔 안락하니 너의ᄂᆞᆫ 일즉 입신양명하야 조종을 빗ᄂᆡ고 문호ᄅᆞᆯ 창셩케 하라." 츈랑부뷔 ᄇᆡᆨᄇᆡ 하직하고 인마를 ᄀᆞᆺ쵸와 길ᄅᆞᆯ ᄯᅥ나 경사로 하니라.

ᄌᆡ셜, 류공ᄌᆞ의 일ᄒᆞᆷ을 텬우ㅣ라 지어 날이 가고 달이 가ᄆᆡ ᄇᆞᆯ셔 쳣돌이 지ᄂᆞᆫ지라. ᄒᆞ로ᄂᆞᆫ 유모가 텬우를 안고 양랑 종운으로 더부러 이웃에 나가노더니, 종운의 나이 십팔 세에 ᄌᆞ못 ᄌᆞᄉᆡᆨ이 잇더라. 이날 종운이 유모와 갓치 시ᄂᆡ가에셔 놀다가 유모가 종운다려 일러 왈, "봄바람 너무 부니 ᄂᆡ 드러가 ᄋᆞ기 옷슬 더 가져오마." 허며 텬우를 종운더러 안고 잇스라 허니 종운이 텬우ᄅᆞᆯ 바다 안거날 유모가 집의 가셔 옷과 ᄎᆞᆫ의[119]를 가지고 나온즉 공ᄌᆞ 텬우의 우ᄂᆞᆫ 소ᄅᆡ가 크게 나ᄂᆞᆫ지라. 유모 놀ᄂᆞ 급피 와셔 보니 종운이 ᄒᆞᆫ 손으로 텬우를 안고 ᄯᅩ ᄒᆞᆫ 손으로 텬우 머리ᄅᆞᆯ 연허여 부비거날, 유뫼 살펴보니 공ᄌᆞᄂᆞᆫ 그져 울기를 긋치지 아니허고 머리가 범톨만치 부릇텬ᄂᆞᆫ지라. 유모가 ᄃᆡ경ᄃᆡ로허여 손을 들어 종운의 ᄲᅡᆷ을 치며 ᄭᅮ지져 왈, "이년 네가

118) 내이 : 內移, 관찰사, 수령같은 외직에서 내직 곧 중앙으로 관직을 옮김.
119) 츤의 : 襯衣, 속옷.

ᄋᆞ기를 이ᄀᆞᆺ치 상허여스니 이 ᄋᆞ기가 엇더ᄒᆞᆫ ᄋᆞ기쥴 아ᄂᆞᆫ냐? 로야게셔 칠십 ᄉᆡᆼ남허신 귀ᄒᆞᆫ 아기를 네가 조심업시 이쳐럼 닷쳣스니 너를 로야ᄭᅴ 살와 죽어 보라." 허고 공ᄌᆞ를 안고 드러가니 공ᄌᆞᄂᆞᆫ 그져 우ᄂᆞᆫ지라. 종운이 일변 황겁도 허고 일변 분ᄒᆞᆷ도 발허여 말ᄃᆡ답 허되, "이 늘근 도야지 ᄀᆞᆺ튼 년아. 네가 공ᄌᆞᄅᆞᆯ 의세허고 이쳐럼 사람를 몹시 ᄌᆞ바 말허니 얼마나 ᄃᆞᆺ쳣기로 ᄉᆞ람를 이ᄀᆞᆺ치 치잡ᄂᆞᆫ야? 너ᄂᆞᆫ 공ᄌᆞ만 밋ᄂᆞᆫᄃᆞ만은 ᄂᆡ 원리부터 의심허얏다. 칠십 늘근이가 무삼 아들를 나을소? 뉘 아들인지도 모르ᄂᆞᆫ 것을 가지고 제 쓰ᄂᆞᆫ 모양 보기 실타." 허고 일시 분이여 말ᄃᆡ답은 허얏스나 종시 황겁허여 감히 들어오도 못허거날, 유모ᄂᆞᆫ 바로 도러가 자사께 고ᄒᆞᆫᄃᆡ, 자사 갈오ᄃᆡ, "ᄋᆞ기의 다친 것은 장차 나으려니와 종운의 말이 ᄯᅩᄒᆞᆫ 고이치 안은지라. 칠십에 ᄋᆞ들 낫다 ᄒᆞᆷ이 본ᄃᆡ 드문지라. 그러ᄒᆞ나 일시ᄀᆞᆫ 말ᄃᆡ답하느라고 차셔업시 ᄒᆞᆫ 망영된 말을 엇지 ᄃᆞ ᄐᆞᆫ하리오?" 유모가 종운의 소위를 ᄆᆡ우 분하여 ᄒᆞᆫ 바탕 어더마져 반즘 쥭을가 하얏더니 자ᄉᆡ 이처럼 너그럽게 용랍하시ᄂᆞᆫ지라. ᄒᆞᆯ 슈 업셔 스ᄉᆞ로 공ᄌᆞ를 인(고) ᄂᆡᄃᆞᆼ으로 드려가니라. 이날 류자사 부인으로 더부러 셕반 자시고 사랑 침실에 나아가 하인을 시겨 종운을 부르라 하니, 여러 종들이 헤오ᄃᆡ, '종운이 이졔ᄂᆞᆫ 쥭갯다. 공ᄌᆞ를 그처럼 다치고 말ᄃᆡᄃᆞᆸ를 그쳐럼 막하고 젼를 엇지ᄒᆞᆯ고?' 허며 일변 종운을 자바 ᄀᆞᆯ식 ᄆᆡ가 메쵸라기 훔치듯키 종운을 ᄌᆞ바 드일 ᄉᆡ, 류자ᄉᆡ 여러 로복을 다 각기 졔 쳐소로 보ᄂᆡ고 다만 종운만 머물러 두고 종운으로 하야금 (방문)를 걸라 하니 종운이 더욱 황겁하야 겨우 이러나 문을 걸며 정히 엇지 치죄ᄒᆞᆯ지 몰나 가삼 속에 일텬 잰나비 뒤놉ᄂᆞᆫ 듯 하더니, 자ᄉᆡ 종운을 불러 압ᄒᆡ ᄀᆞᆺ가이 안치고 일오ᄃᆡ, "사람이 능히 ᄉᆡᆼ육지 못ᄒᆞᆷ은 남녀 교졉ᄒᆞᆯ 졔 정력이 쇠미하야 실상이 잇지 못ᄒᆞ미라. 만일 정력이 왕셩ᄒᆞ면 비록 늘거도 능히 ᄉᆡᆼ휵하나니, 네가 □ᄌᆞ의 말ᄃᆡ답ᄒᆞ느라고 칠십 늘(그)니가 무삼 ᄋᆞᄒᆞᆫ를 만드러슬고 (허)며 다른 종자ᄅᆞᆯ 비러왓다, 셩 ᄃᆞ른 ᄋᆞ힌가보ᄃᆞ 하ᄂᆞᆫ를 심지어 세상ᄉᆞ람에 의혹이 나게 ᄒᆞ니, ᄂᆡ 이졔 밤에 널로 하야금 ᄂᆡ가 ᄋᆞ들를 낫켄

나 못 낫켄나 알게 하야 네에 의심하던 마음과 세상ᄉᆞ람의 밋지 안케된 일을 푸러버릴리라." 하고 이 이에 종운 ᄃᆞ리고 침실에 나ᄋᆞ가 동침하고 날리ᄉᆡᆨᄆᆡ 종운 스사로 나가거날, 자ᄉᆡᆨ 곳 ᄂᆡ당에 이르러 부인께 이 말을 고ᄒᆞᆫᄃᆡ, 부인은 다만 우스며 유모와 모든 가환을 시켜 종운 불너ᄂᆡ여 슈식차쳔을 쥰비하야 관례시켜 ᄌᆞᄉᆞ와 부인게 현신하고 인하야 별실을 삼으니, 일문 상하가 다 질거하며 혹은 외우 안져 말허기를, "상공이 일싱에 정경쳥범으로 허더니 이번 죵운의게ᄂᆞᆫ 시럽다." 허더라.

차셜, 종운이 밤에 자ᄉᆞ를 뫼시고 곳 잉태허여 십 삭만에 일ᄀᆡ옥동을 나니 부인이 급히 산모와 ᄋᆞ희롤 구원허여 향탕에 목욕허여 누이ᄆᆡ, 홀연 문외에 ᄉᆞ람이 들내고 거마가 낙역[120]허며 리춘랑이 장원급졔 ᄒᆞ여 이믜 풍악을 ᄀᆞᆽ츄며 어사화를 사급ᄒᆞ시ᄆᆡ 일로ᄡᅥ 류자ᄉᆞ게 헌슈ᄒᆞᆷ이라. 차인이 ᄯᅩ 셔신을 올니거롤 자ᄉᆡᆨ 바라보니 그 글에 허엿스되, "소질의 고아, 과부가 ᄇᆡᆨ부게 의탁허여 잔명을 보젼허미 족허거늘, ᄇᆡᆨ부의 ᄃᆡ덕으로 드듸여 셩명[121]허기에 이러ᄉᆞ오니, 이ᄂᆞᆫ 다 ᄇᆡᆨ부의 주신 바라. 이ᄅᆡ에 ᄇᆡᆨ주와 ᄇᆡᆨ모주 기쳬후인강[122] 허옵시나잇가? 소질이 죰간 슈유를 쳥ᄒᆞ여 정셩을 펴고져 허되 동궁에서 정허옵기로 아즉 쳥유롤 못허엿ᄉᆞ와, 어사호옵신 슐를 올녀 ᄇᆡᆨ게 헌슈허옵고 ᄯᅩ 어사허옵신 궁화 이ᄃᆡᄂᆞᆫ 현□ 텬우를 주어 일후에 과거ᄒᆞᆯ 징죠롤 허옵나이다." 류공이 어주와 궁화를 가지고 부인과 ᄀᆞᆽ치 즐거ᄒᆞᆯ ᄉᆡ, 공직 궁화를 깃거허여 궁화를 가져 머리에 ᄭᅩᆽ고 희류허더니, 자ᄉᆡᆨ 즉시 회답을 써 깃븐 ᄯᅳᆺ슬 치ᄒᆞ허고 ᄎᆞᄌᆞ 탄싱ᄒᆞᆫ 말를 긔별ᄒᆞ니라. 광음이 여류ᄒᆞ야 아ᄒᆡ ᄂᆞᆫ 지 삼칠이 지나ᄆᆡ 일홈을 텬셕이라 ᄒᆞ고 자를 몽뢰라 ᄒᆞ다. 형졔 날로 졈졈 장셩ᄒᆞ여 십분 총명ᄒᆞᆫ지라. 나히 육칠 셰 되ᄆᆡ 어진 스승 마져옴

---

120) 낙역 : 絡繹, 사람이나 수레의 왕래가 끊이지 않음.

121) 셩명 : 成名, 명성을 떨침.

122) 기쳬후인강 : '氣體候一向萬康'의 오자인 듯함. 기력과 신체가 한결같이 편함. 웃어른께 올리는 편지에서 문안할 때 쓰는 말.

을 바라더라. 쏘 더욱 상텬의 비우[123]허시물 감동하야 리텬의 교량 놋키와 험헌 길 수축허기며 빈곤훈 사람의 양싱송사[124] 허는딕 음덕을 널리 힝ᄒᆞ더라.

지셜 리장원이 서울의 유허여 정츄밀 부인 위씨로 더부러 사젼졀도ᄉᆞ로셔 츄밀부사가 되야 거경하미 다만 쏠 하나이 잇스니, 일홈은 소연이라. 싱질부부를 마자 부즁에 잇스미 십분 애즁하더라. 리장원이 급졔훈 후로 시강[125] 벼살에 잇셔 주소경연에 참예허여 깁히 황태ᄌᆞ의 경허심인 바든 지 십 년이 되미, 진종황졔 붕허시고 인종황졔 즉위하사 ᄉᆞ부지은으로 더욱 우례ᄒᆞ사, 리은쳥으로 례부상셔를 제슈하ᄉᆞ 일품에 진급허시고, 류홍경의 덕의를 감동하사 류홍경은 원관으로 삼급 승차하시고 례부상셔 리을[은]쳥은 반 년 말미를 주시여 셩친소분[126]후에 복직케 하시고 젼당현윤 리손은 리부승셔를 츄증하고 양ᄌᆞᄉᆞ 빅습은 복직을 츄복ᄒᆞ시니, 리상셔가 예궐사고[127] 하고 장로부인과 비부인과 봉명소져를 훔게 졍츄밀의게 ᄌᆞ별허고 낙양으로 향허여 갈식 각지 슈령들리 영졉차로 쥰비훔이 미우 굉장허더라.

리상셰 상경훌 ᄯᅢ에는 오히려 약관으로셔 도라와션 이믜 ᄃᆡ신이 되고 쏘 나히 겨우 삼십 셰라. 낙양길에 관광허는 지 슈풀ᄀᆞᆺ치 다 류공의 ᄃᆡ덕을 칭송ᄒᆞ더라. 당하에 리상 셔권이 바로 류공 문하에 이르러 하마허미, 류공이 향을 비셜허고 영졉훌 식 삼호만세[128] 허미 장로부인과 리상셔와 비부인이 급[129]의옥ᄃᆡ로 봉명소져를 다리고 압헤 나와 비복현알허여 홍은을 사례허

123) 비우 : 庇佑, 편들어서 감싸 주고 보호함. '비호(庇護)'와 같은 말.
124) 양싱송사 : 養生送死, 부모를 생전에는 잘 봉양하고 사후에는 후하게 장사를 지냄.
125) 시강 : 侍講, 왕이나 동궁의 앞에서 학문을 강의함.
126) 셩친소분 : 成親掃墳, '성친'은 출세하여 부모의 명예를 높임, '소분'은 오랫동안 외지에서 벼슬하던 사람이 친부모의 산소에 가서 성묘하던 일.
127) 예궐사고 : 詣闕辭告, 대궐 안으로 들어 고함.
128) 삼호만세 : '山呼萬歲'의 오자인 듯함. 나라의 큰 의식에 황제나 임금의 축수를 표하기 위하여 신하들이 두 손을 치켜들고 '만세'를 일제히 외치던 일.
129) 급 : '금'의 오자.

니, 류공이 양공ᄌᆞᄅᆞᆯ 명허여 장로부인과 상셔부부ᄅᆞᆯ 보게 허니 즁인이 다시금 ᄃᆡ덕후복을 촌송허고, 드듸여 어사하신 치졔물품을 가져 ᄇᆡ공과 리공의 분묘에 나아가 치졔 130)소분하고 도라오니, 류공이 ᄯᅩ 장로부인게 말슴허여 봉명소져로 장공ᄌᆞ 텬우의 비필를 지으니 ᄇᆡ부인이 다시 이러ᄂᆞ 엿ᄌᆞ오되, "외구 졍추밀의 녀아 소연으로 버금 ᄋᆞ우 텬석의 ᄇᆡ필을 졍허옵시면 소노가 츄밀게 엿ᄌᆞ와 두 집 연분을 맷사이다." 류공이 더욱 깃거허더라.

이러에 텬우의 년광 십오 셰 되ᄆᆡ 리씨 봉명소져로 쳥혼ᄒᆞ고 십륙 셰에 과거허고, 텬석은 십ᄉᆞ 셰에 진사허여 형제 동방에 등과ᄒᆞ니라. 류공의 나히 임의 팔십이라. 텬석을 졍츄밀의 녀ᄋᆞ 소연으로 납치하야 두 ᄋᆞ들이 각기 오자이녀ᄅᆞᆯ 두엇더라.

일일은 류공 ᄭᅮᆷ에 ᄇᆡᄌᆞᄉᆞ와 리현윤이 뵈이며 텬상 옥경131)의 오르시믈 고하더니, 이튼날 류공이 스사로 명이 다흠을 알고 분향졍좌132) ᄒᆞ여 ᄋᆞ모 병도 업시 엄언이133) 졸셔134)ᄒᆞ시니라. 상셔부뷔 친부모갓치 심상135) 삼 년 ᄒᆞ야 그 은덕을 갑프니라. 이후에 리상셔의 ᄎᆞ자로 외가 ᄇᆡ씨 봉사ᄅᆞᆯ 밧들게 ᄒᆞ야 셰 집 ᄌᆞ손이 셰셰 상승하야, 류텬우ᄂᆞᆫ 평장사에 이르고 텬석은 어사ᄃᆡ부에 이르러 낙양에 셰 집 과환136)과 셰덕이 면면하야 ᄃᆡᄃᆡ 부귀하니다. 류자사의 덕으 일운 ᄇᆡ러라. 옛말에 일르되 젹션지가에 필유여경137)이라 하니 셰상ᄉᆞ람은 이 류자ᄉᆞ의 일을 감ᄒᆞᆯ지어다.

(完)

130) 치졔 : 致祭, 임금이 제물과 제문을 보내어 죽은 신하를 제사 지내던 일. 또는 그 제사.
131) 옥경 : 玉京, 하늘 위에 옥황상제가 산다고 하는 가상적인 서울.
132) 분향졍좌 : 焚香正坐, 향을 피우고 몸을 바르게 하고 앉음.
133) 엄언이 : '儼然히'의 오자인 듯함. 사람의 겉모양이나 언행이 의젓하고 점잖게.
134) 졸셔 : 卒逝, 죽어서 멀리 감.
135) 심상 : '三喪'의 오자. 부모의 상을 당해 삼 년 동안 거상하는 일.
136) 과환 : 科宦, 과거에 급제한 벼슬아치.
137) 젹션지가에 필유여경 : 積善之家必有餘慶, 선한 일을 많이 한 집안에는 반드시 남는 경사가 있다는 뜻으로, 좋은 일을 많이 하면 후손들에게까지 복이 미침을 의미.

3. 『청루의녀전』

青청樓루義의女녀傳전

이젼 장안셩 ᄂᆡ 시뎡 즁에 비싱이라 ᄒᆞᄂᆞᆫ ᄉᆞ람이 잇스니 그 사람은 방년이 이십오 셰에 풍치가 미려ᄒᆞ나 마암은 츄루ᄒᆞ야 것흐로는 관후하고 속으로ᄂᆞᆫ 졸직[1]ᄒᆞᆫ 고로 사람들이 모다 비단쥬먼이에 기ᄉᆡᆼ[2]이라고 지목ᄒᆞ더니, 기후에 각국 물화를 교환ᄒᆞ여 상리를 도모ᄒᆞᆯ ᄎᆞ로 호조에 돈 오쳔 량을 청득ᄒᆞ야 가지고 여러 상고들과 동힝ᄒᆞ야 즁원 북경에 드러간즉, 인물의 번화ᄒᆞᆷ과 가텩의 장려ᄒᆞᆷ은 실노 심목을 놀ᄂᆡᄂᆞᆫ지라. 스ᄉᆞ로 싱각ᄒᆞ되, '이졔 나ᄂᆞᆫ 히우편방[3]에 일ᄀᆡ 빈한 셔싱으로 이러한 뎨셩[4] 문물의 번화ᄒᆞᆷ을 엇더 구경ᄒᆞ고 ᄯᅩᄒᆞᆫ 나의 아름다온 풍치와 다슈ᄒᆞᆫ 은ᄌᆞ가 잇슨즉 족히 남아의 평싱 ᄯᅳᆺ을 맛치리로다.' ᄒᆞ며 말께 의지ᄒᆞ야 두로 단이며 구경ᄒᆞᆯ 세, 홀연 한

---

1) 졸직 : 拙直, 성격이 고지식하고 주변이 없음.
2) 비단쥬먼이에 기ᄉᆡᆼ : 겉모양은 그럴듯하게 번드르르하나 내용은 흉하거나 추잡함을 비유적으로 이르는 말.
3) 히우편방 : 海隅偏邦, 바다의 한구석 멀리 외따로 동떨어져 있는 나라.
4) 뎨셩 : 帝城, 황제가 있는 나라의 서울. '황성'과 같은 말.

곳을 바라본즉 쥬란화각5)이 좌우에 벌여잇고, 그 문 우ᄒᆡ 금ᄌᆞ로 방을 부쳣ᄂᆞᆫᄃᆡ '일야에ᄂᆞᆫ 은ᄇᆡᆨ량, 이ᄇᆡᆨ량'이라 ᄒᆞ고 '혹 팔십 양, 구십 량'이라 슨지라.

ᄇᆡᄉᆡᆼ이 홀노 혜오ᄃᆡ, '이ᄂᆞᆫ 창녀의 ᄌᆞ식으로 고ᄒᆞ를 등분ᄒᆞ여 갑슬 정ᄒᆞᆷ이로다.' ᄒᆞ고 눈을 들어 ᄉᆞ면을 살펴보니 영롱ᄒᆞᆫ 쥬렴6) 속에 옥빈화용7)들이 혹쥬렴을 것고 안졋기도 ᄒᆞ며 혹 난간을 의지ᄒᆞ야 셧기도 ᄒᆞ야, 장안 ᄃᆡ도를 구버보며 왕ᄅᆡᄒᆞᄂᆞᆫ 힝ᄀᆡᆨ을 지졈ᄒᆞᄂᆞᆫ지라. ᄇᆡᄉᆡᆼ이 그 광경을 보ᄆᆡ 신혼8)이 호탕하야 눈을 뎡치 못ᄒᆞ고 멀니 ᄯᅩ 한 곳을 바라보니 푸른 버들은 들이워 문을 가리엿고 블근 잉도화ᄂᆞᆫ 난만ᄒᆞ야 담을 덥헛ᄂᆞᆫ데, 운창누각이 표연이 반공에 소ᄉᆞ 향긔로온 바람이 사람□ 업습ᄒᆞᄂᆞᆫ지라. ᄯᅩᄒᆞᆫ 그 ᄃᆡ문 우혜 금ᄌᆞ로 ᄃᆡ셔ᄒᆞ기를 '일야에 쳔금이라' ᄒᆞ엿거늘 ᄇᆡᄉᆡᆼ이 마암에 혜오ᄃᆡ, '그 갑시 이러케 고등ᄒᆞᆫ즉 그 미인의 아름다옴은 가히 알지로다. 방츈 ᄉᆞᆷ월에 화류를 구경ᄒᆞᄂᆞᆫ데 능이 뎨일 명화를 썩거 가지지 못ᄒᆞ면 엇지 풍류의 운치라 ᄒᆞ리오?' ᄒᆞ고 드ᄃᆡ여 말을 몰아 그 ᄃᆡ문에 들어가 소식을 통ᄒᆞᆫ즉 량ᄀᆡ 차환이 나와 압흘 인도ᄒᆞ야 마져들이ᄂᆞᆫ지라. 겨오 즁문 지나 정하에 일은즉 나히 이팔즘 된 일 미인이 록의홍상으로 봉미슈당혜9)를 ᄭᅳᆯ고 시녀의게 붓드여 계하에 나려 읍ᄒᆞ고 마져 당상에 올으ᄆᆡ, 그 ᄇᆡᆨ미교ᄐᆡᄂᆞᆫ 진짓 ᄭᅩᆺ치 부그리고 달이 시긔ᄒᆞᆯ 듯 ᄒᆞ여 셔시와 양귀비가 ᄯᅩᄒᆞᆫ 이에 지나지 못ᄒᆞᆯ너라. 비단 장막을 것고 산호 평상 우혜 좌정ᄒᆞᆫ 후 옥반에 쥬효10)를 갓쵸와 나오ᄆᆡ 모다 인간의 등한ᄒᆞᆫ11) 마시 아니러라. 그 미인이 금루ᄉᆞ12) 일 곡

---

5) 쥬란화각 : 朱欄畫閣, 단청을 곱게 하여 아름답게 꾸민 누각.

6) 쥬렴 : 珠簾, 구슬 따위를 꿰어 만든 발.

7) 옥빈화용 : 玉鬢花容, 옥 같은 귀밑머리와 꽃같은 얼굴이라는 뜻으로, 젊고 아리따운 여자의 얼굴을 이르는 말.

8) 신혼 : 神魂. 정신과 넋을 아울러 이르는 말.

9) 봉미슈당혜 : 鳳尾繡唐鞋, 봉황의 꼬리를 수놓은 비단으로 신울을 만든 가죽신. '당혜'는 예전에 사용하던 울이 깊고 앞 코가 작은 가죽신, '신울'은 신발의 양쪽 가에 댄, 발등까지 올라오는 울타리.

10) 쥬효 : 酒肴, 술과 안주를 아울러 이르는 말.

으로 슐을 권ᄒᆞ다가 원앙검금13)에 나아가 운우지몽14)을 일우니, 그 환흡15) ᄒᆞᆫ 낙은 예전 쵸양왕의 장ᄃᆡ지낙16)에 ᄉᆞ양치 아니ᄒᆞ너라.

스ᄉᆞ로 츈소17)가 심히 절음을 한ᄒᆞᄆᆡ, ᄉᆞ창이 점점 발금을 ᄊᆡ닷지 못ᄒᆞ야 침장에셔 ᄉᆡᆼ각ᄒᆞ여 왈, '나의 가진 바 오쳔 량 은ᄌᆞ 가하 상귀18)ᄒᆞᆯ 바 아니오, 일만 년 셰상 ᄌᆞ미가 도시 여긔 잇도다.' ᄒᆞ고 인ᄒᆞ야 오 일을 유슉ᄒᆞᄆᆡ 은ᄌᆞ가 임의 진ᄒᆞᆫ지라. ᄇᆡᆨᄉᆡᆼ이 그 미인을 ᄃᆡᄒᆞ야 쳬연이 눈물을 흘니며 왈, "우리 량인의 은졍은 비록 무궁ᄒᆞ나 ᄒᆡᆼ락19)이 임의 뷔엿스니 오즉 낭ᄌᆞᄂᆞᆫ 쳔만보즁ᄒᆞ라. 나ᄂᆞᆫ 일로 좃ᄎᆞ 이별ᄒᆞ노라." ᄒᆞᆫᄃᆡ, 미인이 염용20) ᄃᆡ왈, "ᄂᆡ 진실노 금일에 일으러 이 말ᄉᆞᆷ이 잇슬쥴 아온지라. 쳡의 회포를 말ᄒᆞ고ᄌᆞ ᄒᆞ면 말이 심이 장황ᄒᆞ나 맛당히 그 ᄃᆡ강을 베풀어 랑군의 불상이 여김을 구ᄒᆞ리이다." 하고 왈, "쳡이 근본 양가녀자로 부모를 ᄂᆞᆫ즁에 일코 로상으로 바장이며 호곡ᄒᆞ다가, 인ᄒᆞ여 이 쥬인 창모의게 슈양ᄒᆞᆫ 바 되어 쳡의 나히 겨오 십숨 세에 일으ᄆᆡ ᄌᆞ못 절ᄉᆡᆨ의 일홈이 잇ᄂᆞᆫ지라, '난쵸의 향긔로온 풀이 혹여 봉졉의 탐향ᄒᆞᄂᆞᆫ 폐가 잇슬가' 렴려ᄒᆞ야 쳔금의 놉흔 갑스로 방을 걸고 일ᄇᆡᆨ 창녀의 우혜 놉히 거ᄒᆞᄆᆡ, 그 갑시 너무 ᄐᆡ과ᄒᆞᆫ 연고로 비상21)에

---

11) 등한ᄒᆞᆫ : 등한다, '예사로운', '범상한'의 예말.

12) 금루ᄉᆞ : 金縷詞, 1778년(정조 2) 민우룡(閔雨龍)이 지은 가사로, 전생의 숙연(宿緣)과 현세의 열애와 원정(怨情)을 다 말하고, 마침내는 내세로 돌아가 안주처를 구하려는 내세동귀(來世同歸)를 서약하는 사랑의 노래임.

13) 원앙검금 : 鴛鴦錦衾, 원앙을 수놓은 비단으로 만든 이불.

14) 운우지몽 : 雲雨之夢, 남녀간의 육체적으로 어울이는 정.

15) 환흡 : 歡洽, 즐겁고 흡족함.

16) 초양왕의 장ᄃᆡ지낙 : 옥황상제에게 죄를 짓고 인세(人世)에 내려온 초양왕은 무산 아래 양대에서 선녀들을 만나는 꿈을 꾼 것을 이름.

17) 춘소 : 春宵, 봄철의 밤.

18) 상귀 : 翔貴, 물건 값이 뛰어오름. 등귀(騰貴)와 같은 말.

19) 힝락 : 行樂, 잘 놀고 즐겁게 지냄.

20) 염용 : 斂容, 자숙하여 조심스러운 몸가짐을 함.

21) 비상 : 非常, 뜻밖의 긴급한 사태.

일 졈 잉혈22)을 보존ᄒᆞ엿다가 금일에 비로소 랑군을 만난지라. 랑군이 외국의 잠시 력려과ᄀᆡᆨ으로 이갓치 ᄌᆡ물을 경히 여기고 ᄉᆡᆨ을 즁이 여기ᄉᆞ 먼져 고등향명23)을 졈득ᄒᆞ시니 그 풍류와 긔개를 가히 알니로다. 지금 랑군의 오쳔 량은 은ᄌᆞ가 족히 창모의 양육ᄒᆞᆫ 은혜를 갑흘지니 쳡이 랑군을 ᄯᆞ라 고국에 도라가 길이 긔최24)의 역ᄉᆞ25)를 밧들가 원ᄒᆞ나니다." ᄒᆞᆫᄃᆡ, ᄇᆡᄉᆡᆼ이 그 말을 듯고 ᄀᆡᆺ부믈 이긔지 못ᄒᆞ여 ᄆᆡᆺ친 듯 취ᄒᆞᆫ 듯 의혹을 뎡치 못ᄒᆞ야 슈일을 지ᄂᆡ더니, 미인이 그 창모의게 고ᄒᆞ여 왈, "모친의 양육ᄒᆞᆫ 은혜ᄂᆞᆫ 머리털을 ᄲᆡ여도 능히 갑흘 슈 업스나 여자가 장셩ᄒᆞ면 반다시 츌가ᄒᆞᆷ은 사람의 ᄯᅥᆺᄯᅥᆺᄒᆞᆫ 일이오, 임의 장부에게 허신ᄒᆞᆫ 후ᄂᆞᆫ 부창부슈26)가 녀ᄌᆞ의 도리라. 쳡이 이제 ᄉᆞ람을 죳치ᄆᆡ ᄉᆞᆷ강의 엄ᄒᆞᆷ이 일우이고 오륜의 즁ᄒᆞᆷ이 갓쵸인지라. 바라나니 모친은 쳡으로ᄡᅥ ᄉᆡᆼ각지 마압고 만셰에 무강ᄒᆞ소셔." ᄒᆞᆫᄃᆡ, 그 창모가 ᄯᅩᄒᆞᆫ 만류ᄒᆞᆯ 말이 업고 그쳐에 잇ᄂᆞᆫ 청루미녀들이 모혀 와서 셔로 젼별ᄒᆞ며 ᄎᆡᆨᄎᆡᆨ27) 칭션ᄒᆞ여 왈, "이 ᄉᆞ람의 졍졍유한28)ᄒᆞᆫ 죠ᄒᆡᆼ29)이 진실노 우리 등의게 비ᄒᆞᆯ 바 아니라." ᄒᆞ고 각각 금 ᄇᆡᆨ으로ᄡᅥ 셔로 쥬되, 일일이 ᄉᆞ례코 밧지 아니ᄒᆞ고 그 창모가 오쳔 량 은ᄌᆞ 즁에 반을 난호와 쥬나 ᄯᅩᄒᆞᆫ 밧지 안이ᄒᆞ며, 다만 일신의 ᄯᆞᆯ닌 물건만 가지고 ᄇᆡᄉᆡᆼ을 ᄯᆞ라 져근 슈ᄅᆡ에

---

22) 잉혈 : 鶯血, 여자의 팔에 꾀꼬리의 피로 문신한 자국으로, 성교를 하면 이것이 없어진다고 하여 처녀의 징표로 여겼음.

23) 고등향명 : 高等香名, 높은 수준의 꽃다운 처녀. '향명'은 향기로운 이름이라는 뜻으로, 꽃다운 처녀의 이름을 비유적으로 이르는 말.

24) 긔최 : 箕帚, 쓰레받기와 비를 아울러 이르는 말로, 여자가 누군가의 아내가 됨을 이르는 말. '기추'의 옛말.

25) 역ᄉᆞ : 役事, 원래는 토목이나 건축 따위의 공사를 의미하지만, 여기서는 혼인이라는 중요한 일의 의미로 쓰임.

26) 부창부슈 : 夫唱婦隨, 남편이 주장하고 아내가 이에 잘 따름. 또는 부부 사이의 그런 도리.

27) ᄎᆡᆨᄎᆡᆨ : 嘖嘖, 크게 외치거나 떠드는 소리.

28) 정정유한 : 靜貞幽閑, 부녀의 정조가 바르고, 태도나 마음씨가 얌전함.

29) 죠ᄒᆡᆼ : 操行, 태도와 행실을 아울러 이르는 말.

올나 푸른 치마로 그 머리를 덥흘다름이러라.

이ᄯᆡ ᄇᆡᆨᄉᆡᆼ은 마상에 놉히 안져 락ᄆᆡ곡[30]을 노ᄅᆡᄒᆞ며 셩문 밧게 나아온즉 동ᄒᆡᆼᄒᆞ여 온 장ᄉᆞᆷ리ᄉᆞ[31]들은 금쥬보ᄑᆡ를 무역ᄒᆞ야 슈ᄅᆡ에 실어 각각 행장을 차리ᄆᆡ 그 무역ᄒᆞᆫ 바 물화가 심히 부셩ᄒᆞ더라. 사람들이 ᄇᆡᆨᄉᆡᆼ의 행식이 여ᄎᆞᄒᆞᆷ을 보고 셔로 힐칙ᄒᆞ여 왈, "그ᄃᆡ가 천금을 허비ᄒᆞ여 일ᄀᆡ 녀ᄌᆞ를 밧구와 도라오니, 그 녀ᄌᆞ가 능히 금을 나을손야? 호조에 쳥ᄃᆡᄒᆞᆫ 돈은 장ᄎᆞ 무엇으로 판랍[32]하며 각쳐 변리[33]ᄂᆞᆫ 엇지 마감ᄒᆞᄌᆞ ᄒᆞᄂᆞᆫ요?" ᄒᆞᆫᄃᆡ, ᄇᆡᆨᄉᆡᆼ이 그 말을 들으ᄆᆡ ᄭᅮᆷ을 쳐음 ᄭᆡ인 듯 ᄒᆞ야 ᄎᆞᄐᆞᆫᄒᆞᆷ과 후회ᄒᆞᆷ을 마지 아니ᄒᆞ여 ᄇᆡᆨ급을 느르고져 ᄒᆞ니 그 ᄉᆞ함됨이 어리셕음은 이를 미루여 가히 알네라.

그렁져렁 압녹강을 다다라는 륙디를 발이고 ᄇᆡ에 올나 슈로로 ᄒᆡᆼᄒᆞᆯ ᄉᆡ, 겻ᄇᆡ에 잇ᄂᆞᆫ 리ᄉᆡᆼ이라 ᄒᆞᄂᆞᆫ ᄌᆞ이 그 미인의 용모를 보고 심신이 황홀ᄒᆞ야 여취여광[34]ᄒᆞᆫ 마음으로 가만이 ᄇᆡᆨᄉᆡᆼ을 청ᄒᆞ야 먼져 그 마음을 탐지ᄒᆞᆯ ᄎᆞ로 말ᄒᆞ여 갈오ᄃᆡ, "텬하에 보ᄇᆡᄂᆞᆫ 미인에셔 지남이 업ᄂᆞᆫᄃᆡ 그ᄃᆡ가 능히 엇어ᄉᆞᆫ즉 집에 도라가 규중에 깁히 감쵸고ᄌᆞ ᄒᆞᄂᆞᆫ야, 즁가을 밧고 팔고져 ᄒᆞᄂᆞᆫ요?" ᄒᆞᆫᄃᆡ, ᄇᆡᆨᄉᆡᆼ이 머리를 슉이고 장탄ᄒᆞ며 왈, "비록 팔고져 ᄒᆞ나 살 자이 없슬가 두려ᄒᆞ며 집에 감초와 두고져 ᄒᆞ나 스ᄉᆞ로 보젼치 못ᄒᆞᆯ가 염여ᄒᆞ노라." 리ᄉᆡᆼ이 마음에 착급[35]하여 실정으로 고하야 왈, "죽을 ᄉᆞ람의게 살 약은 본ᄅᆡ 갑시 업나니 이졔 ᄂᆡ 심즁에 품은 병은 반다시 져 미인이 아니면 능히 곳칠 슈 업고 ᄯᅩᄒᆞᆫ 살 슈 업ᄂᆞᆫ지라. 그ᄃᆡ가 만일 갑슬 밧고져 ᄒᆞᆯ진ᄃᆡ

---

30) 락ᄆᆡ곡 : 落梅曲, 옛날의 적곡(笛曲)이름으로, 진(晉)나라 환이(桓伊)가 젓대를 잘 불어 落梅花曲을 지었다고 함.

31) 장ᄉᆞᆷ리ᄉᆞ : 張三李四, 장씨(張氏)의 셋째 아들과 이씨(李氏)의 넷째 아들이라는 뜻으로, 이름이나 신분이 특별하지 아니한 평범한 사람들을 이르는 말.

32) 판랍 : 辦納, 금전이나 물품을 이리저리 변통하여 바침.

33) 변리 : 邊利, 남에게 돈을 빌려 쓴 대가로 치르는 일정한 비율의 돈.

34) 여취여광 : 如醉如狂, 너무 기쁘거나 감격하여 미친 듯도 하고 취한 듯도 하다는 뜻으로, 이성을 잃은 상태를 비유적으로 이르는 말.

35) 착급 : 着急, 몹시 급함.

ᄂᆡ게 팔기를 허락ᄒᆞᆷ이 엇더ᄒᆞᆫ요? ᄂᆡ ᄒᆡᆼ즁에 잇난 물화가 슈만 금어치에 지나되 맛당이 그ᄃᆡ의게 몰슈히 쥴이라.”ᄒᆞᆫᄃᆡ, ᄇᆡ싱이 그 말을 듯고 ᄃᆡ희하여 왈, “ᄂᆡ 마암은 그러하려니와 미인의 ᄯᅳᆺ이 엇더ᄒᆞᆯᄂᆞᆫ지 알 슈 업슨즉 아모커나 가셔 의론하여 보리라.” 하거늘 리싱이 더욱 착급ᄒᆞ여 갈오ᄃᆡ, “일을 맛당이 더듸게 말지니 죠흔 소식을 엇어 급히 와셔 통긔ᄒᆞ라.” 하니라.

이ᄣᆡ ᄇᆡ싱이 ᄌᆞ긔 션창즁에 도라와 부슈침음[36]ᄒᆞ며 장우단탄으로 무슴 말을 ᄒᆞ랴다가 쥬져ᄒᆞ여 능히 말을 ᄒᆞ지 못ᄒᆞ거늘, 미인이 그 ᄉᆞ식을 보고 무러 갈오ᄃᆡ, “랑군은 무슴 슬푼 회포가 잇셔 이갓치 번뢰ᄒᆞᄂᆞᆫ요?” ᄒᆞᆫᄃᆡ, ᄇᆡ싱이 움을쥼을 ᄒᆞ며 말ᄒᆞ기를, “져 ᄇᆡ에 잇ᄂᆞᆫ 쟈ᄂᆞᆫ 그 풍류와 부귀가 나에 슈ᄇᆡᆨ ᄇᆡ나 지나ᄂᆞᆫ ᄉᆞ람이라.” ᄒᆞ며 ᄯᅩ 쥬져ᄒᆞ거늘 미인이 고히 여겨 그 연고를 ᄌᆡ촉ᄒᆞᆫᄃᆡ, ᄇᆡ싱이 얼골을 바로 들지 못ᄒᆞ야 다른 데를 도라보며 ᄃᆡ답ᄒᆞ되, “나ᄂᆞᆫ 당쵸에 이런 ᄯᅳᆺ이 업노라.” ᄒᆞ며 ᄯᅩ 쥬뎌ᄒᆞ거늘 미인 왈, “그 무슴 일인지 ᄌᆞ셔히 말슴ᄒᆞ시오. 무엇시 얼여와 쥬뎌ᄒᆞᆯ 바 잇스릿가?” ᄇᆡ싱이 부득이 ᄒᆞ야 머리를 슉이고 자리를 손으로 ᄯᅳ드며 왈, “져 사람이 낭ᄌᆞ의 ᄌᆞ식을 보고 만만금어치 보화로 밧구고져 ᄒᆞ되, 나ᄂᆞᆫ 당쵸에 그 ᄯᅳᆺ이 업노라.” 미인이 말을 듯기를 다하ᄆᆡ 홀연 량협[37]에 불근 빗치 나며 쌍누 죵횡하야 옷깃을 젹시며 호희장탄[38] 왈, “명도[39]의 궁흠믈 가히 억지로 ᄒᆞᆯ 슈 업도다.” ᄒᆞ며 눈물을 거두고 도로혀 깃버 ᄒᆞᄂᆞᆫ 쳬 ᄒᆞ야 우스며 왈, “빈쳔ᄒᆞᆫ 자를 발이고 부귀ᄒᆞᆫ 남ᄌᆞ를 좃침이 나에 소원이나 인물을 ᄆᆡᄆᆡᄒᆞᆷ이 가히 허소치 못ᄒᆞᆯ지라. 명일 아참 발션ᄒᆞᆯ ᄣᆡ에 여러 사람을 ᄃᆡᄒᆞ야 흥셩[40]을 명ᄇᆡᆨ히 ᄒᆞ야 피ᄎᆞ간 후회가 업게 ᄒᆞ라.” ᄒᆞ니, ᄇᆡ싱이 미인을 말을 진실ᄒᆞᆫ 마음으로

---

36) 부슈침음 : 俯首沈吟, 고개를 숙이고 속으로 깊이 생각함.

37) 량협 : 兩頰, 두 뺨.

38) 호희장탄 : 獻欷長歎, 한숨을 지으며 길게 탄식함.

39) 명도 : 命途, 운명과 재수를 아울러 이르는 말로, ‘명수(命數)’와 같은 말.

40) 흥셩 : 興成, 물건을 사거나 팔기 위하여 품질이나 가격 따위를 의논함을 의미하며, ‘흥정’과 같은 말.

알고 만심환희 ᄒᆞ야 급히 리싱의게 통긔ᄒᆞ니라.

익일 아참에 여러 ᄉᆞ람들이 강두에 둘너셔셔 각기 션복41)을 치힝홀 세 미인이 단장과 의복을 션명ᄒᆞ게 ᄒᆞ고 선두에 나셔 워여 왈, "엇던 ᄉᆞ람이 나를 다려갈 사람인요?" ᄒᆞᆫᄃᆡ, 리싱이 젼도이 나와 갈오ᄃᆡ, "ᄂᆡ가 곳 그 ᄉᆞ람이로라." ᄒᆞ고 ᄇᆡ를 셔로 갓가이 ᄃᆡ이미, 미인이 ᄇᆡ싱을 갈아쳐 리싱의 ᄇᆡ로 보ᄂᆡ고 리싱을 마져 ᄇᆡ싱의 ᄇᆡ로 오게 ᄒᆞᆫ 후 드ᄃᆡ여 각각 ᄇᆡ를 ᄯᅴ여 여행홀 세, 미인이 선두에셔 멀니 ᄇᆡ싱더러 일너 왈, "금보ᄂᆞᆫ 업다가도 잇거니와 은정이야 ᄭᅳᆫ엇다가 다시 이을손야? ᄂᆡ가 눈이 잇셔도 동자가 업셔 양의 가쥭을 범의 가쥭으로 보아쓰니 이는 도시 나의 박명ᄒᆞᆫ 연고라, 다시 누를 원망ᄒᆞ리요마는 당쵸에 즁로에셔 길을 고칠 쥴 알아든들 엇지 쳔 리에 셔로 죠ᄎᆞ미 잇스리오. 도라보건ᄃᆡ 무엇시 한 번 쥭기가 얼여와 랑인의게 몸을 허ᄒᆞ리오? 져 만리장강은 가히 나의 원한을 쳔츄에 흘니리라." ᄒᆞ고 드ᄃᆡ여 강에 ᄲᅡ져 쥭은지라.

슬푸고 가련토다, 이 미인의 신세여. 그 졀긔와 의긔는 가히 쳔고 졍열에 부인을 붓그릴 바 업셔 후인에 모범이 되려니와, ᄇᆡ싱의 위인과 힝ᄉᆞ를 보게드면 엇지 가통코 가셕지 안으리오? 이ᄯᅢ 강상에셔 관광ᄒᆞ던 쟈 뉘 아니 차악히42) 여기며 탄상치 아니ᄒᆞ리오? ᄇᆡ싱과 리싱이 ᄯᅩᄒᆞᆫ 어이업고 일변 창황망죠43)ᄒᆞ여 각각 도망ᄒᆞ여 가니라.

그 후 메칠 후에 미인의 령혼이 그 근쳐 ᄉᆞ공에게 현몽ᄒᆞ여 왈, "나는 일젼에 투강이ᄉᆞᄒᆞᆫ 미인이거니와 ᄂᆡ 몸에 ᄯᅡᆯ닌 보ᄇᆡ가 잇스니 그ᄃᆡ는 가히 그 보ᄇᆡ를 취ᄒᆞ고 ᄂᆡ 시신을 뭇어달나." ᄒᆞ거날, 그 ᄉᆞ공이 ᄭᅮᆷ을 ᄭᅵ여 익일 아참에 강변에 나아가 물밋흘 슈탐ᄒᆞ야본즉 과연 그 미인이 당쵸에 ᄲᅡ지던 곳에 잇스되 용모가 싱시나 달음업더라. 그 의상을 풀고 본즉 비록 모다 금슈

---

41) 션복 : 船卜, 뱃짐, 배에 싣는 짐.
42) 차악히 : 嗟愕히, 슬픈 일을 당하여 몹시 놀란 상태로.
43) 창황망죠 : 蒼黃罔措, 너무 급하여 어찌할 수가 없음.

의복44)이나 별노 보화라고 헐 것이 업고, 다만 일ᄀᆡ 금낭45)이 ᄆᆡ여 잇스되 물에 져져셔 안팟치 달나붓터 그 속에ᄂᆞᆫ 아모 것도 업ᄂᆞᆫ 것 갓튼지라. 드ᄃᆡ여 풀어다가 벽상에 걸어두고 관곽을 갓쵸아 강 어구에 뭇고 표목46)을 세운 후 쥬과를 베푸러 그 혼백을 위로ᄒᆞ니라.

그후 일일은 무슈ᄒᆞᆫ 션쳑이 문밧 강변에 ᄃᆡ이ᄆᆡ 엄연이 일위 관인의 모양인ᄃᆡ 그 츄죵이 심히 만터라. 드ᄃᆡ여 그 ᄉᆞ공에 집에 이르러 무러 갈오ᄃᆡ, "너의 집에 필경 긔이ᄒᆞᆫ 보ᄇᆡ가 잇거니와 너의 집에 두어셔ᄂᆞᆫ 쓸 ᄃᆡ 업슨즉 즁가을 밧고 팔나." ᄒᆞᆫᄃᆡ ᄉᆞ공이 심히 경아ᄒᆞ야 창황이 ᄃᆡ답ᄒᆞ야 왈, "강촌 어부의게 무슴 보ᄇᆡ가 잇ᄉᆞ오릿가?" 그 관인이 ᄉᆞ공을 도라보며 우셔 갈오ᄃᆡ, "이 보ᄇᆡᄂᆞᆫ 이러케 쓰ᄂᆞᆫ 것이되 써도 궁진ᄒᆞᆷ이 업ᄂᆞᆫ니라." ᄒᆞ며 인ᄒᆞ야 들 가온ᄃᆡ 잇ᄂᆞᆫ 소ᄶᅡ지 모다 ᄉᆞ공을 쥬고 검낭을 가져가니라.

ᄃᆡ져 ᄇᆡ싱으로 말ᄒᆞ게드면 당쵸에ᄂᆞᆫ 어이 그리 오활47)ᄒᆞ고 나죵에ᄂᆞᆫ 어이 그리 비루ᄒᆞᆫ고? 만일 ᄇᆡ싱으로 ᄒᆞ야금 당초에 ᄯᅳᆺ을 변치 아니ᄒᆞ엿든덜 그런 보ᄇᆡ와 그러케 아름다온 ᄉᆞ람을 모다 보젼ᄒᆞ얏슬 터이오, ᄯᅩᄒᆞᆫ 쳥츈 녀ᄌᆞ로 쳔츄에 원혼이 되지 아니 ᄒᆞ얏슬지라. ᄉᆞ람의 어리석고 무졍ᄒᆞᆷ이여, 눈압헤 뵈이ᄂᆞᆫ 져근 리를 취ᄒᆞ야 큰 의리를 져바리ᄂᆞᆫ 지, 엇지 고금에 ᄇᆡ싱 ᄲᅮᆫ이리오만은 ᄇᆡ싱의 일은 족히 의론ᄒᆞᆯ 것 업거니와 그 미인의 잡은 바 마ᄋᆞᆷ과 ᄒᆡᆼᄒᆞᆫ 바 일은 가히 효측ᄒᆞᆯ 만 ᄒᆞ기로 근일 경박ᄌᆞ뎨들과 창가소부들에게 ᄃᆡ하여 공고하노라.

完

---

44) 금슈의복 : 錦繡衣服, 수를 놓은 비단으로 만든 아름답고 화려한 옷.

45) 금낭 : 錦囊, 비단으로 만든 주머니.

46) 표목 : 標木 : 어떤 것을 표지하기 위하여 세우는 말뚝.

47) 오활 : 迂闊, 사리에 어둡고 세상 물정을 잘 모름.

4. 『보응』

보응

젹션ᄒᆞ면 여경이 잇고 젹악ᄒᆞ면 여앙이 잇ᄂᆞ니라.

본의환금인득ᄌᆞᄒᆞ고 립심매수반슈쳐를
셰간유유텬공교ᄒᆞ야 션악분명불가긔를[1)]

이 글뜻을 ᄒᆡ셕ᄒᆞᆯ진ᄃᆡ 금을 엇어셔 본쥬를 차자주고져 ᄒᆞ다가 인ᄒᆞ여 ᄌᆞ긔의 일헛던 아ᄃᆞᆯ을 ᄎᆞᆺ고 형슈를 ᄑᆞᆯ고져 ᄒᆞ다가 인ᄒᆞ여 ᄌᆞ긔의 ᄉᆞ랑ᄒᆞᄂᆞᆫ 쳐를 일헛ᄂᆞᆫ지라. 이거슬 볼진ᄃᆡ 셰상에 다만 하ᄂᆞ님이 우희 계시샤 션ᄒᆞ고 악ᄒᆞᆫ 거슬 ᄉᆞᆲ히신즉 분명히 속일 수 업다 ᄒᆞᄂᆞᆫ 뜻이러라.

이ᄯᆡᄂᆞᆫ 방츈화시[2)] 호시졀이라. 삼월은 이믜 반과ᄒᆞ고 ᄇᆡᆨ화ᄂᆞᆫ 만발이라. 동풍은 온화ᄒᆞ고 텬긔ᄂᆞᆫ 쳥량ᄒᆞᆯ제 겸ᄒᆞ여 시화셰풍[3)]의 태평가가 란만하다.

---

1) 본의환금인득ᄌᆞᄒᆞ고 립심매수반슈쳐를 셰간유유텬공교ᄒᆞ야 션악분명불가긔를 : 本意還金因得子 立心賣嫂反遺妻 世間唯唯天工巧 善惡分明不可欺.

2) 방츈화시 : 方春和時, 바야흐로 봄이 한창 화창한 때.

경셩 동문밧 쳥운ᄉᆞᄂᆞᆫ 경쳐도 졀승ᄒᆞ거니와 문 외 슈 리ᄃᆡ[4]에 잇셔셔 공경대부의 은퇴여가와 탕ᄌᆞ호ᄀᆡᆨ[5]의 흥도[6] ᄒᆞᄂᆞᆫ ᄯᅢ에ᄂᆞᆫ ᄆᆡᄆᆡ히 이 곳에 삼삼오오로 작반유람 ᄒᆞᄂᆞᆫ고로 이 졀 승려들이 셩ᄂᆡ ᄉᆞ대부와 부ᄀᆡᆨ호상을 모다 친ᄒᆞ더라.

일일은 그 졀에 무근의 텬화[7]가 니러나셔 동학[8]이 일시에 회록[9]을 당ᄒᆞ여 ᄉᆞ즁 졔승이 간신히 몸을 구ᄒᆞ엿스나 잠시 우거ᄒᆞᆯ 곳도 급ᄒᆞ거니와 뎨일 시급ᄒᆞᆫ 거시 불상을 뫼실 곳이 업ᄂᆞᆫ지라.[10]

여러 승려들이 의론ᄒᆞ고 굿즁패[11]를 ᄭᅮ며가지고 문안에 여러 아ᄂᆞᆫ 각 부호에 가셔 권션ᄒᆞ여 시조[12]를 거두어다가 ᄉᆞ원을 즁슈ᄒᆞ고, 쳣재ᄂᆞᆫ 부처님의 풍우를 면ᄒᆞ시게 하고 둘재ᄂᆞᆫ 승려들의 한슉을 면케 ᄒᆞᄂᆞᆫ 거시 샹칙이라 ᄒᆞ고, 일변각식을 셜비ᄒᆞ여 가진 풍악에 긔괴ᄒᆞᆫ 연극을 ᄭᅮ며 가지고 문안으로 향ᄒᆞᄂᆞᆫᄃᆡ, 연로에셔 집집에 사ᄅᆞᆷ사ᄅᆞᆷ이 모다 늙은이를 붓들며 아ᄒᆡ들을 ᄭᅳ을고 나와셔 구경들을 ᄒᆞᆫ다.

이ᄯᅢ에 동문 압혜 ᄒᆞᆫ 사ᄅᆞᆷ이 잇스니 셩은 리오 명은 ᄇᆡᆨ옥이라. 일즉 부모가 도라가고 아오, 형뎨를 ᄃᆞ리고 잇스니, 큰 아오ᄂᆞᆫ 즁옥이오 ᄉᆞᆺ헤 아오ᄂᆞᆫ 계옥이라. ᄇᆡᆨ옥은 고양에 사ᄂᆞᆫ 왕씨에게 쟝가들어 일즉 ᄒᆞᆫ 아ᄃᆞᆯ을 ᄉᆡᆼᄒᆞ엿고,

---

3) 시화세풍 : 時和歲豐, 나라가 태평하고 풍년이 듦.
4) ᄃᆡ : 곳이나 장소를 뜻함.
5) 탕ᄌᆞ호ᄀᆡᆨ : 蕩子豪客, 방탕한 사나이와 기운을 뽐내는 사람.
6) 흥도 : 興到, 감흥이 일어남.
7) 텬화 : 天火, 하늘이 내린 불이라는 뜻으로, 저절로 일어난 불을 이르는 말.
8) 동학 : 同學, 한 학교나 한 스승 아래서 같이 공부함. 또는 그런 사람.
9) 회록 : 回祿, 화재.
10) 매회 끝은 '(미완)'으로 끝나고, 매회의 시작은 '젹션ᄒᆞ면 여경이 잇고 젹악ᄒᆞ면 녀앙이 잇ᄂᆞ니라. (쇽)'으로 시작됨. 여기서는 이 부분을 생략했음.
11) 굿즁패 : 염불도 하고, 사물도 연주하며, 춤도 추면서 시주를 청하던 놀이패.
12) 시조 : 施助, 자비심으로 조건 없이 절이나 승려에게 물건을 베풀어 주는 일, 시주(施主)와 같은 말.

즁옥은 양씨를 취ᄒᆞ엿스며, 계옥은 년긔가 오히려 어린고로 아즉 취쳐치 아니ᄒᆞ엿더라. 형데 즁에 즁옥은 다만 술이나 ᄎᆔᄒᆞ고 잡기로 세월을 보ᄂᆡ며 그 안ᄒᆡ 양씨도 ᄯᅩᄒᆞᆫ 셩힝이 불션ᄒᆞ여 왕씨로 더브러 동셔간 화락치 못ᄒᆞ더라.

이날에 홀연 일종 풍악소ᄅᆡ가 먼곳으로브터 점점 ᄀᆞᆺ가오며 쿵쾅소ᄅᆡ에 일동남녀가 무슴 급ᄒᆞᆫ 일에 쫏겨가ᄂᆞᆫ 것ᄀᆞᆺ치 각각 신을 것구로 신으며 밋쳐 문을 찻지 못ᄒᆞ여 더듬으며 업더지며 잣바지며 그 무엇인가 셔로 무르며 ᄯᅱ여 나가니, 이ᄂᆞᆫ 다른 것이 아니라, 곳 청운ᄉᆞ 승려들의 ᄉᆞ민 굿즁패러라. 번잡 말은 다 ᄒᆞᆯ 것 업[13]

각셜 리ᄇᆡᆨ옥이 다만 일 ᄌᆞ를 두엇스니 일홈은 희동이라. 나히 정히 칠 셰에 긔골이 쥰슈ᄒᆞ고 얼골이 관옥ᄀᆞᆺᄒᆞᄆᆡ ᄇᆡᆨ옥의 부쳐ㅣ 보옥ᄀᆞᆺ지 ᄉᆞ랑ᄒᆞ더니, 이날 남녀로쇼 일동이 구경에 정신을 일코 아희의 업ᄂᆞᆫ 거슬 니졋더라. 이날 일쟝 분요[14]를 지내고 져녁 밥을 ᄃᆡᄒᆞ여보니 집안 식구가 다 잇스나 다만 희동 일 인이 업ᄂᆞᆫ지라. ᄇᆡᆨ옥의 부쳐ㅣ 그제야 급히 대문 밧그로 나가셔 ᄉᆞ면 부르며 일동[15]을 모다 돌어도 종적이 업ᄂᆞᆫ지라. ᄒᆞᆯ 일 업시 그날 밤을 지내니 ᄆᆞᄋᆞᆷ이 번뇌ᄒᆞ며 가슴이 ᄐᆞ는 듯 ᄒᆞ다가 날이 ᄇᆞᆰ은 후에 굿즁패의 간 곳마다 ᄯᆞ라가며 종적을 탐문ᄒᆞ여도 형영[16]을 볼 수 업ᄂᆞᆫ지라. 수 일을 지내ᄆᆡ ᄇᆡᆨ옥이 울민[17]ᄒᆞᆷ을 ᄎᆞᆷ지 못ᄒᆞ여 그 니웃 부쟈의 집에 가셔 ᄌᆞ본 몃ᄇᆡᆨ 환을 ᄎᆔᄒᆞ여 동협과 남즁으로 ᄃᆞᆫ니며 각기 디방 소산물품을 무역ᄒᆞ여 쟝ᄉᆞ를 ᄒᆞ며 ᄋᆞ희의 거ᄎᆔ를 탐지ᄒᆞ더니, 이러구러 삼ᄉᆞ 년을 왕ᄅᆡᄒᆞ며 비록 리[18]ᄂᆞᆫ 적이 ᄂᆞᆷ엇스나 아희의 음신[19]은 묘연ᄒᆞᆯ지라.

---

13) 2회의 마지막 문장이 완성되지 않은 채 마무리됨.

14) 분요 : 紛擾, 어수선하고 소란스러움.

15) 일동 : 一洞, 한 동네.

16) 형영 : 形影, 형체와 그림자를 아울러 이르는 말.

17) 울민 : 鬱悶, 마음이 답답하고 괴로움.

18) 리 : 利, 이익.

날이 졈졈 오랠ᄉᆞ록 ᄉᆡᆼ각이 더옥 ᄀᆞᆫ절ᄒᆞ여 일일은 ᄇᆡᆨ옥이 두 아오와 그 안ᄒᆡ 왕씨를 작별ᄒᆞ고 집을 ᄯᅥ나셔 다시 장ᄉᆞ를 경영ᄒᆞᆯ 식, 길에셔 ᄒᆞᆫ 사ᄅᆞᆷ을 맛나나 곳 ᄌᆞ본이 넉넉ᄒᆞᆫ 사람인ᄃᆡ 함경도로 왕ᄅᆡᄒᆞ며 포상[20]을 크게 ᄒᆞᄂᆞᆫ 쟈ㅣ라. ᄇᆡᆨ옥의 위인을 ᄒᆞᆫ번 보고 그 진실ᄒᆞᆷ을 밋으며 그 상리에 ᄇᆞᆰ음을 탄복ᄒᆞ여 ᄒᆞᆷᄭᅴ ᄃᆞᆫ니기를 쳥ᄒᆞ거ᄂᆞᆯ, ᄇᆡᆨ옥이 ᄒᆞᆫ연히 허락ᄒᆞ고 ᄒᆞᆷᄭᅴ 영업ᄒᆞᆫ 지 수삭에 일일은 그 ᄌᆡ쥬[21]가 ᄇᆡᆨ옥ᄃᆞ려 닐ᄋᆞᄃᆡ, "물화를 만히 무역ᄒᆞ여 가지고 평안도 의쥬에 가셔 북경으로 왕ᄅᆡᄒᆞᄂᆞᆫ 쟝ᄉᆞ와 당물화[22]도 교환ᄒᆞ고, ᄯᅩ 덕쳔에셔 나는 쥬항라[23]ᄂᆞᆫ 경셩과 남즁[24]에셔 귀ᄒᆞ게 넙ᄂᆞᆫ 것이라. 만히 무역ᄒᆞ여다가 ᄆᆡ매ᄒᆞ여 리익이 늠ᄂᆞᆫ 날 수로지공을 후히 갑흘 터이니 그ᄃᆡ ᄒᆞᆷᄭᅴ 감이 엇더ᄒᆞ뇨?" ᄇᆡᆨ옥이 닐아ᄃᆡ, "우리 ᄀᆡ위 동ᄉᆞ[25]ᄒᆞᆫ 지 수 삭에 셔로 의합ᄒᆞ니 무슴 일이든지 가히 리익이 될 만ᄒᆞᆫ 것이 잇스면 엇지 수고를 앗기리오?" ᄒᆞ고 두 사ᄅᆞᆷ이 물건을 슈습ᄒᆞ여 길을 ᄯᅥ나 여러 날만에 의쥬에 니ᄅᆞᄆᆡ, 물식이 심히 번화ᄒᆞ고 ᄇᆡᆨ물이 풍후ᄒᆞ나, 다만 그ᄯᅢ에 맛츰 그곳이 흉년이 되어 장ᄉᆞ의 일이 흥왕치 못ᄒᆞᆷ으로 즉시 도라오지도 못ᄒᆞ고 여러 ᄒᆡ를 두류ᄒᆞ니, ᄇᆡᆨ옥은 졀믄 사ᄅᆞᆷ이라 오ᄅᆡ ᄀᆡᆨ디에 이스ᄆᆡ ᄌᆞ연 챵가에 수ᄎᆞ 츌입을 ᄒᆞ엿더니, ᄋᆡᆨ운이 미진ᄒᆞ여 일신에 풍류창[26]을 올닌지라.[27] 일노 인ᄒᆞ여 집으로 도라올 낫도 업고 ᄯᅩᄒᆞᆫ 쟝ᄉᆞ일이 여의치 못ᄒᆞᄆᆡ ᄌᆡ쥬에게도 오

19) 음신 : 音信, 먼 곳에서 전하는 소식이나 편지.

20) 포상 : 布商, 베를 팔던 장사. 또는 그런 장수.

21) ᄌᆡ쥬 : 財主, 재산이나 재물의 임자.

22) 당물화 : 唐物貨, 예전에, 중국에서 들어온 물건을 이르던 말.

23) 쥬항라 : 紬亢羅, 명주실로 짠 항라. 씨를 세 올이나 다섯 올씩 걸러서 한 올씩 비우고 짬.

24) 남즁 : 南中, 경기도 이남의 충청도와 전라도, 경상도, 제주도를 통틀어 이르는 말로 '남도'와 같은 말.

25) 동ᄉᆞ : 同事, 함께 일함.

26) 풍류창 : 風流瘡, 매독을 말하는 듯함.

27) 올닌지라 : 옮은지라.

ᄅᆡ 잇기가 렴치 업ᄂᆞᆫ고로, (그)간 맛허보던 회계를 슈졍ᄒᆞ여 주고 작별ᄒᆞ기를 고ᄒᆞ니, 그 ᄌᆡ쥬가 여러 ᄒᆡ ᄒᆞᆷᄭᅴ 고초를 지낸 정리와 ᄯᅩ 그 몸에 병이 잇슴을 ᄉᆡᆼ각ᄒᆞ고 당초에 얼ᄆᆞ 주기로 언약ᄒᆞᆫ 수효에 갑절을 회계ᄒᆞ여 주거ᄂᆞᆯ, ᄇᆡᆨ옥이 ᄉᆞ양ᄒᆞ다가 마지 못ᄒᆞ여 밧어가지고 약간 당물화와 그곳 소산 물품을 사셔 ᄒᆡᆼ장을 슈습ᄒᆞᆫ 후에 ᄌᆡ쥬를 작별ᄒᆞ고 길을 ᄯᅥ나 도라오더니, 몃날 만에 평양에 니ᄅᆞ러ᄂᆞᆫ 뒤를 보기 위ᄒᆞ여 엇던 뒤ㅅ간에 드러간즉, 푸른 보ᄌᆞ에 무숨 물건을 긴긴이 싼 거시 잇ᄂᆞᆫ지라. 집어셔 풀어본즉 진동이라 ᄉᆡᆨ인 마뎨은[28] 네 덩이가 잇거ᄂᆞᆯ ᄇᆡᆨ옥이 즉시 도로 처음과ᄀᆞᆺ치 싸셔놋코 ᄉᆡᆼ각하ᄃᆡ, '이런 임쟈업ᄂᆞᆫ 물건을 취ᄒᆞ여도 거릿길 것이 업스나, 다만 녯사ᄅᆞᆷ이 일홈 업ᄂᆞᆫ ᄌᆡ물을 취치 아니ᄒᆞ며 물건을 엇으ᄆᆡ 쥬인을 차쟈 주엇스니, 내 이졔 나히 삼십이 넘도록 ᄒᆞᆫ낫 ᄌᆞ식이 잇ᄂᆞᆫ 것도 진니지 못ᄒᆞ엿스니 이ᄀᆞᆺᄒᆞᆫ ᄯᅳᆫ ᄌᆡ물을 무엇에 쓰며 ᄯᅩᄒᆞᆫ 이것을 일ᄒᆞᆫ 사ᄅᆞᆷ이 다시 차쟈 왓다가 업스면 그 ᄆᆞᄋᆞᆷ이 엇더ᄒᆞ리오?' ᄒᆞ고 뒤보기를 맛치고 나와서 그 겻ᄒᆡ 서셔 좌우를 술피며 종일을 기ᄃᆞ려도 ᄎᆞᆺᄂᆞᆫ 쟈ᄂᆞᆫ 업고 날은 이믜 어둔지라.

부득이ᄒᆞ여 쥬뎜에 드러가 밤을 지내고 이튼날 길을 ᄯᅥ나 수일 만에 ᄒᆡ쥬에 니ᄅᆞ러 쥬뎜에 들ᄆᆡ 맛참 엇던 사ᄅᆞᆷ이 그 방에 몬져 드러잇ᄂᆞᆫ지라. ᄒᆞᆷᄭᅴ 저녁밥을 마친 후에 셔로 한담을 ᄒᆞ더니 그 손이 닐ᄋᆞᄃᆡ, "나ᄂᆞᆫ 일ᄉᆡᆼ에 소홀 탓으로 ᄌᆡ물을 일헛노라." ᄒᆞ거ᄂᆞᆯ, ᄇᆡᆨ옥이 무ᄅᆞᄃᆡ, "무숨 ᄌᆡ물을 어ᄃᆡ셔 일헛ᄂᆞ뇨?" 그 사ᄅᆞᆷ이 닐ᄋᆞᄃᆡ, "수삼 일 젼에 의쥬에셔 ᄎᆞᄌᆞ가지고 오던 마뎨은 이ᄇᆡᆨ 량즁[29]을 평양셔 뒤ㅅ간에 노코 뒤를 보다가 올 ᄯᆡ에ᄂᆞᆫ 니져ᄇᆞ리고 와셔 날이 져물ᄆᆡ 쥬뎜에 드러 잘 ᄯᆡ에 옷ᄭᆞᆫ을 풀고 본즉 그졔야 그 보통이 싼 건시 업슴을 ᄭᆡᄃᆞᆺ고 ᄉᆡᆼ각하니 이믜 여러 십 리를 왓고 시간이 ᄯᅩᄒᆞᆫ 오ᄅᆡ엿슨즉 도로 차쟈가야 쓸 ᄃᆡ 업슬지라. 그런고로 아모리 잉ᄒᆞ여도[30] 엇지 홀

28) 마뎨은 : 馬蹄銀, 중국에서 쓰던 화폐의 하나로, '말굽은'과 같은 말.

29) 량즁 : 兩重, 한 냥쯤 되는 무게.

30) 잉ᄒᆞ여도 : 기회를 놓치거나 손해를 보아서 분하고 아까워도.

수 업셔 차즐 싱각도 아니ᄒᆞ고 이곳ᄭᅥ지 오기는 왓스나 ᄆᆞ음에는 대단 서운ᄒᆞ여 잠을 일우지 못ᄒᆞ노라. 빅옥이 ᄯᅩ 무ᄅᆞᄃᆡ 그 보가 무슴 빗치며 모양이 엇더ᄒᆞ고 은이 몃량ᄉᆞ즁이뇨?" 그 사ᄅᆞᆷ이 닐아ᄃᆡ, "은은 이빅 량즁에 원보가 네 덩이요 싼 보는 푸른 뵈로 만든 거시로다." 빅옥 왈, "그ᄃᆡ 셩함은 뉘라 ᄒᆞ시며 거쥬는 어ᄂᆞ 곳이뇨?" 그 사ᄅᆞᆷ이 닐아ᄃᆡ, "나의 셩은 손이오 일홈은 봉죠ㅣ라. 일직 의쥬에셔 여러 ᄃᆡ를 살다가 십여 년젼에 숑도로 이ᄉᆞ하여 지금 남문 안에셔 큰 ᄀᆡᆨ쥬를 열고 싱업을 ᄒᆞ거니와, 청컨ᄃᆡ 그ᄃᆡ의 존셩대명은 뉘라ᄒᆞ시며 어ᄂᆞ 고을에 살으시오, 어ᄃᆡ로 향ᄒᆞ나뇨?" 빅옥 왈, "나는 경셩 동문 밧긔 사는 리빅옥이라. 수년 젼에 장ᄉᆞᄎᆞ로 의쥬에ᄭᅡ지 갓다가 장ᄉᆞ도 여의치 못ᄒᆞ고 신병을 엇어 여러 ᄃᆞᆯ을 신고[31]ᄒᆞ다가 간신히 병을 곳치고 이제야 집으로 향ᄒᆞ는 길이라. 숑도는 셔울노 가는 길이니 그곳ᄭᅡ지 동힝ᄒᆞ여 그곳에셔 작별홈이 엇더ᄒᆞ뇨?" 손봉죠가 그 ᄯᅳᆺ은 알지 못ᄒᆞ고 다만 ᄃᆡ답ᄒᆞᄃᆡ, "형 만일 동힝코져 ᄒᆞ실진ᄃᆡ 불감쳥이어니와 고소원이로다."

당야에 두 사ᄅᆞᆷ이 자고 이튼날 아춤을 먹은 후 ᄯᅥ나 동힝ᄒᆞ여 숑도에 니ᄅᆞ러 손씨의 집에 드러가미, 차를 나아와 ᄃᆡ졉ᄒᆞ고 쥬인이 닐아ᄃᆡ, "긔위 동힝ᄭᅥ지 하여 내 집에 오셧스니 ᄒᆞ로ᄉᆞ밤 쉬여셔 셔회[32]나 ᄒᆞ고 가시는 거시 엇더ᄒᆞ뇨?" 빅옥 왈, "이ᄀᆞᆺ치 후ᄃᆡᄒᆞ시니 감사무디ᄒᆞ오며 나는 ᄃᆡᆨ에ᄭᅡ지 온 거슨 다름이 아니라 무슴 물건이 잇셔 형의게 젼ᄒᆞ고져 홈이로라." ᄒᆞ고 회즁[33]으로셔 적은 보통이를 내여 노흐며 닐아ᄃᆡ, "이거슬 내가 평양에셔 뒤를 보다가 엇엇는ᄃᆡ 차즈러 오는 사ᄅᆞᆷ을 기ᄃᆞ려 그날 죵일을 지내여도 아모도 ᄎᆞᆺ는 사ᄅᆞᆷ이 업는지라. 부득이ᄒᆞ여 가지고 오다가 의외에 형을 맛나 은ᄌᆞ 일흔 말솜을 드른즉 여합부졀[34] 이것인고로 다시 무를 것 업시 젼ᄒᆞ노

31) 신고 : 辛苦, 어려운 일을 당하여 몹시 애씀. 또는 그런 고생.

32) 셔회 : 敍懷/舒懷, 회포를 풀어 말함.

33) 회즁 : 懷中, 품속.

34) 여합부절 : 如合符節, 사물이 꼭 들어맞음.

라.” 손봉죠ㅣ 그 보퉁이를 보니 ᄌᆞ긔 손으로 싼 모양이 그ᄃᆡ로 잇는지라. 일변 반갑기도 ᄒᆞ거니와 일변 그 사ᄅᆞᆷ의 청렴ᄒᆞ야 은을 엇어 쥬인을 차자주는 놉흔 의를 탄복ᄒᆞ고 련망히[35] 니러나 사례ᄒᆞ고 닐아ᄃᆡ, “은형은 텬하 의인이라. 나는 이믜 일헛던 거신즉 절반으 공훈[36] 것과 일반이니, 절반은 은형에게 드리고져 ᄒᆞ노라.” 빅옥이 고샤ᄒᆞ고 밧지 아니ᄒᆞ여 왈, “내 만일 절반이라도 이 ᄌᆡ물을 가질 욕심이 잇실진ᄃᆡ 놈의게 명예를 취ᄒᆞ기 위ᄒᆞ여 쥬인을 차져준 후에 절반은 밧지 말고, 전수히[37] 가져다가 십분 일만 허비ᄒᆞ여도 명예를 엇기가 어렵지 아니커늘 엇지 구구히 절반을 취ᄒᆞ리오?” 봉죠ㅣ 왈, “연즉 나의 ᄆᆞ음이 심히 셥셥ᄒᆞ니 청컨ᄃᆡ 다만 몃 량이라도 취ᄒᆞ여 경셩ᄭᆞ지 가시는 로비를 보틔이시면 적이 셥션ᄒᆞᆫ ᄆᆞ음을 위로하겟노라.” 빅옥이 ᄯᅩ한 즐겨 밧지 아니ᄒᆞ거늘 봉죠ㅣ 감동ᄒᆞ는 ᄆᆞ음을 금치 못ᄒᆞ여 진심으로 쥬효[38]를 판비[39] ᄒᆞ여 ᄃᆡ졉ᄒᆞ며 은근ᄒᆞᆫ 졍회를 슈작ᄒᆞᆯ 졔, 봉죠ㅣ ᄉᆡᆼ각ᄒᆞᄃᆡ, ‘이런 됴흔 사ᄅᆞᆷ을 맛나기 어려우니 혹쟈 이 사ᄅᆞᆷ이 아ᄃᆞᆯ이 잇슬진ᄃᆡ 나의 십이 세 된 녀ᄋᆞ와 결혼을 ᄒᆞ여 셔로 ᄌᆞ조 왕릭ᄒᆞ는 거시 심히 합당ᄒᆞ도다.’ ᄒᆞ고 쥬비간에 손봉죠ㅣ 빅옥ᄃᆞ려 무ᄅᆞᄃᆡ, “존형이 혹 령랑[40]이 잇스며 금년에 몃 살이나 되엿ᄂᆞ뇨?” 빅옥이 령랑이라 ᄒᆞᆷ을 드ᄅᆞᆷᄋᆡ ᄌᆞ연 심회가 동ᄒᆞ여 눈물이 흐름을 ᄭᅵ닷지 못ᄒᆞ고 닐ᄋᆞᄃᆡ, “쇼뎨 다만 ᄒᆞᆫ 아ᄃᆞᆯ이 잇더니 칠년 젼에 굿즁패의 노는 것을 보고 구경ᄒᆞ려 나갓다가 길을 일헛는지 엇던 사ᄅᆞᆷ이 ᄈᆡ여 갓는지 다시 드러오지 아니ᄒᆞᄆᆡ, 내가 일노 인ᄒᆞ여 장ᄉᆞ로 나셔서 ᄉᆞ방으로 ᄃᆞ니며 ᄎᆞᆺ다가 지금것 ᄎᆞᆺ지 못ᄒᆞ엿고 다른 아ᄃᆞᆯ은 업노라.”

---

35) 련망히 : 戀望히, 그리워하며 바라보며.

36) 공훈 : 空한, 얻거나 생긴 물건에 대하여 그것을 얻거나 그것이 생길 만한 값이나 힘을 들인 것이 없는.

37) 전수히 : 全數이, 모두 다.

38) 쥬효 : 酒肴, 술과 안주.

39) 판비 : 判批, 마련하여 준비함.

40) 령랑 : 令郞, 윗사람의 아들을 높여 이르는 말.

봉죠ㅣ 왈, "령랑을 몃 살에 일헛스며 일홈은 무엇이며 상모[41]는 엇더ᄒᆞ뇨?" 빅옥이 닐ᄋᆞ되, "그ᄯᅢ에 나히 바야흐로 륙 세요 일홈은 희동이오 얼골이 희고 쥰슈ᄒᆞ게 싱겻더니다." 봉죠ㅣ 이 말을 듯고 얼골에 깃분 빗츨 씌고 믄득 하인을 불너 귀에다가 무슴 말을 ᄒᆞ더니 그 하인이 고기를 ᄭᅳ덕이고 가는지라. 조곰 잇다가 엇던 ᄋᆞ희가 안으로셔 나오는듸 나흔 열삼ᄉᆞ 세쯤 되고 의복이 화려ᄒᆞ며 미목이 청슈ᄒᆞ더라. 빅옥을 보고 ᄒᆞᆫ번 읍ᄒᆞ며 봉죠를 듸하여 닐ᄋᆞ되, "부친은 희동을 엇지 부르시니잇가?" ᄒᆞ는지라. 빅옥이 드르믹 그 일홈이 ᄌᆞ긔 아ᄃᆞᆯ의 일흠과 ᄀᆞᆺ흐며 ᄯᅩᄒᆞᆫ 면목도 셔로 의희[42]ᄒᆞ거ᄂᆞᆯ 홀연 얼골에 쳐량ᄒᆞᆫ 빗츨 씌고 봉죠ᄃᆞ려 무러 ᄀᆞᆯᄋᆞ되, "이 ᄋᆞ히는 령랑이뇨?" 봉죠ㅣ 닐ᄋᆞ되, "이는 나의 친싱ᄌᆞ가 아니라 칠년 젼에 엇던 사ᄅᆞᆷ이 이 ᄋᆞ히를 ᄃᆞ리고 와셔 말ᄒᆞ기를, '본릭 셔울 사ᄅᆞᆷ으로 년젼의 상쳐를 ᄒᆞ고 이 ᄋᆞ히를 ᄃᆞ리고 살더니 흉년이 들믹 살 수가 업셔셔 평안도 디방으로 일가를 차쟈 ᄀᆞ는듸 로슈[43]가 업스니 이 ᄋᆞ히를 두고 돈 몃십 량만 주면 일가를 차져본 후에 다시 와셔 차져 가겟노라.' ᄒᆞ기로 돈 오십 량을 주고 밧어 두엇더니 ᄒᆞᆫ번 간 후에 다시 오지 아니ᄒᆞ기로 ᄌᆞ세히 무른즉, 이 ᄋᆞ히는 곳 '경셩 동문 밧긔 사는 사ᄅᆞᆷ의 아ᄃᆞᆯ인듸 굿즁패 구경ᄒᆞ려 나갓다가 엇던 사ᄅᆞᆷ에게 속아셔 이에ᄭᆞ지 왓다.' ᄒᆞ며 ᄯᅩ '뎌의 부친 셩명을 능히 말ᄒᆞ는듸 지금 형의 존함을 드른즉 그와 ᄀᆞᆺ흔고로 특별히 뎌를 불너 보시게 ᄒᆞ노니 청컨듸 형은 ᄌᆞ셰히 긔억ᄒᆞ여보라." 희동이 이 말을 듯더니 문득 눈물 흘님을 금치 못ᄒᆞ는지라. 빅옥이 ᄯᅩᄒᆞᆫ 눈물을 흘니며 닐ᄋᆞ되, "네 왼편 무릅헤 검은 사마귀들이 잇ᄂᆞ뇨?" 희동이 련망이 단님을 글으고 바지를 것어 왼편 다리를 내여 뵈이니 과연 무릅헤 검은 사마귀들이 잇는지라. 부ᄌᆞㅣ 셔로 확실ᄒᆞ게 알믹 그제야 셔로 붓들고 일쟝을 통곡ᄒᆞ다가 빅옥이 몸을 니러 봉죠의게 사례ᄒᆞ

41) 상모 : 相貌, 얼굴의 생김새.

42) 의희 : 依稀, 거의 비슷함.

43) 로슈 : 路需, 먼 길을 떠나 오가는 데 드는 비용.

여 골아듸, “만일 귀부에셔 이 으히를 거두어두지 아니흐엿던들 오늘날 골육이 셔로 다시 모도히기를 엇지 브라리오?” 봉죠ㅣ 골으듸, “형이 오늘날 은을 엇어셔 취흐지 아니흐시고 쥬인을 차자주는 셩흔 덕이 잇는고로 하늘이 존가를 인도흐샤 이에 니르러 부즈ㅣ 셔로 맛나게 흐심이니 내가 무슴 치하를 밧을 공효가 잇스리오? 다만 희동이 형의 령랑인 줄을 알지 못흐고 틔만흔 일니 만흐니 이를 죄송히 녁이노라.” 빅옥이 쏘 희동을 명흐여, “식로이 손장씌 절을 흐여 그 양육흔 은혜를 사례흐라.” 흐니 봉죠ㅣ 문득 몸을 니러 답례코져 흐거눌 빅옥이 붓드러 머므르고 례를 맛친 후에 희동으로 흐여곰 빅옥의 겻헤 안게 흐고 봉죠ㅣ 왈, “나의 쏠이 잇셔 나히 바야흐로 십이 셰라. 톄모지질44)이 비록 츌즁흐지는 못흐나 령랑의 건즐은 밧들만45) 흐며 텬셩이 효슌흐오니, 령랑으로 더브러 결혼고져 흐나 존형의 뜻을 알지 못흐여 감히 쳥흐노니 다힝히 브리지 아니흐시면 평싱의 진진지의46)로 오늘날 셔로 맛난 거슬 닛지 아니흘가 흐노라.” 빅옥이 그 말숨이 진졍에셔 나옴을 보믹 다만 흔연히 응락흐더라.

이날 진일토록 쥬킥이 환텬희디47)흐여 놀고 당일밤에 부즈ㅣ 흔 탑에셔 흠씌 자고 이튼날 빅옥이 쥬인을 작별흐고 길을 써나고져 흐거눌, 봉죠ㅣ 굿지 만류흐고 별노히 연셕을 빈셜흐고 셔로 뎡흔 사돈을 듸졉흘 시, 술이 반감48)에 니르러 봉죠ㅣ 돈 륙십 환을 가지고 빅옥을 향흐여 닐아듸, “령랑이 우리 집에 잇션지 몃 히에 만흘히 지닌 일이 만스오니, 이졔 샤쇼흔 물건으로 례물을 숨어 권도로 친근흔 정리를 표흐고져 흐노니 브라건듸 샤형은

44) 톄모지질 : 體貌才質, 몸차림이나 몸가짐, 재주와 기질.

45) 건즐을 밧들만 : 여자가 아내가 될 만. ‘건즐을 받들다’는 여자가 아내나 첩이 됨을 겸손하게 이르는 관용구임.

46) 진진지의 : 秦晉之誼, 혼인을 맺은 두 집 사이의 가까운 정의(情誼)를 이르는 말.

47) 환텬희디 : 歡天喜地, 하늘도 즐거워하고 땅도 기뻐한다는 뜻으로, 아주 즐거워하고 기뻐함을 이르는 말.

48) 반감 : 半酣, 술에 반쯤 취함.

막지 말지어다." ᄇᆡᆨ옥이 닐ᄋᆞᄃᆡ, "나와 ᄀᆞᆺ흔 한미ᄒᆞᆫ 사ᄅᆞᆷ으로 외람히 고군에 의탁ᄒᆞ여 혼인의 허락ᄒᆞ심을 무릅쓰니 맛당히 빙폐49) 드리ᄂᆞᆫ 일을 몬져 ᄒᆡᆼᄒᆞᆯ지어ᄂᆞᆯ, 아즉 치지50)ᄒᆞᆷ은 다만 ᄀᆡ디죵젹으로 구챠히 ᄒᆞᆯ바ㅣ 아니기로 감히 말도 아니ᄒᆞᆫ 바리러니 도로혀 이ᄀᆞᆺ치 후히ᄒᆞ시니 이ᄂᆞᆫ 결단코 승당51)치 못ᄒᆞ리로다." 봉죠ㅣ 닐ᄋᆞᄃᆡ, "이ᄂᆞᆫ 내 사회에게 주ᄂᆞᆫ 거시니 사형은 간셥ᄒᆞ실 바ㅣ 아니오, 만일 반ᄃᆞ시 밧지 아니ᄒᆞ실진ᄃᆡ 이ᄂᆞᆫ 곳 혼ᄉᆞ를 허락지 아니ᄒᆞ심이니 엇지 셥셥지 아니리오?" ᄇᆡᆨ옥이 말지 못ᄒᆞ여 ᄋᆞᄌᆞ로 ᄒᆞ여곰 밧게 ᄒᆞ고 샤례ᄒᆞ라 ᄒᆞᆫ 후 ᄯᅩ ᄂᆡ실에 드러가셔 장모ᄭᅴ 뵈ᄋᆞᆸ고 샤례ᄒᆞ게 ᄒᆞ고 이날 늣도록 슐을 챵음ᄒᆞ고 밤을 지ᄂᆡᆯ 식, ᄇᆡᆨ옥이 ᄉᆡᆼ각ᄒᆞᄃᆡ, '내가 금을 차쟈주고 이를 인ᄒᆞ여 부ᄌᆞㅣ 셔로 맛낫스며 ᄯᅩᄒᆞᆫ 혼ᄉᆞᄭᆞ지 뎡ᄒᆞ엿스니, 이ᄂᆞᆫ 모다 하ᄂᆞᆯ의 ᄯᅳᆺ이오 인력으로 일울 바ㅣ 아니니, 보답ᄒᆞᆯ 바를 ᄉᆡᆼ각ᄒᆞᆯ진ᄃᆡ 다른 일이 업고 다만 ᄌᆞ금 이후로 더욱 ᄌᆞ션ᄒᆞᆫ ᄆᆞᄋᆞᆷ을 굿게 직희고 츄호ㅣ라도 불의지ᄉᆞ를 범치 아니ᄒᆞᆷ이 나의 직분이로다.'

이날ㅅ밤을 편히 지ᄂᆞᆫ 후 이튼날 ᄒᆡᆼ장을 슈습ᄒᆞ여 가지고 손봉죠을 작별ᄒᆞ고 ᄯᅥ날 식, 손봉죠ㅣ 텬련ᄒᆞᆫ52) 졍을 금치 못ᄒᆞ며 ᄯᅩ 희동을 륙칠 년이나 양육ᄒᆞ다가 일죠에 뎌의 부친을 맛나셔 감을 보ᄆᆡ, 비록 불구에 사회로 마ᄌᆞ올 터이나 당장에 셥셥ᄒᆞᆫ ᄆᆞᄋᆞᆷ은 실노 비ᄒᆞᆯ ᄃᆡ가 업ᄂᆞᆫ지라. 인ᄒᆞ야 십 리 밧긔ᄭᆞ지 나가 셔로 손을 잡으며 눈물을 머금고 작별ᄒᆞ더라.

각셜, 이ᄯᆡ에 ᄇᆡᆨ옥이 손씨를 작별ᄒᆞᆫ 후에 ᄋᆞᄌᆞ를 압헤 셰우고 경셩으로 향ᄒᆞ여 림진강을 다다르니 이날 풍셰가 심히 험ᄒᆞ여 뎌 편에셔 건너오던 ᄇᆡ ᄒᆞᆫ 쳑이 즁류를 겨우 지나셔 ᄇᆡ가 바ᄅᆞᆷ믈ㅅ결을 ᄯᆞ러 ᄒᆞᆫ바탕 조리질53)을

---

49) 빙폐 : 聘幣, 공경하는 뜻으로 보내는 예물.

50) 치지 : 置之, 그냥 내버려 둠.

51) 승당 : 承當, 받아들여 감당함.

52) 텬련ᄒᆞᆫ : 天然, 생긴 그대로 조금도 꾸밈이 없는.

53) 조리질 : 笊籬질, 조리로 쌀 따위를 이는 일, 혹은 물이 몹시 일렁거림을 비유적으로 이르는 말.

ᄒᆞ더니 밋쳐 이 편 가으로 오지 못ᄒᆞ고 ᄇᆡ 업허지며 ᄇᆡ에 잇던 사ᄅᆞᆷ들이 모다 물에 ᄲᅡ지ᄂᆞᆫ지라. 언덕 우헤셔 보던 사ᄅᆞᆷ들이 그 경상을 보고 다른 ᄇᆡ를 불너 급히 가셔 사ᄅᆞᆷ 건지라 ᄒᆞᄂᆞᆫ 소리 진동ᄒᆞᄃᆡ, ᄇᆡㅅ사람들이 셔로 미루며 관망만 ᄒᆞ고 즐겨 드러가 건지지 아니ᄒᆞ거ᄂᆞᆯ 빅옥이 ᄉᆡᆼ각ᄒᆞᄃᆡ, '사ᄅᆞᆷ의 목숨 ᄒᆞᆫ나를 구ᄒᆞᄂᆞᆫ 거시 칠층보탑을 ᄊᆞᆺᄂᆞᆫ 것보다 낫다 ᄒᆞᄂᆞᆫ 녯말이 잇스니 내 이믜 돈이 업스면 ᄒᆞᆯ 일 업거니와 돈을 가지고 목젼에셔 수십 명 인ᄉᆡᆼ이 죽ᄂᆞᆫ 거슬 보고 모르ᄂᆞᆫ 테 ᄒᆞ면 엇지 인정이라 ᄒᆞ리오?' ᄒᆞ고, 즉시 손봉죠의 주던 돈 륙십 환을 집어내여 손에 들고 크게 불너 ᄀᆞᆯᄋᆞᄃᆡ, "너희 만일 그 ᄇᆡ에셔 ᄲᅡ진 사ᄅᆞᆷ을 모다 건져 그 ᄉᆡᆼ명을 구ᄒᆞᆯ진ᄃᆡ 여긔 금화 륙십 환이 잇스니 모다 내여주리라." ᄒᆞ니, 여러 ᄇᆡㅅ사ᄅᆞᆷ들이 이 말을 듯고 적은 ᄇᆡ를 가지고 닷토와 드러가셔 잠시ㅅ 동안에 그 파션을 당ᄒᆞᆫ 사ᄅᆞᆷ들을 모다 건져내엿더라. 빅옥이 여러 ᄇᆡㅅ사ᄅᆞᆷ들에게 돈을 ᄂᆞᆫ호와 주어 보ᄂᆡᆫ 후에 물에 ᄲᅡ졋던 사ᄅᆞᆷ들이 일졔히 와셔 ᄇᆡᆨᄇᆡ사례 ᄒᆞᄂᆞᆫ지라. 빅옥이 닐ᄋᆞᄃᆡ, "사ᄅᆞᆷ이 되어 동류의 위험ᄒᆞᆷ을 보고 구ᄒᆞᄂᆞᆫ 거슨 의례히 ᄒᆞᆯ 일이라. 무ᄉᆞᆷ 샤례ᄒᆞᆷ을 밧을 거시 잇스리오?" 여러 사ᄅᆞᆷ들이 일졔히 닐아ᄃᆡ, "만일 은인을 맛나지 아니 ᄒᆞ엿스면 우리 수십 명이 슈즁고혼이 되엿슬 거슬 은인이 살니시니 엇지 감샤치 아니리오?"

이러케 말ᄒᆞᆯ 즈음에 홀연 환텬희디ᄒᆞᆯ 쇼식이 빅옥을 놀내니, 이ᄂᆞᆫ 무ᄉᆞᆷ 희소식이뇨? 엇지 ᄭᅮᆷ에나 ᄉᆡᆼ각ᄒᆞ엿스리오? 그 파션을 당ᄒᆞᆫ 여러 사ᄅᆞᆷ 즁에 ᄒᆞᆫ 사ᄅᆞᆷ이 물에셔 놀난 졍신으로 처음에ᄂᆞᆫ 밋쳐 엇던 사ᄅᆞᆷ을 분변치 못ᄒᆞ엿다가, 물을 토ᄒᆞ고 적이 졍신이 나셔 ᄇᆞ라보ᄆᆡ 그 돈을 주어 사ᄅᆞᆷ을 건지게 ᄒᆞ던 쟈ᄂᆞᆫ 곳 ᄌᆞ긔 빅형이라. 반가온 ᄆᆞᄋᆞᆷ에 엇지 ᄒᆞᆯ 줄을 모르고 눈물을 흘니며 목이 메여셔 형을 부르ᄂᆞᆫ 소리에 빅옥이 놀나 ᄉᆞᆲ혀보니 이ᄂᆞᆫ 곳 ᄌᆞ긔의 ᄉᆞᆺ해아오 계옥이라. 형을 부르며 닐아ᄃᆡ, "형님은 어ᄃᆡ로셔 이졔야 이에 오시니잇가?" 빅옥이 급히 나아가 그 손을 잡고 셔로 반가온 눈물을 씨스며 그동안 무고한 말을 뭇고 하ᄂᆞᆯ을 우러러 샤례ᄒᆞ여 닐ᄋᆞᄃᆡ, "쳔만 ᄯᅳᆺ밧긔 하ᄂᆞ님ᄭᅴ셔 나를 보ᄂᆡ여 나의 아오를 구ᄒᆞ게 ᄒᆞ시니 하ᄂᆞ님의 은턱을 엇지 보답ᄒᆞ리오?" ᄒᆞ고 인ᄒᆞ여 힝쟝을 풀고 마른 옷 ᄒᆞᆫ 벌을 내여 계옥을 닙힌 후에 ᄋᆞᄌᆞ를 불너 숙부를 보라 ᄒᆞ고, 인ᄒᆞ여 져간 삼ᄉᆞ 년 ᄀᆡ고는 말홀 것 업고 금을 엇어셔 임쟈를 차쟈주고 아돌을 맛나셔 혼인을 뎡ᄒᆞᆫ 젼후시말을 ᄒᆞᆫ번 말ᄒᆞ니 계옥이 신긔히 녁이기를 말지 아니ᄒᆞ더라. ᄇᆡᆨ옥이 무ᄅᆞᄃᆡ, "네 엇지ᄒᆞ여 이곳에 니ᄅᆞ뇨?" 계옥이 탄식ᄒᆞ고 닐ᄋᆞᄃᆡ, "지난 (일)을 말ᄒᆞ쟈 ᄒᆞ면 이로 다 못ᄒᆞ겟스니 형님은 밧비 도라가ᄉᆞ이다. 만일 지체ᄒᆞ다가는 그동안 집에 무숨 변고ᄀᆞ 잇슬는지 알지 못ᄒᆞ리로소이다."

각셜 ᄇᆡᆨ옥이 집을 ᄯᅥ나셔 의쥬로 간 후에 일 련, 삼 년에 쇼식이 업거놀 그 안히 왕씨 ᄋᆞᄌᆞ를 일코 쥬쇼로 번뇌ᄒᆞ던 중, 쟝부가 ᄯᅩᄒᆞᆫ ᄒᆞᆫ 번 나간 지 삼 년에 ᄉᆡᆼᄉᆞ간 쇼식이 업스ᄆᆡ 더욱 ᄆᆞ옴이 ᄐᆞ는 듯 ᄒᆞ더라. 그러나 즁옥은 본시 부랑ᄒᆞᆫ 인ᄉᆞ로 그 형이 나간 뒤에는 더옥 긔탄[54]이 업셔셔 셩루 쥬ᄉᆞ[55]와 잡기판에 잡류비와 일단이 되어 날마다 방탕히 놀더니, 일일은 드러와셔 왕씨에게 말ᄒᆞᄃᆡ, "내 맛춤 의쥬 디방에셔 온 사름을 맛나 형님의 쇼식을 무른즉 임의 작년에 그곳에셔 악ᄒᆞᆫ 병을 엇어 죽엇다 ᄒᆞ더이다." 왕씨 드르ᄆᆡ 가슴이 막혀 일장통곡ᄒᆞ고 다시 졍신을 슈습ᄒᆞ여 ᄉᆡᆼ각ᄒᆞᆫ즉, '이 쇼식이 확실히 밋을 수는 업스나 다만 즁옥이 뎍확[56]ᄒᆞᆫ 쇼문을 드럿다 젼ᄒᆞᆫ즉 밋지 아닐 수 업는지라.' 인ᄒᆞ여 소복을 밧고와 닙고 잇더니 즁옥이 불측ᄒᆞᆫ ᄆᆞ옴을 품고 수씨[57]를 여러번 권ᄒᆞ여 ᄀᆡ가ᄒᆞ라 ᄒᆞ는지라. 왕씨 굿지 듯지 아니ᄒᆞ고 계옥이 ᄯᅩᄒᆞᆫ 간ᄒᆞ여 막으ᄆᆡ 즁옥이 계교를 일우지 못ᄒᆞ고 앙앙불락[58]ᄒᆞ더라.

---

54) 긔탄 : 忌憚, 어렵게 여겨 꺼림.

55) 셩루쥬ᄉᆞ : 城樓酒肆, 성곽에 곳곳에 세워진 비교적 큰 규모의 술집. '성루'는 성곽 곳곳에 세운 다락집.

56) 뎍확 : 的確, 정확하게 맞아 조금도 틀리지 아니함.

57) 수씨 : 嫂氏, 형제의 아내.

58) 앙앙불락 : 怏怏不樂, 매우 마음에 차지 아니하거나 야속하게 여겨 즐거워하지 아니함.

일일은 왕씨 계옥을 쳥ᄒᆞ여 닐ᄋᆞᄃᆡ, “쳔 번 듯는 거시 ᄒᆞᆫ 번 보는이만 ᄀᆞᆺ지 못ᄒᆞ다 ᄒᆞ니, 비록 쟝부의 죽음이 뎍확ᄒᆞ디ᄒᆞ나[59] 다만 길이 멀어셔 진뎍[60]ᄒᆞᆫ 말을 듯기가 어려온즉 ᄒᆞᆫ번 가셔 뎍실ᄒᆞᆫ 거슬 탐문ᄒᆞ여 옴이 엇더ᄒᆞ뇨?” 계옥이 닐ᄋᆞᄃᆡ, “수씨끠셔 말숨이 업셔도 벌셔브터 이 ᄆᆞᄋᆞᆷ이 잇스나 만일 내가 집을 ᄯᅥ나면 즁형이 더욱 불량ᄒᆞᆫ 일을 긔탄시ᄒᆞᆯ가 념려ㅣ로소이다.” 왕씨 왈, “이는 내 엇더케 ᄒᆞ든지 흉계에 ᄲᅡ지든 아니ᄒᆞ리니 아모됴록 쇽히만 ᄃᆞᆫ녀오소셔.” 계옥이 즉시 ᄒᆡᆼ장을 슈습ᄒᆞ여 ᄯᅥ나니라.

챠셜, 즁옥이 일향 방탕ᄒᆞ다가 잡기에 빗을 만히 지고 ᄆᆞᄋᆞᆷ이 졍히 조급ᄒᆞ더니, 일일은 우연히 엇던 사ᄅᆞᆷ을 맛나 말을 드른즉, 엇던 관인 ᄒᆞᆫ나히 식로 상쳐ᄒᆞ고 가합ᄒᆞᆫ 사ᄅᆞᆷ을 구ᄒᆞᆫ다 ᄒᆞ거늘, 즁옥이 그 사ᄅᆞᆷ을 ᄃᆞ리고 ᄌᆞ긔 집으로 와셔 그 형수를 어ᄂᆞ 틈으로 보게 ᄒᆞ고 닐ᄋᆞᄃᆡ, “이는 곳 나의 형수ㅣ라. 식로 과거[61]ᄒᆞ여 졍상이 불샹홈으로 여러번 권ᄒᆞ여 ᄀᆡ가ᄒᆞ라 ᄒᆞᆫᄃᆡ, 셩졍이 개결ᄒᆞ여 즐겨 듯지 아니ᄒᆞ고 그져 잇스나 만일 나를 빅 환만 주면 ᄃᆞ려가게 ᄒᆞ리라.”그 사ᄅᆞᆷ이 그 ᄌᆡ식이 졀등홈을 보고 그 관인에게 가셔 말ᄒᆞᄃᆡ, “이런 사ᄅᆞᆷ을 우연히 맛낫지 만일 구ᄒᆞ고져 ᄒᆞᆯ진ᄃᆡ 십 년을 구ᄒᆞ여도 엇기 어려운즉 ᄌᆡ물을 앗기지 말고 ᄃᆞ려오라.” ᄒᆞ니 그 관인이 즉시 돈 빅 환을 내여주거늘, 그 사ᄅᆞᆷ이 가지고 가셔 즁옥을 주고 ᄃᆞ려갈 일을 의론ᄒᆞᆯ시, 즁옥이 왈, “만일 잘못ᄒᆞ면 일이 틀니기가 쉬우니 오놀 밤에 교군[62]을 ᄃᆞ리고 와셔 건장ᄒᆞᆫ 사ᄅᆞᆷ 두엇이 졔잡담[63]ᄒᆞ고 드러가면 녀인들만 잇스리니, 다만 흰 빈혀 ᄭᅩᆺ즌 사ᄅᆞᆷ이 곳 왕씨라. 붓드러 교군에 담어가지고 가게 ᄒᆞ라.” 그 사ᄅᆞᆷ이 그 계교ㅣ 심히 됴타 ᄒᆞ고 즉시 그 관인에게 가셔 교군과

59) 뎍확ᄒᆞ디ᄒᆞ나 : ‘뎍확ᄒᆞ디 아니ᄒᆞ나’의 오기인 듯함.

60) 진뎍 : 眞的, 참되고 틀림없음.

61) 과거 : 寡居, 과부로 지냄.

62) 교군 : 轎軍, 가마.

63) 졔잡담 : 除雜談, 일절 말을 하지 않음.

사룸을 쥰비ᄒᆞ여 보니니라. 즁옥은 집에 드러와 수씨에게 감히 ᄒᆞᆫ 말도 못ᄒᆞ고 다만 그 안히 양씨를 디ᄒᆞ여 닐ᄋᆞ딕, "오날 밤의 수씨는 아모 곳으로 가게 되엿는지라. 나는 집에 잇셔 그 발악ᄒᆞ는 거슬 보기 슬희여 몬져 피ᄒᆞ노니, 황혼 ᄢᅢ에 사룸들이 와셔 수씨를 붓드러 교군에 담어갈 터이라." ᄒᆞ고 말을 ᄒᆞᆯ 즈음에 밧긔 사룸의 자최가 잇는지라. 즁옥이 말을 다 못ᄒᆞ여 휜빈혀로 긔록ᄒᆞᆫ 말을 밋쳐 못ᄒᆞ고 밧그로 나가니, 이는 하늘이 왕씨를 도와 그 흉계를 져희64)홈이라. 왕씨가 맛춤 오다가 그 '붓드러 교군에 담어진다'는 말을 드르니 이는 곳 ᄌᆞ긔를 두고 말홈이라. 십분 의아ᄒᆞ여 즉시 그 방으로 드러가니 양씨가 니러 맛지도 아니ᄒᆞ고 령락ᄒᆞᆫ 긔식이 잇거늘 왕씨 왈, "그딕 날노 더브러 여러 ᄒᆡ 동셔된 은졍이 업다 ᄒᆞᆯ 수 업스니 무슴 일이 잇든지 나는 그ᄃᆡ가 은휘치 아니ᄒᆞ고 다 말ᄒᆞ기를 ᄇᆞ라노라. 방ᄌᆞ65) 내오다가 드르니 슉슉66)의 ᄒᆞ는 말슴은 곳 니를 두고 말슴ᄒᆞ는 거시 아닌가?" 양씨 문득 변식을 ᄒᆞ며 닐ᄋᆞ딕, "싀집을 갈 터이거든 가겟지 미리 ᄇᆡ가 업허지도 아니ᄒᆞ여 몬져 물노 드러가고져 ᄒᆞᄂᆞ뇨?" 왕씨 이런 핀잔을 보믹 십분 번뇌ᄒᆞ나 노노히67) 말ᄒᆞ여도 쓸딕 업는고로 ᄌᆞ긔 방으로 도라와셔 눈물을 머금고 이리뎌리 ᄒᆞ딕, '장부와 ᄋᆞᄌᆞ는 하락이 엇지 된지 모ᄅᆞ고 계옥이 ᄯᅩᄒᆞᆫ 나가고 업슨즉, 내 다만 홀노 잇셔셔 조만에 필연 뎌의 권투68)에 ᄲᅥ러질가 념려는 ᄒᆞ엿스나 엇지 오놀날 이 디경에 니를 줄 알엇스리오? 내 찰하리 이 몸이 죽어 이 세상을 닛고 몸을 졍결케 ᄒᆞᆫ이만 ᄀᆞᆺ지 못ᄒᆞ도다.' 쥬의를 뎡ᄒᆞ고 안ᄌᆞ셔 장부와 ᄋᆞᄌᆞ를 싱각ᄒᆞ고 ᄒᆞᆫ탄ᄒᆞ며 오열톄읍69) ᄒᆞ더니, 날이 져믈

64) 져희 : 沮戱, 귀찮게 굴어서 방해함.

65) 방ᄌᆞ : 방자고기, 씻지도 않고 다른 양념 없이 소금만 뿌려 구운 고기. 순우리말.

66) 슉슉 : 叔叔, 시아주버니를 이르는 말.

67) 노노히 : 呶呶히, 구차하게 자꾸 지껄이는 말로.

68) 권투 : 圈套, .새나 짐승을 잡는 데 쓰는 올가미나 올무 혹은 남을 속이는 수단을 비유적으로 이르는 말.

69) 오열톄읍 : 嗚咽涕泣, 눈물을 흘리며 목메어 욺.

ᄆᆡ 양씨 ᄌᆞ조 대문 압헤 나가 밧글 ᄉᆞᆲ히ᄂᆞᆫ 그 거동 본즉 십분 집작할지라. 좌불안셕ᄒᆞ며 ᄆᆞ음이 칼노 버히ᄂᆞᆫ 듯 ᄒᆞ여 방문을 닷어 걸고 ᄒᆞᆫ 줄 노ᄭᆞᆫ을 가져 들ㅅ보에 ᄆᆡ이고 등상[70] 우희 올나서셔 하ᄂᆞᆯ을 우러러 ᄒᆞᆫ 마ᄃᆡ, "황텬은 나를 굽어 ᄉᆞᆲ히소셔" ᄒᆞ고 길이 탄식ᄒᆞᆫ 후에 목을 노ᄭᆞᆫ으로 ᄆᆡ이고 등상에셔 ᄂᆞ려 ᄯᅱ니 등상이 넘어지며 ᄯᅡ헤 ᄯᅥ러진지라. 다만 왕씨의 명이 진ᄒᆞᆯ ᄯᆡ에 니ᄅᆞ지 아니ᄒᆞᄆᆡ 그러케 굴근 노ᄭᆞᆫ이 절노 ᄭᆞᆫ허지며 ᄯᅡ에 ᄯᅥ러졋더라.

양씨가 맛춤 밧글 ᄉᆞᆲ히려 나갓다가 왕씨의 방에셔 무삼 늣기ᄂᆞᆫ 소ᄅᆡ 남을 듯고 가셔 위로코저 ᄒᆞ야 갓가히 간즉, 별안간 태산이 문허지ᄂᆞᆫ 소ᄅᆡ가 나며 사ᄅᆞᆷ의 ᄉᆞᆷ이 지ᄂᆞᆫ 악셩이 들니거ᄂᆞᆯ, 급히 문을 열고져 ᄒᆞᆫ즉 문이 걸녓ᄂᆞᆫ지라. 어시호[71] 그 ᄌᆞ결코져 ᄒᆞᆷ인 줄 알고 박망이ᄅᆞᆯ 차쟈 문을 부수고 캄캄어둔 방으로 급히 드러가다가 발이 걸니여 업어지며 놀나셔 혼이

나간지라. 겨우 엉긔여 니러나셔 부억으로 셕류황[72]을 가질너 가다가 머리가 압흐로 ᄯᅥ러지ᄆᆡ 방ㅅ바닥을 더듬어 손에 붓들니ᄂᆞᆫᄃᆡ로 빈혀를 집어 ᄶᅵᆯ으고 나가셔 셕류황을 차쟈가지고 드러와셔 불을 혀고 보니, 왕씨가 ᄯᅡ헤가로 넘어져서 이에 게겁품을 흘니며 목에 노ᄭᆞᆫ이 걸니여 잇ᄂᆞᆫ지라. 급히 그 노ᄭᆞᆫ을 풀어 놋타가 홀연 드르ᄆᆡ, 밧긔 왁ᄶᅡᄒᆞ며 문을 두ᄃᆞ리고 드러오ᄂᆞᆫ 소ᄅᆡ를 드르ᄆᆡ, 왕씨를 담으려 오ᄂᆞᆫ 줄 알고 급히 나가셔 왕씨의 방을 닐너주고져 ᄒᆞ여 겨우 방문 밧긔를 나셔ᄆᆡ, 그 사ᄅᆞᆷ들이 발셔 등ㅅ불을 들어 빗최여보ᄆᆡ 곳 흰 빈혀를 ᄭᅩᆺᄌᆞᆺᄂᆞᆫ지라. 불문곡직ᄒᆞ고 잡어 모러가지고 나가셔 교군에 집어너흐며 여러 사ᄅᆞᆷ들이 일제히 옹위ᄒᆞ여 가니, 양씨 소ᄅᆡ를 지르며 아니라고 발명ᄒᆞ나 그 사ᄅᆞᆷ들이 엇지 즐겨 밋으리오? 교군에 너코 문을 닷으며 풍우ᄀᆞᆺ치 모러가니라.

차셜, 왕씨 목을 ᄆᆡ고 ᄯᅥ러져셔 일시 혼절ᄒᆞ엿다가 양씨가 그 ᄆᆡᆫ 거슬 풀

70) 등상 : 凳床, 나무로 만든 세간의 한 가지로, 발돋움으로도 쓰고 걸터앉기도 함.

71) 어시호 : 於是乎, 이 즈음. 또는 이에 있어서.

72) 석류황 : 石硫黃, 유황(硫黃)을 의미하며 성냥의 원말이기도 함.

어 노흐믹 다시 찌여나셔 밧긔셔 사룸의 써드는 소리롤 드르믹 주긔를 도적호려온 줄 짐작호고 일변 겁이 나서 살이 썰니며, 가만히 드르니 양씨롤 붓드러 가는 모양이라. 감히 내여다가 보지도 못호더니 조곰 잇다가 문 밧기 고요호거눌 그제야 나가서 슓혀보니 양씨는 죵젹이 업고 써들던 사룸도 훈나 업는지라. 무옴에 싱각호딕, '뎌희 필연 나를 도적호려 왓다가 양씨롤 그릇 잡어 갓도다.' 호고 즉시 대문을 닷어 걸고 드러와셔 방에 불을 혀고 빈혀를 추즈니, 주긔 빈혀는 간 딕 업고 양씨에 치식 빈혀가 잇더라. 상에 누어 잠을 일우지 못호고 밤싀도록 울다가 날이 붉은 후 니러나셔 소세호고 다른 빈혀를 추주 쏫고져 홀 즈음에, 밧긔셔 문을 열나고 소리를 호거눌 드른즉 이 곳 즁옥의 음셩이라. 왕씨 주긔를 폴녀 호던 소위를 싱각호믹 십분 앙앙불쾌호여 짐짓 딕답도 아니호고 잇다가, 훈참을 오릭 부른 후에야 말지 못호여 양씨의 빈혀를 집어 쏫고 나가셔 문을 열어주니, 즁옥이 일심에, '왕씨는 이믜 잡혀가고 주긔 안히 홀노 잇스리라' 싱각호엿슴으로 밋쳐 슓히지 아니호고 쑤지즈믹, "무숨 잠을 그리 늦게" 호다가 얼듯 보니 주긔 안히가 아니오 곳 주긔 형슈 왕씨라. 졸디에 가숨이 막히고 얼골에 불를 담어다가 붓는 듯호며 그 머리를 보믹 젼일 업던 치식 빈혀를 쏫즌지라. 더옥 놀나고 의심이 나셔 무르딕, "양씨는 어딕로 갓숩닉잇가?" 왕씨 닐ᄋ딕, "이는 숙숙이 주긔가 민드러낸 일이라. 필경 주셰히 알 거시어눌 엇지호여 날드려 뭇닉뇨?" 즁옥이 무르딕, "엇지호여 슈씨는 빈혀를 식로 쏫줏닉잇가?" 왕씨 왈, "내 작일에 슉슉이 드러와셔 동셔에게 호는 말을 잠간 드르믹, 곳 나를 두고 호는 말인 줄 분명히 알고 즉시 내 방으로 드러가셔 싱각호믹, '내 찰하리 이 몸이 쥭어 그 욕을 보지 아니리라.' 쥬의를 뎡호고 노끈을 엇어 목을 믹엿더니, 양씨가 와셔 구호다가 밧긔셔 써드는 소리를 듯고 급히 나가는 것만 혼미훈 즁에 알 섇이오. 그 후에는 엇지 되엿는지 알지 못호며 쏘 나는 슉슉이 나를 폴어 강포훈 쟈로 호여곰 나롤 도적호여 가게 홈을 짐작호는고로 감히 나가셔 보지 못호다가, 이윽훈 후에야 밧긔 아모 긔쳑이 업기로 나가셔 본즉 양씨ᄂᆞᆫ 간 ᄃᆡ 업고 ᄯᅥ들던 사ᄅᆞᆷ도 그림ᄌᆞ를 보지 못ᄒᆞᆯ지라. 즉시 문을 걸고 드러가셔 잘 ᄲᅮᆫ이오 다른 일은 몰낫더니, 아ᄎᆞᆷ에 니러나셔 빈혀를 차즌즉 나의 흰빈혀ᄂᆞᆫ 간 ᄃᆡ 업고 양씨의 석빈혀가 잇기로 권도로 집어 ᄭᅩ졋노라." 즁옥이 ᄆᆞ음이 ᄐᆞ고 열화가 삼천 장이나 소ᄉᆞ 니러나지마ᄂᆞᆫ 이믜 ᄌᆞ긔의 잘못ᄒᆞᆫ 일이라. 누구를 ᄒᆞᆫᄒᆞᆯ 수도 업고 다만 ᄆᆞ음으로 은근히 샹ᄒᆞᄂᆞᆫ지라. 혼ᄌᆞ말노 닐ᄋᆞᄃᆡ, '아ᄌᆞ미ᄅᆞᆯ 풀녀다가 도로혀 안ᄒᆡᄅᆞᆯ 풀엇스니 이를 쟝ᄎᆞᆺ 엇지 ᄒᆞ리오? 다시 가셔 물너오쟈 ᄒᆞ여도 밧은 돈을 이믜 절반이나 넘어 ᄡᅥᆺ스니 무엇으로 무르며, ᄯᅩ 그 사ᄅᆞᆷ이 이믜 갓슨즉 어ᄃᆡ 가셔 차즐 곳이 업ᄂᆞᆫ지라.' 홀노 가슴을 치며 ᄒᆞᆫ탄만 ᄒᆞᆯ ᄲᅮᆫ이라가 다시 ᄉᆡᆼ각ᄒᆞᄆᆡ, 'ᄒᆞᆫ 번 ᄒᆞ다가 못 ᄒᆞ엿스니 두 번 ᄒᆞ기를 말지 아니ᄒᆞᆷ이 가ᄒᆞ니, ᄯᅩ 다시 됴흔 자리를 차자 수씨를 풀어셔 ᄒᆞᆫ 편으로 그 안ᄒᆡ 일흔 밋쳔을 찻고 ᄒᆞᆫ 편으로 오늘날 ᄒᆞᆫ을 풀니라.' ᄒᆞ고 방쟝 밧그로 나가려 ᄒᆞᆯ ᄉᆡ, 다만 보ᄆᆡ 밧그로 좃ᄎᆞ 오륙 인이 드러오거ᄂᆞᆯ 얼듯 보니 이ᄂᆞᆫ 별사ᄅᆞᆷ이 아니오 곧 ᄌᆞ긔의 형과 ᄋᆞ오가 희동을 차쟈가지고 짐ㅅ군 삼 명에게 무슴 짐을 지워 ᄃᆞ리고 오ᄂᆞᆫ지라. 즁옥이 ᄒᆞᆫ 번 보ᄆᆡ 무안ᄒᆞ여 형과 ᄋᆞ오를 볼 낫치 업셔셔 급히 뒤ㅅ문을 열고 도망을 ᄒᆞ여 거쳐업시 갓더라.

차셜, 왕씨 졍히 그 싀숙 즁옥으로 더브러 말을 ᄒᆞ더니 즁옥이 일언반ᄉᆞ가 업시 급히 뒤흐로 나감을 보고 괴이히 녁일 즈음에, 문ㅅ간이 분요[73] ᄒᆞ며 엇던 사ᄅᆞᆷ들이 짐ㅅ군 수삼 인을 령솔ᄒᆞ고 드러오ᄂᆞᆫᄃᆡ, ᄒᆞ나흔 의쥬에 가셔 죽엇던 ᄌᆞ긔 남편 ᄇᆡᆨ옥이오, ᄒᆞ나흔 ᄉᆞᆺ헤싀숙 계옥인ᄃᆡ, 열삼ᄉᆞ 셰 된 쥰슈ᄒᆞᆫ ᄋᆞ희를 압세우고 짐ㅅ군은 문ㅅ간에 머므르고 드러오니, 이ᄂᆞᆫ ᄉᆡᆼ각이 넘어 ᄀᆞᆫ졀ᄒᆞᆷ으로 죽은 귀신이 와셔 눈에 뵈임인가, 하ᄂᆞᆯ이 불샹히 녁이샤 죽은 남편으로 ᄒᆞ여곰 다시 살어오게 ᄒᆞ심인가? 텬샹으로 좃ᄎᆞ ᄂᆞ려오ᄂᆞᆫ가, ᄯᅡ흐 좃ᄎᆞ 소ᄉᆞ오르ᄂᆞᆫ가? 깃부고 반가옴을 니긔지 못ᄒᆞ여 눈물이 비오

73) 분요 : 紛擾, 어수선하고 떠들썩함.

듯 ᄒᆞ며 신을 것구로 신고 마당으로 ᄯᅱ여ᄂᆞ려가셔 장부와 싀슉을 맛ᄌᆞ 당샹으로 올나오며, “뎌 슈ᄌᆡᄂᆞᆫ 누구이뇨?” 무를제, 희동이 어머니를 부르니 반가온 즁에 밋쳐 ᄋᆞᄌᆞ의 ᄉᆡᆼ각도 못ᄒᆞ엿다가 그 어머니를 부라ᄂᆞᆫ 소리를 듯고 ᄌᆞ세히 다시 보니 그 ᄋᆞ이 심히 쟝셩ᄒᆞ고 쥰슈ᄒᆞᆫ지라. 연고를 무른ᄃᆡ ᄇᆡᆨ옥이 금을 차쟈주고 ᄋᆞᄌᆞ를 맛난 일과 혼인을 뎡ᄒᆞᆫ 일과 륙십 환을 허비ᄒᆞ여 파션ᄒᆞᆫ 사ᄅᆞᆷ을 건지다가 계옥을 구ᄒᆞ여 맛나던 전후ᄉᆞ실을 일쟝셜명ᄒᆞ니, 왕씨 ᄯᅩᄒᆞᆫ 즁옥의 셜계ᄒᆞ던 일을 말ᄒᆞ고 가즁이 화락ᄒᆞ야 태평을 누리더라. (완)

5. 『호섬전』

호셤젼[1)]

ᄃᆡ져 젹은 거시 큰 거ᄉᆞᆯ 가히 ᄃᆡ젹지 못ᄒᆞ며 약ᄒᆞᆫ 거시 강ᄒᆞᆫ 거ᄉᆞᆯ 가히 익이지 못ᄒᆞᆷ은 자연ᄒᆞᆫ 니치니, 이는 형셰와 힘으로 졔어ᄒᆞ는 ᄇᆡ이요, 약함으로도 강ᄒᆞᆫ 거ᄉᆞᆯ 억졔ᄒᆞ며 젹음으로도 커단 거ᄉᆞᆯ 업슈이 녁이ᄂᆞᆫ 거ᄉᆞᆯ 변통얼 베퍼 권도를 닐우ᄂᆞ니, 이ᄂᆞᆫ 지혜와 ᄭᅬ로 일우ᄂᆞᆫ ᄇᆡ라. 무릇 ᄒᆞ날 도ᄂᆞᆫ 한갓 온젼이 ᄒᆞ고ᄌᆞ ᄒᆞᆷ이 업ᄂᆞᆫ고로 상ᄉᆡᆼᄒᆞ며 상규ᄒᆞ야 순환무궁으로 편벽되미 업ᄂᆞ니다.

ᄯᅩ ᄒᆞᆫ 곳ᄃᆡ 벌어지 잇시니 일홈을 둑겁이라 층ᄒᆞ는ᄃᆡ, 비록 일ᄀᆡ 미물일망졍 의사 궁통[2)]ᄒᆞ고 언변이 유족ᄒᆞ여 스ᄉᆞ로 일오ᄃᆡ 곤충중 졔일이라 ᄒᆞ더라. 이ᄯᅢᄂᆞᆫ 계ᄒᆞ[3)]초 순간[4)]이라. 쳔긔가 심녕ᄒᆞ고 요수지달[5)]ᄒᆞ야 쳔긔 창

---

1) 겉표지에 '소안동 윤병ᄉᆞᄃᆡᆨ 축, 졍미 지월 회일 필ᄒᆞ다.'라는 기록이 있고 '尹兵使印'이 찍혀 있음.

2) 궁통 : 窮通, 성질이 침착하여 깊게 생각을 함.

3) 계하 : 季夏, 음력 6월을 달리 이르는 말.

4) 순간 : 旬間, 음력 초열흘께.

5) 요수지달 : 曜宿□□, '요수'는 오성(五星)과 이십팔수를 통틀어 이르는 말. '지달'은 분명치 않음.

일ᄒᆞᆫ지라, 두겹이 올ᄋᆡ 굴형의 업더이다가 먹을 것도 구ᄒᆞ고 겸ᄒᆞ여 소창[6]도 ᄒᆞ야 굴형 밧계 ᄂᆞ와 완보로 옹겨 엉금엉금 긔여 넙푼 언덕의 올아 수파람을 불고 외로온 장승을 얼로만져 방황ᄒᆞ며 원근 산광과 평원 야ᄉᆡᆨ을 두루 살펴보니, 원산은 아우라 ᄒᆞ야 푸른 안ᄀᆡ 둘넌ᄂᆞᆫᄃᆡ 쳔 길 포포수의 붓히인 ᄇᆡ 되여 구천은 ᄒᆞ슈 걸려시며 거울 낫셜 ᄂᆡ왓ᄂᆞᆫ 듯, 만 장 층벽의 길게 날러 굴형의 쏘난 형셰 옥을 무어 셰운 닷, ᄇᆡᆨ셜이 펄펄 허여지고 괄괄 치ᄂᆞᆫ 물소ᄅᆡ 뇌셩가치 진동ᄒᆞ야 동학이 요란ᄒᆞ니 경ᄀᆡ롭긔 층양읍고, 야ᄉᆡᆨ은 창망ᄒᆞᆫᄃᆡ 이 골 물이 져 골 물을 합슈ᄒᆞ여 만경창파을 우연이 일워어시니 이는 일은바 상젼ᄇᆡᆨ히로다.

여러날 장마 ᄉᆞᆺ히 일긔 초쳥ᄒᆞ여 초목군싱지물이 각기 ᄉᆡ로온지라. 날김싱, 길버러지 ᄊᆡ을 만ᄂᆞᆫ드시 동셔남북의 임의ᄃᆡ로 혜즐으고,[7] 봉만[8]은 중중겹병을 둘러시며 강하ᄂᆞᆫ 쳡쳡 흰깁을 편넌지라. 무한ᄒᆞᆫ 경ᄀᆡ을 탐혹ᄒᆞ여 ᄉᆞ면으로 관광ᄒᆞ며 자젹 읍시 것넌 걸음이 ᄃᆡ창[9]ᄒᆞ여 흐르ᄂᆞᆫ ᄀᆡ쳔가을 당ᄒᆞ여ᄂᆞᆫ지라. 속담의 일으기을, '악양누 금광산도 먹은 후 경이라' ᄒᆞᄂᆞᆫᄃᆡ ᄂᆡ 이제 ᄃᆡ단이 시장ᄒᆞ니 구경을 그만두고 먹을 거슬 구ᄒᆞ리라 ᄒᆞ고 이리 덥펄져리 덥젹 단니면서 아든ᄃᆡᄂᆞᆫ 날버려지을 눈의 보이는ᄃᆡ로 헐덕 쒸여 ᄇᆡᆨ발ᄇᆡᆨ즁으로 잡어먹으니 즘시 요긔 되ᄂᆞᆫ지라. 이예 노즁의 셔셜[10]ᄒᆞ다 자힝ᄒᆞᄂᆞᆫ 우마의 발피기ᄂᆞᆫ 염여되고 ᄉᆞ람의계 들키면 약으로 씨고ᄌᆞ 집어가기 쉬은지라. 유벽ᄒᆞᆫ 곳을 ᄎᆞ져 ᄀᆡ쳔가의 조고마ᄒᆞᆫ 언덕얼 의지ᄒᆞ여 가마니 관창ᄒᆞ고 안져더니, 홀연 광풍이 ᄃᆡ작ᄒᆞ여 남무가 불어지고 돌리 궁글으며 뇌졍이 덜미을 ᄯᆞ리ᄂᆞᆫ 듯ᄒᆞᆫ 소ᄅᆡ 나며 ᄊᆞᆼ쥴로 번ᄀᆡᆺ치 흐르더니, 어더ᄒᆞᆫ 김싱

6) 소창 : 消暢, 심심하거나 답답한 마음을 풀어 후련하게 함.
7) 혜즐으고 : 옛말, 헤이즐고, 헤치고 젖힘.
8) 봉만 : 峯巒, 꼭대기가 뾰족뾰족하게 솟은 산봉우리.
9) 대창 : 大漲, 강물이나 개울물 따위가 몹시 불어 넘침.
10) 셔셜 : 棲屑, 한곳에 머물지 아니하고 떠돌아다님.

이 크기 말만ᄒᆞᆫᄃᆡ 젼신의 황흑ᄉᆡᆨ이 어룽지고 머리ᄂᆞᆫ □□[11]기만ᄒᆞ며 두 눈이 화경을 걸연 듯 나는다시 달야들어 ᄭᅩ리을 길게 펴고 두 눈을 모아 ᄶᅮ러질 듯 보며 아웅 소릐 산쳔이 히텩이라. 이ᄂᆞᆫ ᄎᆞ시 호랑이 여러날 장마즁 굴 속의셔 쥴리더니 먹을 거술 읏고져 두루 방황ᄒᆞ더니, 마춤 둑겁이 뵈이ᄂᆞᆫᄃᆡ 비록 젹어 반닙이 차지 못할 거시나, 쥬린 ᄭᅳᆺ치라 크고 즈근 거술 분간ᄒᆞ며 ᄯᅩᄒᆞᆫ 탐욕이 심ᄒᆞᆫ 김ᄉᆡᆼ이라 엇지 먹고ᄌᆞ 아니ᄒᆞ리요? 호랑이 불문곡직ᄒᆞ고 먹을 거시로ᄃᆡ 이놈이 본시 의심이 만흔지라, 평생의 둑겹을 본 ᄇᆡ 쳐음인 고로 마음의 의혹이 되여 요거시 무슌 김ᄉᆡᆼ인고 짐짓 멈추고 노리여 보넌지라. 둑겹이 ᄉᆞ람과 우마을 피ᄒᆞ여 마참 호랑얼 맛ᄂᆞ니 이ᄂᆞᆫ 일은바 조약돌 피하랴다가 큰 바회을 맛남과 갓튼지라. 두겹이 근본 잔진[12]ᄒᆞ며 조고마ᄒᆞᆫ 것을 보아되 놀나여 쥭을 듯 ᄒᆞ더니, 이졔 호랑을 만는즉 정신이 아득ᄒᆞ여 쳔지을 불분ᄒᆞ고 이마의 진ᄯᆞᆷ이 나며 신혼이 진발ᄒᆞ고 쳔신이 구상젼을 맛는다시 ᄯᅥᆯ니여 긔ᄉᆡᆨᄒᆞ여다가 간신이 진정ᄒᆞ여 가마이 ᄉᆡᆼ각ᄒᆞ되 'ᄂᆡ 오날이 졀명일이로고' 그러나 속담의 일으기을, '지렁이도 드듸면 ᄭᅮᆷ적인다' ᄒᆞ는ᄃᆡ ᄂᆡ 이졔 어림읍시 아모 말도 못ᄒᆞ며 잡어즙수 ᄒᆞ고 나의 전신을 져 놈의계 통으로 ᄂᆡ맛기고 잇ᄂᆞᆫ 거ᄉᆞᆫ 변변치 못ᄒᆞᆫ 슉ᄆᆡᆨ이요 병신의 초친 ᄌᆞ식이라. 져 놈이 근본 용ᄆᆡᆼ은 잇스나 ᄭᅬ난 업시며, ᄯᅩᄒᆞᆫ 의심이 마은 놈인즉 나의 궁통ᄒᆞᆫ 실긔을 ᄂᆡ여 유리ᄒᆞᆫ 언변으로 져놈을 속여 보리라' ᄒᆞ고, 이예 밧흔 숨을 강신이 길게 쉬며 담을 크게 ᄒᆞ여 정ᄉᆡᆨᄒᆞ고 나룻[13]셜 가다드머 진즁이 안져 호랑을 ᄃᆡ하여 왈, "너는 엇더ᄒᆞᆫ 김ᄉᆡᆼ이관ᄃᆡ 상셔롭지 안이 ᄉᆡᆼ긴 놈이 눈의 아모 것도 뵈이ᄂᆞᆫ 거시 읍던야? 네 감히 어룬 압희 올진ᄃᆡ 예훌 줄을 모라고 되지 못ᄒᆞ게 흉악ᄒᆞᆫ 눈방울을 함부로 굴녀 감히 어룬

11) □□ : 이 작품은 이면지에 씌어져 있는데, 오래되어 낡은 부분은 겉면과 이면의 글자가 섞여 확인하기 어려운 부분이 있음.

12) 잔진 : 잔질다, 마음이 약하고 하는 짓이 잘음.

13) 나룻 : 수염.

얼 만홀이 보고 셧시니, 네가 뉘집 ᄌᆞ식인지 모로건이와 ᄇᆡ운ᄃᆡ 읍는 후레ᄀᆡᄌᆞ식놈이로다. 네가 도시 무어시라 ᄒᆞᄂᆞᆫ 명ᄉᆡᆨ인고?" 호랑이 층파의 긔가 막히여 귀가 찌여지ᄂᆞᆫ 다시 웃고 ᄂᆡ렴의 헤오ᄃᆡ, 'ᄂᆡ 일즉 쳔ᄒᆞ을 횡힝ᄒᆞᆫ지 ᄀᆡ십 연의 요런 담냑ᄒᆞᆫ 괴물은 오날 쳐음 보ᄂᆞᆫᄯᅩ다. 아무커나 얼는 잡어 싱킬 거시로ᄃᆡ, 요놈이 가장 슈상ᄒᆞ니 나의 명호을 가르쳐 잠간 조놈을 놀여 보고 먹으리라.' ᄒᆞ며 이예 주홍갓튼 입을 두 귀가 찌어지다시 버리여 ᄒᆞᆫ 번 합흠의 독ᄒᆞᆫ ᄂᆡ음ᄉᆡ가 코을 거슬이고, 벌인 입을 둑겁의 ᄌᆞ근 안목으로 보건ᄃᆡ 그 입 크기 홍여문[14] 갓타여 져 갓흔 거ᄉᆞᆫ 오륙십 ᄀᆡ을 한 번의 모아 느도 입이 ᄎᆞ지 아닐 듯 ᄒᆞ거늘, 이갓흔 모양을 보건ᄃᆡ 콩만ᄒᆞᆫ 간이 다실 듯 ᄒᆞ며 젼신이 ᄯᅥᆯ니여 들숨만 잇고 날숨언 업더니, 간신 정신을 수습ᄒᆞ여 스ᄉᆞ로 일로ᄃᆡ, 'ᄂᆡ 이가치 정신을 일타가는 져놈 입의 들어가기 젼의 ᄉᆞᆼᄉᆞᄂᆞ기 쉽거도다.' 하고, 이예 마음얼 도지계 먹으며 호랑의 말을 □□허드니, 호랑이 일로ᄃᆡ, "숩신이 코수역을 둘 마련 잘 ᄒᆞ여도다. 네 엇더ᄒᆞᆫ 괴물로 덩치ᄂᆞᆫ 집어 장 찌글 것도 못 되여 나의 요긔도 아니 되고, ᄯᅩᄒᆞᆫ 싱김도 괴상ᄒᆞ여 ᄃᆡ골이을 누가 날리의 쳐박엇ᄂᆞ야? 목은 어이 밧삭 다 붓허 아조 밋닥이가 되고, ᄇᆡ는 터질 다시 부르니 단복ᄭᅩ창[15]의 부증이 겸ᄒᆞ여ᄂᆞᆫ야? 젼신이 누루기ᄂᆞᆫ 엇지 져다지 심ᄒᆞ야 쥬셕 국얼 먹고 잘아시며 황달병으로 주달채달[16]을 들녓넌다? 요놈이 어디서 오듬지 진상[17]의 왕바탕 쪽기여 온다? 벌덕벌덕언 엇진 닐이고? ᄯᅩᄒᆞᆫ 웃틀두틀ᄒᆞᆫ니 ᄃᆡ풍창이 시작이야, 주마창이 터지너야? 젼신의 털 ᄒᆞᄂᆞ 업시니 도야지쳐럼 튀ᄒᆞ다가 노여와ᄂᆞ야? 키는 어이 조다지 젹으니 요놈이 자랄 ᄯᅢ는 어ᄃᆡ 갓던야? 네 어미가 너 날

---

14) 홍여문 : 虹霓門, 무지개처럼 생긴 문이라는 뜻의 홍예문은 철도 건설을 담당하고 있던 일본 공병대가 1906년 착공하여 1908년에 준공하였음.

15) 단복ᄭᅩ창 : 單腹鼓脹, 얼굴과 팔다리는 붓지 않고 배만 몹시 붓는 병.

16) 주달채달 : 酒疸菜疸, '주달', '채달'은 황달의 하나. '주달'은 주로 술을 지나치게 마셔서 생기는 황달, '채달'은 채소 따위에 중독되어 생기는 황달.

17) 진상 : 陣上, 진중(陣中)과 같은 의미.

젹의 하문이 ᄯᅳ금도 안니ᄒᆞ여깃다. 아마 네가 눈장이 씬가 보다. 속담의 일으길 여덜 술벗듬 무당질 ᄒᆞ여도 목둑[18]이란 귀신 못 보고 구주강산을 돌아단여도 독긔로 ᄀᆡ 잡넌 거술 보지 못ᄒᆞ여드니, ᄂᆡ 쳔ᄒᆞ셰계을 도라단이며 듯고 본 것시 만흐나 너 갓흔 명식언 보지 못 ᄒᆞ여시며, 네 모양을 보니 장망은 ᄒᆞ여도 되지 못 ᄒᆞ나 나흔 들어 뵈이니, 어려셔 지각 업다넌 못 할 거신ᄃᆡ 요놈 네가 아마도 쳑치숙ᄆᆡᆨ인가 보다. 그러치 아넌즉 눈갈이 읍든야, 귀ᄭᅮ역 읍든야? 도시 듯도 보도 못ᄒᆞ여나야?" 둑겁 왈, "이 엇든 말린고? ᄂᆡ 눈이 읍시면 웃지 지금 너을 ᄃᆡᄒᆞ여 보며 귀 읍시면 너의 말을 듯고 문답ᄒᆞ리요?" 호랑 왈, "연즉 네 움 속의 잇다가 나왓난다? 엇지 나의 명호얼 듯지 못ᄒᆞ엿나뇨? 인간 ᄉᆞ람덜도 나의 명호얼 듯기만 ᄒᆞ면 기덜ᄒᆞ야 놀ᄂᆡ지 아니리 업거날, 네 나의 명호ᄂᆞᆫ 못 들엇실지라도 이졔 나의 위풍얼 보면셔도 요놈 두려워할 쥴 모르니 이는 일은바 할우ᄀᆡ아지 범얼 모름이로다. 네 무슨 암냐으로 감히 당돌ᄒᆞᆫ 채 ᄒᆞᆫ요? 요놈 어룬인지 무어신지 감히 네 입의셔 그 말이 나온단 말이냐? 나의 명호얼 좀 알녀ᄂᆞᆫ다? 나는 산군이라도 ᄒᆞ며 혹층 호랑이라도 ᄒᆞᄂᆞ니 네 인난 알가보야?" 둑겁이 층파의 혜오ᄃᆡ 'ᄂᆡ 이제 져 놈의 밥이 되어 괴상육[19]이 된 바의 무삼 더 두일 바 잇스리요? 이럼으로 쥭을 ᄶᅡ히 일으러셔ᄂᆞᆫ 마음을 견고ᄒᆞ나니, ᄂᆡ 이제 화을 면ᄒᆞ도록 셜역ᄒᆞ여 보다가 일우지 못ᄒᆞᄂᆞᆫ 거ᄉᆞᆫ ᄂᆡ 집 운수소관이요, 쳔의 소ᄌᆡ라. 이런 고로 말동고리도 술ᄅᆡ을 막고ᄌᆞ 셔둘어 보고 목의도 ᄐᆡ산을 지고져 덤벙이ᄂᆞ니 ᄂᆡ 맛읍시 그져 줄 이 만무ᄒᆞ도다. 하날이 문어져도 소날 궁기 잇고 별악을 쳐도 살 놈은 ᄉᆞᆫ다 ᄒᆞ여ᄂᆞ니라.' ᄒᆞ고 둑겹이 팟알가치 둥근 눈을 거더붓치고 노긔을 ᄃᆡ단이 ᄂᆡ여 률긔을 남원 신관ᄉᆞ도갓치 벗셕 ᄂᆡ여 일르ᄃᆡ, "이놈 너의 말이 ᄒᆞ낫토 준젹이 읍시 ᄒᆞᆫ갓 무식퍅만[20]지셜이라. 족히 ᄃᆡ젹

---

18) 목둑 : 이름이 무엇인지 모르는 귀신의 이름. 목두기.

19) 괴상육 : 机上肉, 도마에 오른 고기라는 뜻으로, 어찌할 수 없게 된 운명을 이르는 말.

20) 퍅만 : 愎慢, 사람됨이 온화하지 못하고 거만함.

할 거시 읍ᄉᆞᄂᆞ 네 ᄂᆡ의 형체을 입의 담치 못 할 욕셜을 방ᄌᆞ히 침노ᄒᆞ니, 네 아비 업신 후래집 ᄌᆞ식이로다. 네 귀가 잇거든 나의 말을 ᄌᆞ셔이 들으라. 천지간 만물 중의 형질품셩은 잠시 언어로 다 못 ᄒᆞ려니와 다만 긔동ᄒᆞ는 인류며 금수곤충얼 ᄃᆡ강 말ᄒᆞ리라. ᄃᆡ져 ᄉᆞ람의 신체ᄃᆡ소, 형질과 셩식, 셩음이 모다 각각인 고로, 인간 ᄉᆞ람의 신체 ᄃᆡ소로 말ᄒᆞᆯ지라도 예젹 방풍씨는 달리쌔가 아홉 두럭 밧셜 글쳐시니 이ᄂᆞᆫ 인ᄉᆡᆼ이라도 다시 읍넌 겨요, 셔방 장인국은 인종언 킈가 이 장이 코고, 동극 소인국 인종은 킈가 불과 ᄉᆞᆷ촌인ᄃᆡ 힝보ᄂᆞᆫ 나는 것갓치 일힝 ᄉᆞᆷᄇᆡᆨ이여 리을 ᄒᆞ니, 이ᄂᆞᆫ 킈에 ᄃᆡ소가 부동이요, ᄯᅩᄒᆞᆫ 형질로 의논ᄒᆞ면 ᄉᆞᆼ고의 ᄉᆞᆼ인이 계시니 ᄉᆞ람의 몸이요 소의 머리시고, 예젼 치우라 ᄒᆞᄂᆞᆫ ᄌᆞ는 구리 머리의 쇠 몸이요, 주무왕이 은주로 더부러 젼장시의 ᄉᆞᆷ두육비[21]가 잇셔시니 이ᄂᆞᆫ 형질이 부동이요, ᄉᆞᆼ품을 말할진ᄃᆡ 천지의 ᄉᆞ방 긔후가 달은 고로 그 긔운을 타고나ᄂᆞᆫ 인ᄉᆡᆼ이 읏지 ᄒᆞᆫ갈갓타리요? 시고로 북방지인은 굿세며 한악[22]ᄒᆞ고 남방지인은 공교ᄒᆞ여 다ᄉᆞᄒᆞ니 이ᄂᆞᆫ 셩픔이 부동이요, 긔ᄉᆡᆨ을 말할진ᄃᆡ 동양인은 황ᄉᆡᆨ이요 셔양인은 ᄇᆡᆨᄉᆡᆨ인ᄃᆡ ᄯᅩᄒᆞᆫ 오ᄉᆡᆨ 인종이니 각각 이시니 이ᄂᆞᆫ 긔ᄉᆡᆨ 부동이오, 셩음의 쳥탁, 고져와 언어의 달은 바는 각기 그 지방 풍속의 스ᄉᆞ로 일운 ᄇᆡ니 이ᄂᆞᆫ 셩음이 부동이라. 금수곤충의 형모와 ᄃᆡ소장단이며 비반쳥수[23]가 각각 형ᄉᆡᆼ으로 쳔ᄐᆡ만ᄉᆞᆼ이 품셩의 ᄉᆞᆫ악완급이며 강완유숙이 부동ᄒᆞᆫ 거시 이ᄂᆞᆫ 천지조화 중 ᄌᆞ연ᄒᆞᆫ 니치로 각기 증ᄒᆞᆫ ᄇᆡ 되여ᄂᆞᆫ 고로 너ᄂᆞᆫ 져 형ᄉᆞᆼ이요 나는 이 모양이로다. 나여 신체ᄃᆡ소ᄂᆞᆫ 임의ᄃᆡ로 ᄒᆞᄂᆞᆫ 도술이 잇슨즉 크고 즉을진ᄃᆡ 천지간의 그득ᄒᆞᆯ 거시오 즉고ᄌᆞ 할진ᄃᆡ 진으만 할지라. 너갓튼 놈은 증양치 못 할 거신 즉, 이ᄂᆞᆫ 더불어 말할 ᄇᆡ 안이요, 이졔 너 말을 드른즉

---

21) ᄉᆞᆷ두육비 : 三頭六臂, 머리가 셋, 팔이 여섯이라는 뜻으로, 힘이 엄청나게 센 사람을 이르는 말.

22) 한악 : 悍惡, 성질이 사납고 악함.

23) 비반청수 : 肥胖淸秀, '비반'은 살이 쪄서 몸이 뚱뚱함, '청수'는 얼굴이나 모습 따위가 깨끗하고 빼어남을 의미.

무지몰각ᄒᆞᆫ ᄌᆞ의 소견이며, 구긔24)가 고금이 읍시 일반이로다. 열국시의 안영의 쳬양이 심이 젹덕니, 초국어 ᄉᆞ신간즉 초국 군신더리 너와갓치 흉을 보다가 크게 무안을 당ᄒᆞ여던이라. 너 나의 목이 읍신 줄로 알고 흉보든 말리나 ᄂᆡ 읏지 목이 읍시리요? 아모 싱물이던지 턱 아리ᄂᆞᆫ 목이라. ᄂᆡ 이졔 몸을 쥴이고 잇슨즉 이갓거니와 길계 늘린즉 목이 ᄒᆞᆫ앙읍시 기ᄂᆞᆫ니 이놈 문견 읍단 말은 안니ᄒᆞ고 쳐음 보ᄂᆞᆫ 말로 쥐방귀갓튼 말이며 병든 놈의 셤어25) ᄒᆞ듯 그 무어시라 하여ᄂᆞᆫ요? 네 수중의 별주부을 보지 못 ᄒᆞ여ᄂᆞᆫ다? 그 으른이 나와갓치 도술이 잇셔 그 목이 능단능장 ᄒᆞ난이라. 나의 ᄇᆡ 부른 거슨 진실로 이거시 부귀격인 고로 상셔의 일오ᄃᆡ 복슈26) 잇ᄂᆞᆫ이라 ᄒᆞ니, ᄇᆡ가알로 드리란 말이요야무삭복지부라27) ᄒᆞ니 싹근 것가치 홀족ᄒᆞ여 견ᄃᆡ비28)로 큰 부ᄌᆞ 읍다 ᄒᆞ넌이라. ᄂᆡ 이졔 그러ᄒᆞᆫ 고로 젼곡이 구산갓ᄒᆞ여 도쳐마다 방장긔식이 진진ᄒᆞ야 일싱이 우족ᄒᆞ기로 날더러 부가옹이라 ᄒᆞᄂᆞ니라. ᄯᅩᄒᆞᆫ 네 말이 ᄃᆡ풍창29)이니 주마창30)이니 ᄒᆞ니 너의 귀가 산호가지로다. 어ᄃᆡ셔 ᄃᆡ강 주셔 듯기ᄂᆞᆫ ᄒᆞ여나보다만은 네 속의ᄂᆞᆫ 아모 것도 읍고 다만 족거의 털만 잇ᄂᆞᆫ 놈이로다. 네 소위 두 가지 창이라 ᄒᆞᄂᆞᆫ 거ᄉᆞᆫ 창종이 젼신의 허여지되 창가시 코긔 될지니 살이 허여져 보기의 추ᄒᆞ며 ᄉᆞᆷ즉ᄒᆞ거날, 이놈 ᄂᆡ 몸의 도든 거시 그러ᄒᆞᆫ다? 이ᄂᆞᆫ 무타라, 이왕의 복약할 ᄯᅢ의 인ᄉᆞᆷ을 마니 먹어 ᄉᆞᆷ독31)으로 ᄒᆞ여 소양증이 ᄃᆡ단ᄒᆞ기로 일 년의 ᄒᆞᆫ 번식은

24) 구긔 : 舊記, 옛날 기록.

25) 셤어 : 譫語, 앓는 사람이 정신을 잃고 중얼거리는 말, 헛소리.

26) 복슈 : 福數, 복이 많은 운수.

27) ᄇᆡ가알로 드리란 말이요 야무삭복지부라 : 의미 파악이 안됨.

28) 견ᄃᆡ비 : 肩帶배, 돈이나 물건을 넣어 허리에 매거나 어깨에 두르기 편하도록 만든 자루와 같은 배.

29) ᄃᆡ풍창 : 大風瘡, '나병'을 한방에서 이르는 말.

30) 주마창 : 走馬瘡. 여기저기 온몸으로 돌아가며 생기는 종기.

31) ᄉᆞᆷ독 : 蔘毒, 인삼이 체질에 맞지 아니하거나 병의 증세와 맞지 아니하여서, 또는 지나치게 많이 먹어서 생기는 신열(身熱).

온양 온쳔이며 연풍안비32)을 단이노라. 나의 벌덕이ᄂᆞᆫ 거살 흉ᄒᆞᆫ 말로 욕셜이나, 이놈 네가 맛치 먹ᄂᆞᆫ 데만 ᄯᅮ려진 놈이요 아모 혬이 읍ᄂᆞᆫ 거시로다. 월ᄂᆡ 수척ᄒᆞ 니ᄂᆞᆫ 숨결이 완ᄒᆞ고 비만하 니ᄂᆞᆫ 숨결이 촉ᄒᆞ나니, ᄂᆡ 비만ᄒᆞ기로 숨결이 촉ᄒᆞᆫ 즁의 이졔 너갓흔 잠놈을 맛ᄂᆞ 욕을 보고 분ᄒᆞᆫ 거ᄉᆞᆯ 참고 잇스니 그러ᄒᆞᆫ 거시오, ᄯᅩᄒᆞᆫ ᄂᆡ 몸의 털리 읍다 ᄒᆞ니 이ᄂᆞᆫ 네가 무식소치로 아지 못ᄒᆞᆷ이라. 셕ᄌᆞ의 황졔 헌흔씨 기빅33)의게 물으신ᄃᆡ, '인싱긔부34)가 어ᄂᆡ ᄯᆡ의 쇠ᄒᆞᄂᆞ요?' 기빅이 ᄃᆡ왈, '인싱 빅연의 강장지시35)ᄂᆞᆫ 얼마가 되지 못ᄒᆞ여 녀지 ᄉᆞ십의 털이 ᄯᅥ러지고 치ᄋᆞ가 말으ᄂᆞ니, 이졔 ᄂᆡ 나히 수천 연 춘추을 지ᄂᆡ엿신즉 엇지 모발리 남어 잇스리요?' 이놈 너도 눈이 잇실지라. ᄐᆡ상노군을 보지 못ᄒᆞ여시며, 연긔가 만키로 두상의 털리 읍ᄂᆞᆫ니라. 너갓튼 어린 놈언 이제 털이 졈졈 ᄌᆞ라날 ᄯᆡ라 느러오나, 털 읍ᄉᆞᆫ 거ᄉᆞᆯ 흉보고 긔롱ᄒᆞᄂᆞᆫ도다. 나의 몸빗천 누룬 거ᄉᆞᆯ ᄯᅩᄒᆞᆫ 흉셜로 무상36)이 ᄃᆡ단ᄒᆞ나, 이ᄂᆞᆫ 나의 극히 귀ᄒᆞᆫ 상격37)이니라. 나의 형체가 토쳬토국38)이ᄃᆡ 왕긔39)ᄂᆞᆫ 토지졍ᄉᆡᆨ40)인즉 쳬국ᄉᆡᆨ41) ᄉᆞᆷ합이 된 고로 나의 황ᄉᆡᆨ은 무등귀격42)이니라. 너갓ᄒᆞᆫ

---

32) 연풍안비 : 軟風眼鼻, 눈과 코를 솔솔바람에 쐬임.

33) 헌흔씨 기빅 : 軒轅氏 岐伯, '헌원씨'는 중국의 건국 신화에 나타나는 제왕으로 중국을 처음으로 통일한 군주이자 문명의 창시자로 숭배되고 있으며, 그는 부인인 누조(縷祖)와 당대의 의녀 기백과 함께 병든 사람들을 치료하고 의서 황제내경(黃帝內經), 소녀경(素女經)을 편찬함.

34) 긔부 : 肌膚, 사람이나 동물의 몸을 싸고 있는 살이나 살가죽.

35) 강장지시 : 强壯之時, 원기왕성한 나이, 즉 삼사십대를 이르는 말.

36) 무상 : 亡狀, 무례한 언동.

37) 상격 : 相格, 관상에 있어서 얼굴의 생김새.

38) 토체토국 : 土體土局, 골상학에서 사람의 체격을 오행으로 나눈 중에서 토에 속하는 체격.

39) 왕긔 : 王器, 임금이 될 만한 자질. 또는 그런 자질을 가진 사람.

40) 토지정ᄉᆡᆨ : 土之正色, 흙을 상징하는 귀한 빛깔. '정색'은 귀한 빛깔.

41) 체국ᄉᆡᆨ : 體局色.

42) 무등귀격 : 無等貴格, 그 이상 더할 수 없을 정도로 귀하게 될 사람의 골격.

술견ᄃᆡ, 밥줌치43)로 쓸넌 국의 맛 모로고 동역 훤ᄒᆞ니 셰상만십어 소식을 모로고 걱죽ᄃᆡ여 되지 아닌 조동이을 함부로 놀녀 언ᄉᆞ가 ᄃᆡ단 불공ᄒᆞ니, 무식ᄒᆞᆫ 촌강지도요 쳔상쳔하의 쏙 읍ᄂᆞᆫ 누더기 ᄌᆞᆸ놈이로다. 이놈 너의 젼신쳬국을 나의 지인지감과 조심경44)으로 보진ᄃᆡ, 금국의 목체가 되엿시니, 이ᄂᆞᆫ 금극목45)이라. 상극이 되엿신즉 ᄃᆡ단 조치 아니ᄒᆞ고, 이놈 상파닥이는 한나라 말년의 장송46)이 얼골 되듯, 그러나 ᄃᆡ골이ᄂᆞᆫ 된 듯ᄒᆞ나 졔비턱이 되지 안고, 아구리가 귀격인 듯 ᄒᆞ나 귀악이 잇고, 입술리 넙으니 실격이로다. 셜ᄉᆞ 구격이 되어실지라도 네 놈의계 만호후며 장송이 당할손가? 이ᄂᆞᆫ ᄀᆡ발의 편ᄌᆞ요, 송아치 담비ᄃᆡ니라. 입얼 벌이면 크고 담으면 즈거야 등격이어날 네 입은 담으나 버리나 산지도감의 박쳠지47) 입갓치 되야시며 ᄒᆞᆫ갓 크기만 ᄒᆞ니, 이ᄂᆞᆫ 탐식ᄒᆞ여 식셩은 쑬도야지쳐럼 잘 ᄒᆞ겨도다. 코이란 거ᄉᆞᆫ ᄌᆡ물을 보난 거신ᄃᆡ 산근48)으로 눈두거지 무골풍융49)ᄒᆞ여 ᄃᆡ통을 ᄶᅡ러ᄃᆞᆫ 듯하며 담얼 단 것ᄒᆞ야50) 득격이어날, 너의 코ᄂᆞᆫ 그게시 코이야? 안장코

---

43) 술견대 밥줌치 : 술주머니, 밥주머니, '肩帶'는 돈이나 물건을 넣어 허리에 매거나 어깨에 두르기 편하도록 만든 자루, '줌치'는 주머니의 옛말.

44) 조심경 : 照心鏡, 마음을 비추어 볼 수 있다는 상상의 거울.

45) 금극목 : 金剋木, 사주에서 오행의 상생상극관계의 하나로 금(金)이 목(木)을 극하는 것임. 천지만상은 모두 극을 받음으로써 통제와 질서를 유지하게 되나 극이 너무 강하면 고목을 베는 것과 같이 도저히 원만한 발전은 기대할 수 없으므로 양자(兩者)의 역량의 균등을 가장 길한 상태로 본다. 목(木)이 지나치게 왕하여 금(金)의 극이 부족한 것도 좋은 상태가 아님.

46) 장송 : 張松, 유비에게 익주의 지도를 준, 유비 서촉 점령의 1등 공신. 『삼국지연의』에는 뻐드렁니에 콧대가 낮아 못생긴 용모로 묘사됨.

47) 산지도감의 박첨지 : 꼭두각시놀음의 남자주인공인 박첨지는 입을 크게 벌린 채 혀를 최대한 길게 내밀고 있는 모습임. '산지도감'은 서울 경기 지방에서 전승되는 탈놀이임. 그러나 박첨지는 남사당놀이 중 하나인 꼭두각시놀음의 남자 주인공임. 작가가 남사당놀이와 산대도감을 착각한 듯함.

48) 산근 : 山根, 골상학에서, 콧마루와 두 눈썹 사이를 이르는 말.

49) 무골풍융 : 無骨豊隆, 눈썹 끝부분인 천이궁이 뼈가 없고 두툼하게 살이 붙어 있으면 근심, 걱정 없이 안락한 생활을 한다고 함.

50) ᄃᆡ통을 ᄶᅡ러ᄃᆞᆫ 듯하며 담얼 단 것ᄒᆞ야 : 관상학에서 최고의 코는 대통을 쪼개 엎어 놓은

도 안이요 납작코도 안인즉 당충51)을 올녀 코가 ᄶᅥ러졋년야? 아조 헝지가 읍시니 이놈 지물권양 숫물52)도 업실 거요, ᄯᅩᄒᆞᆫ 착ᄒᆞ고 악ᄒᆞᆫ 것과 귀ᄒᆞ고 쳔ᄒᆞᆫ 거ᄉᆞᆫ 눈으로 보나니, 너의 눈이 ᄃᆡ단 불양ᄒᆞᆫ즉 ᄉᆞ람 낫치나 조히 ᄀᆞᆺ쳣 깃도다. ᄃᆡ져 눈이 용의 안졍이며 봉의 눈은 극ᄒᆞᆫ 귀격이니 이ᄂᆞᆫ 흔치 안인 눈이요, 그 지ᄎᆞ로 귀격의 눈이 만으나 ᄃᆡ강 눈이 가늘고 길며 흑빅이 분명ᄒᆞ며 눈 속이 말그며 영치가 포일ᄒᆞ며 눈알리 단단히 빅이여 단졍ᄒᆞᆫ즉 귀함도 잇고 수도 잇고 심지도 어질거날, 이놈 너의 눈은 어ᄃᆡ 가셔 초란이 눈방울을 쎼여 박엇나야? 미친 ᄀᆡ고기 덩이럴 틀어 박엇든야? 둥글고 불기ᄂᆞᆫ 어이 져ᄃᆡ지 ᄃᆡ단ᄒᆞ야 야단으로 왁ᄌᆞ히 싱겨나, 줍바졋ᄂᆞ요? 셰보로 곱픠눈이 겸ᄒᆞ여 안졍이 불고 술긔가 들셕들셕 ᄒᆞ니 심술이 불양ᄒᆞ여 일싱의 술히할 마음 ᄲᅮᆫ이요, 안주가 안졍치 못ᄒᆞ여 마치 아희들 치ᄂᆞᆫ 장ᄭᅩᆼ 되토기 데굴데굴 궁굴여 잘리을 잡지 못ᄒᆞᄂᆞᆫ 중의 눈알리 박그로 소섯시니, 세상 구경 멋칠 못 ᄒᆞ고 올너지 안이ᄒᆞ여 별악탕의 급술증으로 경앙ᄃᆡ 노키가 쉬울지로다. 부모궁은 이마의 일월각으로 보ᄂᆞᆫ 거시니 너의 임아는 쳔졍이 ᄃᆡ단 숙붓터53) 발졔54)가 눈의거치 나려오고 일월각55)이 말 못되니 응당 네 어미 ᄒᆞ문의 섄지며 알ᄌᆞ리의셔 네 어미 아비 구몰ᄒᆞ여실 거시오, ᄯᅩᄒᆞᆫ 자식이 어미을 만이 담ᄂᆞ니 지금 너을 보건ᄃᆡ 싱긴 법도가 ᄃᆡ단 음특ᄒᆞ여 뵈이니 일로 알건ᄃᆡ 네 어미가 어지간이 탐음ᄒᆞ여 너 아비을 감젹갓치 쇠겨 넝기고 틈틈이 셔방질은 괴발의 덕셕56)으로 펵으나 ᄒᆞ엿것다. 평생고락은 수족으

것 같은 코(截筒鼻), 쓸개를 매달아 놓은 듯한 코(懸膽鼻)라고 함.

51) 당충 : 매독.

52) 숫물 : 숭늉의 평북 방언.

53) 숙붓터 : 머리털이 아래로 나서 이마가 좁게 됨.

54) 발졔 : 髮際, 머리털이 자라는 경계.

55) 일월각 : 日月角, 부모의 운을 보는 이마.

56) 괴발의 덕셕 : 시의적절하거나 둘이 아주 친한 사이. '덕석'은 짚으로 결어 네모지게 만든 큰 깔개(멍석), 추울 때에 소의 등을 덮어 주는 멍석, 짚으로 결어 부엌에서 방으로 들어갈 때 발을 닦게 만들어 놓은 것 등을 의미함.

로 보ᄂᆞ니 손이 보들압기 금낭갓ᄒᆞ여 손가락은 ᄃᆡ순갓고 손바닥은 불은 피을 ᄲᅮ린 듯 ᄒᆞᆫ즉 ᄌᆡ물을 만금을 주물은다 ᄒᆞᄂᆞᆫᄃᆡ, 손바닥이 크고 손가락이 길며 가는즉 은혜 베푸길 조아ᄒᆞ고 절으고 두터오면 취ᄒᆞ여 모으기을 일ᄉᆞᆷᄂᆞ니, 너의 수족언 손인지 발인지 분간이 읍시니 되넌ᄃᆡ로 ᄆᆡᆫ들어 ᄂᆡ질은 거시 ᄃᆡ단 추악ᄒᆞ니 일ᄉᆡᆼ의 고ᄉᆡᆼ으로 판을 쫄 거시오, ᄯᅩᄒᆞᆫ 수황57) 등으로 도젹질리 ᄃᆡ단할 거시니 이놈 조심하여라. 시방 경무쳥의셔 도젹 잡이가 ᄃᆡ단ᄒᆞ야 긔찰 순검덜리 ᄉᆞ면으로 버려렷ᄂᆞ니 네 ᄌᆞᆸ피기만 ᄒᆞ면 골랑ᄃᆡ을 안고 ᄒᆞᆫ 밧탕 주리ᄃᆡ 우의셔 학춤을 추고 봉심ᄃᆡ로 올나 넙으러지리라. 이놈 발톱언 후레아들로 기도다. 손, 발톱을 자조 싹으면 비우경58)이 실ᄒᆞ지 아니ᄒᆞ단 말을 들엇ᄂᆞᆫ야? 이놈 흉ᄒᆞ다, 그 발톱 싹거바리어라. 너의 인중언 형지가 읍시니 장단곡직과 평만심쳔59)을 의논할 거시 읍고, 누당은 눈 ᄋᆞᄅᆡ을 일은 거시니 어이 되지 못ᄒᆞᆫ 털이 논의 모ᄌᆞ리 되듯키 듬북이 낫시니 긔식이며 평불평을 난분이나, ᄃᆡ강 보건ᄃᆡ ᄆᆡ오 조치 아니ᄒᆞ니 이놈 ᄌᆞ식 명식언 ᄒᆞᆫ참 이질지어다. 네 목궁게 털나기 버덤 얼여올 거시오, 쳐궁을 보건ᄃᆡ 너의 가문이 털의 갈리여 ᄌᆞ셔치 못ᄒᆞ나 실상은 협박60) ᄒᆞ며 경함61) ᄒᆞ고 긔식이 쳥참ᄒᆞᆫ즉 계집은 은넌ᄃᆡ로 죽겨나 셔방질ᄒᆞ여 다러날 거신즉 평ᄉᆡᆼ의 홀아비놈으로 ᄯᅥ돌다가 헛든 계집이나 으더 ᄉᆞᆯᄂᆞᆫ지. 일ᄉᆡᆼ이 온젼ᄒᆞᆫ 거ᄉᆞᆫ 음셩으로 아ᄂᆞ니 음셩이 단젼으로 조쳐 나오되 코긔는 홍동을 울인다시 코되 ᄭᅳᆺ시 잇ᄂᆞᆫ 듯 ᄒᆞ며, 즉거든 셕간수 흐른 듯 쳥양ᄒᆞᆫ즉 득격이어날, 이놈 너의 소릐ᄂᆞᆫ 한갓 코기만 ᄒᆞ고 뒷ᄭᅳᆺ치 들늠 들어 씨야진 북소릐 갓타 이 평ᄉᆡᆼ 오젼치 못ᄒᆞ며 ᄌᆡ앙이 만을 거시오, 요ᄉᆞᄒᆞ기는 갈ᄃᆡ읍 거도다. 치아는 ᄇᆡᆨ골

57) 수황 : 殊荒, 멀리 떨어져 있는 미개한 지방.

58) 비우경 : 脾胃經, 12경락이 지나가는 경혈점 가운데 하나로 소화기에 관련되어 있음.

59) 평만심천 : 平彎深淺.

60) 협박 : 狹薄, 땅이 좁고 메마름.

61) 경함 : 傾陷, 계략을 꾸며 함정에 빠뜨림.

의 정긔가 모이어 된 거신듸 치아로 각식 음식을 져작ᄒᆞ여 비속의 육부을 편안케 ᄒᆞᄂᆞᆫ 고로 치아는 코고 쎅쎅ᄒᆞ며 길고 구드며 희고 만ᄒᆞ야 득격이어날, 이놈 너의 이ᄂᆞᆫ 그거시야 장승의 이쌜 리가? 빗들고, 밧그로 들어ᄂᆞ며, 셩긔고, 누루니 일싱이 빈혼할 거시오, ᄯᅩᄒᆞᆫ 귀ᄂᆞᆫ 각양으로 득젹이 불일ᄒᆞᆫ듸 듸져 귀가 유력ᄒᆞ고 윤곽이 홍눈[62]ᄒᆞ며 ᄯᅩᄒᆞᆫ 희여야 득격이어날, 이놈 너의 귀ᄂᆞᆫ 그거시 귀야, 마귀야? 민들다가 물건이 잘못되여 그 모양인가? 젹기도 심ᄒᆞ고 십육 가지 귀법의 ᄒᆞᆫ나도 당치 못ᄒᆞ겨 싱겨시니 찰ᄒᆞ리 그 귀을 버혀닉 버리라. 듸져 네 싱이 ᄒᆞᆫ낫도 볼 게 읍시니 졔일 식속[63]이 말 못된 중의, 너의 식셩이 괴상ᄒᆞ도다. 곡식과 취소라 풍연의 먹지 못ᄒᆞ고 다만 북방의 고작[64] 극는 놈을 달멋넌야? 야싱육만 먹으려드니 이놈 네 할아비, 존장치[65]ᄂᆞᆫ 부상듸고며 부귀에 쓰인 자들도 요 ᄉᆞ이 이갓치 빗슨 고기을 니어 먹지 못ᄒᆞ려든, 이놈 네 조셕이 간 듸 읍시 주동이을 줄줄 쓸고 초상집 긔삭기 모양으로 갈팡질팡 돌아단이는 놈이 맛치 고기만 먹으러드니, 이는 일은바 몸동이는 긔쳔의 잇셔도 입은 다방골이로다. 아마 네 아비, 어미 모으[66]을 거지 산 속의 비렁긔바외 안의 씬 거시로다. 그러ᄂᆞ 네 허리가 줄숙ᄒᆞ고 웃통이 버러졋시니 약골은 면ᄒᆞ엿ᄂᆞ보다만은, 이놈 약간 주먹의 심을 밋고 쳘닥셔이 읍시 영문이 어닉 영문인지 싱썩국인지 슈졉인지 정신 읍시 덤벙이는다. 지금 셰숭의 항우 비섭 쓰더 먹을 놈도 만코 하날을 쓰고 도리질 할 ᄌᆞ도 만흔듸, 이놈은 집신짝갓치 밋진 긔갓흔 거시 숭어가 뛰이 망동이도 뛰다고, 네라셔 무어시기의 날더러 올음 쳠지니 글은 쳠지니 ᄒᆞᆫ단 말가? 이놈이 단단이 영검을 보고야 그만할 놈이로다. 이놈 귀신 몰으난 죽

62) 홍눈 : 紅潤, 얼굴빛이 불그레하고 보드라움.

63) 식속 : 食粟, 먹고 사는 살림 형편.

64) 고작 : '상투'를 속되게 이르는 말.

65) 존장치 : '尊長'은 일가친척이 아닌 사람으로서 자기보다 나이가 많은 사람, '치'는 사람을 낮잡아 이르는 말.

66) 모으 : 묘.

염이 좀 되어 보려ᄂᆞ야? 이런턴지 져러턴지 너의 ᄉᆞᆼ격이 ᄃᆡ단이 흉ᄒᆞ며 오ᄅᆡ지 안이ᄒᆞ여셔 동중화약의 거문 공쳘환을 면치 못ᄒᆞ리니 나의 부쳐갓흔 마음의 너의 명도가 흉참ᄒᆞᆫ 거슬 가련이 역이여 잠간 ᄎᆞᆷ고 잇거이와, 만일 그러치 안일진ᄃᆡ 나의 쳔동갓흔 긴 팔둑의 무쇠덩이 주먹 위을 편쌈군 ᄐᆡ군보의 방치 드듯 번ᄀᆡ갓치 번쩍 들어 너의 ᄃᆡ골팍이을 즙은 골의 별악치듯 둠메 놈의 장작 ᄑᆡ듯 눈의 불이 펄젹 나계 ᄒᆞᆫ 번 훔쳐 ᄯᅡ릴진ᄃᆡ, 강졍갓흔 너의 ᄃᆡ골이 강남 슬어름이 부션진 듯 여지읍시 분골쇄신ᄒᆞ야 잔뼈난 바려두고 굴근 뼈만 ᄃᆡ강 추려 질방ᄒᆞ야 걸메지고 가ᄂᆞᆫ 모양을 볼거시라. 이놈 ᄯᅩ 무슨 말이 잇거든 말보통이치 ᄂᆡ야 노코 한낫호 남기지 말지어다.”

잇ᄯᅴ 둑겁의 언ᄉᆞ가 강장67)을 거울온68) 듯 ᄒᆞ며 긔한이 산악을 눌을 듯ᄒᆞ야 소무고긔69) ᄒᆞ고 방약무인이어날, 호랑 ᄃᆡ단 시장ᄒᆞ야 식욕이 밧삭 치바쳐 덜놈 집버 싱킬 마음의 도리ᄀᆡ침70)을 쓸덕쓸덕 넘기며 안져, 둑겁이 상격으로 져의 일싱횡ᄉᆞ며 만복심장71)을 거울로 비췬다시 꾀툴어 아ᄂᆞᆫ 말로 듯고, 의심이 ᄃᆡ단이 ᄂᆡ며 ᄂᆡ렴의 헤오ᄃᆡ, ‘조놈이 나의 힝위, 심장을 이렷듯 분명이 알어 보리. 요놈 심통의 귀신의 방울이 달닌거시라. 연즉 조금의 무슌 도술이 잇실시 분명ᄒᆞᆫ 거시로다. 그려치 안이면 졔 하라비치ᄂᆞᆫ 일희, 승양이, 노루, 사심 등물도 ᄂᆡ 압히셔ᄂᆞᆫ 숨젹을 못 ᄒᆞᄂᆞᆫᄃᆡ 요놈언 ᄂᆡ압셔 ᄐᆡ연이 날을 졔 욕셜로 ᄃᆡ단이 긔셩ᄒᆞ니, 이ᄂᆞᆫ 분명이 무슨 밋ᄂᆞᆫ 술업이 잇ᄂᆞᆫ 거신즉 ᄂᆡ 이리져리 다시 들에질ᄒᆞ야72) 조놈의 니허73)을 단단이 알어가

67) 강장 : 剛腸, 굳센 창자라는 뜻으로, 굳세고 굽히지 않는 마음을 비유적으로 이르는 말.
68) 거울온 : 거우르다, 속에 든 것이 쏟아지도록 기울임.
69) 소무고긔 : 無所顧忌, 아무 꺼릴 바가 없음.
70) 도리ᄀᆡ침 : 도리깨침, 도리깨가 꼬부라져 넘어가는 모양으로 침이 삼켜진다는 뜻으로, 너무 먹고 싶거나 탐이 나서 저절로 삼켜지는 침을 이르는 말.
71) 만복심장 : 滿腹心腸, ‘만복’은 온갖 복, ‘심장’은 마음의 속내.
72) 들에질ᄒᆞ야 : 드레질하다, 사람의 됨됨이를 떠보다.
73) 니허 : 裏許, 속내와 같은 말. 겉으로 드러나지 아니한 속마음이나 일의 내막.

지고 먹을 거시라.' ᄒᆞ고 다시 싱각ᄒᆞᆫᄃᆡ, '무ᄉᆞᆫ 도술은 잇스련이와 졔 힘이야 잇실치 만무할지라. 셜영 힘 명식이 좀 잇실지라도 속담의 산이 놉퍼야 골리 깁고 부름이 커야 골음이 만타[74] ᄒᆞ니 졔 힘이 잇시면 얼마나 되리요? ᄂᆡ 힘을 ᄌᆞ랑ᄒᆞ여 져놈을 지의ᄒᆞ여보리라.'[75] ᄒᆞ고 일오ᄃᆡ, "네 조고마ᄒᆞᆫ 놈이 맛치 주동이만 병아리 삭기 ᄶᅡ듯 ᄶᅡ가지로 횡셜수셜 작갈거린다만는 네 힘이야 으지 나을 당ᄒᆞ리요?" 둑겁이 허허이 웃고 일로ᄃᆡ, "너의 힘이 을마나 되건ᄃᆡ 주젹ᄃᆡ나요?" 호랑 왈, "나의 힘이야 엇지 측양ᄒᆞ리요? ᄂᆡ 힘은 능이 산을 ᄲᅢ고, 용밍으로 날ᄂᆡ면 ᄐᆡ산을 ᄭᅵ고 북ᄒᆡ을 ᄯᅱ여 건ᄂᆡ나니 네 능히 나와갓치 할다?" 둑겁이 층파의 손벽 치며 크게 우셔 왈, "이놈이 헙파의 바람이 ᄃᆡ단이 든 놈인즉 잘못ᄒᆞ다가는 밋치 쉬을지라. 이놈 침ᄃᆡ나 조히 마질 놈이로다. 그짓말 좁놈얼 ᄯᅩ ᄒᆞᆫ나을 보게도다. ᄂᆡ 연젼 어ᄃᆡ을 갓더니 엇던 ᄉᆞ람이 져의 집의셔 ᄂᆞ오며 이웃ᄉᆞ람을 ᄃᆡᄒᆞ여 일오ᄃᆡ '지난 밤 대풍의 우리집 다듸미돌리 ᄯᅥ달어낫ᄂᆞᆫᄃᆡ 어디 가 ᄎᆞ지리요?' 한즉, 그 이웃ᄉᆞ람이 ᄃᆡ왈, '우리집 쳠하ᄭᅳᆺᄐᆡ 검의줄의 걸엿더라.' ᄒᆞᆫ 말을 들어든니, 이놈이 그 두 놈과 ᄒᆞᆫ가지 그짓말 좁놈이로다. 네 들으라. 예젹의 초한이 상징할 시의 항왕이 픠하며 강동으로 달어날 ᄯᅢ의 스ᄉᆞ로 노ᄅᆡ 지은ᄃᆡ '역발산긔기셰'[76]라 ᄒᆞ여ᄂᆞ니 네 ᄯᅩᄒᆞᆫ 귀가 잇셔 들은 풍월로 ᄒᆞ는 말인가보다만은, 가령 힘이 코게 잇시면 무ᄉᆞᆫ 물건을 든다던지, 진다 ᄒᆞ더지 ᄒᆞ깃고 ᄯᅩᄒᆞᆫ 날인 용밍이 잇슨즉 ᄃᆡ강 원건으로 일을거든 이놈 날을 눈만 역여셔 그런 헛바람 마진 말노 속이려 드단 말가? ᄯᅩ 이놈 무어시 ᄐᆡ산을 ᄭᅵ고 북ᄒᆡ을 ᄯᅱᆫ다 ᄒᆞ니 ᄐᆡ산 ᄭᅵ기을 어ᄃᆡ ᄭᅵ며 북ᄒᆡ가 얼마ᄂᆞ 되는 거시기의 거침읍시 쉬운 말을 ᄒᆞᄂᆞ야? 이놈 비우가 날ᄯᅩᆼ 집어싱킬 놈이로고. 너갓든 놈은 도랑을 ᄭᅵ고

---

74) 부름이 커야 골음이 만타 : 종기가 커야 고름이 많다, 즉 물건이 커야 속에 든 게 크다. '부름'은 부스럼.

75) 지의ᄒᆞ여보리라 : 遲疑하다, 의심하고 주저하다.

76) 역발산긔기세 : 力拔山氣蓋世, 힘은 산을 뽑을 만큼 매우 세고 기개는 세상을 덮을 만큼 웅대함을 이르는 말.

밧도랑도 못 쎨 놈이 빅주의 믹낭호 거질말노 어룬을 속이려든니 이놈 닉말을 들어보아라. 예젹 당요시의 아홉 히 장마로 쳔호의 물리 창만호여 인간이 도탄의 들어넌지라. 졔요계셔 그럴 근심호스 호우씨로 호여금 그 물을 다스일시, 호우씨 쳔호물을 순류호여 바다로 인도호시는디 용문산이 갈우막혀 물리 느가지 못호거눌 호우씨 힘이 크신 디용히 그 산을 쎄지 못호시고, 변화로 곰이 되사 용문순 파셔 물궁을 닉여단 말이 야인들이 젼호는 말은 잇눈이라. 호우씨 큰 힘으로도 산을 쎄지 못호여거든 이놈 너갓흔 구싱유취77) 어림이 읍는 거진말을 쉬인 밥 먹고 방귀 쑤듯 탕탕 호니 실업신 낫독갑의 즈식연셕이로다. 입도 말을 할진디 보는 말만 호여도 일우 다 못할 거신디 그 중의 헛말을 숨분의 이느 봇틔여 호니 졍영이 져놈 조상 모히의 곤신풍78)이 닥치는 거시로다. 만약 다시 헌말을 할진디 너의 주먹 위로 너의 볼치을 쎨어치아가 흔낫도 읍시호여 다시는 고기맛셜 못 보게 호리라. 이놈 너의 등쎨이가 길쥭이 튼튼이 싱거시니 아마도 질 힘은 조곰 잇슬 듯호니 네 지고즈 할진디 얼마나 지깃너야?" 호랑이 둑겁의 쑤지람을 듯고 무안의취호여 얼골리 불거 죽먹 마진 감투쳐렴 죽구려 안져다가 디하여 왈, "닉 무어셜 져본 젹은 읍시느 연젼의 흔번 죽을 지경을 당호여는디 과연 힘으로 면화흔 일은 잇시느, 인간 스람들이 심의 불측호여 날과 셔로 승관읍건만은 무슨 혐의로 날을 잡으랴고 나덩기는 길 엽픠 덧셜 호여 노은 거슬 몰으고 갓다가 그 덧셰 치어 죽을 지경이더니, 닉 평싱 힘얼 다호여 간신이 버셔느와 그 덧셜 본즉 들보갓흔 도막나무가 수십 기요 벼셤갓흔 바회돌리 빅여 기니 그 묵에가 얼마느 될는지 모라거니와 이 나의 졀인흔 긔운이 아니면 술어날 이 뉘 잇시리요?" 둑겁 왈, "네 그 덧셜 말호는 거산 올흔 말이

77) 구싱유취 : 口生乳臭, 입에서 아직 젖내가 난다는 뜻으로, 말이나 행동이 유치함을 이르는 말.

78) 곤신풍 : 坤申風, 곤방(坤方)이나 신방(申方)에서 불어오는 바람이라는 뜻으로, '서남풍'을 이르는 말.

도다. 그러나 그거시 ᄆᆡ오 장ᄒᆞᆫ 쳬ᄒᆞ야 힘이라고 자랑ᄒᆞᆷ이야? 이놈 큰 무당 압희셔 감히 방울을 흔들러 ᄒᆞᄂᆞᆫ다? 이ᄂᆞᆫ 바ᄒᆞ건ᄃᆡ[79] 반벙어리가 약간 말 ᄒᆞᄂᆞᆫ 쳬 ᄒᆞ야 소진[80]이와 수작을 ᄒᆞ고ᄌᆞ 함이요, 초요ᄐᆞᆫᄉᆞ[81]가 조곰 나ᄂᆞᆫ 거술 밋고 붕식을 ᄶᅡ르고ᄌᆞ ᄒᆞᆷ이요, 난ᄌᆞᆼ이가 키 좀 잇다 ᄒᆞ고 ᄉᆞ근ᄂᆡ 장승[82]의 키을 견주미라. 이놈 나의 힘을 좀 들어보려ᄂᆞ야? ᄂᆡ 소시의 쳔ᄒᆞ을 주류ᄒᆞ다가 마참 쳔ᄐᆡ산을 지ᄂᆡ더니 그 산중의 마고션여 잇셔 날다려 일로ᄃᆡ, '돌 ᄒᆞ나 어더 달나' ᄒᆞ거늘 ᄂᆡ 응낙ᄒᆞ고 ᄂᆞ와 돌을 구ᄒᆞ더니 ᄒᆞᆫ 고ᄃᆡ 돌리 잇셔 길 리가 수십 장이요 광이며 둑게가 십여 쳑이 되어 가ᄌᆞᆼ 큰 거술 즉시 검의줄로 멜방ᄒᆞ여 져다가 주엇더니 지금 그 돌을 마고암이라 ᄎᆞᆼᄒᆞ나니라." 호랑이 ᄎᆞᆼ필의 헤오ᄃᆡ, '좀놈이 날더러 거진말 ᄒᆞᆫ다고 남울함이 ᄃᆡ단ᄒᆞ더니 져의 거진말은 날버덤 장에ᄂᆞ 더ᄒᆞ는도다.' 하고 일로ᄃᆡ, "네 나의 말은 거진말로 칙망ᄒᆞ고 너ᄂᆞᆫ 어이 허황ᄒᆞᆫ 말을 ᄒᆞᄂᆞ요?" 둑겁 왈, "나의 허황ᄒᆞᆫ 말이 무엇고?" 호랑 왈, "네 말리 바회을 검의줄로 멜방ᄒᆞ여 졋노라 ᄒᆞ니 네 말는 진실ᄒᆞᆫ 말가?" 둑겁 왈, "너ᄂᆞᆫ 검의줄리 약ᄒᆞ다 함인야?" 호랑 왈, "연ᄒᆞ다." 둑겁이 성노 왈, "이놈 쥐밋도 모라거든 어룬이 말ᄉᆞᆷᄒᆞ넌ᄃᆡ로 고기을 숙여 듯기만 할 ᄶᅡ름이어날, 주죄 넘게 어룬 말을 감히 반ᄃᆡᄒᆞ니 어ᄃᆡ셔 그런 벌읏셜 ᄇᆡ원ᄂᆞᆫ다. 도시 요ᄉᆞ이 졀문 ᄌᆞ식덜리 ᄃᆡ고리의 피도 말으지 안니ᄒᆞ여셔 못된 송아치 엉덩이셔벗덤 쁠리 ᄂᆞᆫ다고, ᄇᆡ오라 ᄒᆞᆫ 글은 아니 ᄇᆡ오고 보도쳥 문고리만 ᄲᅦ기을 ᄇᆡ운단[83] 말갓타여 힝실은 아니 ᄇᆡ오

---

79) 바ᄒᆞ건ᄃᆡ : 'ᄇᆡᄒᆞ건ᄃᆡ'의 오기인 듯함.

80) 소진 : 蘇秦, 중국 전국 시대의 유세가. 진(秦)에 대항하여 산동의 6국인 연(燕), 조(趙), 한(韓), 위(魏), 제(齊), 초(楚)의 합종(合從)을 설득하여 성공했던 인물로, 말 잘하는 사람의 대명사임.

81) 초요ᄐᆞᆫ사 : 稍饒誕辭, 과장되게 허풍 치는 말.

82) ᄉᆞ근ᄂᆡ 장승 : 沙近乃 장승 : 보기 흉하게 키가 큰 사람. 경기도 과천에서 수원으로 가는 도중에 있는 사근내라는 곳에 세워져 있었다는 장승의 모양에 빗대어 나타낸 말임.

83) ᄇᆡ오라 ᄒᆞᆫ 글은 아니 ᄇᆡ오고 보도쳥 문고리만 ᄲᅦ기을 ᄇᆡ운단 : 속담. 행실을 배우라 하니까 포도청 문고리를 뺀다. 품행을 단정히 하라고 훈계했더니 도리어 위험하고 못된

고 맛치 ᄒᆞ는 거시 홀티바지 조분 소ᄆᆡ의 눈의다가 실죽경을 들메고 ᄲᅧ족 버션 됫독신의 권연초을 입의 물고 보장이지 우산인지 활활 던져 걸더 집고 남북촌의 헤질으며, 골망골망 이쑤스기로 몃 쳔원식 판을 ᄂᆡ고 각ᄉᆡᆨ 노리맛 셜 들려 삼판주의 취하여서 갈보 결연 일을 숨어 어린 잡놈 힝습으로 안ᄒᆞ무인, 방탕ᄒᆞ여 존장어룬을 져의 붕비갓치 함부로 ᄒᆞ이 ᄂᆡ 이갓ᄒᆞᆫ 것들얼 통ᄒᆞᆫᄒᆞ야 두문불출일너니 엇지스 오날날 우연이 ᄂᆞ왓다가 잡놈 즁의 도아 즈덩어리 잡놈얼 맛나 봉욕이 ᄃᆡ단ᄒᆞ도다. 이놈 너갓ᄒᆞᆫ 놈언 거짓말노 어룬얼 쇽이기얼 능ᄉᆞ로 ᄒᆞ거니와 '유ᄌᆞ일ᄉᆞᆼ시무광'이라 ᄒᆞ나, 너갓ᄒᆞᆫ 어린 놈얼 속인단말가? 네 들으라. 검의쥴이라 ᄒᆞᆫ즉 여염가의 쳠ᄒᆞ 씃히던지 죽담84) 우의 버린 검의쥴노 알고 일은 말이냐? 무식ᄒᆞᆫ 놈이로다. 예젹 당나라 때 삼장법ᄉᆞ가 당황의 명얼 바더 셔역의 팔만ᄃᆡ장경을 ᄂᆡ오고ᄌᆞ ᄒᆞ야 손오공 져팔계 등을 다리고 누만이 일힝 ᄒᆞ던이, 중노의셔 검의정영85)을 맛나 그 검의줄의 걸여 쓰이여 거의 죽을 번 ᄒᆞ엿더니라. 슘장법ᄉᆞᄂᆞᆫ 붓쳐의 도술을 가졋고 손오공 졔팔계 불측ᄒᆞᆫ ᄌᆡ조 잇ᄂᆞᆫᄃᆡ 손오공언 옥황상제계셔 졔어치 못ᄒᆞ시ᄂᆞᆫ ᄌᆡ조을 가졋셔도 그 금의쥴의 걸여 죽을 번 ᄒᆞ엿거날, 이놈 검의줄이면 아모게나 검의쥴인다?" 호랑이 둑겁의 말을 듯고 예긔 점점 숙져86) 언ᄉᆞ의 불공ᄒᆞᆫ 거시 줄어지고 도라 존경ᄒᆞᆷ이 잇셔 일로ᄃᆡ, "션ᄉᆡᆼ의 힘이 잇ᄉᆞᆫ 거술 듯고 알여니와 분명 힝보ᄂᆞᆫ 날을 밋지 못ᄒᆞ리로다." 둑겁 왈, "엇진 말고?" 호랑 왈, "션ᄉᆡᆼ은 달 리가 졀으고 나ᄂᆞᆫ 달리가 긴즉 ᄂᆡ 달리 ᄒᆞᆫ번 옴기ᄂᆞᆫ ᄉᆞ이의 션ᄉᆡᆼ은 수십여 보을 옴겨갈 거시니 나의 걸음얼 엇지 ᄯᅡᆯ으리요?" 둑겁 왈, "네 말가치 달이 옴기ᄂᆞᆫ ᄉᆞ이의 활협즁단87)은 잇시련

짓을 한다는 말.

84) 죽담 : 죽담, 막돌에 흙을 섞어서 쌓은 돌담.

85) 검의정영 : 거미精靈.

86) 숙져 : 숙지다. 어떤 현상이나 기세 따위가 점차로 누그러짐.

87) 활협즁단 : 闊狹長短, 광활한 곳, 협착한 곳, 긴 것, 짧은 것.

이와, 일일 ᄒᆡᆼ보의 원근이 달리 길고 절은 ᄃᆡ 잇난말가? 이놈 덩치ᄂᆞᆫ 듬속ᄒᆞᆫ 놈이 소견은 고들ᄋᆡ돌88)의 도ᄇᆡ로다. 예젹 ᄒᆞ우씨 구연지수89)을 다ᄉᆞ일 ᄉᆡ 일일의 긔쳐 긔ᄇᆡᆨ으로 ᄒᆡᆼᄒᆞ엿시니 이ᄂᆞᆫ 강두보법을 ᄒᆡᆼᄒᆞ신 ᄇᆡ요, 다리가 더 긴 거시 아니시며, 양산박 송강90)의 당 뉴ᄃᆡ종이ᄂᆞᆫ 일ᄒᆡᆼ 팔ᄇᆡᆨ 니 ᄒᆞ여시니 이ᄂᆞᆫ 쳔품이 본ᄅᆡ ᄒᆡᆼ보가 ᄲᆞ른 거시오, ᄯᅩᄒᆞᆫ 다리 더 긴 거시 아니니라. 나의게 ᄯᅩᄒᆞᆫ 호공의 축지법이 잇셔 쳘 이을 졉시의 ᄒᆡᆼᄒᆞᄂᆞᆫ 보법이 잇거날 이놈 이가치 긔특ᄒᆞᆫ 술업이 잇ᄂᆞᆫ 줄을 캄캄이 모로니 진소위 쳔동벌거숭이로다. 이졔 네가 호랑이로나 ᄒᆞ니 너의 일홈을 이왕 들은 듯 ᄒᆞ고 너의 모양은 지금 쳐음으로 보넌 ᄇᆡ로다. 네 날더러 아지 못할 괴물이라 ᄒᆞ야 흉악ᄒᆞᆫ ᄑᆡ망지셜로 어룬을 능멸이 무쌍ᄒᆞ나 ᄂᆡ 근본을 일으리라. 나ᄂᆞᆫ 근원이 올ᄋᆡᆫ 양반이고 고종91)으로 나려오ᄂᆞᆫ고로 번족지 못ᄒᆞ여 갓가온 종 읍고 다만 쳔상의 금셤이라 ᄒᆞᄂᆞᆫ 종ᄆᆡ씨 ᄒᆞᆫ 분이 계시ᄃᆡ 인간의셔 일으기를 달리라 ᄒᆞᄂᆞ니라. 나의 ᄒᆡᆼ셰ᄒᆞᄂᆞᆫ 거시 너와 달여 ᄂᆡ 집의 잇순즉 시셔와 논ᄆᆡᆼ을 셥녑ᄒᆞ여, 가의 졍히 무로ᄒᆞᆫ즉 쳔상의 올나 션관들과 ᄒᆞᆫ가지 쳔도을 의논ᄒᆞ고 ᄒᆞᆨ계로 일너□ 봉ᄂᆡ방장92)이며 니원무릉93)을 ᄯᅢ로 ᄎᆞ져 시주셔금으로 소견ᄒᆞ더니 오날 온날은94) 여려 날 장마끗희 비로소 일긔 쳥명ᄒᆞ거날 ᄂᆡ 마음의 ᄐᆡ양긔운이 ᄉᆡᆼ신ᄒᆞ고 관창95)도 ᄒᆞ염직 ᄒᆞ야 이 곳ᄋᆡ 왓거니와, 나의 ᄒᆡᆼ젹이

---

88) 고들ᄋᆡ돌 : 고드랫돌, 발이나 돗자리 따위를 엮을 때에 날을 감아 매어 늘어뜨리는 조그마한 돌.

89) 구연지수 : 九年之水, 오랫동안 계속되는 홍수. 중국 요나라 때 9년 동안 계속된 홍수에서 유래한 말임.

90) 양산박 송강 : 중국 산동성에 있는 양산박과 수호전에 나오는 송강 등은 호걸들이 모여든 곳으로, 호걸이나 야심가들을 이르는 말.

91) 고종 : 孤宗, 한 계통의 성바지 안에서 자손이 번성하지 못한 파.

92) 봉ᄂᆡ방장 : 蓬萊方丈, 봉래산과 방장산은 중국 전설에서 나타나는 가상적 영산인 삼신산(三神山) 가운데 하나임.

93) 니원무릉 : 尼院武陵, 여승이 사는 절과 무릉도원.

94) 온날은 : 중복하여 필사한 듯함.

95) 관창 : 觀漲, 홍수가 난 것을 구경함.

이갓기로 너갓흔 잡류을 엇지 알니요만은 이졔 너의 말을 듯고 싱각흔즉 닉 연젼의 남악산 신령과 흔가지 바독 두더니 시동이 들여와 고ᄒᆞ되, ‘인간의 주쳬[96]라 ᄒᆞ는 놈이 남악산 빅익호을 잡ᄋᆞ 죽여슨즉 ᄎᆞ후는 출입ᄒᆞ실 쎄의 타실 거시 업사오니 엇지 ᄒᆞ오며 주체을 벌ᄒᆞ시는 거시 올을가 ᄒᆞ나이다.’ 흔즉 신령 왈, ‘빅익호 그놈이 근본 셩힝이 픽악ᄒᆞ기로 평일의 미양 경계ᄒᆞ여것망 그놈이 일항 ᄉᆞ오납더니 졔 ᄉᆞ람의계 죽엇신즉 그 죽엄이 맛당할지라.’ ᄒᆞ는 말을 긋딕의 들어 너의 일홈을 안 거여니와 그후 들은즉 노빅호가 ᄌᆞ손 명식이 이다더니 네가 그거셰 종ᄌᆞ로다.” 호랑이 층필의 헤오딕, ‘나는 실노 나의 어르신닉 유무도 아지 못ᄒᆞ거날 어닉 결을의 션조 ᄉᆞ젹을 알니요? 조놈은 엇지 남의 집 닉력을 ᄌᆞ셔이 아는고? 요놈이 보학[97]도 무던ᄒᆞ도다. 이러ᄂᆞ 져러나 닉 오날 공교이 조놈을 만나 진작 먹지도 못ᄒᆞ고 져의계 욕만 무흔이 먹으니 분흠이 측양 업ᄉᆞ니 마음의는 요놈을 단박 먹고 십으나 져의 밋는 거시 잇는 듯 흔즉 쏘흔 의혹이 되니 아즉 마음딕로 못할지라. 엇지 ᄒᆞ더지 필경 먹기ᄂᆞ 할 양이면 입가심도 되지 못ᄒᆞ나 만약 먹지도 못ᄒᆞ고 좃입[98]으로 도라실진딕 요놈으로 ᄒᆞ야셔 반일을 허비ᄒᆞ여 큰 손양을 일엇시니 가위 이소실딕로 낭픽가 젹지 아니ᄒᆞ도다.’ ᄒᆞ고 일로딕, “나는 무식ᄒᆞ야 션딕 ᄉᆞ젹을 아지 못ᄒᆞ거니와 션싱의 층호나 알고져 ᄒᆞ노라.” 둑겁 왈, “ᄂᆞ의 셩은 둑이요 명은 겁이며 셰상의셔 날더러 셤션싱이라 ᄒᆞᄂᆞ니라.” “연즉 연셰는 얼마가 되엿ᄂᆞ요?” 둑겁 왈, “이놈 후레집 ᄌᆞ식이로고. 어룬의 나을 문넌단 말인다? 장ᄌᆞ의 나흔 뭇지 아니흔다 ᄒᆞ엿ᄂᆞ니라. 닉 나흔 지금 쳔추을 지닉엿노라.” 호랑이 의혹 졈졈 심ᄒᆞ여 가마니 ᄉᆡᆼ양ᄒᆞ딕, ‘조놈이 모라는 것시 업ᄉᆞ니 가장 별종이로다. 아마도 조놈이 무슨 밋는 도술은 졍영

96) 주쳬 : 1360년 5월 2일, 명나라를 세운 태조 홍무제 주원장의 넷째 아들.

97) 보학 : 譜學, 조선 시대에, 성리학의 발달로 나타난 종족의 족보에 관한 지식이나 학문. 사림 양반들은 친족 공동체의 유대를 강화하고 신분적 우위성을 유지하기 위하여 이것을 필수 교양으로 여겼다.

98) 좃입 : 잔입, 자고 일어나서 아직 아무것도 먹지 아니한 입.

잇는 거시로다. 그러나 져의 힘 잇다 홈은 밋지 못할지니 이제 져와 힘을 겯우어보아 조놈이 지거든 졔 아모리 도술리 잇실지라도 닉 남양원님 굴회 마시듯[99] 홀작 들어마셔 목궁겨 넘기면 그만이라.' ᄒᆞ고 이예 일르디, "션싱의 힘이 디단 큰가 십으니 즉금 나와 시험ᄒᆞ여 봄이 엇더ᄒᆞ요?" 두겁이 층파의 긔가 막혀 정신을 일어 자질어질 듯 ᄒᆞ다가 간신이 진정ᄒᆞ고 너렴의 헤오디, '닉 헛말로 져놈을 시달려 아즉 화을 면ᄒᆞ여시나 져 흉ᄒᆞᆫ 놈이 실상 힘을 겯우ᄌᆞ ᄒᆞ는 것는 져만 못ᄒᆞ 걸 보계더며 이놈이 날을 단박히 널러ᄒᆞ즉[100] 닉 긔여이 ᄉᆞᆼᄉᆞᄂᆞᆫ난구ᄂᆞ. 닉 죽으면 죽는 난은 그만이어니와 우리 부인이 나 죽은 줄도 모라고 날마다 기달리다가 나의 종젹을 몰을진디 그 쏙ᄒᆞᆫ[101] 마음의 정영이 수절ᄒᆞ고 잇스려니와 져의 청춘이 그 안이 가련ᄒᆞᆫ가?' 이철엄 싱각ᄒᆞ며, '엇지 되엿던지 낙기을 허락ᄒᆞ야 관기 동정ᄒᆞ여 ᄒᆞ리라.' ᄒᆞ고 흔연이 허락 왈, "네 무어스로 힘을 겯우고ᄌᆞ ᄒᆞ나요?" 호랑 왈, "긴말 할 것 읍시 져 기천을 뛰여 건너난디 멀고 갓가온 거ᄉᆞ로 닉기을 정ᄒᆞ리라." 두겁 왈, "연ᄒᆞ라." ᄒᆞ고 호랑을 권ᄒᆞ야 뛰라 ᄒᆞ니 호랑이 뛰고ᄌᆞ ᄒᆞ야 몸을 광풍가치 날여 닉다러 압발노 짱을 벗적 웅킈여 드듸고 허리을 지여 짱의 붓치고 꼬리을 길게 페고 힘을 모아 별우젹일 ᄉᆞ이의 두겁이 ᄉᆞᆼ냥ᄒᆞ야, '어듸로 몸을 감초고ᄌᆞ ᄒᆞᆫ즉 맛춤 의식ᄒᆞᆫ 곳시 읍고 달아나고ᄌᆞ ᄒᆞᆫ즉 이는 괴 압히 쥐거름[102]이라, 단박의 즙필 거시니 엇지ᄒᆞ면 조흘고?' 싱각ᄒᆞᆫ디 계무소출일너니 홀연이 계교을 싱ᄒᆞ야 이예 가마니 호랑의 꼬리 긋셜 입으로 잔득 물고 업듸엿든니, ᄎᆞ시 호랑이 힘을 모아 소릐을 ᄒᆞᆫ번 코계 ᄒᆞ며 용을 벌덕씨더니 나는다시 뛰여 져편 언덕의 나려셔며 즉시 몸을 돌쳐 이

99) 남양원님 굴회 마시듯 : 남양 원님 굴회 마시듯, '마파람에 게 눈 감추듯'과 같은 의미로, 단숨에 일을 처리하여 마치는 모양을 비유적으로 이르는 말.

100) 널러ᄒᆞ즉 : '낼름한즉'의 오기인 듯함.

101) 쏙ᄒᆞᆫ : 성질이 차분하고 정직하며 고지식한.

102) 괴 압히 쥐거름 : 고양이 앞에 쥐걸음. 무서운 사람 앞에서 설설 기면서 꼼짝 못한다는 말.

편을 바라고 일로ᄃᆡ, "셤션ᄉᆡᆼ은 웃지 아니 쒼다?" ᄒᆞ니 이ᄯᆡ 둑겁이 말ᄭᅩᆯ이의 파리 뭇듯기 호랑의 ᄭᅩᆯ리을 물고 달러 근너가더니, 호랑이 몸을 신속히 날여 돌아 앙ᄂᆞᆫ 겨을 물엇든 ᄭᅩᆯ이을 노으니 둑겁이 ᄌᆞ연 돌펑긔가치 되어 호랑이버듬 오히려 십여 보을 더 멀니 나가 잡바져 ᄎᆞᆼ자가 터질 듯 ᄒᆞ고 ᄒᆡ산션머리103)가 부숴질 듯 ᄒᆞ야 간신이 진정ᄒᆞ여 일어 안지며 스ᄉᆞ로 일로ᄃᆡ, 'ᄂᆡ 오날 이거시 낙미지악104)이로고' ᄒᆞ며 진중이 일로ᄃᆡ, "호랑은 인제야 쒸여온다?" ᄒᆞ니 호랑이 ᄃᆡ경ᄒᆞ야 도라보니 둑겁이 십여 보을 더 가 안져시니, ᄯᅩᄒᆞᆫ 어ᄂᆡ듯 쒸여ᄂᆞᆫ지 그 신통ᄒᆞᆫ 거ᄉᆞᆯ 가히 밋지 못할지로다.

호랑이 본시 의심줌머니로 ᄉᆡᆼ긴 놈이라. 이예 ᄃᆡ겁이 나셔 국축105)ᄒᆞ며 둘여워 ᄒᆞᄂᆞᆫ 긔ᄉᆡᆨ이여날 둑겁이 져의 거동을 보고 십분 ᄉᆡᆼ긔 나셔 크게 기침ᄒᆞ고 이로ᄃᆡ, "너의 긔력을 보니 무슴 용ᄆᆡᆼ이 잇ᄂᆞᆫ요? ᄂᆡ 지금 비록 늘거시나 너의 긔력은 가소롭다. 이놈 네 무식ᄒᆞᆫ 소견의 크기만 ᄒᆞ면 힘이 잇고 거름도 속ᄒᆞᆫ 줄 알고 주젹ᄃᆡ여106) 나의 쳬소ᄒᆞᆫ 거ᄉᆞᆯ 업수히 보니 이놈 마치 미련덩이로 ᄉᆡᆼ긴 거시 되지 못ᄒᆞᆫ 욱긔만 잇셔 무어ᄉᆞᆯ 아ᄂᆞᆫ체 ᄒᆞᄂᆞᆫ요? 세상 벙어리가 모다 말ᄒᆞ여도 너ᄂᆞᆫ 아모 말 말고 잇거라. 져울추가 젹어도 쳔 근을 누루고 샷ᄐᆡ107)가 기다 ᄒᆞ여 물 속의 빠져 남지 안난니라." 둑겁이 다시 ᄉᆡᆼ각ᄒᆞ되, '쳐음의 져놈이 불문곡직ᄒᆞ고 날을 덜늠 집어먹든 헐 ᄉᆡ 무손 수 잇던가? ᄭᅩᆷ적 수 읍시 죽어실 거신ᄃᆡ 여우가 도라보아ᄂᆞᆫ지 조상이 솔밧히 들언언지108) 다힝이 나의 방통의 지혜며 소진의 구변으로 져 쇠귀신갓ᄒᆞᆫ

---

103) ᄒᆡ산션머리 : 解產先頭, 흐트러진 앞머리.

104) 낙미지악 : '落眉之厄'의 오기, 눈앞에 닥친 재앙.

105) 국축 : 跼縮, 몸을 구부리고 조심조심 걷는다는 뜻으로, 두려워하거나 삼가고 조심하는 모양.

106) 주젹ᄃᆡ여 : 주적대다. 주책없이 잘난 체하며 자꾸 떠들다.

107) 샷ᄐᆡ : 삿대, 배질을 할 때 쓰는 긴 막대.

108) 조상이 솔밧히 들언언지 : 조상의 음덕으로 아슬아슬한 위기를 용케도 모면했다는 의미.

놈을 물은 쩍 주무르듯 흠벅 주물너 넝겨드니, 인제ᄂᆞᆫ 이놈이 아조 풀티 죽어 마치 광주 ᄉᆞ난 ᄉᆡ님이 각ᄃᆡᆨ 구종[109]의계 휘둘니듯, 정신이 읍셔 겁만 존쓱 집어먹고 두 눈이 어림의 잡바진 쇠눈쌀가치 멀둥멀둥 하여 잇스니, 이졔 져놈 ᄒᆡᄂᆡ기[110]난 슈슈맛덕이로다. 다시 무슴 겁ᄒᆞᆫ ᄇᆡ 잇ᄉᆞ리요' 저놈언 나의 지혜망탁이 속의 올거 집어너흐리라.' ᄒᆞ고 일아ᄃᆡ, "네 ᄯᅩ 무슴 ᄂᆡ기 ᄒᆞ려ᄂᆞᆫ다?" 호랑이 가마니 ᄉᆡᆼ각ᄒᆞᆫᄃᆡ, '이제 조놈 먹기ᄂᆞᆫ 국ᄉᆞᆼ의 ᄀᆡ다리 틀니듯[111] ᄒᆞ엿 잘못ᄒᆞ다가 ᄂᆡ 도로혀 조놈의계 쥭기 쉬울거시라. 진작 들고 쎄여 쥴힝낭이 상칙이로다.' ᄯᅩᄒᆞᆫ ᄉᆡᆼ각ᄒᆞ니, 'ᄂᆡ 평ᄉᆡᆼ의 남의계 져본 일이 업던니 이졔 요놈의계 ᄂᆡ기을 지고 가면 일후 셰상의셔 나의 조롱이 ᄃᆡ단ᄒᆞ야 호랑이 둑겁의계 쪽기여 갓다 ᄒᆞ며 나얼 ᄃᆡ단이 변변치 안인 거스로 들일거신즉 나의 명의가 크게 손상ᄒᆞᆯ지라. ᄯᅩ ᄒᆞᆫ번만 ᄂᆡ기을 더 ᄒᆞ되 조놈의 킈가 조다지 단작실어워 나의 발톱ᄋᆡ도 걸이지 아니ᄒᆞᆯ 거신즉 킈 큰 거스로 ᄂᆡ기ᄒᆞ여 익이면 면무로 ᄂᆞᆫ힐[112]리라.' ᄒᆞ고 일아ᄃᆡ, "셔로 키얼 견쥬어 누가 더 큰 거슬 ᄂᆡ기ᄒᆞᆷ이 엇더ᄒᆞᆫ고?" 둑겁 왈, "연ᄒᆞ다. 연즉 너의 킈얼 길고ᄌᆞ 흘진ᄃᆡ 얼마나 ᄒᆞᆫ다?" 호랑이 헤오ᄃᆡ, '조 잔망ᄒᆞᆫ 놈의 소견이 나의 일어신 거술 보계 더면 응당 ᄒᆞ날만 십어 역일지라. ᄂᆡ 조곰 킈얼 봇히여 일오리라.' ᄒᆞ고 일오ᄃᆡ, "ᄂᆡ 뒷발을 젹여 드듸고 허리을 길게 늘히여 압발을 훨신 편즉 ᄒᆞ날을 잠간 만지노라." 둑겁이 듯고 ᄉᆡᆼ각ᄒᆞ되, '져놈이 나의 킈 젹은 거술 업수이 녁여 ᄇᆡᆨ주의 바람마진 거진말로 하날을 만져다 ᄒᆞ니 ᄂᆡᆫ들 거진말리 읍시리요? 거진말로 일을 진ᄃᆡ 졔 ᄒᆞ라비 존장치게 ᄒᆞ리라.' 이에 일로ᄃᆡ, "너의 킈 젹지 아닌 킈로다. 네 능히 하날을 만져다 ᄒᆞ니 만질

109) 구종 : 驅從, 말을 타고 갈 때에 고삐를 잡고 앞에서 끌거나 뒤에서 따르는 하인, 혹은 벼슬아치를 모시고 따라다니던 하인.

110) ᄒᆡᄂᆡ기 : 해내기. 상대편을 여지없이 이겨 냄.

111) 국ᄉᆞᆼ의 ᄀᆡ다리 틀니듯 : 국상에 죽산마 지키듯, 무엇인지도 모르고 남이 시키는 대로 멀거니 서서 지켜보고 있음을 비유적으로 이르는 말.

112) 면무로 ᄂᆞᆫ힐이라 : 面貌難詰 , 얼굴의 생김새 가지고는 비난하기 어렵다.

쎅의 장긔망틱이갓치 동그라 ᄒᆞ고 말강말강ᄒᆞ야 달닌 거술 만져본다?" 호랑이 가장 만진드시 일오되, "과연 만져로라." 둑겁 왈, "네 그 무어신지 알어는야?" 호랑 왈, "닉 만지기는 ᄒᆞ여시나 무어시든지 아지는 못ᄒᆞ여로라." 둑겁 왈, "그것 만질 쎅가 어닉 시졀이던고?" 호랑 왈, "병ᄌᆞ연 오월 염간이던니라." 둑겁 왈, "너의 만져다 ᄒᆞᆫ 거슨 다른 것시 안이라, 나의 불알니이라." 호랑 우셔 왈, "션싱의 불알리 웃지 ᄒᆞ날의 달여시리요?" 둑겁 왈, "병ᄌᆞ연 ᄒᆞᆫ증은 글연의 쳐음이라. 그히 오월의 일긔 심이 덥거날 닉 근본 비습ᄒᆞ여 더위을 심히 타더니 맛춤 황ᄒᆞ수 상뉴의셔 목욕ᄒᆞ다가 닉 우연이 몸을 도술로 길계 늘힌즉 나의 킈가 졀반을 하날 우로 올우고 졀반은 ᄒᆞ계의 셔더니 홀연이 무어시 나의 불알을 글거달이여 불알이 상ᄒᆞ여는지라. 즉시 천상의셔 션약을 어더 부쳐 낫거이와, 닉 그쎅 그거시 무어시든지 아지 못ᄒᆞ여든이 니졔 네 말을 들으니 이는 너의 발톱이로다. 연즉 너의 킈가 밍낭ᄒᆞᆫ 킈로다. 나으셔 킈가 불알 만질 킈가 졸연치 못ᄒᆞ거날 네 능히 만지니 네 킈 무던ᄒᆞ도다." 호랑이 층필의 그 도술이 정녕ᄒᆞ고 ᄯᅩᄒᆞᆫ 그 힘이 져두군만한 거술 보앗넌지라. 딕겁이 쵸ᄒᆞ야 허리얼 곱ᄉᆞ려 ᄭᅩ이얼 삿히 끼고 달어나고져 ᄒᆞ거날, 둑겁이 져의 거동얼 보고 십분 딕히ᄒᆞ야 마음의 헤오딕, '이놈얼 아조 이번의 단단이 읔살[113]얼 쥬어 후일을 경계ᄒᆞ리라.' ᄒᆞ고 호랑을 크게 불너 왈, "이놈 네 조고마ᄒᆞᆫ 힘얼 ᄉᆞ오남얼 부리여 어룬, 아희얼 분간치 아니ᄒᆞ고 함부로 물덤벙술덤벙이니 이놈 명얼 지촉ᄒᆞ는다? ᄯᅩᄒᆞᆫ 드른이 네 산중의 각처 친구얼 모라고 눈의 뵈이는대로 함부로 히ᄒᆞ야 ᄌᆞ년의 져 건너 병풍셕 밋히 ᄌᆞᆼ싱원의 맛아들을 히ᄒᆞ고 금연 정월의 이 넘어 토굴의 계신 토션싱얼 히닉고 지는 달의 수중의 잇는 달쳠지 두지 손ᄌᆞ을 머엇다 ᄒᆞ니, 이놈 먹는 것도 종이 잇지 그런 심술이며 입졍이 어딕 잇시리요? 닉 들으니 요ᄉᆞ이 인간의셔는 탐학ᄒᆞ는 관원들이 학정을 심히ᄒᆞ야 싱민들

113) 읔살 : 읔살리다, 남을 마구 놀려 주거나 집적거림.

리 그 관령을 ᄆᆡᆼ호갓치 역여 지금 도탄중이라 ᄒᆞ고 산중의셔난 이놈 네가 들어 ᄒᆡᆼ악ᄒᆞ기로 모단 ᄉᆡᆼ물들리 거ᄉᆞᆫ[114]ᄒᆞ야 소동이 ᄃᆡ단ᄒᆞ니 인간ᄉᆞᄂᆞᆫ 나의 알 ᄇᆡ 아니어니와 산중ᄉᆞᄂᆞᆫ ᄂᆡ가 모론다 못할지라. 이졔 너을 맛ᄂᆞᆫ 김의 아조 너의 승명을 어시 할 거시로ᄃᆡ, ᄂᆡ 지금 수ᄉᆞ지년의 친히 살히ᄒᆞ고ᄌᆞ 한 마음이 참하 못ᄒᆞ기로 ᄃᆡ강 경계ᄒᆞ건니와 ᄎᆞ후 다시 불미ᄒᆞᆫ ᄒᆡᆼ식을 할진ᄃᆡ 그ᄯᆡ의ᄂᆞᆫ ᄂᆡ 다시 용셔치 아니ᄒᆞ고 별반 운동으로 인간 ᄉᆞ람덜을 충동ᄒᆞ여 너 잇ᄂᆞᆫ 건쳐로 몃 곳은 열 길 함정을 팔 거시오 ᄯᅩ 몃 곳의ᄂᆞᆫ 허리 끈는 소릐을 트러노코 수ᄇᆡᆨ여 명 장졍군이 능장[115]과 장창이며 도치을 각기 들고 너을 좃쳐 모라올 졔 함셩언 천지을 움작이고 긔세ᄂᆞᆫ 바람과 뇌셩갓할진ᄃᆡ 네 감히 항거치 못하고 쳔방지방 달어날 ᄯᆡ의 일등 포수 ᄉᆞᆷᄉᆞ 인이 마ᄎᆞᆷ 조흔 일ᄌᆞ총[116]의 셔돈ᄌᆞ비[117] 중ᄒᆞᆫ 약의 ᄊᆞᆼ환ᄃᆡ철 ᄌᆡ약ᄒᆞ여 화문의다 불을 박어 목을 질너 안져다가 너 오넌 양을 드보고 좌수로 총을 ᄌᆞᆸ고 오른손으로 염통쇠을 걸어들고 총ᄀᆡ머리을 우편볼의다 실젹 부쳐 올은 눈으로 다름 보아 쥬셕쇠을 네 흉당의 ᄃᆡ여 어올는 후의 화문의셔 불리 나며 일셩방포 ᄂᆞ계더면 너의 일신이 두어 박휘 근드져 명이 진ᄒᆞᆫ 후의 포수가 날ᄂᆡᆫ 칼로 네 가족을 벳겨ᄂᆡ면 보료방셕 가음이요 젼신 ᄲᅧᄂᆞᆫ 호골고[118]로 약지되고 을골[119]이며 두 눈ᄊᆞᆯ은 장셕들리 공을 들여 소연ᄇᆡ의 동곳 되고 너의 발톱을 은으로 장식ᄒᆞ여 아희들이 출거시라. 이놈 조심ᄒᆞ야 십분 창염[120]할지라." 호랑이 이예 고ᄀᆡ을 숙이고 유유이 물너가더라.

---

114) 거ᄉᆞᆫ : 擧散, 집안 식구나 한곳에 살던 사람들이 모두 뿔뿔이 흩어짐.

115) 능장 : 稜杖, 밤에 순찰을 돌 때에 쓰던 기구. 150cm 정도의 나무 막대의 끝에 쇳조각 따위를 달아 소리가 나게 하였음.

116) 일ᄌᆞ총 : 一字銃, 한 방을 쏘아서 바로 맞히는 좋은 총.

117) ᄌᆞ비 : '差備'의 변한말. 채비. 어떤 일이 되기 위하여 필요한 물건.

118) 호골고 : 虎骨膏, 호랑이의 뼈를 고아서 만든 보약.

119) 을골 : 乙骨, 호랑이의 가슴 양쪽에 있는 '乙' 자 모양의 뼈.

120) 창염 : 着念, 무엇을 생각에 둠.

둑겁이 헛된 말과 거짓 계교로 호랑의계 히을 면ᄒᆞ고 완보로 옴겨 도라오며 앙천딕소 왈, “졸적ᄒᆞᆫ ᄌᆞ는 능ᄒᆞᆫ ᄌᆞ의 부용121)이요, 어리셕은 ᄌᆞ는 실긔 잇는 자의 제어흠이 된다 하여고 장담이 잇스면 어려온 거슬 임ᄒᆞ여 두려오미 읍고 꾀가 만흐면 화을 면ᄒᆞ여 톡기그물 버셔난다 하니 과연이로다. 닉 이졔 먹난 딕는 ᄉᆞ족을 못씨는 호랑을 맛ᄂᆞ 십분 죽을 목숨이 장평의 꾀와 소진의 입담으로 그 흉악ᄒᆞᆫ 호랑놈을 반졈도 움젹이지 못ᄒᆞ계 ᄒᆞ야 쏘쳐 보닉고 닉 반셕가치 틱평으로 도라오니 이는 숨국시의 졔갈리 주유 진중의셔 반셕갓치 잇다가 도라온 것과 갓타도다. 엇지 져 주유가치 문모ᄒᆞᆫ 호랑이 우숩지 안니ᄒᆞ리요? 이졔야 촌촌이 긔여 굴혈의 도라오니 셔릉의 일모ᄒᆞ고 동영의 월출이러라.

누가 날을 올아 ᄒᆞ리도 읍고 닉가 뉘계도 찾고ᄌᆞ ᄒᆞ기도 실코 쏘ᄒᆞᆫ 와셔 보리도 읍슨즉 날마다 올련이 홀노 안져 ᄒᆞᆫ갓 초국의 가친 ᄉᆞ람갓더니, 일일은 일모셔령122) ᄒᆞ고 야심동천123) ᄒᆞ니 만가장등은 빅주을 일우웟고 원촌쇠북은 경졈124)을 알외는딕 향풍이 추창ᄒᆞ고 닉월언 만졍이라. 호련 수모수숨 졔익125) 일으러어셔 시쳬말리며 고담으로 일장을 담화ᄒᆞ다가 졔각이 훗터지고 나 홀노 안져시니 우연이 ᄎᆞᆼ을 밀쳐 야쉭을 술피보니 만뢰구젹126) ᄒᆞ고, 인간 ᄉᆞ람들리 장시의 숨을 일우는딕 은ᄒᆞ수는 셜누127)의 일유억고 상셜은 옥누128)의 가득ᄒᆞᆫ지라. 잠이 읍시 존촉을 딕ᄒᆞ여 부졀읍신 쳔사말

---

121) 부용 : 附庸, 작은 나라가 큰 나라에 의탁해서 지냄, 혹은 독립하지 못하고 남에게 의지하여 살아감.

122) 일모서령 : 日暮西嶺, 해가 서쪽으로 짐.

123) 야심동쳔 : 夜深冬天, 밤 깊은 겨울 하늘.
2. 같은 말 : 겨울날(겨울철의 날).

124) 경졈 : 更點, 조선 시대, 북이나 징을 쳐서 알려 주던 시간.

125) 졔익 : 諸益, 여러 벗.

126) 만뢰구젹 : 萬籟俱寂, 밤이 깊어 아무 소리 없이 아주 고요해짐.

127) 셜누 : 雪樓, 눈덮힌 대마루.

염[129] 뿐이로다. 이예 향회을 잇고즈 ᄒᆞ여 고담으로 들은 바 호랑, 둑겁이 승힐ᄒᆞᆫ 거술 ᄃᆡ강 가감ᄒᆞ여 긔록ᄒᆞ노라.

졍미[130] 지월[131] 염일[132] 소안동 작이라.

---

128) 옥누 : 玉樓, 옥으로 꾸며 화려한 누각 혹은 눈이 쌓인 누각.

129) 쳔사말염 : 千祀妄染, '천사'는 길고 많은 세월. '말염'은 '妄染'의 오자인 듯 하며, 중생의 허망, 불실, 염오, 부정한 일을 뜻함.

130) 졍미 : 丁未, 작품에 나오는 어휘를 볼 때, 여기서 '정미'는 1907년임.

131) 지월 : 至月, 음력으로 11월.

132) 염일 : 念日, 스무날(초하룻날부터 스무 번째 되는 날).

6. 『지구성미래몽』

디구셩미ᄅᆡ몽

우셰ᄌᆞ는 단군 이후 ᄉᆞ쳔여 년 시ᄃᆡ 사람이라. 일즉 교화가 ᄇᆞᆰ지 못ᄒᆞ고 풍쇽이 아름답지 못ᄒᆞᆫ 것을 근심ᄒᆞ야 혹 쳥년을 교육ᄒᆞ며 혹 지ᄉᆞ를 권고ᄒᆞ고 혹 완고를 경계ᄒᆞ기 위ᄒᆞ야 셰상에 도라ᄃᆞᆫ닌 지 몃 ᄒᆡ에, ᄒᆞᆫ 사ᄅᆞᆷ도 ᄭᆡ닷는 쟈 업고 도로혀 지목ᄒᆞ기를 "광패ᄒᆞᆫ 쟈ㅣ라" ᄒᆞ며, 죠롱ᄒᆞ기를 "허황ᄒᆞᆫ 쟈ㅣ라" ᄒᆞ야 인류로 ᄃᆡ졉지 아니ᄒᆞ거ᄂᆞᆯ, 우셰ᄌᆞㅣ ᄌᆞ탄ᄌᆞ가[1]ᄒᆞ다가 창ᄌᆞ 속에 더운 피가 ᄭᅳᆯ음을 금치 못ᄒᆞ야 일일은 표연히 멀니 놀 ᄯᅳᆺ을 두ᄆᆡ, 손에 잡고 일반 동포에게 권고ᄒᆞ랴던 일쳬 잡지와 월보를 다 집어더지고 니라서니, 그 ᄒᆡᆼ장을 볼작시면 쳥려장 일개와 셔ᄉᆡᆨ집신[2] 일 쌍이며 조고마ᄒᆞᆫ 보ᄉᆞ 짐 뒤에 소라 표ᄌᆞ[3] ᄒᆞᆫ 개를 ᄃᆞᆯ엇더라. 십 리, ᄇᆡᆨ 리, 쳔 리ᄅᆞᆯ 뎡쳐업시 ᄃᆞᆫ니다가 ᄒᆞᆫ 곳을 다다르니, 산명슈려[4] ᄃᆡ 동텬이 별유텬디비인간[5]이라. 폭포

1) ᄌᆞ탄ᄌᆞ가 : 自彈自歌, 스스로 묻고 스스로 대답함, '자문자답'과 같은 말.

2) 셔ᄉᆡᆨ집신 : 억새로 만든 짚신. 셔ᄉᆡᆨ는 '억새'를 뜻함.

3) 표ᄌᆞ : 瓢子, 조롱박이나 둥근 박을 반으로 쪼개어 만든 작은 바가지.

4) 산명슈려 : 山明水麗, 산과 물의 경치가 곱고 아름다움.

5) 별유텬디비인간 : 別有天地非人間, 인간세상이 아닌 새로운 세계에 왔거나 그런 세계를 경험했을 때 쓰는 말임. 이백의 한시 「산중문답」의 한 구절임.

슈ᄂᆞᆫ ᄇᆡᆨ릉포6)가 ᄃᆞᆯ너잇고 무림슈쥭7)은 청포장8)을 둘너잇ᄂᆞᆫᄃᆡ ,우ᄂᆞ니 잉무, 원앙이오 조으ᄂᆞ니 노루, 사슴이며 춤츄ᄂᆞ니 ᄇᆡᆨ학이오 긔화요초9)ᄂᆞᆫ 이 셰상에셔 보지 못ᄒᆞ던 바ㅣ라.

우세ᄌᆞㅣ 홀노 방황ᄒᆞ며 ᄉᆞ면을 도라보니 각ᄉᆡᆨ 식물과 동물은 긔긔괴괴ᄒᆞᆫ 즁에 동물 즁 ᄀᆞ장 령귀ᄒᆞᆫ 사ᄅᆞᆷ은 자긔 일신 외에 ᄒᆞ나도 못볼너라. 보ㅅ짐에 ᄃᆞᆯ엇던 표ᄌᆞ를 ᄢᅦ여들고 폭포가에 나아가셔 희고 ᄆᆞᆰ은 물을 두 세 번 ᄡᅥ 마시고, 긔엄긔엄 ᄯᅩ ᄒᆞᆫ 고ᄀᆡ에 올나가니 층암절벽은 버려잇고 ᄇᆡᆨ운은 막막ᄒᆞᆫᄃᆡ, 뵈이ᄂᆞ니 청텬이오 들니ᄂᆞ니 물소릐라. 구븨구븨 길 등을 도라 샹샹봉에 올나가셔 전후좌우를 ᄂᆞ려다보니, 동셔양 낫연긔ᄂᆞᆫ 눈압헤 ᄂᆞ즉ᄒᆞ고, 태양태음과 모든 별이 머리 우헤 멀지 안타. 금잔듸ᄂᆞᆫ ᄉᆞ면에 평포10)ᄒᆞ고 쳔 년 늙은 회화나무ᄂᆞᆫ 록음이 울울ᄒᆞᆫᄃᆡ 오ᄯᅩᆨ오ᄯᅩᆨ 괴셕이오 번듯번듯 반셕이라.

우세ᄌᆞㅣ 괴셕우에 보ㅅ짐을 버셔놋코 반셕으로 옴겨 안ᄌᆞ 시원ᄒᆞᆫ ᄇᆞᄅᆞᆷ을 쏘이더니, 홀연 인젹이 나며 ᄒᆞᆫ 늙은 즁이 머리에 치포곳갈을 쓰고 억ᄀᆡ에 오ᄉᆡᆨ가ᄉᆞ를 메이고 손에 셕장을 들고 발에 ᄇᆡᆨ운리를 신고 휘젹휘젹 올나오더니, 한숨 쉬며 "관셰음보살" 쥬져안지며 "남무아미타불." 겻희 사ᄅᆞᆷ을 보ᄂᆞᆫ 듯 못 보ᄂᆞᆫ 듯 다시 긴 소릐로 계음11) 일 장을 부르니,

어어어 봉헌일판향　으으으 덕용란ᄉᆞ의녀이이
어어어 근반진ᄉᆞ계　으으으 엽슈오슈미이러니12)

---

6) ᄇᆡᆨ릉포 : 白綾布, 흰빛의 얇은 비단.
7) 무림슈쥭 : 茂林脩竹, 나무가 우거진 숲과 밋밋하게 자란 가늘고 긴 대.
8) 청포장 : 靑布帳, 푸른 빛의 천으로 만든 휘장(揮帳).
9) 긔화요초 : 琪花瑤草, 옥같이 고운 풀에 핀 구슬같이 아름다운 꽃.
10) 평포 : 平鋪, 평편하게 펴 놓음.
11) 계음 : 偈音, 불덕을 찬미하고 교리를 서술한 4구의 시구.
12) 봉헌일판향, 덕용란ᄉᆞ의녀, 근반진ᄉᆞ계, 엽슈오슈미 : 奉獻一片香 德用難思議 根盤塵

어어어 불샹ᄒᆞ다 뎌 창싱들　　ㅇㅇㅇ 극락셰계 어ᄃᆡ 두고
어어어 칼산디옥 홰 찻슴나　　ㅇㅇㅇ 방아질 작도질 뎌 형벌을
ㅇㅇㅇ 압허ᄒᆞᆫ들 뉘 말닐가.
어어어 불샹하다 뎌 창싱들　　ㅇㅇㅇ 몸망ᄒᆞ고 나라ᄭᆞ지
어어어 나라업ᄂᆞᆫ 뎌 귀신들　　ㅇㅇㅇ 참혹ᄒᆞ다 뎌 죄악을
어어어 닥치ᄂᆞ니 형벌이오　　ㅇㅇㅇ 부르ᄂᆞ니 노래귀라
어어어 싱젼에 나라 일코　　ㅇㅇㅇ 환싱ᄒᆞᆫ들 어ᄃᆡ가나
어어어 어둠침침 염라부에　　ㅇㅇㅇ 쳔년 만년 ᄀᆡᆨ귀로다
어어어 불샹ᄒᆞ다 뎌 창싱들　　ㅇㅇㅇ 어셔어셔 지식넓혀
어어어 망국죄인 되지마라　　ㅇㅇㅇ 불샹ᄒᆞ다 뎌 챵싱들
어어어 남무아미타불

그 소ᄅᆡ가 쳐량강개ᄒᆞ(고) 쳥산이 참담ᄒᆞ고 류슈가 오열ᄒᆞ니 원ᄀᆡᆨ13)의 눈물이 옷깃을 적시더라.

우셰ᄌᆞㅣ 손을 드러 길게 읍ᄒᆞ고 무ᄅᆞᄃᆡ, "대ᄉᆞᄂᆞᆫ 어ᄂᆞ 명산에 잇스며 어ᄃᆡ로 향ᄒᆞ며 법호ᄂᆞᆫ 무엇이라 ᄒᆞᄂᆞ뇨?" 그 즁이 합장ᄒᆞ여 공근히 답례ᄒᆞ고 닐ᄋᆞᄃᆡ, "쇼승의 칭호ᄂᆞᆫ 원장법ᄉᆞㅣ라 ᄒᆞ옵ᄂᆞᆫᄃᆡ 지금 총령14)을 넘어 쳔리 졍히를 지나 이곳에 왓거니와 이 산은 우리 불가의 유명ᄒᆞᆫ 슈미산15)이라. 션싱은 뉘신지, 엇지 이곳에 니르시뇨?"

沙界 葉覆五須彌, 한조각 향이오나 정성으로 바치오니, 향의 덕 두루함을 헤아리기 어려워라. 밑으로는 티끌 같은 사바세계 바치옵고, 위로는 다섯 수미계도 그늘에 있사오니. 이 내용은 영산재에서 가장 의미 있는 의식절차인 '上壇勸供'의 '喝香' 부분으로, '상단권공'은 부처님을 모셔서 불법을 듣고 불법에 감화 받기를 발원하는 내용임.

13) 원ᄀᆡᆨ : 遠客, 먼 데서 온 손님.

14) 총령 : 葱嶺, 중국, 타지키스탄, 아프가니스탄과의 경계에 위치한 파미르고원(帕米爾高原, Pamirmountains)의 명칭으로, 서한 이래로 실크로드를 지날 때 반드시 경유하여야만 하는 지역임.

15) 슈미산 : 불교의 우주관에서 나온 세계의 중심에 있다고 하는 상상의 산.

우셰즈ㅣ 왈, "나는 대한뎨국에 우셰즈ㅣ라 칭ᄒᆞ는 광긱이니 우리 민족의 부패홈과 국셰의 빈약홈을 근심ᄒᆞ야 월보와 잡지를 발간ᄒᆞ야 셰상 사롬을 긔도ᄒᆞ기로 일을 숨더니 ᄒᆞ나도 ᄭᅦ듯는 쟈는 업고 졈졈 비참ᄒᆞᆫ 디경에 ᄲᅡ지미, 내 비록 불ᄀᆞ흔 열혈이 ᄊᆞ르나 ᄒᆞᆫ손으로 건질 수 업는고로 ᄌᆞ연 화에 ᄯᅵ여 셰계에 멀니 놀어 흉회를 펼가 ᄒᆞ다가 우연히 이곳에 왓거니와, 나도 이왕 불경을 대강 열람ᄒᆞ여 계음과 인도를 만히 알엇스나 지금 대ᄉᆞ의 부르는 계음은 이왕에 보도 듯도 못ᄒᆞ엿스니 그 계음은 무슨 뜻이며 소ᄅᆡ는 엇지 그리 비챵ᄒᆞ뇨?"

법ᄉᆞㅣ 왈, "쇼승이 이번에 옥경으로 가다가 염라부에 잠간 들넛더니 염라부 ᄉᆞ무가 빅여 년 이릭로 대단히 분답[16]ᄒᆞ다는ᄃᆡ 참혹ᄒᆞᆫ 형벌을 당ᄒᆞ는 쟈도 무수ᄒᆞ고 슈치되는 욕을 당ᄒᆞ는 쟈도 무수ᄒᆞ야 광경이 슈참[17]ᄒᆞ기로 경관에게 그 소이연[18]을 무른즉 눈살을 찡긔며 ᄃᆡ답ᄒᆞᄃᆡ, 빅여 년 젼에는 ᄉᆞ무가 이다지 번극[19]ᄒᆞ지 안터니 근릭에는 뎌 망국 민족들을 쳐치ᄒᆞ기에 대단히 골몰ᄒᆞ야 안비롤 막긔[20]ᄒᆞ며 ᄯᅩ 이젼에는 사롬의 샹벌을 쳐결ᄒᆞ야 동셔양 각국에 륜회환싱케 ᄒᆞ더니 지금은 망국 민족 즁에 죄업는 쟈 롤 환싱케 ᄒᆞ고져 ᄒᆞ나 다른 됴흔 나라에 보내려 ᄒᆞ면 그곳 산쳔 신령이 다 슬희여ᄒᆞ고 제 나라로 보내려 ᄒᆞᆫ즉, 그곳은 타국 식민이 이믜 구역마다 ᄀᆞ득이 찻스니 다시 변통무로요, ᄯᅩ는 환싱케 ᄒᆞᆯ 만ᄒᆞᆫ ᄌᆞ격도 몃 개 못 되니 이럼으로 염라부가 쟝ᄎᆞᆺ 터지게 된지라. ᄋᆡ급,[21] 인도, 파란,[22] 월남, 여러 나라의 몃 억만 인죵이 오는 ᄃᆡ로 다시 가든 못ᄒᆞ니 이런 좁은 구역에 모라두기만

---

16) 분답 : 紛沓, 사람들이 많이 몰려 북적북적하고 복잡함.

17) 슈참 : 愁慘, 을씨년스럽고 구슬픔.

18) 소이연 : 所以然, 그리된 까닭.

19) 번극 : 煩劇/繁劇, 몹시 번거롭고 바쁨.

20) 안비롤 막긔 : 眼鼻莫開, 눈코 뜰 사이가 없다는 뜻으로, 일이 몹시 바쁨을 이르는 말.

21) ᄋᆡ급 : 이집트.

22) 파란 : 폴란드.

ᄒᆞ면 몃 ᄒᆡ 못 되여서 염라부는 망국민족의 셰계가 되겟슨즉 그 아니 걱정이뇨? 이 일노써 부즁23)에서 날마다 회의를 ᄒᆞ나 지금ᄭᆞ지 결말이 업스니. 혹은 제 나라를 제가 망ᄒᆞ고 갈 곳이 업스니 여긔 두어 무엇에 쓰리오? 아모리 참혹ᄒᆞᆯ지라도 디옥 몃 만 간을 더 지어 그속에 모라너코 그 문을 영영 봉쇄ᄒᆞ면 도로나 좀 졍결ᄒᆞ리라 ᄒᆞ고, 혹은 망국 인죵이 ᄒᆡ마다 늘고 둘마다 더ᄒᆞ니 디옥을 짓는 ᄃᆡ로 차면 ᄯᅡᆼ도 한뎡이 잇지 현금 셰계상에 빈약ᄒᆞ고 우ᄆᆡᄒᆞᆫ 나라이 간간히 잇스니 그 나라들이 차례로 망ᄒᆞ면 우리 부즁은 더욱 곤난치 아니리오? 찰하리 뎌 인죵들을 소나 ᄆᆞᆯ이나 개나 도야지로 환싱케 ᄒᆞ야 뎌 빈약ᄒᆞᆫ 나라에 보내여 우리 부즁을 안졍케 ᄒᆞᆷ이 됴타 ᄒᆞ고, 혹은 모라다가 불에 ᄐᆡ오쟈 ᄒᆞ고 혹은 물에 씌우쟈 ᄒᆞ며 혹은 모다 방아에 바슈쟈 ᄒᆞ고 혹은 ᄆᆡᆺ돌에 갈쟈 ᄒᆞ야 공론이 불일ᄒᆞ나, 나는 보건ᄃᆡ 뎌 망국 인죵에 짐짓 작죄ᄒᆞᆫ 쟈도 잇고 모로고 작죄ᄒᆞᆫ 쟈도 잇스니 ᄀᆞ쟝 무죄ᄒᆞ고 불샹ᄒᆞᆫ 쟈는 나라를 위ᄒᆞ여 몸을 도라보지 아니 ᄒᆞ다가 힘이 밋지 못ᄒᆞ야 ᄌᆞ살ᄒᆞ든지 혹 뎍인24)의게 죽은 사ᄅᆞᆷ들이야 엇지 망국인으로 ᄃᆡ우를 ᄒᆞ리마는 환싱ᄒᆞᆯ 곳은 ᄯᅩᄒᆞᆫ 업스니 그 아니 참혹ᄒᆞ며, ᄯᅩ 그 사ᄅᆞᆷ들이 ᄋᆡ걸복걸ᄒᆞᄃᆡ '우리 민족을 살녀달나' '우리 민족을 구완ᄒᆞ여 달나' '우리 민족을 실노 뎌 디경에 모라 너흐면 우리는 몬져 가겟다' ᄒᆞ야 무수히 상지25)ᄒᆞ니, 그 졍경을 ᄎᆞᆷ아 괄시ᄒᆞᆯ 수 업고 그 츙직을 과연 박ᄃᆡᄒᆞᆯ 수 업슴으로 아직 결뎡치 못ᄒᆞ엿스나, 쟝ᄎᆞᆺ 별 방침을 쓸 터인ᄃᆡ 뎌 츙군ᄋᆡ국 ᄒᆞ든 ᄉᆞᄅᆞᆷ을 겻헤 두고는 ᄎᆞᆷ아 거조26) (ᄒᆞ)기 어렵기로 상뎨ᄭᅴ 주달ᄒᆞ야 모모 졔씨는 텬당으로 가게 ᄒᆞᆫ다 ᄒᆞ니 쇼승이 그 말을 듯고 모골이 송연ᄒᆞ야 도라오던 ᄎᆞ이라 이곳에 니ᄅᆞ러 본즉 동셔양이 눈압헤 버려잇스니 뎌 쇽에 ᄯᅩ 몃 나라의

---

23) 부즁 : 府中, 관아. 여기서는 염라부의 관아.

24) 뎍인 : 敵人, 원수.

25) 상지 : 相持, 서로 자기의 의견만을 고집하고 양보하지 아니함.

26) 거조 : 擧措, 어떤 일을 꾸미거나 처리하기 위한 조치.

망국 인죵이 잇슬지 알지 못ᄒᆞᆷ으로 우리 불가의 대ᄌᆞ대비ᄒᆞᆫ ᄆᆞ음으로 계음 일 편을 새로 지어 불넛더니 션ᄉᆡᆼ이 무르시니 감히 은휘치 못ᄒᆞ노이다"

우셰자ㅣ 그 외오ᄂᆞᆫ 소ᄅᆡ를 듯고 이믜 긔식27)이 비참ᄒᆞ든 ᄎᆞ에 ᄯᅩ 이 셜명을 드르니 엇지 감동치 아니리오? 인ᄒᆞ여 방셩대곡 ᄒᆞ다가 맛ᄎᆞᆷᄂᆡ 불셩인ᄉᆞ28)ᄒᆞ거ᄂᆞᆯ 법ᄉᆞㅣ 만단29) 위로ᄒᆞ되, "청컨ᄃᆡ 션ᄉᆡᆼ은 정신을 찰혀 쇼승의 말숨을 드르소셔. 그 광경을 목도ᄒᆞᆫ 쇼승도 견ᄃᆡᄂᆞᆫᄃᆡ 남의 나라 흥망셩쇠에 그리 슬허ᄒᆞᆯ 일이 무엇이니잇고?" 우셰ᄌᆞㅣ ᄒᆞᆫ손으로 금잔듸를 ᄯᅳᆺ으며 ᄯᅩ ᄒᆞᆫ손을 반셕을 두다리고 '민족, 민족' ᄒᆞ고 부르니 법ᄉᆞ 왈, "인도, ᄋᆡ급은 망ᄒᆞᆫ 지 ᄇᆡᆨ 년식이나 다 되엿고 파란 월남은 ᄯᅩᄒᆞᆫ 니웃 나라이 아니라, 엇지 션ᄉᆡᆼ은 이ᄀᆞᆺ치 과도히 슬허ᄒᆞ시ᄂᆞ뇨?" 우셰ᄌᆞㅣ 일향30) 아모 말이 업고 다만 'ᄋᆡ고 하ᄂᆞ님 하ᄂᆞ님' 소리ᄲᅮᆫ이라. 법ᄉᆞㅣ ᄒᆞᆯ일업시 잔듸밧헤 물너 안ᄌᆞ ᄒᆞᆫ숨을 쉬고 '남무아미타불'을 외오더라. 우셰ᄌᆞㅣ 법ᄉᆞ를 향ᄒᆞ여 왈, "여보 대ᄉᆞ내 말숨 드러보시오. 나ᄂᆞᆫ 인도 ᄋᆡ급의 민족을 슬허ᄒᆞᄂᆞᆫ 것이 아니라 우리 대한 민족을 슬허ᄒᆞ며 파란 월남의 국ᄉᆞ를 슬허ᄒᆞᄂᆞᆫ 것이 아니라 우리 대한 국ᄉᆞ를 슬허ᄒᆞ노라. 우리 신셩ᄒᆞ신 단군의 ᄌᆞ손의 디옥이 목젼에 잇도다. 여보 대ᄉᆞ, 우리 대한에 절ᄉᆞᄒᆞᆫ 민영환씨31)를 혹 맛나 보앗ᄂᆞᆫ지? 과연 대ᄉᆞ의 말숨과 ᄀᆞᆺᄒᆞᆯ진ᄃᆡ 민충졍도 환ᄉᆡᆼᄒᆞᆯ 긔한이 묘연ᄒᆞ리로다." 법ᄉᆞㅣ 왈, "션ᄉᆡᆼ은 참으시오. 쇼승은 염라부에셔 대한국민 엇더타 ᄒᆞᄂᆞᆫ 말은 못 드럿스나 셜령 대한이 위ᄐᆡᄒᆞᆫ 디경이라도 민지가 ᄀᆡ명되야 정치법령이 ᄇᆞᆰ어지면 극락세계 엇지 못 되오리잇가?" 우셰ᄌᆞㅣ 눈물을 씻고 니러 안ᄌᆞ 가ᄉᆞ

27) 긔식 : 氣色. 마음의 작용으로 얼굴에 드러나는 빛.

28) 불셩인ᄉᆞ : 不省人事, 제 몸에 벌어지는 일을 모를 만큼 정신을 잃은 상태.

29) 만단 : 여러 가지로.

30) 일향 : 一晌, 잠시. 아주 짧은 시간을 이르는 말.

31) 민영환 : 閔泳煥, 1861(철종 12)~1905. 조선 말기의 문신. 1905년 일제가 을사조약을 강제로 체결하자 조약의 폐기를 상소하였으나 뜻을 이루지 못하자 국민과 각국 공사, 그리고 고종에게 고하는 유서를 남기고 자결한 인물임.

삼쟝을 부르니,

뎨일쟝
불샹ᄒᆞ다 민츙졍은 츙국ᄋᆡ민 그 아닌가
셰셰ᄉᆡᆼᄉᆡᆼ 됴흔 ᄯᅡ에 부귀영화를 누리련만
아마도 환ᄉᆡᆼ은 무괴ᄒᆞ니 텬당에나

뎨이쟝
신셩ᄒᆞ신 우리 민족 단군후예 그 아닌가
례악 문물 뎌 의관으로 텰문디옥이 웬일인가
우리 동포 어셔 ᄭᆡ오 깁흔 잠을

뎨삼장
뎌긔 가ᄂᆞᆫ 뎌 기럭아 ᄇᆡᆨ두산이 어ᄃᆡ미뇨
원쟝법ᄉᆞ 이 말솜을 젼히주쇼
우리 국민 텬당 디옥을 다 ᄇᆞ리고 셰셰ᄉᆡᆼ환

그 소ᄅᆡ 장렴, 단렴과 평셩, 상셩32)이 쳐쳐절절ᄒᆞ야 심양강샹 밤ᄃᆞᆯ에 비파셩을 듯ᄂᆞᆫ 듯33) 연남시 가을 바룸에 격쥭셩을 맛난 듯34) 남ᄋᆞ의 강ᄒᆞᆫ 챵

---

32) 평셩, 상셩 : 平聲, 上聲. 조선 시대 초 국어 사성(四聲)의 하나. 평성은 가장 낮은 소리, 상성은 가장 높은 소리.

33) 심양강샹 밤ᄃᆞᆯ에 비파셩을 듯ᄂᆞᆫ 듯 : 백거이(白居易) 의 <비파행(琵琶行)>에 나오는 내용. 당 원화10년(815), 구강군사마 (九江郡司馬)로 좌천된 백거이가 다음해 가을, 양자강 심양강두(潯陽江頭)에서 손님을 보낼 때 영락표박(零落漂泊)하는 기녀(妓女)의 얘기를 듣고, 그가 타는 비파에 감동하여 읊은 시임.

34) 연남시 가을 바룸에 격쥭셩을 맛난 듯 : 擊竹聲, 지한(脂閑)의 향엄격죽(香嚴擊竹)에서 유래한 표현임. 지한은 중국 후양의 승려로 어느날 앞 마당에서 돌이 대나무에 부딪치며 나는 소리를 듣고 갑자기 깨닫고는 일격망소지(一擊忘所知)라는 개오시

ᄌᆞ라도 거의 거의 슬어질 듯 ᄒᆞᄆᆡ, 법ᄉᆞㅣ 듯다가 셕장으로 ᄯᅡ을 두다리면셔 방셩대곡ᄒᆞ여 왈, "몰낫세라 몰낫세라 국민 관계 몰낫세라. 우리 시님 셕가세존ᄭᅴ셔 쳔승지국 ᄇᆞ리시고 발이ᄯᅴ ᄒᆞᆫ 개와 셕쟝 ᄒᆞ나로 텬하에 쥬류ᄒᆞ셧스나 나라의 관계ᄂᆞᆫ 말솜 업셧스니 우리 불도의 목뎍은 텬하도 불관이오 국가도 불관이오, 다만 일신이 쳥졍ᄒᆞᆫ ᄯᅡ에셔 양ᄉᆡᆼᄒᆞ다가 텬당에 오르기가 뎨일 발원이러니, 지금 션ᄉᆡᆼ의 말솜을 드른즉 일신도 여ᄉᆞ오 텬당도 불관ᄒᆞ고 언필칭 국가라 민족이라 ᄒᆞ니 션ᄉᆡᆼ의 도가 참 광졔챵ᄉᆡᆼ[35]ᄒᆞᄂᆞᆫ 본의라. 국민 관계가 이러틋시 지즁ᄒᆞ도다." 우세ᄌᆞㅣ 왈, "대ᄉᆞᄂᆞᆫ ᄉᆞ리로 슬허ᄒᆞ거니와 나는 진뎡으로 슬허ᄒᆞ노니 방ᄌᆞ 우리 한국 형편이 말이 못 되엿스니 쥰쥰무지[36] 뎌 챵ᄉᆡᆼ들 엇지ᄒᆞ면 구원ᄒᆞ리오?" 법ᄉᆞㅣ 왈, "나도 ᄯᅩᄒᆞᆫ 진뎡으로 슬허ᄒᆞᄂᆞᆫ 일이 잇스니 뎌 망ᄒᆞᆫ 나라 즁에 인도ᄂᆞᆫ 곳 우리 조국이라. 그 나라 폭원이 광대ᄒᆞ고 물산이 풍부ᄒᆞ야 동양에 뎨 일 락토ㅣ라 ᄒᆞ더니, 그 ᄇᆡᆨ셩의 지식이 몽ᄆᆡᄒᆞ야 일개 영국 상ᄃᆡ의게 망ᄒᆞᆫ바ㅣ 되여 그 민족이 염라부 디옥에 가셔 뎌 고ᄉᆡᆼ을 당ᄒᆞ니 그 아니 가련ᄒᆞᆫ가? 이번에 염라부에 갓슬 ᄯᅢ에 그 참혹ᄒᆞᆫ 졍경을 보고 다만 보통 ᄌᆞ비ᄒᆞᆫ ᄆᆞ음으로 불샹ᄒᆞ다 ᄒᆞ엿더니 지금 션ᄉᆡᆼ의 말솜을 드른즉 진품관계가 이ᄀᆞᆺ치 소즁ᄒᆞ고 ᄯᅩ 텬당의 락이 환ᄉᆡᆼᄒᆞᄂᆞᆫ 락만 못ᄒᆞ다 ᄒᆞ니 소승도 환ᄉᆡᆼᄒᆞ랴면 갈 곳이 젼혀 업고 비록 텬당에ᄂᆞᆫ 왕ᄅᆡᄒᆞ나 망문투식[37]ᄒᆞᄂᆞᆫ 과ᄀᆡᆨ과 다른 것이 업스니 텰학박ᄉᆞ의 말에 젼문학이 보통 지식만 못ᄒᆞ다 ᄒᆞ더니 나의 몃 십 년 젼심ᄒᆞ던 우리의 지식으로ᄂᆞᆫ 지금 션ᄉᆡᆼ의 말솜이 아니면 국민관계의 진리를 ᄭᆡ닷지 못ᄒᆞ엿스리로다. 불샹ᄒᆞ다, 우리 인도 이억만 민족이여 갈 ᄃᆡ 업시 텰문 디옥이

를 읊었는데, 선종에서는 이를 향엄격죽(香嚴擊竹)이라 하여 중요한 화두로 삼고 있다.

35) 광졔창싱 : 廣濟蒼生, 널리 백성을 구제함.

36) 쥰쥰무지 : 蠢蠢無知, 굼뜨고 어리석어 아무것도 아는 것이 없음.

37) 망문투식 : 望門投食, 노자가 떨어졌을 때에 남의 집을 찾아 가서 얻어먹음.

로다. 몰낫셰라, 국민 관계 이러훈가."

우셰ᄌᆞㅣ 왈, "대ᄉᆞᄂᆞᆫ 이왕을 슬허ᄒᆞ고 나는 장릭를 슬허ᄒᆞ니 피ᄎᆞ가 다 당쟝 슬음은 아닌즉 이왕 슬음은 회복ᄒᆞ기를 싱각ᄒᆞ고 쟝릭 슬음은 면ᄒᆞ기를 싱각홈이 가ᄒᆞ니 우리 헌헌훈 팔쳑 남ᄋᆞ가 엇지 ᄋᆞ녀ᄌᆞ의 틱도로 울고 세월을 보내리오? 량국 형편을 토론ᄒᆞ야 션후지칙을 연구홈이 엇더ᄒᆞ뇨?" 법ᄉᆞ가 가사ㅅ자락으로 눈물은 씻고 니러 안ᄌᆞ 훈숨 쉬며, "관셰음보살, 남무아미타불" 우셰ᄌᆞㅣ 왈, "우리나라ᄂᆞᆫ 황히와 일본히 ᄉᆞ이에 돌츌훈 삼천리 반도국으로 몃 빅 년 지나[38)]에 관계가 잇슴을 인ᄒᆞ여 텬하 대셰에 어둡고 ᄯᅩ 국민의 지식이 몽미ᄒᆞ야 고식지계[39)]로만 구챠히 지내다가 현금 뎌 디경이 되엿거니와, 인도 ᄀᆞᆺ흔 대국은 면젹이 쳔여만 방리[40)]오 인구가 이억여 만이나 가령 인도인 수십 인이 영인 일 명을 딕뎍훌지라도 족히 뎌당훌거시어놀 엇지ᄒᆞ야 버들ㅅ입만훈 적은 영국에 뎌러툿 참혹훈 디경을 당ᄒᆞᄂᆞ뇨?" 법ᄉᆞㅣ 왈, "우리나라 이억 여 만 민족이 뎌 이천 여 만 인죵에게 이 학디를 당ᄒᆞᄂᆞᆫ 것은 다름 아니라 민심이 히산ᄒᆞ야 단톄가 못 되엿스니 비록 다수훈 국민이라도 쇼수 단결된 딕뎍[41)]을 뎌당치 못홈이로다. 우리 인도의 망훈 연원을 궁구ᄒᆞ면 우리 불도의 죄라 ᄒᆞᄂᆞᆫ 지목은 면치 못훌지라. 젼국 남녀 즁에 총명ᄒᆞ고 영민ᄒᆞ다ᄂᆞᆫ 쟈ᄂᆞᆫ 다 고샹ᄒᆞ다 ᄌᆞ칭ᄒᆞ야 국ᄉᆞ이니 민족이니 ᄒᆞᄂᆞᆫ 거슨 언론도 업고 일신만 닥그면 극락세계로 도라간다 ᄒᆞ고 혹 두문불츌ᄒᆞ며 혹 명산에 드러가미 민국대세ᄂᆞᆫ 상관이 업시 일편향[42)]을 봉헌홈으로 셰월을 보내니 나라일은 뉘가 ᄒᆞ며, ᄯᅩ 그 다음에 조곰 지식잇다 ᄒᆞᄂᆞᆫ 쟈ᄂᆞᆫ 허황훈 비긔[43)]만 밋고 운수만 기다려 외국에 쟝챵대포[44)]ᄂᆞᆫ

---

38) 지나 : 支那, 진(秦)의 와전. 중국의 다른 이름.
39) 고식지계 : 姑息之計, 우선 당장 편한 것만을 택하는 꾀나 방법. 한때의 안정을 얻기 위하여 임시로 둘러맞추어 처리하거나 이리저리 주선하여 꾸며 내는 계책을 이름.
40) 방리 : 方里, 사방으로 일 리(里)가 되는 넓이.
41) 딕뎍 : 對敵, .적이나 어떤 세력, 힘 따위와 맞서 겨룸. 또는 그 상대.
42) 일편향 : 一片香, 한 조각 향.

쓸 ᄃᆡ 업고 ᄢᅢ만 도라오면 뎌희가 ᄌᆞ멸ᄒᆞᆫ다 ᄒᆞ야 두 손ᄉᆞᆺ 밋고 안ᄌᆞᆺ스니 나라 일은 뉘가 ᄒᆞ며, 그 놈아 쥰쥰무식ᄒᆞᆫ 쟈들이야 비록 몃 억만 인이라도 쓸 ᄃᆡ 업거니와 영국인이 드러올 ᄢᅢᄅᆞᆯ 당ᄒᆞ야 문졍[45]도 ᄒᆞ고 담판도 ᄒᆞ여 약됴를 ᄒᆞ든지 항거를 ᄒᆞ엿스면 엇지 이 디경이 되엿스리오마ᄂᆞᆫ 뎌희ᄂᆞᆫ 외국인을 ᄒᆞᆫ번 보ᄆᆡ 텬신을 맛난 듯 아귀를 본듯 일시에 쥐구녕 게구녕을 차쟈 흣허졋스며, 그 즁에도 뎨일 가쇼탄[46]ᄒᆞᆯ 일은 ᄒᆞᆫ 농부가 밧츨 갈다가 셕함을 엇어 열고 본즉 그 속에 참셔[47]가 잇스되 모년 모월 모일에 텬신이 강림ᄒᆞ야 외국 사ᄅᆞᆷ을 다 죽인다 ᄒᆞᆫ지라. 그 농부가 그 참셔ᄅᆞᆯ 젼국에 젼포[48]ᄒᆞᄆᆡ 젼국 사ᄅᆞᆷ들이 영국의 압제ᄅᆞᆯ 괴로와ᄒᆞ야 긔반[49]을 벗슬 도리를 셔로 연구ᄒᆞ고 분발ᄒᆞᆯ 즈음에 이 글을 보고 다 희불ᄌᆞ승[50] ᄒᆞ야 셔로 말ᄒᆞ되, '뎌 영국이 아모리 강셩ᄒᆞ여도 필경은 망ᄒᆞᆯ 날이 잇도다. 우리나라 사ᄅᆞᆷ은 아못됴록 몸을 조심ᄒᆞ야 독ᄉᆞᄀᆞᆺ고 옷빗치 ᄀᆞᆺ흔 영국인과 겨르지 말고 ᄯᅡᄒᆞᆯ 달나든지 집은 달나든지 걱정말고 다 주고 모년 모월 모일만 기다리면 그ᄢᅢᄂᆞᆫ 우리 하ᄂᆞ님이 뎌희들을 다 죽이실지라. 아모리 뎌희들이 모든 거슬 다 뎜령ᄒᆞ야도 필경은 우리 인도ㅅ사ᄅᆞᆷ의 일을 ᄒᆞ여주ᄂᆞᆫ 거시라' ᄒᆞ야 아모 계칙 업시 토디 가옥 외에도 각항 물건을 쳥구ᄒᆞᄂᆞᆫ ᄃᆡ로 부슈텽명[51] ᄒᆞ며 다만 기ᄃᆞ리ᄂᆞ니 모년 모월 모일이러니 그 ᄒᆡ를 당ᄒᆞᄆᆡ 젼국 사ᄅᆞᆷ들이 농샹

---

43) 비긔 : 秘記, 사람의 길흉화복을 미리 예언하여 적은 기록.

44) 쟝창대포 : 長槍大砲, 자루 긴 창과 대포.

45) 문졍 : 問情, 남의 나라의 배가 처음으로 항구에 들어왔을 때 관리를 보내어 그 사정을 묻는 일.

46) 가쇼탄 : 可笑歎: 가소롭고 탄식할 만함.

47) 참셔 : 讖書, 미래의 일에 대한 주술적 예언을 기록한 책.

48) 젼포 : 傳布, 전하여 널리 퍼뜨림.

49) 긔반 : 羈絆, 굴레를 씌운다는 뜻으로, 자유를 구속하거나 억압함을 이르는 말.

50) 희불ᄌᆞ승 : 喜不自勝, 어찌할 바를 모를 만큼 매우 기쁨.

51) 부슈텽명 : 俯首聽命, 고개를 숙이고 명령을 따른다는 뜻으로, 윗사람의 위엄에 눌려 명령대로 좇아 행함을 이르는 말.

공업을 다 폐지ᄒᆞ야 영인에게 맛기고, 그날이 니르ᄆᆡ 큰 경졀이나 맛난 ᄃᆞᆺ이 곳곳이 노름 노리ᄒᆞᄂᆞᆫ 경황이 대단ᄒᆞ며 하늘만 쳐다보더니 그 날이 다 지나고 그 밤이 도라오ᄆᆡ 쳥텬명월에 쳘업ᄂᆞᆫ ᄃᆞᆰ은 ᄒᆞᆫ 홰 두 홰 울도록 텬신이 ᄂᆞ리기ᄂᆞᆫ 고샤ᄒᆞ고 디귀[52]도 오지 아니ᄒᆞ니 전국 사ᄅᆞᆷ이 그졔야 허황ᄒᆞᆷ을 ᄭᆡ다르나 후회막급이라. 엇지 ᄒᆞᆯ 수 업셧고 ᄯᅩ 영인이 방곡[53]을 엄히 ᄒᆞ야 일두곡[54]도 매ᄆᆡ가 업스니 불샹ᄒᆞᆫ 인도사ᄅᆞᆷ들은 농ᄉᆞ ᄒᆞᆫ 포긔 못 짓고 무엇을 먹으며 무엇을 닙으리오? 아모리 인죵은 만으나 뎌 병뎡량족[55]한 강뎍을 엇지 항거ᄒᆞ리오? 가위 불망이 ᄌᆞ망이라.[56] 그 참셔ᄂᆞᆫ 엇더ᄒᆞᆫ 못슬 놈이 ᄆᆞᆫᄃᆞ러셔 인도 전국 민족을 속이고 영인은 움안에셔 ᄯᅥᆨ을 밧게[57] ᄒᆞ엿ᄂᆞᆫ지, 그 아니 분ᄒᆞ고도 통곡ᄒᆞᆯ 일이뇨? ᄯᅩ 이샹ᄒᆞᆫ 말 ᄒᆞᆫ 마ᄃᆡ가 잇스니 대한말노 번역ᄒᆞ면 셜마라 ᄒᆞᄂᆞᆫ 말인ᄃᆡ 인도 전국 사ᄅᆞᆷ들이 셜마 셜마 ᄒᆞᄂᆞᆫ 말이 입의 ᄭᅳᆫ치지 아니ᄒᆞ야 큰 바ᄅᆞᆷ이 부러도 셜마, 큰 비가 와도 셜마, 언필칭 셜마 ᄒᆞ더니 영인이 처음에 변방을 침노ᄒᆞᄆᆡ 셜마 엇더ᄒᆞ랴, ᄂᆡ디에 드러와도 셜마 엇더ᄒᆞ랴, 직졍을 관할ᄒᆞ야도 셜마, 가옥을 ᄲᅢ앗겨도 셜마, ᄒᆞᆫ 편으로 죽으면셔도 셜마 셜마 ᄒᆞ야 쥐에게 ᄯᅳᆺ기ᄂᆞᆫ ᄃᆞᆰ과 ᄀᆞᆺ치 멱통에 거의 올나오도록 알지 못ᄒᆞ고 셜마ㅅ쇼릐 ᄒᆞᆫ 마ᄃᆡ에 쳔여만 방리 됴흔 강산이 다 ᄯᅥ나갓스니 엇지 아니 원통ᄒᆞ리오? 대한국에도 만일 이ᄀᆞᆺ흔 비긔와 셜마ㅅ소릐가 잇스면 필경은 뎌 인도의 전쳘이 멀지 아니ᄒᆞ리로다.”

우셰ᄌᆞㅣ 왈, “그 비긔나 셜마ᄂᆞᆫ 오히려 헐후[58]ᄒᆞ도다. 우리나라 형편은

52) 디귀 : 地鬼, 땅의 귀신.

53) 방곡 : 防穀, 곡식을 다른 곳으로 실어 내보내지 못하게 막음.

54) 일두곡 : 一斗穀, 한 말의 곡식.

55) 병뎡량족 : 兵精糧足, 병사는 정예하고 군량은 넉넉함.

56) 가위 불망이 ᄌᆞ망 : 可謂不亡而自亡, 망하지 않을 수 있었지만 스스로 망했다 할 만함.

57) 움안에셔 ᄯᅥᆨ을 밧게 : 움 안에서 떡 받는다. 생각지도 않던 좋은 물건을 얻었을 때 쓰는 말.

58) 헐후 : 歇后, 대수롭지 아니함.

창졸간에 다 말ᄒᆞᆯ 수 업거니와 비긔로 말ᄒᆞᆯ지라도 도션비결[59]이니 정감록[60]이니 토뎡비긔[61]이니 ᄒᆞᄂᆞᆫ 여러 가지 말이 ᄒᆞ나도 실디ᄂᆞᆫ 업고 어리셕은 사ᄅᆞᆷ 밋츨 만ᄒᆞᆫ ᄎᆡᆨ이 몃 권이오, ᄯᅩ 셜마보다 심ᄒᆞᆫ 말이 잇스니 혹은 아니 된다 혹은 ᄒᆞᆯ 수 업다 ᄒᆞ야 셰상에 ᄒᆞᆯ 일은 ᄒᆞ나도 업시 견ᄃᆡ다가 지금 뎌러ᄒᆞᆫ 어려운 디경을 당ᄒᆞ야 진개 아니된다 진개 ᄒᆞᆯ 수 업다 ᄒᆞ야 교육을 ᄒᆞ여도 아니 된다 양병을 ᄒᆞ여도 ᄒᆞᆯ 수 업다 화륜션 압헤ᄂᆞᆫ 아니 되겟다 대포 머리에ᄂᆞᆫ ᄒᆞᆯ 수 업다 내지 몃 ᄇᆡᆨ 년이라도 아니 되겟다 몇 쳔 년이라도 ᄒᆞᆯ 수 업다 ᄒᆞ니 그 ᄇᆡᆨ셩의 졍도로 엇지 된다ᄂᆞᆫ 일과 ᄒᆞᆯ 수 잇다ᄂᆞᆫ 말이 잇스리오? 나ᄂᆞᆫ 드르니 인도국이 지금은 보통으로 즁등 학식이 된다 ᄒᆞ니 비긔라 셜마라 ᄒᆞᄂᆞᆫ 지각이야 ᄂᆞᆷ어 잇스리오? 불원간에 샹등 지식이 되면 외면으로라도 문명 졍의를 쥬장ᄒᆞᄂᆞᆫ 뎌 영국이 엇지 샹등 인민의 ᄌᆞ유를 허락지 아니ᄒᆞ며 셜혹 허락지 아니ᄒᆞᆯ지라도 ᄌᆞ유ᄂᆞᆫ 내게 잇ᄂᆞᆫ 것이니 북미합즁국을 보지 못ᄒᆞᄂᆞᆫ가? 그와 ᄀᆞᆺ치 필경 독립이 되ᄂᆞᆫ 날에ᄂᆞᆫ 뎌 염라부에 ᄀᆞᆺ치여 잇ᄂᆞᆫ 사ᄅᆞᆷ들ᄭᆞ지 쇽량ᄒᆞ여 환ᄉᆡᆼ케 ᄒᆞ려니와 우리 대한은 국민의 보통 지식이 잇ᄂᆞᆫ 쟈도 몃 사ᄅᆞᆷ이 못되니 어ᄂᆞ 때에 즁등이니 샹등이니 ᄒᆞᄂᆞᆫ 것을 바ᄅᆞ며 수ᄇᆡᆨ 년 이릐로 소위 졍치니 법률이니 군데이니 교육이니 ᄒᆞᄂᆞᆫ 문구를 말ᄒᆞᆯ진ᄃᆡ ᄎᆞᆷ아 붓그러워 말을 못ᄒᆞ겟노라."

법ᄉᆞㅣ 왈, "인도와 대한 형편을 말노ᄂᆞᆫ 다ᄒᆞ기 어려오니 우리 동ᄒᆡᆼᄒᆞ야 옥경에 가셔 그 형편을 ᄌᆞ셰히 목도ᄒᆞᄂᆞᆫ 거시 엇더ᄒᆞ뇨?" 우셰ᄌᆞㅣ 왈, "나ᄂᆞᆫ 쇽인이라, 옥경에 엇지 임의로 가며 간들 엇지 그 형편을 목도ᄒᆞᆯ 방법이 잇스리오?" 법ᄉᆞㅣ 왈, "션ᄉᆡᆼ이 비록 쇽인이나 잠시 나의 뒤를 ᄯᆞ라가면 옥경에셔 괄ᄃᆡ가 업슬 터이오. ᄯᅩ 옥경에 원찰ᄃᆡ가 잇스니 그곳에 올나 보면 다만 인도와 한국만 볼 ᄲᅮᆫ 아니라 텬하 만국 형편이 모다 눈 압헤 잇스니

---

59) 도션비결 : 道詵秘訣, 도선(道詵)국사가 쓴 예언서.

60) 정감록 : 鄭鑑錄, 조선 중기 이후 민간에 성행하였던 대표적인 예언서.

61) 토뎡비긔 : 土亭秘訣, 조선 명종 때에 토정 이지함이 지었다고 하는 일종의 도참서.

션ᄉᆡᆼ은 동ᄒᆡᆼᄒᆞ기를 ᄉᆞ양치 마르쇼셔." 우셰ᄌᆞㅣ 왈, "내 이믜 ᄒᆡᆼ역62)을 앗기지 아니ᄒᆞ고 이곳ᄭᆞ지 왓다가 하ᄂᆞᆯ이 지시ᄒᆞ샤 고명ᄒᆞᆫ 대ᄉᆞ를 맛낫스니 동ᄒᆡᆼᄒᆞᆷ은 불감쳥이언뎡 고소원이로이다.

법ᄉᆞㅣ 바랑에셔 실과와 차를 내여 놋코 돌 우헤 ᄎᆞ관63)을 걸고 옥ᄀᆞᆺ흔 ᄉᆡ암물을 ᄀᆞᆺ ᄯᅥ다가 붓고 솔ㅅ방울노 불을 ᄡᅵ여 차를 다리여 괴셕 우헤 그러안ᄌᆞ 각각 ᄒᆞᆫ 표ᄌᆞ64)를 ᄯᅡ라 마시고 실과를 먹으니 정신이 쇄락ᄒᆞ야 표연히 인간 밧긔 나온 듯ᄒᆞ더라. 다과를 맛친 후에 ᄉᆡᄋᆞᆷ물에 손을 씻고 각각 ᄒᆡᆼ장을 단속ᄒᆞ야 압서거니 뒤셔거니 ᄇᆡᆨ운가으로 셔셔히 나아갈 ᄉᆡ 력로65)에 구경ᄒᆞᆫ 명산대찰이며 문답ᄒᆞᆫ 리셜, 학셜은 이로 다 긔록ᄒᆞᆯ 수 업더라.

ᄒᆞᆫ 곳에 니르니 가든 길이 ᄭᅳᆫ치고 젼후좌우가 다 절벽이라. 명ᄉᆞ66)ᄂᆞᆫ 비단ᄀᆞᆺ치 둘너잇고 고셕은 ᄇᆡᆨ옥ᄀᆞᆺ치 버려잇ᄂᆞᆫᄃᆡ ᄂᆞᆯ즘승 길즘승은 영향도 업고 다만 긔화이초가 ᄉᆞ이ᄉᆞ이 만발ᄒᆞᆫᄃᆡ 두 사ᄅᆞᆷ이 돌 우에 안ᄌᆞ 두어 시간을 쉬고 다시 바위틈으로 도라가니 동학67)은 점점 좁아지며 다시ᄂᆞᆫ 졉촉ᄒᆞᆯ 곳이 업고 다만 쳔장 만쟝 되ᄂᆞᆫ 셕벽 우에 쇠ᄉᆞ슬을 느리고 교ᄌᆞ68) ᄒᆞ나를 돌앗ᄂᆞᆫᄃᆡ ᄌᆞ셰히 치어다보니, 그 모졔69)가 영국 론돈에 ᄃᆡ하 텰도를 통ᄒᆞᄂᆞᆫ 길과 ᄀᆞᆺ치 ᄯᅮᆨ게ᄅᆞᆯ 덥고 황금 대ᄌᆞ로 ᄡᅧᆺ스되 옥경남문이라 ᄒᆞ엿ᄂᆞᆫ지라.

우셰ᄌᆞㅣ 왈, "옥경문이 더러틋 굿게 닷치엿스니 엇지 열며 ᄯᅩ 쳔장 만쟝을 엇지 오르리오?" 법ᄉᆞㅣ 왈, "션ᄉᆡᆼ은 념려마르쇼셔. 이 문이 본ᄅᆡ ᄌᆞ시로브터 유시ᄭᆞ지70) 열어 두고 그 다음에ᄂᆞᆫ 닷치ᄂᆞ니 우리가 더ᄃᆡ 와셔 시간을

62) ᄒᆡᆼ역 : 行役, 여행의 피로와 괴로움.
63) ᄎᆞ관 : 茶罐, 차를 끓여 담는 그릇.
64) 표자 : 瓢子, 표주박. 조롱박이나 둥근 박을 반으로 쪼개어 만든 작은 바가지.
65) 력로 : 歷路, 지나가는 길.
66) 명ᄉᆞ : 明沙, 아주 곱고 깨끗한 모래.
67) 동학 : 洞壑, 깊고 큰 골짜기.
68) 교ᄌᆞ : 轎子, 조선 시대에, 종일품 이상 및 기로소(耆老所)의 당상관이 타던 가마.
69) 모제 : 模製/摸製, 남의 작품을 그대로 본떠서 만듦.

어긔엿스나 쇼승은 익히 왕ᄅᆡᄒᆞᆫ고로 무샹시[71]라도 능히 츌입ᄒᆞᄂᆞᆫ 도리가 잇스니 다만 션ᄉᆡᆼ은 쇼승 뒤만 ᄯᆞ르쇼셔." 두 사ᄅᆞᆷ이 그 텰ᄉᆞ교ᄌᆞ에 안ᄌᆞ셔 텰ᄉᆞ를 두어 번 흔드니 홀연 돌문이 절노 열니며 긔계 돌니ᄂᆞᆫ 소ᄅᆡ가 나더니 텰ᄉᆞ가 졈졈 ᄶᆞᆯ너지며 교ᄌᆞᄂᆞᆫ ᄯᆞ라 올나가더라. 문에 니ᄅᆞ러ᄂᆞᆫ 문 직흰 쟈가 법ᄉᆞᄅᆞᆯ 영졉ᄒᆞ여 경례ᄒᆞ고 우셰ᄌᆞ의 명쳡[72]을 밧아 이윽히 보다가 말ᄒᆞ되, "이 사ᄅᆞᆷ의 셩명은 ᄉᆡᆼ소ᄒᆞ니 잠간 잇셔 텬뎡에 픔ᄒᆞᆫ[73] 후 명령을 기ᄃᆞ림이 가ᄒᆞᆯ가 ᄒᆞ노라." ᄒᆞ거늘, 법ᄉᆞㅣ 바랑을 열고 지필을 내여 보증셔 일장을 써셔 주니 ᄒᆞ엿스ᄃᆡ, "우셰ᄌᆞ 쥬지[74] 디구셩 동반구 한국, 직업 독셔, 우인이 옥경에 유람ᄒᆞ기 위ᄒᆞ야 남문에 입ᄒᆞᆯ 시에 ᄎᆞ증셔를 젹홈. 연월일, 보증인 원쟝법ᄉᆞ." 쓰기를 맛초ᄃᆡ 슈문쟝을 주며 두어 말노 셜명ᄒᆞ니 슈문쟝이 밧아 슈ᄃᆡ[75]에 너코 홍긔ᄅᆞᆯ 둘너 허입ᄒᆞᄂᆞᆫ지라.

량인이 드러가다가 ᄒᆞᆫ 언덕에 올나 ᄇᆞ라보니 과연 ᄇᆡᆨ옥세계라. 구천팔ᄇᆡᆨ 방리쯤 되ᄂᆞᆫ 들에 고루거각이 즐비ᄒᆞ야 그 졔도ᄂᆞᆫ 양옥ᄀᆞᆺ치 칠팔 층, 혹 십여 층인ᄃᆡ 모다 ᄇᆡᆨ옥을 각기 지엇고 즁앙에셔 ᄉᆞ방으로 통ᄒᆞᆫ 대로와 방방곡곡에 쇼로ᄂᆞᆫ 모다 금강셕 ᄀᆞᆺ흔 돌을 ᄶᆞ라 틔ᄭᅳᆯ ᄒᆞᆫ 졈이 업고 은빗 ᄀᆞᆺ흔 큰 하슈ᄂᆞᆫ 즁심을 ᄭᅰ여 흐르ᄂᆞᆫᄃᆡ 무지ᄀᆡ ᄀᆞᆺ흔 텰교ᄂᆞᆫ 곳곳 ᄲᅥ쳐 왕ᄅᆡᄒᆞᄂᆞᆫ 사ᄅᆞᆷ이 락역부졀[76] ᄒᆞ더라.

우셰ᄌᆞㅣ 평ᄉᆡᆼ에 처음 보ᄂᆞᆫ 쟝관이라. 법ᄉᆞ를 불너 닐ᄋᆞᄃᆡ, "ᄭᅮᆷ에도 ᄉᆡᆼ각지 못ᄒᆞ던 옥경을 눈으로 보니 가위 촌계관쳥이라. 쳥컨ᄃᆡ 대ᄉᆞᄂᆞᆫ 자셰히

---

70) ᄌᆞ시로브터 유시ᄭᆞ지 : 자시는 밤 11시~새벽 1시, 유시는 오후 5시~7시. 밤 12시부터 오후 6시까지를 말함.

71) 무샹시 : 無常時 일정한 때가 없음.

72) 명쳡 : 名帖, 성명이나 주소, 근무처, 신분 등을 적은 종이쪽. 명함.

73) 품ᄒᆞᆫ : 稟하다, 웃어른이나 상사에게 어떤 일의 가부나 의견 따위를 글이나 말로 묻다.

74) 쥬지 : 住地, 주소.

75) 슈ᄃᆡ : 手袋, 손에 들고 다니는 작은 주머니.

76) 락역부졀 : 絡繹不絕, 왕래가 잦아 소식이 끊이지 아니함.

ᄀᆞ르치쇼셔." 법ᄉᆞ ㅣ 왈, "션싱은 드르쇼셔. 디구셩 가온ᄃᆡ 조고마ᄒᆞᆫ 파리쓰, 피득보, 론돈, 워싱돈이라 ᄒᆞᄂᆞᆫ 소위 대도회도 몃 ᄒᆡ동안에 다 구경ᄒᆞ기 어렵거든 ᄒᆞ믈며 옥경을 낫낫치 말ᄒᆞ리오? 그러나 그 거쳐와 음식이나 대강 말ᄒᆞ리이다. 셩중에 허다ᄒᆞᆫ 가옥은 동양 온돌과 셔양 란로 ᄀᆞᆺ한 것은 업시 태양셩의 도ㅅ수를 맛초아 ᄉᆞ시 한온이 평균ᄒᆞ며 쥬야도 업스니 등촉이 쓸ᄃᆡ 업고 각식물화ᄂᆞᆫ 각 셩신에셔 조공밧아 어용ᄒᆞᄆᆡ 슐과 ᄎᆞ와 과실과 그 외에 여러 가지 진슈승찬과 일용즙물이 다 본곳 소산이 아니라 디구 각 경셩에 외방 물건이 모혀들 듯 각 셩신에셔 진샹ᄒᆞᄂᆞ이다." 우셰ᄌᆞ ㅣ 왈, "각 셩신에셔 조공ᄒᆞᆫ다 ᄒᆞ니 우리 디구셩에셔도 필연 조공ᄒᆞᄂᆞᆫ 물건이 잇스리로다." 법ᄉᆞ ㅣ 왈, "디구셩에셔 소산ᄒᆞᄂᆞᆫ 용상ᄒᆞᆫ 물건이야 엇지 옥경 소용에 합당ᄒᆞ리오? ᄎᆞᄎᆞ 이곳 경황을 보시면 ᄌᆞ연 알니이다.

우셰ᄌᆞ ㅣ 왈, "우리 이믜 이에 니ᄅᆞ럿스니 청컨ᄃᆡ 법ᄉᆞᄂᆞᆫ 슈고ᄅᆞᆯ 앗기지 말고 골고로 인도ᄒᆞ여 구경케 ᄒᆞ여 주쇼셔." 법ᄉᆞ ㅣ 왈, "이런 광ᄃᆡᄒᆞᆫ 셰계를 낫낫치 구경ᄒᆞ기 심히 어려우니 위션 뎐당브터 가ᄉᆞ이다." ᄒᆞ고, 의관을 정졔ᄒᆞᆫ 후에 손을 셔로 닛ᄭᅳᆯ고 대로로 좃ᄎᆞ 가다가 하슈를 건너 동편으로 수십 리를 힝ᄒᆞᆯ ᄉᆡ 길에 ᄃᆞ니ᄂᆞᆫ 사ᄅᆞᆷ들이 무론 남려로쇼ᄒᆞ고 낫낫치 의복이 션명ᄒᆞ고 용모가 단정ᄒᆞᆫᄃᆡ 혹 ᄉᆞ슴도 ᄐᆞ고 혹 학도 ᄐᆞ고 혹 청려쟝으로 보힝도 ᄒᆞᄆᆡ 긔샹이 무비 츈풍화긔니 짐짓 셩인 샤회이나 신션 총즁이러라.

홀연 ᄒᆞᆫ 고귀한 문을 당ᄒᆞ니 머리를 들어 볼 째에 광치가 눈을 쏘ᄂᆞᆫ 빅옥 현판에 큰 글ᄌᆞ로 보션문이라 썻더라. 보션문 안에 드러서 보니 뎡뎐[77]은 십여 층인ᄃᆡ, 장광[78]이 각 수빅 미돌[79]이오 동셔 힝각[80]은 광이 십여 미돌이오 장이 수빅 미돌을 쌔첫스니, 각식 진슈보옥[81]으로 ᄭᅮ며셔 휘황찬란ᄒᆞᆫ

---

77) 뎡뎐 : 正殿, 왕이 나와서 조회를 하던 궁전.

78) 장광 : 長廣, 길이와 폭.

79) 미돌 : 米突, 미터(meter).

80) 힝각 : 行閣, 궁궐, 절 따위의 정당(正堂) 앞이나 좌우에 지은 줄행랑.

것이 사ᄅᆞᆷ의 정신이 현황ᄒᆞ더라

우셰ᄌᆞㅣ 문 왈, "뎌 뎐각은 무ᄉᆞᆷ 집이뇨?" 법ᄉᆞㅣ 왈, "뎡뎐은 '보션당'이오 동셔힝각은 '보션지'니 다 연향[82]ᄒᆞᄂᆞᆫ 집이라. 명졀이나 혹 경졀을 당ᄒᆞ면 샹데ᄭᅴ셔 ᄉᆞ찬[83]ᄒᆞ샤 대셩인, 대츙신과 효ᄌᆞ, 렬부를 뎡당에 모ᄒᆞ고 그 남어 쳘인군ᄌᆞᄂᆞᆫ 동셔힝각에 모ᄒᆞ고 이샹ᄒᆞᆫ 풍악과 여러 가지 식물노 ᄃᆡ졉ᄒᆞᄂᆞ니 이ᄂᆞᆫ 다 인간에 업ᄂᆞᆫ 바ㅣ니라." 우셰ᄌᆞㅣ 왈, "즉금은 그 여러 사ᄅᆞᆷ들이 다 어ᄃᆡ 잇ᄂᆞ뇨?" 법ᄉᆞㅣ 왈, "평샹시ᄂᆞᆫ 각기 쳐소가 잇ᄂᆞ니 뎌 북문 밧그로 나가면 ᄌᆞ연 알니이다." ᄒᆞ고 우셰ᄌᆞ를 인도ᄒᆞ야 뎐각과 후원을 다 구경ᄒᆞᆫ 후에 북문 밧그로 나가니 그곳이 극히 광활ᄒᆞ야 슈셕이 청결ᄒᆞ고 림쳔[84]이 유슈[85]ᄒᆞᆫᄃᆡ 초가도 잇고 와가도 잇스니 그 졔도가 극히 정쇄ᄒᆞ야 혹 긔이ᄒᆞᆫ ᄭᅩᆺ나무로 취병을 틀어[86] 문도 내고 혹 ᄃᆡ를 심어 울도 ᄉᆞᆷ고 혹 바위를 ᄯᅮᆯ어 길도 내고 혹 셕간슈[87]를 ᄃᆡ여 련못도 ᄑᆞ고 각식화초와 괴셕이 일망무졔[88] ᄒᆞᆫᄃᆡ 틈틈이 ᄉᆞ통오달ᄒᆞᆫ 길이 거믜줄 얼키듯 ᄒᆞ엿더라.

이리뎌리 두루 구경할 제 혹 쥬렴 속에셔 거믄고 소ᄅᆡ도 나며 혹 뎡ᄌᆞ 우에셔 이삼 로인이 바둑도 두며 혹 ᄭᅩᆺ가지를 썩거 들고 ᄭᅩᆺ밧헤셔 왕ᄅᆡᄒᆞᄂᆞᆫ 부인도 잇고 혹 ᄎᆡ식옷을 닙고 피리도 불며 공도 치ᄂᆞᆫ ᄋᆞ희들도 잇스며 엇던 사ᄅᆞᆷ은 관[89]을 버셔 셕벽에 걸고 돌을 의지ᄒᆞ여 글을 보ᄂᆞᆫᄃᆡ 학은 츔을

---

81) 진슈보옥 : 珍秀寶玉, 진귀하고 뛰어난 보석.

82) 연향 : 宴饗, 잔치를 베풀어 손님을 접대함.

83) ᄉᆞ찬 : 賜饌, 임금이 아랫사람에게 음식을 내려 줌.

84) 림쳔 : 林泉, 숲과 샘.

85) 유슈 : 有數, 손꼽을 만큼 두드러지거나 훌륭함.

86) 취병을 틀어 : 翠屛을 틀어, 꽃나무의 가지를 이리저리 틀어서 문이나 병풍 모양을 만들어.

87) 셕간슈 : 石間水, 바위틈에서 나오는 샘물.

88) 일망무졔 : 一望無際, 한눈에 바라볼 수 없을 정도로 아득하게 멀고 넓어서 끝이 없음.

89) 관 : 冠, 검은 머리카락이나 말총으로 엮어 만든 쓰개. 신분과 격식에 따라 여러 가지가 있었음.

츄고 솔방울은 절노 ᄯᅥ러지니 운치가 이ᄀᆞᆺ치 청한90)ᄒᆞ더라.

법ᄉᆞ가 우셰ᄌᆞ를 다시 인도ᄒᆞ야 조고마ᄒᆞᆫ 셕교를 건너 ᄒᆞᆫ 집을 차져가니 그 집이 ᄀᆞ쟝 졍쇄ᄒᆞᆫᄃᆡ 문 압헤셔 ᄉᆞ슴이 놀며 소나무 가지에 거믄고를 걸고 괴셕 우에 차관91)을 노왓스며 쳠하에 쥬렴을 드리워 노코 젹젹히 사람은 업더라. 법ᄉᆞㅣ 즁문 압헤 나아가 부르니 ᄒᆞᆫ 동ᄌᆞㅣ 나오ᄂᆞᆫ지라. 법ᄉᆞㅣ 왈, “너의 시님이 계시냐?” 동ᄌᆞㅣ 왈. “우리 시님은 어졔 요지연92)에 가셧다가 오늘 아ᄎᆞᆷ에 도라오셔셔 지금 취침ᄒᆞ셧ᄂᆞ이다.” 법ᄉᆞㅣ 왈, “나ᄂᆞᆫ 원쟝법ᄉᆞㅣ라 ᄒᆞᄂᆞᆫ 사ᄅᆞᆷ인ᄃᆡ 너의 시님과 동문슈업ᄒᆞᆫ 계분93)이 잇스니 긔침ᄒᆞ시기를 기ᄃᆞ려 나의 옴을 고ᄒᆞ라.” 동ᄌᆞㅣ 드러가더니 이윽고 ᄒᆞᆫ 로승이 나오거ᄂᆞᆯ, 법ᄉᆞㅣ 합쟝 비례ᄒᆞ니 로승이 답례ᄒᆞ고 곳 인도ᄒᆞ여 안으로 드러가며 반갑게 슈작94)ᄒᆞ되, “그동안 어ᄃᆡ로 유람ᄒᆞ시다가 지금이야 오시뇨?” 법ᄉᆞㅣ 좌뎡ᄒᆞᆫ 후에 닐ᄋᆞᄃᆡ, “쇼승은 근릐에 디구셩 유람ᄒᆞᆯ 싀 인도국으로부터 총령을 넘어 염라부에 잠간 들넛고 지금 이곳에 왓기로 대ᄉᆞ를 심방95)ᄒᆞ노이다.” 로승 왈, “차쟈 오시니 감샤ᄒᆞ오이다. 동ᄒᆡᆼᄒᆞ신 손님은 뉘시니잇가?” 법ᄉᆞㅣ 왈, “손님은 디구셩 동반구 한국에 사ᄂᆞᆫ 우셰ᄌᆞㅣ라 ᄒᆞᄂᆞᆫ 사람인ᄃᆡ, 츙국익민 ᄒᆞᄂᆞᆫ ᄆᆞᄋᆞᆷ이 ᄀᆞᆫ졀ᄒᆞ여 민지96)를 발달ᄒᆞ기로 ᄌᆞ임97)ᄒᆞ더니 ᄉᆞ불여의98) ᄒᆞ미 셰계샹으로 도라ᄃᆞᆫ니며 유람ᄒᆞ다가 슈미산에셔 쇼승을 맛나 그 ᄯᅳᆺ을 말ᄒᆞᄂᆞᆫᄃᆡ 쇼승으로 더브러 지긔가 샹합99)ᄒᆞ기로 이곳ᄭᅡ지 동ᄒᆡᆼᄒᆞ엿ᄂᆞ

90) 청한 : 淸閑, 맑고 깨끗하며 한가함.
91) 차관 : 茶罐, 찻물을 끓이는 그릇.
92) 요지연 : 瑤池淵, 중국 곤륜산에 있다는 못. 신선이 살았다고 하며, 주나라 목왕이 서왕모를 만났다는 이야기로 유명함.
93) 계분:契分, 친한 벗 사이의 두터운 정분.
94) 슈작 : 酬酌, 서로 말을 주고받음.
95) 심방 : 尋訪, 방문하여 찾아봄.
96) 민지 : 民智, 백성의 슬기나 지식 정도.
97) ᄌᆞ임 : 自任, 어떤 일을 스스로 자기의 임무로 맡는 것.
98) ᄉᆞ불여의 : 事不如意, 일이 뜻대로 되지 아니함.

이다." 로승이 다시 문 밧게 나아가 우셰ᄌᆞ에게 합쟝 ᄇᆡ례ᄒᆞ니 우셰ᄌᆞㅣ 답례ᄒᆞ고 무ᄅᆞᄃᆡ, "대ᄉᆞᄂᆞᆫ 누구시완ᄃᆡ 나ᄀᆞᆺ흔 쇽ᄀᆡᆨ을 이ᄀᆞᆺ치 관ᄃᆡ를 ᄒᆞ시ᄂᆞ뇨?" 로승 왈, "션ᄉᆡᆼ의 셩화[100]를 일즉 듯지 못ᄒᆞ엿슴으로 즉시 영졉지 못ᄒᆞ엿스니 션ᄉᆡᆼ은 용셔ᄒᆞ쇼서. 쇼승은 희월존ᄌᆞ라 칭ᄒᆞᄂᆞᆫᄃᆡ 뎌 법ᄉᆞ끠 놉흔 일홈을 듯ᄉᆞ온즉 쇼승이 무슴 복력[101] 잇셔 오늘날 션ᄉᆡᆼ이 왕림ᄒᆞ시니 폐호[102]에 ᄉᆡᆼᄉᆡᆨ[103]이 적지 아니ᄒᆞ여이다."

우셰ᄌᆞㅣ 존ᄌᆞ를 ᄯᆞ라 당샹으로 올나갈 ᄉᆡ ᄉᆞ면을 ᄉᆞᆲ혀보니 수ᄇᆡᆨ 권 경문[104]은 문갑 우에 ᄊᆞ여 잇고 벽람가ᄉᆞ[105]ᄂᆞᆫ 홰ㅅᄃᆡ에 걸여 잇고 고ᄌᆞᆯ은 연샹[106] 우에 념쥬로 눌너 노앗ᄂᆞᆫᄃᆡ 각ᄉᆡᆨ 문방제구ᄂᆞᆫ ᄀᆞ쟝 정결ᄒᆞ야 그림 속과 방불ᄒᆞ더라.

(미완)

---

99) 지긔가 상합 : 志氣相合, 두 사람 사이의 의지와 기개가 서로 잘 맞음.
100) 셩화 : 聲華, 세상에 널리 알려진 명성. 높은 이름.
101) 복력 : 福力, 복을 누리는 힘.
102) 폐호 : 弊戶, 저희집. 자기 집을 낮추어 부른 말.
103) ᄉᆡᆼᄉᆡᆨ : 生色, 다른 사람 앞에 당당히 나설 수 있거나 자랑할 수 있는 체면.
104) 경문 : 經文, 불경의 문구.
105) 벽람가ᄉᆞ : 碧藍袈裟, 밝은 남색 가사.
106) 연상 : 硯箱, 벼룻집, 벼루, 먹, 붓, 연적 따위를 넣어 두는 납작한 상자.

심재숙
1963년 충남 청양 출생
고려대학교 문과대학 영어영문학과 졸업
동 대학원 국어국문학과 졸업(문학박사)
현 고려대 강사
주요논문으로, "설화에 나타난 미륵의 형상화 양상과 그 의미", "「어득강전」의 형성과정과 주제의식" 등이 있음.

근대계몽기 신작 고소설 연구

초판 인쇄 2012년 8월 24일
초판 발행 2012년 8월 31일
저 자 심재숙
발행인 박성복
발행처 도서출판 월인
서울시 강북구 노해로25길 61(수유2동 252-9)
등록번호 제6-0364호
등록일자 1998년 5월 4일
대표전화 (02) 912-5000
팩스 (02) 900-5036
홈페이지 http://www.worin.net

ISBN 978-89-8477-520-6 93810

가격 26,000원